U0579964

總序

元代，是中國歷史上由蒙古族統治者建立的多民族的統一朝代。蒙古部族早年生活於大興安嶺北部、斡難河一帶及其西部的廣大地域。一二〇六年，成吉思汗完成了蒙古各部落的統一，建國於漠北，號大蒙古國。一二七一年，元世祖忽必烈改國號爲大元。一二七六年，元滅南宋。一三六八年，元順帝妥歡貼睦爾率衆退出中原，明軍攻入大都。明初官修《元史》，自成吉思汗建國至元順帝出亡，通稱元代。蒙古人原來没有文字，成吉思汗時借用畏兀兒字母書寫蒙古語，從此有了蒙古文。一二六九年，忽必烈頒詔推行由國師八思巴創制的主要借鑒於藏文的新的拼音文字，初稱蒙古新字，不久改稱蒙古字，用以「譯寫一切文字」。同時，元代統治者重視學習漢文。元太宗窩闊台于太宗五年（一二三三年）頒有《蒙古子弟學漢人文字詔》，鼓勵、督促蒙古子弟學習漢語。忽必烈亦重視吸取漢文化中的有益成份，爲藩王時，曾召見僧海雲、劉秉忠、王鶚、元好問、張德輝、張文謙、竇默等，詢以儒學治道。其後的元仁宗愛育黎拔力八達、元英宗碩德八剌均較爲主動地借鑒漢族封建文化，且頗有建樹。有元一代，居於統治地位的蒙古貴族及色目貴族不同程度地接受了包括漢民族在內的多民族文化的影響。可以説，元代文化是由蒙古貴族主導的包容多民族文化的封建文化。其中，中土漢人和熟悉漢語的少數民族文人積極參與元代文化建設，他們用漢語撰著的漢文著述數量極爲豐富，其内容涉及到元代社會生活的方方面面，是元代文獻的主要組成部分。

明修《元史》，未撰《藝文志》。清人錢大昕撰有《補元史藝文志》，「但取當時文士撰述，録其都目，以補前史之闕，而遼、金作者亦附見焉」〔一〕，共著録遼金元作者所著各類書籍三千二百二十四種，其中元人著作二千八百八十八種（含譯語類著作十四種）。該書參考了焦竑《國史經籍志》、黄虞稷《千頃堂書目》、倪燦《補遼金元藝文志》、朱彝尊《經義考》等著作，增補遺漏，糾正訛誤，頗顯錢氏學術功力。今人雒竹筠、李新乾撰有《元史藝文志輯本》，既廣泛參考前人論著，亦實際動手搜求尋訪，「凡屬元人著作，不棄細流，有則盡録，巨細咸備」〔二〕，共著録元代作者所著各類書籍五千三百八十七種（個別著録重複者計爲一種，如方回撰《文選顔鮑謝詩評》分别著録于詩文評類與總集類），除十一種蒙文譯書外，皆爲漢文書籍。其中現存著作二千一百九十六種（包括殘本、輯佚本）。具體分佈情況如下：經部，著録書籍一千一百一十七種，今存二百二十種；史部，著録書籍一千零二十六種，今存二百七十三種；子部，著録書籍一千零七十六種，今存四百八十八種；集部，著録書籍二千一百六十八種，今存一千二百一十五種。與錢《志》相比，《輯本》具有兩項顯著的優點，一是增補了戲曲、小説

〔一〕（清）錢大昕：《補元史藝文志序》，《二十五史補編》，北京，中華書局，一九九八年版，第八三九三頁。

〔二〕雒竹筠、李新乾：《元史藝文志輯本·弁言》，北京，燕山出版社，一九九九年版，第三頁。

類著作，二是每一書名之後記以存佚，頗便使用者查尋。可以説，該書是目前較爲詳備的元代目録文獻。持此《輯本》，元人著述狀况及現存元人著作情况可以略窺概貌。需要説明的是，元人著作散佚嚴重。僅據元人虞集所作詩序，可知《胡師遠詩集》、《吴和叔詩集》、《黄純宗詩集》、《楊叔能詩集》、《會上人詩集》、《劉彦行詩集》、《楊賢可詩集》、《易南甫詩集》、《饒敬仲詩集》、《張清夫詩集》、《謝堅白詩集》、僧嘉訥《崞山詩集》等未著録於《輯本》别集類，則編纂元人著作全目的工作，尚有待於來日。

陳垣先生《元西域人華化考》卷八結論中「總論元文化」一節曰：「以論元朝，爲時不過百年，今之所謂元時文化者，亦指此西紀一二六〇年至一三六〇年間之中國文化耳。若由漢高、唐太論起，而截至漢、唐得國之百年，以及由清世祖論起，而截至乾隆二十年以前，而不計其乾隆二十年以後，則漢、唐、清學術之盛，豈過元時！」[一] 今以現存元代古籍爲例，略述元代學術文化之盛。

經學是一門含有豐富哲學内容的、體現儒家思想精要的古老的學問，長期居於中國學術文化的主導地位。元代結束了兩宋以來的長期分裂局面，元代經學亦在借鑒、調和宋代張程朱陸理學的進程中，産生了許衡、劉因、吴澄等理學名家。清儒編纂《四庫全書》，收録了約三百八十種元人著作，其中多有對於元人經學著作的讚譽之詞。例如，評價吴澄《易纂言》曰：「其解釋經義，詞簡理明；融貫舊聞，亦頗賅洽，在元人説《易》諸家，固終爲巨擘焉。」評價許謙《讀書叢説》曰：「宋末元初説經者多尚

[一] 陳垣：《元西域人華化考》，上海，上海古籍出版社，二〇〇〇年版，第一三三頁。

虚談，而謙於《詩》考名物，於《書》考典制，猶有先儒篤實之遺，是足貴也。」評價梁寅《詩演義》曰：「今考其書，大抵淺顯易見，切近不支。元儒之學主於篤實，猶勝虚談高論、横生臆解者也。」評價趙汸《春秋屬辭》曰：「顧其書淹通貫穿，據傳求經，多由考證得之，終不似他家之臆説。故附會穿鑿，雖不能盡免，而宏綱大旨，則可取者爲多。」[一] 清末學者皮錫瑞認爲元代爲經學積衰的時代，「論宋、元、明三朝之經學，元不及宋，明又不及元。」[二] 承認元代經學在中國經學史上佔有一定的地位，且有如趙汸《春秋屬辭》這樣的「鐵中錚錚、庸中佼佼」之作。

元代史學是中國史學的繼續發展時期，成就顯著，著作甚豐。其中，影響較大的著作有如下幾種。一、元順帝至正年間編纂的《遼史》、《金史》、《宋史》。三史編纂皆有三朝專史舊本可供借鑒，故歷時不及三年即告竣事，且整體框架完備，基本史實詳贍，爲後人研究遼金宋歷史的重要著作。同時，順帝詔「宋、遼、金各爲一史」，解决了長期持論不决的以誰爲「正統」的義例之爭，顯示出元代史學觀念上的進步。二、馬端臨《文獻通考》。該書是一部記載上古至宋寧宗時期典章制度的通史。作者對唐杜佑《通典》加以擴充，分田賦、錢幣等二十四門，廣取歷代官私史籍、傳記奏疏等相關資料，對各項典章制度進行融會貫通、原始要終的介紹，篇帙浩繁，堪稱詳備。三、《元典章》。該書全稱《大元聖政國

[一] 上述引文分別見於《四庫全書總目》，北京，中華書局，一九六五年版，第一二二頁、九七頁、一二八頁、二二八頁。

[二] （清）皮錫瑞：《經學歷史》，北京，中華書局，一九五九年版，第二八三頁。

朝典章》，爲元代中期地方官府吏胥與民間書坊商賈合作編纂的至治二年（一三二二年）以前元朝法令文書的分類彙編，分詔令、聖政、朝綱等十大類，六十卷。書中内容均爲元代的原始文牘，是研究元代法制史與社會史的重要資料。四、《大元大一統志》。該書爲元朝官修地理總志，始纂于元世祖至元二十二年（一二八五年），成書于元成宗大德七年（一三〇三年），六百册，一千三百卷，是中國古代最大的一部輿地書。該書氣象宏闊，内容廣泛，取材多爲唐宋金元舊志，今僅有少量殘卷存世。

元代子書保持和發揚了傳統子書「入道見志」、「自六經以外立説」的基本特色，廣泛干預社會生活，闡發個人學術（含藝術）觀點，産出了許多優秀作品。面對民族矛盾與階級矛盾交織的社會現實，程端禮《讀書分年日程》、謝應芳《辨惑編》、蘇天爵《治世龜鑒》諸書推闡朱熹學説，力闢民間疑惑，探求治世方略，顯示出元代子部儒家類著作的基本格調。元代科學技術水平有了新的進展。李冶《測圓海鏡》的成書標誌着大元術數學方法的成熟，「是當時世界上水平最高的代數著作」。[一] 稍後朱世傑《四元玉鑒》用四元術解方程（包括高達十四次方的我國數學史上最高次方程），「對方程的研究（列方程、轉化方程和解方程等），朱世傑在中國歷史上達到頂峰」，「《四元玉鑒》的另一部分重要内容是有關垛積與招差問題，就其成果的水平來看達到了中國古代此類問題的高峰」。[二] 司農司編《農桑輯要》、魯明善

[一] 李迪：《中國數學史大系·第六卷》，北京，北京師範大學出版社，一九九九年版，第九七頁。

[二] 李迪：《中國數學史大系·第六卷》，北京，北京師範大學出版社，一九九九年版，第二六〇頁、二六一頁。

撰《農桑衣食撮要》、王楨撰《農書》三部農書，是元代農學的代表作。又李杲有「神醫」之譽，「其學於傷寒、癰疽、眼目病爲尤長」[一]，觀其所著《内外傷辨惑論》、《脾胃論》、《蘭室秘藏》諸書，可知時人所譽不誣。

元代文人文學創作的積極性很高，吟詩作文是當時文人的普遍行爲。「近世之爲詩者不知其幾千百人也，人之爲詩者不知其幾千百篇也」。[二] 與經、史、子部著作相比，元代集部著作數量最多。其中，尤以别集數量居首。現存或全或殘的各種别集（含詩文合集、詩集、文集、詞集）約六百六十種。閲讀郝經《陵川集》、姚燧《牧庵集》、劉因《静修集》、吴澄《吴文正公集》、趙孟頫《松雪齋集》、袁桷《清容居士集》、歐陽玄《圭齋集》、揭傒斯《揭文安公全集》、虞集《道園學古録》、黄溍《金華黄先生文集》等别集，可以從其不同個體的視角，瞭解元代社會生活的諸多不同側面，瞭解作者個人的情感與情操，體味元代詩文創作的藝術成就。而閲讀耶律楚材《湛然居士文集》、馬祖常《石田集》、孛术魯翀《菊潭集》、薩都剌《雁門集》、迺賢《金台集》等少數民族作家用漢語創作的詩文，則於前者之上，平添了幾分讚歎與欽敬。蘇天爵《元文類》，選録元太宗至元仁宗約八十年間名家詩文八百餘篇，後人將其與宋姚鉉《唐文粹》、宋吕祖謙《宋文鑑》相提並論。元代雜劇與散曲創作成就顯著，後人編輯的雜

[一]《元史·方技傳》，北京，中華書局，一九七六年版，第四五四〇頁。

[二]（元）吴澄：《張仲默詩序》，李修生：《全元文》，第十四册，南京，江蘇古籍出版社，一九九九年版，第二六五頁。

劇或散曲總集有所收録，較全者，有今人王季思主編的《全元戲曲》與隋樹森《全元散曲》。

總之，元代古籍内涵豐富，在中國古代文化發展史上居於承上啟下的重要地位。

今天我們所能看到的元代古籍，既有少量當初的刻本或抄本，又有大量明清時期的翻刻本、增補修訂本、節選本或輯佚本，版本系統複雜，内容互有出入，文字脱訛普遍，大多未經整理，今人使用頗爲不便。有鑒於此，我們决心發揚我校陳垣先生發端的整理研究元代文獻的學術傳統，充分利用此前編纂《全元文》的學術積累，利用十年至二十年時間，整理出版一部經過校勘標點的收録現存元代漢文古籍的大型文獻集成——《元代古籍集成》。我們的研究計畫得到了北京師範大學領導及相關院、處的充分肯定與大力支持，在「二一一」、「九八五」、自主科研基金等方面提供科研資金予以資助；海内外學界師友或給以殷切勉勵，或積極參與我們的工作；北京師範大學出版集團在出版資金、編校力量方面予以积极投入，在此，謹致以衷心感謝。同時，我們深知，完成這樣一項巨大工程，不僅耗時、費力，還要承擔一定的歷史責任。我們將盡力而爲，亦期待着來自各方面的批評指教。是爲序。

韓格平

二〇一一年十二月二十日

於北京師範大學古籍與傳統文化研究院

點校前言

吴澄（一二四九—一三三三），字幼清，晚年改字伯清，撫州崇仁（今屬江西）人。吴澄年幼即許心朱子之學。十五歲始往來饒魯之門人程若庸門下，按照師承，爲朱熹四傳弟子。宋咸淳六年（一二七〇）領鄉薦，春試不利，還構草廬，讀書講學其中，人稱「草廬先生」。至元二十三年（一二八六）程鉅夫江南訪賢，隨至京師，次年以母老辭歸。後因董士選舉薦入京。大德末，除江西儒學副提舉，尋以疾辭。至大間授國子監丞，陞司業，未幾辭歸。至治三年（一三二三）超拜翰林學士，泰定元年（一三二四）任經筵講官，修《英宗實録》，復棄歸。元統元年（一三三三）卒，年八十五，謚文正。吴澄生前即有盛名於世，但是「出處久速，道義以之。其稽立於朝，未嘗三年淹也」[一]，終其一生，主要是究心學問，以著書立説，講學授徒爲務。其爲元代巨儒，與許衡齊名，號稱「南吴北許」。吴澄自幼以接續朱熹學統自任，立志完成朱熹在五經上未了的遺志，自覺抵制朱門後學獨尊四書，輕棄五經之學術態度，加之其廣博的學術追求，使得吴澄留下了數量巨大、内容博雜的著述，包括《吴文正公集》一百

[一]（元）虞集：《故翰林學士資善大夫知制誥同修國史臨川先生吴公行狀》，《全元文》第二七册，第一七八頁。

卷、《易纂言》十卷、《易纂言外翼》八卷、《書纂言》四卷、《儀禮逸經纂言》三十六卷、《春秋纂言》十二卷、《春秋纂言總例》七卷、《孝經定本》一卷等，其經學著述最引人注目。

《春秋纂言》十二卷，吴澄采摭諸家有關《春秋》一書之傳注，並間以自己的觀點加以闡述而成。吴澄最遲在一二七〇年就已经开始进行《春秋纂言》的著述，最後成書于天曆元年（一三二八），書名「纂言」，殆有彙聚衆解之意。全書所采經文多以《左傳》爲主，《公羊傳》、《穀梁傳》之異文標注於下。所采諸家傳説，三傳以下，高閌、杜預、張洽、胡安國諸人爲最多，許翰、孫覺、劉敞、程頤等人次之。凡先采舊説，後著己説者，用「澄曰」二字爲别；而經文之下緊接己説者，則略而無别。每年以《大衍曆》著其月大或月小，而推明經文所書日之干支爲某月之某日。

《春秋纂言》書成之後，又仿照陸淳《春秋集傳纂例》，分所異，合所同，將《春秋》全經中的「例」總結爲七綱八十八目，這是吴澄分析與綜合以治《春秋》的結果。七綱首「天道」、「人紀」二篇，爲吴氏所自創，餘吉、凶、軍、賓、嘉五篇，則着眼于禮制，與宋儒張大亨《春秋五禮例宗》互相出入。《四庫全書總目》爲其辯護曰：「澄之學派兼出於金谿、新安之間，而大亨之學派則出於蘇氏。澄殆以門户不同，未觀其書，故與之闇合而不知也。然其縷析條分，則較大亨爲密矣[一]。」《纂言》首附《總例》以行。書成以後，多得時人好評。但是吴澄治經繼承自宋以來删經、改經的習氣，在《春秋纂

[一]（清）永瑢、紀昀：《春秋纂言》提要，《四庫全書總目》卷二十八，北京，中華書局，一九六五年，第二二五頁。

言》中割裂原先經文行款，經之闕文亦皆補以方空（□），《四庫全書總目》謂其「體例殊爲未協」，但「讀是書者，取其長而置其所短可也」，頗爲公允。

在春秋學史上，宋代可以説是破陳出新的鼎盛時期，據《宋史·藝文志》，春秋類著述超過二百四十種，居經部著述之最；《經義考》所録宋人春秋學著述，更在四百種以上，故四庫館臣謂「説《春秋》者莫夥于兩宋〔二〕」。不唯春秋學著述數量多，而且産生了如孫復《春秋尊王發微》、劉敞《春秋權衡》、胡安國《春秋傳》、張洽《春秋集傳》、高閌《春秋集注》、陳傅亮《春秋後傳》等品質上乘、影響深遠的名作。無論從品質上，還是數量上，都可見春秋學在兩宋的繁榮。元代的春秋學承襲兩宋之後，在新的研究方法和新材料發現之前，元代學者還是沿用勝朝的研究思路和方法，其結果可想而知。元儒大致只能在兩宋學術的框架下，進行局部的、細節上的推進，很難對兩宋的學術産生實質性的突破，元儒所進行的工作，更多的是對元代以前，尤其是兩宋學術進行總結，《春秋纂言》便是其中的典型。綜觀《春秋纂言》，吴澄於《春秋》創見不多，其見解都不出唐、宋諸儒樊籬。雖有不少獨創之處，也只是在細節上彌補了前儒之失〔三〕，在經學史和思想史上也没有引起足夠大的波瀾。然而此書爲吴澄重要的

〔二〕（清）永瑢、紀昀：《日講春秋解義》提要，《四庫全書總目》卷二十九，北京，中華書局，一九六五年，第二三四頁。

〔三〕如僖公二年「城楚丘」條，三傳及諸儒皆以爲楚丘爲衛地，因爲狄人幾乎亡衛，齊桓令諸侯成楚丘而封衛。獨吴澄以爲當從莊公三十二年「城小穀之例，楚丘亦是魯地。」即隱公七年，「凡伯聘魯而戎伐之于楚丘」之楚丘，只不過其地不可攷。

經學著作之一，全祖望所謂「草廬諸經，以《春秋纂言》爲最[一]」，同時也是代表元代春秋學的典型著述。並且，值得注意的是，明永樂年間纂修《五經大全》，其中的《春秋大全》採用吴澄《春秋纂言》的内容很多，對明代春秋學産生了一定的影響。若要对元明春秋學做深入研究，那麽《春秋纂言》是無論如何也避不開的。另外書中所引諸家尤其是宋儒疏釋《春秋》之説，其中不少著述已經亡佚，幸賴《纂言》而窺其大概，因此其輯佚價值也同樣值得關注[二]。

《春秋纂言》版本情況較爲簡單，具有校勘價值的主要有三：其一，元刻本；其二，道光十八年重刻乾隆二十一年萬璜刻本；其三，四庫全書本。另有盧氏抱經樓抄本，現藏上海圖書館；清抄本，鈐「延古堂李氏珍藏」印，藏國家圖書館。末兩抄本未見，不叙。

元刻本《春秋纂言》十二卷、《總例》七篇作七卷，原爲汪士鐘藝芸書舍、瞿氏鐵琴銅劍樓舊藏，今藏國家圖書館，中華再造善本《春秋纂言》據此影印。此本刊刻最早，錯誤最少，完整地保留了《春秋纂言》的最初面貌。乾隆二十一年（一七五六），萬璜將吴澄著述彙編爲《草廬吴文正公全集》十種，

[一]（清）全祖望：《讀吴草廬〈春秋纂言〉》，《全祖望集匯校集注·鮚埼亭集外編》第二十七卷，上海，上海古籍出版社，二〇〇〇年，第一二八〇頁。

[二] 如兩宋之際的學者程迥，深于《易》、《春秋》，朱熹多所稱許。著有《春秋傳》與《春秋顯微例目》二書，二書自明以後亡佚不傳，只能從宋元人徵引中得見一二，其中《春秋纂言》所引爲最，多達三十一條。詳見黄覺弘：《程迥〈春秋〉佚説探微》，載《圖書館理論與實踐》，二〇一一年第三期，第五三頁。

刻行於世，其中《春秋纂言》十二卷，《總例》七篇作二卷，其「天道」、「人紀」、「嘉禮」三篇作上卷，「賓禮」、「軍禮」、「凶禮」、「吉禮」作下卷。萬璜刻本于道光十八年（一八三八）年重刻，重刻本其内封面鐫「道光戊戌新鐫」、「本家藏板」。九行二十字，小字雙行同，白口，左右雙邊；框高十八釐米，寬十二點四釐米。此本較爲常見，北京師範大學圖書館、北京大學圖書館有藏。從道光重刻本來看，對其中關涉夷夏的字句改動較多。文淵閣四庫本《春秋纂言》十二卷、《總例》七卷，體例與元刻本略同，然而亦有對夷夏字句的删改，此爲清官方抄刻書籍之通例，不復贅述。

今校點《春秋纂言》及《總例》，以中華再造善本影印的國家圖書館藏元刻本爲底本，校以道光重刻乾隆萬璜本（簡稱清刻本）、文淵閣四庫全書本（簡稱四庫本），附以《四庫全書總目》之「《春秋纂言》提要」。全部校點整理工作由張欣獨立完成。

目録

春秋纂言總例序……（一）
春秋纂言總例目録……（二）
春秋纂言總例卷一……（四）
春秋纂言總例卷二……（二〇）
春秋纂言總例卷三……（七〇）
春秋纂言總例卷四……（八三）
春秋纂言總例卷五……（一〇六）
春秋纂言總例卷六……（一三三）
春秋纂言總例卷七……（一五七）
春秋纂言卷一……（一六六）
春秋纂言卷二……（二〇一）
春秋纂言卷三……（二四三）

春秋纂言卷四……（三〇六）
春秋纂言卷五……（三一一）
春秋纂言卷六……（三九四）
春秋纂言卷七……（四四四）
春秋纂言卷八……（四八九）
春秋纂言卷九……（五四七）
春秋纂言卷十……（六三四）
春秋纂言卷十一……（七一九）
春秋纂言卷十二……（七六三）
附　録……（七九五）
《四庫全書總目·春秋纂言提要》……（七九五）

春秋纂言總例序

屬辭比事，《春秋》教也。昔唐啖助、趙匡集《春秋傳》，門人陸淳又類聚事辭，成《纂例》十卷。今澄既采摭諸家之言，各麗于經，乃分所異，合所同，倣《纂例》爲《總例》七篇：初一天道、次二人紀、次三嘉禮、次四賓禮、次五軍禮、次六凶禮、次七吉禮，例之綱七，例之目八十有八。凡《春秋》之例，禮失者書，出于禮則入于法，故曰「刑書」也。事實辭文，善惡畢見，聖人何容心哉，蓋渾渾如天道焉！嗚呼，其義微矣，而執謙自謂之「竊取」，區區末學，庸詎可得與聞乎！臨川吴澄序。

春秋纂言總例目録

天道第一　五例　氣序之常四，感應之變一。

年

時

月

日

變異　日、星、震、霜、冰、雪、雹、雨、旱、饑、有年、地、山、石、水、火、蟲、獸、禽、麟

人紀第二　三十三例〔一〕　名分之常十八，順逆之變十五。

王

公　侯　伯　子　男　微國　夷國　國地　爵　字　氏　名　人　盜　兄弟　世子　命數　即位

立　歸　入　納　居　在　孫　奔　去　逃　弑戕　殺刺　執　放

嘉禮第三　四例

王后　逆、歸　王女　逆、歸

魯夫人　納幣、逆、送、至、入、致、覿、子生、會、享、如、歸其國

魯女　納幣、媵、逆、歸、致女、來、求婦、逆婦、出、逆喪歸

〔一〕三十三：原作「一十三」，下文言「名分之常十八，順逆之變十五」，合之三十三例，故改。

賓禮第四　八例

如　朝　聘　來錫、求、歸、言、獻、平、唁　盟　會胥命　遇弗遇　至還

軍禮第五　二十二例

伐　侵襲　戰　敗克　追　救　次　戍殲　圍　取　入　滅　降　遷　潰亡　獲滅　以歸以來　師

軍制　軍賦　軍事大閱、治兵、狩、蒐　力役城、築、浚、墮、新、作、毀

凶禮第六　六例

崩　薨　卒諸侯、王臣、魯臣、王女、魯女　葬　含襚賵賻　奔喪會葬

吉禮第七　十例

郊　雩　社　望　禘　祫　時享　廟大廟、世室、宫　主　告朔

春秋纂言總例卷一

元　吴澄　撰

天道第一

年

隱公元年己未竟己巳，凡十一年。

桓公元年庚午竟丁亥，凡十八年。

莊公元年戊子竟己未，凡三十二年。

閔公元年庚申竟辛酉，凡二年。

僖公元年壬戌竟甲午，凡三十三年。

文公元年乙未竟壬子，凡十八年。

宣公元年癸丑竟庚午，凡十八年。

成公元年辛未竟戊子，凡十八年。

襄公元年己丑竟己未，凡三十一年。

昭公元年庚申竟辛卯，凡三十二年。

定公元年壬辰竟丙午，凡十五年。

哀公元年丁未至庚申春獲麟，凡十四年。

新君繼世，踰年稱元年。先儒謂「踰年改元」，非也。自漢武帝後，天子立年號以紀元，繼世之君，次年更易舊君年號而別立年號，故曰改元。古諸侯非如後世天子之有年號，直以在位之一年而稱爲元年爾，何改之云！又謂「諸侯無史記，不當僭稱元年」，亦非也。後世天子既有年號，則諸侯之國紀事皆用天子之年。古天子無年號，諸侯但遵用時王之正朔而已，年則自以其國君在位之一年二年而紀，何僭之有！按《禮記·内則》言「閭史」、「州史」，夫以二十五家之閭，尚且有史以記一閭之事，豈有諸侯之君而乃無史以記一國之事乎！魯自伯禽初封，子考公酋嗣；弟煬公熙立，子幽公宰嗣；弟魏公濞弒宰篡立，子厲公擢嗣〔一〕；弟獻公具立，子真公濞嗣；弟武公敖立，廢長子括，次子懿公戲嗣立；括之子伯御弒戲篡立，宣王誅之，戲之弟孝公稱立，子惠公弗湟嗣。春秋前十三世，不滿四百年。春秋隱、桓、莊、閔、僖、文、宣、成、襄、昭、定，訖哀十四年，十二世凡二百四十二年。春秋後，哀公又十三年，通計二十七年。子悼公寧嗣，三十七年；子元公嘉嗣，二十一年；子穆公顯嗣，三十三年；子共公奮嗣，二十二年；子康公屯嗣，九年；子景公匽嗣，二十九年；子平公旅嗣，二十二年；子文公賈嗣，二十三年；子頃公讎嗣，二十四年，楚滅魯。春秋後

〔一〕子厲公擢嗣：「子」，原作「字」，據清刻本、四庫本改。

九世凡二百二十年，共三十四世八百餘年。

時

春二百四十二　《公羊》莊二十六年闕「春」字。

夏二百四十一

秋二百三十九　闕秋二〇桓四〇七

冬二百三十七　闕冬四〇桓四〇七〇昭十〇定十四〇《公羊》成十年亦闕冬

時者，天之春、夏、秋、冬也。初昏斗柄指寅、指卯、指辰之月爲春；指巳、指午、指未之月爲夏；指申、指酉、指戌之月爲秋；指亥、指子、指丑之月爲冬。夏后氏以建寅爲正月，孟春爲歲首，季冬爲歲終，最得天時之正。商人以建丑爲正月，漢《律曆志》所援商曆，十有二月冬至爲歲終。周人以建子爲正月，故《禮記》、《左傳》冬至在正月，夏至在七月。攷漢《律曆志》，則《周書》《武成》、《召誥》所載月數，皆從建子之月數起。又攷《周官》所言春夏秋冬四時，則與夏、商無異，蓋月數雖改而天時不可改也。古書凡書時者不繫以月，《金縢》「秋，大熟，未獲」是也；書月者不冠以時，《召誥》「惟二月既望」是也。《春秋》書時而繫以月，書月而冠以時，蓋因魯曆改時，而書以識其變常。正月、二月，冬也，而曰春；四月、五月，春也，而曰夏；七月、八月，夏也，而曰秋；十月、十有一月，秋也，而曰冬。據實書之，其非著矣。

月

王正月九十三〇隱元〇桓元〇二〇十〇十八〇莊元〇三〇五〇六〇八〇十〇十一〇十六〇十九〇二十一〇二十二

○三十○閔元○二○僖元○二○三○四○六○八○十○十五○十六○十八○二十四○二十五○二十六○三十○三十二○文元○三○五○八○十二○十三○十四○宣元○三○四○九○十四○十六○十七○成元○三○五○六○七○九○十四○十六○十八○襄元○二○八○十一○十四○十六○十九○二十○二十一○二十二○二十九○三十○三十四○昭元○三○四○五○六○七○十○十五○二十○二十三○二十六○三十○三十一○三十二○定二○三○六○七○八○九○十五○哀元○八

闕王十○桓三○四○五○六○八○十一○十二○十四○十六○十七

王二月二十一○隱三○四○十○莊二○四○二十○僖三十三○文二○十八○宣二○成十五○襄十七○二十三○二十六○昭十一○二十四○定四○哀二○四○九○十

闕王三○桓七○十三○十五

不首時十七○桓十七○莊十○文元○九○十二○成元○三○六○九○襄十四○十五○昭十五○定三○六○八○十四○十五

王三月十九○隱七○莊十二○十八○二十四○二十八○僖九○十二○十九○文十○成十一○襄四○六○十二○昭十八○二十一○二十八○定元○五○十○

不首時三十四○隱元○三○八○九○桓元○二○十三○十五○莊元○四○十○僖十五○十六○二十八○文二○五○七○九○十五○宣元○成元○四○十三○十五○襄十六○二十三○昭元○七○十二○十四○二十六○定四○八○哀十

四月五十九○隱三○五○桓元○二○六○九○十五○十六○十八○莊三○七○十二○十九○二十八○三十一○僖

三〇十三〇十六〇二十五〇二十八〇三十一〇三十二〇三十三〇文元〇七〇八〇十七〇宣六〇十〇十八〇成二〇四〇十〇十六〇襄三〇七〇十一〇十四〇二十二〇三十〇昭七〇八〇九〇十一〇十三〇十四〇二十二〇二十七〇二十八〇二十九〇三十一〇定三〇四〇七〇九〇十一〇哀元〇二〇三

五月五十三〇隱元〇二〇六〇十一〇桓八〇十〇十一〇十四〇十五〇十七〇莊三〇十一〇二十一〇二十二〇二十五〇閔二〇僖二〇十五〇十八〇二十〇二十三〇二十八〇文三〇十三〇十四〇十六〇十八〇宣十〇十四〇十五〇成七〇十〇十三〇襄二〇九〇十〇十六〇二十五〇二十九〇三十〇昭三〇十一〇十二〇十八〇十九〇二十四〇定二〇四〇十四〇十五〇哀三〇十一〇十二

六月五十七〇隱八〇十〇桓三〇十二〇十七〇莊四〇六〇十〇十三〇二十五〇二十七〇三十一〇閔元〇僖元〇三〇十四〇十九〇二十七〇二十八〇二十九〇文二〇十四〇十五〇十六〇十七〇十八〇宣元〇四〇八〇十〇十二〇十五〇十七〇成二〇六〇十〇十五〇十六〇十七〇襄二〇三〇二十〇二十五〇三十一〇昭元〇十五〇十七〇十八〇二十二〇二十三〇二十八〇三十〇定元〇四〇五〇九〇哀四

七月七十二〇隱元〇六〇八〇九〇十一〇桓二〇三〇九〇十一〇十二〇十三〇十六〇十八〇莊二〇四〇九〇十三〇十四〇二十〇二十一〇二十二〇三十〇三十二〇僖元〇二〇八〇九〇十〇十二〇十五〇十六〇二十四〇三十一〇文二〇十〇十三〇十四〇宣八〇十二〇十八〇成二〇八〇九〇十〇十三〇襄二〇四〇十一〇十九〇二十二〇二十四〇二十七〇三十〇昭四〇五〇十〇十二〇二十一〇二十三〇二十五〇二十八〇二十九〇三十二〇定元〇四〇五〇八〇十五〇哀三〇六〇八〇十一

八月五十九〇隱二〇三〇八〇桓六〇十二〇十四〇十七〇莊九〇十二〇二十四〇三十〇三十二〇閔元〇二〇僖元

○四○五○十一○十四○十五○十八○二十二○二十七○文二○六○七○八○九○十六○宣六○九○成二○七○十五○十八○襄四○七○九○十五○十九○二十三○二十四○二十五○二十六○二十八○昭三○七○十三○十四○十六○十七○二十一○二十三○二十四○三十○定十五○哀二○四○七

九月五十一○隱元○二○四○五○八○桓二○三○六○十一○十五○莊九○十○三十○閔二○僖元○二○五○九○十三○十五○十七○文九○十四○宣二○五○九○十四○成十四○十六○十七○襄元○十二○十三○十七○二十一○二十九○三十一○昭四○六○七○十○十一○十六○二十五○二十六○定元○七○八○十五○哀五○十三

十月五十九○隱二○十○桓元○八○十三○十七○莊元○十○十二○十五○十八○三十二○僖元○二○三十三○文元○五○六○八○十一○十八○宣二○三○六○八○九○十一○十八○成元○八○十○十一○十二○十四○十六○襄七○十八○二十○二十一○二十三○三十○三十一○昭八○十二○十三○十六○二十○二十二○二十五○二十六○二十七○二十九○定元○二○七○十二○哀二○三○九

十有一月三十二○隱十一○桓十二○十五○十六○莊八○二十三○僖十五○二十二○二十三○文四○十五○十六○十七○成二○三○五○九○十五○十七○襄十五○二十八○三十一○昭元○七○十一○二十○二十五○定四○十二○哀二○十一○十三

十有二月五十九○隱元○二○三○四○五○八○桓十○十一○十二○十四○十八○莊二○十六○二十一○二十三○二十六○二十九○閔二○僖元○四○八○十二○十六○十七○二十一○二十五○二十七○三十一○三十二○三十三○文三○十二○十三○十五○宣十二○成五○十六○十七○十八○襄五○六○七○九○二十五○二十七○二十八○昭四○七○十○二十二○二十五○三十○三十一○三十二○定十二○哀四○八○十二○十三

閏月二〇文六〇哀五

月者，時王所改之月也，故歲首正月或二月或三月，月數之上皆加「王」字，以見此月乃周王所頒之曆。按，周改月數，而《詩》之《小雅》四篇所稱「六月」、「十月」、「四月」、「二月」，雖是周時之詩，而用夏正之月，蓋夏正得天時之正，行於民間者久，故作詩者從舊俗稱之爾。《豳風》、《七月》、《公劉》之詩也，乃夏之時所作。若《書》之《周書》、《禮》之《周官》、《戴記》所載，《左氏》、《公》、《穀》三傳所述，及《孟子》所言，則皆周所改之月也。

日

甲子七〇僖十六〇文二〇宣八〇成三〇襄十六〇二十四〇昭十

乙丑四〇莊四〇宣二〇成十六〇昭二十二

丙寅二〇成十六〇定十二

丁卯二〇桓六〇文二

戊辰十一〇僖元〇九〇文十六〇成七〇昭五〇七〇十九〇二十三〇二十五〇定元〇八

己巳九〇隱三〇桓十三〇十五〇僖二十二〇二十八〇文三〇宣十〇襄二十三〇二十五

庚午六〇隱八〇莊三十〇僖十二〇襄十七〇二十九〇定

辛未五〇隱十〇莊二十五〇文十六〇成十六〇襄五

壬申十〇桓十四〇僖十六〇二十八〇宣十四〇成四〇六〇十七〇昭十二〇定十五再

癸酉十二○隱九○僖二十五○文九○十四○十八○宣九○成二○襄二十三○三十一○昭十五○二十二○哀五

甲戌九○桓五○僖九○二十七○文七○宣十八○昭十三○十七○哀二○十一

乙亥十二○桓十四○莊元○僖十七○文六○十四○宣二〔一〕○成三○十六○襄二十三○二十五○二十七○昭二十一〔二〕

丙子四○桓十八○成九○哀二○三

丁丑七○桓八○十七○莊二十四○僖九○十二○文二○十八

戊寅六○莊十一○二十四○僖十八○宣十二○襄三○十六

己卯五○桓八○僖十五○三十二○襄二十三○昭十九

庚辰十一○隱二○三○九○成十五○襄二○十三○二十一○昭三十○定四再○十五

辛巳十一○隱五○十○僖二○三十三○宣八○成六○襄二十七○三十一○定十四○十五○哀元

壬午十四○隱十○十一○桓六○僖元○文八○十三○宣八○十七○成二○襄六○二十六○昭八○十八○二十一

癸未六○隱三○桓十一○莊八○文十七○襄九○昭七

〔一〕宣二：「二」，原作「九」，清刻本、四庫本作「三」。按，底本、兩校本皆誤，宣公三年、九年俱無乙亥日，據元刻本《春秋纂言》卷七宣公二年經文「乙亥，天王崩」，改爲「二」。

〔二〕昭二十一：「一」底本、清刻本、四庫本作「二」，皆誤。按，昭公二十二年無乙亥日，據元刻本《春秋纂言》卷十昭公二十一年「乙亥，叔輒卒」，改爲「一」。

甲申三〇文五〇十四〇昭十一

乙酉七〇莊二〇閔二〇僖九〇文八〇宣四〇成十六〇十七

丙戌八〇桓十二再〇文八〇宣三〇成二〇襄七〇昭二十四〇二十八

丁亥三〇桓十二〇僖十八〇宣十一

戊子四〇文七〇宣八〇襄四〇昭十

己丑九〇桓五〇十八〇僖三十二〇文十三〇宣八〇成五〇十一〇十八〇襄二

庚寅八〇隱八〇僖二十三〇二十七〇宣八〇成二〇十四〇襄二〇哀六

辛卯十〇隱三〇八〇莊七〇僖十四〇文十〇襄十九〇二十六〇昭二十〇定三〇哀三

壬辰四〇隱十一〇桓三〇十二〇定二

癸巳十〇桓十七〇莊三十三〇僖三十三〇宣十〇襄二十四〇三十一〇昭二十八〇定元〇四〇哀二

甲午八〇莊八〇十二〇文十一〇成十六〇襄十〇二十六〇三十〇哀三

乙未六〇桓十五〇僖二十七〇襄十四〇二十八〇昭二十三〇二十四

丙申四〇莊二十二〇僖十六〇成二〇定五

丁酉四〇桓十八〇莊九〇昭十一〇二十四

戊戌三〇莊二十一〇文十八〇哀十

己亥九〇隱八〇桓七〇襄九〇十五〇三十一〇昭十一〇十六〇二十五再

庚子三〇文十二〇宣十七〇昭二十九

辛丑七〇閔二〇文九〇十五〇成十七〇昭八〇定十五〇哀四

壬寅二〇桓十二〇文四

癸卯四〇宣十五〇十七〇成八〇哀三

甲辰二〇昭七〇哀十二

乙巳五〇僖二十〇二十七〇三十三〇文二〇成十五

丙午七〇桓十〇十七再〇僖二十五〇二十八〇成三〇十

丁未十〇桓元〇十二〇莊二十八〇僖八〇二十二〇文元〇宣十七〇成三〇十八〇昭三

戊申七〇隱四〇桓二再〇僖五〇十六〇文八〇定九

己酉六〇僖十九〇成二〇五〇襄四〇昭元〇哀七

庚戌三〇隱三〇襄二十一〇哀四

辛亥八〇隱八〇文五〇成三〇襄四〇二十〇昭三十一〇定五〇十五

壬子三〇宣二〇襄二十五〇定五

癸丑六〇莊二十二〇二十五〇僖二十一〇二十八〇成十五〇昭二十三

甲寅五〇莊二十三〇二十八〇成四〇襄二十八〇哀四

乙卯三〇隱二〇宣十二〇昭四

丙辰四〇桓十七〇宣十〇襄十九〇二十

丁巳十〇桓十四〇僖元〇文元〇成十七〇襄十五〇昭元〇十一〇十五〇三十一〇定十五

戊午二〇文十二〇定十五

己未七〇莊三十二〇僖二十六〇宣十七〇襄三〇十一〇十四〇昭三十二

庚申六〇桓十〇莊九〇成九〇十八〇襄二十〇昭二十六

辛酉九〇隱六〇莊二十一〇閔元〇宣九〇成元〇襄元〇九〇二十二〇哀十一

壬戌五〇隱十〇僖十五〇宣十八〇襄三〇七

癸亥十二〇莊二十六〇三十〇三十二〇僖二十五〇文元〇十七〇襄十五〇昭七〇定元〇六〇十二〇哀八

辛二〇昭二十五上辛、季辛

朔三十〇日食書朔二十七〇僖十六正月戊申朔〇二十二十一月己巳朔〇文十六四不視朔

晦二〇僖十五九月己卯晦〇成十六六月甲午晦

日者，以十日配十二辰，凡六十。《春秋》書法，以事繫日，以日繫月，以月繫時，然所書之事，亦有不繫日而直繫月者，亦有不繫月而直繫時者。陸氏所纂書日、書月、書時例已得其當，今悉從之。按，啖氏曰：《公》、《穀》多以日月爲例，或以書日爲美，或以爲惡。夫美惡在於事跡。見其文，足以知日月之例皆穿鑿妄説也[一]。

[一] 足以知日月之例皆穿鑿妄説也：「足」，清刻本作「定」。

杜氏曰：凡朝、聘、會、遇、侵、伐、用兵、執、殺、土功之屬，例不書日。盟、戰敗、入、滅、崩、薨、卒、葬、弑君、日食之屬，例多書日〔一〕。盟自文公以前書日者凡二百四十九，宣公以下書日者四百三十二〔二〕，年數略同而日數加倍，故知久遠遺落，不與近同。陸氏曰：《公羊》謂「不日，遠也，所見異辭，所聞異辭」，亦久遠多遺落也。

凡例當書日而不書者，蓋舊史之文遺闕，或他國告辭不具〔三〕。不當書日而書日者，皆有意也。合書月而不書者，蓋爲同月上文已有事，不可重言其月，亦有舊史文闕。不合書月而書月者，蓋爲同月下文有大事須書月，故於上文書之，亦有同時上文有大事既書月矣，若下文不書月，則似同月，故書月以別之〔四〕。事合書日而值晦朔，則因記其晦朔，以爲推曆之徵驗。

日食皆書日及朔，不書日者文闕，不書朔者或非朔日○星不見、星隕及隕石有定日，故書日。其星孛或累日或逾月，則書月書時○震電如常者不書，非常者書日○無冰，彌時無之者書時，其月無之者書月，雨木冰亦書月○十二月霜不殺草，冬不寒也。十月，今之八月，隕霜，記其早也，故皆書月○雨雪、雨雹不踰時，但以爲災，故書其時而不書月日。桓八年十月大雨雪，今之八月，記非時也，故書月；昭四年王正月大雨雹，歲首爲災，故書月；隱九年三月庚辰大雨雪，書日者，承上文大雨震電之後，欲見相去八日之近，洊有變異，故特書日○不雨皆書月者，既不成災，但記其若干

〔一〕例多書日：「例」，原作「列」，據清刻本、四庫本改。

〔二〕宣公以下書日者四百三十二：「二」清刻本、四庫本作「一」。

〔三〕或他國告辭不具：「或他」，原作「□也」，據四庫本改。

〔四〕「合書月而不書者」至「故書月以別之」：「月」字，清刻本、四庫本皆作「日」。

月不雨爾[一]。○旱及水皆書時者，爲其久而成災，故不可書月日也○饑、有年，冬收後則知之，故但書時，無麥禾亦同，無麥苗則在秋時○地震、山崩皆一日，故書月書日○内災皆書日，内事詳也。外災或書月或書時，莫能定知，外事略也。昭十八年夏四月壬午，宋、衛、陳、鄭災，以四國同日災，天下所異，故特書日○螟、螽爲害書月者，當月有之，不連月也。書時者，連月有之也○蟲、獸、飛禽之異皆書時者，但記其異，故不假月日。惟僖十六年六鷁退飛，承上文春正月戊申朔隕石之下，故特加「是月」二字，以見其與隕石不同日而同在正月也○獲麟書時者，從書田狩例。

公即位皆不書日，以其必是朔日故也。惟定公以昭公之喪六月乃至，故書日以明其既殯而即位，且志非常也○天王歸、入書月，以魯史不定知王室之事故也，若王史則當書日。諸侯歸、入、納亦然，大夫歸、入則但書時。天王出，魯公、夫人出、遜皆月而不日者，出與至皆不同日[二]，故不書日。諸侯出奔皆書月，大夫奔及逃叛則但書時。内大夫奔即書月。執諸侯皆書月，諸侯執他國大夫皆書時，若執魯大夫即書月，異於外也。弑君皆書日，大其事也，殺他國君亦然。外殺公子、大夫皆但書時，降於君也。内刺公子、大夫即書日，比之卒也。

昏禮往納幣、往逆女依聘例書時[三]。逆夫人至國則書月，惟莊公逆哀姜特變文書入又書日，以示急切。外來納幣亦書時，外來逆女則書月，莒慶來逆不書月，文不具。内女歸外，永離本國，故亦書月。外女歸外者，情不比内，但書其時。内女自夫家來者，但書時，不比嫁時也。内女被出，即書月，事切於常也，夫人被出亦如之。

諸侯來朝，常事也，但紀其時。僖十四年六月季姬使鄫子來朝，以事異特書月也。他國使使來聘亦常事，故但書時，

〔一〕但記其若干月不雨爾：「若干」，清刻本、四庫本作「苦於」。
〔二〕出與至皆不同日：「皆」，原作「比」，據清刻本、四庫本改。
〔三〕往逆女依聘例書時：「逆」，原作「送」，據清刻本改。

雜事來者亦書時。其有事大者如天王錫命之類，乃書月爾。公如京師及如他國合書月，或不書者，因舊史也，故夫子存書月者以示義。內大夫如外，但書時，會葬者即書月，重喪事也。盟以結二國之好，國之大事，故例皆書日。內盟有不書者，文闕。外盟多不書者，或告辭略，或文闕也。其來盟及莅盟不書日者，來盟者不以至日盟，莅盟者但紀其去盟時，所以不日也。平者皆書月，事輕於盟也。公會諸侯皆書月，重公也。外諸侯會則但書時，內大夫會外大夫亦不書月。公與諸侯遇，禮合書月，不書者，因舊史也。公自外還至國皆書月，內大夫至但書時，不可比君也。

諸侯相侵伐但書時，輕於入滅故也。內侵伐當書月，《經》中書月者少，因舊史也，故夫子存其書月者以示義。內被侵伐當書月，《經》不書月者多，意與上同。內與外共侵伐，義亦同上。圍、襲、追等用日月，與侵伐並同。內與外取國邑悉書月，重於侵伐也。內外救皆書月，竊記其善也。內外次例但書時，遷皆書月，重於侵伐也，降克並同。棄師、殲、亡皆積久而致，非一日之事，故不書日。內兵入他國，例合書日，不日者，史文闕也。戰及敗及滅及焚皆書日，事重故也。軍旅雜事，惟大閱及治兵是一日之事，故書日。其餘但記非常及改作，故隨事輕重，或月或時，以明變常之始爾，故皆不書其日。蒐狩之禮，四時有常，變者則書，紀其失也，但著其時。桓四年公狩於郎，爲公非禮之行，故書月。興作皆合於農隙，但紀其時，是非著矣。僖二年正月城楚丘，內爲外城，故特書月。改革但紀其初，不必言日。賦稅但紀變常之時，故不必標其日月。

崩、薨、卒、葬例書日，重喪事也。雖未踰年之君卒亦書日，其不日者故也，與成君之薨故則不地者同。葬書月以紀得禮失禮也，或無月者，史文闕。

郊及廟祭皆記日，敬大事也，其或不日者，文闕。若泛序郊廟，如卜郊、丹楹等，即不日，非祭事故也。雩事爲旱而非正祭，故月而不日。其社祭自有定日，其他所載皆雜事，故亦不日。

變異

日食三十六

有日有朔二十六〇桓三既〇莊二十五〇二十六〇三十〇僖五〇文十五〇成十六〇十七〇襄十四〇二十〇二十一〇二十三〇二十四既再〇二十七〇昭七〇十五〇十七〇二十一〇二十二〇二十四〇三十一〇定五〇十二〇十五

有日無朔七〇隱三〇僖十二〇文元〇宣八既〇十〇十七〇襄十五

無日有朔一〇桓十七

日朔俱無二〇莊十八〇僖十五

恒星不見莊七〇星隕同上〇有星孛文十四〇昭十七〇襄十三

震電隱九〇震夷伯之廟僖十五

隕霜不殺草，李梅實僖三十三〇隕霜殺菽定元

無冰桓十四〇成元〇襄二十八〇雨木冰成十

大雨雪隱九〇僖十〇雨雪桓八

大雨雹僖二十九〇昭三〇四

大雨隱九〇雨僖三〇不雨莊三十一〇僖二〇三再〇文二〇十〇十三

大旱僖二十一〇宣十

饑宣十〇十五〇大饑襄二十四〇無麥苗莊七〇大無麥禾莊二十八

有年桓三〇大有年宣十六

地震文九〇襄十六〇昭十九〇二十三〇哀三

沙鹿崩僖十四〇梁山崩成五

隕石僖十六

大水桓元〇十三〇莊七〇十一〇二十四〇二十五〇宣十〇成五〇襄二十四

火宣十六〇災桓十四〇僖二十〇成三〇襄九〇三十〇昭九〇十八〇定二〇哀三〇四〔一〕〇大災莊二十

螟隱五〇八〇莊六〇螽桓五〇僖十五〇文八〇宣六〇十三〇十五〇襄七〇哀十二〇十三再〇雨螽文三〇蝝生宣十五

有蜚莊二十九〇有蜮莊十八〇多麋莊十七〇有鸜鵒來巢昭二十五〇六鷁退飛僖十六

獲麟哀十四

自日食至此，皆天道之變異也。《春秋》常事不書，唯變異則書。有年、大有年、獲麟亦是變異，或指爲祥瑞者非。二百四十二年，有年者再而已，豈得謂祥乎！麟非治世不出，出於亂世，爲獵人所獲而死，異孰大焉！

〔一〕「襄九」至「〇四」：原作「定二〇哀三〇四〇襄九〇三十〇昭九〇十八」，據四庫本改。

春秋纂言總例卷二

元　吴澄　撰

人紀第二

王

周，姬姓。其先帝嚳之胤，名棄，在唐虞時爲稷官，封於邰。子不窋失官，竄戎狄。其孫公劉國於邠，太王亶父去邠居岐。周文王昌自岐周徙豐，武王發代商有天下〔一〕，都鎬。傳成王誦、康王釗、昭王瑕、穆王滿、共王伊扈、懿王囏、孝王辟方、夷王燮、厲王胡、宣王靖、幽王宫涅十二世，至平王宜臼，幽王太子也。幽王嬖褒姒，欲立其子伯服，廢申后及太子。太子奔申，申侯與犬戎弑幽王，太子嗣位，遷洛都王城，四十九年爲魯隱公元年，《春秋》之始。在位五

〔一〕武王發代商有天下：「代」，四庫本作「伐」。

十一年，隱三年崩。太子洩父早卒[一]，孫桓王林繼，元年爲魯隱公四年，在位二十三年，桓十五年崩。子莊王佗嗣，元年爲魯桓公十六年[二]，在位十五年，莊十二年崩，《經》不書。子僖王胡齊嗣，元年爲魯莊公十三年，在位五年，莊十七年崩，《經》不書。子惠王閬嗣，元年爲魯莊公十八年，在位二十六年，僖八年崩。子襄王鄭嗣，元年爲魯僖公九年，在位三十三年，文八年崩。子頃王臣嗣，元年爲魯文公九年，在位六年，文十四年崩，《經》不書。子匡王班嗣，元年爲魯文公十五年，在位六年，宣二年崩。弟定王瑜立，元年爲魯宣公三年，在位二十一年，成五年崩。子簡王夷嗣，元年爲魯成公六年，在位十四年，襄元年崩。子靈王泄心嗣，元年爲魯襄公二年，在位二十七年，襄二十八年崩。子景王貴嗣，元年爲魯襄公二十九年，在位二十五年，昭二十二年崩。景王太子壽早卒，立王子猛，未踰年卒，猛之弟敬王匄立，元年爲魯昭公二十三年，四年徙都洛之成周，三十九年爲魯哀公十四年，《春秋》之終，在位四十四年，哀十九年崩。其後又有元王仁七年，貞王介二十八年，考王嵬十五年，威烈王午二十四年，安王驕二十六年，烈王喜七年，顯王扁四十八年，慎靚王定六年，赧王延自成周遷王城，五十九年周亡。周有天下八百餘年，約計四百年在春秋前，二百四十二年在春秋中，二百二十五年在春秋後。

天王三十○闕天字三○誤王字爲子一

歸物三○隱元歸賵○文五歸含賵，闕天○定十四歸脤

聘七○隱七○九○桓四○五○八○僖三十○宣十

[一] 太子洩父早卒：「洩」，四庫本作「泄」。

[二] 元年爲魯桓公十六年：「六」，原作「五」，據四庫本改。

錫命三○莊元，闕天○文元○成八，誤王爲子

來一○桓十五

會葬二○文元○五，闕天

居二○僖二十四○昭二十三

入一○昭二十六

狩一○僖二十八

殺一○襄三十

崩九○隱三○桓十五○僖八○文八○宣二○成五○襄元○二十八○昭二十二

王月百三十三○闕王十三不與

從王一○桓五

王所二○僖二十八再

王室一○昭二十二

王師一○成元

王后二○桓八○襄十五

王世子一○僖五

王子周自平王始入春秋，爲一世○生太子泄父、王子狐，爲二世。狐無後○泄父早卒，生桓王，爲三世○桓王生

莊王、王子克，爲四世。克無後○莊王生僖王、王子虎、王子頹，爲五世。虎見《經》，别爲王叔氏，謚文公，王叔桓公、王叔陳生其後也。頹無後○僖王生惠王，爲六世○惠王生襄王、王子帶，爲七世。帶别爲甘氏，謚昭公，八世成公，九世景公，十世簡公、悼公過、平公鰌，十一世桓公○襄王生頃王，爲八世○頃王生匡王、定王、王札子、王季子，爲九世。札子、季子見《經》。札子無後。季子别爲劉氏，謚康公，十世定公夏、十一世獻公、十二世文公卷、十三世桓公○定王生簡王，爲十世○簡王生靈王、儋季，爲十一世。儋季别爲儋氏，十二世括、十三世翩○靈王生景王、王子佞夫，爲十二世。佞夫見《經》，無後○景王生王子壽、王子猛、敬王、王子朝，爲十三世。子猛、子朝見《經》。

王姬五○莊元逆○築館○歸於齊，歸齊襄公也○莊二卒○莊十一歸於齊，歸齊桓公也。

公

宋公爵，子姓，商之後。周武王代商[一]，封紂庶兄微子啟於宋以奉湯祀，國在商丘，後爲亳州應天府。傳微仲衍、公稽、丁公申、閔公共、煬公熙、厲公鮒、僖公舉、惠公覸、哀公、戴公、武公司空、宣公力，穆公和七年入春秋，魯隱二年卒。殤公與夷立，魯桓二年弒。莊公馮立，魯莊二年卒。閔公捷嗣，魯莊十二年弒。桓公御説立，魯僖九年卒。襄公兹父嗣，魯僖二十三年卒。成公王臣嗣，魯文七年卒。昭公杵臼嗣，魯文十八年弒。文公鮑立，魯成二年卒。共公瑕嗣[二]，魯成十五年卒。平公成嗣，魯昭十年卒。元公佐嗣，魯昭二十五年卒。景公頭曼嗣，二十六年《春秋》終，在

[一] 周武王代商：「代」，四庫本作「伐」。
[二] 共公瑕嗣：「瑕」，原作「固」，據清刻本、四庫本改。

位六十四年卒。又有昭公得[一]、悼公購由、休公田、公辟兵、公剔成、公偃，至周赧王二十九年，齊、魏、楚滅之，宋亡。

凡畿外諸侯，必王者之後乃爵爲公，所謂上公九命之國，地方百里。《經》所書公爵，惟此一國。州、郭、虞，則畿内之公也。

州公爵，姜姓，寰内諸侯，在王畿之内，蘇忿生采地十二邑之一也。後爲州公，食邑在今孟州温縣。《左氏》誤以淳于公爲州公，淳于蓋杞之邑，在密州高密縣，非州國也。

郭公爵，姬姓，郭、虢二字蓋通用，傳記皆作虢，唯《春秋經》書「郭公」。文王二弟虢仲、虢叔，武王克商，封仲及叔，謂之二虢。仲所封在陝州陝縣，叔所封在鳳翔府虢縣，皆王畿采邑。

虞公爵，姬姓，太王第二子仲雍生季簡，季簡生叔達，叔達生周章、虞仲。及武王克商，求大伯仲雍之後，得周章，已爲吴君，乃别封其弟虞仲於周之北，故夏墟，爲西吴，後世謂之虞公。自虞仲至虞公十二世。

侯

晋侯爵，姬姓，周武王之子、成王之弟虞封於唐，故唐城在絳州翼城縣西二十里，堯之苗裔所封，成王時國亂，滅之而封虞。唐叔子燮徙居晋水旁[二]，在并州晋城縣北二里，改唐爲晋。傳武侯寧族、成侯服人、厲侯福、靖侯宜臼、僖

[一] 又有昭公得：「得」，清刻本、四庫本作「特」。
[二] 唐叔子燮徙居晋水旁：「徙」，原作「徒」，據四庫本改。

侯司徒、獻侯籍、穆侯費王〔一〕、殤叔、文侯仇、昭侯伯，封文侯弟成師爲曲沃桓叔，其邑大於晋國。傳莊伯鱓，十一年入春秋，魯隱七年卒，武公稱嗣。晋昭侯傳孝侯平、鄂侯郄，二年入春秋，魯隐五年卒。哀侯光嗣。魯桓二年，曲沃武公虜哀侯，小子侯立。魯桓七年，曲沃武公弑之，哀侯弟緡立。魯莊十六年，曲沃武公弑緡，周僖王命武公爲晋侯，魯莊十七年卒。獻公詭諸嗣，魯僖九年卒。奚齊立，弑。卓立〔二〕，魯僖公十年弑。惠公夷吾立，魯僖二十四年卒。文公重耳立，魯僖三十二年卒。襄公驩嗣，魯文六年卒。靈公夷皋嗣，魯宣二年弑。成公黑臀立，魯宣九年卒。景公獳嗣，魯成十年卒。厲公州蒲立，魯成十八年弑。襄公孫悼公周立，魯襄十五年卒。平公彪嗣，魯昭十年卒。昭公夷嗣，魯昭十六年卒。頃公去疾嗣，魯昭三十年卒。定公午嗣，三十一年《春秋》終，三十七年卒。後有出公鑿、哀公驕、幽公柳、烈公止，十九年，周威烈王命魏、趙、韓三卿爲侯，三十七年卒。至孝公頎、静公俱酒，二年，三侯滅晋，分其地，晋祀絶。

齊侯爵，姜姓。周西伯文王得太公吕尚爲師，後相武王伐紂，封於齊。傳丁公伋〔三〕、乙公得、癸公慈母、哀公不辰、胡公静、獻公山、武公壽、厲公無忌、文公赤、成公脱、莊公購、僖公禄父，九年入春秋，魯桓十四年卒。襄公諸兒嗣，魯莊八年弑。桓公小白立，魯僖十七年卒。第三子孝公昭嗣，魯僖二十七年卒。桓公第四子昭公潘立，魯文十四年卒。子舍嗣，桓公第五子懿公商人弑之而立，魯文十八年弑。桓公第二子惠公元立，魯宣十年卒。頃公無野嗣，魯成九年卒。靈公環嗣，魯襄十九年卒。莊公光嗣，魯襄二十五年弑。景公杵臼嗣，魯哀五年卒。孺子荼嗣，魯哀六年弑。

〔一〕穆侯費王：「王」字原闕，據清刻本、四庫本補。
〔二〕卓立：「卓」下清刻本、四庫本有「子」字。
〔三〕傳丁公伋：「伋」，清刻本、四庫本作「仡」。

悼公陽生立，魯哀十年卒。簡公壬嗣，魯哀十四年弑。又有平公驁、宣公積、康公貸，十九年，周王命田和爲齊侯，二十六年卒，呂氏絶祀。

蔡侯爵，姬姓。文王子度初食邑於蔡，武王分紂都之南，國之於鄘。後被紂子武庚誘之以畔而放。成王復封其子胡於蔡。傳侯荒、宫侯、厲侯、武侯、夷侯、僖侯所事、共侯興、戴侯、宣公考父，二十八年入春秋，魯隱八年卒。桓公封人嗣，魯桓十七年卒。哀侯獻舞立，魯莊十九年卒於楚。穆侯肸嗣，魯僖十四年卒。莊公甲午嗣，魯文十五年卒。文公申嗣，魯宣十七年卒。景公固嗣，魯襄三十年弑。靈公般立，魯昭十一年楚子殺之，國滅。魯昭十五年，平公盧歸國，魯昭二十年卒。悼公東國立，魯昭二十三年卒於楚。昭公申立[一]，魯哀四年，盜殺之。成公朔嗣，十年《春秋》終，魯哀二十三年卒。後有聲公産、元公、侯齊，四年，楚惠王滅之，蔡絶祀。

衛侯爵，姬姓。文王子封初食邑於康，武王分紂都之東，國之於衛。傳康伯牟、考伯、嗣伯、庭伯、靖伯、貞伯、頃侯、僖侯羡、武公和、莊公揚、桓公完，十二年入春秋，魯隱四年弑。宣公晋立，魯桓十二年卒。惠公朔立，魯莊二十五年卒。懿公赤嗣，魯閔二年爲狄所殺。戴公申立，卒。文公燬立，魯僖二十五年卒。成公鄭嗣，魯宣九年卒。穆公遬嗣，魯成二年卒。定公臧嗣[二]，魯成十四年卒。獻公衎嗣，魯襄十四年，奔齊[三]。定公弟殤公剽立，魯襄二十年弑。獻公衎復歸，魯襄二十九年卒。襄公惡嗣，魯昭七年卒。靈公元立，魯哀二年卒。出公輒立，莊公蒯聵入於戚，魯哀十二

[一] 昭公申立：「申」，原作「甲」，據清刻本、四庫本改。

[二] 定公臧嗣：「定」，原作「宣」，據四庫本改。

[三] 「奔齊」二字原闕，據清刻本、四庫本補。

年入國，出公出。春秋後魯哀十七年，莊公出，魯哀十八年，出公復入，在位共二十五年，卒於越。後有悼公黔、敬公弗、昭公糾、懷公亹、慎公頹、聲公訓、成侯遫、平侯、嗣君、懷君、元君、君角，二十二年，秦二世廢之爲庶人，衛絶祀。

陳侯爵，嬀姓，舜之後。虞閼父爲周陶正，武王封其子胡公滿於陳。傳申公、犀侯、相公臯羊、孝公突、慎公圉戎、幽公寧、僖公孝、武公震、夷公悦、平公燮、文公圉、桓公鮑，二十三年入春秋，魯桓五年卒。弟佗殺太子免代立，桓六年，蔡人殺佗，立厲公躍〔一〕，魯桓十二年卒。宣公杵臼立，魯僖十三年卒。穆公款嗣，魯僖二十八年卒。共公朔嗣，魯文十三年卒。靈公平國嗣，魯宣十年弒。次年楚立成公午，魯襄四年卒。哀公溺嗣，魯昭八年卒。弟招殺太子偃師，楚滅陳。魯昭十三年，偃師之子惠公吴歸國，魯定公四年卒。懷公柳嗣，魯定八年卒。閔公越嗣，二十一年《春秋》終。魯哀十七年，楚滅陳。

凡畿外大國，皆爵爲侯，七命，地方百里。《經》所書此五國，有初大而後漸降於次國者，有中微而後浸踰於大國者。

滕侯爵，姬姓，文王子叔繡，武王封之於滕，國在徐州滕縣。繡至宣公十七世。魯隱七年卒書侯者，不知名謚，蓋宣公之父若祖。魯隱十一年來朝，書侯，自侯降爲子，終春秋之世。魯僖十九年，嬰齊爲宋所執，傳云「滕宣公」。宣公之孫昭公，魯宣元年卒。文公嗣立，魯成十六年卒。子成公嗣立，魯昭三年卒。悼公寧嗣立，魯昭二十八年卒。頃公結嗣立，魯哀四年卒。隱公虞母嗣立，魯哀十一年卒。

薛侯爵，任姓，夏封黄帝之後奚仲爲薛侯，後遷於邳。仲虺居薛爲湯左相，周武王復以其胄爲薛侯。杜預云「國在

〔一〕立厲公躍：「厲」，原作「屬」，據四庫本改。

魯國薛縣」。《春秋》魯隱十一年來朝，書侯。魯莊三十一年卒，書伯，不知名謚。自此以後，終春秋皆書伯。獻公穀，魯昭三十一年卒。襄公定，魯定十二年卒。伯比，魯定十三年弒。惠公夷，魯哀十年卒。

紀侯爵，姜姓，國在臨朐縣東、壽光縣西。

鄧侯爵，曼姓，國在襄陽府鄧城縣。魯桓七年，吾離來朝，書侯。

邢侯爵，姬姓，周公之胤，國在信德府。魯僖十六年會於淮，書侯。

隨侯爵，姬姓，國在隨州隨縣。魯哀元年《經》始書侯。

滕、薛、紀、鄧、邢、隨，其初均是七命百里之侯，後浸削小，僅可比於小國，故滕自侯降爲子，薛自侯降爲伯，紀、鄧、邢未降爵，國先亡。隨雖未亡，爲楚私屬，不列於諸侯，至哀十年，《經》始書隨侯，蓋楚昭王德之，而俾列於諸侯也。

伯

秦伯爵，嬴姓，周孝王封柏翳之後非子爲附庸，邑於秦。傳秦侯公伯、秦仲、莊公、襄公、文公，《春秋》魯隱公元年爲文公四十四年，五十年卒。寧公十二年、出子六年、武公二十年、德公二年、宣公十二年、成公四年、穆公任好三十九年。康公罃嗣，魯文十八年《經》始書卒。共公稻嗣，魯宣四年卒。桓公榮嗣，魯成十四年卒。景公厚嗣，魯昭五年卒。哀公嗣，魯定九年卒。惠公立，魯哀三年卒。悼公嗣，春秋後魯哀十八年卒。又有厲共公、躁公、懷公、靈公、簡公、惠公、出子、獻公、孝公、惠文王、武王、昭襄王、孝文王、莊襄王，始皇帝并天下。

鄭伯爵，姬姓，周宣王封弟友於鄭縣，是爲桓公。後并東虢及檜，遷焉，犬戎殺之。武公掘突嗣，莊公寤生嗣，二十二年入春秋，魯桓十一年卒。厲公突簒立，魯桓十五年出。昭公忽復歸，十七年弑。立子亹，魯桓十八年被殺。立子儀，魯莊十四年被殺。厲公歸國，莊二十一年卒。文公捷嗣，魯僖二十二年卒。穆公蘭嗣，魯宣三年卒。靈公夷嗣，魯宣四年弑。襄公堅立，魯成四年卒。悼公費立，魯成六年卒。成公睔立，魯襄二年卒。僖公髠頑嗣，魯襄七年卒。簡公嘉嗣，魯昭十二年卒。定公寧嗣，魯昭二十八年卒。獻公蠆嗣，魯定九年卒。聲公勝嗣〔一〕，在位三十年，春秋後卒。又有哀公易、共公丑、幽公已、繻公駘、君乙，在位二十一年，韓滅鄭。

曹伯爵，姬姓，武王封弟振鐸於曹。傳太伯脾、仲君平、宫伯侯、孝伯雲、夷伯喜、幽伯彊、戴伯蘇、惠伯兕、穆公武、桓公終生，三十五年爲魯隱元年，魯桓十年卒。莊公射姑嗣，魯莊二十三年卒。僖公赤簒立，魯莊三十二年卒。昭公班嗣，魯僖七年卒。共公襄嗣，魯文九年卒。文公壽嗣，魯宣十四年卒。宣公廬嗣，魯成十三年卒。成公負芻立，魯襄十八年卒。武公勝嗣〔二〕，魯昭十四年卒。平公須嗣，魯昭十八年卒。悼公午嗣，魯昭二十八年卒。聲公野立，魯定七年，隱公通代之，靖公露又代之，魯定八年卒。伯陽嗣，魯哀八年，宋入曹，遂亡。

杞其初蓋公爵，後降爲子，又爲伯，姒姓，湯封禹之後於杞。成王代商，求禹後，得東樓公，仍封於杞，國在陳留雍丘縣。傳西樓公、題公、謀娶公、武公，二十九年爲魯隱元年，四十六年卒。靖公二十三年、共公八年、德公十八年、成公十八年，魯僖二十三年書卒。桓公姑容七十年，魯襄六年卒。孝公匄十七年，魯襄二十三年卒。文公益姑十四年，

〔一〕聲公勝嗣：「勝」，原作「滕」，清刻本、四庫本改。
〔二〕武公勝嗣：「勝」，四庫本作「滕」。

魯昭六年卒。平公郁釐十八年，魯昭二十四年卒。悼公成十六年，魯定四年卒。僖公過弒隱公代立十九年，魯哀八年卒。緡公維十六年，春秋後魯哀二十四年卒。又有哀公閼十年，出公敕十二年〔一〕，簡公春元年，楚滅杞。

薛詳見前侯爵下。

穀伯爵，嬴姓，國在襄陽府穀城縣。

滑伯爵，姬姓，國在偃師緱氏鎮。

郕伯爵，姬姓，文王之子所封，國在齊州任城縣南。

北燕伯爵，姬姓，武王封召公奭於燕。召公九世惠侯、僖侯、頃侯、哀侯、鄭侯、穆侯，七年當魯隱元年，在位十八年。宣侯十三年，桓侯七年，莊公三十三年，襄公四十年，桓公十六年，宣公十五年，昭公十三年，武公十九年，文公六年，懿公四年，簡公款魯襄二十九年爲元，魯昭三年奔齊，始見《經》。悼公魯昭七年爲元，魯昭十二年齊納簡公於陽。悼公七年，共公五年，平公十九年，惠公十二年，獻公二十八年，孝公十五年，成公十六年，湣公三十一年，僖公三十年，桓公十一年，文公二十九年，易王十二年，王噲九年〔二〕，昭王平三十三年，惠王七年，武成王十四年，孝王三年，王嘉三十三年，秦滅燕。按燕世次多謬誤，《史記》以簡公爲惠公，以惠公爲簡公，莫詳孰是。

凡畿外次國，皆爵爲伯，七命，地方七十里，《經》所書伯爵共九國，杞、薛降爲伯者也。穀、滑、郕、微乎微矣，皆先亡。燕僻遠，不通中國會盟。至戰國時乃强大，厠於七雄。

〔一〕出公敕十二年：「敕」，原作「敕」，據四庫本改。

〔二〕王噲九年：「噲」，四庫本作「噲」。

子

楚子爵，芈姓，初號荆，周成王封熊繹於楚。傳熊艾、熊黮、熊勝、熊楊、熊渠、熊摯紅、熊延、熊勇、熊嚴、熊霜、熊簡、熊咢〔一〕、若敖熊儀、霄敖熊坎、蚡冒熊眴〔二〕、武王熊通、文王熊貲、杜敖〔三〕囏、成王頵，魯文元年書弒。穆公商臣，魯文十三年卒，不書。莊王旅，魯宣十八年卒。共王審，魯襄十三年卒。康王昭，魯襄二十八年卒。郟敖麇，魯昭元年卒。靈王虔，魯昭十三年弒。平王居，魯昭二十六年卒。昭王軫，魯哀六年卒。惠王章，在位五十七年，春秋後卒。又有簡王中，二十四年。聲王當，六年。悼王疑，二十一年。肅王莊，十一年。宣王良夫，三十年。威王商，十一年。懷王槐，三十年，留於秦。頃襄王横，三十六年。考烈王元，二十五年。幽王悍，十年。哀王猶立而殺。王負芻五年，秦滅楚。

吴子爵，姬姓，周太王長子太伯、次子仲雍逃荆蠻，號句吴。仲雍傳季簡、叔達、周章，武王代商後封而爵之〔四〕。傳熊遂、柯相、彊鳩夷、餘橋疑吾、柯盧、周繇、屈羽、夷吾、禽處、轉、頗高、句卑、去齊，壽夢名乘，魯襄十二年卒。諸樊名遏，魯襄二十五年卒。餘祭，魯襄二十九年弒。夷末〔五〕，魯昭二十五年卒。僚，魯昭二十七年弒。闔廬名

〔一〕熊咢：「咢」，清刻本、四庫本作「鄂」。

〔二〕熊眴：「眴」，清刻本、四庫本作「恂」。

〔三〕杜敖：「杜」，四庫本作「堵」。

〔四〕武王代商後封而爵之：「代」，四庫本作「伐」。

〔五〕夷末：「末」，清刻本、四庫本作「昧」。

光，魯定十四年卒。夫差十五年，《春秋》終。魯哀二十二年，越滅吴。

莒子爵，已姓，其先陸終氏長子弓樊之裔。周武王封兹輿期於莒，傳十一世至兹丕公，見《經》。魯隱二年莒子盟密，僖二十六年盟向，傳云「兹丕公」，二十八年會温，文十八年庶其弑。渠丘公朱立，魯成十四年卒。黎比公密州立，魯襄三十一年弑。著丘公去疾立，魯昭十四年卒。郊公立，奔齊。庚輿立，魯昭二十三年卒。齊納郊公莒子狂，春秋後魯哀公十四年卒。

邾子爵，曹姓，其先陸終氏第五子晏之裔。周武王封曹俠於邾爲附庸。十二世至儀父，入春秋，魯莊十六年「邾子克卒」，即儀父也。莊二十八年，子瑣卒[一]。文公蘧蒢嗣立，文十三年卒。定公貜且嗣立，成十七年卒。宣公牼嗣立[二]，襄十七年卒。悼公華嗣立，昭元年卒。莊公穿嗣立，定三年卒。隱公益嗣立，哀七年魯入邾，以隱公來，八年，歸之邾，爲吴所囚，太子桓公革代立，十年隱公奔魯，遂奔齊，二十二年，自齊奔越，越歸之於邾。革奔越，越人又執隱公而立革之弟何。

滕詳見前侯爵下。

杞已見前。

小邾子爵，曹姓，亦邾俠之後，別封於郳。齊桓公霸，請王命爵之爲子，改號邾，國在今滕州滕縣東南，《經》加「小」字以別於初封之邾。郳黎來之孫穆公名魁，魯哀四年「宋人執小邾子」者，穆公之孫也。

[一] 子瑣卒：「子」，底本、清刻本、四庫本俱作「了」，誤，據元刻本《春秋纂言》卷三改。

[二] 宣公牼嗣立：「牼」，底本、清刻本作「挰」，四庫本作「挃」，俱誤，今據元刻本《春秋纂言》卷九改。

徐子爵，嬴姓，國在泗州臨淮縣徐城鎮，周穆王時僭稱王，其後楚僭稱王，又其後吴僭稱王，其僭蓋自徐始。

鄫子爵，姒姓，沂州承縣有故鄫國。

郯子爵，己姓，淮陽有古郯城。

郜子爵，姬姓，文王子聃季弟也。郜有二：南郜則魯僖二十年來朝者是也，北郜則取郜鼎是也。單州城武縣有兩郜城。

譚子爵，國在齊州歷城縣。

弦子爵，國在光州仙居縣。

頓子爵，姬姓，國在淮寧府南頓縣。

夔子爵，芈姓，祝融鬻熊之後，楚之别封，國在歸州。

沈子爵，姒姓，國在蔡州汝陽縣。

胡子爵，嬀姓，國在潁昌府西，有胡城。魯昭四年會申，二十三年吴敗其師，胡子髡滅。魯定十五年，楚滅胡，以胡子豹歸。

畿外小國爵爲子者，五命，地方五十里，楚、吴之地雖廣，記曰：其在夷蠻戎狄，雖大曰子。《經》所書子爵共十六國，温、蘇則畿内之子也。

温子爵，姬姓，蘇氏邑，國在河南温縣。

蘇子爵，蓋武王時司寇蘇忿生之後。魯文十年及蘇子盟於女栗，杜預以爲即是僖十年狄所滅之温。予竊疑温是蘇之別封，未必是一人也。

男

許男爵，姜姓，四岳之後，武王封文叔於許。傳十一世至莊公，入春秋。隱十一年，鄭入許，莊公奔衛。桓十五年，鄭亂，莊公之弟穆公新臣復國，僖四年卒。僖公業嗣，文五年卒。昭公錫我嗣，宣十七年卒。靈公寧嗣，襄二十六年卒於楚。悼公買嗣，昭十九年弑。次子斯立，定六年，鄭滅許，以斯歸。楚再復其國，立悼公之孫元公成，魯哀十三年卒。

宿男爵，風姓，魯隱元年書「及宋人盟于宿」，八年書「宿男卒」，莊十年書「宋人遷宿」，以後不復見《經》。

畿外小國爵爲男者，亦五命也，地方五十里，《經》所書男爵惟二國。

微國

向姜姓。

極

戴

燕伯爵，姞姓。

牟

葛嬴姓。

遂

蕭子姓。

鄣

陽

江

黄嬴姓。

厲

項

梁伯爵，嬴姓。

介

鄀允姓。

六偃姓。

麇子爵，嬴姓。

巢

巴子爵，姬姓。

崇

萊

鄟

邿

賴子爵。

鄅子爵，妘姓。

庸

舒子爵，偃姓。

舒庸偃姓。

舒蓼偃姓。

舒鳩子爵，偃姓。

州來

根牟

須句子爵，風姓。

英氏

偪陽子爵，妘姓。

下陽虢之别都，虢既失其初封之國，而保於下陽，故《經》書滅與滅其國同。

於餘丘

於越子爵，姒姓，夏少康庶子封於會稽，號於越。傳世二十七至允常，入春秋。魯定十四年，句踐嗣立，後七世，楚滅之。

凡微國《經》書其爵者，已附見前五等之下。此三十九國，《經》有國名而無其爵，旁考傳注，或得其爵，或得其姓，或爵姓俱有，或爵姓俱無。其初微國，其後强大者，越句踐也，并下陽共爲四十國。

夷國

戎

山戎

北戎

姜戎

雒戎

陸渾戎

茅戎

戎蠻

狄

白狄

鮮虞

赤狄

赤狄潞氏

赤狄甲氏

留吁

廧咎如

淮夷

《經》所書夷國凡十七種。

國地

蔑魯地，隱元　鄎鄭地　潛魯地，隱二　唐魯地　密莒地　石門齊地，隱三　牟婁杞地，隱四　清衛地　濮水名，在曹衛之間，或曰陳地　棠魯地，隱五　長葛鄭地　艾齊地，隱六　中丘魯地，隱七　楚丘戎巳氏之邑　垂衛地，隱八　祊鄭邑　瓦屋周地　浮來紀地　郎魯地，隱九　防魯地　菅宋地，隱十　郜、防宋地　時來魯地，隱十一許田魯地近許，桓元　越衛地　稷宋地，桓二　鄧國名，或云蔡地　嬴齊地，桓三　蒲衛地　讙魯地　祝丘魯地，桓五　成魯地，桓六　咸丘魯地，桓七　桃丘衛地，桓十　惡曹闕，桓十一　折闕　夫鍾郕城　闞魯地

曲池魯地，桓十二　穀丘宋地　虛宋地　龜宋地　武父鄭地　櫟鄭地，桓十五　袲宋地　向魯地，桓十六　黄齊地，桓十七　趡魯地　奚魯地　濼水名，在濟南，桓十八

郱、鄑、郚紀三邑，莊元　禚齊地，莊二　酅紀邑　鄬滑鄭地，莊三　穀齊地，莊九　乾時齊地　洙魯地

長勺魯地，莊十　乘丘魯地　莘蔡地　鄑魯地，莊十一　北杏齊地，莊十三　柯齊地　鄄衛地，莊十四　幽宋地，莊十六　濟西魯地，或曰曹地，莊十八　邑鄭地，莊二十三　洮魯地，莊二十七　城濮衛地　郿魯地，莊二十八　諸、防[一]魯地，莊二十九　魯濟魯地水名　薛魯地，莊三十一　秦魯地　小穀魯邑，莊三十二　梁丘宋地

落姑齊地，閔元

聶北邢地，僖元　夷儀邢地　夷齊地　檉宋地　偃邾地　酈魯地　楚丘衛地，僖二　貫宋地　陽穀齊地，僖三　陘楚地，僖四　召陵楚地　首止衛地，僖五　新城鄭地，僖六　甯母魯地，僖七　葵丘宋地，僖九　咸衛地，僖十三　緣陵杞地，僖十四　沙鹿晋山　牡丘闕，僖十五　匡衛地　婁林徐地　韓國名　淮水名，僖十六　卞魯地，僖十七　甗齊地，僖十八　曹南曹之南鄙，僖十九　鹿上宋地，僖二十一　盂宋地　薄宋地　升陘魯地，僖二十二　泓闕　緡宋地，僖二十三　向莒地，僖二十六　踐土鄭地，僖二十八　河陽晋地　翟泉周地，僖二十九

[一] 諸、防：「防」，原闕，據四庫本補。

帝丘衛地，僖三十一　殽晉要地，或曰山名，僖三十三　訾婁邾地　箕晉地

戚衛地，文元　彭衙秦地，文二　垂隴鄭地　郚魯地，文七　令狐晉地　衡雍鄭地，文八　暴鄭地　女栗闕，文十　厥貉闕　承匡宋地，文十一　河曲晉地，文十二　鄆魯地　沓闕，文十三　棐鄭地　新城宋地，文十四　郪丘齊地，文十六

平州齊地，宣元　棐林鄭地　大棘宋地，宣二　黑壤晉地，宣七　平陽魯地，宣八　繹邾邑，宣十　辰陵陳地，宣十一　櫕函狄地　邲鄭地，宣十二　清丘衛地　無婁杞地，宣十五　斷道晉地，宣十七　笙魯地，宣十八

赤棘晉地，成元　新築衛地，成二　鞌齊地　袁婁齊地　汶陽魯地　蜀魯地　棘楚地，成三　蟲牢鄭地，成五　馬陵衛地，成七　中城魯地，成九　瑣澤鄭地，成十二　交剛鄭地　鍾離楚地，成十五　葉闕　鄢陵鄭地，成十六　沙隨宋地　苕丘晉地　柯陵鄭地，成十七　貍脤魯地　彭城宋地，成十八　鹿囿魯地　虛朾宋地，成十八[一]

鄫鄭地襄元　虎牢鄭地，襄二　長樗晉地，襄三　雞澤晉地　善道闕，襄五　鄬鄭地，襄七　費魯地　鄵鄭地　邢丘晉地，襄八　戲鄭地，襄九　柤楚地，襄十　亳城北鄭地，襄十一　蕭魚鄭地　台魯地，襄十二　鄆莒地　遇魯地，襄十五　溴梁水名，襄十六　祝柯齊地，襄十九　柯衛地　武城魯地　澶淵衛地，襄二十　漆閭丘邾地，襄二十一　商任闕　曲沃晉地，襄二十三　雍榆晉地　重丘齊地，襄二十五

[一]「宋地，成十八」，原闕，據四庫本補。

虢鄭地，昭元　大原晉地　申楚地，昭四　防兹邾地，昭五　蚡泉魯地　紅魯地，昭八　比蒲魯地，昭十一　祲祥闕　厥憖闕　陽燕别邑，昭十二　乾谿楚地，昭十三　平丘衛地　長岸楚地，昭十七　白羽楚地　鄸曹地，昭二十　南里宋地，昭二十一　昌間魯地，昭二十二　皇周邑　王城周都　郊周邑，昭二十三　雞父楚地　黄父昭二十五[一]　陽州齊地　野井齊地　曲棘宋地　鄟陵闕，昭二十六　成周周都　乾侯晉地，昭二十九　適歷晉地，昭三十一　濫邾地，昭三十二

拔闕，定三　臯鼬鄭地，定四　容城許地　柏舉楚地　沙衛地，定七　瓦衛地，定八　曲濮衛地　五氏晉地，定九　夾谷齊地，定十　鄆、讙、龜陰魯地　郈魯地　安甫闕　垂葭衛地，定十三　虵淵囿魯地　晉陽晉地　朝歌晉地　檇李越地，定十四　牽衛地　莒父魯地　霄魯地　渠蒢闕，定十五　漆魯地

漷東邾地，哀二　沂西邾地　句繹小邾地　鐵衛地　啟陽魯地，哀三　毗魯地，哀五　邾瑕魯地，哀六　闡魯地，哀八　雍丘宋地，哀九　艾陵齊地，哀十一　橐臯楚地，哀十二　鄖衛地　嵒宋、鄭隙地，哀十三　黄池鄭地

以上地名各題所屬之國，並仍陸氏所纂，其詳則見《經》註，有國名已見前者不再出。啖氏曰：「天下有道，諸侯各守疆域，非有王事未嘗出竟。」春秋時，諸侯朝、聘、盟、會、侵、伐、圍、襲、遷、追、奔、逃、如、入、出、居未嘗休息，甚者踰一二年，越數千里，而不知有社稷人民之守，夫子因其所適而紀其地，以示去國之遠邇，行事之當否，

[一] 昭二十五：「二」，原作「三」，據四庫本改。

且志其實也。然地名雖存而不繫所屬國分，今會其名，各題所屬，其《左氏傳》地名《經》所不載者不論，有一地再見者，於前題之，後不再叙，未論則闕〔一〕。

鄭先鄭在弘農，後鄭在滎陽　虢西虢在弘農，東虢在滎陽　燕南燕在東郡，北燕在幽州　滕在東爲國，在衛爲地　薛國名，又魯地　秦在魯爲地，在西爲國　向莒屬承縣，鄭屬河内　滑晋屬河南，鄭屬陳留　郜一在魯，一在宋　鄫屬魯爲國，在鄭爲邑　黄南爲國，弋陽；齊爲邑，黄縣　越在衛爲地，在東爲國　巢在南爲國，在曹爲邑　蜀在魯屬泰山，在西爲國　濮在吴越爲夷國，在陳蔡爲地名　鄢一在鄭，一在楚　密在莒屬淳于，在魯屬費縣　楚丘戎巳氏邑，在宋魯間，一衛所遷　防一在齊，一在魯　蒲在晋屬平陽，在衛屬陳留　虚一在宋，一在晋　穀在齊屬穀城，在楚屬南郡　柯在齊爲祝柯，在衛爲内黄　洮一在曹，一在魯　夷儀一屬邢，一屬齊　咸一在魯，一在衛　孟宋屬順昌，晋屬太原　鄆一魯東姑幕，一魯西廪丘　平陽魯平陽縣，晋平陽府　辰陵一在陳，一在鄭　鄢陵莒屬邑，穆伯所奔；鄭潁川，晋楚所戰　重丘一屬齊，一屬曹　紅一魯宋界上，一楚以封子　南里一在宋，一在鄭　王城馮翊武鄉有王城，河陽郟鄏亦王城　鄧在南爲國，在魯爲地，在鄭爲邑，或云蔡地　州一在晋州縣，一在杞淳于，一在楚華容　陽一國名，界齊魯；一楚邑；一在燕中山　唐一在魯，一在晋，一在楚　清在衛爲邑，晋爲地，齊爲邑　棠魯濟上邑，又齊即墨，楚六合　櫟一在鄭，一在晋，一在楚　莘一在蔡，一在虢，一在衛　夷一在齊即墨，一在陳成

〔一〕未論則闕：「論」，清刻本作「踰」，四庫本作「詳」。

父[一]，一爲周采地　新城鄭新密、晋蒲屈、宋穀熟皆名　棘一在齊西安，一在魯濟國，一在燕譙北

以上國名地名，有名同而地在兩處三處者，重纂於此，其考訂未及，該載未盡者，不能悉備也。

鄭伯使宛來歸祊，我入祊隱八〇鄭伯以璧假許田桓元〇取濟西田僖二十一〇齊人取濟西田宣元〇齊人歸我濟西田宣十〇取汶陽田成二〇晋侯使韓穿來言汶陽之田，歸之于齊成八〇齊人來歸鄆、讙、龜陰田定十〇齊人取讙及闡哀八〇齊人歸讙及闡同上〇叔弓帥師疆鄆田昭元〇莒牟夷以牟婁及防茲來奔昭五〇取邾田自漷水襄十九〇邾庶其以漆閭丘來奔襄二十一〇黑肱以濫來奔昭三十一〇取漷東田及沂西田哀二

諸侯各有分地，受之天子，傳之先君。或以己便私易，或以兵力彊取，或以霸令奪彼與此，或以盗臣竊邑適他，皆紊王制也。其餘滅國取邑見後《軍禮》篇。

爵

周公周在岐山之陽，即太王所都之地，爲文王子旦之采邑。武王既克商，封旦於魯，旦爲三公，留王朝不之國，其子孫在王朝者世襲公爵，稱爲周公。僖九年，會葵丘之宰名孔；僖三十年，來聘之宰名閱；成十二年，出奔晋者名楚；桓十八年，傳所云「周公黑肩」者，孔之先也[二]。

祭公周公之胤，祭在開封長垣縣。隱元年書伯，桓八年書公，蓋由伯爵進公爵也，或云公蓋伯之子也。

[一] 一在陳成父：「成」，四庫本作「城」。

[二] 孔之先也：「先」，清刻本、四庫本作「兄」。

王朝三公，八命，有封國則從九命之爵，稱公，《經》所書皆以爵配國邑，伯與子亦如之。

祭伯隱元，詳見祭公下〔一〕。

凡伯凡亦周公之胤，國在衛州共城縣，隱七。

渠伯桓四年書「宰渠伯糾來聘」，渠亦當是采邑之名而伯爵者也。杜註《左傳》以渠爲氏者，非。

毛伯文王之子，康王時以公爵兼冬官卿，蓋其子孫之爵爲伯。文元年來錫命、九年來求金者名衛。昭十八年傳云「毛得殺毛伯過」，昭二十六年以子朝奔楚者，毛得也。

召伯召，奭之采邑，在扶風雍縣之南〔二〕。武王既克商，封奭於燕，留王朝不之國，其子孫在王朝者襲爵，稱召伯。平王東遷，周、召采地皆入於秦。孔穎達謂：「東周别賜采邑而存周、召之本名。」文五年來會葬者，召昭公也；宣十五年王札子所殺者，召戴公也；成八年來錫命者，召桓公也；昭二十二年黨子朝者，召莊公奂也。

王朝六卿，六命，有封國則從七命之爵，稱伯。

尹子蓋尹吉甫之後，《詩》所刺太師尹氏也。魯隱三年書卒，昭二十三年立王子朝，二十六年以王子朝奔楚。

單子成元年傳云「如晋拜成」，十七年《經》兩書會伐鄭者，單襄公也。襄三年盟雞澤者，單頃公也。昭二十二年以王猛入、二十六年逐子朝者，單穆公也。

劉子魯隱十一年，王取劉於鄭，後爲王季子之采邑。宣十年書「王季子來聘」，即劉康公也，意其時未食於劉。成

〔一〕詳見祭公下：「祭公下」下原有「隱元」二字，據清刻本、四庫本删。

〔二〕在扶風雍縣之南：「之」，清刻本、四庫本作「東」。

十三年會伐秦，書「劉子」。襄十五年逆王后者，定公夏也。昭十三年會平丘者，獻公摯也。昭二十二年以王猛入、二十六年遂子朝者，劉蚠也。定四年會召陵、書卒者，文公卷也。

王朝中下大夫，四命，有封邑則從五命之爵，稱子。凡諸侯國在畿外者，其爵五等。王朝之臣國在畿内者，爵止三等，無侯爵、男爵。

字

南季隱九

仍叔桓五

家父桓八、桓十五

榮叔莊元、文五

祭叔莊二十三〇祭三見《經》，初書伯，繼書公，此又以邑爲氏而書字，豈公之後不世爵而爲四命之大夫與？

宋孔父

王朝中下大夫，四命，無封邑者，《經》所書以字配氏。

魯單伯

陳女叔

鄭蔡仲

大國卿之上有孤，亦四命，《經》所書以字配氏，與王朝大夫同。宋，上公之國，自應有孤。魯有單伯，則以周公之國故也。陳有女叔，則以虞帝之後故也。鄭有蔡仲，宣王寵其弟，故得如大國之有孤，然非禮也。

氏

宰咺隱元

叔服文元

劉夏襄十五

石尚定十四

王朝上士，三命，《經》所書以氏配名。

公子益師　公子彄　臧孫辰

臧孫許　臧孫紇　公子慶父

公孫敖　仲孫蔑　仲孫速

仲孫羯　仲孫貜　仲孫何忌

公子牙　公孫茲　叔孫得臣

叔孫僑如　叔孫豹　叔孫婼

叔孫不敢　叔孫州仇　公子友

季孫行父　季孫宿　季孫意如

季孫斯　公子結　公子遂

公孫歸父　仲嬰齊　叔仲彭生

公孫嬰齊　叔老　叔弓

叔輒　叔鞅　叔詣

叔還　公子憖

此魯卿也，大國之卿三命[一]，書氏名，與王朝上士同。凡爵稱公、侯，地方百里爲大國。伯爵、子爵之國不應有三命之卿，其有之者，僭踰亂制也。

宋公子地　公孫壽　仇牧

子哀　華元　華弱

華閱　華臣　華定

華合比　華亥[二]　向戌

向寧　向巢　樂大心

[一] 大國之卿三命：「大」，原作「太」，據清刻本、四庫本改。

[二] 華亥：「亥」，原作「害」，據清刻本改。

欒祁犂　欒髡　仲幾
仲佗　魚石　石彄
皇瑗
晉里克　丕鄭父　陽處父
狐射姑　箕鄭父　荀息
荀林父　荀庚　荀首
荀罃　荀偃　荀吴
荀盈　荀躒　荀寅
士縠　士燮　士匄
士魴　士鞅　士吉射
趙盾　趙穿　趙同
趙括　趙武　趙鞅
郤缺　郤克　郤犨
郤錡　郤至　韓穿
韓厥　韓起　韓不信
先蔑　先都　先縠

欒書 欒黶 欒盈

胥甲父 胥童 魏曼多

齊高傒 高固 高無咎

高厚 高止 高偃

高發 高張 國歸父

國佐 國弱 國夏

國書 崔杼 慶封

欒施 陳乞

陳公子招 公子留 公子過

公孫寧 公孫佗人 轅濤塗

轅僑 轅頗 洩冶[一]

夏徵舒 夏齧 夏區夫

慶虎 慶寅 儀行父

鍼宜咎 孔奐 干徵師

[一] 洩冶：「冶」原作「治」，據四庫本改。

衛公子瑕　公孫剽　元咺
甯速　甯俞　甯殖
甯喜　孫免　孫良夫
孫林父　北宮括　北宮佗
北宮喜　北宮結　孔達
孔圉　石買　石惡
石曼姑　世叔儀　世叔申
世叔齊　公孟彄　公叔戌〔一〕
趙陽
蔡公子燮　公子履　公子駟
公子歸生〔二〕　公孫姓　公孫獵
公孫辰　公孫霍　朝吴
鄭公子歸生　公子去疾　公子喜

〔一〕公叔戌：「戌」，原作「戊」，據四庫本改。
〔二〕公子歸生：「子」原作「孫」，據四庫本改。

公子鰌　公子發　公子騑
公子嘉　公孫輒　公孫舍之
公孫蠆　公孫夏　公孫段
公孫黑　良霄　罕虎
罕達　游吉　游速
國參　駟弘
曹公子首　公孫會
楚公子嬰齊　公子側　公子壬夫
公子貞　公子午　公子追舒
公子圍　公子比　公子棄疾
公子結　公子申　屈完
屈建　屈申　薳罷
成熊　郤宛　囊瓦

三命之卿，《經》書其氏名者，魯之外有九國。

名

寔

王朝中士，再命，《經》書名。

無駭　挾　翬　柔　溺

此魯大夫之再命者也。

鄭段　宛　詹　申侯

紀裂繻

衛州吁

宋督　萬

陳佗

齊無知

莒慶　挐　牟夷

楚宜申　得臣　椒

秦術

邾庶其　快　畀我

吴札

再命者書名。宋督爲太宰，止是再命之大夫，蓋未三命，則未賜氏也。若段若州吁若佗若無知，雖非再命之大夫，然其屬爲公子、公孫，故亦得稱名，同於再命者。

人

王人

王朝下士，一命，《經》書王人。

宋人　晉人　齊人　陳人　蔡人　衛人

秦人　鄭人　曹人　薛人　燕人　荆人

楚人　吴人　莒人　邾人　小邾人　徐人

許人　牟人　葛人　江人　黄人　介人

巴人　越人　狄人

大國之士一命者[一]、其次國之大夫、小國之卿亦皆稱人，亦有夷國之君稱人者，亦有國君厭於王、國卿厭於君而降稱人者，詳見《經》註。

[一] 大國之士一命者：「大」，清刻本、四庫本作「上」。

盗

盗竊寶玉、大弓定八〇盗謂陽虎

盗殺蔡侯申哀四〇盗謂公孫翩

盗殺衛侯之兄縶昭二十〇盗謂齊豹、褚師圃、公子朝

盗殺鄭公子騑、公子發、公孫輒襄十〇盗謂尉止、司臣、侯晋、堵女父、子師僕

盗殺陳夏區夫哀十三

凡《經》書人者雖賤，亦是一命，或士或大夫或卿。陽虎，季氏家臣，不命者也。公孫翩、齊豹、尉止輩，蓋皆不命之人。主謀非一，羣不逞共成其事，不可專指爲誰。不命則雖食禄，與庶人同爾。以庶人而竊物出境，以庶人而聚衆殺人，均之爲盗也。

兄弟

天王弟佞夫襄三十〇公弟叔肸宣十七〇齊侯弟年隱七〇桓三〇鄭伯弟語桓十四〇宋公弟辰定十一〇秦伯弟鍼昭元〇陳侯弟黄襄二十〇二十三〇陳侯弟招昭八〇衛侯弟黑背成十〇衛侯弟鱄襄二十七〇衛侯兄縶昭二十

三命書氏名，再命書名，雖王公之子亦然。王子、公子未再命，得書名與再命同者，以其屬之貴也，故特表其屬曰

「某公某侯之弟若兄」，見其非再命之卿大夫也。陳公子招既爲三命之卿，書氏名矣，又書「陳侯弟招」者，欲見其爲世子偃師之叔父，非以命卿殺世子也。

許叔桓十五〇蔡叔桓十一〇蔡季桓十七〇紀季莊三〇蕭叔莊二十三

凡諸侯之弟貳君而非君者，稱字。鄭入許，許莊公奔衛，許無君矣，鄭使許叔奉其祀。後值鄭亂，乃入於許而爲君。蔡叔、蔡季皆蔡桓侯弟，桓侯無子，卒之時，蔡叔想已不在，故召蔡季於陳而立之，書「季」者，明其以君之貳而得及也。齊將滅紀，紀侯命其弟分紀之半入於齊爲附庸，以存先祀。蕭，宋附庸之小國也，使其弟代君而朝魯，已非禮矣，魯又受其朝於野，益非禮也。

世子

世子來朝一曹射姑〇桓九〇世子會諸侯十宋成一〇成十五〇齊光八〇襄三〇五再〇九〇十再〇十一再〇宋佐一〇昭四〇世子復歸一鄭忽〇桓十五〇世子出奔一衛蒯聵〇定十四〇納世子一衛蒯聵〇哀二〇殺世子三晉申生〇僖五〇宋痤[一]〇襄二十六〇陳偃師〇昭八〇執世子一蔡有〇昭十一〇世子弒君三楚商臣〇文九〇蔡般〇襄三十〇許止〇昭十九

諸侯世子書於《經》者二十一，代君行朝禮、與會盟、與伐國，皆非世子之所宜也。

〔一〕宋痤：「痤」，原作「座」，據清刻本、四庫本改。

命數

	君	臣						
九命	公							
八命		王朝三公						書國爵
七命	侯伯							
六命		六卿						書邑爵
五命	子男							
四命		大夫	公之孤					書氏字
三命		上士	大國之卿					書氏名
再命		中士	大夫	次國六卿				書名
一命		下士		大夫	士不命	小國六卿	大夫不命	書人

《經》書爵、字、氏、名及人並準命數。

即位

王正月，公即位七〇桓、文、宣、成、襄、昭、哀元年

六月戊辰，公即位一〇定元年

不書即位四〇隱、莊、僖、閔

啖氏曰：天子諸侯崩薨既殯而嗣子爲君，未就阼階之位，來年正月朔乃就位南面而稱元年。凡先君正終，則嗣子踰年行即位禮，文、成、襄、昭、哀五公是也；先君遇弑，則嗣子廢即位禮，不忍行也，莊、僖二公是也；繼弑君而行即位禮，則是與聞乎弑也，桓、宣二公是也。澄按：隱公之不即位，三《傳》皆謂隱欲讓桓，以桓尚少而暫攝君事，故不行即位禮。閔之不即位，説者以爲子般被弑，欲以同於繼弑君不即位之例。然般之卒，霸主及魯臣皆無討賊者，則胡、孫、程、高氏謂「非弑者」近是。蓋般卒後，慶父欲干其位，慶父如齊而魯人立閔，閔之立，非慶父意也。時慶父擅國權，欲不以閔公行即位禮，此其無君之心，不待弑閔而後見也。

立

衛人立晋隱四

尹氏立王子朝昭二十三

立者，非前傳後承之正，故《傳》云「立者，不宜立也」。所立雖是，亦非正禮也。

歸

蔡季自陳歸于蔡桓十七○蔡侯盧歸于蔡昭十三○陳侯吴歸于陳同上

此歸而得國者也。

突歸于鄭桓十一○赤歸于曹莊二十四

此歸而篡國者也，突、赤不繫國，不當有國也。

衛侯鄭歸于衛僖三十○曹伯歸自京師成十六○歸邾子益于邾哀八

此君之去國而歸者也。

鄭世子忽復歸于鄭桓十五○曹伯襄復歸于曹僖二十八○衛侯衎復歸于衛襄二十六○衛侯鄭自楚復歸于衛僖二十八

此亦君之去國而歸者，書曰「復歸」，歸之善也。復者，還反其舊之謂。國本其所有，不幸失國而去，今得復其國而歸也。衛成公懼晉之辱，不得已奔楚，復歸曰「自楚」，喜其去夷而即夏也。

衛元咺自晉復歸于衛僖二十八

此臣之去國而歸者，書曰「復歸」，歸之惡也。「復歸」之辭在君爲善，在臣爲惡。臣，從君者也，得歸幸矣，奚復之云！君去臣復，亢君不順也。

晉趙鞅歸于晉定十三○衛孫林父自晉歸于衛成十四○宋華元自晉歸于宋成十五○陳侯之弟黄自楚歸于

陳襄二十二○楚公子比自晋歸于楚昭十三○衛公孟彄自齊歸于衛哀十○季子來歸閔元

此亦臣之去國而歸者。

入

劉子、單子以王猛入于王城昭二十二○天王入于成周昭二十六

悼王居于皇，自皇而入王城也。敬王居于狄泉，自狄泉而入成周也。入者難辭，有子朝之難，故難也。

許叔入于許桓十五○齊小白入于齊莊九○齊陽生入于齊哀六〔一〕○莒去疾自齊入于莒昭元

此入而得國者也，或歸而得國，或入而得國，歸易入難也。小白、陽生、去疾以名繫國者，雖未入國之先，國人已欲君之矣。

鄭伯突入于櫟桓十五○衛侯朔入于衛莊六○衛侯入于夷儀襄二十五

此君之去國而入者也，于櫟、于夷儀，未能入其國也

衛孫林父入于戚以叛襄二十六○晋趙鞅入于晋陽以叛定十三○晋荀寅、士吉射入于朝歌以叛同上○宋華亥、向寧、華定自陳入于宋南里以叛昭二十一○宋公之弟辰及仲佗、石彄、公子地自陳入于蕭以叛定十一○鄭良霄自許入于鄭襄三十○宋樂大心自曹入于蕭定十一○宋魚石復入于彭城成十八○晋欒盈復入于晋，

〔一〕哀六：「哀」原作「襄」，據清刻本、四庫本改。

入于曲沃襄二十三

此臣之去國而入以叛君者也，復入者，自外還反而入于其國之邑也。臣之復歸已惡，況復入乎！陸德明音「復入」之「復」扶又切，非是，宜依復歸例，音服。

紀季以酅入于齊莊三

此雖以地入于他國而非叛者也。

納

公伐齊納糾莊九〇晉人納捷菑于邾，弗克納文十四〇晉趙鞅帥師納衛世子蒯聵于戚哀二〇楚人圍陳，納頓子于頓僖二十五〇齊高偃帥師納北燕伯于陽昭十二〇楚子入陳，納公孫寧、儀行父于陳宣十一

入則難於歸，然入者其自入也。納者，内弗受而外人欲以力彊入之也。

居

天王出居于鄭僖二十四〇劉子、單子以王猛居于皇昭二十二〇天王居于狄泉昭二十三〇公至自齊，居于鄆昭二十六再〇二十七再〇二十九一

天王居畿内則不書出，居畿外則書出。居者，非其所宜居也。

在

公在楚襄二十九○公在乾侯昭三十○三十一○三十二

公居雖非所宜居，然猶吾土也。曰「在」者，非吾土也。

孫

公孫于齊昭二十五○夫人孫于齊莊元○夫人姜氏孫于邾閔二

魯君、魯夫人出奔書「孫」者，諱國惡，謂若孫讓而去也。

奔

周公出奔晉成十二

王臣出奔者一，王臣之言出不言出，與天王同一例。

鄭伯突出奔蔡桓十五○衛侯朔出奔齊桓十六○衛侯出奔楚僖二十八○衛侯衎出奔齊襄十四○北燕伯款

出奔齊昭三○蔡侯東□出奔楚[一]昭二十一

以上諸侯出奔者六，啖氏曰：凡君奔，例書名，言其失地，非復諸侯也。衛侯出奔楚不名者，令叔武攝位而去，未嘗失地也。

鄭忽出奔衛桓十一○曹羈出奔陳莊二十四○莒展輿出奔吴昭元

以上未成君之諸侯出奔者三，趙氏曰：未踰年之君出奔，書名不書爵，不能嗣先君也。展輿雖踰年，猶不書爵。

衛世子蒯聵出奔宋定十四○陳侯之弟黄出奔楚襄二十○衛侯之弟鱄出奔晉襄二十七○秦伯之弟鍼出奔晉昭元○宋公之弟辰暨仲佗、石彄出奔陳定十一[二]

以上諸侯之世子與弟出奔者五。

公子慶父出奔莒閔二○叔孫僑如出奔齊成十六○臧孫紇出奔邾宣十○公子慭出奔齊昭十二

以上魯臣出奔者四。

齊崔氏出奔衛宣十○宋萬出奔陳莊十二○衛元咺出奔晉僖二十八○晉狐射姑出奔狄文六○衛孫林父出奔晉成七○宋華元出奔晉成十五○宋魚石出奔楚同上○齊高無咎出奔莒成十七○宋華臣出奔陳襄十七○蔡公子履出奔楚襄二十○晉欒盈出奔楚襄二十一○陳鍼宜臼出奔楚襄二十四○衛石惡出奔晉襄二十八○齊高止

[一] 蔡侯東□出奔楚：「東□」，清刻本、四庫本作「朱」。《左傳》、《公羊》經文作「朱」，《穀梁》經文作「東」，以爲蔡靈公之孫東國，吴澄此用《穀梁傳》經文，且以《穀梁》闕「國」字，遂以□補之。

[二] 定十一：底本與四庫本俱作「宣十」，按此事書於定公十一年，據元刻本《春秋纂言》卷十一改。

出奔北燕襄二十九〇鄭良霄出奔許襄三十〇楚公子比出奔晉昭元〇宋華合比出奔衛昭六〇陳公子留出奔鄭昭八〇蔡朝吴出奔鄭昭十五〇曹公孫會自鄸出奔宋昭二十〇宋華亥、向寧、華定出奔陳同上〇宋華亥、向寧、華定自宋南里出奔楚昭二十二〇楚囊瓦出奔鄭定四〇宋樂大心出奔曹定十〇宋公子地出奔陳同上〇衛趙陽出奔宋定十四〇衛公孟彄出奔鄭同上〇蔡公孫辰出奔吴哀四〇陳轅頗出奔鄭哀十一〇衛世叔齊出奔宋同上

以上諸侯之臣出奔者三十。

郕伯來奔文十一〇莒子庚輿來奔昭二十二〇邾子益來奔哀十〇宋公之弟辰自蕭來奔定十四

以上諸侯與諸侯之弟來奔者四，郕伯不名，蓋小國不知其君之名也。

宋司城來奔文八〇宋子哀來奔文十四〇宋華弱來奔哀六〇郳畀我來奔襄二十三〇齊慶封來奔襄二十八〇齊欒施來奔昭十〇邾快來奔昭二十七〇衛公叔戍來奔定十四〇衛北宮結來奔同上〇齊國夏及高張來奔哀六

以上諸侯之臣來奔者十，宋司城書官而不名，見《經》注。

邾庶其以漆閭丘來奔襄二十一〇莒牟夷以牟婁及防兹來奔昭五〇□黑肱以濫來奔[一]昭三十一

以上諸侯之臣以地來奔者三。

齊師滅譚，譚子奔莒莊十〇楚人滅弦，弦子奔黄僖五〇狄滅温，温子奔衛僖十〇吴滅徐，徐子章羽奔楚昭三十〇王子瑕奔晉襄三十〇尹氏、召伯、毛伯以王子朝奔楚昭二十六〇晉人及秦人戰于河曲，晉先蔑

[一] □黑肱以濫來奔：「□」清刻本、四庫本作「邾」。

奔秦文七〇公孫敖如京師，不至而復，丙戌，奔莒文八〇歸父還自晋，至笙，遂奔齊宣十八

以上奔不書出者九，蓋出者對入而言，譚、弦、温、徐之君，國已滅矣，無復有可入之國。王子瑕、王子朝，亂臣也，其奔逃死而已，無復有可入之時，故不書出。其不名者，小國不知其名也。晋先蔑、魯公孫敖、公孫歸父皆在道而奔，非自國中而出，故亦不書出。曹公孫會之自鄸，宋華亥、向寧、華定之自南里，則是自宋國之地而出他國，故書出也。

去

紀侯大去其國莊四

去其國者，不奔他國，爲寓公也。

逃

鄭伯逃歸僖五〇陳侯逃歸襄七〇鄭詹自齊逃來莊十七

趙氏曰：凡言逃者，義當留而竊去也。故《穀梁》云「逃」義曰：逃，君臣同辭，逃者，匹夫之事也。

弑 戕

楚世子商臣弑其君頵文元〇蔡世子般弑其君固襄三十〇許世子止弑其君買昭十九

齊公子商人弑其君舍文十四〇鄭公子歸生弑其君夷宣四〇楚公子比弑其君虔于乾谿昭十三

衛州吁弑其君完隱四〇齊無知弑其君諸兒莊八

晉里克弑其君卓僖十〇晉趙盾弑其君夷皐宣二〇陳夏徵舒弑其君平國宣十〇齊崔杼弑其君光襄二十五〇衛甯喜弑其君剽襄二十六〇齊陳乞弑其君荼哀六

宋督弑其君與夷桓二〇宋萬弑其君捷莊十二

宋人弑其君杵臼文十六〇齊人弑其君商人文十八〇莒人弑其君密州襄三十一

莒弑其君庶其文十八〇晉弑其君州蒲成十八〇吴弑其君僚昭二十二〇薛弑其君比定十三

閽弑吴子餘祭襄二十九〇盜殺蔡侯申哀四

十二國弑君凡二十五：賊子弑其父者三；貴戚三命之卿弑其君者三；貴戚不爲卿者二；異姓三命之卿弑其君者六；異姓未三命者二；人弑者三，一命之臣也；國弑者四，一國臣民之衆所同弑也；閽者越俘，本非吴臣，故不稱「其君」，然亦在官，故書弑；盜者衆賤〔一〕，不得君其君，視如路人，又非閽人之比，故書殺不書弑。噫！夫子作《春秋》以誅亂臣賊子，使《春秋》不作，則許悼之弑，人必曰藥所誤也；鄭靈之弑，人必曰公子宋也；楚靈之弑，人必曰縊於申亥之家也；晉靈之弑，人必曰趙穿攻之於桃園也；齊孺子之弑，人必曰朱毛殺之於野幕也。今夫子正名定罪曰止弑買、歸生弑夷、比弑虔、盾弑夷皐、乞弑荼，誅其意而弑君之罪無所逃，亂臣賊子之所以懼也。

晉里克殺其君之子奚齊僖九〇齊人取子糾殺之莊九

〔一〕盜者衆賤：「賤」，清刻本、四庫本作「賊」。

以上殺未成君者二：奚齊雖已君，里克不君之。糾，魯所立，齊人不君之，故但書殺而不曰弒也。

楚子虔誘蔡侯般，殺之于申昭十一〇楚子誘戎蠻子，殺之昭十六〇蔡公孫姓帥師滅沈，以沈子嘉歸，殺之定四〇邾人執鄫子，用之僖十九〇邾人戕鄫子于鄫宣十八

以上殺他國君者五：雖非本國之人所弒，然亦國君之不得令終者，故附於弒君例之後。蔡般嘗弒父矣，而楚子殺之，非討賊也，故不得與楚人殺陳夏徵舒同。齊商人亦嘗弒君矣，而齊人殺之，非討賊也，故不得與齊人殺無知同。

殺　刺

衛人殺州吁于濮隱四〇齊人殺無知莊九〇蔡人殺陳佗桓六〇楚人殺陳夏徵舒宣十一〇晉殺其大夫里克僖十〇衛殺其大夫甯喜襄二十七〇楚公子棄疾殺公子比昭十三

以上殺篡弒賊者七：衛、齊能自討賊，陳之賊猶待蔡人[一]、楚人討之，無臣子矣。晉惠因里克弒君而得國，衛獻因甯喜弒君而復國，利其所爲，容之爲大夫，既而殺之，非討賊也，故以國殺大夫爲文。楚公子棄疾誘公子比以爲君之利，而俾當弒君之名，既而殺之，直欲奪其位爾，非討賊也，故以兩下相殺爲文。

鄭殺其大夫申侯僖七〇晉殺其大夫丕鄭父僖十一〇楚殺其大夫得臣僖二十八〇衛殺其大夫元咺及公子瑕僖三十〇晉殺其大夫陽處父文六〇楚殺其大夫宜申文十〇陳殺其大夫洩冶宣九〇晉殺其大夫先縠宣十二

[一]　陳之賊猶待蔡人：「猶」，四庫本作「獨」。

〇衛殺其大夫孔達宣十四〇晉殺其大夫趙同、趙括成八〇宋殺其大夫山成十五〇楚殺其大夫公子側成十六〇晉殺其大夫郤錡、郤犨、郤至成十七〇晉殺其大夫胥童成十八〇齊殺其大夫國佐同上〇楚殺其大夫公子申襄二〇楚殺其大夫公子壬夫襄五〇齊殺其大夫高厚襄十九〇鄭殺其大夫公子嘉同上〇蔡殺其大夫公子燮襄二十〇楚殺其大夫公子追舒襄二十二〇陳殺其大夫慶虎及慶寅襄二十三〇鄭殺其大夫公孫黑昭二〇楚殺其大夫屈申昭五〇楚殺其大夫成熊昭十三〇楚殺其大夫郤宛昭二十七〇蔡殺其大夫公子駟哀二〇蔡殺其大夫公孫姓、公孫霍哀四

以上國殺大夫者二十八，并後無氏名者凡三十。鄭申侯、楚得臣、宜申、宋山再命，故有名無氏，其餘書氏名者，皆三命大夫也。

曹殺其大夫莊二十六〇宋殺其大夫僖二十五〇宋人殺其大夫文七〇宋人殺其大夫司馬文八

以上殺大夫不稱氏名者四，蓋被殺者無罪故也。其稱官者，官名遵舊典，未嘗改易，故特書之。

晉人殺其大夫先都文九〇晉人殺其大夫士縠及箕鄭父同上〇陳人殺其大夫公子過昭八

以上人殺大夫者三，通前無氏名者凡五，國殺者出於君，人殺者國亂無政而衆殺之也。

晉人殺欒盈襄二十三〇鄭人殺良霄襄三十

以上殺已出大夫者二。

陳人殺其公子御寇莊二十二〇莒殺其公子意恢昭十四〇公子買戍衛，不卒戍，刺之僖二十八〇刺公子偃成十六

以上殺公子不爲大夫者四。御寇、意恢若是三命，則公子之上應有「大夫」字；若是再命，則應有「大夫」字、無「公子」字。今無「大夫」字、有「公子」字，公子者，其屬也，非氏也，殺其公之子名某者爾。魯之刺買、刺偃，公子亦非氏也，以公子之貴而稱名，與再命之大夫同也。

天王殺其弟佞夫襄三十〇晉侯殺其世子申生僖五〇宋公殺其世子痤襄二十六〇陳侯之弟招殺陳世子偃師成八

以上殺母弟、世子者四。

王札子殺召伯、毛伯宣十五

兩下相殺者一。

楚師滅陳，殺陳孔奐昭八

殺他國臣者三，楚殺陳干徵師、殺齊慶封，見後「執」例下。

盜殺者三：殺衛侯兄、鄭、陳大夫，已見前「盜」例下。

弑君及其大夫者三：宋督弑君及大夫孔父，宋萬弑君及大夫仇牧，晉里克弑君及大夫荀息。

執

晉侯執曹伯，歸之于京師成十五〇晉人執衛侯，歸之于京師僖二十八〇晉人執戎蠻子赤，歸于楚哀四〇晉侯入曹，執曹伯，畀宋人僖二十八〇宋公、楚子、陳、蔡、鄭、許、曹會于盂，執宋公以伐宋僖二十一〇晉人執虞公僖五〇晉人執鄭伯成九〇晉人執莒子、邾子以歸襄十六〇晉人執邾子襄十九〇楚人執徐子昭四〇宋人執小邾子哀四〇宋人執滕子嬰齊僖十九〇邾人執鄫子，用之同上〇楚師滅蔡，執蔡世子有以歸，用之昭十一

以上執國君與世子者十四。

楚師滅陳，執陳公子招，放之于越昭八〇楚子伐吴，執齊慶封，殺之昭四〇宋人執鄭祭仲桓十一〇齊人執鄭詹莊十七〇齊人執陳轅濤塗僖四〇晉人執衛甯喜襄二十六〇晉人執宋仲幾于京師定元〇楚人執鄭行人良霄襄十一〇楚人執陳行人干徵師，殺之昭八〇齊人執衛行人北宫結以侵衛定七〇晉人執衛行人石買襄十八〇晉人執宋行人樂祁犂定六

以上執諸國臣者十二。

晉人執我行人叔孫婼昭二十二〇晉人執季孫意如以歸昭十三〇晉人執季孫行父，舍之于苕丘成十六〇齊人執單伯文十四〇齊人執子叔姬同上

以上執魯臣與魯女者五。

放

晉放其大夫胥甲父于衛宣元〇蔡人放其大夫公孫獵于吴哀三

楚執陳公子招，放之于越，見前「執」例下。

春秋纂言總例卷三

元　吴澄　撰

嘉禮第三

王后《經》書王后者二

桓王后紀姜紀侯之女，書逆書歸。

祭公來，遂逆王后于紀桓八〇紀季姜歸于京師桓九

王后，天下母也，上儀天王，猶乾之有坤，可不重與！桓王后以三公逆，是矣。遂事而往，則非也。於祭公遂事之逆，而紀姜遄歸于京師，其逆其歸，兩從苟簡，夫豈知天下母之爲重哉！

靈王后齊姜齊靈公之女，書逆不書歸。

劉夏逆王后于齊襄十五

靈王之逆后，於禮蓋無失，然不使八命之公，乃使三命之士，是不重嘉事也，《春秋》特書「劉夏」以譏焉。王之逆

后，雖非其人，而齊之歸女無違於禮，故不書歸。得禮者不書，失禮然後書，《春秋》凡事皆然，匪但昏禮一事爲然也。

或曰魯桓八年，桓王之十六年也；魯襄十五年，靈王之十四年也。即位十六年、十四年而始逆后，謂之元后耶，則已晚矣；謂之繼后邪，則天子諸侯内職具備，元后崩，止立次妃攝行内事，無再娶之義。《春秋》十三王，書后者二，蓋譏也。何譏也？天子親耕，王后親蠶，奉宗廟祭祀之重，故即位之初必立后。周衰禮廢，昏姻之制不時，聖人因祭公之來、劉夏之過我而書以示譏也歟[一]！

王女《經》書王女者二

齊王姬襄夫人

單伯逆王姬莊元○築王姬之館于外同上○王姬歸于齊同上○齊王姬卒莊二

天子嫁女於諸侯，必使同姓諸侯主之，則魯主王姬之昏，舊矣。然魯莊與齊新有不共戴天之讎，爲之主昏可乎？況凶服未除而行嘉禮，容王姬行禮於宗廟之中則不安，於是别爲築館于外。單伯之逆、外館之築皆爲非禮，譏魯之不當主昏，傷莊之不能自立也。

齊王姬桓夫人

王姬歸于齊莊十一

[一] 劉夏之過我而書以示譏也歟：「過我」，四庫本作「逆」。

魯主昏則書，王姬之歸，同於内女。其逆之者，常禮也；其館之者，常處也，故皆不書而但書王姬之歸。

魯夫人

桓公夫人文姜齊僖公之女也。

公會齊侯于嬴桓三○公子翬如齊逆女同上○齊侯送姜氏于讙同上○公會齊侯于讙同上○夫人姜氏至自齊同上○齊侯使其弟年來聘同上○子同生桓六○齊侯禄父卒桓十四○葬齊僖公桓十五○公會齊侯于濼桓十八○公與夫人姜氏遂如齊同上○公薨于齊同上○公之喪至自齊同上○葬我君桓公同上○夫人孫于齊莊元○夫人姜氏會齊侯于禚莊二○夫人姜氏饗齊侯于祝丘莊四○夫人姜氏如齊師莊五○夫人姜氏會齊侯于防莊七○夫人姜氏會齊侯于穀同上○齊無知弑其君諸兒莊八○葬齊襄公莊九○夫人姜氏如齊莊十五○夫人姜氏如莒莊十九○夫人姜氏如莒莊二十○夫人姜氏薨莊二十一○葬我小君文姜莊二十二

昏禮之大節有三：納幣一也，親迎二也，夫人至三也。得禮則皆不書。魯桓會嬴書，譏不由媒介而自求昏于齊也〔一〕；逆女書，譏不親迎而使公子翬也；送姜氏書，譏齊侯親送也；會讙書，譏不親迎而親會齊侯也；夫人至，不書翬，以譏魯桓初使翬逆而中自受姜氏于讙也；書年來聘，譏齊侯之隆私愛、違正禮也；書子同生，夫子之意甚深也；夫人孫齊以後歸魯不書，而會、饗、如師及如齊、如莒無一不書者，雖國惡不容諱也。

〔一〕譏不由媒介而自求昏于齊也：「譏」，清刻本作「譏之」。

莊公夫人哀姜蓋齊襄公之女。

及齊高傒盟于防莊二十二○公如齊納幣同上○公如齊觀社莊二十三○公及齊侯遇于穀同上○丹桓宮楹同上○公及齊侯盟于扈同上○刻桓宮桷莊二十四○公如齊逆女同上○公至自齊同上○夫人姜氏入同上○大夫宗婦覿，用幣同上○公薨于路寢莊三十二○子般卒同上○公子慶父如齊同上○葬我君莊公閔元○吉禘于莊公同上○公薨同上○夫人姜氏孫于邾同上○公子慶父出奔莒同上○夫人姜氏薨于夷，齊人以歸僖元○夫人氏之喪至自齊同上○葬我小君哀姜僖二

魯莊受制於母，即位二十餘年而不得娶。母死未幾，屈己與齊臣盟，求昏之切也。齊諾未堅而遽自往納幣，雖已納幣而昏議猶未定。觀社、遇穀、盟扈，三往齊而後許昏，齊難之也。書公逆、公至而夫人不偕至，夫不夫，婦不婦也。夫人不書至而書入，不順也。竊嘗考之，魯莊所娶，齊襄之女也。若以爲僖女與？則僖卒已二十八年矣，豈有三十未嫁之女？且不應娶母之妹以爲夫人也。若以爲桓女與？則計齊桓之年，蓋下於魯莊，應未有可嫁之女而得婿魯莊也。意者其時惟齊襄尚有遺女未嫁，而魯莊求之，齊所以難之者，蓋亦有疑焉。齊桓、管仲故遲遲其事，而魯莊求之愈力，想齊之君臣固嗤之矣。戰國時，楚懷王客死于秦，而其子頃襄王迎婦于秦，司馬氏《通鑑》痛之曰：「忍其父而昏其讎。」彼父但爲秦氏拘留而已，未嘗被殺也，司馬氏猶痛之，况魯莊之父爲齊所殺，而又娶其女，則忍父昏讎之罪，奚啻數十倍於楚頃襄也哉！而方且飾桓宮、用覿幣以夸富盛於齊女，魯莊之庸愚，一至此夫！異日淫縱弒逆之禍，殆勢之有所必至，齊桓殺之當矣，而左氏以爲已甚。甚哉！左氏之無識也。

僖公夫人聲姜齊桓公之女也。

禘于太廟，用致夫人僖八○公及夫人姜氏會齊侯于陽穀僖十一○公會齊侯、宋、陳、衛、鄭、許、邢、曹于淮僖十六○滅項僖十七○夫人姜氏會齊侯于卞同上○公至自會同上○齊侯小白卒同上○葬齊桓公僖十八○公薨于小寢僖三十三○葬我君僖公文元○夫人姜氏薨文十六○葬我小君聲姜文十七

僖公之娶夫人，納幣不書，逆女不書，夫人至不書，蓋皆得禮無譏故也。惟夫人既至之後，未嘗廟見而遽於禘祭之時，以夫人至于太廟，此其失爾。魯之諸君，僖公頗爲賢君；魯之諸夫人，聲姜頗爲賢婦。故詩人頌僖公〔二〕，而亦以「令妻」頌夫人。然女之歸寧，當歸本國也，夫人與夫同會齊侯于陽穀，而因以省問，則非其禮矣！魯君會淮，魯臣滅項，齊將止公。婦人無與外事也，夫人爲夫出會齊侯于卞，而因以解釋，則非其義矣。稔於見聞之非，盲於禮義之正，是以好成人之美者惜焉。

文公夫人出姜齊昭公潘之女，舍之女兄也。

公子遂如齊納幣文二○逆婦姜于齊文四○夫人姜氏如齊文九○夫人姜氏至自齊同上○齊侯潘卒文十四○齊公子商人弒其君舍同上○公薨于臺下文十八○齊人弒其君商人同上○葬我君文公同上○公子遂、叔孫得臣如齊同上○子卒同上○夫人姜氏歸于齊同上○季孫行父如齊同上

文公之納幣不應使公子，況遂又其叔父乎！逆婦姜者，公自逆也。婦，有姑之辭。于齊者，譏成禮于齊也。夫人如

〔二〕故詩人頌僖公：「詩」，四庫本作「時」。

齊者，歸寧也。其歸得禮，故特書至，異乎前此夫人之如齊者也。出姜蓋有所不安而歸寧，以愬於父母云爾。越六年而齊昭公潘卒，夫人失所怙矣。同父之弟舍又弑。懿公商人者，夫人之讎也，魯文且遭其陵。及魯文既薨，商人亦斃，公子遂求齊惠公元爲大援，乃殺夫人所生之太子，而立平日私事己者之孽子，蓋由魯文昏惰，嬖妾敢於私事其叔父，以致不能保其妻子。聞出姜哭而過市之言，孰不爲之哀！

宣公夫人穆姜齊惠公元之女。

公子遂如齊逆女宣元○遂以夫人婦姜至自齊同上○季孫行父如齊同上○公子遂如齊同上○齊侯元卒宣十○葬齊惠公同上○公薨于路寢宣十八○葬我君宣公成元○夫人姜氏薨襄九○葬我小君穆姜同上

文公使公子遂納幣已非，況宣公逆夫人而可遣僖祖之弟乎！行父與遂於成昏之後相繼如齊者，猶恐昏姻不足以結大援，而重之以賄賂也。

成公夫人齊姜蓋齊頃公無野之女，靈公環之姊妹也。

叔孫僑如如齊逆女成十四○僑如以夫人婦姜氏至自齊同上○公薨于路寢成十八○葬我君成公同上○夫人姜氏薨襄二○葬我小君齊姜同上

齊頃公無野成公九年卒，齊靈公環襄公十九年卒。

以公族代逆夫人而揭之以至，於禮不可，其説已具於前。婦姜之下「氏」字，趙氏以爲衍，按《經》書「婦姜」者三：文公婦姜，姑僖公夫人聲姜也；成公婦姜，姑宣公夫人穆姜也；宣公婦姜，其姑則文公之妾敬嬴爾。

魯女

惠公

長女紀伯姬○次女紀叔姬

桓公

長女杞伯姬○次女莒慶叔姬

莊公

長女宋蕩伯姬○伯姬僖九年卒○幼女鄫季姬

僖公

長女宋蕩氏婦○次女杞叔姬

文公

長女或郯伯姬是○次女子叔姬，文十二年卒○子叔姬，文十四年齊人執之

宣公

庶長女莫考○次女子叔姬，宣五年歸齊高固○適長女宋伯姬夫人，穆姜所生，成九年歸宋共公

六公之女凡十四人，其歸爲諸侯夫人者六，書歸者四，紀伯姬、杞伯姬、鄫季姬、宋伯姬是也。不書歸者二，杞叔姬、郯伯姬是也。蓋先君之女則書歸，時君之女則不書歸。使男有室，使女有家，此爲人父者之事。有女未嫁而先君終，

至嗣君之時，始有所歸，傷先君即世之速，閔内女不得及父存而嫁也。若時君自嫁其女，則以父歸女，其嫁及時，此常事爾，故僖公以叔姬歸於杞，爲杞伯姬之婦、杞桓公之夫人，不書；郯季姬，蓋文公之女，文公之時歸于郯，亦不書。二姬皆因後来被出而書「來歸」，乃見於《經》也。

紀伯姬蓋惠公之長女、隱公之女弟、桓公之女兄，疑與桓公同母。

紀裂繻來逆女隱二〇伯姬歸于紀同上〇叔姬歸于紀隱七〇紀侯來朝桓二〇公會紀侯于郕桓三〇齊侯、鄭伯如紀桓五〇公會紀侯于成桓六〇紀侯來朝同上〇鄭伯寤生卒桓十一〇公會紀侯、莒子盟于曲池桓十二〇公會紀侯、鄭伯及齊侯、宋、衛、燕戰，齊侯、宋、衛、燕敗績桓十三〇齊侯禄父卒桓十四〇公會齊侯、紀侯盟于黄桓十七〇齊師遷紀郱、鄑、郚莊元〇紀季以酅入于齊莊三〇紀伯姬卒莊四〇紀侯大去其國同上〇齊侯葬紀伯姬同上〇紀叔姬歸于酅莊十二〇紀叔姬卒莊二十九〇葬紀叔姬莊三十

裂繻來逆，紀侯不親迎也。伯姬歸紀，惠公喪滿而後歸也。惠公之薨，其在季年秋七月之前乎？叔姬歸紀，歸娣而與歸女君同，隱公厚於先君之女而非禮也。惠公欲夫人其仲子，而太子其所生，隱公順父之意，而於仲子、於桓公每加厚焉，故於桓公同母之女如此，予以是知二姬之爲桓母所産也。《中庸》云「敦厚以崇禮」，徒厚而不合於禮，君子不以爲可也。紀者，齊之同姓也，齊將吞滅之。其昏於魯也，豈但内求助於家，抑亦外求援於國也。魯桓在位十八年之間，紀來朝魯者二，魯往會紀者二，爲紀而與它國盟者二，爲紀而與它國戰者一。紀之資援於魯者甚切，魯之圖援於紀者亦

甚勤矣。齊僖、鄭莊，當時諸侯之雄黠，齊素結鄭，二國將共襲紀而爲紀所覺[一]，其謀不行。既而鄭莊卒，魯桓能使鄭厲反父所爲。齊復結宋、衛、燕，四國將共滅紀，而魯桓、鄭厲潛師於紀，竟敗四國之兵。既而齊僖卒，則二雄黠皆斃，紀憂其少紓乎！而事又不然也，魯桓既爲紀敗齊僖之兵，遂亟爲紀講齊襄之好。明年，魯桓殞於齊，身且不保，又何能庇其姻親？然終魯桓之世，猶能竭心竭力於紀，紀未即亡者，魯桓不爲無功。魯莊以童豎嗣立，父讎不報，而胡可責望其援紀也哉！紀失魯援，齊逼遷其三邑，紀侯知其國之不能存[二]，於是命介弟分國事齊，俾先祀不絕。妻死不葬，去國不爭，此亡國之最善者。紀侯隱於民而令終，叔姬托於鄰而待盡，哀哉！

杞伯姬蓋桓公之長女，莊公之女弟。

伯姬歸于杞莊二十五○公會杞伯姬于洮莊二十七○杞伯姬來同上○杞伯來朝同上○杞伯姬來朝其子僖五○杞子卒僖二十五○杞子來朝僖二十七○公子遂帥師入杞同上○杞伯姬來僖二十八○杞伯姬來求婦僖三十一

杞德公之四年娶魯桓公長女伯姬爲夫人，時魯桓薨已二十六年，而伯姬始嫁，姬年殆將三十矣。歸杞三年而出會其兄。未幾，夫婦接踵造於魯庭，毋乃自慊其僻陋，而嚮慕魯國之甚乎？越十有三年，伯姬再來，以其長子代父行朝禮，子年甫十歲左右爾。意者德公有疾，而姬欲託其子於魯也。是年德公果卒，長子成公嗣位，十有八年又卒。伯姬特來告喪，而魯史書卒，自是杞君之喪，無不來赴者矣，蓋由伯姬欲親魯而然也。姬之次子桓公繼成公而立。桓之四年來朝，本圖結讙，而不料啓禍，公子遂帥師入其國，爲責來朝之無禮。魯之薄姻親、陵小弱如此哉！明年，伯姬復來，消釋舊

[一] 二國將共襲紀而爲紀所覺：「共」，清刻本作「兵」。
[二] 紀侯知其國之不能存：「能」，四庫本作「可」。

怨。桓之八年，年漸可娶，伯姬復來締續新好〔一〕，此皆伯姬之欲親魯而然也。伯姬以魯莊二十五年歸杞，至魯僖三十一年來爲其子桓公求婦，在杞已歷四十餘年，而數數至魯，率爲扶植其夫、維持其子之計。求婦以後，伯姬不復見《經》，不知何年終也。

鄫季姬蓋莊公之幼女，宋蕩伯姬之妹。

季姬及鄫子遇于防，使鄫子來朝僖十四**○季姬歸于鄫**僖十五**○鄫季姬卒**僖十六

季姬父母之身教蓋無足言，僖公號爲賢侯，而不能閑家，有妹如此，是可恥也。

杞叔姬蓋僖公之次女。

杞伯姬來求婦僖三十一**○杞伯來朝**文十二**○公伐杞**宣十八**○杞伯來朝**成四**○杞叔姬來歸**成五**○杞叔姬卒**成八**○杞伯來逆叔姬之喪以歸**成九

杞伯姬來爲其子求婦，而僖公以次女叔姬與之，歸爲杞桓公之夫人。《經》於僖之二十五年書「宋蕩伯姬來逆婦」，僖之三十一年書「杞伯姬來求婦」，僖公先以長女與宋蕩伯姬爲婦，後以次女與杞伯姬爲婦也。《經》不書叔姬歸於杞者，時君嫁子〔二〕，例不書也。按魯僖三十一年乃杞桓之八年，魯成五年乃杞桓之五十一年，叔姬爲杞夫人四十餘年，夫婦年皆六十以上，各已老矣，而姬始來歸，蓋非爲夫家所出。疑是叔姬無子，杞桓別有妾子爲太子，叔姬心不自安而願歸魯，故叔姬既卒，而杞桓復來逆其喪以歸，以是知其非爲夫家所出也。

〔一〕伯姬復來締續新好：「續」，四庫本作「結」。

〔二〕時君嫁子：「子」，四庫本作「女」。

郯伯姬不知何公之女，或文公之長女與？

郯伯姬來歸宣十六

伯姬歸于郯，蓋是父存之時，故不書於《經》。

宋伯姬宣公之女，成公之妹。

宋公使華元來聘成八〇宋公使公孫壽來納幣同上〇衛人來媵同上〇伯姬歸于宋成九〇季孫行父如宋致女同上〇晋人來媵同上〇齊人來媵成十〇宋公固卒成十五〇葬宋共公同上〇宋災，宋伯姬卒襄三十〇葬宋共姬同上

共姬，宣公夫人穆姜之愛女也，故其歸女之禮特隆焉。擇配而儀九命之上公，未納幣而彼有上卿来聘，既歸宋而此有上卿往致，皆其禮之特隆者也。雖然，納幣，常事也而書者，以公孫壽之不當使也。媵，賤事也而書者〔一〕，以三國來媵之，越禮制也。爲君夫人僅七年而得以終所天，共姬之婦德靡虧矣。爲君母餘三十年而不得以終其天，宋平之子道何如也。噫！

以上魯女歸于諸侯爲夫人者六，爲娣者一，凡七。

莒慶叔姬蓋桓公之次女。

莒慶來逆叔姬莊二十七

〔一〕賤事也而書者：「賤」，原作「淺」，據四庫本改。

叔姬年亦將三十矣，昏姻之不得及時者也。當爲杞伯姬之娣，而別以歸莒大夫慶，書者，譏莊公降尊而自主大夫之昏。

宋蕩伯姬蓋莊公之長女，鄫季姬之姊也。

宋蕩伯姬來逆婦僖二十五

伯姬歸于宋大夫蕩氏之内子，因來爲其子逆婦而見於《經》。

伯姬蓋亦莊公之女。

伯姬卒僖九

未嫁，故不繫國。已許嫁，故書卒。莊女有二伯姬者，或是孟任所生之長女，或是哀姜所生之長女，皆稱伯姬也。或以此爲僖女，則伯上當有子字。

宋蕩氏婦蓋僖公之長女。

宋蕩伯姬來逆婦僖二十五

僖公之女許嫁宋蕩伯姬之子，而伯姬自來逆之。以姑逆婦，非禮也。杞伯姬所求之婦是僖公次女叔姬，則知此蕩伯姬所逆之婦當是僖公長女也。

子叔姬文公之女。

子叔姬卒文十二

子者，時君之女。亦未嫁而已許嫁者，故卒之也。

子叔姬蓋亦文公之女。

齊人執子叔姬文十四〇齊人來歸子叔姬文十五

此子叔姬蓋十二年卒者之妹，兩母所生之次女皆稱叔姬，故有兩子叔姬，亦如莊女之有兩伯姬也。《左氏》以此子叔姬爲齊昭姬，謂是齊昭公夫人、齊侯舍之母也。且魯文四年所逆婦姜，即是齊昭公之女，齊昭乃魯文之婦翁，豈可反以魯文爲齊昭之婦翁也哉！縱使魯文爲太子時所生之女，亦未應其女嫁人而生子可立爲君也。指爲齊侯舍之母者，考其年不合，足見其誣矣。昭姬蓋是齊昭公所娶它國姬姓之女，非魯女也。

齊高固子叔姬宣公之女。

齊高固來逆子叔姬宣五〇齊高固及子叔姬來同上

此子叔姬，宣公未爲國君時，妾之所生也。國君女嫁大夫，命大夫主之，君不自主。《經》書「莒慶來逆叔姬」、「齊高固來逆子叔姬」，皆譏國君自主大夫之昏也。宣公篡立，懼諸侯之討，而倚齊以爲援。高固，齊當國之卿，挾勢而脅取其女，魯宣不敢不從，昏姻之禮如敵體。然譏之者，傷之也。其時宋伯姬蓋猶未生，故後二十三年乃歸于宋。伯姬年在叔姬之下而稱伯姬者，適夫人之長女也。叔姬生在伯姬之先而稱叔姬者，妾所生之庶女也。

以上魯女歸于大夫者四，未嫁而卒者二，方嫁而執者一，凡七。

春秋纂言總例卷四

元 吴澄 撰

賓禮第四

如

公如京師成十三

古制：諸侯初嗣位，既免喪，則朝王受命；每當賓貢之年，則朝于京師；巡守之年，則朝于方岳。春秋之時，王室衰微，諸侯傲慢，朝王之禮廢而不講。魯號秉禮之國猶然，歷十二世二百四十二年之久，僅有成公一如京師，乃因會晉伐秦，道自王都，因而朝焉，本意不在朝王也。故《經》書曰「公如京師」，而不曰「朝」也。

公如齊僖十〇十五〇三十三〇宣四〇五〇九〇十

以上魯君如齊朝者七：僖公兩朝齊桓，事霸主也；末年一朝齊昭，繼前好也；宣公四朝齊惠者，以篡立之故，懼諸侯之討，而結齊以爲援爾；十年之再如者，奔惠公之喪，非朝也；昭公二十七年之兩如，則以播越在外，而自鄆往投于齊，非朝也。

宣公十年夏，齊侯元卒，公如齊○昭公二十七年春、冬，公如齊，自齊居于鄆。

以上三如，不與朝齊之數。

公如晉文三○十三○成三○四〔一〕○十八○襄三○四○八○十二○二十一○昭五○十五

以上魯君如晉朝者十二：文公一朝晉襄，一朝晉靈；宣公當晉成、晉景之時，獨不朝晉者，蓋懼往而就執，故惟專意事齊，時晉霸不競，亦無暇問魯之罪；成公兩朝晉景，十年一如則奔晉景之喪，非朝也，末年一朝於悼；襄公相繼四朝於悼，時晉霸中興，魯襄幼弱，事霸惟謹，二十一年之如、昭公五年、十五年之如則朝晉平、晉昭也。魯君之朝晉唯此十二如而已。至若昭公二十八年、二十九年，其時播越居鄆，自鄆如晉，晉拒不納。與夫二年、十二年、十三年、二十一年、二十三年之五如暨定公三年之一如，皆爲晉所拒而不納者也，並書曰「如」。朝與不朝，不論美惡之辭如一，不顯著其恥也，聖筆之意深哉！

成公十年五月丙午，晉侯獳卒，公如晉○昭公二年、十二年、十三年、二十一年，公如晉，至河乃復○二十三年，公如晉，至河有疾，乃復○定公三年，公如晉，至河乃復○昭公二十八年、二十九年，公如晉，次于乾侯

以上九如不與朝晉之數。

公如楚襄二十八○昭七

以上魯君如楚朝者二。楚之馮陵中夏甚矣，然亦未能如魯何也。襄之朝楚康，昭之朝楚靈，祇自辱爾。齊、晉霸國

〔一〕「四」，原闕，據四庫本補。

也，以魯朝之，猶云可也。楚蠻夷也，初亦小弱，後以兼并吞滅諸小國而浸彊大，晉霸既衰，不能與伉〔一〕，魯之朝楚，非得已也。屈禮義之望國，朝掘起之彊夷〔二〕，儻書曰「朝」，辱莫甚焉，止書曰「如」，猶爲諱其恥也，聖人「如」之一字，包含諸義如此！

古有諸侯相朝之禮〔三〕。相朝者，齊等之國，往來施報，互相朝也，非特小國朝大國而已。天下無道，則彊陵弱，弱役彊，惟有小國朝大國，無復有齊等之國相朝者也。故魯所朝者，齊、晉、楚三大國，宋、衛、陳、鄭、蔡之君，與魯齊等，則不相往來矣。其往朝者，畏其力也，非若古先盛時相朝之禮，故亦不書「朝」，而但曰「如」也。

魯臣如京師○公子遂僖二十八○叔孫得臣文元○仲孫蔑宣九○叔孫豹襄二十四

以上魯臣如京師聘者四。春秋二百餘年，天王之下聘於魯者七、錫命者三、會葬者二，而魯臣之至王庭僅四聘、二會葬而已。四聘之一，報宰周公也；四聘之二，拜錫命也——皆因王使之來而後往；四聘之三，則《傳》云「王使來徵聘」也，仲孫蔑一往，而明年之冬，王季子遄來報矣。前此王使嘗兩聘魯隱，三聘魯桓，而魯皆不報。噫！王之於魯也若是其有禮，而魯之於王也若是其不臣。叔孫豹之聘，春先聘晉，冬乃聘王。王宮之毀，晉霸置之不問，而夾郟之城，齊人自以爲功，晉有愧焉而往賀也。然則四聘之如，豈誠也哉！豈禮也哉！

文八年公，孫敖不至而復○文九年，叔孫得臣葬襄王○昭二十二年，叔鞅葬景王

以上三如，不與聘王之數。

〔一〕不能與伉：「伉」，四庫本作「抗」。

〔二〕朝掘起之彊夷：「掘」，四庫本作「崛」，二字可通。

〔三〕古有諸侯相朝之禮：「有」，四庫本作「者」。

魯臣如齊◯公子友僖七◯僖十三◯公子遂僖二十八◯文十七◯文十八同叔孫得臣◯宣元◯公孫敖文元◯季孫行父文十八◯宣元◯宣十◯公孫歸父宣十◯叔孫僑如成十◯叔老襄二十◯仲孫玃昭九◯叔孫州仇定十◯叔還襄五

以上魯臣如齊聘者十六。魯之聘齊也，壤地相接，從於彊令也。文末宣初之尤洊聘，則醖釀成就宣公奪嫡之一事爾。

莊三十二年，公子慶父。杜預云「時魯無君，假赴告以行」◯文十四年，單伯爲子叔姬，齊人執之◯宣十年，公孫歸父葬齊惠公◯宣八年，公子遂至黄乃復。

以上四如，不與聘齊之數。

魯臣如晋◯公子遂僖三十◯僖三十一◯公孫敖文五◯季孫行父文六◯文十五再◯成六◯成十一◯公孫歸父宣十八◯公孫嬰齊成六◯叔孫豹襄四◯襄五，同鄫世子巫◯襄十六◯襄二十四◯季孫宿襄六◯襄九◯襄十九◯昭六◯仲孫羯襄二十八◯襄二十九◯叔弓昭二◯昭八◯叔孫婼昭二十三◯季孫斯定六，同仲孫何忌

以上魯臣如晋聘者二十四。晋爲霸主，魯之時聘固宜。然或失之疎，或失之數，無所爲者寡，有所爲者多，無所爲者之是，不足以蓋有所爲者之非也。

文六年，公子遂葬晋襄公◯昭二年，季孫宿歸少姜襚服◯昭十年，叔孫婼葬晋平公◯昭十六年，季孫意如葬晋昭公

以上四如，不與聘晋之數。

魯臣如宋◯公子遂文十一◯仲孫蔑成五◯叔孫豹襄二◯季孫宿襄二十◯叔孫婼昭二十五

以上魯臣如宋聘者五。魯宋地醜德齊，其聘爲講施報之常禮，比之它如，此善於彼。

襄三十年，叔弓葬宋共姬◯昭十一年，叔弓葬宋平公。

以上二如，不與聘宋之數。

魯臣如陳〇公子友莊二十五

如衛〇季孫宿襄七

如邾〇叔孫豹襄六

如楚〇叔弓昭六

以上魯臣如陳、衛、邾、楚聘者各一。魯與陳前無交際，因陳當國之卿與季友善，是以有女叔之聘[一]，而季友躬往報之也。

如陳二〇莊二十七年，公子友葬原仲〇文六年，季孫行父聘且娶

如牟一〇僖五年，公孫茲娶

如莒一〇成八年，公孫嬰齊自爲逆

如滕一〇昭三年[二]，叔弓葬滕成公

以上五如，不與聘數。人臣無私交，大夫假聘以出，而私葬其友，可乎！假聘以出，而成己之昏，尤不可也。如滕爲會葬故，非聘也。

啖氏曰：公及内卿往它國朝聘皆曰「如」。趙氏曰：内朝聘稱「如」，以異外也。澄按，《春秋》書法，凡盟、會、侵、伐等名，内外皆一其稱，何獨朝、聘則内但稱「如」以異乎外哉！且魯事之異乎外者固有之矣，魯君之奔不曰「奔」

[一] 是以有女叔之聘：「女」，原作「汝」，據清刻本、四庫本改。下徑改。

[二] 昭三年：「三」，原作「二」，據清刻本改。

而曰「孫」、魯臣之殺不曰「殺」而曰「刺」是也，奔、殺，惡事也，諱國惡，辟其名，宜也。朝、聘，美事也，豈應辟其名而乃不曰「朝」、「聘」乎？君臣同辭，一槩稱「如」，聖人之意有在也。何也？魯所謂「朝」，不成乎朝者也；魯所謂「聘」，不成乎聘者也。不成乎朝而書曰「朝」，不成乎聘而書曰「聘」，是以其僞者爲誠，以其苟者爲禮也。魯事不容直譏顯刺，隱其朝聘之名而書曰「如」，則雖不滿於魯而辭意深厚，然其朝、聘之非誠非禮，自不能掩，此所以爲聖人之筆也與！魯君之「如」而非朝、魯臣之「如」而非聘者，各别而異之，不與朝聘之數。至若魯君臣之「如觀社」、「如納幣」、「如逆女」、「如致女」及魯夫人之「如」，並已見前《嘉禮》篇，「如涖盟」見後「盟」例内，「如乞師」見後《軍禮》篇。

外國君相如二○齊侯、鄭伯如紀桓五○州公如曹同上

外國君如會二○陳侯如會僖二十八○鄭伯髡頑如會襄七

外國臣如會、如師各一○陳侯使袁僑如會襄三○齊侯使國佐如師成二

以上外國君臣之如凡六，姑附於「如」例之後。齊、鄭同謀襲紀，而假託相朝之如以往。州公不知爲何事故，而亦假託相朝之如以行者也。

朝

公朝于王所僖二十八再

以上魯君朝王所者二。魯成京師一朝，《經》但書「如」，而魯僖王所二朝，《經》書曰「朝」，何也？曰：春秋時，諸侯不朝京師久矣，幸有魯成十三年之一朝，宜爲聖人所喜，而乃不滿焉，蓋因伐秦之便，道過周，實不爲行朝禮而往也。古者天子巡守，諸侯朝於方岳之下。王室衰微，無復巡守。襄王之臨踐土、狩河陽，雖非舊日天子之巡守，而晋文

率諸侯以朝王，則與盛時諸侯朝方岳之禮無以異也，所以可書曰「朝」也。觀魯僖於王所之書「朝」、魯成如京師之不書「朝」，聖人之意可見矣。

滕侯、薛侯來朝隱十一◯滕子來朝桓二◯文十二◯襄六◯哀二

以上滕君朝魯者五，薛一附。

紀侯來朝桓二◯桓六

以上紀君朝魯者二。

杞伯來朝莊二十七◯文十二◯成四◯成十八◯杞子來朝僖二十七

以上杞君朝魯者五，并朝其子，凡六。

曹伯來朝文十一◯文十五◯成七◯襄二十一

以上曹君朝魯者四，并世子來朝，凡五。

郳人、葛人、牟人來朝桓十五◯郳子來朝宣元◯成六◯成十八◯襄元◯襄二十八◯定十五

以上郳君朝魯者七，葛、牟各一附。

郳犂來來朝莊五◯小郳子來朝僖七◯襄七◯昭三◯昭十七

以上小郳君朝魯者五。

郯子來朝襄七◯昭十七

以上郯君朝魯者二。

穀伯綏來朝桓七〇鄧侯吾離來朝同上〇郜子來朝僖二十〇季姬及鄫子遇于防，使鄫子來朝僖十四

以上穀、鄧、郜、鄫之君朝魯者各一。

曹伯使其世子射姑來朝桓五〇杞伯姬來朝其子僖二十四〇公及齊侯遇于穀。蕭叔朝公莊二十三

以上子若弟代君而朝者三，曹一、杞一、蕭一。

凡外國君之朝魯共十五國。

聘

天王使凡伯來聘隱七〇使南季來聘隱九〇使宰渠伯糾來聘桓四〇使仍叔之子來聘桓五〇使家父來聘桓八〇使宰周公來聘僖三十〇使王季子來聘宣十

以上王使聘魯者七。啖氏曰：《周禮》云「天子時聘以結諸侯之好」，《穀梁》言「天子不當聘諸侯」，誤矣。趙氏曰：王政行也，天子使使聘諸侯，所以洽恩惠、考政典。春秋之聘，通好命爾。

祭叔來聘莊二十三

以上王臣自聘魯者一，天子之大夫無王命而外聘諸侯，非禮也。

齊侯使其弟年來聘隱七〇桓三〇使國歸父來聘僖三十三〇使國佐來聘宣十〇使慶封來聘襄二十七

以上齊臣聘魯者五。

晉侯使荀庚來聘成三〇使士燮來聘成八〇使郤犨來聘成十一〇使士匄來聘成十八〇襄八〇使荀罃來聘襄

元○使士魴來聘襄十二○使荀吴來聘襄二十六○使士鞅來聘襄二十九○昭二十一○使韓起來聘昭二

以上晋臣聘魯者十一。

宋公使華元來聘成四○成八○使向戌來聘襄十五○使華定來聘昭十三

以上宋臣聘魯者四。

衛侯使甯俞來聘文四○使孫良夫來聘成二○使公孫剽來聘襄元○使孫林父來聘襄七

以上衛臣聘魯者四。

荆人來聘莊二十三○楚子使椒來聘文九○使薳罷來聘襄三十

以上楚臣聘魯者三。

陳侯使女叔來聘莊二十五○鄭伯使公子發來聘襄五○秦伯使術來聘文十一○吴子使札來聘襄二十九

以上陳、鄭、秦、吴之臣聘魯者各一。

或曰：魯國君臣之朝、聘，《春秋》但書曰「如」，以其非誠非禮，朝不成乎朝，聘不成乎聘故也。它國君臣之朝魯聘魯，夫豈一出於誠，悉合於禮乎？而聖人皆以「朝」、「聘」書之，何哉？曰：《春秋》内魯而外諸國，内之非誠非禮者，慊其實而隱其名，所以責於内者重以周也；外國之君臣，則彼以朝而來吾亦謂之「朝」可矣，彼以聘而來吾亦謂之「聘」可矣，所以責於外者輕以約也。此聖人躬自厚而薄責於人之道也。

來

祭公來桓八○祭伯來隱元○寔來桓六

齊仲孫來閔元

介葛盧來僖二十九再◯白狄來襄十八

來者如之對，自内適外曰「如」，自外適内曰「來」。自外適内，其禮至重者，來朝、來聘也，具見於前矣。而《經》又特書曰「來」[一]，不言其來之事者凡七。祭公、祭伯與寔，皆王朝之臣。公者，八命之公；伯者，六命之卿；寔之名者，一命之下士。若奉王命而下聘諸侯，則固有其禮，而祭伯之來、寔之來則非奉王命，非行聘禮也，故既不言「使」，又不言其來之爲何事。祭公之來爲逆王后，則非無事，亦非無王命矣。先爲己之私事適魯，然後適紀逆后，故《經》書其私事於先而曰「來」，乃書其公事於後而曰「遂」也。齊仲孫湫蓋受桓霸之命來省魯難，然不備使介之禮，俾若私行然，覘視魯國安危之勢而歸復命爾，故亦不書君使，而來之下不言其事也。介葛盧，附庸之國未爵命者，兩造魯庭，爲朝魯也，而東夷之陋，不能行朝禮，故不曰「來朝」而但書曰「來」也。白狄書「來」，義亦同此。其餘所書來爲某事者，重在某事，義無關於來，一一别論於後：

來錫三◯莊元年，天王使榮叔來錫桓公命◯文元年，天王使毛伯來錫公命◯成八年，天子使召伯來錫公命

來求三◯桓十五年，天王使家父來求車◯隱三年，武氏子來求賻◯文九年，毛伯來求金

來歸六，歸不言來者三附見◯隱元年，天王使宰咺來歸惠公仲子之賵◯定十四年，天王使石尚來歸脤◯文五年，王使榮叔歸含且賵，不言來◯文九年，秦人來歸僖公成風之襚◯莊六年，齊人來歸衛俘◯隱八年，鄭伯使宛來歸祊◯定十年，齊人來歸鄆、讙、龜陰田◯宣十年，齊人歸我濟西田，不言來◯哀八年，齊人歸讙及闡，不言來

[一] 而經又特書曰來：「又」，原作「有」，據四庫本改。

來言一〇成八年，晉侯使韓穿來言汶陽之田，歸之于齊

來獻二〇莊二十一年，齊侯來獻戎捷〇僖二十一年，楚人使鬭宜申來獻捷

來輸平一，平而非來者五附見〇隱六年，鄭人來輸平〇昭七年，暨齊平〇定十年，及齊平〇定十一年，及鄭平〇宣十五年，宋人及楚人平〇宣四年，公及齊侯平莒及郯，莒人不肯

來唁一，唁而非來者二附見〇昭二十九年，公居于鄆，齊侯使高張來唁公〇昭二十五年，齊侯唁公于野井〇昭三十一年，晉侯使荀躒唁公于乾侯

魯臣去國來歸〇諸國君臣來奔及逃來〇並見前《人紀》篇

來納幣〇來逆女〇來媵〇魯女來〇魯女被執、被出來歸〇來逆魯女喪〇並見前《嘉禮》篇

來盟〇來會〇見「盟」例、「會」例下

來戰〇來乞師〇見後《軍禮》篇

來會葬〇來奔喪〇見後《凶禮》篇

盟

紀子伯、莒子盟于密隱二〇齊侯、鄭伯盟于石門隱三〇宋公、齊侯、衛侯盟于瓦屋隱八〇齊侯、宋人、江人、黄人盟于貫僖二〇宋公、曹人、邾人盟于曹南僖十九〇楚子、陳侯、鄭伯盟于辰陵宣十一〇齊侯、鄭伯盟于鹹定七〇齊侯、衛侯盟于沙同上〇衛侯、鄭伯盟于曲濮定八〇鄫子會盟于邾僖十九

以上外君相盟者九。或外君兼外臣盟者不別出，會盟一附見。盟非盛世事也，不得已而有，蓋爲衰世之亂邦罷民設。

春秋時，王政不行，諸侯自恣，欲以戰伐而敵仇，則不得不以盟會而固黨。會不足恃而重之以盟，人不自信而要之於神，故凡書「盟」者，《春秋》所惡也。《春秋》，魯史也，隱之元年書及邾、及宋二盟矣，他國之盟於魯何與？而書者有其故也。紀虞齊難而新結魯昏，紀、莒之盟，魯爲紀謀也，然魯邾、魯宋、紀莒各爲其國而盟爾。永嘉陳氏曰：特相盟不書，必關於天下之故而後書。書齊、鄭盟于石門，以志諸侯之合；書齊、鄭盟于鹹，以志諸侯之散。是《春秋》之始終也，莒、紀無足道也。齊、鄭合天下，始多故矣。天下之無王，鄭爲之也。天下之無霸，齊爲之也。澄謂：觀春秋世變，陳氏之識超矣。齊、鄭盟石門，繼以宋、齊、衛瓦屋之盟，諸侯之黨合而無王，近已胚胎齊霸之糾合矣；齊、鄭盟鹹，繼以齊、衛、鄭沙、曲濮之盟，諸侯之黨散而無伯[一]，遠已醞釀秦雄之并吞矣。貫之盟，齊桓霸業之方盛也；曹南之盟，宋襄霸圖之肇起也；辰陵之盟，楚莊間霸之不可遏也[二]。閱世變者傷之，故以外君相盟居「盟」例之首。

公會齊侯盟于艾隱六○公會紀侯、莒子盟于曲池桓十二○公會宋公、燕人盟于穀丘同上○公會鄭伯盟于武父同上○公會齊侯、紀侯盟于黃桓十八○公會齊侯盟于柯莊十三○公會齊侯盟于扈莊二十三○公會齊侯、宋公、陳世子款、鄭世子華盟于甯母僖七○公會王人、齊侯、宋公、衛侯、許男、曹伯、陳世子款盟于洮僖八○公會齊侯、宋公、陳侯、衛侯、鄭伯、許男、曹伯盟于牡丘僖十五○公會衛子、莒慶盟于洮僖二十五○公會莒子、衛甯速盟于向僖二十六○公會晉侯、齊侯、宋公、蔡侯、鄭伯、衛子、莒子盟于踐土僖二十八○公會晉侯、齊侯、宋公、衛侯、鄭伯、曹伯、莒子、邾子、滕子、薛伯、杞伯、小邾子

[一] 諸侯之黨散而無伯：「伯」，四庫本作「霸」。
[二] 楚莊間霸之不可遏也：「間」，清刻本作「爭」。

盟于澶淵襄二十〇公會齊侯、莒子、邾子、杞伯盟于鄟陵昭二十六〇公會齊侯盟于黄定十二

以上魯君會外君盟者十六。凡言「會」者，外爲志；言「及」者，内爲志也。

諸侯盟于首止僖五〇諸侯盟于葵丘僖九〇諸侯盟于扈文十五〇諸侯盟于祝柯襄十九〇諸侯同盟于重丘襄二十五〇公會諸侯盟于薄僖二十一〇公會諸侯盟于宋僖二十七〇公會諸侯、晋大夫盟于扈文七〇公及諸侯盟于臯鼬定四

以上盟稱「諸侯」者九。首止之會，有王世子；葵丘之會，有宰周公，不言「諸侯盟」，以見王世子、宰周公不與盟也；不再列序者，前目後凡也。于扈二盟，則前無其目，後言諸侯，不知諸侯爲誰。蓋時晋霸失政，諸侯離心，與盟之君不足序也。魯君不與，則但總言諸侯；魯君與盟，則前無其目，不得不稱「公會」，不得不稱主盟者也。晋大夫不書氏名，其時晋未有君也，與莊九年書「齊大夫」同。祝柯，前年圍齊之諸侯也，亦前目後凡也。同盟十六，惟重丘再稱諸侯者，會地與盟地異，中間又有入陳一事間之也。臯鼬亦然，會盟各地，又有滅沈一事間之。然祝柯無「公及」而臯鼬言「公及」，何也？蓋定公之立非正，嘗朝晋而晋不納，故因此會而求盟，以定其位也。于薄、于宋二盟，則楚方主事，魯爲楚而往也，諱魯之往會楚而受盟也，故總言諸侯，而包楚於其中也。

公及邾儀父盟于蔑隱元〇公及鄭伯盟于越桓元〇公及邾儀父盟于趡桓十一〇公及齊侯盟于落姑閔元〇公及晋侯盟文三〇文十三〇公及齊侯盟于穀文十七〇公及晋侯盟于長樗襄三

以上魯君及外君盟者八。盟于趡，《左氏》作「公會」，今從《公》、《穀》。

公會陳人、蔡人、楚人、鄭人盟于齊僖十九〇公會王人、晋人、宋人、齊人、陳人、蔡人、秦人盟

于翟泉僖二十九

以上魯君會外臣盟者二。《左氏》、《穀梁》二「會」字上並無「公」字，今從《公羊》。

公及齊大夫盟于蔇莊九〇公及莒人盟于浮來隱八〇公及楚人、秦人、宋人、陳人、衛人、鄭人、齊人、曹人、邾人盟于蜀成二

以上魯君及外臣盟者三。趙氏曰：特書「公」，譏公與臣盟也。

及宋人盟于宿隱元〇及齊高傒盟于防莊二十二〇及晉處父盟文二〇及荀庚盟成三〇及孫良夫盟同上〇及郤犨盟成十一〇及孫林父盟襄七〇及向戌盟襄十五〇及蘇子盟于女栗文十〇及國佐盟于袁婁成二

以上及盟不稱主者八，及王臣盟者一，如師及盟者一附見。趙氏曰：及者，公及之也，不書「公」，諱與大夫盟，恥也。「及蘇子」，諱與天子大夫盟也。陸氏曰：齊高傒、晉處父俱書名，罪其以臣敵君，公屈體而與之盟，則非彼之過，故但書「及」[一]。

柔會宋公、陳侯、蔡叔盟于折桓十一〇公孫敖會宋公、陳侯、鄭伯、晉士穀盟于垂隴文二〇仲孫貜會邾子盟于祲祥[二]昭十一

以上魯臣會外君盟者三。

公子結媵陳人之婦于鄄，遂及齊侯、宋公盟莊十九〇公子遂及齊侯盟于郪丘文十六〇臧孫許及晉侯盟

[一] 故但書及：「及」，原作「人」，據清刻本改。

[二] 仲孫貜會邾子盟於祲祥：「貜」，原作「蔑」，據四庫本改。

于赤棘成元〇仲孫何忌及邾子盟于拔定三〇叔孫州仇、仲孫何忌及邾子盟于句繹哀二

以上魯臣及外君盟者五。趙氏曰：大夫盟公侯，非禮也。其無譏，非彊之也。陸氏曰：彼自屈禮，非我力能彊之。

公子遂會晉趙盾盟于衡雍文八〇仲孫速會莒人盟于向襄二十

以上魯臣會外臣盟者二。

季孫行父及晉郤犨盟于扈成十六〇叔孫豹及諸侯之大夫及陳袁僑盟襄三〇豹及諸侯之大夫盟于宋襄二十七

以上魯臣及外臣盟者三。

公會晉侯、宋公、衛侯、鄭伯、曹伯、莒子、邾子、薛伯、杞伯、小邾子于溴梁，大夫盟襄十六

以上盟稱大夫者一。《經》嘗兩書諸侯之大夫，則大夫猶繫之君也。溴梁之會，君會而大夫自盟，則大夫專之所由也。

齊人、衛人、鄭人盟于惡曹桓十一〇宋人、齊人、楚人盟于鹿上僖二十一

以上外臣相盟者二。

同盟于幽莊十六〇莊二十七〇于新城文十四〇于斷道宣十七〇于蟲牢成五〇于馬陵成七〇于蒲成九〇于戚成十五〇于柯陵成十七〇于雞澤襄三〇于戲襄九〇于亳城北襄十一〇于重丘襄二十五〇于平丘，公不與盟昭十三〇于虛朾成十八〇于清丘宣十二

以上同盟者十六，魯君會者十四，魯臣會者一，外自盟者一。永嘉呂氏曰：同盟者，未專主盟也，有主盟則不書

「同」。二幽之盟書「同」，則齊桓霸業未盛之時；新城以後書「同」，則晋人霸業漸衰之際也。

杞子來盟襄二十九○鄭伯使其弟語來盟桓十四○衛侯使孫良夫來盟宣七○齊高子來盟閔二○宋司馬華孫來盟文十五○楚屈完來盟于師僖四

以上來盟者五，來盟于師一附見。

公子友如齊涖盟僖三○公孫敖如莒涖盟文七○叔孫婼如齊涖盟昭七○叔還如鄭涖盟定十一

以上涖盟者四。啖氏曰：他國來魯盟者曰「來盟」，魯往他國盟者曰「涖盟」。趙氏曰：不書其誰，敵者也。

公及戎盟于唐隱二○桓二○公子遂會雒戎盟于暴文八○齊人、狄人盟于邢僖二十○衛人及狄盟僖三十二

以上戎狄盟者五。及戎、及狄，以中國及之也。齊人、狄人，則敵矣。公子遂會之，則彼爲主矣。

會 胥命

蔡侯、鄭伯會于鄧桓二○齊侯、宋人、陳人、蔡人、邾人會于北杏莊十三○齊侯、宋公、陳侯、衛侯、鄭伯會于鄄莊十五○齊侯、宋公、江人、黄人會于陽穀僖三○宋公、楚子、陳侯、蔡侯、鄭伯、許男、曹伯會于盂僖二十二○晋侯、宋公、衛侯、鄭伯、曹伯會于扈宣九○楚子、蔡侯、陳侯、鄭伯、許男、徐子、滕子、頓子、胡子、沈子、小邾子、宋世子佐、淮夷會于申昭四○齊侯、衛侯、鄭游速會于安甫定十○齊侯、宋公會于洮定十四○諸侯會于扈文十七

以上外君相會者九，或外君兼外臣會者不別出，諸侯會者一附見。蔡、鄭會鄧，中國懼楚之始也；齊會北杏，中國

有霸之始也。其關於天下之故不小矣，故亦以外君相會居會例之首。諸侯相見於國曰「朝」，相見於野曰「會」，或各國君臣相見，或各國臣自相見，或講好，或謀事，俱謂之「會」。

公會齊侯于防隱九○公會齊侯、鄭伯于中丘隱十○公會鄭伯于時來隱十一○公會鄭伯于垂桓元○公會齊侯、鄭伯于稷，以成宋亂桓二○公會齊侯于嬴桓三○公會紀侯于郕同上○公會齊侯于讙同上○公會紀侯于成桓六○公會宋公于夫鍾桓十一○公會宋公于闞同上○公會宋公于虛桓十二○公會宋公于龜同上○公會鄭伯于曹桓十四○公會齊侯于艾桓十五○公會宋公、蔡侯、衛侯于曹桓十六○公會齊侯于濼桓十八○公會齊侯于城濮莊二十七○公會齊侯、宋公、鄭伯、曹伯、邾人于檉僖元○公會宰周公、齊侯、宋子、衛侯、鄭伯、許男、曹伯于葵丘僖九○公會齊侯、宋公、陳侯、衛侯、許男、曹伯于咸僖十三○公會齊侯、宋公、陳侯、衛侯、鄭伯、許男、邢侯、曹伯于淮僖十六○公會晋侯、齊侯、宋公、蔡侯、鄭伯、陳子、莒子、邾子、秦人于温僖二十八○公會齊侯于平州宣元○公會晋侯、宋公、衛侯、鄭伯、曹伯于黑壤宣七○公會晋侯、衛侯于瑣澤成十二○公會晋侯、齊侯、衛侯、宋華元、邾人于沙隨，不見公成十六○公會晋侯、宋公、陳侯、衛侯、鄭伯、曹伯、莒子、邾子、滕子、薛伯、齊世子光、吴人、鄫人于戚襄五○公會晋侯、宋公、陳侯、衛侯、曹伯、莒子、邾子于鄬襄七○公會晋侯、宋公、衛侯、曹伯、齊世子光、莒子、邾子、滕子、薛伯、小邾子伐鄭，會于蕭魚襄十一○公會晋侯、宋公、衛侯、鄭伯、曹伯、莒子、邾子、薛伯、杞伯、小邾子于溴梁襄十六○公會晋侯、齊侯、宋公、衛侯、鄭伯、曹伯、莒子于商任襄二十一○公會晋侯、齊侯、宋公、衛侯、鄭伯、曹伯、莒子、邾子、薛伯、杞伯、小邾子于沙隨襄二十二

○公會晉侯、宋公、衛侯、鄭伯、曹伯、莒子、邾子、滕子、薛伯、杞伯、小邾子于夷儀襄二十四○襄二十五○公會劉子、晉侯、齊侯、宋公、衛侯、鄭伯、曹伯、莒子、邾子、滕子、薛伯、杞伯、小邾子于平丘昭十三〔一〕○公會齊侯于夾谷定十○公會齊侯、衛侯于牽定十四○公會衛侯、宋皇瑗于鄖哀十二

以上魯君會外君者三十九。

衛侯會公于沓文十三○鄭伯會公于棐同上○邾子來會公定十四

以上外君會魯君者三。

公會楚公子嬰齊于蜀成二○公會晉人、鄭良霄、宋人、曹人于澶淵襄二十六○公會晉師于瓦定八

以上魯君會外臣者二，會師一附見。

單伯會齊侯、宋公、鄭伯于鄄莊十四○公孫敖會晉侯于戚文九○季孫行父會齊侯于陽穀文十六○公孫歸父會齊侯于穀宣十四○公孫歸父會楚子于宋宣十五○季孫宿會晉侯、鄭伯、齊人、宋人、衛人、邾人于邢丘襄八○叔弓會楚子于陳昭九

以上魯臣會外君者七。

叔彭生會晉郤缺于承匡文十一○仲孫蔑會齊高固于無婁宣十五○叔孫僑如會晉荀首于穀成五○仲孫蔑

〔一〕昭十三：「十三」原作「二十二」，清刻本、四庫本作「二十」，皆誤，平丘之會在昭公十三年，據元刻本《春秋纂言》卷十一改。

會晉荀罃、宋華元、衛孫林父、曹人、邾人于戚襄二〇仲孫蔑會晉荀罃、齊崔杼、宋華元、衛孫林父、曹人、邾人、滕人、薛人、小邾子于戚同上〇季孫宿會晉士匄、宋華閲、衛孫林父、鄭公孫蠆、莒人、邾人于戚襄十四〇叔孫豹會晉士匄于柯襄十九〇叔孫豹會晉趙武、楚屈建、蔡公孫歸生、衛石惡、陳孔奐、鄭良霄、許人、曹人于宋襄二十七〇叔孫豹會晉趙武、楚公子圍、齊國弱、宋向戌、衛齊惡、陳公子招、蔡公孫歸生、鄭罕虎、許人、曹人于虢昭元〇季孫意如會晉韓起、齊國弱、宋華亥、衛北宫佗、鄭罕虎、曹人、杞人于厥憖昭十一〇叔詣會晉趙鞅、宋樂大心、衛北宫喜、鄭游吉、曹人、邾人、滕人、薛人、小邾人于黄父昭二十五〇季孫意如會晉荀躒于適歷昭三十一

以上魯臣會外臣者十二。

晉人、齊人、宋人、衛人、鄭人、曹人、莒人、邾人、滕人、薛人、杞人、小邾人會于澶淵，宋災故襄三十〇晉士鞅、宋樂祁犂、衛北宫喜、曹人、邾人、滕人會于扈昭二十七

以上外臣相會者二。

公及齊侯、宋公、陳侯、衛侯、鄭伯、許男、曹伯會王世子于首止僖五

以上「及」以「會」而尊之者一，所謂殊會也。

公會晉侯及吴子于黄池哀十三

以上「會」以「及」而外之者一，吴子書「及」，説者以爲會兩霸之辭，與之以霸，又書其爵，雖若進之，實則外之也。

公會晉侯、宋公、衛侯、曹伯、莒子、邾子、滕子、薛伯、杞伯、小邾子、齊世子光會吴于柤襄十〇叔孫僑如會晉士燮、齊高無咎、宋華元、衛孫林父、鄭公子鰌、邾人會吴于鍾離成十五〇季孫宿、叔老會晉士匄、齊人、宋人、衛人、鄭公孫蠆、曹人、莒人、邾人、滕人、薛人、杞人、小邾人會吴于向襄十四

以上「會」以「會」而外之者三。殊會王世子者，尊之也，不敢以下同於諸侯也；殊會吴者，外之也，不使之内同於中國也。

仲孫蔑、衛孫林父會吴于善道襄五〇叔還會吴于柤哀六〇公會吴于鄫哀七〇公會吴于橐皋哀十二〇公會戎于潛隱二〇晉侯會狄于攢函宣十一

以上會而外之者六。吴之下不書爵，又不稱人[一]，外之也，同之於戎狄也。《春秋》嘗外楚矣，敗蔡、入蔡，書「荆」，外之也。僖之元年，荆改號楚，則繼書人，又繼書爵，以漸而進之於中國矣。吴初書國與荆同也，繼而書人書爵，與楚同也。繼又但以國書，則不得與楚同矣。繼又與晉同會，而又進書爵，於是乎《春秋》終焉。

齊侯衛侯胥命于蒲桓三

以上胥命者一。命當自天子出，故諸侯既免喪，必受命於天子，始得君其國，況命之爲伯以長諸侯！此命之重大者也。晉文敗楚於城濮，王使尹氏、王子虎、内史叔興父策命之爲侯伯，至是始可稱命伯。齊僖欲伯東州，爲無上命，乃

〔一〕又不稱人：「稱」，清刻本作「書」。

與衛相結，俾衛侯命己，己命衛侯，自相推尚，相命爲伯，可謂亂命也已。其後齊桓受教管仲，雖無王命而自爲伯。葵丘之會，王但使宰周公賜胙，尊之比於二王後，終未命之爲伯也。此亦二君相會，然胥命之事非常，故書「胥命」而不書「會」，今以附於會例之末云。

遇

公及宋公遇于清隱四○公及齊侯遇于穀莊二十三○公及齊侯遇于魯濟莊三十○宋公、衛侯遇于垂隱八○齊侯、陳侯、鄭伯遇于垂莊四○宋公、衛侯遇于梁丘莊三十二○公會衛侯于桃丘，弗遇桓十

以上魯君、外君之遇者六，會而弗遇者一附見。遇者，會之簡略者也，謂若道途偶相邂逅然。

至 還

公至自會僖十五○十七○文十四○宣八○十七○成六○七○九○十五○十六再○十七○襄三○五○十○十一○十六○二十○二十二再○二十四○二十五○昭十三○定四○十四○哀十三

以上魯君自會而至者二十六。

公至自齊莊二十三再○二十四○僖三十三○宣四○五○九○十再○公至自晋文四○十四○成三○四○十一○十八○襄三○五○八○十三○二十一○昭五○十四○十六○公至自楚襄二十九○昭七○公至自唐桓二○公至自穀文十七○公至自瓦定八○公至自夾谷定十○公至自黄定十二

以上魯君自某國、某地而至者三十。

公至自伐楚僖四〇公至自伐秦成十三〇公至自伐齊僖二十六〇襄十九〇哀十〇公至自伐鄭桓十六〇僖六〇成三〇成十七〇襄十〇襄十一〇公至自伐衛莊六〇公至自伐戎莊二十六〇公至自伐萊宣七〇公至自侵鄭定六〇公至自侵齊定八再〇公至自救陳襄五〇公至自圍許僖二十九〇公至自圍成定十二

以上魯君自伐、侵、救、圍而至者二十。

啖氏曰：凡公行總一百七十有六，書至者八十有二，不書至者九十有四，因時君告廟不告廟也。澄按，啖説取《左氏》義，然天子諸侯之行，其行其反必皆見廟[一]，蓋人子出告反面之禮，不死其親故也。歸而告廟，亦常事爾，《春秋》何爲而書之乎？竊詳《穀梁傳》義爲得《經》意。糾合諸侯，自齊桓始。幽、檉、首止、甯母、洮[二]、葵丘、鹹八大會，魯君皆與，並不書至。《穀梁傳》曰：桓會不至，安之也。得《經》意矣！末年牡丘、淮二會乃書「公至」，范甯《註》曰：桓會不致，齊桓德衰，故危而致之。得《傳》意矣！淮之會，魯君爲齊所止，聲姜出會齊桓，始得釋，以此知書「至」之爲危之也。伐楚、伐鄭二役書「至」者，兵凶戰危，不比衣裳之會，故致也。齊桓既歿，僖公朝齊，非所宜朝，故致也。由是推之，桓、莊、文、宣、成、襄、昭、定、哀之行，其書「至」者，大率危之也。危之若何？或事之難，或動之非，或地之遠，或時之久，皆是危道，幸其禮成事畢而得至[三]，故書也。《穀梁》於「襄公朝楚」之傳

[一] 其行其反必皆見廟：「見」，四庫本作「告」。

[二] 「洮」，四庫本作「至」。

[三] 幸其禮成事畢而得至：「得」，四庫本作「遄」。

曰：至自楚，喜之也，殆其往而喜其反也。澄故以爲得《經》意也。魯夫人惟文九年出姜如齊歸寧爲得禮，故特書其至，其餘夫人之行，皆非美事，故不書「至」也。然則出姜之至，亦危之乎？曰：婦人無外事，禮合歸寧，不得已而出，亦以其得至國爲喜也，未至以前，詎敢以爲安乎？彼非禮而行者，固不足道，又奚恤其危也哉。

公還自晋文十三〇歸父還自晋宣十八

以上魯君、魯臣自某國而還者二。至者，自外反而已至國也；還者，自外反而猶在路也。陸氏曰：還比復爲善，還者事畢，復者事未畢。「公還自晋」、「歸父還自晋」、莊八年「師還」、襄十九年「士匄聞齊侯卒，乃還」，皆不當更往，故曰事畢。「公如晋，至河乃復」、「至河有疾，乃復」、「公孫敖如京師，不至而復」、「公子遂如齊，至黄乃復」，皆事未畢而復也。《穀梁》云：「還者，事未畢；復者，事畢。」文倒也。

單伯至自齊文十五〇意如至自晋昭十四〇婼至自晋昭二十四

以上魯臣自某國而至者三。魯之三臣爲齊、晋所執，幸得解脱，故書其至，以此見《經》之書「至」者非美事也。

公至自會，居于鄆昭二十六〇公至自齊，居于鄆昭二十六〇昭二十七再〇公至自乾侯，居于鄆昭二十九

以上魯君自外而至居于某地者五。昭公出奔居外，顛沛如此，何廟之可告？而亦書「至」，《左氏》乃謂「告廟而後書至」，豈其然乎？

公之喪至自齊桓十八〇公之喪至自乾侯定元〇夫人氏之喪至自齊僖元

以上魯君、魯夫人之喪自外而至者三。

春秋纂言總例卷五

元　吴澄　撰

軍禮第五

伐

趙氏曰：凡師稱罪致討曰伐。

蔡人、衛人、陳人從王伐鄭桓五

以上從伐者一。《左傳》曰：王以諸侯伐鄭。永嘉陳氏曰：《春秋》之法，有天子在則其諸侯稱人，有諸侯在則其大夫稱人。曰「蔡人、衛人、陳人從王伐鄭」，尊王也。

公會宋公、衛侯、陳侯于袲，伐鄭桓十五〇公會宋公、衛侯、陳侯、蔡侯伐鄭桓十六〇公會齊侯伐萊宣七〇公會晉侯、宋公、衛侯、曹伯伐鄭成三〇公會晉侯、齊侯、宋公、衛侯、曹伯伐鄭成十〇公自京師，遂會晉侯、齊侯、宋公、衛侯、鄭伯、曹伯、邾人、滕人伐秦成十三〇公會尹子、晉侯、齊國佐、邾人伐鄭成十六〇公會尹子、單子、晉侯、齊侯、宋公、衛侯、曹伯、邾人伐鄭成十七〇公會單子、晉侯、宋公、衛侯、曹伯、齊人、邾人伐鄭同上〇公會晉侯、宋公、衛侯、曹伯、莒子、邾子、滕子、薛伯、杞伯、小邾子、齊世子光伐鄭襄九〇公會晉侯、宋公、衛侯、曹伯、莒子、邾子、齊世子光、滕子、薛伯、杞伯、小邾子伐鄭襄十〇公會晉侯、宋公、衛侯、曹伯、齊世子光、莒子、邾子、滕子、薛伯、杞伯、小邾子伐鄭襄十一再〇公會齊人、宋人、陳人、蔡人伐衛莊五〇公會宋人、齊人伐徐莊二十六〇公會吳伐齊哀十〇哀十一

宋公、陳侯、衛侯、曹伯會晉師于棐林，伐鄭宣五

翬帥師會宋公、陳侯、蔡人、衛人伐鄭隱四〇叔老會鄭伯、晉荀偃、衛甯殖、宋人伐許襄十六〇叔孫僑如會晉士燮、齊人、邾人伐郯成八〇叔孫豹會晉荀偃、齊人、宋人、衛北宫括、鄭公孫蠆、曹人、莒人、邾人、滕人、薛人、杞人、小邾人伐秦襄十四〇溺會齊師伐衛莊三〇翬帥師會齊人、鄭人伐宋隱十〇單伯會伐宋莊十四〇叔孫得臣會晉人、宋人、陳人、衛人、鄭人伐沈文三〇公孫歸父會齊人伐莒宣十一

以上會伐者二十七，魯君會十七，外君會一，魯臣會九。會伐者，孟子所謂「摟諸侯以伐諸侯，三王之罪人也」。

及鄭師伐宋桓十二〇及宋人、衛人伐邾桓十七〇及江人、黃人伐陳僖四

以上及伐者三。及者皆不出主名，蓋以師及外師，以人及外人也。

公伐齊莊九〇公伐邾隱七〇桓八〇僖二十一〇二十二〇三十三〇文七〇哀七〇公伐莒宣四〇公伐杞宣十八

公子慶父帥師伐於餘丘莊二〇公子遂帥師伐邾僖三十三〇叔彭生帥師伐邾文十四〇公孫歸父帥師伐邾宣十〇仲孫速帥師伐邾襄二十〇季孫意如、叔弓、仲孫貜帥師伐莒昭十〇仲孫何忌帥師伐邾哀元〇哀六〇

季孫斯、叔孫州仇、仲孫何忌帥師伐邾哀二

伐邾桓八

以上內伐者二十：君伐十，臣伐九，不出主名一〔一〕。

宋公、陳侯、蔡人、衛人伐鄭隱四○宋公曹伯、衛人、邾人伐齊僖十八○宋公、衛侯、許男、滕子伐鄭僖二十二○齊侯伐宋僖三十三○晉侯伐衛僖二十八○文元○晉侯伐秦文四○楚子伐麇文十一○楚子伐鄭宣四○宣九○宣十○成十五○襄九○齊侯伐萊宣九○楚子伐宋宣十二○晉侯伐鄭宣十四○晉侯、衛世子臧伐齊宣十八○鄭伯伐許成四○楚子、鄭伯伐宋成十八○襄十一○楚子伐吳襄二十四○楚子、蔡侯、陳侯、許男伐鄭同上○吳子遏伐楚襄二十五○楚子、蔡侯、陳侯伐鄭襄二十六○楚子、蔡侯、陳侯、許男、頓子、胡子、沈子、淮夷伐吳昭四○楚子、蔡侯、陳侯、許男、頓子、沈子、徐人、越人伐吳昭五○齊侯伐北燕昭六○楚子伐徐昭十二○齊侯伐徐昭十六○宋公伐邾昭十九○齊侯伐莒昭二十一○齊侯、衛侯伐晉哀元○齊侯伐宋哀五○宋公伐鄭哀九

晉郤缺帥師伐蔡文十五○晉荀林父帥師伐陳宣九○鄭公子去疾帥師伐許成三○楚公子嬰齊帥師伐鄭成六○成七○晉欒書帥師伐鄭成九○楚公子嬰齊帥師伐莒同上○鄭公子喜帥師伐許成十四○晉韓厥帥師伐鄭襄元○楚公子嬰齊帥師伐吳襄三○晉荀罃帥師伐許同上○楚公子貞帥師伐陳襄五○楚公子貞帥師伐鄭襄八○楚公子

〔一〕不出主名一：「不出主名」，清刻本作「國伐」。

貞、鄭公孫輒帥師伐宋襄十〇楚公子貞帥師伐吴襄十四〇衛石買帥師伐曹襄十七〇楚公子午帥師伐鄭襄十八〇衛孫林父帥師伐齊襄十九〇齊崔杼帥師伐莒襄二十四〇鄭公孫夏帥師伐陳襄二十五〇楚薳罷帥師伐吴昭十九〇衛公孟彄帥師伐曹定十二〇定十三〇鄭罕達帥師伐宋定十五〇宋樂髡帥師伐曹哀三〇晋趙鞅帥師伐衛哀五〇宋向巢帥師伐曹哀六〇楚公子結帥師伐陳哀十〇宋向巢帥師伐鄭哀十二〇楚公子申帥師伐陳哀十三

齊師、曹師伐厲僖十五〇秦師伐晋宣二〇晋師、白狄伐秦宣八〇楚師伐陳同上〇宋師伐滕宣十〇宋師伐陳宣十二〇齊師伐莒宣十三〇鄭師伐宋襄二〇晋師伐秦襄十

鄭人伐衛隱二〇莒人伐杞隱四〇邾人、鄭人伐宋隱五〇宋人伐鄭隱五〇哀十〇宋人、蔡人、衛人伐戴隱十〇齊人、陳人、曹人伐宋莊十四〇宋人、齊人、邾人、伐郳莊十五〇宋人、齊人、衛人伐鄭莊十六〇楚人伐鄭僖元〇僖三〇文九〇宣五〇齊人伐鄭僖七〇楚人伐黄僖十一〇楚人伐徐僖十五〇宋人伐曹同上〇齊人、徐人伐英氏僖十七〇邢人、狄人伐衛僖十八〇衛人伐邢僖十九〇楚人伐隨僖二十〇楚人伐陳僖二十三〇哀九〇衛人伐齊僖二十六〇楚人伐宋同上〇晋人、陳人、鄭人伐許僖三十三〇衛人伐晋文元〇晋人、宋人、陳人、鄭人伐秦文二〇秦人伐晋文三〇宣十五〇襄十一〇晋人、衛人、陳人、鄭人伐宋文十七〇晋人、宋人伐鄭宣元〇晋人、宋人、衛人、曹人伐鄭宣十〇秦人、白狄伐晋成九〇宋人伐陳襄十七〇楚人伐吴定二

以上外伐者百一十：君伐三十四，臣伐三十，師伐九，人伐三十七。

齊侯伐我西鄙文十七〇齊侯伐我北鄙成二〇襄十五〇十六再〇十七〇齊高厚帥師伐我北鄙襄十七〇齊崔杼帥師伐我北鄙襄二十五〇齊國夏帥師伐我西鄙定七〇定八〇齊國書帥師伐我哀十一〇齊師伐我北鄙襄十八

○齊人、宋人、陳人伐我西鄙莊十九○齊人伐我北鄙僖二十六○邾人伐我南鄙文十四○襄十五○襄十七○莒人伐我東鄙襄八○襄十○襄十二○吴伐我哀八

以上伐我者二十一：君伐六，臣伐五，師伐一，人伐八，國伐一。

荆伐鄭莊十六○莊二十八○徐伐莒文七○吴伐郯成七○吴伐越昭三十二○吴伐陳哀六○狄伐邢莊三十二○狄伐晋僖八○狄伐鄭僖二十四○秦□伐晋文十○鄭□伐許成三○晋□伐鮮虞昭十二

以上國伐者八，秦、鄭、晋各一附見。「秦」下、「鄭」下、「晋」下文缺，或是「伯」字、「侯」字，或是「師」字，或是「人」字，疑以傳疑，非可臆補，今且列「國伐」例中。

公伐戎莊二十六○齊人伐戎莊二十○齊人伐山戎莊三十○齊侯、許男伐北戎僖十○楚子伐陸渾之戎宣二○晋郤克、衛孫良夫伐𤊹咎如成三○晋□伐鮮虞昭十二○晋荀吴帥師伐鮮虞昭十五○晋士鞅、衛孔圄帥師伐鮮虞定四○晋趙鞅帥師伐鮮虞哀六

以上伐戎狄者十：君伐三，人伐二，臣伐四，誤稱國伐一。

公以楚師伐齊僖二十六○宋人以齊人、蔡人、衛人、陳人伐鄭桓十四

以上以伐者二，又以戰一，「蔡侯以吴子及楚人戰」，見後「戰」例中。

宋公、楚子、陳侯、蔡侯、鄭伯、許男、曹伯會于盂，執宋公以伐宋僖二十一○齊人執衛行人北宮結以侵衛定七

以上執伐者一，執侵一附見，後「侵」例中不重出。

公會齊侯、宋公、陳侯、衛侯、鄭伯、許男、曹伯侵蔡，遂伐楚僖四〇齊侯侵我西鄙，遂伐曹文十五〇齊侯伐衛，遂伐晋襄二十三〇楚子、鄭人侵陳，遂侵宋宣元〇晋士鞅帥師侵鄭，遂侵衛定八

以上遂伐者三，遂侵二附見，後「侵」例中不重出。

侵

趙氏曰：無名行師曰侵。　襲

公會齊侯、宋公、陳侯、衛侯、鄭伯、許男、曹伯侵蔡僖四〇公會劉子、晋侯、宋公、蔡侯、衛侯、陳子、鄭伯、許男、曹伯、莒子、頓子、胡子、滕子、薛伯、杞伯、小邾子、齊國夏于召陵，侵楚定四〇公孫茲帥師會齊人、宋人、衛人、鄭人、許人、曹人侵陳僖四

以上會侵者三：魯君會二，魯臣會一。

公侵宋莊十〇公侵鄭定六〇公侵齊定八再〇仲孫蔑、叔孫僑如帥師侵宋成六〇仲孫羯帥師侵齊襄二十四〇季孫斯、仲孫何忌帥師侵衛定八

以上内侵者七：君侵四，臣侵三。

晋侯侵曹僖二十八〇晋趙穿帥師侵崇宣元〇晋趙盾、衛孫免侵陳宣六〇衛孫良夫帥師侵宋成六〇晋欒書帥師侵蔡成八〇衛侯之弟黑背帥師侵鄭成十〇鄭公子喜帥師侵宋成十六〇衛北宮括帥師侵鄭成十七〇楚公子壬夫帥師侵宋襄元〇鄭公孫舍之帥師侵宋襄十一〇楚公子貞帥師侵宋襄十二〇晋士匄帥師侵齊襄十九〇宋皇瑗帥師侵鄭哀七〇晋趙鞅帥師侵齊哀十〇晋魏曼多帥師侵衛哀十三〇楚師、鄭師侵衛成二〇晋師、

宋師、衛甯殖侵鄭襄二○鄭人侵宋莊十五○鄭人侵許莊二十九○楚人侵鄭僖二○宣三[一]○介人侵蕭僖三十○晋人、宋人、衛人、陳人侵鄭宣二○楚人、鄭人侵宋成十八○鄭人侵蔡襄八

以上外侵者二十五：君侵一，臣侵、師侵十六，人侵八，又「楚、鄭侵陳，遂侵宋」、「晋侵鄭，遂侵衛」、「齊執衛行人以侵衛」凡三，已附見前「伐」例中，今不重出。

齊侯侵我西鄙文十五○齊人侵我西鄙僖二十六○文十五○莒人侵我東鄙襄十四○狄侵我西鄙文七

以上侵我者五：君侵一，人侵三，狄侵一。

戎侵曹[二]莊二十四○狄侵衛僖十三○僖二十一○文十三○狄侵鄭僖十四○狄侵齊僖三十○僖三十三○文四○文九○文十一○狄侵宋文十○赤狄侵齊宣三○宣四○衛人侵狄僖三十一

以上戎狄侵者十三，侵狄一附見。

齊侯襲莒襄三十三

以上襲者一附於「侵」例之末，杜氏曰：掩其不備曰襲。

戰

公會紀侯、鄭伯及齊侯、宋公、衛侯、燕人戰，齊師、宋師、衛師、燕師敗績桓十三○晋侯及楚子、

[一] 宣三：「三」，底本與兩校本俱作「二」，據元刻本《春秋纂言》卷七改。

[二] 戎侵曹：「戎」，原作「我」，據清刻本、四庫本改。

鄭伯戰于鄢陵，楚子、鄭師敗績成十六〇宋公及楚人戰于泓，宋師敗績僖二十二〇晉侯、齊師、宋師、秦師及楚人戰于城濮，楚師敗績僖二十八〇晉侯及秦師戰于彭衙，秦師敗績文二〇蔡侯以吴子及楚人戰于柏舉，楚師敗績定四〇晉荀林父帥師及楚子戰于邲，晉師敗績宣十二〇季孫行父、臧孫許、叔孫僑如、公孫嬰齊帥師會晉郤克、衛孫良夫、曹公子首及齊侯戰于鞌，齊師敗績成二〇宋華元帥師及鄭公子歸生帥師戰于大棘，宋師敗績宣二〇晉趙鞅帥師及鄭罕達帥師戰于鐵，鄭師敗績哀二〇衛孫良夫帥師及齊師戰于新築，衛師敗績成二〇齊國書帥師及吴戰于艾陵，齊師敗績哀十一〇衛人及齊人戰，衛人敗績莊二十八〇宋師及齊師戰于甗，齊師敗績僖十八〇及齊師戰于乾時，我師敗績莊九〇王師敗績于茅戎成元

以上戰而敗績者十五：外敗績十四，内敗績一，王師敗績一附見。趙氏曰：凡外師敵者曰戰，戰而書及，以主及客也，以華及夷也。啖氏曰：王師不言戰，無敵也。敗則但書敗而已，人臣無敵君之義也。

晉侯及秦伯戰于韓僖十五〇晉人及秦人戰于令狐文七〇晉人、秦人戰于河曲文十二〇楚人及吴戰于長岸昭十七〇齊侯、衛侯、鄭伯來戰于郎桓十〇及鄭師伐宋，戰于宋桓十二〇及齊師戰于奚桓十七〇及邾人戰于升陘僖二十二

以上戰不言敗者八：外戰四，内戰四。啖氏曰：外戰有不言勝敗者，勝敗等也。趙氏曰：戰不言及，交爲主也。

敗

公敗宋師于菅隱十〇公敗宋師于乘丘莊十〇公敗齊師于長勺同上〇公敗宋師于鄑莊十一〇公敗邾師于

偃僖元〇公子友帥師敗莒師于酈同上〇叔弓帥師敗莒師于蚡泉昭五〇叔孫得臣敗狄于咸文十一

以上内敗者八：魯君所敗五，魯臣所敗三。啖氏曰：凡魯勝曰敗某師。

晉人及姜戎敗秦師于殽僖三十三〇荆敗蔡師于莘莊十〇吴敗頓、胡、沈、蔡、陳、許之師于雞父昭二十三〇於越敗吴于檇李定十四〇楚人敗徐于婁林僖十五〇晉人敗狄于箕僖三十三〇晉人敗狄于交剛成十二〇晉荀吴帥師敗狄于大鹵昭元

以上外敗者八：敗諸國五，敗狄三。趙氏曰〔一〕：凡外師掩敗之曰敗某師〔二〕。

鄭伯克段于鄢隱元

以上克者一，附於「敗」例之末。啖氏曰：克者，君戡臣之稱。雖君能敗臣之師，亦不言敗，不許臣有師徒以敵君也，但曰「克」，言能破之而已。

追

公追戎于濟西莊十八〇公追齊師至酅，弗及僖二十六

以上追者二。啖氏曰：追者，寇已去而躡之也。

〔一〕趙氏曰：「曰」，原作「白」，據清刻本、四庫本改。

〔二〕凡外師掩敗之曰敗某師：「掩」，清刻本作「能」，四庫本作「撓」。

救

王人子突救衛莊六

以上王救者一。啖氏曰：救者，救其患難，皆爲美也。

諸侯遂救許僖六〇公會晉侯、齊侯、宋公、衛侯、曹伯、莒子、邾子、杞伯救鄭成七〇公會晉侯、宋公、衛侯、鄭伯、曹伯、莒子、邾子、滕子、薛伯、齊世子光救陳襄五〇公會齊人、宋人救鄭莊二十八〇公子遂會晉人、宋人、衛人、許人救鄭文元〇公孫敖帥師及諸侯之大夫救徐僖十五

以上會救及救者六：君會四，臣會、臣及各一。

晉陽處父帥師伐楚以救江文二〇晉趙盾帥師救陳宣元〇晉郤缺帥師救鄭宣九〇晉欒書帥師救鄭成六〇楚公子貞帥師救鄭襄十〇鄭駟弘帥師救曹哀七〇齊師、宋師、曹師次于聶北，救邢僖元〇齊人救邢閔元〇楚人救衛僖二十八〇衛人救陳宣十二〇吴救陳哀十〇狄救齊僖十八

以上外救者十二：臣救六，師救一，人救三，國救二。

師救齊僖十八〇叔孫豹帥師救晉襄二十三〔一〕〇季孫宿帥師救台襄十二〇公救成襄十五

以上内救者四：救國二，自救内邑二。

〔一〕「襄二十三」，原作「襄二十二」，據四庫本改。

次

公會伐楚，次于陘僖四〇公會盟于牡丘，遂次于匡僖十五〇仲孫蔑會齊、曹、邾、杞，次于鄫襄元

以上會次者三：君會二，臣會一。趙氏曰：凡師駐曰次。

公次于滑莊三〇師次于郎莊八〇師次于成莊三十〇叔孫豹救晉，次于雍榆襄二十三〇公孫于齊，次于陽州昭二十五〇公如晉，次于乾侯昭二十八〇昭二十九

以上內次者四，魯君出奔次于外者三附見。

楚子、蔡侯次于厥貉文十〇齊侯、衛侯次于五氏定九〇齊侯、衛侯次于垂葭定十五〇齊侯、衛侯次于渠蒢定十五〇齊師、宋師次于郎莊十〇齊師、宋師、曹師次于聶北僖元

以上外次者六：君次四，師次二。

戍

公子買戍衛僖二十八〇戍陳襄五〇戍鄭虎牢襄十〇齊人殲于遂莊十七

以上戍者三。啖氏曰：戍者，以兵守之也。殲者一附見。

圍

諸侯遂圍許，遂會諸侯圍許僖二十八〇公會晉侯、宋公、衛侯、鄭伯、曹伯、莒子、邾子、滕子、

薛伯、杞伯、小邾子同圍齊襄十八○師及齊師圍郕莊八

楚人、陳侯、蔡侯、鄭伯、許男圍宋僖二十七○楚子圍鄭宣十二○楚子圍宋宣十四○楚子、陳侯、隨侯、許男圍蔡哀元○楚公子貞帥師圍陳襄七○楚公子棄疾帥師圍蔡昭十一○晉趙鞅帥師圍衛定十○晉趙鞅帥師圍鮮虞定五○宋師圍曹宣三○楚人圍許僖六○宋人圍曹僖十九○哀七○楚人圍陳僖二十五○晉人、秦人圍鄭僖三十○楚人圍江文三○楚人圍巢文十二○宋人圍滕宣九○鄭人圍許成九○陳人圍頓襄四○楚人圍蔡定四○狄圍衛僖三十一

叔孫州仇、仲孫何忌帥師圍邾哀三

以上圍國者二十五：會圍二，及圍一，外圍二十一，内圍一。啖氏曰：以兵圍其國都曰圍。

公會齊侯、宋公、陳侯、衛侯、曹伯伐鄭，圍新城僖六○仲孫蔑會晉欒黶、宋華元、衛甯殖、曹人、莒人、邾人、滕人、薛人圍宋彭城襄元

齊侯伐宋，圍緡僖二十三○齊國夏、衛石曼姑帥師圍戚哀三○宋人伐鄭，圍長葛隱五○楚人伐宋，圍緡僖二十六○晉人圍郊昭二十三○莒人伐我東鄙，圍台襄十二○齊侯伐我北鄙[一]，圍成襄十五○襄十六○齊侯伐我北鄙，圍桃襄十七○齊高厚帥師伐我北鄙，圍防同上

公圍成昭二十八○定十二○叔孫僑如帥師圍棘成三○叔弓帥師圍費昭十三○季孫斯、仲孫何忌帥師圍

[一] 齊侯伐我北鄙：「侯」，原作「人」，據元刻本《春秋纂言》卷九改。

鄆定六〇叔孫州仇、仲孫何忌帥師圍郈定十〇叔孫州仇、仲孫何忌帥師圍費同上

以上圍邑者十九：會圍二，外圍它邑五，外圍我邑五，内自圍我邑七。趙氏曰：凡内自圍者，皆叛邑。

取

取根牟宣九〇取鄟成六〇取邿襄十三〇取鄆昭元〇取鄫昭四〇取闞昭三十二〇取濟西田僖三十一〇取汶陽田成二〇取邾田，自漷水襄十九〇公敗宋師于菅，取郜，取防隱十〇公以楚師伐齊，取穀僖二十六〇公伐邾，取須句僖二十二〇文七〇公伐邾，取訾婁僖三十三〇公伐莒，取向宣四〇公孫歸父帥師伐邾，取繹宣十〇季孫斯、叔孫州仇、仲孫何忌伐邾，取漷東田及沂西田哀二

以上内取者十七：取國六，取邑七，取田四。趙氏曰：凡内取之邑不繫國者，本是魯邑，魯爲外國所奪，今取之也。

莒人伐杞，取牟婁隱四〇宋人取長葛隱六〇徐人取舒僖三〇齊侯取鄆昭二十五〇齊人取濟西田宣元〇齊人取讙及闡哀八〇宋人、蔡人、衛人伐戴，鄭伯伐取之隱十〇宋皇瑗帥師取鄭師于雍丘哀九〇衛罕達帥師取宋師于嵒哀十三

以上外取者六：取國一，取邑三，取田二，取師三附見。趙氏曰：凡力得之曰取，不是其專奪也。或以師威偪，或招收而得，皆爲力得。陸氏曰：取師義亦同取者，悉俘虜之，故不言敗。

入

趙氏曰：《公羊》謂「入者，得而不居」。澄按，亦有滅國而但書「入」者，蓋猶不絕其祀，罪輕於滅也。

入杞桓二〇入邾哀七〇無駭帥師入極隱二〇公子遂帥師入杞僖二十七〇季孫宿帥師救台，遂入鄆襄十二

以上內入者五：入國四，入邑一。

公及齊侯、鄭伯入許隱十一

以上及入者一。主兵者齊，主謀者鄭，而公與其役，故書「公及」，若出於公之意然。

晉侯入曹僖二十八〇楚子入陳宣十一〇宋公入曹哀八〇齊侯遂伐曹，入其郛文十五〇晉郤缺帥師伐蔡，入蔡同上〇鄭公孫舍之帥師入陳襄二十五〇衛師入郕隱五〇莒人入向隱二〇宋人、衛人入鄭隱十〇齊人、鄭人入郕同上〇鄭人入滑僖二十〇秦人入滑僖三十三〇秦人入鄀文五〇楚人入鄆成九〇邾人入鄅昭十八〇荊入蔡莊十四〇吳入州來成七〇吳入楚定四〇於越入吳定五〇哀十三〇狄入衛閔二

以上外入者二十一：入國二十，入邑一。君入四，臣入二，師入一，人入八，國入六。

滅

趙氏曰：覆邦絶祀曰滅。

滅項僖十七

以上內滅者一，不出主名者，非重將重師也。

遂滅偪陽襄十〇遂滅賴昭四

以上遂滅者二：晉滅一，楚滅一。

衛侯燬滅邢僖二十五○楚子滅蕭宣十二○齊侯滅萊襄六○楚子滅胡定十五○楚屈建帥師滅舒鳩襄二十五○晉荀吴帥師滅陸渾之戎昭十七○蔡公孫姓帥師滅沈定四○鄭游速帥師滅許定六○楚公子結、陳公孫佗人帥師滅頓定十四○齊師滅譚莊十○虞師、晉師滅下陽僖二○晉師滅赤狄潞氏宣十五○楚師滅陳昭八○楚師滅蔡昭十一○齊人滅遂莊十三○楚人滅弦僖五○楚人滅黄僖十二○楚人滅夔僖二十六○楚人滅江文四○楚人滅六文五○楚人、秦人、巴人滅庸文十六○楚人滅舒蓼宣八○晉人滅赤狄甲氏及留吁宣十六○楚人滅舒庸成十七○莒人滅鄫襄六○吴滅州來昭十三○吴滅巢昭二十四○吴滅徐昭三十○狄滅温僖十

以上外滅者二十九：君滅四，臣滅五，師滅五，人滅十一，國滅四。

降

郕降于齊師莊八○齊人降鄣莊三十

以上降者二。啖氏曰：服從内附曰降，不言滅，不絶祀也。

遷

齊師遷紀郱、鄑、郚莊元○宋人遷宿莊十○齊人遷陽閔二○邢遷于夷儀僖元○衛遷于帝丘僖三十一○

許遷于葉成十五〇許遷于夷昭元〇許遷于白羽昭十八〇許遷于容城[一]定四〇蔡遷于州來哀二

以上遷者三，自遷七附見。啖氏曰：遷者，移其國於國中而爲附庸也。趙氏曰：徙而臣之曰「遷某」，唯齊遷紀三邑，與諸遷國不同。

潰　亡

蔡潰僖四〇沈潰文三〇莒潰成九〇鄆潰昭十九〇梁亡僖十九

以上潰者四。潰者，其衆奔逃分散四出也。亡者一附見。

獲　滅

晉、秦戰于韓，獲晉侯僖十五〇宋、鄭戰于大棘，獲宋華元宣二〇齊、吴戰于艾陵，獲齊國書哀十一〇鄭侵蔡，獲蔡公子燮襄八〇公子友敗莒師，獲莒挐僖元〇吴敗頓、胡、沈、蔡、陳、許之師，胡子髡、沈子逞滅，獲陳夏齧昭二十三

以上獲者六[二]：獲君一，獲臣五，君滅附。啖氏曰：君戰而死曰滅，言與國滅同也。生擒曰獲，大夫死生皆曰獲。

[一] 許遷于容城：「城」，原作「成」，據清刻本改。

[二] 以上獲者六：「六」，原作「七」，據清刻本、四庫本改。

以歸　以來

荆敗蔡，以蔡侯獻舞歸莊十〇楚滅夔，以夔子歸僖二十六〇晉滅赤狄潞氏，以潞子嬰兒歸宣十五〇鄭滅許，以許男斯歸定六〇楚、陳滅頓，以頓子牂歸定十四〇楚滅胡，以胡子豹歸定十五〇蔡滅沈，以沈子嘉歸，殺之定四〇楚滅蔡，執蔡世子有以歸，用之昭十一〇宋入曹，以曹伯陽歸哀八〇公伐邾，入邾，以邾子益來哀七〇戎伐凡伯于楚丘，以歸隱七

以上以歸者十：敗其師而以君歸一，滅其國而以君歸六，執其世子以歸一，入其國而以君歸二。以歸魯者曰「來」。以之歸者，師敗國滅，自欲免死而甘心隨之。唯蔡世子有書「執」者，與楚鬭敵不勝而遭擒獲也。伐王臣而以歸者一附見。又執以歸者二，見前《人紀》篇「執」例下。

師師者，兵衆之稱。按《周官》之制：二千五百人爲師，一分其師而益其四，則爲一萬二千五百人之軍，五分其師而損其四，則爲五百人之旅，五旅爲師，五師爲軍。軍、師、旅三名，師在其中，故舉中以該上下，而總名其軍旅之衆曰師。所謂師者，非以周官之二千五百人而言也。

師及齊師圍郕莊八〇師救齊僖十八〇師次于郎莊八〇師次于成莊三十〇師還莊八〇我師敗績莊九

以上内師〔一〕。凡内師，一命之人爲將，師少則伐國、滅國不出主名者是；師衆則稱師，「師及齊師圍郕」、「師救齊者」是。

衛師隱五○桓十三○成二○宋師隱十○桓十三○莊十再○莊十一○僖元再○僖十八○僖二十三○僖二十八○宣二○宣三○宣十○宣十二○襄二○襄十三○鄭師桓十二○成二○成十六○襄二○哀九○齊師桓十三○桓十七○莊元○莊三○莊五○莊八○莊九○莊十三再○僖元再○僖十五○僖十八再○僖二十六○僖二十八○宣十三○成二再○襄十八○哀十一○燕師桓十三○蔡師莊十○曹師僖元再○僖十五○邾師僖元○莒師同上○虞師僖二○晉師僖二○宣元○宣十二○宣十五○襄二○定八○楚師僖二十六○宣八○成二○昭八○昭十一○定四○秦師僖二十八○文二再○宣二○鄭棄其師閔二○吴敗頓、胡、沈、蔡、陳、許之師昭二十三

以上外師。凡外師，將卑師少則但稱「某人」，將卑師衆則稱「某師」。然亦有君自將或三命、再命之大夫將而稱「某師」者，蓋汎指君、大夫所將之衆而言，又與將卑師衆而稱「某師」者異。

無駭帥師隱二○翬帥師隱四○隱十○公子慶父帥師莊二○公子友帥師僖元○公孫兹帥師僖四○公孫敖帥師僖十五○公子遂帥師僖二十七○僖三十三○公孫歸父帥師宣十○季孫行父帥師成二○臧孫許帥師同上○叔孫僑如帥師成二○成三○成六○公孫嬰齊帥師成二○仲孫蔑帥師成六○季孫宿帥師襄十二○襄十五○叔孫豹帥師襄十五○襄二十三○仲孫速帥師襄二十○仲孫羯帥師襄二十四○叔弓帥師昭元○昭五○昭十○昭十三○

〔一〕以上内師：「師」，原作「臣」，據清刻本、四庫本改。

季孫意如帥師昭十〇仲孫貜帥師同上〇季孫斯帥師定六〇定八〇定十二〇哀二〇哀三〇仲孫何忌帥師定六〇定八〇定十一再〇定十二〇哀元〇哀二〇哀三〇哀六〇叔孫州仇帥師定十再〇哀二〇哀三再

以上内帥師二十三人。凡三命、再命之大夫將而師衆，則稱「某帥師」，若師少則但稱「某」而不曰「帥師」也。魯隱公之時，猶以再命之大夫帥師。莊公以後，《經》所書帥師者，皆三命之大夫矣。

晋郤缺帥師文十五〇宣九〇趙盾帥師宣元〇趙穿帥師同上〇荀林父帥師宣九〇宣十二〇欒書帥師成六〇成八〇成九〇韓厥帥師襄元〇荀罃帥師襄三〇士匄帥師襄十九〇荀吴帥師昭元〇昭十五〇昭十七〇士鞅帥師定四〇定五〇定八〇趙鞅帥師定十〇哀二再〇哀四〇哀六〇哀十〇魏曼多帥師哀七〇哀十三

宋華元帥師宣二〇樂髠帥師哀三〇向巢帥師哀六〇皇瑗帥師哀七〇哀九

鄭公子歸生帥師宣二〇公子喜帥師成十四〇成十六〇公孫輒帥師襄十〇公孫舍之帥師襄十一〇襄二十五〇公孫夏帥師襄二十五〇游速帥師定六〇罕達帥師定十五〇哀二〇哀十三〇駟弘帥師哀七

衛孫良夫帥師成二〇成六〇侯之弟黑背帥師成十〇北宫括帥師成十七〇石買帥師襄十七〇孫林父帥師襄十九〇孔圉帥師定四〇公孟彄帥師定十二〇定十三〇石曼姑帥師哀三

楚公子嬰齊帥師成六〇成七〇成九〇襄三〇公子壬夫帥師襄元〇公子貞帥師襄七〇襄八〇襄十再〇襄十二〇襄十四〇公子午帥師襄十八〇屈建帥師襄二十五〇薳罷帥師昭十〇公子棄疾帥師昭十一〇公子結帥師定十四〇哀十〇公子申帥師哀十三

齊高厚帥師襄十七〇崔杼帥師襄二十四〇襄二十五〇高偃帥師昭十二〇高發帥師昭十九〇國夏帥師定七〇

定八〇哀三〇國書帥師哀十一再

陳公孫佗人帥師定十四

以上外帥師四十八人：晋十二、宋四、鄭八、衛八、楚九、齊六、陳一。《經》所書大夫帥師者凡七國，皆三命之大夫也。唯衛侯之弟黑背非三命，然以國君之弟其屬之，貴與三命大夫同，故特書曰「衛侯之弟」。

公子遂如楚乞師僖二十六〇晋侯使郤錡來乞師成十三〇晋侯使欒黶來乞師成十六〇晋侯使荀罃來乞師成十七〇晋侯使士魴來乞師成十八

以上内外乞師者五：内一，外四。凡鄰國自有以師相救援之禮，魯欲藉彊楚之力以報齊，卑屈其辭以求之，故曰「乞」。其後晋厲公以霸主徵師於諸侯，而亦遣其臣乞師，非禮也。晋悼公初立，尚仍其非，遄改之矣。

如師一，見前《賓禮》篇「如」例下〇來盟于師一，見前「盟」例下〇卒于師二，見後《凶禮》篇「卒」例下。

軍制

作三軍襄十七〇舍中軍昭五

周制：萬二千五百人爲一軍，大國三軍〔一〕，次國二軍，小國一軍。用衆之法，無過家一人。凡一成之地六十四井，出賦公田外，有五百一十二夫，是爲一旅之衆。二十五成有二十五旅，是爲一軍之衆。大國之地百成，除二十五成爲大

〔一〕大國三軍：「三」，原作「二」，據清刻本、四庫本改。

夫采邑等，用其七十五成之衆，即三軍也。魯地方百里，其初封之時有三軍，後舍其一軍，止有二軍。作三軍者，復舊制也。然其時三家專國，非有意於復舊，但借改作之名，而分公室之民爲私家之民爾。分民既定，則復舍中軍矣。

晋軍制附見

莊十六	晋武公三十八年，王使虢公命曲沃伯，以一軍爲晋侯。				
閔二	晋獻公十六年，晋侯作二軍，公將上軍，太子申生將下軍。				
僖二十七	晋文公三年，蒐于被廬，作三軍。	中軍帥 佐 郤縠 郤溱	上軍帥 佐 狐毛 狐偃	下軍帥 佐 欒枝 先軫	
僖二十八		先軫		胥臣	
	作三行以禦狄。晋有三軍，又作三行，是僭天子六軍矣。	中行帥 荀林父	右行帥 屠擊	左行帥 先蔑	三行不見其佐。
僖三十一	蒐于清原，作五軍以禦狄。晋自知三軍三行之僭，故罷三行，而更新上軍、新下軍，共爲五軍。	中軍 先軫 郤溱	上軍 狐毛 狐偃	下軍 欒枝 胥臣	
			新上軍	新下軍	
			趙衰將新軍，將佐當有四人，餘不見		

文二	晉襄公三年 先且居　趙衰			
文六	狐射姑　趙盾 趙盾　狐射姑			蒐于夷，舍二軍。
文七	晉靈公元年 趙盾　先克	箕鄭父　荀林父	先蔑　先都	
文十二	趙盾　荀林父	郤缺　臾駢	欒盾　胥甲父	
宣元			胥克	
宣八	晉成公六年 郤缺	士會		
宣十二	晉景公三年 荀林父　先縠	士會　郤克	趙朔　欒書	
宣十三	士會	郤克　荀首		
宣十六	士會　郤克	荀首　荀庚		
宣十七	郤克　荀首	荀庚		
成二	郤克　荀首	荀庚　士燮	欒書	
成三	中軍　佐 郤克　荀首 新中軍　佐 韓厥　趙括	上軍　佐 荀庚　士燮 新上軍　佐 鞏朔　韓穿	下軍　佐 欒書　趙同 新下軍　佐 荀騅　趙旃	晉舊有三軍，今增三軍，爲六軍。

成四	欒書 荀首			
成六	欒書 荀首	荀庚 士燮	郤錡 趙同	
	新 韓厥 趙括	鞏朔 韓穿	荀騅 趙旃	
成十三	晋厲公三年 欒書 荀庚	士燮 郤錡	韓厥 荀罃	
	新中軍 趙朔 郤至			
成十六	欒書 士燮	郤錡 荀偃	韓厥 荀罃	
	新中軍 佐 郤犨 郤至	新上軍 罷	新下軍 罷	
成十八	韓厥 知罃	范匄 荀偃	韓起 魏相	
	新 士魴 魏頡			
襄元	晋悼公元年 韓厥 知罃	范匄 荀偃	韓起 士魴	
	新 魏頡 趙武			
襄三	韓厥 知罃	范匄 荀偃	韓起 士魴	
	新 趙武 魏絳			

襄七	知罃 范匄	荀偃 韓起	欒黶 士魴	
	新 趙武 魏絳			
襄十三	荀偃 范匄	趙武 韓起	欒黶 魏絳	
	新軍無帥，晉侯使其什吏[一]，率卒乘官屬，以從於下軍佐。			
襄十四	中軍 佐	上軍 佐	下軍 佐	
	荀偃 范匄	趙武 韓起	欒黶 魏絳	
	舍中軍			
襄十八	晉平公三年 荀偃 范匄	趙武 韓起	魏絳 欒盈	
襄二十	士匄 趙武	韓起 魏絳		
襄二十四			程鄭	
襄二十五	趙武 韓起	魏絳		
昭二	韓起 趙成	中行吳 魏舒	范鞅 知盈	
昭九			荀躒	
昭二十八	晉頃公十二年 魏舒 范鞅			
昭二十九			中行寅	

[一] 晉侯使其什吏：「什」，四庫本作「羣」。

霸者壞先王之軍制，肇於齊而甚於晉。然齊之改作，務從簡便，欲其功之易成而已，其事非但不見於《經》，而且不載於《傳》，惟《外傳·齊語》中及之，故治《春秋經》者亦置而不論。若晉則僭上威下，彊大侈肆，非止如齊管仲之所爲，故今摭其變亂軍制之大槩，附於魯國軍制之末云。

軍賦

初稅畝宣十五〇作丘甲成元〇用田賦哀十二

凡軍賦出於井田，井田之法，十取其一。宣公稅畝，首壞井田十一之法，則賦民之財者非古矣。成公作丘甲，則賦民之力者非古矣。至哀公用田賦，而民財民力竭矣。

軍事

大閱桓六〇治兵莊八〇公狩于郎桓四〇公及齊人狩于禚莊四〇西狩獲麟哀十四〇蒐于紅昭八〇大蒐于比蒲昭十一〇定十三〇定十四〇大蒐于昌間昭二十二〇焚咸丘桓七〇公觀魚于棠隱五

先王之時，兵弭而不用，然不忘武備，每歲四時之田——春蒐、夏苗、秋獮、冬狩——皆於農隙，教民以習武事。故春蒐而教以振旅，夏苗而教以茇舍，秋獮而教以治兵，冬狩而教以大閱。魯桓大閱，魯莊治兵，則僭用天子教民習軍事之禮。至若蒐、狩，諸侯雖得爲之，然大蒐亦僭也。狩郎、焚咸丘，於時固可，而郎、咸丘皆非狩地。狩禚則忘父讎而越境以狩，故皆譏。觀魚者，爲游觀之樂，非教習軍事也，附見田狩之後，以著其非。

力役

齊師、宋師、曹師城邢僖元

以上外役者一。城邢之役，齊、宋、曹三國之師城之也，魯無與焉，故曰外役。

諸侯城緣陵僖十四〇會于戚，遂城虎牢襄二〇仲孫羯會晉荀盈、齊高止、宋華定、衛世叔儀、鄭公孫段、曹人、莒人、滕人、薛人、小邾人城杞襄二十九〇仲孫何忌會晉韓不信、齊高張、宋仲幾、衛世叔申、鄭國參、曹人、莒人、薛人、杞人、小邾人城成周昭三十二

以上會役者四：緣陵之城，會鹹之諸侯也；鹹之會，魯君會七國之君也；虎牢之城，因會戚而遂城之也；戚之會，魯臣會九國之臣也；杞之城、成周之城，則皆魯臣會十國之臣，故曰會役。

城中丘隱七〇城郎隱九〇城祝丘桓五〇城向桓六〇城諸及防莊二十九〇城小穀莊三十二〇城楚丘僖二〇城部文七〇城諸及鄆文十二〇城平陽宣八〇城鄆成四〇城中城成九〇定六〇城費襄七〇城防襄十三〇城成郛襄十五〇城西郛襄十九〇哀四〇城武城襄十九〇城莒父及霄定十四〇城漆定十五〇城啟陽哀三〇城毗哀五〇城邾瑕哀六〇築郿莊二十八〇築臺于郎莊三十一〇築臺于薛同上〇築臺于秦同上〇築鹿囿成十八〇築郎囿昭九〇築蛇淵囿定十三[一]〇築王姬之館莊元〇浚洙莊九〇墮郈定十二〇墮費同上〇新延廄莊二十九〇新作南門僖

[一] 定十三：「三」原作「二」，據清刻本改。

二十〇新作雉門及兩觀定二〇毀泉臺文十六

以上内役者三十九：城二十四，築八，浚一，隳二，新一，新作二，毀一，皆魯自用其民力也，故曰内役。凡君之資於民者，資其力也。民之報於君者，報以力也〔一〕。故無事則資其力而用之於農，以足食生財；有事則資其力而用之於兵，以敵愾禦侮。非農非兵而勞民之力，必以其時，以其禮，而不敢妄興。不得已而役之，亦必節其力而不盡也。《春秋》凡力役之事必書，重民力也。

〔一〕報以力也："以"，清刻本、四庫本作"其"。

春秋纂言總例卷六

元　吴澄　撰

凶禮第六

崩

天王崩平王也。魯隱三年　不書葬

天王崩桓王也。魯桓十五年　葬桓王莊三年，七年始葬，或云改葬也

莊王，魯莊十二年崩，不書

僖王，魯莊十七年崩，不書

天王崩惠王也。魯僖八年　不書葬

天王崩襄王也。魯文八年　葬襄王文九年

頃王，魯文十四年崩，不書

天王崩匡王也。魯宣二年　葬匡王宣三年，三月而葬

天王崩定王也。魯成五年　不書葬

天王崩簡王也。魯襄元年　葬簡王襄二年，五月而葬

天王崩靈王也。魯襄二十八年　不書葬

天王崩景王也。魯昭二十二年　葬景王同上年，三月而葬

王子猛卒悼王也，未踰年，故不稱「天王」，不曰「崩」。魯昭二十二年

春秋十三王，敬王崩在春秋後，其十二王書崩者九，不書崩者三。九王之崩，書葬者五，不書葬者四。趙氏曰：王崩三不書，王室不告，魯不赴也。王室無人，諸侯不臣也。啖氏曰：天王之葬，魯會則書，不書者，皆不會也。王猛，未踰年之王，卒特加「子」字。澄按：《經》書「王子」，有以氏書者，王子虎是也；有以屬書者，王子朝是也。王子猛之書，則非以其氏非以其屬[一]，蓋天子、諸侯之嗣位而未踰年者稱子，「子」上加「王」字者，表其爲天王未踰年之子，以別於諸侯未踰年之子也。

薨

公薨隱公也。十一　不書葬

[一] 則非以其氏非以其屬：「氏」，原作「字」，據四庫本改。

公薨于齊桓公也。十八	葬我君桓公同上年，九月乃葬
公薨于路寢莊公也。三十二〔一〕	葬我君莊公閔元，十一月乃葬
子般卒莊公長子	
公薨閔公也。二	不書葬
公薨于小寢僖公也。三十三	葬我君僖公文元
公薨于臺下文公也。十八	葬我君文公同上年
子卒文公嫡子	
公薨于路寢宣公也。十八	葬我君宣公成元
公薨于路寢成公也。十八	葬我君成公同上年
公薨于楚宮襄公也。三十一	葬我君襄公同上年
子野卒襄公長子	
公薨于乾侯昭公也。三十二	葬我君昭公定元，八月乃葬
公薨于高寢定公也。十五	葬我君定公同上年

魯君之薨十一，未成君而卒者三附見。公薨而葬者九，不葬者二。啖氏曰：公薨必書其所，詳內事，重凶變也，若

〔一〕三十二：「二」，原作「三」，據清刻本改。

遇弒則不地。公葬皆書，惟隱公、閔公不書者，言賊不討，如不葬然也。未踰年君不書薨而曰卒，未成君也。先君未葬則名，既葬則不名，未踰年不書葬，無子不列序於廟也。

夫人子氏薨隱公夫人也，謂隱母、桓母者非。隱二

夫人姜氏薨桓公夫人文姜，莊公母也。莊二十一　葬我小君文姜莊二十二，七月乃葬

夫人姜氏薨于夷莊公夫人哀姜也。僖元　葬我小君哀姜僖二，十一月乃葬

夫人姜氏薨僖公夫人聲姜，文公母也。文十六　葬我小君聲姜文十七，九月乃葬

夫人姜氏薨宣公夫人穆姜，成公母也。襄九　葬我小君穆姜同上年，四月而葬

夫人姜氏薨成公夫人齊姜也。襄二　葬我小君齊姜同上年，三月而葬

孟子卒昭公夫人也。哀十二

姒氏卒定公夫人定姒，哀公母也。定十五　葬定姒同上年，三月而葬

夫人之尊與君同，故薨葬一如君禮。昭夫人以吳女同姓，不可書夫人姬氏薨，故從其生時隱諱之稱，而曰「孟子卒」，無謚，不列於廟，故亦不書葬。定夫人不書薨，不書葬小君，哀未成君，而魯臣不以夫人之禮喪其君母也。

夫人風氏薨莊公妾，僖公母也。文四　葬我小君成風文五，五月葬

夫人嬴氏薨文公妾，宣公母也。宣八　葬我小君敬嬴同上年，五月葬

夫人姒氏薨成公妾，襄公母也。襄四　葬我小君定姒同上年，踰月而葬

夫人歸氏薨襄公妾，昭公母也。昭十一　葬我小君齊歸同上年，五月葬

妾母僭用夫人禮者四，書薨書葬並與嫡夫人無別。啖氏曰：成風之後，妾母皆僭用夫人禮，故亦書薨，以著其非。諸侯不二嫡，桓公母仲子猶別築宮，不列於廟。自文公葬成風之後，乃有二夫人祔廟，非禮也。澄謂僖、宣、襄、昭四妾母，羣臣皆逢君之意而尊其母，及至定、哀之際，君弱臣彊，嗣君之母，先君之嫡夫人也，乃敢蔑視其君而卑其母焉。甚矣，魯道之衰也！

卒

宋穆公和七年《春秋》始

宋公和卒穆公也。隱二　　葬宋穆公同上

殤公與夷，桓二弒。

宋公馮卒莊公也。莊二　　葬宋莊公莊三

閔公捷，莊十一弒。

宋公御説卒桓公也。僖九

宋公兹父卒襄公也。僖二十二

宋公王臣卒成公也。文七

昭公杵臼，文十六弒。

宋公鮑卒文公也。成二　　葬宋文公成三

宋公固卒共公也。成十五　葬宋共公同上

宋公成卒平公也。昭十　葬宋平公昭十一〔一〕

宋公佐卒于曲棘元公也。昭二十五　葬宋元公昭二十六

景公頭曼三十六年《春秋》終。宋之君書卒者九，書葬者六。

衛桓公完十三年《春秋》始

桓公完，隱四弑。　葬衛桓公隱五，賊討，十五月乃葬

衛侯晉卒宣公也。桓十二　葬衛宣公桓十三

衛侯朔卒惠公也。莊二十五

懿公赤，閔二，狄所滅。

衛侯燬卒文公也。僖二十五　葬衛文公同上

衛侯鄭卒成公也。宣九

衛侯速卒穆公也。成二　葬衛穆公成三

衛侯臧卒定公也。成十四　葬衛定公成十五

衛侯衎卒獻公也。襄二十九　葬衛獻公同上

〔一〕「昭十一」後原衍「六」字，據清刻本、四庫本删。

衛侯惡卒襄公也。昭七　葬衛襄公同上

衛侯元卒靈公也。哀二　葬衛靈公同上

出公輒十二年《春秋》終。衛之君書卒者九，書葬者七，弒而書葬者一。

蔡宣公考父二十八年《春秋》始

蔡侯考父卒宣公也。隱八　葬蔡宣公同上

蔡侯封人卒桓公也。桓十七　葬蔡桓侯同上

哀公獻舞，莊十九卒于楚。

蔡侯肸卒穆公也。僖十四

莊公甲午，文十五卒。

蔡侯申卒文公也。宣十七　葬蔡文公同上

景公固，襄三十弒。　葬蔡景公襄三十

靈公般，昭十一，楚殺之。　葬蔡靈公昭十三，二十一月國復乃葬

蔡侯廬卒平公也。昭二十　葬蔡平公昭二十

蔡侯東國卒于楚悼公也。昭二十三

昭公申，哀四，盜殺。　葬蔡昭公哀四，十一月乃葬

成公朔十年《春秋》終。蔡之君書卒者六，書葬者四，弒殺而書葬者三。

陳桓公鮑二十三年《春秋》始

陳侯鮑卒桓公也。桓五　　葬陳桓公同上

陳侯躍卒厲公也。桓十二

陳侯林卒莊公也。莊元　　葬陳莊公莊二

陳侯杵臼卒宣公也。僖十二　　葬陳宣公僖十三

陳侯款卒穆公也。僖二十八

陳侯朔卒共公也。文十三

靈公平國，宣十弑。　　葬陳靈公宣十二，賊討國復，二十一月葬

陳侯午卒成公也。襄四　　葬陳成公同上

陳侯溺卒哀公也。昭八　　葬陳哀公同上，國滅，七月乃葬

陳侯吴卒惠公也。定四　　葬陳惠公同上

陳侯柳卒懷公也。定八　　葬陳懷公同上

閔公越二十一年《春秋》終。陳之君書卒者十，書葬者七，弑而書葬者一。

齊僖公禄父九年《春秋》始

齊侯禄父卒僖公也。桓十四　　葬齊僖公桓十五

襄公諸兒，莊八弑。　　葬齊襄公莊九，九月乃葬

齊侯小白卒桓公也。僖十七　葬齊桓公僖十八，九月乃葬

齊侯昭卒孝公也。僖二十七　葬齊孝公同上

齊侯潘卒昭公也。文十四

懿公商人，文十八弒。

齊侯元卒惠公也。宣十　葬齊惠公同上

齊侯無野卒頃公也。成九　葬齊頃公同上

齊侯環卒靈公也。襄十九　葬齊靈公同上

莊公光，襄二十五弒。

齊侯杵臼卒景公也。哀五　葬齊景公同上

孺子荼，哀六弒。

齊侯陽生卒悼公也。哀十　葬齊悼公同上

簡公壬四年《春秋》終。齊之君書卒者九，書葬者八，弒而書葬者一。

晋鄂侯郄二年《春秋》始

哀侯光

小子侯

侯緡

武公稱

晋侯佹諸卒獻公也。僖九

晋侯夷吾卒惠公也。僖二十四

晋侯重耳卒文公也。僖三十二　葬晋文公僖三十三

晋侯驩卒襄公也。文六　葬晋襄公同上

靈公夷皋，宣二弑。

晋侯黑臀卒于扈成公也。宣九

晋侯獳卒景公也。成十

厲公州蒲，成十八弑。

晋侯周卒悼公也。襄十五　葬晋悼公襄十六

晋侯彪卒平公也。昭十　葬晋平公同上

晋侯夷卒昭公也。昭十六　葬晋昭公同上

晋侯去疾卒頃公也。昭三十　葬晋頃公同上

定公午三十一年《春秋》終。晋之君書卒者十，書葬者六。

曹桓公終生三十四年《春秋》始

曹伯終生卒桓公也。桓十　葬曹桓公同上

曹伯射姑卒莊公也。莊二十三　葬曹莊公莊二十四

僖公赤，莊三十二卒。不書

曹伯班卒昭公也。僖七　葬曹昭公同上

曹伯襄卒共公也。文九　葬曹共公同上

曹伯壽卒文公也。宣十四　葬曹文公同上

曹伯廬卒于師宣公也。成十三　葬曹宣公同上

曹伯負芻卒于師成公也。襄十八　葬曹成公襄十九

曹伯滕卒武公也。昭十四　葬曹武公同上

曹伯須卒平公也。昭十八　葬曹平公同上

曹伯午卒悼公也。昭二十七　葬曹悼公昭二十八

聲公野，昭三十二，不書

隱公通，定四，不書

曹伯露卒靖公也。定八　葬曹靖公同上

伯陽，魯哀八年國亡。曹之君書卒者十一，書葬亦十一。

鄭莊公寤生二十二年《春秋》始

鄭伯寤生卒莊公也。桓十一　葬鄭莊公同上

鄭伯突卒厲公也。莊二十一　葬鄭厲公同上

鄭伯捷卒文公也。僖三十二

鄭伯蘭卒穆公也。宣三　葬鄭穆公同上

靈公夷，宣四弑。

鄭伯堅卒襄公也。成四　葬鄭襄公同上

鄭伯費卒悼公也。成六

鄭伯睔卒成公也。襄二

鄭伯髡頑卒于鄵僖公也。襄七　葬鄭僖公襄八

鄭伯嘉卒簡公也。昭十二　葬鄭簡公同上

鄭伯蠆卒獻公也。定九　葬鄭獻公同上

聲公勝二十年《春秋》終。鄭之君書卒者十，書葬者七。

秦文公四十二年《春秋》始

寧公

出子

武公

德公

宣公

成公

穆公任好

秦伯罃卒康公也。文十八

秦伯稻卒共公也。宣四

秦伯卒桓公榮也。成十四

秦伯卒景公后也[一]。昭五　葬秦景公昭六

秦伯卒哀公也。定九　葬秦哀公同上

秦伯卒惠公也。哀三　葬秦惠公哀四

悼公十一年《春秋》終。秦之君書卒者六，書葬者三。

杞武公二十九年《春秋》始

靖公

共公

惠公

[一] 景公后也：「后」，四庫本作「厚」。

杞子卒成公也。僖二十三

杞伯姑容卒桓公也。襄六　葬杞桓公同上

杞伯匄卒孝公也。襄二十三　葬杞孝公同上

杞伯益姑卒文公也。昭六　葬杞文公同上

杞伯郁釐卒平公也。昭二十四　葬杞平公同上

杞伯成卒于會悼公也。定四　葬杞悼公同上

杞伯過卒僖公也。哀八　葬杞僖公哀九[一]

閔公維六年《春秋》終。杞之君書卒者七，書葬者六。

楚武王熊通十九年《春秋》始

文王熊貲[二]

堵敖熊囏

成王頵，文元弒。

穆王商臣

楚子旅卒莊王也。宣十八

[一] 「哀九」，原闕，據清刻本補。

[二] 文王熊貲：「貲」，原作「資」，據四庫本改。

楚子審卒共王也。襄十三

楚子昭卒康王也。襄二十八

楚子麇卒郟敖也。昭元

靈王虔，昭十三弑。

楚子居卒平王也。昭二十六

楚子軫卒昭王也。哀六

惠王章八年《春秋》終。楚之君書卒者六。不書葬者，葬必舉謚〔一〕，楚僭王號以配謚〔二〕，故削而不書。

吴壽夢始書卒

吴子乘卒壽夢也。襄十二

吴子遏伐楚，門于巢，卒諸樊也。襄二十五

餘祭，襄二十九弑。

吴子夷末卒昭十五

僚，昭二十七弑。

〔一〕葬必舉謚：「謚」，四庫本作「號」。

〔二〕楚僭王號以配謚：「配謚」，清刻本作「稱謚」，四庫本作「避僭」。

吴子光卒闔閭也。定十四

夫差十五年《春秋》終。吴之君書卒者四。吴亦僭稱王，又未能用夏禮變蠻俗，其死無謚，故不可書葬。

滕

滕侯卒隱七

滕子卒宣九

滕子卒成十六

滕子原卒成公也。昭三　葬滕成公同上

滕子寧卒悼公也。昭二十八〔一〕　葬滕悼公同上

滕子結卒頃公也。哀四　葬滕頃公同上

滕子虞母卒隱公也。哀十一　葬滕隱公同上

滕之君書卒者七。書葬者四。

〔一〕昭二十八：「二十八」，原作「二十」，據清刻本、四庫本改。

薛

薛伯卒莊三十一

薛伯穀卒獻公也。昭三十一　　葬薛獻公同上

薛伯定卒襄公也。定十二　　葬薛襄公同上

薛伯夷卒惠公也。哀十　　葬薛惠公同上

薛之君書卒者四，書葬者三。

邾

邾子克卒莊十六

邾子瑣卒莊二十八

邾子蘧蒢卒文十三

邾子貜且卒成十七

邾子牼卒襄十七

邾子華卒悼公也。昭元　　葬邾悼公同上

邾子穿卒莊公也。定三　　葬邾莊公同上

邾之君書卒者七，書葬者二。

莒

莒子朱卒成十四

莒子去疾卒昭十四

莒之君書卒者二。莒從夷俗，死無謚，故不書葬。

許

許男新臣卒穆公也。僖四　　葬許穆公同上

許男業卒僖公也。文五　　葬許僖公文六

許男錫我卒昭公也。宣十七　　葬許昭公同上

許男甯卒于楚靈公也。襄二十六　　葬許靈公同上

悼公買，昭十九弒。　　葬許悼公同上

許男成卒元公也。哀十三　　葬許元公同上

許之君書卒者五，書葬者亦五，弒而書葬者一。

宿

宿男卒隱八

宿之君書卒者一。宿，微國，服從於宋，故隱元年魯、宋盟於其國。至八年而告喪於魯，以後《經》不再書。蓋莊十年宋人遷宿，自是爲宋私屬，不復列於諸侯矣。

以上書諸侯之卒者十八國。《禮》云：天子曰崩，諸侯曰薨，大夫曰卒。諸侯國君之薨但書曰卒，何也？《春秋》，魯史也，薨者，我君之有凶變也，臣子愛敬於君，所不願聞，故諱辟其名。而於它國君薨，俾降從大夫，但書曰「卒」也。鄰國生則有朝會相見聘問往來之禮，死則在彼告終稱嗣，而在此往弔其喪、往會其葬也。凡《經》不書卒，由彼不訃；不書葬，由此不會也。亦或有因它故者，而大槩不出乎是。

尹氏卒尹，邑[一]；不稱名者，蓋天王崩，爲諸侯之主。凡天子、諸侯之大夫有當書名者，無君在上，則例皆不名。隱三

王子虎卒陸氏曰：無采地，但言王子。澄按，虎即僖二十九年盟于翟泉之王人也，王朝一命之下士，故不稱名而稱人。至文三年，又八年矣，疑已升爲三命之上士，故書氏名而亦有謚，謚爲文公也。或謂王子非氏，但以其屬之貴而書，則不當書卒，亦不當有謚也。文三

劉卷卒趙氏曰：畿内諸侯，不同列國，故不言「劉子卷卒」。澄按，劉者，邑，其爵爲子，卒不稱爵而稱名，蓋

〔一〕「邑」，清刻本作「亦」。

畿内之國厭於王，故以邑配名，與三命之氏配名者略等也。定四葬劉文公同上年。趙氏曰：天子畿内諸侯，列國不當與行交往之禮。今會其葬，非禮也。

以上書王臣之卒者三。趙氏曰：王臣無外交之禮，死而赴告，非禮也，故書以譏。澄按，三王臣三書卒，各一例。

公子益師卒隱元〇無駭卒公子某字展者之孫也，隱八〇挾卒隱九

三臣之族世未詳。益師，隱公先君之命卿；無駭、挾未三命，非卿也，書卒者，蓋隱公攝立，謙讓不自命卿，而以再命之大夫攝卿。無駭再命稱名，而官司空，且帥師，是居卿位、行卿事矣。挾疑亦是大夫攝卿，故並書卒。至桓、莊之時，若柔、若溺，雖會盟、會伐而不書卒，再命之大夫，非卿故也。益師、無駭、挾三人之外有四族六氏，其世可考譜以明之，與隱、桓兄弟者爲一世，莊二，閔、僖三，文四，宣五，成六，襄七，昭、定八，哀九，十二公凡九世云。

公子彄卒僖伯也，孝公之子，隱五〇公孫達，哀伯也，彄之子，一世〇臧孫辰卒文仲也，彄之孫、達之子，二世。文十〇臧孫許卒宣叔也，辰之子，三世。成四〇臧孫紇，武仲也，許之子，四世。

孝公之族一氏，書卒者三。

公子慶父，共仲也，桓公之子，二世〇公孫敖卒于齊穆伯也，慶父之子，三世。文十四〇仲孫穀，文伯也，敖之子，四世〇仲孫蔑卒獻子也，穀之子，五世。襄十九〇仲孫速卒莊子也[一]，蔑之子，六世。襄二十二〇仲孫羯卒孝伯也，速之子，七世。襄三十一〇仲孫貜卒僖子也，羯之子，八世。昭二十四〇仲孫何忌，懿子也，貜之子，九世

〔一〕莊子也：「莊」，原作「臧」，據四庫本改。

○仲孫蒧，武伯也，何忌之子，十世。

公子牙卒僖叔也，桓公之子，二世。莊三十○公孫兹卒戴伯也，牙之子，三世。僖十六○叔孫得臣卒莊叔也，兹之子，四世。宣五○叔孫豹卒穆子也，得臣之子，五世。昭四○叔孫婼卒昭子也，豹之子，六世。昭二十五○叔孫不敢卒成子也，婼之子，七世。定五○叔孫州仇，武叔也，不敢之子，八世○叔孫舒，文子也，州仇之子，九世。

公子季友卒成季也，桓公之子，二世。僖十六○公孫無逸，季友之子，三世○季孫行父卒文子也，季友之孫，無逸之子，四世。襄五○季孫宿卒武子也，行父之子，五世。昭七○季孫紇，悼子也，宿之子，六世○季孫意如卒平子也，紇之子，七世。定五○季孫斯卒桓子也，意如之子，八世。哀二○季孫肥，康子也，斯之子，九世。

桓公之族三氏，書卒者十六：仲孫氏五，叔孫氏六，季孫氏四。

公子仲遂卒于垂襄仲也，莊公之子，三世。宣八○公孫歸父，仲遂之子，四世○仲嬰齊卒歸父弟，爲兄後，五世。成十四

莊公之族一氏，書卒者二。

公弟叔肸卒惠伯也，文公之子，五世。宣十七○公孫嬰齊卒于貍脤聲伯也，叔肸之子，六世。成十七○叔老卒齊子也，嬰齊之子，七世。襄二十二○叔弓卒敬子也，老之子，八世。昭十五○叔輒卒弓之子，九世。昭二十一○叔鞅卒弓之子，九世。昭二十三○叔詣卒輒之子，十世。昭二十九○叔還，詣之子，十一世○叔青，還之子，十二世。

文公之族一氏，書卒者七。

以上書魯臣之卒者三十一人。趙氏曰：卿不書葬，降於君也。魯卿凡四十三人，書族而不書卒者五：公子慶父、公子翬、單伯、公子結、叔彭生也。啖氏曰：柔、溺不書卒，非命卿也；公孫歸父、叔孫僑如不書卒，出奔故也。仲孫何忌、叔孫州仇、叔還，獲麟時未卒也，餘三十一人並書卒。

魯世臣譜：

		一世	二世	三世	四世	五世	六世	七世	八世	九世	十世	十一世	十二世
孝	惠	隱 桓	莊	閔 僖	文	宣	成	襄	昭 定	哀			
臧孫氏	彄	達	辰	許	紇								
		仲孫氏	慶父	敖	穀 難	蔑	速	羯	貜	何忌 閱	彘		
		叔孫氏	牙	茲	得臣	僑如 豹	婼	不敢					
		季孫氏	季友	無逸	行父	宿	紇	意如	斯	肥			
			仲氏	仲遂	歸父	嬰齊							
					叔氏	叔肸	嬰齊	老	弓	輒 鞅	詣	還	青

齊王姬卒莊二

以上書王女之卒者一。《穀梁傳》曰：爲之主者卒之。啖氏曰：魯主昏，公爲之服，故書卒，不書者，不爲之服也。澄按，《禮記》云：「齊告王姬之喪，魯莊公爲之大功。」詳《記》文之意，則《禮經》本無爲王姬服之禮，莊公因齊之來告喪，特爲之服姊妹之服以媚齊也，故書以譏其非。

紀伯姬卒莊四　　齊侯葬紀伯姬同上

紀叔姬卒莊二十九　　葬紀叔姬莊三十

伯姬卒僖九

鄫季姬卒僖十六

子叔姬卒文十二

杞叔姬卒成八

宋伯姬卒襄三十　　葬宋共姬同上

以上書魯女之卒者七，書葬者三。啖氏曰：内女之葬不書，書者皆非常也。澄按，内女之卒，其書者亦皆非常。啖氏但以爲嫁爲諸侯之夫人，尊同，則公爲之服，故書。考《經》意，蓋有未然者。

葬

各已附見於崩、薨、卒之下。

含襚賵賻

「王使榮叔歸含且賵」、「天王使宰咺來歸惠公仲子之賵」、「秦人來歸僖公成風之襚」、「武氏子來求賻」，並已見前《人紀》篇「天王」下、《賓禮》篇「來」例之末，今不重出。

奔喪、會葬

邾子來奔喪定十五

滕子來會葬襄三十一〇定十五

「王使叔服來會葬」、「王使召伯來會葬」，已見《人紀》篇「天王」下、《賓禮》篇「來」例之末，今不重出。

春秋纂言總例卷七

元　吴澄　撰

吉禮第七

郊

四月，三卜郊，不從，乃免牲襄七

四月，四卜郊，不從，乃免牲僖三十一

四月，四卜郊，不從，乃不郊襄十一

四月，五卜郊，不從，乃不郊成十

正月，郊牛之口傷，改卜牛[一]，牛死，乃不郊宣三

[一] 改卜牛：「卜」，原作「十」，據清刻本、四庫本改。

正月，鼷鼠食郊牛角，改卜牛，鼷鼠又食其角，乃免牛，不郊成七

正月，鼷鼠食郊牛，牛死，改卜牛。五月辛亥，郊定十五

正月，鼷鼠食郊牛角，改卜牛。四月辛巳，郊哀元

九月辛丑，用郊成十七

《經》書天神之祀，此其一。趙氏曰：郊者，天子所以事上帝也，魯曷爲有之？成王尊周公，故錫天子之禮，不於日至避王室也。卜用夏正，於農耕之始也。啖氏曰：天子以冬至祭上帝，又以夏之孟春祈穀於上帝，謂之郊。魯以周公之故，得以孟春祈穀於郊。郊皆用辛，二月卜三月上辛，不吉則卜中辛，又不吉則卜下辛。陸氏曰：卜三旬皆不吉，則不郊。凡牲必養二牲，一以祀上帝，一以祀后稷。帝牛有變，則改卜稷牛以代之，而別以它牛爲稷牛。若卜稷牛不吉，及稷牛又死，亦皆不郊。凡不郊，皆卜免牲，卜免牲吉則免之，不吉則但不郊而已，不敢免，繫牲待明年庀牲時卜用。未成牲曰牛，牲傷者亦曰牛。澄按，《經》之書郊者九，龜違者四，牛災者四，非時大不敬者一。蓋魯郊雖僭，然行之已久，視爲常事，故亦不書。惟卜之不從、牛之有變及時之大異於常而後書，因以見其僭郊之非禮也。三卜不從而不郊，正也；三不吉而至四卜，四不吉而至五卜〔一〕，瀆甚矣！牛災洊作，亦可見魯郊之僭，鬼神亦弗之與也。四月五月之郊，固爲不時，然猶是夏時之春也。九月則孟秋，建申之月，豈郊之時乎？不卜日、不卜牲而彊用其禮焉，故特書曰「用」，非時之甚，不敬之大也。

〔一〕四不吉而至五卜：「至五卜」，四庫本作「乃免牲」。

雩

大雩二十

七月上辛大雩一，季辛又雩附。趙氏曰：季辛不言大，從上文可知也。昭二十五

八月大雩四○僖十一○襄二十八○昭三○昭二十四

九月大雩七○僖十三○襄八○襄十七○昭六○昭十六○定元○定七

秋大雩七○桓三○成三○襄五○襄十六○昭八○定七○定十二

冬大雩一○成七

《經》書天神之祀，此其二。雩祀爲祈澤設，諸侯雩於境内山川，則祭地示也。唯天子雩於上帝者，爲祀天神。魯郊既僭王禮，故其雩祀亦僭王禮。《經》特書曰「大雩」，以表其爲天子祀上帝之雩，而非諸侯祭山川之雩也。《左傳》謂「龍見而雩，過則書」，龍見者，孟夏建巳之月，《經》無書六月雩者，蓋得禮則不書。七月、八月、九月則皆過時，故書也。書秋者，史失其月，然不出乎七、八、九之三月。書冬則建酉之月，穀已成熟，尤爲非時也。魯有舞雩壇，蓋祀帝於壇如郊焉，而用盛樂歌舞於壇上，故名其壇爲舞雩，而日亦如郊之用辛也。《月令》大雩帝在仲夏，彼蓋秦禮，與古異。

社

日食，鼓，用牲于社莊二十五○莊三十○文十五

大水，鼓，用牲于社、于門莊二十五

《經》書地示之祭，此其一。社者，祭地示也。其祭有常禮〔一〕，其日有常日，其事爲常事，故皆不書。《經》所書社凡四，非爲社書也。以遭日食、大水之變而乃用牲于社爲非禮，故書爾。

望

乃免牲，猶三望僖三十一

乃不郊，猶三望宣三

乃免牛，不郊，猶三望成七

《經》書地示之祭，此其二。望者，望祭山川也。天子祭四望，謂望東西南北四方之山川而祭之，每郊祀上帝，必望祭山川，天子郊禮畢則祭四望。魯，諸侯也，以成王之賜，雖許用王禮，然郊祀不得用冬至，而但得爲孟春之郊；郊後不得祭四望，而闕其一方，但祭三望，皆殺於王禮也。望祭在郊祀之後，因郊而望也。郊禮既廢，則望禮可以不舉。魯既不郊，而猶三望，故書以譏其非。《傳》云：「猶者，可以已之辭也。」又云：「不郊，亦無望可也。」

禘

禘于大廟〔二〕禘者，廟享之大禮。自昔帝王之興，推其基業功德之所起者爲大祖，大祖居第一廟，曰大廟，其尊蔑

〔一〕其祭有常禮：「有常禮」，清刻本作「有常祭」，四庫本作「存常祭」。

〔二〕禘于大廟：「大」，四庫本作「太」，「大祖」亦作「太祖」。

以加矣。猶以報本反始之意爲未足，又推大祖之所自出，追享于大祖之廟，而大祖降居子孫之位以配食，是之謂禘。后稷爲周大祖，后稷出自帝嚳，故禘嚳於大祖后稷之廟，而以后稷配嚳也。成王賜魯得禘，則以文王爲周公所自出，故禘文王於大祖周公之廟，而以周公配文王也。《逸禮》有《禘于大廟禮》，今篇名存而其禮亡。用致夫人禘于大廟之禮雖大，然《經》不書，所以書者，因用致夫人之非禮而書也。用致夫人，義見《經》註，此不重釋。僖八〇吉禘于莊公夫禘者，追享無廟之上世，位于大廟之尊位，而本廟之正主降居卑位以配食也。此乃享新祔之莊公于其廟而已，非別有所追饗而降莊公爲配食也，然則何以謂之禘？欲尊莊公，故僭用禘禮之盛樂於其廟，而因名之曰「禘」爾，非禘而曰禘，書之以見僭用禘樂、竊用禘名之罪。喪未二十七月而遽吉祭，故加「吉」字於禘之上。新祔未可以稱宮，故不曰「莊宮」而曰「莊公」。其時閔公幼，事出亂臣淫妻之所爲，無知、不孝、非禮、非義而其名非實，一舉而五惡具，書法五字，諸罪畢見，真聖筆也！閔二

《經》書人鬼之享，此其一。按：「吉禘于莊公」，有禘之名，無禘之實，雖是僖公以前事，因其竊用禘名而附於僖公禘大廟之後，以著其非焉。

祫

大事于大廟大事者，祫也。祫亦廟享之大禮，亞於禘者也。天子四親廟之上有二祧廟，四親二祧爲三昭三穆，與大祖之廟而七。二祧之上親盡廟毀，不與時享矣。若有功德，則別立爲宗，其廟百世不毀，與大祖同。非百世不毀之宗者，其主皆藏於大廟之夾室。三年一祫，則大祖而下，祧廟而上，毀廟之主皆合食於大廟，是之謂祫。斯禮也，天子有之，諸侯則否。魯既得禘，又得祫，是以毀廟之主，亦有時合食於大祖之廟，《經》所書「大事于大廟」是也。先儒名此

禮爲大祫，蓋以又有時享之祫，故加「大」字以别於時祫。時祫者，四親廟之主共享于大廟，而毁廟之主不與也。今正其名，不以時享之祫爲祫，惟此大祫得專祫之名，既專其名，則不須加「大」字以别之也。

躋僖公有事于大廟之禮雖大，然《經》亦不書，所以書者，因躋僖公之非禮而書也。文二〇從祀先公從者，順也。先公謂閔、僖二公也。文公時，躋僖公於閔公之上，後君位於前，前君位於後，是爲逆祀。今再復閔公位僖公之上，而昔之逆者順矣，故曰從祀。定八

《經》書人鬼之享，此其二。因「躋僖公」而附「從祀先公」於後，以備一事之始終。

時享

六月辛巳，有事于大廟大事者，祫享之大禮也。有事者，時享之常禮也。先儒名此爲時祫，《禮記》孔氏疏云：迎高曾祖禰於大祖之廟合祭。秦溪楊氏云：爲四時禴祠烝嘗，祭羣廟，禮煩，乃於大祖之廟合高曾祖禰之主共祭之。澄按，時享之禮，或分享於五廟，或合享於大廟。分享煩而難，合享簡而易。合享則書「有事于大廟」，分享則書四時祭名。或分或合，均爲時享，故今謂此禮不得名爲祫也。仲遂卒于垂，壬午，猶繹，萬入去籥有事于大廟，常事不書，爲卿卒猶繹之非禮而書也。宣八

二月癸酉，有事于武宫諸侯惟祭禰祖曾高四親廟。成公之時，宣公、文公、僖公、閔公爲親廟，上距武公十二

世矣。廟已久毁，乃於戰峯之後，復立其廟[一]，武公既有廟，則亦以時而行享禮，故書「有事于武宫」。籥入，叔弓卒，去樂，卒事「有事于武宫」本不書，因爲叔弓卒於祭所，其事非常，故書。昭十五

正月己卯，烝。五月丁丑，烝建子之月，冬烝得禮無譏。爲下建辰之月再烝，非時而黷祀，故先書正月之烝以起下文。桓八

八月壬申，御廩災。乙亥，嘗趙氏曰：譏不時，又不改卜也。澄按，不時謂夏之季，夏而秋嘗也。改卜謂御廩災之後，當用改卜次月之日也。桓十四

《經》書人鬼之享，此其三。按《王制》所記四時禴祠烝嘗之禮，或特或合[二]。程子云：祭諸廟禮煩，故每年四祭之中，三祭合食於祖廟。張子云：天子七廟，一日而行則力不給，故禮有一犆一祫之説。犆則祭一，祫則徧祭。春祭高祖，夏祫羣廟，秋祭曾，冬又祫，來春祭祖，夏又祫，秋祭禰，冬又祫。秦溪楊氏云：張子一犆一祫之説雖可通，但言特者只祭一廟，遺其餘廟，恐有所不安，不若程子之言簡而意備。澄謂程子之言雖簡而意亦未備。蓋不言七廟之享是一日而行禮乎？抑各日而行禮乎？一日行禮則力不給，若各日行禮，諸廟皆須卜日齋戒，必兩三月始可畢七廟之祭。若諸廟不復卜日齋戒，但連日接續行禮，亦精神困憊，無復可交神明。今以張子特則祭一之説而釋之曰：祭一者，謂人君自祭，此一廟也，餘廟則大臣攝行。其人君自祭之廟，今年一時祭高，一時祭曾，明年一時祭祖，一時祭禰，周而復始，

[一] 復立其廟：「立」，四庫本作「祭」。
[二] 或特或合：「合」，四庫本作「祫」。

四時四享，一年特祠、特嘗，一年特禴、特烝，不專是春秋特而夏冬合也〔一〕，如此庶幾近之。又按，有事于武宮，叔弓涖事，亦是以臣攝行，君不在也。姑附論於此，俟精深於禮者議之。

廟

《公羊傳》曰：周公稱大廟，魯公稱世室，羣公稱宮。

取郜大鼎于宋，納于大廟桓二

《經》書大廟者四，其三見前，并此凡四。

世室屋壞文十三

《經》書世室者一。《左氏》、《穀梁》「世」作「大」，非也，今從《公羊》。

立煬宮定元〇立武宮成六〇丹桓宮楹莊二十三〇刻桓宮桷莊二十四〇桓宮、僖宮災哀三〇新宮災成三〇考仲子之宮隱五

《經》書宮者八：煬宮一；武宮二，其一見前；桓宮三；僖宮一；新宮一；仲子之宮附見。

主

作僖公主此主謂栗主也。桑主作於虞祔之時，栗主作於小祥之時。既有栗主，則埋其桑主。僖公三十三年十二月

〔一〕不專是春秋特而夏冬合也：「合」，四庫本作「袷」。

薨，文公元年十二月及一朞矣，二年二月，喪已十五月，始作粟主，怠慢於喪事，無孝敬之心也。文二年三月丁丑

天子、諸侯之廟享必有主，故以此附於宫廟之後。

告朔

閏月不告朔，猶朝於廟趙氏曰：天子常以今年冬頒明年正朔於諸侯，諸侯受之，每月奉月朔甲子以告于廟，所謂禀正朔也。文公以閏非正，不行告朔禮，但以其朔日至廟拜謁而已，不告朔而至廟謁，故譏之。文六〇五月，公四不視朔文公，齊昭公之婿也。文十四年，齊昭公卒，其弟懿公商人弑昭公之子舍而篡立，執魯臣、魯女以辱魯，又侵伐不已。文公遣季文子往求盟，齊懿弗與之盟，要文公親出。文公憚於一往，託爲有疾以詐齊，而不視其年二月、三月、四月、五月之朔。詐稱有疾不能出，乃遣襄仲納賂求盟，而後得盟。既盟之後，又復來伐。至十七年，文公彊勉一出，親與齊懿盟，而後得免侵伐。次年，齊懿被弑矣。視朔者，告朔朝廟畢，退而視朝聽政也。前時閏月〔一〕，雖不告朔而朝廟聽政自若，今既詐齊而不視朔，則不告朔不朝廟可知。文十六

告朔者，一月一至大廟也，故亦附於宫廟之後。

初獻六羽　隱五

肆大眚　莊二十二

以上事之無例可附者二，附綴八十八例之終云。

〔一〕前時閏月：「時」，清刻本作「特」。

春秋纂言卷一

元　吴澄　撰

春　秋

杜氏曰：《春秋》者，魯史記之名。史之所記，必表年以首事，年有四時，故錯舉以爲所記之名也。孔氏曰：不可徧舉四時爲書號，言春足兼夏，言秋足見冬，故錯互舉「春」「秋」二字，名雖《春秋》，實包冬夏。永嘉陳氏曰：謂之《春秋》者，其書法以四時冠月也。澄按：《春秋》之立名，由魯曆遞遷四時之序，以春爲一歲之始，以秋爲中歲之始。史記記一歲四時之事，故舉四時之二始以名之也。古者天子之太史掌記事、掌治曆，一官而兼二職。曆以協天序於當時，事以傳人治於後世。諸侯雖有史，掌記事而已，曆則天子所頒也。晋、楚最爲大國，各有史記，一名《乘》，一名《檮杌》，不聞二國有曆也，惟魯之史記名《春秋》。而周曆之外别有魯曆，亦名《春秋曆》，至漢猶存，是魯國之史，不止記事，又作曆矣。記事，宜也，作曆，僭也。僭則天子何以不禁？曰：魯曆雖僭，然奉周正朔，但移春於歲首之爲非耳。夫移春於歲首，則一歲之時自春始，夏次，秋次，而冬終焉，四時之序甚順，而以爲非，何也？曰：在夏則可，在周則不可。其不可者何也？周之歲首乃仲冬，仲冬、季冬不可以爲春；仲夏、季夏，不可以爲秋也。移夏之四時加於周之十二月，此魯曆之非。於天時雖不合，於王正則不戾，是以莫之禁也。夫子修《經》，因其名據其實而書之，以著其非，抑使後世知建子之正不如建寅之正，於天時之序爲順也，其答顔淵爲邦之問，所以曰「行夏之時」。

隱公名息姑，惠公夫人孟子之娣聲子所生長子也，在位十一年。

元年公羊氏《傳》曰：君之始年也。澄曰：謂第一年也。不稱一年而稱元年何也？一乃數之始，莫之或先。然但謂之一，則不見其有異。尊其在始，特立殊稱，以一年爲諸年之首，故變一稱元。元者，首也。○是年己未。周平王四十九年○蔡宣公考父二十八年○曹桓公終生三十五年○衛桓公完十三年○晋鄂侯郄二年，曲沃莊伯鱓十一年〔一〕○鄭莊公寤生二十二年○陳桓公鮑二十三年○杞武公二十九年○宋穆公和七年○齊僖公禄父九年○秦文公四十四年○楚武王熊通十九年

春《公羊傳》曰：春，歲之始也。澄曰：《經》所書春，蓋斗柄建子、建丑、建寅之月，前兩月未是春，惟三月建寅乃夏時之孟春也。按一歲十二月，天氣雖肇始於子，而人事則肇功於寅，故唐虞夏之敬授人時，皆以建寅之月爲歲首。商代夏，周代殷，改正朔以新天下之耳目而一其心，故商之歲首建丑，周之歲首建子。《漢書·律曆志》記商、周事，有《殷曆》、《周曆》爲據，而又參之以《四分》、《三統》二曆。於成湯之十三年曰：商十二月乙丑，朔旦冬至。又曰：後九十五歲，十二月甲申朔旦冬至。冬至在商之十二月，是《商曆》改夏之十二月爲正月也。於武王克商之歲曰：是歲大寒中，在周二月己丑晦。閏月庚寅，朔。三月二日庚申驚蟄。驚蟄，夏正月之中氣也。又曰：周公攝政五年，正月丁巳朔，旦，冬至。而《左氏傳》僖公五年「正月辛亥，朔」、昭公二十年「正月己丑，朔」，皆日南至。《禮記》記孟

〔一〕曲沃莊伯鱓十一年：「鱓」，原作「鮮」，據清刻本改。

獻子之言，亦曰：正月日至，可以有事於上帝。冬至在周之正月，大寒在二月，驚蟄在三月，是《周曆》改夏之十一月爲正月也。商、周雖改月數，天之四時則不可改。故商之正月猶爲冬，二月、三月、四月乃爲春也；周之正月、二月猶爲冬，三月、四月、五月乃爲春也。前代曆書至漢猶存者凡六，《黄帝曆》、《顓頊曆》、《夏曆》、《殷曆》、《周曆》、《魯曆》是也，以非儒家書故得免於秦火。周既有曆而魯自造曆，《魯曆》雖從周王正朔，然以春爲一歲之始，於是改建子、丑、寅之月爲春，建卯、辰、巳之月爲夏，建午、未、申之月爲秋，建酉、戌、亥之月爲冬，此《魯曆》之變常也。夫用夏正則春爲歲始，用周正則歲始非春也。魯以周之歲始爲春，而遞遷一歲十二月之時，則四時紊矣。夫子因而書之，譏也。後漢陳寵云：十三月[一]，人正，夏以爲春；十二月[二]，地正，商以爲春；十一月[三]，天正，周以爲春。考之未詳者也。商、周改十二月、十一月爲正月而已，曷嘗以之爲春哉！《周官》謂建子之月爲正月，建寅之月爲正歲，而其間所謂春夏秋冬及孟仲季月，一循夏時之舊，月改時不改也，豈非以月爲王之正朔，可隨世代更新，時乃天之氣序，一定有常而不可變易也歟！《尚書》《多方》、《召誥》、《多士》、《顧命》等篇所紀之月皆周月也，而不紀時，蓋以天時一定，未嘗變易，有月則時可知也。漢後史文，月數壹是夏正，書正二三月，則知其爲春，書四五六月，則知其爲夏，七八九月之爲秋，十與十一十二月之爲冬亦然，不待表其時也。非若《魯曆》紊天時之定序，而月非其時，故《春秋》必以魯所改之時加於月上，以著其時之失正。司馬遷《史記》凡書月則月上不言時，書時則時下不言月，合於《尚書》之書法。

[一] 十三月：「十三」，清刻本、四庫本作「建寅」。
[二] 十二月：「十二」，清刻本、四庫本作「建丑」。
[三] 十一月：「十一」，清刻本、四庫本作「建子」。

王正月《公羊傳》曰：先王而後正月，王正月也。《左氏傳》曰：王周正月。《穀梁氏傳》曰：元年雖無事，必舉正月，謹始也。薛氏曰：舊史之制，月不繫時，言月則時可知也。《春秋》月必繫時，而加王於春之首月，明王正反天時也。春非夏時，月數猶遵乎王正也〔一〕。周正建子，以建寅爲正歲，時猶用夏也。魯變四時之序，加春於建子，舍周之舊也。《春秋》常事不書，書變常也。永嘉陳氏曰：周史言時皆夏時也，言月皆周月也。時皆夏時，於《周官》見之；月皆周月，於《書》見之。以夏時冠周月，則魯史也，非周之舊也。夫子修《春秋》，每孟月書時，以見魯史；每正月書王，以存周正也。項氏曰：春非春也，正月非正月也。澄曰：元年春，謂魯公元年私改之春，非天時一定之春也。王正月，謂周王天正建子之正月，非正歲建寅之正月也。王者，時王，謂周也。故《左氏》以周釋王，既以見所書之正月爲時王之所改，又以見侯國之史記奉王朝之正朔也。書一「王」字該此二義。正月，歲之第一月也，正猶長也。以一月爲諸月之長，故變一稱正，與元年變一稱元之義同。按，桓、文、宣、成、襄、昭、哀七公皆以元年正月即位，隱、莊、閔、僖四公雖不行即位禮，其日亦見羣臣，是爲新君歲首見羣臣之始，故雖無事，必存其首月，不與常年同也。若常年之首月，有事則書，無事則不書，非元年之比也。唯定公元年無正月者，定未即位，魯國無君故也。

三月

公及邾儀父盟于蔑。凡書「邾」、「小邾」，《公羊》並作「邾婁」，後不重出。蔑，毋結切。《公羊》、《穀梁》作「眜」○《公羊傳》曰：及者，與也。會、及、暨皆與也，及，我欲之；暨，不得已也。《穀梁傳》曰：不言邾子，未爵命也。《左傳》曰：公攝位而欲求好於邾，故爲蔑之盟。高氏曰：隱自謂爲桓而立，内懼諸大夫之不已悦，外慮諸屬

〔一〕月數猶遵乎王正也：「月數」，原作「數月」，據清刻本、四庫本改。

國之不已從，而邾以附庸有不相得，於是首與邾盟。杜氏曰：邾，今魯國鄒縣。蔑，姑蔑，魯國卞縣南有姑城。趙氏曰：儀父，名也。魯季孫行父、晉荀林父等以父爲名。澄曰：宋公玆父、齊侯禄父、蔡侯考父皆名也。附庸之君未爵命，例書名，如郳犁来、介葛盧是也。其後莊十六年，《經》書「邾子克卒」，蓋王命以子爵，改名克。如楚圍既爲君而改名虔，棄疾既爲君而改名居也。凡盟，例皆書日，此不日者，史文闕，下及宋盟宿同。盟，謂以要約之辭質於神，以明其信也。《周官》有司盟之職，邦國有疑則會同而盟。孔氏曰：盟者，殺牲歃血，告誓於神，若有背違，令神加殃如此牲也。先鑿地爲方坎，殺牲於坎上，割牲取左耳，盛以珠盤，又取血，盛以玉敦，用血爲盟書，成，乃歃血讀書。鄭氏曰：盟辭書於策，讀其書以告神，坎其牲，加書於上而埋之。程子曰：盟誓以結信，出於人情，先王所不禁。後世諸侯交相盟誓，亂世之事也。張氏曰：司盟之設，聖人蓋爲諸侯之仇怨不釋者設耳，殆衰世之意。聖人立法，常關盛衰，故不得已而建此官以待之也。屢盟之長亂，自幽、厲以来惡之矣，况春秋諸侯之紛紛乎。陵陽李氏曰：先儒謂魯侯爵而其君稱公，此臣子之辭，《春秋》從周之文而不革者。按《聘禮》、《大射儀》、《燕禮》，五等諸侯皆稱公，而《公食大夫》，《禮》又以名篇，則謂君爲公，禮之正也。

夏此所謂夏，蓋建卯、建辰、建巳之月。前二月未是夏，唯六月建巳乃夏時之孟夏也。

五月

鄭伯克段于鄢。「克」，《公》作「尅」。鄢，音偃。趙以鄢爲鄔〇《左傳》曰：鄭武公娶於申，曰武姜，生莊公及段。莊公寤生，惡之，愛段，欲立之，亟請於武公，弗許。及莊公即位，爲之請制，公曰：「制，巖邑也，它邑唯命。」請京，使居之，謂之京城太叔。既而太叔命西鄙、北鄙貳於己，又收貳以爲己邑，至於廩延。完聚，繕甲兵，具卒乘，將襲鄭。公聞其期，命子封帥車二百乘伐京，京叛。段入於鄢，公伐諸鄢，出奔共。《穀梁傳》曰：克者何，見段之有徒衆也。殺世子母弟目君，目君，甚鄭伯之處心積慮成於殺也。趙氏曰：克者，能勝之名。非命卿，例不書公子，非獨段也。鄢當作鄔，鄭地也，在緱氏縣西南，十一年王取鄔、劉、蔿、邘之田於鄭，乃屬周，傳寫誤爲「鄢」字。京至鄔非遠，又是鄭地。段有徒衆，故曰克。鄢，今潁川鄢陵，若遠走至鄢，即已出境，無復兵衆，何得言克？《傳》又曰「自鄢出奔共」，自鄔過河向共城爲便路，若已南行至鄢陵，不當奔共也。胡氏曰：姜氏當武公存之時，嘗欲立段矣，及公既歿，姜以國君嫡母主乎内，段以寵弟多才居乎外。恐其將爲後患也，故授之大邑，縱使失道以至於亂，然後以叛逆討之，則國人不敢從，姜氏不敢主〔一〕，而太叔屬籍當絶，不可復居父母之邦，此鄭伯之志也。

秋此所謂秋，蓋建午、建未、建申之月。前二月未是秋，唯九月建申乃夏時之孟秋也。

七月

天王使宰咺來歸惠公仲子之賵。咺，况阮切。賵，芳仲切，音諷○《公羊傳》曰：惠公，隱之考也；仲子，桓之母也。喪事有賵，車馬曰賵，貨財曰賻，衣被曰襚。隱爲桓立，故以桓母之喪告於諸侯，言惠公仲子，兼之也。《穀梁傳》曰：其志不及事也。澄曰：王之上加「天」者，《儀禮傳》云：「臣之所天者，君也。」周王爲衆侯國之君，侯國以王爲天也。若王朝之史記則但稱王，故《尚書》王不稱天，此侯國之史記，故稱王曰天王也。宰，氏；咺，名。天子之上士三命，稱氏稱名，如叔服、劉夏與石尚。趙氏曰：宰咺是氏名，如宰予之類。王士来魯例書氏名，石尚是也。孫氏曰：天王賵惠公則可，兼仲子則不可。文九年，秦人来歸僖公成風之襚，與此義同，譏其不及事，而又兼之也。張氏曰：啖、劉、程諸説以惠公仲子爲妾繫君，僖公成風爲妾繫子。今按，惠公以去年薨，而仲子之卒，《經》無明文，

〔一〕姜氏不敢主：「主」，原作「士」，據四庫本改。

則亦卒於去年也，何以獨歸仲子而不歸惠公乎？《公羊》之説得之。

九月

及宋人盟于宿。《左傳》曰：惠公之季年，敗宋師於黄，公立而求成焉。《公羊傳》曰：孰及之，內之微者也。《穀梁傳》曰：宋人，外卑者也。劉氏曰：盟者，國之大事，豈微者所定乎[一]？苟有兩微者盟，《春秋》固不書之。趙氏曰：凡盟不目，內皆指公也。呂氏曰：隱公以諸侯之尊，而下與它國之臣盟，苟徇目前之利，無恥也。高氏曰：桓，宋出也，公懼宋，故與宋合。杜氏曰：宋，今梁國睢陽縣。澄曰：宋人，宋臣之一命者，蓋士也。宿，小國，風姓，東平無鹽縣也。杜氏謂「盟以國地者，國亦與盟」，竊謂宿微國，宋之附庸，猶宋邑也。魯求成於宋，故往就宋之境內而盟於宿爾，微國非能有所利害，魯、宋何爲使之與盟乎！

冬此所謂冬，蓋建酉、建戌、建亥之月，前二月未是冬，唯十二月建亥乃夏時之孟冬也。

十有二月

祭伯來。祭，側界切◯《左傳》曰：非王命也。《穀梁傳》曰：寰內諸侯非有天子之命，不得出會諸侯，不外交也。澄曰：祭，畿內邑，伯爵，天子六命之卿，稱邑爵。王臣出使侯國，當有王命，其来必有其事。祭伯上不言天王使來，下不言爲何事，是無王命而私行也。

公子益師卒。公子，氏；益師，名。二命之卿，魯孝公之子，不日，史失之。海陵胡氏曰：益師，字衆父，衆

[一] 豈微者所定乎：「定」，清刻本作「之」，四庫本作「尸」。

仲其後。《春秋》於外諸侯書卒書葬，與魯君、夫人同；於内大夫，書卒而不書葬，詳略之差等也。君之卿佐，是謂股肱，故問其疾，弔其喪，賵其葬，必厚其送終之恩，此《春秋》書大夫卒之旨也。高郵孫氏曰：内大夫見於《經》者四十有七，卒者三十，不書卒者十有七，或弑賊，或出奔，或君不親臨，或賻贈不加、恩不及，則不卒，或卒於《春秋》之後也。

《經》書月六，書日無。據唐開元《大衍曆》追算，正月辛亥朔，大，庚申，冬至；二月辛巳，小；三月庚戌，大；四月庚申，小；五月己酉[一]，大；六月己卯，小，《傳》五月辛丑在六月；七月戊申，大；八月戊寅，大；九月戊申，小；十月丁丑，大；十一月丁未，小，《傳》十月庚申在十一月；十二月丙子，大。程氏公説曰：自《三統》至《欽天》，正月朔或辛亥或庚戌、壬子，視《大衍》前後差一日，以《傳》五月辛丑、十月庚申考之，則正月朔非辛亥，故杜預遷就以辛巳爲朔。若從辛巳，則冬至不在正月。《周曆》雖差，不如是之甚。意者差閏只在今年，而杜考之不詳爾。《周曆》惟閏法多差，在當時《左氏》已屢譏其失閏，則後世自難考正。今止以《大衍》立法，經傳日月合者標其日於月下，不合者則註其差云。澄按，杜預作《長曆》以追合經傳日月，多是遷就，故程氏作《春秋分記》，用《大衍曆》，今從之，附註氣朔於各年之後，雖多不合，然姑存大槩，俟後世通曆者考焉。

二年庚申。平王五十年〇蔡宣二十九〇曹桓三十六〇衛桓十四〇晋鄂三〇鄭莊二十三〇陳桓二十四〇杞武三十〇宋穆八〇齊僖十〇秦文四十五〇楚武二十

[一] 五月己酉：「己酉」，四庫本作「乙酉」。

春例不書月者，但書時。

公會戎于潛。《左傳》曰：修惠公之好也，戎請盟，公辭。漢孔氏曰：此戎蓋帝王所羈縻，居九州之内。胡氏曰：《費誓》稱「淮夷徐戎」，蓋徐州之戎，在魯之東郊。趙氏曰：凡戎狄，不書爵號，君臣同詞。劉氏曰：戎者，戎之君也，不以君稱之，外之也。張氏曰：書戎以外之，會狄、會吴放此。

夏

五月

莒人入向。向，舒亮切○《左傳》曰：莒子娶於向，向姜不安莒而歸，莒人入向，以姜氏還。澄曰：莒，子爵，己姓，今密州莒縣。人，謂莒大夫，小國之大夫一命，稱人。入，謂攻破其城，兵入其國也。有兵既入而遂滅其國者，有兵雖入而不滅其國者。向，小國，姜姓，炎帝之後。杜氏曰：龍亢縣東南有向城。張氏曰：《漢志》向屬沛郡，《寰宇記》屬應天府穀孰縣。孫氏曰：隱桓之際，國無大小，用師皆專行。

無駭帥師入極。駭，吁楷切，《穀》作「侅」，後同○無駭，魯再命之大夫，凡再命則稱名，三命則書氏書名。帥師，用大衆也。極，附庸小國。張氏曰：擅興大衆陵暴小國，義與入向同。

秋

八月

庚辰，公及戎盟于唐。《左傳》曰：戎請盟，復修戎好也。杜氏曰：唐，魯地，高平方與縣北有武唐亭。張氏曰：今單州魚臺縣也。諸侯會盟，皆期約行禮之日，然會未有書其日者。至於盟，必詳其月與日，以其相與約信，或尋或寒，皆考於此，有國者之所謹也。前此蔑、宿之盟不書日，久遠失之爾。程子曰：戎猾夏而與之盟，非義也。

九月

紀裂繻来逆女。「裂」，《公》、《穀》並作「履」，繻，音須○杜氏曰：紀國在東莞劇縣。張氏曰：漢屬北海郡，今屬青州壽光縣。澄曰：裂繻，紀卿。紀雖侯爵，其國削弱，同於小國，其卿再命稱名。女在父母之國，故稱女。諸侯娶妻，皆當親迎。裂繻，卿也，而代爲君逆，非禮也。《公》、《穀》並云「譏不親迎」是也。郯氏曰：諸侯親迎，常事不書。《左氏》以卿逆爲合禮，誤矣。高氏曰：《詩》稱「太姒之家，在渭之涘。文王娶之，親迎于渭。」蹶父之女嫁於韓侯，韓侯迎之於蹶之里。魯哀公問於孔子曰：「冕而親迎，不已重乎？」孔子對曰：「合二姓之好，繼先聖之後，爲天地社稷宗廟之主，君曷謂已重乎！」諸侯親迎，自古而然，唯天子之尊，使三公逆也。

冬

十月

伯姬歸于紀。伯者，長女也，蓋惠公之女，即裂繻所逆者。婦人内夫家，故以出嫁爲歸。啖氏曰：内女嫁歸，爲夫人則書。陸氏曰：以尊卑敵，公爲之服，故書其歸。

紀子伯、莒子盟于密。伯，《左》作「帛」○孫氏曰：紀本侯爵，此稱子伯，闕文也。程子曰：當作「紀侯某伯、莒子」。澄按：「子伯」二字或是「侯」字之誤，蓋離盟，非參盟也。杜氏曰：密，莒邑，城陽淳于縣東北有密鄉。

十有二月

乙卯，夫人子氏薨。《穀梁傳》曰：夫人者，隱之妻也，卒而不書葬，夫人之義從君者也。張氏曰：婦人從君，故君存則葬禮未備，待君而合祔也。澄按：子姓，宋女也，薨者，上墜之聲。

鄭人伐衛。《左傳》曰：鄭共叔之亂，公孫滑出奔衛，衛人爲之伐鄭，取廩延。鄭人伐衛，討公孫滑之亂也。杜氏曰：衛國在汲郡朝歌縣。張氏曰：今濬州黎陽縣。澄曰：衛，侯爵，鄭雖伯爵，次國同於大國。稱人者，蓋其一命之士；伐者，聲其罪而興師也。

《經》書月五，書日二。《大衍曆》正月丙午朔，小，乙丑，冬至；二月乙亥，大；三月乙巳，小；四月甲戌，大；五月甲辰，小；六月癸酉，大；七月癸卯，小；八月壬申，大，初九日，庚辰；九月壬寅，小；十月辛未，大；十一月辛丑，大，三十日庚午，霜降；閏月辛未，小，十五日乙丑，立冬；十二月庚子，大，旦日，小雪，十六日，乙卯。《長曆》八月壬寅，朔，無庚辰。

三年辛酉。平王五十一年，崩○蔡宣三十○曹桓三十七○衛桓十五○晉鄂四○鄭莊二十四○陳桓二十五○杞武三十一○宋穆九，卒○齊僖十一○秦文四十六○楚武二十一

春

王二月每歲「春」字之下書月必加「王」字，以見此月數乃時王之所改定。程子曰：月，王月也，事在二月則書王二月，在三月則書王三月，無事則書時書首月，存天時、正王朔也[一]。

己巳，日有食之。《穀梁傳》曰：言日不言朔，食晦日也。《公羊傳》曰：日食曷爲或日或不日，或言朔，或不

[一] 存天時、正王朔也：「正」，原闕，據四庫本補。

言朔？或朔在前，或朔在後也。孫氏曰：凡日食，言日言朔，食正朔也；言日不言朔，失其朔也；言朔不言日，失其日也；不言日不言朔，日朔俱失也。劉氏曰：或不日，或不言朔，史之記失也。若非史之記失，則日食不得其正也。朱子曰：晦、朔日月合，同度同道則月揜日，而日爲之食。王者修德行政，用賢去姦，能使陽盛足以勝陰，則雖或當食而不食也。

三月

庚戌，天王崩。平王也，在位五十一年，世子洩父蚤死，洩父之子林立，是爲桓王。程子曰：崩，上墜之形，海内皆當奔赴，魯不往，罪惡自見也〔一〕。高郵孫氏曰：春秋之王十有三，崩葬皆書者五，周告崩，魯會葬也；崩而不葬者四，周告之而魯不會也；崩葬不見者三，周不告魯不會也，其一則崩在春秋之後。

夏

四月

辛卯，尹氏卒。「尹」，《左》作「君」〇《公羊傳》曰：尹氏，天子之大夫也。其稱氏何？譏世卿。外大夫不卒，此何以卒？天王崩，諸侯之主也。澄按：天子之公、卿、大夫、士，其生也不外交諸侯，故其死也亦不赴告。《春秋》二百四十二年間，惟劉卷、王子虎以常同會盟而来赴，尹氏以王崩爲諸侯之主而来赴，皆非禮也，故書以示譏。然劉卷六命之卿，有邑有爵，但書邑書名。王子虎一命之下士，其屬爲王子，但書屬名。尹氏當從劉卷之例，今不書邑書名而

〔一〕罪惡自見也：「惡」，清刻本、四庫本作「不書」。

書邑書氏者，著其世世爲卿也。

秋

武氏子來求賻。賻，音附○《公羊傳》曰：喪事無求。《穀梁傳》曰：歸之，正也；求之，非也。周雖不求，魯不可以不歸；魯雖不歸，周不可以求之。求之爲言，得不得未可知之辭也，交譏之。澄曰：武亦王卿之采邑，稱氏，義與尹氏同。子者，父老而以子攝行卿之事。賻者，以貨財助喪之禮也。時周室微弱，諸侯不天。程子曰：天王崩，諸侯不供其喪，故武氏子徵求於四國。

八月

庚辰，宋公和卒。《左傳》曰：宋穆公疾，召大司馬孔父曰：「先君舍與夷而立寡人，寡人弗敢忘，若以大夫之靈得保首領以殁，先君若問與夷，其將何辭以對！請子奉之以主社稷。」對曰：「羣臣願奉馮也。」公曰：「不可，先君以寡人爲賢，使主社稷，若棄德不讓，是廢先君之舉也，豈曰能賢？光昭先君之令德，可不務乎！吾子其無廢先君之功。」使公子馮出居於鄭。澄曰：初，宋宣公卒，不傳其子與夷而傳其弟和，和，穆公也，在位十一年。宣公之子與夷立，是爲殤公。凡諸侯之薨，與魯交者来赴，不書薨而書卒者，遠之，不以之同於我君，而以之下同於内大夫也。

冬

十有二月

齊侯、鄭伯盟于石門。永嘉陳氏曰：特相盟不書，必關於天下之故而後書。莒、紀無足道也，齊、鄭合，天下始多故矣。天下之無王，鄭爲之也。天下之無霸，齊爲之也。是故書齊鄭盟於石門，以志諸侯之合。定七年書齊、鄭盟於鹹，以志諸侯之散，《春秋》之終始也。《春秋》於隱、桓、莊之際，惟鄭多特筆；於襄、昭、定、哀之際，惟齊多特筆焉。張氏曰：齊，國名，侯爵，今青州臨淄縣。石門，齊地，在濟南府臨邑縣。隱十一年之間，盟而不食言者，唯此石門之盟，二君終身未嘗相伐。蓋齊方盛彊，而鄭莊姦猾，鄭仇專在於宋，故鄭莊恃齊以敵之。雖齊間與宋盟好，而左右離間，必使唯己之從，是以石門之盟不寒，而宋與許、杞諸國交受入伐。鄭莊多詐，齊僖不義而彊，二國相與之固，列國並受其禍也。

癸未，葬宋穆公。穆，《公》、《穀》並作「繆」○魯往會葬，故書。高氏曰：《經》書諸侯之卒者百二十有二，而書葬者八十有八，蓋魯往會則書。天王崩，魯不會葬，而葬宋穆公，諸侯壤地相比，王事相從，必有聘問和好之事，至於告終易代，豈無弔恤賻葬之禮？春秋之時，徒以國勢之强弱、私情之疏密而爲之禮爾。胡氏曰：卒而或葬或不葬者何？有怠於禮而不葬者，有弱其君而不葬者，有討其賊而不葬者，有諱其辱而不葬者，有治其罪而不葬者，有避其號而不葬者。宋殤、齊昭告亂，書弒矣，而《經》不書葬，是討其賊而不葬者也；晋主夏盟，在景公時告喪，書日矣，而《經》不書葬，是諱其辱而不葬者也；魯、宋盟會未嘗不同，而三世不葬，是治其罪而不葬者也；吴、楚之君書卒者十，亦有親送於西門之外者矣，而《經》不書葬，是避其號而不葬者也。怠於禮而不往，弱其君而不會，無其事，闕其文，魯史之舊也；討其賊、諱其辱、治其罪、避其號而不葬，聖人所削也。

《經》書月五，書日五。《大衍曆》：正月庚午，小，辛未，冬至；二月己亥，大；三月己巳，小，《經》二月日蝕在三月朔；四月戊戌，大，《經》三月庚戌、《傳》三月壬戌皆在四月；五月戊辰，小，《經》四月辛卯在五月；六月丁酉，大；七月丁卯，小；八月丙申，大；九月丙寅，小，《經》八月庚辰在九月；十月乙未，大，《傳》冬庚戌，十五日；十一月乙丑，小；十二月甲午，大，《經》癸未在明年正月。《長曆》：己巳，二月朔；庚戌，三月十二日；

辛卯，四月二十四日；庚辰，八月十五日；癸未，十二月二十日。

四年壬戌。桓王元年〇蔡宣三十一〇曹桓三十八〇衛桓十六，弒〇晋鄂五〇鄭莊二十五〇陳桓二十六〇杞武三十二〇宋殤公與夷元年〇齊僖十二〇秦文四十七〇楚武二十二

春

王二月

莒人伐杞，取牟婁。《穀梁傳》曰：諸侯相伐取地於是始。啖氏曰：先書伐國，後言取邑者，取其國之邑也。澄曰：取者，奪而有之也。杞，夏后氏之後。杜氏曰：杞國本都陳留雍丘縣，桓六年淳于公亡國，杞似并之〔二〕，遷都淳于。僖十四年，又遷緣陵。襄二十九年，晋人城杞之淳于，杞又遷都。牟婁，杞邑，城陽諸縣東北有婁鄉。

戊申，衛州吁弒其君完。「州」，《穀》作「祝」，後州吁同。「弒」，《穀》作「殺」，後凡弒君並同，不重出〇《左傳》曰：衛莊公娶于齊，曰莊姜，無子，又娶于陳，曰厲嬀，其娣戴嬀，生桓公，莊姜以爲己子。州吁，嬖人之子也，有寵而好兵，公弗禁，莊姜惡之。石碏諫，弗聽，其子厚與州吁游，禁之不可。桓公立，乃老。澄按，《史記·年表》周平王三十七年丁未爲衛桓公元年，在位十六年，州吁弒之而自立。州吁不稱公子，非命卿也。國君之子尊與再命之大夫同，故稱名。下殺上曰弒。完，桓公名。劉氏曰：州吁不稱公子，公子雖貴，非三命不氏。張氏曰：衛國之禍，始於莊公之寵州吁，縱其好兵而不知禁。公存之時，妾上僭，夫人失位，亂根之萌久矣。君臣、父子、夫婦之分，一失

〔二〕杞似并之：「似」，清刻本、四庫本作「始」。

其正則亂之所從生，衛莊溺私愛，而使内寵僭嫡，嬖子害正。石碏之諫足以悟矣，愎而弗圖，貽禍後嗣。董氏云「爲人君父而不通于《春秋》之義者，必蒙首惡之名」，莊公之謂也。

夏

公及宋公遇于清。《左傳》曰：公與宋公爲會，將尋宿之盟，未及期，衛人来告亂。張氏曰：乃行遇禮而還。薛氏曰：殺禮而野合，將以伐鄭也。杜氏曰：清，衛邑，濟北東阿縣有清亭。程子曰：諸侯相見而不行朝會之禮，如道路之相遇，非《周禮》「冬見曰遇」之遇也。趙氏曰：簡禮而會曰遇。啖氏曰：遇禮，忽有邂逅相遇，簡略而行，故與會禮不同。時雖非相遇而從省易，以遇禮相見。襄陵許氏曰：隱、莊之間凡六書遇，自閔以後有會無遇。

宋公、陳侯、蔡人、衛人伐鄭。《左傳》曰：宋殤公之即位也，公子馮出奔鄭，鄭人欲納之。及衛州吁立，將修先君之怨於鄭，而求寵於諸侯，使告於宋曰：「君若伐鄭以除君害，君爲主，敝邑以賦與陳、蔡從，則衛國之願也。」宋人許之。於是陳、蔡方睦於衛，故宋、陳、蔡、衛伐鄭。張氏曰：宋自殤公立，公子馮出居鄭之後，馮以穆公不立己爲恨，有反取其國之心，鄭莊又從而佐之，於是宋、鄭爲仇。及是衛州吁欲定其位，告宋求伐鄭以除子馮之害，故四國伐鄭，宋爲主而陳、蔡同役。宋殤受國於穆公，而馮有争位之心，正當修德和民、外好鄰國，則其位自定，而馮無所伺其隙矣，況州吁弑逆之賊，内懷見討之懼，而欲納交殤公。苟名其爲賊，告於王而討之，則一舉而君臣、父子之倫定。今乃怵於州吁之邪説，合陳、蔡以助逆賊，而宋國之人不復知君臣順逆之正理，弑逆之事卒及其身，皆殤公不能早辨於此之役也。陳，今陳州宛丘縣，蔡，今蔡州上蔡縣。澄曰：蔡、衛稱人，蓋陳、宋二國君在，則雖三命、二命之大夫，亦降稱人。衛人，蓋公孫文仲也。襄陵許氏曰：《擊鼓》詩序以爲公孫文仲將而平陳與宋。

秋

翬帥師會宋公、陳侯、蔡人、衛人伐鄭。翬，音輝○《左傳》曰：宋公使来乞師，公辭之。羽父請以師會之，公弗許，固請而行。薛氏曰：師興而後翬會之也。程子曰：《左氏》以爲再伐，妄也。再叙四國，重言其罪。永嘉吕氏曰：州吁，弒君之賊，未能定其位而求寵於諸侯。使宋公如夫子沐浴之意，率諸侯以討罪人可也；如其不能，則不徇其一時之邪説，以聽天下有能治之者亦可也。今也徇逆賊之謀，修一己之怨，合四國以伐鄭，四國之兵方合，而翬又帥師會之，亂臣賊子之勢益張，故書「翬帥師」而再序四國，聖人之筆嚴矣！「單伯會伐宋」，不再序諸國，以彼無大惡也。澄曰：翬，魯再命之大夫，其後翬弒隱公而桓公立，乃進爲三命，始書氏。

九月

衛人殺州吁于濮。濮，音卜○《左傳》曰：州吁未能和其民，厚問定君于石子，石子曰：「王覲爲可。」曰：「何以得覲？」曰：「陳有寵於王，陳、衛方睦，若朝陳使請，必可得也。」厚從州吁如陳。石碏使告于陳曰：「衛國褊小，老夫耄矣，無能爲也。此二人者，實弒寡君，敢即圖之。」陳人執之，而請涖于衛。衛使右宰醜涖殺州吁于濮，石碏使其宰獳羊肩殺石厚于陳。《公羊傳》曰：稱人，討賊之辭也。程子曰：衛人，衆辭，舉國殺之也。陸氏曰：凡作亂自立爲君，而國人殺之者，皆稱人以殺，言衆所共棄，不君之也。張氏曰：濮，水名，在曹、衛之間，受河、汴二水，東北至灘派分爲二，俱東北，至鉅野入濟。

冬

十有二月

衛人立晋。《左傳》曰：衛人逆公子晋于邢，宣公即位。《穀梁傳》曰：衛人者，衆辭也；立者，不宜立也。高氏曰：晉乃桓公之弟，莊公之子，於次當立，又國人之所同欲，而謂之不宜何也？彼曰：「我，君之子也，國，我之國，我宜立。」國人亦曰：「彼吾君之子也，國乃其國，彼當立。」是諸侯之子不必命於天子，特以公子之親，衆人宜之而自立也，如此則千乘之國，皆可擅置其君；而邦君之子，皆可專有其國矣。孫氏曰：諸侯受國乎天子〔一〕，非國人可得立也。高郵孫氏曰：晉以國人衆立，宜有得立之禮。聖人特於疑似之間而明不當立之義。澄曰：《春秋》常事不書，若所宜立，則以常事，《經》不書矣。篡賊既討，衛國無君，衆人同心擇所宜立者立之，疑於不害義矣。聖筆別嫌明微，特書於《經》，《穀梁》之傳得其旨矣哉！沙隨程氏曰：尹氏立王子朝，一族之私也；衛人立晉，一國之公也。立晉者，著晉無干位之嫌也，時王政不及於諸侯，若平世，須王命而後可。

《經》書月三，書日一。《大衍曆》：正月甲子，大，丙子，冬至；二月甲午，小，戊申，十五日；三月癸亥，大；四月癸巳，小；五月壬戌，大；六月壬辰，小；七月辛酉，大；八月辛卯，小；九月庚申，大；十月庚寅，小；十一月己未，大；十二月己丑，小。《長曆》：戊申，在三月十七日。

五年癸亥。桓王二年〇蔡宣三十二〇曹桓三十九〇衛宣公晉元年〇晉鄂六〇鄭莊二十六〇陳桓二十七〇杞武三十三〇宋殤二〇齊僖十三〇秦文四十八〇楚武二十三

春

公觀魚于棠。《左》「觀」作「矢」〇《左傳》曰：公將如棠觀魚者。臧僖伯諫曰：「凡物不足以講大事，其材

〔一〕諸侯受國乎天子：「乎」，清刻本、四庫本作「于」。

不足以備器用，則君不舉焉。山林川澤之實，器用之資，皂隸之事，官司之守，非君所及也。」公曰：「吾將略地焉。」遂往陳魚而觀之。《公羊傳》曰：棠，濟上邑。杜氏曰：高平方與縣北有武唐亭。張氏曰：今單州魚臺縣有魯侯觀魚臺。澄曰：古者天子季冬之月命漁師始漁，先薦寢廟，隱公蓋非爲宗廟嘗魚而往。棠乃遠地，漁師取魚而公往觀之，特爲游觀之樂耳。

夏

四月

葬衛桓公。《左傳》曰：衛亂是以緩。張氏曰：弑十四月，賊討而後葬。桓公名完，而謚桓，古不諱嫌名也。陵陽李氏曰：先儒以爲衛侯爵而稱公，蓋罪其臣子不請於王而私自謚。按齊、魯侯爵，而自丁公、魯公以来皆號爲公，則其来已久，非昉於東遷之後矣。周公制禮五等，諸侯子曰公子，孫曰公孫，宫曰公宫，門曰公門，未聞邾、莒之邦子稱子子，許、宿之國孫稱男孫者也，而何獨靳於謚哉！故諸侯之謚例稱公，其常也，先儒執於秦漢以後尊君卑臣之文[一]，而不考之禮，故一明之，以破後世諂諛之習。

秋

衛師入郕。「郕」，《公》作「盛」，後同，郕音成◯《左傳》曰：衛之亂也，郕人侵衛，故衛師入郕。《公羊傳》曰：將卑師衆稱師，將卑師少稱人，將尊師少稱將，將尊師衆稱某帥師，君將不言率師，書其重者也。杜氏曰：東平

[一] 先儒執于秦漢以後尊君卑臣之文：「執」，原作「熟」，據清刻本、四庫本改。

剛父縣有郕鄉。張氏曰：今之單州任城縣也。澄曰：郕，國名，伯爵，衛與郕皆文王之子，郕乘亂侵衛已非禮，衛又報復而入其國。莒入向、魯入極且不可，况以師而入兄弟之國乎！

九月

考仲子之宫，初獻六羽。《左傳》曰：考仲子之宫，將萬焉。公問羽數於衆仲，對曰：「天子用八，諸侯用六。」於是初獻六羽，始用六佾也。程子曰：考，始成而祀也。仲子不得爲夫人，故别宫以祀之，成王賜魯用天子禮樂祀周公，後世遂羣廟皆用。仲子别宫，故不敢同羣廟，而用六羽也。書「初獻」，見前此用八之僭也。沙隨程氏曰：夫人已配先公之廟，故妾母别立宫，然隱公預爲桓公考仲子之宫，是以妾僭妾母也，婦人無武事，故有羽而無干，獻六羽，是以妾僭夫人也。

邾人、鄭人伐宋。《左傳》曰：宋人取邾田，邾人告于鄭曰：「請君釋憾于宋，敝邑爲道。」鄭人以王師會之[一]，伐宋，入其郛。杜氏曰：邾主兵，故序鄭上。

螟。螟，音冥○蟲食苗心曰螟。爲災，故書。

冬

十有二月

辛巳，公子彄卒。彄，苦侯切○書氏書名，三命之大夫，彄，臧僖伯也。

[一] 鄭人以王師會之：「王」，原闕，據清刻本、四庫本補。

宋人伐鄭，圍長葛。《左傳》曰：報入郛之役。趙氏曰：伐國而圍邑，皆書之，不可偏遺也。蘇氏曰：伐其國，又圍其邑也。張氏曰：長葛，鄭邑，今潁昌府長葛縣。宋殤以郕、鄭伐己之故，報怨於鄭，聲其罪而圍其邑。澄曰：前書「莒人伐杞，取牟婁」，一加兵即取其邑，取之易也。宋雖加兵於鄭之邑而取之難，故圍之經年乃能取。

《經》書月三，書日一。《大衍曆》：正月戊午，大，辛巳，冬至；二月戊子，小，辛亥，大寒；三月丁巳，大，壬午，雨水；四月丁亥小，壬子，春分；五月丙辰，大，癸未，穀雨；六月丙戌，大，癸丑，小滿；七月丙辰，小，甲申，夏至；八月乙酉，大，甲寅，大暑；閏月己卯，小；九月甲申，大；十月甲寅，小；十一月癸未，大；十二月癸丑，小，辛巳，二十九日。《長曆》：是年閏十二月。

六年甲子。桓王三年〇蔡宣三十三〇曹桓四十〇衛宣二〇晋哀侯光元年〇鄭莊二十七〇陳桓二十八〇杞武三十四〇宋殤三〇齊僖十四〇秦文四十九〇楚武二十四

春

鄭人来輸平。「輸」，《左》作「渝」〇来者，彼来求我，非我往求彼也。輸，謂輸寫其情。平，謂兩國昔有忿怨，如地之不平，今悉剗削而使之平也。輸平，猶曰納款也。上年魯嘗同宋、衛伐鄭，今鄭釋其怨而求和於魯，故曰「来輸平」。沙隨程氏曰：輸如《吕刑》「輸而孚」之輸，我無欲平之意，而鄭輸其平於我。孫氏曰：鄭来輸成，平四年翬會諸侯伐鄭之怨也。胡氏曰：輸者，納也；平者，成也。公之未立，與鄭戰狐壤；元年，及宋盟于宿；四年，遇宋于

清，其秋，會師伐鄭。宋、魯爲黨，與鄭有怨舊矣[一]。鄭来納成，解仇釋怨，以利相結，離宋、魯之黨也。永嘉陳氏謂：春秋之初，宋、魯、陳、衛爲一黨，齊、鄭爲一黨。今鄭先来與魯平，就合齊、魯之交，自此以後，魯合於齊、鄭而離宋、魯之交矣。張氏曰：鄭莊之納平，爲合黨敵宋計[二]，繼以納祊而未即求許，所以爲敗宋入許之權輿，魯隱入於其術中也。

夏

五月

辛酉，公會齊侯盟于艾。《左傳》曰：始平于齊也。杜氏曰：春秋前，魯與齊不平。艾，泰山牟縣有艾山。張氏曰：今之襲慶府奉符縣也。澄曰：前此魯未嘗與齊交，因鄭人来輸平之後，鄭遂合齊、魯之交，而公始與齊盟，蓋皆鄭莊謀也。

秋

七月。《公羊傳》曰：此無事，何以書？四時具然後爲年。程子曰：無事書首月，天時王月備而後成歲也。

冬

宋人取長葛。張氏曰：宋自去冬圍長葛，經年不解，志在必取。鄭莊不求保其土地人民，反結交於魯以爲後日報復之計，而與長葛於宋，宋殤雖若得志，而後日終受鄭莊報復，釁國喪師，以及其身。

[一] 與鄭有怨舊矣：「怨舊」後清刻本、四庫本有「明」字。

[二] 爲合黨敵宋計：「計」，四庫本作「許」。

小；五月庚辰，大；六月庚戌，小，《經》《傳》五月庚申、辛酉在六月；七月己卯，大；八月己酉，小；九月戊寅，大；十月戊申，大；十一月戊寅，小；十二月丁未，大。《長曆》：辛酉，五月十二日。

七年乙丑。桓王四年〇蔡宣三十四〇曹桓四十一〇衛宣三〇晉哀二，曲沃武公稱元年〇鄭莊二十八〇陳桓二十九〇杞武三十五〇宋殤四〇齊僖十五〇秦文五十〇楚武二十五

春

王三月

叔姬歸于紀。薛氏曰：叔姬者何？紀伯姬之妹也。媵不從乎嫡，盛禮而歸之，非禮也。何氏曰：叔姬者，伯姬之媵，至是乃歸者，待年父母國也。澄曰：伯姬、叔姬蓋皆惠公之女，伯姬隱二年歸爲紀夫人，叔姬不同歸者，年小而待年於國，既長則歸從其嫡，常事爾，不當書。隱公欲厚於先公之女，而如歸嫡之禮以歸于紀，故書之，以著其非禮。或謂嘉其賢，或謂閔其無終故書者，皆非也。聖人筆削有定法，豈逆計其他日之事而預書之也哉！

滕侯卒。《左傳》曰：不名，未同盟也。《公羊傳》曰：不名，微國也。程子曰：不名，史闕也。趙氏曰：凡諸侯同盟，名於載書；朝會，名於要約；聘告，名於簡牘。故於卒赴可知而紀也，非此則否，示詳慎也。《左氏》云「同盟，薨則赴以名」，於理不安，豈有臣子正當創巨痛深之日，乃忍稱君之名！《禮篇》所録，亦云「寡君不禄」而已。《春秋》諸侯卒，不同盟者凡五十二人，九人不書名，餘並書名。澄按，微國亦有書名者，唯無可考證，則舊魯史不載其名，而夫子因之也。杜氏曰：滕國在沛國公丘縣東南。張氏曰：今徐州滕縣也。

夏

城中丘。杜氏曰：中丘在瑯邪臨沂縣東北。張氏曰：今沂州臨沂縣。魯無敵國外患之警，盛夏興工築，非人君重民力之意。程子曰：凡用民力興作，不時害義，固爲罪，雖時且義必書，見勞民爲重事也。書城者，完舊也。書築者，創始也。杜氏諤曰：《春秋》書城邑二十四，城中丘爲之始。

齊侯使其弟年来聘。《左傳》曰：夷仲年来聘，結艾之盟也。澄曰：年非卿非大夫，特以國君之弟，其尊同於再命之大夫，故名而不氏，著「其弟」二字於上，以見其屬之貴，而齊侯寵用之與命卿大夫同也。年若爲三命之卿，則書公子年；若再命之大夫，則但書年。今於年之上加「其弟」字，以見其非三命亦非再命也。聘者，諸侯遣大夫通好與國。齊、魯初通好而爲艾之盟，至此齊遣人来聘以繼前好也。

秋

公伐邾。《左傳》曰：爲宋討也。杜氏曰：公距宋而與鄭平，欲以鄭爲援。今鄭復與宋盟，故懼而伐邾，欲以求宋，故曰「爲宋討」。胡氏曰：奉詞致討曰伐。宋先取邾田，故邾入其郛。魯與邾儀父元年盟於蔑矣，邾何罪可聲？高氏曰：著公背元年之盟也。蓋宋之伐鄭，公實與謀，而邾乃魯之附庸，宋取邾田，邾不告魯而以告鄭，至是公因爲宋伐之，自背其盟，爲人伐人，非義之甚。

冬

天王使凡伯来聘。杜氏曰：凡伯，周卿士。凡，國；伯，爵也。汲郡共縣東南有凡城。張氏曰：今濬州黎陽縣之境。澄曰：凡蓋周公之後，封於凡，入爲王朝六命之卿，加一命而爵爲七命之伯也。程子曰：《周禮》「時聘以結諸侯之好」，諸侯不脩臣職而聘之，非王體也。永嘉吕氏曰：隱公即位已七年，其臣未有一如京師，而天子乃遣使以聘之，何哉！十二公之中，魯之臣如京師者六，王之臣来聘者八，然止於宣公。自宣十年定王使王季子来聘之後，魯立五公，周更四王，皆無来聘之文，蓋周室之衰尤甚於前，禮文不足以結諸侯矣。書来求者三，則止於文公。書来錫者三，則止於成公。

戎伐凡伯于楚丘以歸。杜氏曰：楚丘，衛地，在濟陰城武縣西南。張氏曰：戎見隱二年，或云此戎乃已氏之戎，本昆吾氏之别種，周衰，入居中國者也。楚丘，今拱州之楚丘縣，漢爲梁國已氏縣，非衛之楚丘。杜註衛地，非也。高氏曰：此執凡伯也而曰伐者，初，戎朝於周，發幣於公卿，凡伯弗賓，故戎執之。夫戎慕夏禮而發幣，凡伯乃弗賓，至是見執，故書「戎伐」，見戎執詞且有兵衆也。

《經》書月一，書日無。《大衍曆》：正月丁丑，小，壬辰，冬至；二月丙午，大；三月丙子，小；四月乙巳，大；五月乙亥，小；六月甲辰，大；七月甲戌，小；八月癸卯，大，《傳》七月庚申在八月；九月癸酉，小；十月壬寅，大；十一月壬申，小；十二月辛丑，大。《長曆》：是年閏十二月。

八年丙寅。桓王五年〇蔡宣三十五，卒〇曹桓四十二〇衛宣四〇晋哀三〇鄭莊二十九〇陳桓三十〇杞武三十六〇宋殤五〇齊僖十六〇秦寧公元年〇楚武二十六

春

宋公、衛侯遇于垂。杜氏曰：垂，衛地，濟陰句陽縣東北有垂亭。張氏曰：垂，近魯地。宋殤、衛宣簡禮相見以謀事也。《左氏》以爲齊欲平宋、衛於鄭，宋、衛本無隙而與鄭爲仇，必無齊欲平宋、衛於鄭之事，蓋欲求成於齊，

故相見以謀之爾。此遇止是二君素相與者，而瓦屋之盟，齊方與焉，則平齊可知也。高氏曰：殤公嘗從州吁之請伐鄭以圖馮矣，州吁誅，宣公立，馮不可不終圖，而未知宣公之從否，故宋、衛相見於垂以謀鄭。十年，宋、衛入鄭，蓋垂之謀也。謀人之國，不以禮見而陽若相遇，《春秋》因實書之而貶寓焉。

三月

鄭伯使宛来歸祊。祊，音崩，《公》、《穀》作「邴」○《左傳》曰：鄭請以泰山之祊易許田。杜氏曰：鄭桓公，周宣王母弟，封鄭，有助祭泰山湯沐之邑在祊，祊在瑯邪費縣東南。成王營王城，賜周公許田以爲魯國朝宿之邑。鄭欲以祊易許田，各從本國所近之宜。永嘉吕氏曰：祊者，鄭之邑而近於魯；許田者，魯之邑而近於鄭。《左氏》言鄭以祊易許田，《經》有「来歸祊」之文，未見其有易許田之事也。桓公即位，而後鄭伯以璧假許田，則假許田在桓公之世，而不在隱公之世矣，《左氏》以其事比言而謂之易也。是時鄭將以結魯，而非魯結鄭，前年来輸平，則約之以言。今年来歸祊，則啗之以利，致惠以結魯好，將爲糾合之地爾。雖然，其歸祊也，固已覬覦許田矣，特以方求結於魯，故姑緩之。既而桓公簒立，於是要其許田，始取償於魯。歸字有二義：有以還其所有謂之歸，有以易而言歸。「来歸祊」，是鄭以歸於魯，非魯取於鄭也。高氏曰：鄭人来輸平，然口輸而實不至，於是歸祊，急於欲得魯援。先儒以爲易許田，非也。桓二年，鄭伯以璧假許田，是隱公之時實未嘗易。張氏曰：祊在今沂州之屬縣，魯、鄭各以其所近之邑相易，此謀始於輸平之時，先以祊歸魯，以固魯之好，而隱公未許其易許田也。鄭莊不憚委先祖所受王邑於人，所謂「將欲取之，必固與之」者，卒使魯隱間齊於宋，以成敗宋入許之計，又終得許田於魯，見鄭莊爲小人之雄也。澄曰：宛，鄭大夫再命者。

庚寅，我入祊。張氏曰：此因鄭之歸我，使吏治其地政而主有之也，既不以力得，則當如「齊人歸我濟西田」，不必書「入祊」可也。入者，難辭，義不當受而據有之。永嘉吕氏曰：「来歸鄆、讙、龜陰田」，不言入，蓋鄆、讙、龜陰我故物也。此言入，則非我故物也。高氏曰：鄆、讙、龜陰，本我之邑，歸則有之矣。此特書「入」者，以其非我之有，不當入者[一]。孟子謂「子噲不得與人燕[二]，子之不得受燕於子噲」，鄭之歸、魯之入，其罪均也。

夏

六月

己亥，蔡侯考父卒。考父，宣公也。宣公以周平王二十二年壬辰爲元年，在位三十五年，子封人嗣，是爲桓侯。

辛亥，宿男卒。不名，義同滕侯。

秋

七月

庚午，宋公、齊侯、衛侯盟於瓦屋。《穀梁傳》曰：諸侯之參盟於是始。永嘉陳氏曰：有參盟，然後有主盟矣。春秋之初，宋、魯、衛、陳、蔡一黨也，齊、鄭一黨也。鄭有志於叛王而合諸侯，於是輸平於魯，齊亦爲艾之盟以平魯，爲瓦屋之盟以平宋、衛，東諸侯之交盛矣。張氏曰：瓦屋，周地。此宋、衛欲成平於齊，齊從其請而與之盟也。春秋之初，皆離會之盟，至此而三君合以要言，宜可因此以講信脩睦[三]，而明年齊、魯會防，又明年，齊、魯、鄭伐宋，視今日誓盟之言不復顧，世變之甚，可勝言哉！

[一]「不當入者」，清刻本作「義不當入」。

[二]子噲不得與人燕：「與」，原作「授」，據四庫本改。

[三]宜可因此以講信脩睦：「宜」，清刻本、四庫本作「正」。

八月

葬蔡宣公。《春秋》書宣公而《史記·世家》稱宣侯。蓋蔡國之史記，代代皆以侯配謚，乃其國之私稱而史遷因之。以禮之正，當從《春秋》書公者爲是。

九月

辛卯，公及莒人盟于浮来。「浮来」，《公》、《穀》「浮」作「包」○杜氏曰：浮来，紀邑，東莞縣北有邳鄉，邳鄉西有公来山。張氏曰：浮来，莒地，今沂州沂水縣有浮来山。以國君之貴，下比小國之大夫，非莒人之敢敵諸侯，公自失人君之體也。澄曰：莒小國，其卿再命，書名，其大夫一命，書人。疑此是莒當國之卿，再命，當稱名者，以國君與大夫盟，故降稱人以厭之。凡國君下同大夫例皆若是，其大夫氏名不可没者，則不稱公也。陸氏曰：凡公與外大夫盟，例不書公，及齊高傒、晋處父盟是也；莒，小國也，非大夫敢盟公，公自欲與之盟爾，特書公以明非大夫之罪也。高氏曰：莒雖小國，入向伐紀，其力猶能及它人，故公結此盟以求援。

螟。爲災，故書。高氏曰：《春秋》書螟者三：隱二，莊一。螽者十有一：桓一，餘皆僖公之後。螟食苗心，螽無所不食。其爲災也，螟輕而螽重。

冬

十有二月

無駭卒。此公子展之孫夷伯，展禽，其後也。生未三命，故不氏，卒乃賜氏曰展，以王父之字爲氏也。

《經》書月六，書日五。《大衍曆》：正月辛未，大，丁酉，冬至；二月辛丑，小，丁卯，大寒；三月庚午，大，

《經》庚寅，二十一日，戊戌，雨水；四月庚子，小，戊辰，春分；閏月己巳，大；五月己亥，小，己亥，穀雨，《經》六月己亥、辛亥在此月；六月戊辰，大，《經》七月庚午在此月；七月戊戌，小；八月丁卯，大，《經》九月辛卯在此月；九月丁酉，小；十月丙寅，大；十一月丙申，小；十二月乙丑，大。《長曆》：庚寅，三月二十二日；己亥，六月二日；辛亥，十四日；庚午，七月四日；辛卯，九月二十六日。

九年丁卯。桓王六年〇蔡桓侯封人元年〇曹桓四十三〇衛宣五〇晋哀四〇鄭莊三十〇陳桓三十一〇杞武三十七〇宋殤六〇齊僖十七〇秦寧二〇楚武二十七

春

天王使南季来聘。《穀梁傳》曰：南，氏也；季，字也。澄曰：天子之大夫四命稱氏稱字。程子曰：王法之行，時加聘問，以懷撫諸侯，常禮也。春秋諸侯不修朝覲之禮，王反聘之，又不見答。張氏曰：隱公十年之間，宰咺、凡伯、南季三至魯庭，隱公朝聘之禮不行於王室，《春秋》詳王使之来魯，讀者自知隱公之罪。胡氏曰：《經》書公如京師者一，朝於王所者二，卿大夫如京師者五，舉魯一國，則天下諸侯怠慢不臣可知矣。書天王来聘者七，錫命者三，賵葬者四，則問於它邦及齊、晋、秦、楚之大國又可知矣。王之不王、諸侯之不臣如此，君臣上下之分易矣。

三月

癸酉，大雨，震電。

庚辰，大雨雪。雨，于付切〇《穀梁傳》曰：震，雷也。電，霆也。陰陽錯行，八日之間再有大變。高氏曰：大者，非常之辭。「大雨，震電」者，大雨而又震電也。建寅之月而震電，八日之間，復大雨雪。雨，自上下者；震電

者，陽精之發；雨雪者，陰氣之凝。杜氏曰：三月，今正月，夏之正月，微陽始出，未可以震電，既震電，又不當大雨雪。

挾卒。挾，音叶。《公》、《穀》作「俠」〇挾，魯大夫之再命者，再命例書名不氏，義同無駭。

夏

城郎。杜氏曰：郎，魯邑，高平方與縣東南有郁郎亭。襄陵許氏曰：七年城中丘，而後伐邾；今城郎，而後伐宋。高氏曰：魯自受祊之後，將爲鄭伐宋，又恐它國之有議其後者，故城郎以備之。

秋

七月

冬

公會齊侯于防。防，《公》作「邴」〇《左傳》曰：謀伐宋也。杜氏曰：防，魯城，在瑯邪華縣東南。張氏曰：今密州諸城縣有防城。魯隱六年受輸平，八年歸祊、入祊，志於昵鄭而仇宋，於是爲防之會，俾齊僖背瓦屋之盟，此謀爲明年伐宋之地也。高氏曰：此齊背瓦屋之盟，與公連謀，爲鄭伐宋也〔一〕。隱公得利則合，鄭既歸祊，與齊、鄭併力，齊之强大，可以爲助，可以伐人，故諸侯爭與之盟，宋既與之謀鄭，而魯、鄭又與之謀宋也。《經》書月二，書日二。《大衍曆》：正月乙未，小，壬寅，冬至；二月甲子，大；三月甲午，小；四月癸亥，

〔一〕「爲鄭伐宋也」，清刻本前有「併力」二字。

大，《經》三月癸酉、庚辰在此月；五月癸巳，大；六月癸亥，小；七月壬辰，大；八月壬戌，小；九月辛卯，大；十月辛酉，小；十一月庚寅，大，《傳》甲寅，二十五日；十二月庚申，小。《長曆》：是年閏十月，癸酉，三月十一日；庚辰，十八日。

十年戊辰。桓王七年〇蔡桓二〇曹桓四十四〇衛宣六〇晋哀五〇鄭莊三十一〇陳桓三十二〇杞武三十八〇宋殤七〇齊僖十八〇秦寧三〇楚武二十八

春

王二月

公會齊侯、鄭伯于中丘。《左傳》曰：爲師期。高氏曰：將伐宋，三國相會爲師期，七年城中丘，蓋爲此會爾。

夏

翬帥師會齊人、鄭人伐宋。高氏曰：公元年及宋盟宿，四年又遇于清，和好非一日矣，今一旦以兵加之。始爲宋謀鄭，既得鄭利，今爲鄭謀宋，又欲得宋利也。唯知貪利，不復顧義也。程子曰：三國先遣將致伐，齊、鄭稱人，非卿也。

六月

壬戌，公敗宋師于菅。菅，音奸〇杜氏曰：齊、鄭後期，故公獨敗宋師。書敗，宋未陳也。菅，宋地。劉氏

曰：皆陳曰戰，詐戰曰敗。

辛未，取郜。郜，音告。

辛巳，取防。《左傳》曰：鄭入郜，入防，歸於我。杜氏曰：濟陰城武縣東南有郜城，高平昌邑縣西南有西防城。公獨敗宋師，鄭伯後至，頻獨進兵以入郜、防，得二邑歸於魯。張氏曰：鄭莊以齊之背宋從己，魯之力也，故得二邑而不取，俾魯取之。《春秋》書「取」，著其無名而擅取之也。劉氏曰：《經》書「公敗宋師」、「取郜」、「取防」，豈得如《傳》言哉？薛氏曰：乘菅之勝，十日而攘二邑，書「取」，我奪之於宋也，取非其有者也。高氏曰：公以祊故，翬先會伐而自將，悉力以敗宋師，浹旬之間取其二邑。魯受人不義之惠，遂興兵伐同盟無罪之國，以報私惠，是以《春秋》書法如此。

秋

宋人、衛人入鄭。《左傳》曰：鄭師入郊，猶在郊，宋、衛入鄭。程子曰：鄭勞民以務外，而不知守其國，故二國入之。高氏曰：宋又連衛以報鄭，鄭幸菅之敗而不備，故師還及郊，宋、衛已乘其虛而入之矣。春秋雖無義戰，未有奇譎輕疾如宋、衛之入鄭者。

宋人、蔡人、衛人伐戴，鄭伯伐取之。「戴」，《公》、《穀》作「載」。○《左傳》曰：宋、衛既入鄭，而以伐戴召蔡人，蔡人從之伐戴。鄭伯圍戴，克之，取三師焉。澄曰：取，猶哀九年「宋皇瑗取鄭師于雍丘」、哀十二年「鄭罕達取宋師于嵒」之取，謂敗其兵而悉俘其衆也。程子曰：戴，鄭所與，故鄭、戴合攻，盡取三國之衆。高氏曰：宋既連兵入鄭，又乘勝召蔡人伐戴。戴，鄭所與之微國，伐之所以報鄭也，鄭又伺三國之便，伐而取之，盡得三師之輜重焉。是宋、衛雖能入鄭，不能弱鄭也。杜氏曰：三國之君在戴，故鄭伯合圍之。陳留外黄縣東南有戴城。張氏曰：戴國舊城在今開封府考城縣。

冬

十月

壬午，齊人、鄭人入郕。高氏曰：戴，鄭所與也，而三國伐之；郕，衛所與也，而齊、鄭入之。薛氏曰：於此郕再入矣，諸侯專兵，而小國無以措其手足。澄曰：蓋自五年衛師入郕之後，郕遂服屬於衛，故爲衛之與。《經》書月三，書日四。《大衍曆》：正月己丑，大，丁未，冬至，《傳》癸丑，二十五日；二月己未，小；三月戊子，大；四月戊午，小；五月丁亥，大；六月丁巳，小，《經》壬戌，六日，辛未，十五日，辛巳，二十五日；七月丙戌，大，《傳》庚寅，五日；八月丙辰，小，《傳》壬戌，七日；九月乙酉，大；十月乙卯，大，《經》壬午，二十八日；十一月乙酉，小；十二月甲寅，大，二十九日，壬午，小雪。《長曆》：壬戌，六月七日，辛未，十六日，辛巳，二十六日；壬午，十月二十九日。

十有一年己巳。桓王八年○蔡桓三○曹桓四十五○衛宣七○晉哀六○鄭莊三十二○陳桓三十三○杞武三十九○宋殤八○齊僖十九○秦寧四○楚武二十九

春

滕侯、薛侯来朝。《穀梁傳》曰：諸侯来朝，犆言，同時也；累數，皆至也。范氏曰：犆言，謂別言，同時来，不俱至，若「穀伯綏来朝」、「鄧侯吾離来朝」也。累數，總言之，同時俱至，若「滕侯、薛侯来朝」也。張氏曰：薛，夏奚仲之後，國都在今徐州滕縣。劉氏曰：王者之制，諸侯歲相問，殷相聘，世相朝。兼言之何？譏旅見也。非

天子不旅見諸侯，諸侯相旅見，非禮也。澄曰：《大戴記·朝事》篇載諸侯相朝之禮，相朝者，兩君以禮相見。《論語》所謂「兩君之好」是也。惟諸侯朝天子可以旅見，諸侯相朝，但當特見。今滕、薛二國同日行禮，後書郳、牟、葛三國来朝亦然，俱爲非禮。孫氏曰：齊、晉、宋、衛未嘗朝魯，而滕、薛、郳、杞来朝。齊、晉，盛也，宋、衛，敵也；滕、薛、郳、杞，土地狹陋，兵衆寡弱，不能與魯伉也。

夏

五月《左》無此二字。

公會鄭伯于時来。「時来」，《公》作「祁黎」〇《左傳》曰：謀伐許也。杜氏曰：時来，鄭地，滎陽縣東有釐城。張氏曰：今屬鄭州。高氏曰：公既得宋地，又會鄭謀許，貪欲無厭也。澄曰：鄭莊以小利餌魯隱，既與之伐宋，爲鄭報怨矣，又將與之同伐許，爲鄭益地。許與鄭接壤，鄭之所利，齊、魯無與焉也。鄭伯以計鈎致齊、魯之君，而借其兵力吞并小國，以利益於己。甚哉，鄭之不仁而齊、魯之不知也！

秋

七月

壬午，公及齊侯、鄭伯入許。《左傳》曰：伐許，傅於許。瑕叔盈取鄭伯之旗蝥弧以先登，鄭師畢登，遂入許。許莊公奔衛。齊侯以許讓公，公曰：「君謂許不共，故從君討之，許既伏其罪矣，雖君有命，寡人不敢與聞。」乃與鄭人。鄭伯使許大夫奉許叔居許東偏，使公孫獲處許西偏。張氏曰：許，今潁昌府長社縣。高氏曰：魯既爲鄭敗宋師，今又爲鄭入許，蓋由歸祊之故也。澄按，欲得許地者，鄭之本謀，遂破許國者，鄭之專功，特以借齊、魯兵力以同伐，齊以國大爵尊爲主兵。既入許，鄭莊陽不有其功而讓於齊，齊侯以克許非己功而不敢受，乃以讓魯，魯又以克許非己功而不敢受，乃以與鄭，鄭即受之而不辭，竟得遂其貪土地之志，齊、魯二君墮鄭之術中而爲之出力也。書入不書滅者，許君既奔它國，鄭雖專有其地，而使許君之弟奉其宗廟，不絶其祀也。入者，亡國之善辭。何善也？以爲猶愈於取其土地而并絶其宗祀者爾。

冬

十有一月

壬辰，公薨。《左傳》曰：羽父請殺桓公，將以求太宰。公曰：「爲其少故也，吾將授之矣。使營菟裘，吾將老焉。」羽父懼，反譖公於桓公，而請弒之。公祭鍾巫，齊於社圃，館於蔿氏，羽父使賊弒公，立桓公而討蔿氏。不書葬，不成喪也。《公羊傳》曰：公薨不地，不忍言也。君弒，賊不討，不書葬，以爲無臣子也。澄曰：君薨必詳其地，以示正終，不地者，不暇辨其正不正，而有不忍言者，蓋弒也。君弒，臣子當戮力討賊以復讐，故賊未討則不敢葬，其不知討賊而遂葬者，臣子之不忠孝，而忘君父之讐也。

《經》書月三，書日二。《大衍曆》：正月甲申，小；閏月癸丑，大；二月癸未，小；三月壬子，大；四月壬午，小；五月辛亥，大；六月辛巳，小，《傳》五月甲辰在此月；七月庚戌，大；八月庚辰，小，《經》七月壬午在此月；九月己酉，大；十月己卯，小；十一月戊申，大，《傳》十月壬戌在此月；十二月戊寅，大，《經》十一月壬辰在此月。《長曆》：壬午，七月三日；壬辰，十一月十五日。

春秋纂言卷二

元　吴澄　撰

桓公名軌，《史記》作允〔一〕，惠公之子，隱公之弟。母仲子，夫人文姜，在位十八年。

元年庚午。桓王九年○蔡桓四年○曹桓四十六年○衛宣八年○晋哀七年○鄭莊三十三年○陳桓三十四年○杞武四十年○宋殤九年○齊僖二十年○秦寧五年○楚武三十年

春

王正月

公即位。《穀梁傳》曰：先君不以道終，則不忍即位也，繼故而即位，與聞乎弑也。啖氏曰：凡天子崩、諸侯薨，既殯而嗣子爲君，未就阼階之位，來年正月朔日，乃就位南面而稱元年。先君正終，則嗣子逾年行即位禮；先君遇弑，則嗣子廢即位之禮。桓公繼弑君而行即位禮，與弑也。

三月

〔一〕「史記作允」，清刻本後有「又名允」三字。

公會鄭伯于垂。高氏曰：鄭伯知公之簒逆不自安，特爲好會，將以求賂焉。度魯亟於會諸侯，必從所欲故也。夫鄭伯與隱公同盟，今見其賊不能討，反有所邀求欲以定其位，是誠何心哉！

鄭伯以璧假許田。《穀梁傳》曰：非假而曰假，諱易地也。許田者，魯朝宿之邑也。禮：天子在上，諸侯不得以地相與也。劉氏曰：許田，周公之邑也。詩云：「居常與許，復周公之宇。」其稱田何？田多邑少稱田，邑多田少稱邑。蘇氏曰：許田所以易祊也。以祊爲未足，而益之以璧爾。程子曰：隱之八年，鄭伯使宛来歸祊，蓋欲易許田，魯受祊而未與許。及桓弑立，故爲會而求之，復加以璧。朝宿之邑，先祖受之於先王，豈可相易也！故諱之曰假。

夏

四月

丁未，公及鄭伯盟于越。高氏曰：會垂之時，固欲結鄭援以自安，以垂會未可保其必信也，故又盟而位乃定焉。鄭既得許田，始與公爲此盟也。張氏曰：越近垂，地名。鄭人欲得許田以自廣，是以爲垂之會。桓公欲結鄭好以自安，是以爲越之盟。書「及」，内志也。

秋

大水。高郵孫氏曰：大者，非常之辭，水非常而爲災，或害民禾稼，敗民廬居，爲災則書也。張氏曰：陰盛，惡逆之氣所感也。

冬

十月。

《經》書月四，書日一。《大衍曆》：正月戊申，小，戊午，冬至；二月丁丑，大；三月丁未，小；四月丙子，大；五月丙午，小，《經》四月丁未在此月；六月乙亥，大；七月乙巳，小；八月甲戌，大；九月甲辰，小；十月癸酉，大；十一月癸卯，小；十二月壬申，大。《長曆》：丁未，四月二日。

二年辛未。桓王十年〇蔡桓五〇曹桓四十七〇衛宣九〇晋哀八〇鄭莊三十四〇陳桓三十五〇杞武四十一〇宋殤十，弑〇齊僖二十一〇秦寧六〇楚武三十一

春

王正月

戊申，宋督弑其君與夷及其大夫孔父。《穀梁傳》曰：孔，氏；父，字。督欲弑君，先殺孔父，孔父先死，其曰及何也？尊及卑，《春秋》之義也。《公羊傳》曰：孔父立於朝，人莫敢致難於其君者，孔父存則殤公不可得弑也。孫氏曰：孔父，諸侯之大夫命於天子者。宋孔父、鄭祭仲、魯單伯、陳女叔是也。澄曰：督，宋大夫再命者。孔父，宋大夫四命，天子所命者。宋穆公和立其兄宣公之子與夷，是爲殤公，使其子馮出居於鄭，鄭莊公欲納之，宋、鄭屢交兵，以此之故。督執國政，蓋黨於馮者，欲弑殤公立馮，而憚孔父，故先攻殺孔父，而後殤公可得而弑。先書弑君者，尊卑之序，又以見孔父爲君而死也。高氏曰：按宋世系，正考甫生嘉，字孔父，其孫罣夷因以爲氏。昔人名嘉而字孔者多矣，鄭公子嘉、楚成嘉皆字子孔。

滕子来朝。胡氏曰：隱公末年，滕稱侯，距此三歲爾，乃降而稱子。孫氏曰：杞，公爵也，滕、薛皆侯也。入春秋，杞或稱侯，或稱伯，或稱子，皆降也；滕或稱侯，或稱子，稱侯正也，稱子降也；薛或稱侯，或稱伯，稱侯正

也，稱伯降也。此蓋聖王不作，朝會不常，彼三國者力既不足，禮多不備，或以侯禮而朝，或以伯、子而會，孔子從而録之，以見其亂也。澄曰：隱十一年稱侯，今降稱子者，蓋國小財匱，不能備以七爲節之禮，故自降其等而以五爲節也，此義蓋朱子之意，與孫氏意同。諸家或以爲貶或以爲文誤，或以爲時王所黜，俱未安。

三月

公會齊侯、陳侯、鄭伯于稷，以成宋亂。《左傳》曰：宋殤公立十年十一戰，民不堪命。孔父嘉爲司馬，督爲太宰。殺孔父，弑殤公，召莊公於鄭而立之，以郜大鼎賂公，齊、陳、鄭皆有賂，故遂相宋公，會稷以成宋亂，爲賂故也。杜氏曰：稷，宋地。胡氏曰：《春秋》列會未有言其所爲者，獨此與襄公末年會於澶淵各書其事。督弑殤、般弑景，皆天下大惡。一則受宋賂而立華氏〔一〕，一則謀宋災而不討弑君之賊也。張氏曰：四國之君，若能奉天討，如隱四年之誅州吁，則其亂不得成矣。魯桓弑隱，方以類合，三國黨惡，謀以賄行，相與定宋馮，立華督而相之，反易天常者，得以肆志，所以直書成亂，深著四國之罪。永嘉吕氏曰：不書「以成宋亂」，則稷之會疑於謀討督。不書「宋災故」，則澶淵之會疑於謀討蔡，直書其所爲，而後是非善惡之實著。

夏

四月

取郜大鼎于宋。

戊申，納于大廟。《穀梁傳》曰：桓内弑其君，外成人之亂，受賂而退，以事其祖，周公弗受也。杜氏曰：大

〔一〕一則受宋賂而立華氏：「一」，原作「二」，據清刻本、四庫本改。

廟，周公廟也。程子曰：四國成宋亂，而宋以鼎賂魯，魯取成亂之賂器置於周公廟，周公其饗之乎！高郵孫氏曰：鼎自宋得之，然鼎之成自郜也，若和氏之璧是也[一]。

秋

七月

紀侯来朝。「紀」，《左》作「杞」。程子曰：凡杞稱侯者，皆當爲紀。杞爵非侯，文誤也。及紀侯大去其國之後，杞不復稱侯矣。○胡氏曰：齊欲滅紀，紀求魯爲之主，非爲桓立而朝之也。澄曰：齊謀并紀而鄭助之，紀國小弱，爲齊、鄭所謀，度不能自存，以魯與齊、鄭睦，故来朝魯，將求庇焉。然魯桓内負弒逆之惡，而外黨弒逆之賊，滅天理之人也，於所厚者薄，無所不薄矣，又何能庇昏姻之微國哉！

蔡侯、鄭伯會於鄧。《左傳》曰：始懼楚也。杜氏曰：潁川召陵縣西南有鄧城。胡氏曰：其地以國，鄧亦與焉。楚自西周已爲中國之患，宣王蓋嘗命將南征矣。及周東遷，僭號稱王，馮陵江漢。此三國者，地與之鄰，是以懼也。其後卒滅鄧、虜蔡侯[二]，而鄭以王室懿親爲之服役，終春秋之世，聖人蓋傷之也。高氏曰：《左氏》以爲懼楚。時楚雖已僭號，尚未入侵中國，何爲而先自懼乎？隱四年蔡與宋、陳、魯伐鄭，十年又與宋、衛伐鄭，其積怨未解，今鄭與齊、宋、魯、陳皆釋去前憾，故蔡與鄭於是始平於鄧也。然至四年而蔡人復從王伐鄭，則此會亦不足恃。鄧，嬴姓，侯國也。

[一] 若和氏之璧是也：「若」，四庫本作「不啻」。

[二] 虜蔡侯：「虜」，清刻本作「俘」。

九月

入杞。程子曰：將卑師少，外則稱入，内則止曰入某、伐某。高氏曰：以滕、紀皆来朝而杞獨不至故也，此年入杞，八年伐郲。夫桓弑君，莫入莫伐而已，乃入人伐人，是使天下共蒙其恥也。

公及戎盟于唐。《左傳》曰：修舊好也。澄曰：舊好，隱公二年盟唐之好也。然隱公因戎之請盟，至再而後與之盟，今戎不請盟而桓及之盟，蓋與及鄭盟越之意同，以己之負大惡而欲結好以自固，無間於夷夏也。

冬

公至自唐。程子曰：君出而書至者有三：告廟也，過時也，危之也。桓公弑立，嘗與鄭、齊、陳會矣，皆同爲不義。及遠與戎盟，故危之而書至。戎若不如三國之黨惡，則討之矣，居夷浮海之意也。中國既不知義，夷狄或能知也。張氏曰：《春秋》主魯，何乃欲戎之討魯君乎？蓋聖人初未嘗以主魯而廢拯救三綱之心也，程子之《傳》精矣。澄曰：《春秋》書魯君之出而告至自此始。古者諸侯出，歸必朝於廟，此亦常事，不當書，其書者有意也。夫子嘗嘆「夷狄之有君，不如諸夏之亡」，是當時夷狄固有能知君臣之義者，使戎能如陳侯之於州吁，則諸夏有所不如矣，程子所謂危之者邪！高郵孫氏曰：《春秋》書至者，皆至其所出之事，以地至者四，此年「公至自唐」、十七年「公至自穀」、定八年「公至自瓦」、十年夏「公至自夾谷」四處爾。趙子以爲魯地則至自地，是也。

《經》書月五，書日二。《大衍曆》：正月壬寅，小，戊申，七日，癸亥，冬至；二月辛未，大；三月辛丑，小；四月庚午，大；五月庚子，大，《經》四月戊申在此月；六月庚午，小；七月己亥，大；八月己巳，小；九月戊戌，大，丙寅，處暑；閏月戊辰，小；十月丁酉，大，丁酉，秋分；十一月丁卯，小，丁卯，霜降；十二月丙申，大。《長曆》：戊申，正月八日；四月戊申亦在五月。

三年壬申。桓王十一年〇蔡桓六〇曹桓四十八〇衛宣十〇晋哀九〇鄭莊三十五〇陳桓三十六〇杞武四十二〇宋莊公馮元年〇齊僖二十二〇秦寧七〇楚武三十二

春

□正月。桓之《經》，自三年至八年、十一年至十七年春首月不書王，皆文闕。胡氏曰：以爲闕文，安得一公之一十四年皆闕？永嘉吕氏曰：《春秋》授諸弟子，其傳之也，豈能無脱文哉？桓不書王十四，不書秋、冬二，以是知桓公之《春秋》多闕。或曰桓無王，明天討不加也。然桓、宣二公皆篡弑，皆天討不加，宣未嘗無王而桓獨無王，聖人用法何乃如是之異？況當時諸侯以篡弑得國者非獨一桓公也，何以不去王乎？若實以桓公無王而不書王，則當始末盡然，又奚元年、二年、十年、末年書王乎？

公會齊侯于嬴。嬴之會，蓋求昏於齊也，以國君娶夫人，不由媒介而自往求焉，非禮也。杜氏曰：嬴，齊邑，今泰山嬴縣。

夏

齊侯、衛侯胥命于蒲。劉氏曰：齊，太公之後，東州之侯；衛，康叔之後，西州之侯。胥命，相命也。古者方伯、州牧命於天子，諸侯自相命，非也。高氏曰：胥命者何？相推爲牧伯也。張氏曰：齊、衛欲私天下之權於己，必求勢力之均者相遜相先，乃敢専之，蒲之胥命，正齊桓非命伯而専征之始也。朱子曰：齊、衛胥命於蒲，相命爲伯也。齊、魏會於濁澤以相王，相命爲王也。齊致西帝於秦，秦致東帝於齊，相命爲帝也。澄謂：齊、衛之相命爲伯，猶漢末朝命不行於天下，而州牧表某人爲某州牧也。杜氏曰：蒲，衛地，在陳留長垣縣西南。

六月

公會紀侯于郕。紀，《左》作「杞」〇紀憂齊、鄭之圖己而求庇於魯，公因其来朝，而遂與之會也。高氏曰：紀懼齊親魯，郕亦然。

秋

七月

壬辰，朔，日有食之，既。《穀梁傳》曰：言日言朔，食正朔也。《公羊傳》曰：既，盡也。程子曰：食盡爲異大也。高氏曰：《經》書日食三十六，而食之既者二，此年與宣八年秋七月也。

公子翬如齊逆女。公不親逆而使卿逆。啖氏曰：以公子尤不可也。胡氏曰：娶妻必親逆，禮之正也。若夫邦君，以爵則有尊卑，以國則有小大，以道途則有遠邇，或迎之於其國，或迎之於境上，或迎之於所館，禮之節也。紀侯於魯，以小大言，則親之者也，而使履緰来；魯侯於齊，以遠邇言，則親之者也，而使公子翬往，是不重大昏之禮，失其節矣，故書。

九月

齊侯送姜氏于讙。《左傳》曰：凡公女嫁於敵國，姊妹，則上卿送之；公子，則下卿送之。於大國，雖公子亦上卿送之，於天子，則諸卿皆行，公不自送。於小國，則上大夫送之。《公羊傳》曰：諸侯越境送女，非禮也。澄曰：魯桓不親迎，故齊侯遠送其女至於魯之境。按《士昏禮》「父之送女也，不下堂」，況國君之尊，送女出境，禮之所無也。杜氏曰：讙，魯地，濟北蛇丘縣有下讙亭。

公會齊侯于讙。齊僖送其女至讙，而魯桓親往受之，非禮，故書。或者乃謂諸侯不出疆親迎，但當迎之於其館，果若是，則魯爲得禮，何以譏？張氏曰：齊僖愛其女，越境送之。魯桓之出，不爲親迎，而爲齊侯在讙，特往會之。僖之送、桓之會皆非也〔一〕。

夫人姜氏至自齊。《穀梁傳》曰：其不言翬之以来，何也？公親受之於齊侯也。孫氏曰：此齊侯送姜氏，公受之於讙也。受姜氏於讙，不以讙至者，不與公受於讙也，故書至自齊，以正其義。

冬

齊侯使其弟年来聘。《左傳》曰：致夫人也。杜氏曰：女出嫁，又使大夫随加聘問，在魯而出則曰致女，在他國而来則總曰聘。澄曰：齊侯親送女至魯竟，歸未幾，又使貴介弟致之，見其愛女之至，情之私，非禮之正也。

有年。《穀梁傳》曰：五穀皆熟爲有年。《公羊傳》曰：有年，僅有年也。大有年，大豐年也。何氏曰：宣十六年大有年，謂五穀皆大成熟。此有年，謂五穀多少皆有，不能大成熟。程子曰：人事順於下，則天氣和於上，桓弑君逆理，天地之氣爲之謬戾，今乃有年，故書其異。高郵孫氏曰：《春秋》二百四十二年，而書「有年」、「大有年」者二而已，其一桓公，其一宣公。桓、宣大惡，行何道而有年乎？書有者，不宜有也。

《經》書月四，書日一。《大衍曆》：正月丙寅，小，戊辰，冬至；二月乙未，大；三月乙丑，小；四月甲午，大；五月甲子，小；六月癸巳，大；七月癸亥，小；八月壬辰，大，朔，日食，《經》書七月壬辰，朔，食，蓋閏差故爾；九月壬戌，小；十月辛卯，大；十一月辛酉，小；十二月庚寅，大。

〔一〕桓之會皆非也：「非」，四庫本作「非禮」。

四年癸酉。桓王十二年〇蔡桓七〇曹桓四十九〇衛宣十一〇晋小子侯元年〇鄭莊三十六〇陳桓三十七〇杞武四十三〇宋莊二〇齊僖二十三〇秦寧八〇楚武三十三

春

□正月

公狩于郎。啖氏曰：蒐狩常事不書，非時及越禮則書。張氏曰：狩者，冬獵之名，當用夏時之仲冬，周正月迺其時也。國之蒐狩自有常處，鄭之原圃、秦之具囿、魯之大野，乃田狩之地，今不於常所而遠涉郎地，所以譏也。

夏

天王使宰渠伯糾来聘。《左傳》曰：父在，故名。澄曰：天王，桓王也；宰，冢宰；渠，邑；伯，爵；糾，名也。天子之卿六命當書邑爵而不名，此書名者，蓋父在而子襲其邑爵，世其官，故於爵之下特書其名，以見其爲有父也。若父在而子未襲其邑爵與官，但攝父之職而行事，則例當如下年書「仍叔之子」。

□

□□

□

□□杜氏曰：不書秋、冬首月，文闕。孫氏曰：脱二時，七年同此。

《經》書月一，書日無。《大衍曆》：正月庚申，大，癸酉，冬至；二月庚寅，小；三月己未，大；四月己丑，小；五月戊午，大；六月戊子，小；七月丁巳，大；八月丁亥，小；九月丙辰，大；十月丙戌，小；十一月乙

卯，大；十二月乙酉，大。

五年甲戌。桓王十三年○蔡桓八○曹桓五十○衛宣十二○晋小子二○鄭莊三十七○陳桓三十八，卒○杞武四十四○宋莊三○齊僖二十四○秦寧九○楚武三十四

春

□正月

甲戌。陸氏曰：此下文脱。程子、劉氏義同。

己丑，陳侯鮑卒。《左傳》曰：陳亂，文公子佗殺太子免而代之。澄曰：鮑，陳桓公也，在位三十八年。佗，桓公庶弟；免，桓公太子也。

夏

齊侯、鄭伯如紀。《左傳》曰：齊、鄭朝於紀，欲以襲之，紀人知之。趙氏曰：外相如不書，凡書，皆譏也。常山劉氏曰：外諸侯相如，唯此年「齊侯、鄭伯如紀」，及「州公如曹」。澄曰：如紀者，朝於紀也。凡國君来朝魯則稱朝，往朝它國則稱如，内外辭也。諸侯相朝，雖有其禮，然春秋之時，小役大，弱役彊，彊大之國必不往朝小弱之國，雖敵體之國亦不相朝。唯小弱者必須往朝於彊大，蓋畏之也，事之也。齊、鄭大且彊，紀小而弱，乃以彊大而朝小弱，蓋借朝之名以往紀，而實欲以兵襲取其國。紀素知齊、鄭之圖己，故覺其謀，而齊、鄭之詐不得以行。外相如不書，此特書者，惡齊、鄭之詐也。張氏曰：春秋之初，齊僖、鄭莊皆小人之雄，合謀同心，以吞噬小國爲事。自隱二年石門之

盟，至桓十一年惡曹之盟，二十年之間，二國爲一，伐宋，取郜、防，入郕，入許，今又相與謀紀。自二君如紀之後，紀侯多爲計以謀自免於難，而卒不能止齊、鄭貪噬之心。至莊五年，紀季以酅入於齊，紀侯去國，然後快於心。小國困於强暴，二君之罪居多。澄按，許近於鄭，紀近於齊。鄭欲得許，與齊同謀之而卒得許；齊欲得紀，與鄭同謀之而卒得紀。

天王使仍叔之子来聘。「仍」，《穀》作「任」〇《公羊傳》曰：父老，子代從政也。《穀梁傳》曰：父在，子代仕之辭也。程子曰：古之授任，稱其才德，士無世官。周衰，官人以世，故卿大夫之子代其父任事，仍叔受命来聘，而使其子代行也。澄曰：仍，氏；叔，字。此天子四命之大夫稱氏稱字者也。

葬陳桓公。不書月，史失之。蓋陳佗簒立而葬之也。

城祝丘。杜氏曰：齊、鄭將襲紀故。高氏曰：祝丘，齊、魯兩境上邑。齊將襲紀，公欲助紀而畏齊，故城此以備。陸氏曰：譏不時。

秋

蔡人、衛人、陳人從王伐鄭。《左傳》曰：王奪鄭伯政，鄭伯不朝，王以諸侯伐鄭，鄭伯禦之，戰於繻葛。王卒大敗。《公羊傳》曰：從王，正也。啖氏曰：不言會及，臣從君之辭也。永嘉陳氏曰：《春秋》之法，有天子在則其諸侯稱人，有諸侯在則其大夫稱人，王師不書，書「伐鄭」，鄭不服也。伐鄭不服而後王命不行於天下，東周之不競，鄭莊爲之也。

大雩。《左傳》曰：書，不時也。凡祀，龍見而雩，過則書。孫氏曰：雩，求雨之祭。建巳之月常祀也，故《經》無六月雩。建午、建申之月非常則書。謂之大者，雩於上帝也。程子曰：雩於上帝用盛樂也，諸侯雩於境内之山川爾。成王尊周公，賜魯重祭，得郊禘、大雩。成王之賜，魯公之受，皆失也，故夫子曰：「魯之郊禘，非禮也。周公其衰矣。」大雩，歲之常祀，不皆書，因其非時則書之。郊禘亦因事而書。劉氏曰：其言大何？非諸侯之雩也。說者皆曰成王賜魯天子禮樂。禮有天子諸侯之别，自伏羲以来未之有改。成王者，周之盛王也，其惑歟？魯之有天子禮樂，殆周之末王賜之，非成王矣。昔者魯惠公使宰讓請郊廟之禮於天子，天子使史角往，惠公止之，其後在魯，實始爲墨翟之學。使成王之世而魯已郊，則惠公奚請？澄按，劉氏此説，蓋欲爲成王解脱過舉之非而已，近儒亦有頗宗其説者，實則不然，當從程子之説爲正。所引惠公使宰讓請郊廟之禮今載在《通鑑外紀》，其言尨誕無稽。劉侍讀學雖極博，擇則未精，不免時有信奇好異之癖。倘使天子之禮諸侯可以請，時王可以賜，則春秋時强僭之國，挾勢援例請之者多矣，何獨魯惠能請而它國不敢請乎？陵陽李氏曰：《外紀》所據乃姓氏雜書，其出又在《戴記》之後，不足引以爲證。

螽。「螽」，《公》作「螺」，後皆同〇《公羊傳》曰：記災也。程子曰：螽，蝗也，既旱又蝗。

冬

州公如曹。《左傳》曰：淳于公如曹，度其國危，遂不復。杜氏曰：淳于，州國所都，城陽淳于縣也。程子曰：州公不能保其國，去如曹。澄曰：州，姜姓，公爵。此人君之失國者，與紀侯大去其國同。但州君之去國則有所如，紀君之去國則無所如爾。凡國君如它國者皆朝也，以畿内八命之公而朝畿外七命之伯，蓋其國危亡，將寄託於曹，假朝禮以行，實則奔也。曹，姬姓，武王封其弟振鐸於定陶，爲曹國。張氏曰：曹國，漢屬濟陰郡，在唐爲曹州，今興仁府濟陰縣。州稱公，與祭公同，則州必畿内之地，河内州縣也。《左傳》乃云「淳于公」，杜氏云「城陽淳于縣」。昭元年《傳》云「城淳于」，或云因州公不反，國爲杞所并，遂以淳于爲都，未詳孰是。

《經》書月一，書日二。《大衍曆》：正月乙卯，小，己卯，冬至，甲戌，二十日；二月甲申，大，《經》正月己丑在此月；三月甲寅，小；四月癸未，大；五月癸丑，小；六月壬午，大，辛亥，小满；閏月壬子，小；七月辛巳，大，旦日，夏至；八月辛亥，小；九月庚辰，大；十月庚戌，小；十一月己亥，大；十二月己酉，小。《長曆》：正月甲申，朔，内無甲戌；己丑，正月六日。

六年乙亥。桓王十四年〇蔡桓九〇曹桓五十一〇衛宣十三〇晉小子三〇鄭莊三十八〇陳厲公躍元年〇杞武四十五〇宋莊四〇齊僖二十五〇秦寧十〇楚武三十五

春

□正月

寔来。寔，王朝一命之下士，故稱名。無王命而私交，故但書曰来，而不言其事也，與隱元年「祭伯来」義同。

夏

四月

公會紀侯于成。「成」，《穀》作「郕」〇《左傳》曰：紀来諮謀齊難也。杜氏曰：成，魯地，在泰山鉅平縣東南。張氏曰：此與書二年朝、三年會郕同。

秋

八月

壬午，大閱。張氏曰：失時僭禮，故書以譏。澄曰：天子因四時之田而教民以武事，春曰振旅，夏曰茇舍，秋

曰治兵，三時所教，其法皆略。惟仲冬教大閱，則其坐作、進退、擊刺，真如戰陣，以仲冬之事行於季夏，非其時也。且大閱者，天子之禮，非諸侯之所得行，爲其僭禮，故因失時而書之，以著其僭，與上年書「大雩」義同〔一〕。

蔡人殺陳佗。程子曰：陳厲公，蔡出也，故蔡桓侯殺佗而立厲公。桓侯殺佗，實以私也，而書蔡人，同於討賊之例，見討賊者衆人之公也。澄曰：蔡稱人，討賊辭也。陳不能討而蔡能討之，故以討賊之義歸之。蔡篡弒之賊，人人得而殺之也。陳佗篡立，既葬桓公，陳人君之，亦已逾年矣，然篡賊非可稱君，故名而不爵。凡篡賊而稱君者，見本國之臣子與鄰國之君臣，皆不能討而成之爲君也，苟有一人能明討賊之義，則名之爲賊而不成之爲君矣。衛人殺州吁、齊人殺無知、蔡人殺陳佗是也。

九月

丁卯，子同生。《公羊傳》曰：喜有正也。《左傳》曰：以太子生之禮舉之。《穀梁傳》曰：疑，故志之。澄按，有正者，謂嫡夫人生嫡長子也。春秋十二公，如文公，如成公，皆嫡夫人之嫡長子，其生也何以不書？凡國君世子生，則必舉以世子生之禮，此常事爾。唐趙氏最善説《春秋》，亦不過從《左氏》而曰「太子生多矣，書子同，禮備故也，餘公皆不備禮，記其是以著其非」。然據《經》但書「子同生」，何以見其禮之備與不備？蓋惟《穀梁傳》得聖人之意。夫世嫡之生，國統所係，而同之母文姜，其後與齊襄淫亂，同既立爲君矣，猶不能制其母，故時人有疑同爲齊侯之子者。今考之《經》，魯桓公三年九月文姜歸魯，至十八年正月始與桓公偕如齊，其間十五年，文姜在魯，未嘗適齊。而子同之生在桓公六年之九月，則同爲魯桓之子而非齊襄之子也明矣。桓公十八年，文姜始如齊而通於齊襄，其時同之生

〔一〕與上年書「大雩」義同：「書」，四庫本作「僭」。

已十有三年矣。明年爲魯莊公元年，文姜遜於齊；二年冬，會齊侯於禚；四年春，饗齊侯於祝丘；五年夏，如齊師；七年春，會齊侯於防，冬，會齊侯於穀；八年冬，齊侯被弑。文姜淫亂放蕩，其惡播揚在此八年之内，子同生之時，未有此惡行也。人見文姜後来之淫亂，故當時有疑之者。夫子志子同之生，表其非齊侯之子，而使後世無疑也，此穀梁氏所謂「疑，故志之者」歟！齊之詩人刺魯莊公不能防閑其母，其詩乃曰「展我甥兮」，詩人微意，亦爲魯莊解釋當時之誣謗，作此詩者，君子人也。況聖人視魯爲父母邦，寧不思爲魯君辨白誣謗之疑乎？故以大公至正之直筆，寓别嫌明微之深意，辭簡而義遠，真如化工焉。高氏曰：昏禮者，上以事宗廟，下以繼後世也，人疑莊公爲齊侯之子，審如所疑，則周公之祀不傳於魯，魯之子孫乃齊之子孫，豈不悖哉！襄公、文姜之淫亂，蓋在同生之後，當同之生，齊、魯未嘗亂也。謹子同之生月日，則以廟祀世系之重在此，故特書之，使國統著明。不書其生，則其事不見。此之謂微而顯。沙隨程氏曰：文姜淫在僖公既卒之後[一]，子同之生，無嫌也，所以辨《猗嗟》之刺，著明國統也。薛氏曰：謹莊公之生，決天下之疑也。

冬

紀侯来朝。《左傳》曰：請王命以求成於齊，公告不能。杜氏曰：紀微弱不能自通於天子，欲因公以請王命，公無寵於王，故告不能。澄曰：齊禍迫矣，紀侯僕僕會魯朝魯，多方求自全之計，而卒不能全。上無明王賢伯，而彊大肆意以吞噬小弱，哀哉！

《經》書月四，書日二。《大衍曆》：正月戊寅大，甲申，冬至；二月戊申，小；三月丁丑，大；四月丁未，大；

[一] 文姜淫在僖公既卒之後：「僖」，四庫本作「桓」。

五月丁丑，小；六月丙午，大；七月丙子，小；八月乙巳，大；九月乙亥，小，《經》八月壬午在此月；十月甲辰，大，《經》九月丁卯在此月；十一月甲戌，小；十二月癸卯，大。《長曆》：壬午，八月八日；丁卯，九月二十四。

七年丙子。桓王十五年〇蔡桓十〇曹桓五十二〇衛宣十四〇晋小子四〇鄭莊三十九〇陳厲二〇杞武四十六〇宋莊五〇齊僖二十六〇秦寧十一〇楚武三十六

春

□二月

己亥，焚咸丘。杜氏曰：焚，火田也。咸丘，魯地，高平鉅野縣南有咸亭。程子曰：古者昆蟲蟄而後火田，去莽翳以逐禽獸，非竭山林而焚之也。澄曰：周之二月，夏之十二月，昆蟲未出，固可用火。然古禮將有田事則先焚萊，此不當田狩之月而火田，又咸丘非狩地，故譏。

夏

穀伯綏来朝。

鄧侯吾離来朝。杜氏曰：穀國在南鄉筑陽縣北。張氏曰：穀，今屬襄陽府穀城縣；鄧，今之鄧州。澄曰：二國之君皆稱名者，失地之君也。兩書朝，特見之，朝不同日也。按，二國去魯絶遠，蓋以失國寄寓它國，與魯相近，故因来朝魯也。

□

□□

□

□□闕秋、冬，義見四年。

《經》書月一，書日一。《大衍曆》：正月癸酉，小，己丑，冬至；二月壬寅，大；三月壬申，小，《經》二月己亥在此月；四月辛丑，大；五月辛未，小；六月庚子，大；七月庚午，小；八月己亥，大；九月己巳，小；十月戊戌，大；十一月戊辰，小；十二月丁酉，大。《長曆》：是年閏十二月，己亥，二月二十八日。

八年丁丑。桓王十六年〇蔡桓十一〇曹桓五十三〇衛宣十五〇晋侯緡元年〇鄭莊四十〇陳厲三〇杞武四十七〇宋莊六〇齊僖二十七〇秦寧十二〇楚武三十七

春

□正月

己卯，烝。《公羊傳》曰：烝，冬祭也，常事不書，此何以書？譏亟也。程子曰：冬烝非過也，書之以見五月又烝，爲非禮。趙氏曰：周雖以建子爲正，祭祀則用夏時本月。凡四時之祭，皆用孟月，若有故，及日不吉，即用仲月。正月烝，則夏之仲冬也。

天王使家父来聘。杜氏曰：家，氏；父，字。澄曰：此王朝大夫之四命稱氏稱字者。

夏

五月

丁丑，烝。建子之月已烝矣，建辰之月又再烝焉，於春季而行冬祭，非其時非其禮也。程子曰：非時復烝者，必以前烝爲不備也，黷亂甚矣。

秋

伐邾。將卑師少。

冬

十月

雨雪。雨，去聲○程子曰：建酉之月，未霜而雨雪，書異也。

祭公来，遂逆王后于紀。祭，則界切○祭，國；公，爵，王朝八命之公，或是隱元年之祭伯進爵爲公，或是伯之子，或是二人國邑同而爵異，不可詳也。祭公本受王命逆后於紀，而私行先至於魯，故先書来，而以其正事爲遂事。齊侯之遂伐楚、公子結之遂及齊侯、宋公盟，並同此例。程子曰：祭公受命逆后而至魯，先行私禮，以逆后爲遂事，不虔王命也。趙氏曰：遂逆者，譏不躬白於王。孫氏曰：桓王娶后於紀，命魯主之，故祭公来謀逆后之期。既謀之，則當復命，天子命之逆則逆之，不可專也。祭公不復命於王，專逆后於紀，故曰遂。或曰《士昏禮》納徵之後行請期之禮，歸期有定日而後親逆，重昏禮也。天子之尊雖與士禮不同，然亦必先知女歸之期，而後可往逆也。魯媒紀女爲王后，蓋已先報可於王矣。雖已報可，而未知紀國歸女之日，王遽遣祭公往逆，祭公不知其期，故過魯問期而後往紀。往紀逆后者，王命也；過魯問期者，非王命也，故《春秋》書法如此。魯爲媒而不報歸女之期於王，魯之慢也；王未知后之歸期而遽然遣使往逆，王之輕也；祭公無王命而私過魯問期，祭公之專也。參譏之。《公羊傳》以爲祭公此来方是使魯爲媒，若可則就往逆。果如此，則輕遽尤甚，疑不然也。澄按，此《經》程子一義，趙、孫一義，或説與趙孫又微有不同，今兼存之。

《經》書月五，書日二。《大衍曆》：正月丁卯，大，己卯，十三日，甲午，冬至；二月丁酉，小，乙丑，大寒；三月丙寅，大，乙未，雨水；閏月丙申，小；四月乙丑，大，丙寅，春分；五月乙未，小；六月甲子，大，《經》五月丁丑在此月；七月甲午，小；八月癸亥，大；九月癸已，小；十月壬戌，大；十一月壬辰，大；十二月辛酉，小。《長曆》：己卯，正月十四日；丁丑，五月十四日。

九年戊寅。桓王十七年〇蔡桓十二〇曹桓五十四〇衛宣十六〇晋緡二〇鄭莊四十一〇陳厲四〇杞靖公元年〇宋莊七〇齊僖二十八〇秦出子元年〇楚武三十八

春

紀季姜歸于京師。紀季姜，即祭公所逆紀國之女爲桓王后者。京師，天子所居也。上年祭公往逆稱王后者，主王朝而言之也。今歸京師稱季姜者，主紀而言之也。魯爲之媒，故書。

夏

四月

秋

七月

冬

曹伯使其世子射姑来朝。射，音亦，又音夜○曹伯欲朝魯，有疾不能行，乃使其世子代己行禮。按，《周官》言世子以「皮幣繼小國之君」，則世子固有攝君行禮之時，然必王朝、大朝、覲、大會同，諸侯皆往，而己獨有疾，則不得已而命世子攝行。今曹之朝魯，非甚急之務、不可缺之禮也，君既有疾，則不行可也，而乃遣其世子攝君父以来，是果不可以已乎！

《經》書月二，書日無。《大衍曆》：正月辛卯，大，庚子，冬至；二月辛酉，小；三月庚寅，大；四月庚申，小；五月己丑，大；六月己未，小；七月戊子，大；八月戊午，小；九月丁亥，大；十月丁巳，小；十一月丙戌，大；十二月丙辰，小。

十年己卯。桓王十八年○蔡桓十三○曹桓五十五，卒○衛宣十七○晋緡三○鄭莊四十二○陳厲五○杞靖二○宋莊八○齊僖二十九○秦出子二○楚武三十九

春

王正月

庚申，曹伯終生卒。終生，曹桓公也，在位五十五年。世子射姑嗣，是爲莊公。

夏

五月

葬曹桓公。

秋

公會衛侯于桃丘，弗遇。杜氏曰：桃丘，衛地，濟北東阿縣東南有桃城。衛侯與公爲會期，中背公，更與齊、鄭，故公獨往而不相遇也。

冬

十有二月

丙午，齊侯、衛侯、鄭伯来戰于郎。常山劉氏曰：《春秋》之中，諸侯加兵於魯者爲不少矣，而未有書「来戰」者，此不言侵伐而以来戰爲文，則彼曲我直，其義坦然。

《經》書月三，書日二。《大衍曆》：正月乙酉，大，乙巳，冬至；二月乙卯，小，《經》正月庚申在此月；三月甲申，大；四月甲寅，大；五月甲申，小；六月癸丑，大；七月癸未，小；八月壬子，大；九月壬午，小；十月辛亥，大；十一月辛巳，小，己酉，霜降；閏月庚戌，大；十二月庚辰，小，旦日，小雪，丙午二十七。《長曆》：庚申，正月六日。

十有一年庚辰。桓王十九年〇蔡桓十四〇曹莊公射姑元年〇衛宣十八〇晋緡四〇鄭莊四十三，卒〇陳厲六〇杞靖

三〇宋莊九〇齊僖三十〇秦出子三〇楚武四十

春

□正月

齊人、衛人、鄭人盟于惡曹。上年十二月，三國之君来戰於郎，而今年之正月，三君又使從行之大夫相與結盟，以固其交。永嘉陳氏曰：有君在，則大夫降稱人。胡氏曰：三國既爲郎之戰，又固黨而爲此盟。

夏

五月

癸未，鄭伯寤生卒。寤生，鄭莊公也，在位四十三年。世子忽嗣，是爲昭公。高氏曰：昭公不終於位，五世兵革不息。自入《春秋》，考莊公之心慮，知其積非必有餘殃矣。

秋

七月

葬鄭莊公。高氏曰：鄭忽既立，不待五月而葬其父。

九月

宋人執鄭祭仲。祭，側界切〇祭，氏；仲，字。諸侯之卿四命命於天子者，如宋國之孔父也。鄭莊公娶鄧曼，生忽，立爲世子。宋雍氏納女於鄭莊公，生突。莊公卒，雍氏欲立其出，而雍氏宗有寵於宋莊公馮。宋公誘祭仲而執之，曰：「不立突，將死。」祭仲乃以突歸鄭而立之爲君。陸氏曰：執大夫例稱人。諸國大夫，王賜之畿内邑爲號、令歸國者，皆書族書字，同於王大夫，鄭祭仲、魯單伯、陳女叔是也。

突歸于鄭。突不係國，庶孽篡立者也。自宋而歸於鄭，歸，易辭也。自外入内以篡奪世嫡，事之難也，而今則易者，祭仲挈之以歸而立之，故易也。

鄭忽出奔衛。忽係之鄭，正也。鄭忽以世子嗣位，既葬其父，君鄭歷五月矣。出奔而不稱子，位未定也。百官總己以聽命於祭仲，祭仲既立突而不君忽，則忽無其位矣。

柔會宋公、陳侯、蔡叔，盟于折。折，之設切，又音舌○柔，魯再命之大夫。蔡叔，蔡侯之弟攝君者，凡諸侯之弟攝君則稱字。大夫會諸侯自此始。張氏曰：自去年魯與齊、衛、鄭爲讐，至今年桓公欲合黨以敵之，於是結宋與陳、蔡。要言歃血，初無忠信誠慤相與之心。又以大夫盟宋公、陳侯，故不足恃以久，而桓公又與宋公屢會，求以補前之失，堅宋之合也。

公會宋公于夫鍾。夫，音扶。「鍾」，《公》作「童」。杜氏曰：夫鍾，郕地。

冬

十有二月

公會宋公于闞。闞，口暫切○杜氏曰：闞，魯地，在東平須昌縣東南。

《經》書月五，書日一。《大衍曆》：正月己酉，大，庚戌，冬至；二月己卯，小；三月戊申，大；四月戊寅，小；五月丁未，大；六月丁丑，小，《經》五月癸未在此月；七月丙午，大；八月丙子，大；九月丙午，小；十月乙亥，大；十一月乙巳，小；十二月甲戌，大。《長曆》：是年閏正月。

十有二年辛巳。桓王二十年○蔡桓十五○曹莊二○衛宣十九，卒○晋緡五○鄭厲公突元年○陳厲七，卒○杞靖四○宋莊十○齊僖三十一○秦出子四○楚武四十一

春

□正月

夏

六月

壬寅，公會紀侯、莒子盟于曲池。「紀」，《左》作「杞」。「曲池」，《公》作「毆蛇」○紀爲齊難危急甚矣，魯桓切切爲紀謀，故屢會焉，而大國無與同心者。此會也，僅能與小弱之莒偕，其不能爲助，而無救於紀之亡也蓋可知矣。杜氏曰：曲池，魯地，魯國汶陽縣北有曲水亭。

秋

七月

丁亥，公會宋公、燕人盟于穀丘。杜氏曰：燕人，南燕大夫。穀丘，宋地。張氏曰：南燕，姞姓國，漢屬東郡，今滑州昨城縣。穀丘在今應天府穀熟縣。澄曰：南燕大夫一命，固當稱人，或是再命稱名之大夫，以魯侯、宋公二君在，故降而稱人也。《左氏》以此盟爲魯欲平宋、鄭。杜氏云「宋多責賂於鄭，鄭人不堪」，蓋宋納鄭突，多責其

賂〔一〕，鄭不能償。魯桓、鄭莊前此本有戰郎之怨，鄭莊既卒而突得國，突見魯、宋數數盟會，將謂其相得也，故釋前怨而通好於魯，欲藉魯以殺宋之賂。魯桓、鄭厲皆篡賊也，以氣類合，故欲爲鄭祈懇於宋，以殺其賂。然此盟必是魯、宋、燕三國别有他事相要約，非爲鄭賂之事盟也，因是盟與宋公相見而爲鄭致請焉爾，宋未嘗許諾，故以後魯桓又與宋會至再至三也。

八月

壬辰，陳侯躍卒。躍，陳厲公也，在位七年。子完不嗣，其弟林立，是爲莊公。不書葬，魯不會也。

公會宋公于虚。虚，去于切，《公》作「郲」。○杜氏曰：虚，宋地。高氏曰：宋益懈踈公，而公强從之不已，祇自辱也。

冬

十有一月

公會宋公于龜。《左傳》曰：宋成未可知也，故既會於虚，又會于龜。張氏曰：虚、龜皆宋地，蓋桓公欲成宋之急，而屈己連往宋地與之爲會，故《春秋》詳書以譏之。高氏曰：公六出與宋會，不憚屈辱，力爲鄭請。公爲鄭而數出會宋，宋公亦爲求賂而數與公會，皆非爲國爲民，其罪均爾。

丙戌，公會鄭伯盟于武父。《左傳》曰：宋公辭平，故與鄭伯盟於武父，遂帥師而伐宋。杜氏曰：武父，鄭

〔一〕「多責其賂」，清刻本、四庫本後有「于鄭」二字。

地，陳留濟陽縣東北有武父城。高氏曰：公自龜還，遽會鄭伯而謀伐之。夫宋、鄭之事，公何預焉，而同惡相濟一至於此！澄曰：宋公貪得鄭賂之多，而不許魯桓之請；鄭厲遂忘宋立己之恩，與魯結黨，將爲同伐之舉；魯桓亦棄屢會屢盟之好，乃與舊怨之鄭結盟，而與舊好之宋爲仇。交道之翻覆不常，在匹夫猶不可，況國君乎！呂氏曰：是年書盟會之數如此，見諸侯無王放恣之極也。襄陵許氏曰：王跡既熄，伯統未興，諸侯自擅，無所稟命，觀隱十年，見兵革之亂也；桓十一年以來〔一〕，見盟會之亂也。霸統興則諸侯有所一，無復此亂矣，是以君子不得已而與桓、文。

丙戌，衛侯晋卒。《穀梁傳》曰：再稱日，決日義也。范氏曰：明二事皆當日也。孫氏曰：《經》未有一日而再書者，再言丙戌，美文也。澄按，盟當書日，卒亦當書日，若史文有闕，則無如之何？衛侯之卒與上武父之盟同日，不再書丙戌，則恐後人不知衛侯之以是日卒也，疑非美文。蓋《穀梁》疑是。晋，衛宣公也，在位十九年，子朔立，是爲惠公。

十有二月

及鄭師伐宋。

丁未，戰于宋。將皆微者，而鄭用重師。「戰于宋」，魯、鄭曲而宋直，與「来戰于郎」同義。張氏曰：鄭突借宋之力以簒國，宋人責賂則背之而結魯，魯桓爲突比與宋會，及宋辭平，魯不反己，遽然連鄭以伐之，故書「及鄭師伐宋」，罪魯、鄭也。胡氏曰：来戰者，罪在彼，「戰于郎」是也；往戰者，罪在内，「戰于宋」是也。《經》書月五，書日六。《大衍曆》：正月甲辰，小，乙卯，冬至；二月癸酉，大；三月癸卯，小；四月壬申，

〔一〕桓十一年以來：「以來」，清刻本、四庫本作「十二年」。

大；五月壬寅，小；六月辛未，大；七月辛丑，小，《經》六月壬寅在此月；八月庚午，大，《經》七月丁亥在此月，壬辰，二十三日；九月庚子，小；十月己巳，大，《經》十一月兩書丙戌，皆在此月；十一月己亥，小，《經》十二月丁未在此月；十二月戊辰，大。《長曆》：壬寅，六月二日；丁亥，七月十八日；壬辰不在八月，在七月二十三日；丙戌，十一月十八日；丁未，十二月十日。

十有三年壬午。桓王二十一年〇蔡桓十六〇曹莊三〇衛惠公朔元年〇晋緡六〇鄭厲二〇陳莊公林元年〇杞靖五〇宋莊十一〇齊僖三十二〇秦出子五〇楚武四十二

春

□二月

公會紀侯、鄭伯。公先與紀、鄭會，而後與齊宋、衛、燕戰者，蓋齊連三國之兵，將以滅紀，紀知之而求援於魯，魯侯乃偕鄭伯先至紀相會，以待齊兵之至。及四國兵至而遂與之戰也。

己巳，及齊侯、宋公、衛侯、燕人戰，齊師、宋師、衛師、燕師敗績。《穀梁傳》曰：戰稱人，敗稱師，重衆也。其不地，於紀也。趙氏曰：内兵以紀爲主，外兵以齊爲主。蓋齊以三國之師伐紀，欲滅之，公與鄭救之而勝也。澄曰：昔鄭莊助齊謀紀者也，魯桓數數爲鄭會宋，繼又同鄭伐宋，鄭厲德魯，故助魯救紀，而反其父之所爲。沙隨程氏曰：齊有滅紀之志，合四國之兵以臨之，今一戰而勝，故終公之世而紀不亡。或謂紀侯不當主於魯桓、鄭厲，且溺人近死，何暇論援者之賢否乎？衛朔以讒得國，又背殯即戎，不以義舉，罪不容於誅矣。杜氏曰：衛宣公未葬，惠公稱侯以接隣國。襄陵許氏曰：趙氏謂「凡諸侯在喪而有境外之事，以喪行者稱子，以吉行者稱爵，志惡之淺深也」。

三月

葬衛宣公。張氏曰：方與衛戰，往會其葬，怨不廢義也。澄按，二月己巳之戰，齊、紀爲敵怨，衛助齊滅紀，魯爲紀禦齊，魯、衛非敵怨也，故不廢會葬之禮。

夏

大水。

秋

七月。

冬

十月。

《經》書月四，書日一。《大衍曆》：正月戊戌，大，辛酉，冬至；二月戊辰，小，《經》己巳，二日；三月丁酉，大；四月丁卯，小；五月丙申，大；六月丙寅，小；七月乙未，大，癸亥，夏至；閏月乙丑，小；八月甲午，大，甲午，大暑；九月甲子，小；十月癸巳，大；十一月癸亥，小；十二月壬辰，大。《長曆》：是年閏正月，二月無己巳。

十有四年癸未。桓王二十二年〇蔡桓十七〇曹莊四〇衛惠二〇晉緡七〇鄭厲三〇陳莊二〇杞靖六〇宋莊十二〇齊僖三十三，辛〇秦出子六〇楚武四十三

春

□正月

公會鄭伯于曹。前年魯、鄭同救紀而敗齊、衛之師，蓋虞齊、衛之報怨也，故爲會以謀之。曹素與魯協，故魯會鄭於其地。杜氏以爲曹與會。按《左傳》但言曹人致餼，其與會不與會不可知也。

無冰。何氏曰：周之正月，夏之十一月，法當堅冰。無冰者，温也。

夏

五□孫氏曰：夏五無月者，後人傳之脱漏爾，豈其舊史日月之有闕文而孔子不刊正之哉！

鄭伯使其弟語来盟。「語」，《穀》作「禦」〇《左傳》曰：脩曹之會。澄曰：是年正月，魯、鄭二君會於曹而未盟，故鄭伯使弟語来魯與公盟也。「使弟語」與「齊侯使弟年」義同。趙氏曰：来盟，彼欲之也，不書其誰，敵者也。蘇氏曰：凡外大夫来盟於魯，内大夫涖盟於它國，皆盟其君也。程子曰：使来盟，盟前定矣，與高子不同。胡氏曰：来盟稱使，則前定之盟也，其不稱使如楚屈完、齊高子，則權在二子，盟不盟特未定也。

秋

八月

壬申，御廩災。君之在車，與御者最相親近，故君所親近之人謂之御，御史、御妻之類是也。君所親用之物亦謂之御，後世所謂御食、御書、御藥之類，及此御廩是也。御廩者，以貯人君躬耕籍田之米，專供宗廟之粢盛而不敢它用者。災，天火也。

乙亥，嘗。《穀梁傳》曰：未易災之餘而嘗，不敬也。孫氏曰：嘗，秋祭也。周八月，夏六月也，不時而嘗，與以災之餘而嘗，不恭甚矣。澄曰：不俟秋而先嘗，御廩災纔四日，遽以災餘之米供粢盛，匆遽苟簡以畢事而已。

冬

十有二月

齊侯禄父卒[一]。禄父，僖公也，在位三十三年，世子諸兒嗣，是爲襄公。

宋人以齊人、蔡人、衛人、陳人伐鄭。《公》「蔡人」在「衛人」下○《左傳》曰：宋人以諸侯伐鄭，報宋之戰也。焚渠門，及大逵。伐東郊，取牛首，以大宫之椽歸，爲盧門之椽。張氏曰：鄭突賴宋之力得入篡國，歸而背其賂，宋人因此與爲仇讐。魯桓平之，宋人不從，鄭遂與魯伐宋，爲丁未之戰。宋以鄭突入用其寵而背之，且見伐，積其忿怒，乞師於齊、蔡、陳、衛，蓋師雖四國之賦，而惟宋人之爲聽，比於平日諸侯各帥其師以伐人者不同，故書「以」。趙氏曰：凡不用我師而用彼師曰「以」，言用齊、蔡等兵而不自交鋒也。《經》書「以」者，惟此與僖二十六年「公以楚師伐齊，取穀」、定四年「蔡侯以吴子及楚人戰于柏舉」三處而已。柏舉之戰，《左氏》所叙事，並吴、楚自戰，蔡不交鋒，下文吴入楚，亦不言蔡師。胡氏曰：宋怨鄭突之背己，故以四國伐鄭；魯怨齊人之侵己，故以楚師伐齊；蔡怨囊瓦之拘己，故以吴子伐楚。蔡弱於吴，魯弱於楚，宋與蔡、衛、陳敵而弱於齊，乃用其師，故特書曰「以」。

《經》書月四，書日三[二]。《大衍曆》：正月壬戌，小；丙寅，冬至；二月辛卯，大；三月辛酉，小；四月庚寅，

[一]「齊侯禄父卒」，底本及校本前皆無日，查三傳，前皆有「丁巳」二字，此蓋《纂言》刊刻時遺漏。

[二]書日三：「三」，四庫本作「二」。

大；五月庚申，小；六月己丑，大；七月己未，小；八月戊子，大；九月戊午，小，《經》八月壬申、乙亥在此月；十月丁亥，大；十一月丁巳，小；十二月丙戌，大，《經》丁巳在十一月，朔及明年正月二日。《長曆》：壬申，八月十五日；乙亥，十八日；丁巳，十二月二日。

十有五年甲申。桓王二十三年，崩○蔡桓十八○曹莊五○衛惠三○晉緡八○鄭厲四○陳莊三○杞靖七○宋莊十三○齊莊公諸兒元年○秦武公元年○楚武四十四

春

□二月

天王使家父来求車。《左氏》曰：諸侯不貢車服，天子不私求財。澄曰：家，氏；父，字，王朝四命之大夫。古者諸侯有功，天子賜之乘車。諸侯九貢有常制，無有以車供王室之用者。車，重器也，天子可以之錫下，諸侯不可以之貢上也。使當貢之物，諸侯不供而天子乏用，猶不當遣使以私求，況諸侯不當貢之物，而可求乎哉！

三月

乙未，天王崩。桓王也，在位二十三年，世子佗嗣，是爲莊王。莊公三年始書葬。

夏

四月

己巳，葬齊僖公。

五月

鄭伯突出奔蔡。《左傳》曰：祭仲專，鄭伯患之，使其壻雍糾殺之，將享諸郊。雍姬知之，以告。祭仲殺雍糾，尸諸周氏之汪。厲公出奔蔡。程子曰：避祭仲而出，非國人出之也。澄按，凡諸侯不生名，失地則名。啖氏曰：君奔例名者，言其失地，非復諸侯也。張氏曰：國君失位，書爵而不名者，其位爲未絶。突以庶孽奪嫡，初與權臣比而篡位，又謀殺之，爲盜賊之計以自取亡，書名，絶之也。高氏曰：前年蔡從宋伐鄭，突曷爲出奔蔡？曰宋人以蔡伐鄭，而蔡聽命焉，蔡之於突實無憾。

鄭世子忽復歸于鄭。復歸者，言復其位而歸也。張氏曰：世子忽自十一年五月莊公卒而得位，至九月奔衛，五年於外，乃得復歸，不從衛侯朔、衎之例稱爵。乃稱世子者，忽之所以得歸者，以其嘗爲世子也。不稱鄭伯者，以其不能君也。故程子曰「忽稱世子，本當嗣位，不能保其位，故不爵」。陸氏曰：復歸之正者，莫過於鄭忽。

許叔入于許。許叔，許莊公之弟，叔，字也。凡諸侯之弟貳君者例稱字。鄭莊公以隱十一年入許，許莊公奔衛，鄭悉有許之土地矣，而使許叔居許東偏以奉其祭祀。鄭取許地，逐許君，使其君之弟攝君以奉宗廟，而不得有其國。是年突出忽歸，鄭國亂，許叔度鄭之力不能與己争，故自入其國而君之。以惡入非以善歸，故書「入」而不書「歸」也。劉氏曰：稱入何？難也。何難焉？鄭亂而後入也。

公會齊侯于艾。「艾」，《公》作「鄗」，《穀》作「蒿」〇《左傳》曰：謀定許也。張氏曰：入許之役，鄭莊以壤地相接，欲兼并之，故糾合齊、魯之力而同伐。既入之後，齊、魯俱讓而不受，乃與鄭人。今鄭既不能有，則齊、魯遂爲之謀，以定許叔之位，此許之所以復存也。

邾人、牟人、葛人来朝。来朝者，國君也。凡夷狄之國，君臣皆稱人。牟、葛夷狄也，故其君稱人。邾，附庸國，當稱名，以其同二夷狄之國旅見，故亦降從二國之例而稱人也。張氏曰：牟國，今登州牟平縣。葛，古葛伯國，今拱州寧陵縣。

秋

九月

鄭伯突入于櫟。《左傳》曰：鄭厲公因櫟人殺檀伯，而遂居櫟。張氏曰：櫟，鄭別都也，在陽翟縣，今屬潁昌府。按《春秋》書「鄭伯突入于櫟」，自此以後，十七年，高渠彌弑昭公而立公子亹；十八年，齊人殺子亹，祭仲逆鄭子於陳而立之；莊十四年，鄭傅瑕殺鄭子及其二子而納厲公，厲公入。忽、亹、儀之事皆不書。昭十一年，申無宇對楚子虔曰：「鄭莊公城櫟而置子元焉，使昭公不立。」蓋大都耦國，既入于櫟，則鄭國之命已制於突，與入其國無異。忽、亹、儀之爲君末矣，不足紀也。薛氏曰：櫟者，鄭之大都也。入於櫟，將逼鄭也。鄭忽反矣，突因櫟以有鄭，忽浸微而不見矣。《春秋》著大都之害，閔忽之不足以有立也。胡氏曰：制邑之死虢君，共城之叛太叔，皆莊公所親戒也。又城櫟而寘子元，何謀國之誤！衛有蒲、戚而出獻公，楚有陳、蔡、不羹而叛棄疾。厲公既入於櫟，則其國已復矣，故夫子曰「古者邑無百雉之城」，欲墮三都以張公室，明强幹弱枝、以身使臂之義，爲來世鑒也。襄陵許氏曰：鄭亂如此，《春秋》弗志，志突入櫟而已。《語》曰「櫟人實使鄭子不得其位」，言邑國之大也，忽不能制突，使析鄭而居之，以生民心，此亂根也。

冬

十有一月

公會宋公、衛侯、陳侯于袲，伐鄭。「宋公、衛侯」上《公》有「齊侯」字。袲，昌氏切，《公》作「侈」

○《左傳》曰：會于袲，謀伐鄭，將納厲公也，弗克而還。《穀梁傳》曰：地而後伐，疑辭也，非其疑也。胡氏曰：昭公之與突，是非邪正亦明矣，然昭公雖正，其才不足以君國，復歸於鄭，日以微弱。厲公雖篡，其智足以結四鄰之援，既入于櫟，日以彊盛，諸侯不顧是非而計其彊弱，始疑於輔正，終變而與邪，《穀梁傳》所謂「非其疑者」，非其疑於爲義而果於爲不義，相與連兵動衆，納篡國之公子也，故書其會地而後言伐以譏也。張氏曰：魯桓、宋莊、衛朔皆以不正得國，其爲突謀，乃水流濕、火就燥。獨陳侯疑之爾，然寡不勝衆，所以疑而遂合也。

《經》書月六，書日二。《大衍曆》：正月丙辰，大，辛未，冬至；二月丙戌，小；三月乙卯，大；四月乙酉，小，《經》三月乙未在此月；五月甲寅，大，《經》四月己巳在此月；六月甲申，小；七月癸丑，大；八月癸未，大；九月癸丑，小；十月壬午，大；十一月壬子，小；十二月癸巳，大。《長曆》：乙未，三月十一日；己巳，四月十五日。

十有六年乙酉。莊王元年○蔡桓十九○曹莊六○衛惠四○晋緡九○鄭厲五、昭公忽元年○陳莊四○杞靖八○宋莊十四○齊襄二○秦武二○楚武四十五

春

□正月

公會宋公、蔡侯、衛侯于曹。《左傳》曰：謀伐鄭也。孫氏曰：未能納突，故復會於此。張氏曰：於此又邀蔡，黨益張矣。

夏

四月

公會宋公、衛侯、陳侯、蔡侯伐鄭。杜氏曰：蔡嘗在衛上，今序陳下，蓋後至。吕氏曰：會曹，蔡先衛；伐鄭，衛先蔡，蓋當時諸侯，皆以一切强弱目前利害爲先後，不復用周班也。胡氏曰：《王制》諸侯之爵，先後有序，《周官·大司馬》設儀辨位以等邦國，不可亂也。春秋時，伯者以意之向背爲升降，諸侯以勢之强弱相上下。蔡嘗先衛，今序陳下者，先儒以爲後至也，以至之先後易其序，是以利率人而不要諸禮也。程子曰：突善結諸侯，故皆爲之致力，屢伐鄭也。張氏曰：自鄭突入國之後，即比魯而仇宋，及其出奔，乃能使魯與宋自冬及夏悉力伐鄭，所謂善結也。衛朔與母構兄，姦惡之雄，因同惡之合，陵蔡而居其上。當時王政不行，伯者未作，小人恃强衆陵寡弱如此，及桓、文之興而後少抑焉。王氏曰：突之未出也，宋嘗伐之。既出也，又求納之。始宋不和，而公以鄭伐宋，及突既出，而公與宋伐鄭，向也相戾之深，今也相用之固，豈無自而然哉！蓋以正繼正，禮之常，諸侯無所求；以亂易亂，國之釁，諸侯有所責〔一〕。故利其亂，幸其危，貪其賄，黨其邪。自突入櫟，公與宋公三會諸侯而再伐鄭，無它焉，賄故也。

秋

七月

公至自伐鄭。公至亦常事，書者皆譏也。程子曰：見其勤勞於鄭突也。孫氏曰：助簒奪正，踰時而返。

〔一〕諸侯有所責：「責」原作「苟」，據清刻本、四庫本改。

冬

城向。向，失亮切〇沙隨程氏曰：下書十一月而先書冬者，非十月能畢工也。鄭氏曰：下有十一月，則此乃十月也，縱是同月，亦今之九月，農功未畢，不可興役。胡氏曰：八月則妨田事，九月則奪農收，唯十月則依於《詩》、《禮》，合於《傳》例。十二月而城者，時也；十月、十一月，不時也。

十有一月

衛侯朔出奔齊。《左傳》曰：初，衛宣公烝於夷姜，生急子，屬諸右公子。爲之娶於齊而美，公取之，生壽及朔。屬壽於左公子。夷姜縊。宣姜與公子朔構急子。公使諸齊，使盜待諸莘，將殺之。壽子告之，使行，不可，曰：「棄父之命，惡用子矣？有無父之國則可也。」及行，飲以酒，壽子載其旌以先。盜殺之。急子至，曰：「我之求也，彼何罪？」又殺之。二公子怨惠公，立公子黔牟。惠公奔齊。《公羊傳》曰：衛侯朔得罪於天子也。張氏曰：朔立已五年，二公子逐之，必因其陵蔑天子而後得以行其志。公羊氏之説必有所傳，所以莊六年王人子突救衛。

《經》書月四，書日無。《大衍曆》：正月辛亥，小，丙子，冬至；二月庚辰，大；三月庚戌，小；四月己卯，大，丙申，春分；閏月己酉，小；五月戊寅，大，旦日，穀雨；六月戊申，小；七月丁丑，大；八月丁未，小；九月丙子，大；十月丙午，大；十一月丙子，小；十二月乙巳，大。

十有七年丙戌。莊王二年〇蔡桓二十，卒〇曹莊七〇衛惠五、黔牟元年〇晋緡十〇鄭厲六、昭二〇陳莊五〇杞靖九〇宋莊十五〇齊襄三〇秦武三〇楚武四十六十三。

春

□正月。桓公十八年唯元年、二年、十年、十八年歲之首月書王，九年歲首書時不書月，其餘春之首月不書王者

公會齊侯、紀侯盟于黄。《左傳》曰：平齊、紀，且謀衛故也。任氏曰：公十三年會紀侯敗齊師以益其怨，今乃盟之，豈足以釋前憾乎！張氏曰：又欲納朔，一動而二失也。杜氏曰：黄，齊地。

二月

丙午，公及邾儀父盟于趡。「及」，《左》作「會」。趡，翠執切○《左傳》曰：尋蔑之盟也。薛氏曰：初與邾平也。杜氏曰：趡，魯地。澄按，隱公元年及邾盟蔑，七年而隱公渝盟伐邾，桓公八年又伐邾，魯邾之不通好者十有餘年矣。至桓公十五年，邾同牟、葛朝魯，既朝之後，二國欲尋蔑盟，而平其二伐之怨[一]，故邾来魯地受盟，而公及之盟也。高氏曰：趡，我地，彼来而我及之也，與蔑之盟同。邾来朝魯，畏彊也。至是来爲此盟，豈非諸侯有謀邾者，欲求魯之援耶！

夏《公》闕「夏」字。

五月

丙午，及齊師戰于奚。「奚」，《公》作「郎」○《左傳》曰：齊人侵魯疆，疆吏来告。公曰：「疆場之事，慎

[一] 而平其二伐之怨：「二」，四庫本作「再」。

守其一而備其不虞，事至而戰，又何謁焉？」杜氏曰：奚，魯地。澄曰：此齊師来侵魯境而魯與之戰也，盟黄未幾，而齊来侵境，平紀之信豈可恃乎！

六月

丁丑，蔡侯封人卒。封人，桓侯也，在位二十年。其弟獻舞立，是爲哀公。

秋

八月

蔡季自陳歸于蔡。《左傳》曰：蔡人召蔡季於陳。杜氏曰：桓侯無子，故召季而立之。高氏曰：季，蔡侯之弟，即獻舞也。蔡桓侯無子，未知誰之立也。季於是避於陳，今蔡侯卒，國無正嗣，兄終弟及，於禮爲順，於是獻舞自陳歸于蔡，見其順而易也。澄曰：季，字也。諸侯之弟貳君者例稱字。何氏《公羊傳註》以蔡季與獻舞爲二人，非也。

癸巳，葬蔡桓侯。杜氏曰：稱侯，蓋謬誤。澄按，諸儒之説皆以侯、伯、子、男葬而稱公者爲私謚之僭，今檢尋古書所載，未見有子、男之國君，以謚配其爵，而曰某子某男者。劉卷，天子之大夫，其爵曰子，而其葬亦稱劉文公，彼王朝所謚，豈私謚乎！齊、魯皆侯爵，而太公之子謚丁公，伯禽之子謚考公，此周室盛時，非東遷以後，豈亦僭謚乎？二公去始封之君纔一世，太公、伯禽之遺教猶在，豈遽僭謚乎？蓋公、侯、伯、子、男者，五等之爵有尊卑也，而公之爵爲最尊。故在其國，雖侯、伯、子、男，亦稱曰公，舉爵之尊者以稱其君，臣子辭也。及其死也，謚之下雖侯、伯、子、男，亦曰公者，猶生時之稱公也。聖人制禮緣人情，故順忠臣孝子之情，使之生死皆得稱公，以尊其君也。杜氏以侯字爲謬誤者得之。其以蔡季爲賢，獨能請謚而不私謚者，其説有所不通矣。況季歸至葬未踰月也，而遽能請謚於天子乎？

及宋人、衛人伐邾。《左傳》曰：宋志也。杜氏曰：邾、宋争疆[一]，魯從宋志，背趡之盟。襄陵許氏曰：正月與齊爲黄之盟而五月戰焉，二月與邾爲趡之盟而八月伐之。張氏曰：桓公春與齊、邾盟，既而皆背之，戰奚、伐邾並見於一年之中，反顧前日，刑牲詔神，棄如敝屣，瀆信而不仁甚矣。

冬

十月

朔，日有食之。《左傳》曰：不書日，官失之也。

《經》書月六，書日五。《大衍曆》：正月乙亥，小，壬午，冬至；二月甲辰，大，丙午，三日，《經》正月丙辰在此月；三月甲戌，小；四月癸卯，大；五月癸酉，小；六月壬寅，大，《經》五月丙午在此月；七月壬申，小，《經》六月丁丑在此月；八月辛丑，大；九月辛未，小，《經》八月癸巳在此月；十月庚子，大；十一月庚午，小，朔，日食，《經》書十月朔，食；十二月己亥，大。《長曆》：丙辰，正月十三日；丙午，二月四日；又丙午，五月五日；丁丑，六月六日；癸巳，八月十三日。

十有八年丁亥。莊王三年〇蔡哀侯獻舞元年〇曹莊八〇衛惠六、黔牟二〇晋緡十一〇鄭厲七、子亹元年〇陳莊六〇杞靖十〇宋莊十六〇齊襄四〇秦武四〇楚武四十七

[一] 邾、宋争疆：「疆」，原作「彊」，據清刻本改。

春

王正月

公會齊侯于濼。濼，盧篤切，又音洛○《左傳》曰：公將有行，遂與姜氏如齊。申繻曰：「女有家，男有室，無相瀆也，謂之有禮，易此必敗。」杜氏曰：濼水，在濟南歷城縣西北，入濟。張氏曰：濼之會不言夫人者，夫人不與行會禮也。

公與夫人姜氏遂如齊。「公」下《公》無「與」字○《穀梁傳》曰：不言及夫人，夫人伉也。陸氏曰：婦人，從夫者也，何夫人之伉？公失爲夫之道也。張氏曰：如齊不言及而言與者，劉氏以爲猶匹夫匹婦之相與云爾，夫不夫，婦不婦，進退制於夫人也。澄曰：此行公往會齊侯爾，夫人欲同往，公不能制。既於會見齊侯矣，會禮畢，而夫人又欲從齊侯至齊，夫婦既同出，公不可獨返國，故遂與之同如齊也。

夏

四月

丙子，公薨于齊。《左傳》曰：文姜如齊，齊侯通焉。公謫之，以告。享公，使公子彭生乘公，公薨於車。《公羊傳》曰：夫人譖公，齊侯怒，與飲酒，於其出，使公子彭生送之，於其乘焉[一]，拉幹而殺之。張氏曰：《春秋》書魯君見弒之例有二，在内則不書地以存其實，在外則不容不書其地。而以上下文之特異者見之，此先書與夫人姜氏如齊，而明年書夫人孫於齊，則桓公之不得其死昭然矣。

[一] 於其乘焉：「焉」，原闕，據清刻本、四庫本補。

丁酉，公之喪至自齊。石氏曰：其致，痛之也。

秋

七月。

冬

十有二月

己丑，葬我君桓公。《左傳》曰：魯人告於齊曰：「寡君畏君之威，不敢寧居，来修舊好。禮成而不反，無所歸咎，惡於諸侯，請以彭生除之。」齊人殺彭生。澄按：君弑，賊不討，不書葬。而此書葬者，蓋魯之臣子不敢讎齊襄，而但指彭生爲賊。齊既爲魯殺彭生，則魯人以爲賊已討矣，安然而葬，與正終者無異，見魯之臣子忘君之讐，而無復有與齊不共戴天之痛也。張氏曰：葬稱我君而後舉謚，趙氏以爲臣子之敬辭，不然，則恐涉它國之君。

《經》書月四，書日三。《大衍曆》：正月己巳，小，丁亥，冬至；二月戊戌，大；三月戊辰，小；四月丁酉，大；五月丁卯，小，《經》四月丙子在此月，丁酉疑差；六月丙申，大；七月丙寅，小；八月乙未，大；九月乙丑，小；十月甲午，大；十一月甲子，小；十二月癸巳，大，《經》己丑在十一月二十六日。《長曆》：丙子，四月十日；丁酉，當爲五月朔；己丑，十二月二十六日。

春秋纂言卷三

元　吴澄　撰

莊公名同，桓公之子，母文姜，夫人哀姜，在位三十二年。

元年戊子。莊王四年○蔡哀二年○曹莊九年○衛惠七年、黔牟三年○晋緡十二年○鄭厲八年、子儀元年○陳莊七年，卒○杞靖十一年○宋莊十七年○齊襄五年○秦武三年○楚武四十八

春

王正月。《穀梁傳》曰：繼弑君不即位，先君不以其道終，則子不忍即位也。澄曰：以先君之不得正終，故不忍行即位之禮。

三月

夫人孫于齊。孫，去聲○《公羊傳》曰：不稱姜氏，與弑公也。或曰蒙前年夫人姜氏遂如齊之文，依前目後凡之例，故不稱姜氏，以見今日孫於齊之夫人，即前年遂如齊之夫人也。或曰文闕也。杜氏曰：夫人，莊公母也。魯人責之，故出奔。内諱奔，謂之孫，猶孫讓而去。澄曰：夫人在齊，蓋隨桓公之喪歸魯矣。魯人以桓公之弑實由夫人，衆怒羣誚，夫人内慙不安，故出奔齊，因以遂其姦也。

夏

單伯逆王姬。單，音善，後並同。「逆」，《左》作「送」〇《公羊傳》曰：天子嫁女乎諸侯，必使諸侯同姓者主之。諸侯嫁女乎大夫，必使大夫同姓者主之。澄曰：王將嫁女於齊，以尊卑不敵，不自主昏，而命魯主之，故魯遣單伯往逆王姬於周，俾先至於魯，而後往歸於齊也。單，氏；伯，字，魯四命之卿天子所命者。張氏曰：常事不書，而此特書之，斬衰而主昏，固已非禮，況齊乃不可同天之讎，奈何爲之主昏？

秋

築王姬之館于外。《穀梁傳》曰：衰麻非所以接弁冕也，仇讎非所以接昏姻也。高郵孫氏曰：桓公見殺於齊，仇讎未復，天王遽使魯主王姬之昏，莊公當辭，期於得請而後已。是時非無同姓之諸侯，蓋莊公未之辭爾〔一〕，辭之不固與不辭同。知主昏之非〔二〕，改築王姬之館於外，孰與辭之不築也！澄曰：魯爲王姬主昏，非自今日始，王姬所館，固有嘗處矣，蓋館於廟也。時公在梁闇，慮齊侯親迎，若就以嘉服接見於廟，則於心有所不安，然又不敢辭主昏之事，故特築館於外，以爲王姬之舍，而俟齊侯之逆。因其變常而書之以譏也。

冬

十月

乙亥，陳侯林卒。林，莊公也，在位八年。其弟杵臼立，是爲宣公。按，莊公與桓王同時，王名林，公亦名林，

〔一〕蓋莊公未之辭爾：「之」，清刻本、四庫本作「知」。

〔二〕知主昏之非：「非」，清刻本作「非正」。

君臣同名也。

□王使榮叔來錫桓公命。孫氏曰：不書「天」者，脱。榮叔，周大夫。榮，氏；叔，字。澄曰：稱氏稱字者，天子四命之大夫。錫，賜也。蘇氏曰：錫命者，命之以策也。衛襄公之歿，王使成簡公追命之。高氏曰：禮，諸侯嗣位，三年喪畢，以士服朝天子，天子錫之黼冕、圭璧，然後歸以臨其民，謂之受命。桓簒弑，未嘗入朝受命，王命魯主昏，故追錫桓公以寵之。張氏曰：莊公主王姬之昏，故王寵嘉其父，桓公已終而遣使賜之策命，若昭七年王使成簡公追命衛侯之比也。桓弑隱，在王法有賊殺其親之罪，乃司馬九伐之所宜加，王不能討，又示褒嘉。趙氏以爲寵簒弑以瀆三綱〔一〕，得《春秋》之旨矣。

王姬歸于齊。張氏曰：王姬來而不書至，别於魯之夫人也。澄曰：書「歸于齊」，魯既主昏，則同乎内女也。趙氏曰：凡外女歸，皆以非常，乃書。

齊師遷紀郱、鄑、郚。郱，音平。鄑，音玆。郚，音吾○杜氏曰：郱在東莞臨朐縣東南，北海都昌縣西有訾城。郚在朱虚縣東南。齊欲滅紀，故徙其三邑之民而取其地。常山劉氏曰：遷者，迫逐之也。沙隨程氏曰：土地人民盡有之曰取，逐其人、有其地曰遷。張氏曰：迫遷三邑之民不服者，取其地，實以齊之民。胡氏曰：遷不言師，其以師遷之者，見紀民猶足與守，而齊人彊暴，用大衆以迫之也。

《經》書月三，書日一。《大衍曆》：正月癸亥，大，壬辰，冬至；閏月癸巳，小；二月壬戌，大，旦日，大寒；三月壬辰，小；四月辛酉，大；五月辛卯，小；六月庚申，大；七月庚寅，大；八月庚申，小；九月己丑，大；

〔一〕趙氏以爲寵簒弑以瀆三綱：「趙」，清刻本、四庫本作「啖」。

十月己未，小，乙亥，十七日；十一月戊子，大；十二月戊午，小。《長曆》：是年閏十月。

二年己丑。莊王五年〇蔡哀三〇曹莊十〇衛惠八、黔牟四〇晋緡十三〇鄭厲九、子儀二〇陳宣公杵臼元年〇杞靖十二〇宋莊十八，卒〇齊襄六〇秦武六〇楚武四十九年

春

王二月

葬陳莊公。

夏

公子慶父帥師伐於餘丘。公子，氏；慶父，名，魯三命之卿。於，發語辭。餘丘，小國之近戎者。其日於餘丘，猶曰於越，蓋夷俗所稱。杜氏曰：莊公時年十五，則慶父莊公庶兄。於餘丘，國名。沙隨程氏曰：書伐國也，二《傳》以爲邾邑，蓋邾附庸。啖氏曰：按前後未有邑，言伐者，故仍依《左氏》舊説爲國。

秋

七月

齊王姬卒。《公羊傳》曰：外夫人不卒，此何以卒？我主之也。《穀梁傳》曰：爲之主者，卒之也。范氏曰：主其嫁則有兄弟之恩，死則服之，故書卒。《禮記》曰：齊告王姬之喪，魯莊公爲之大功。薛氏曰：《檀弓》謂「由魯嫁，故爲之服」，則主昏之爲服，自莊公始也，其以説齊乎？沙隨程氏曰：禮於舅之妻無服，外祖父母纔小功爾。今以世讎而厚其喪，非禮也。不然，外夫人卒不書。

冬

十有二月

夫人姜氏會齊侯于禚。禚，音灼。《公》作「郜」〇《左傳》曰：姦也。杜氏曰：姜前與公如齊，後出奔，至此始會。會非夫人之事，比年書會，其義皆同。禚，齊地。澄曰：元年三月，夫人既奔齊矣，其後復歸魯，而今年冬又自魯往會也。趙氏曰：著姜氏、齊侯之惡，亦以病公也。曰子可以制母乎？夫死從子，通乎其下，况國君乎。君者人神之主，風化之本也，不能正家，如正國何？若莊公哀痛以思父，誠敬以事母，威刑以督下，車馬僕御莫不從命，夫人徒往乎？夫人之往也，則公威命之不行，哀敬之不至爾。

乙酉，宋公馮卒。馮，莊公也，在位十八年。子捷嗣，是爲閔公。高氏曰：考觀宋莊怢求敗類，則穆公之不以其國與子，有以知之矣。

《經》書月三，書日一。《大衍曆》：正月丁亥，大，丁酉，冬至；二月丁巳，小；三月丙戌，大；四月丙辰，小；五月乙酉，大；六月乙卯，小；七月甲申，大；八月甲寅，小；九月癸未，大；十月癸丑，大；十一月癸未，小；十二月壬子，大，月内無乙酉。《長曆》：乙酉，十二月四日。

三年庚寅。莊王六年〇蔡哀四〇曹莊十一〇衛惠九、黔牟五〇晋緡十四〇鄭厲十、子儀三〇陳宣二〇杞靖十三〇宋閔公捷元年〇齊襄七〇秦武七〇楚武五十

春

王正月

溺會齊師伐衛。溺，魯大夫再命者。孫氏曰：朔在齊，故溺會齊伐衛，謀納朔也。高氏曰：衛朔奔齊，齊欲納之，然天王已絶朔，而立公子黔牟爲衛侯，魯輒興兵，會仇讎之人，抗天子之命，納不義之君，其罪大矣。

夏

四月

葬宋莊公。

五月

葬桓王。《左傳》曰：緩也。《公羊傳》、《穀梁傳》曰：改葬。杜氏曰：以桓十五年三月崩，七年乃葬。高氏曰：平王之崩，求賻於諸侯，然後克葬，至於桓崩七年乃克葬者，蓋承諸侯背叛、王師傷敗之後，力益不足矣。夫以天下而葬一人，安可後也〔一〕？聖人書之，以著天下臣子之罪。若曰改葬，則聖人明書之矣。薛氏曰：王升遐七年，然後克葬，閔王室也。沙隨程氏曰：周人東遷之初，尚有志於歸葬，已而侵削益甚，故於此始葬。

秋

紀季以酅入于齊。酅，戶圭切〇《穀梁傳》曰：酅，紀之邑也。入於齊者，以酅事齊也。《公羊傳》曰：請後五廟以存姑姊妹。《左傳》曰：紀於是乎始判。杜氏曰：酅在齊國東安平縣。澄曰：紀侯無子，其弟爲君之貳，而別居於酅。前年齊取紀三邑，紀之土地無幾矣。季知紀之亡在旦夕，故先以其所居邑入於齊，爲附庸之國而存先祀也。陸

〔一〕安可後也：「後」，四庫本作「緩」。

氏曰：紀季以君之邑入於它國，不書曰叛，其有兄之命矣。沙隨程氏曰：紀侯迫於彊齊之暴，自度不能支，命其弟以酅下齊，將委國而去之，不勦民以鬭暴，遜賢弟以存祀，其與力屈而請降、國滅而出奔者有間矣。

冬

公次于滑。「滑」，《公》、《穀》作「郎」○《左傳》曰：一宿爲舍，再宿爲信，過信爲次[一]。次於滑，將會鄭謀紀也，鄭辭以難。《穀梁傳》曰：次，止也，有畏也，欲救紀而不能也。胡氏曰：伐而書次，以次爲善；救而書次，以次爲譏。次於滑，譏也。澄曰：紀將亡矣，以昏姻之故告急於魯，魯莊不能自已[二]，故出次於滑，將會鄭伯爲紀謀，而祈哀乞憐於齊。鄭伯知齊之滅紀不可止也，故辭而不會。杜氏曰：滑，鄭地，在陳留襄邑縣西北。

《經》書月三，書日無。《大衍曆》：正月壬午，小，癸卯，冬至；二月辛亥，大；三月辛巳，小；四月庚戌，大；五月庚辰，小；六月己酉，大；七月己卯，小；八月戊申，大；九月戊寅，小，丙午，處暑；閏月丁未，大；十月丁丑，小，旦日，秋分；十一月丙午，大；十二月丙子，小。

四年辛卯。莊王七年○蔡哀五○曹莊十二○衛惠十、黔牟六○晋緡十五○鄭厲十一、子儀四○陳宣三○杞靖十四○宋閔二○齊襄八○秦武八○楚武五十一

[一] 過信爲次：「信」，原作「宿」，據清刻本、四庫本改。

[二] 魯莊不能自已：「莊」，原作「桓」，據清刻本、四庫本改。

春

王二月

夫人姜氏饗齊侯于祝丘。「饗」，《左》作「享」〇《穀梁傳》曰：饗，甚矣。澄曰：何待至於饗而後爲甚哉？古者飲酒之禮有三：饗、食、燕也。燕禮最輕，蓋主於飲酒而食物不盛；食禮次之，食物甚盛而不飲酒；饗禮最重，飲酒如燕禮之多，食物如食禮之備。雖君大夫亦無行饗、食、燕之禮於野者，況婦人乎！然此亦不足責也。呂氏曰：前此嘗會矣而未之享也，今享矣，又復如齊師矣。人之爲不善，一縱之後，如水方至，莫知所極。杜氏曰：祝丘，魯地。

三月

紀伯姬卒。《穀梁傳》曰：外夫人不卒，此其言卒何也？吾女也，適諸侯則尊同，以吾爲之變卒之也。范氏曰：禮，諸侯絶旁朞，姑姊妹女子嫁於國君者，尊與己同，則變不服之例，爲之服大功九月。啖氏曰：內女爲諸侯之夫人則書卒，以公爲之服故也。孫氏曰：伯姬，隱二年紀裂繻所逆者[一]。內女嫁國君，則服大功，常事也。此卒者，蓋爲下紀侯去國、齊葬紀伯姬起。

夏

齊侯、陳侯、鄭伯遇于垂。襄陵許氏曰：齊與陳、鄭遇垂，蓋謀取紀，是以紀侯見難而去也。蘇氏曰：鄭

[一] 隱二年紀裂繻所逆者：「逆」，四庫本作「迎」。

伯，鄭子儀也。桓十五年五月書「鄭伯突出奔蔡」，九月書「鄭伯突入于櫟」，十八年，齊襄公殺子亹，鄭人立子儀，莊十四年，突使傅瑕弑子儀而入，則遇於垂者子儀也。然則鄭有二君矣，春秋有一國而二君者，鄭突與儀、衛衎與剽是也。突、衎始終爲君，儀之君鄭十有四年，剽之君衛十有一年，皆能君者也，故《春秋》因其實而君之。然則孰與？曰皆不與也。突之入也以篡，衎之出也以惡，儀、剽雖國人之所立，而突、衎在焉，非所以爲安也，故四人者，《春秋》莫適與也，皆不没其實而已。胡氏曰：蘇子由以鄭伯爲子儀，謂「春秋有一國二君」，其説辨，其理通，善發《春秋》之意者。然而鄭伯實厲公，終始能君，故不没其實，非與之也。惟不没其實，故出奔蔡、入於櫟、會於垂皆書其爵。惟非與之也，故歸於鄭、出奔蔡、入於櫟皆書其名。《春秋》於世子忽猶不書爵，而况子儀之微者乎！高氏曰：或以此鄭伯爲子儀，非也。忽，世子，再出奔猶不得稱子，其復歸猶不得稱爵。子儀雖乘閒得立，其爲君微矣，豈敢輕去國都而與諸侯會乎？故知此鄭伯即突也。齊恐陳、鄭救紀，故求結二國歡心，先遇於垂，使紀失其援也[一]。

紀侯大去其國。《左傳》曰：紀侯不能下齊，以與紀季，去其國，違齊難也。程子曰：大，名也。常山劉氏曰：紀侯名大，生名之，著失地也。去其國，自去也。澄曰：諸侯失地，名。紀侯去其國而紀遂亡，故名之。紀之郱、鄑、郚爲齊所取，紀季又以酅入於齊，紀之土地蓋僅有國外近郊之境，而亦無人民可以自守，齊又將以兵力取之，故自去其國，而齊遂有其地也。言去其國而不言出奔某國者，蓋自逃於民伍，而不復適它國，或入山林，或入河海也。

乙丑，齊侯葬紀伯姬。伯姬卒，值紀侯去國，不能自葬，齊侯既取紀地，遂葬其喪，書以閔之也。啖氏曰：凡内女之葬不書，書者，皆非常也。胡氏曰：齊襄迫逐紀侯，使之去國，雖其夫人在殯而不及葬。陸氏曰：葬者，臣子

[一] 使紀失其援也：「紀失其援也」，清刻本作「紀侯無復之也」。

之事，非由隣國也。齊侯并人之國而禮葬其妻，是謂豺狼之行而爲婦人之仁也。

秋

七月。

冬

公及齊人狩于禚。「禚」，《公》、《穀》作「郜」〇於本國而非狩地且譏，況越境而與鄰國之微臣狩於彼國之地乎！此四年冬公及齊人所狩之地，即二年冬姜氏與齊侯所會之地也，莊公於是乎無羞惡之心矣！

《經》書月四，書日一。《大衍曆》：正月乙巳，大，戊申，冬至；二月乙亥，大；三月乙巳，小；四月甲戌，大；五月甲辰，小；六月癸酉，大；七月癸卯，小，《經》六月乙丑在此月；八月壬申，大；九月壬寅，小；十月辛未，大；十一月辛丑，小；十二月庚午，大。《長曆》：是年閏四月，乙丑，六月三日。

五年壬辰。莊王八年〇蔡哀六〇曹莊十三〇衛惠十一、黔牟七〇晋緡十六〇鄭厲十二、子儀五〇陳宣四〇杞靖十五〇宋閔三〇齊襄九〇秦武九〇楚文王熊貲元年

春

王正月。

夏

夫人姜氏如齊師。時齊侯帥師出外，而夫人往與之會也，不言地，師行而不次也。

秋

郳黎來來朝。「郳」，《公》作「倪」○杜氏曰：郳，附庸國也，東海昌慮縣東北有郳城。黎來，名。澄曰：附庸之君未爵例稱名，其後齊桓霸，以王命爵之爲子，改國號爲郳，《經》書曰「小邾」以别於邾也。

冬

公會齊人、宋人、陳人、蔡人伐衛。《左傳》曰：納惠公也。澄曰：齊、宋、陳、蔡皆卿也，以公在，故降稱人。三年春，齊師會魯伐衛以納朔而未克納，故今又會四國之兵以納之也。

《經》書月一，書日無。《大衍曆》：正月庚子，小，癸丑，冬至；二月己巳，大；三月己亥，小；四月戊辰，大；五月戊戌，小；六月丁卯，大；七月丁酉，小；八月丙寅，大；九月丙申，小；十月乙丑，大；十一月乙未，小；十二月甲子，大。

六年癸巳。莊王九年○蔡哀七○曹莊十四○衛惠十二、黚牟八○晋緡十七○鄭厲十三、子儀六○陳宣五○杞靖十六○宋閔四○齊襄十○秦武十○楚文二

春

王正月

王人子突救衛。王人，王朝一命之下士。子，王之子；突，名也。一命者稱人而不得稱名，以王子之貴同於三

命，故稱屬稱名，當云「王人王子突」，「子」上無「王」字者，蒙上文「王」字，省文也〔一〕，蓋以官則卑，而爲王之人，以屬則貴，而爲王之子，故稱人而又稱名也。五國伐衛納朔，王命突救之，欲存黔牟而拒朔也。

夏

六月

衛侯朔入于衛。《左傳》曰：衛侯入，放公子黔牟於周，放甯跪於秦，殺左公子洩、右公子職。澄曰：五國之兵破衛，而朔得入也。朔構兄篡國，天討所當加，又得罪於王，王當明正其罪，布告諸侯，乃不能然，遂使齊與四國敢抗王命而納之，王人之救，不能明示天子之命，自同於列國之兵爭，以力爲强弱，卒不能救，而五國竟破衛納朔，王室之不競，而威令不行於諸侯，可悲也夫！

秋

公至自伐衛。莊之出十有九，其至之者五，譏也；其不至者十有四，常事不書。張氏曰：書至與「至自唐」意同，王誅若行，齊、魯、宋、衛皆有當誅之罪，故書至以危之。

螟。

冬

齊人來歸衛俘。「俘」，《公》、《穀》作「寶」○《左傳》曰：文姜請之也。澄曰：俘，伐衛所俘獲之臣虜、財

〔一〕「故稱屬稱名當云王人王子突子上無王字者蒙上文王字省文也」，清刻本、四庫本作「故稱屬稱未嘗去王今王子突子上無王字者蒙上文王子者文也」。

物也[一]。五國共伐衛而齊主兵，故四國所俘獲不敢有，而悉以與齊。文姜醜行，自知魯人所不與，故請於齊侯，使以伐衛所俘獲之民物歸於魯，以悅魯人也。

《經》書月二，書日無。《大衍曆》：正月甲午，大，戊午，冬至；二月甲子，小，己丑，大寒；三月癸巳，大；四月癸亥，小；五月壬申，大，庚寅，穀雨；閏月壬戌，小；六月辛卯，大，辛卯，小滿；七月辛酉，小；八月庚寅，大；九月庚申，大；十月庚寅，小；十一月己未，大；十二月己丑，小。

七年甲午。莊王十年○蔡哀八○曹莊十五○衛惠十三○晋緡十八○鄭厲十四、子儀七○陳宣六○杞靖十七○宋閔五○齊襄十一○秦武十一○楚文三

春

夫人姜氏會齊侯于防。《左傳》曰：齊志也。杜氏曰：防，魯地。文姜數與齊侯會，至齊地則姦發夫人，至魯地則齊侯之志。

夏

四月

辛卯夜，恒星不見。夜中，星隕如雨。辛卯夜，《穀》「夜」作「昔」。見，音現。中，如字，又去聲。隕，音

[一] 伐衛所俘獲之臣虜財物也：「虜」，清刻本作「民」。

尹，《公》作「霣」，後凡「隕」字並同○《穀梁傳》曰：恒星，經星也。《左傳》曰：不見，夜明也。啖氏曰：星隕如雨，謂奔流衆，如雨之多，李陵云「謀臣如雨」，皆言多爾。澄曰：恒星，謂有名之經星。星，謂無名之衆星。夜無日光則暗而星見；晝有日光則明而星不見。恒星不見，夜明如晝故也。大星之恒見者不見，則小星之無名者亦無也。隕，謂自天而隕，没於半空而不至地。如雨，言衆多不可爲數也。小星之無名者隕，則大星之常見者自若也。

秋

大水。

無麥苗。周之秋，夏之五月，麥熟而黍、稷、粱之苗將秀。大水漂盡，故麥與苗俱無也。

冬

夫人姜氏會齊侯于穀。胡氏曰：防，魯地也。穀，齊地也。初會於禚，次享於祝丘，又次如齊師，又一歲而再會焉，其爲惡益遠矣。明年無知弑諸兒，其禍淫之明驗也。杜氏曰：穀，濟北穀城縣。張氏曰：今屬鄆州東阿縣，文姜元年以罪孫於齊，後復宣淫，自二年至今，詳書於策。《敝笱》、《載驅》，録於《齊風》，論其時世，與衛之《鶉之奔奔》、《牆有茨》諸篇，皆一時之事。魯、衛先王之後，婦行放逸，同播其惡於萬民，夫子曰「魯衛之政，兄弟也」，蓋不特周公、康叔之盛，而其世衰俗末、政之陵夷亦相似也，其後慶父亂魯，齊幾取之，與衛滅同時。聖人以魯事詳於《春秋》，而齊《詩》及魯事者不删。夫二南之風，后妃不待閑而德足以化天下，後世閑有家之道廢，而亡國敗家之禍同一軌轍，《詩》、《春秋》之旨蓋相爲表裏也。

《經》書月一，書日一。《大衍曆》：正月戊午，大，甲子，冬至；二月戊子，小；三月丁巳，大；四月丁亥，小，辛卯，五日；五月丙辰，大；六月丙戌，小；七月乙卯，大；八月乙酉，小；九月甲寅，大；十月甲申，小；十一月癸丑，大；十二月癸未，小。《長曆》：是年閏四月。

八年乙未。莊王十一年○蔡哀九○曹莊十六○衛惠十四○晋緡十九○鄭厲十五、子儀八○陳宣七○杞靖十八○宋閔六○齊襄十二，弒○秦武十二○楚文四

春

王正月

師次于郎以俟陳人、蔡人。師，我之將卑而師衆也。杜氏曰：期共伐郕，陳、蔡不至，故駐師於郎以待之。

甲午治兵。「治」，《公》作「祠」○俟陳、蔡不至，故治兵於郎。《周官·大司馬》因秋獮而治兵以教戰，此常禮也。微者帥師在外，因有所俟，曠日持久，見師徒之不整，而擅舉治兵之禮。不於獮所，則非其地；不於仲秋，則非其時；微者擅舉，則非其人。皆非常也，故書。

夏

師及齊師圍郕。「郕」，《公》作「成」○郕者，郕叔所封。周公與郕叔皆文王之子，魯兄弟之國也。齊貪其地而連魯、陳、蔡之兵伐之。魯莊事齊，奉命惟謹，期與陳、蔡會齊伐郕，而陳、蔡不至，於是魯之師獨與齊師圍郕也。魯莊忘親而奉仇讎以伐同姓，不義之甚，陳、蔡善於魯多矣。説者謂魯欲取郕而結陳、蔡同伐，陳、蔡既不至，乃藉力於

齊。按，魯，弱國也，安能摟諸侯以伐諸侯乎？齊，彊國也，豈肯爲魯役？魯亦何敢役之哉？蓋齊欲圖郕〔一〕，而徵兵於魯與陳、蔡爾，惟李、杜二説近是。李氏堯俞曰：魯不應與齊伐同姓之國。杜氏諤曰：魯兵出無名，止爲彊齊圍郕國，畏齊之暴横而會之也。

郕降于齊師。降，奚江切○欲得郕者，齊也。郕畏齊而不畏魯，故齊、魯同圍，而郕獨降齊也。魯之興師，爲齊出力而已。

秋

師還。還，音旋，後並同○見其勞民於外，歷三時而後還也。

冬

十有一月

癸未，齊無知弑其君諸兒。《左傳》曰：齊侯使連稱、管至父戍葵丘，請代弗許，故謀作亂。僖公之母弟曰夷仲年，生公孫無知，有寵於僖公，襄公絀之，二人因之以作亂。齊侯田於貝丘，反，賊遂弑之而立無知。張氏曰：齊襄之見弑，以禍本言之，則無知之亂，適積漸於僖公之時，而襄公之惡蹟不可揜，如抗王伐衛、殺魯桓公、色荒禽荒、暱比小人，以至禍發蕭墻，身殲賊手。考其即位至今，所書齊事無非亡國戕身之媒，所謂積不善之餘殃也。澄曰：諸兒，襄公也，在位十二年。明年弟小白立，是爲桓公。

〔一〕 蓋齊欲圖郕：「圖」，四庫本作「圍」。

《經》書月二，書日二。《大衍曆》：正月壬子，大，己巳，冬至；二月壬午，大，《經》正月甲午在此月；三月壬子，小；四月辛巳，大；五月辛亥，小；六月庚辰，大；七月庚戌，小；八月己卯，大；九月己酉，小；十月戊寅，大；十一月戊申，小；十二月丁丑，大，《經》十一月癸未在此月。《長曆》：甲午，正月十三日；癸未，十一月六日。

九年丙申。莊王十二年〇蔡哀十〇曹莊十七〇衛惠十五〇晋緡二十〇鄭厲十六、子儀九〇陳宣八〇杞靖十九〇宋閔七〇齊桓公小白元年〇秦武十三〇楚文五

春

齊人殺無知。《左傳》曰：初，無知虐於雍廩，雍廩殺無知。杜氏曰：雍廩，齊大夫。劉氏曰：雍廩殺之，其稱人何？討賊之辭也。

公及齊大夫盟于蔇。「蔇」，《公》作「暨」〇《左傳》曰：襄公無常，鮑叔牙曰：「亂將作矣。」奉公子小白出奔莒。亂作，管夷吾、召忽奉公子糾來奔。《穀梁傳》曰：齊人殺無知而迎公子糾於魯。《國語》韋氏註曰：齊逆子糾，魯莊公不即遣而盟以要之，齊大夫歸迎小白於莒。高氏曰：此盟蓋公意。杜氏曰：小白，僖公庶子；糾，小白庶兄。蔇，魯地，瑯琊齊縣有蔇亭。張氏曰：今沂州承縣也。大夫，齊太宰。是時齊無君，太宰任國事，故不名，與文七年扈之盟趙盾書大夫同。澄按：糾與小白皆襄公之庶弟，而糾爲長，齊人擇君，先自長始，故大夫自至魯地，請糾於魯，且觀糾之可立與否。魯既要之以盟，而齊大夫之意已不在糾矣。姑徇魯而與之盟，非其本心，故歸即背之。若是齊不來請，魯自欲納糾，則齊大夫安肯至魯地而受盟乎？齊大夫既自至魯地請糾，而復中變改圖，背盟失信，始謀之不審，可罪

也。大夫不氏名者，齊無君而以當國之大夫敵公也〔一〕。

夏

公伐齊，納糾。「納糾」，《左》作「納子糾」○高氏曰：齊大夫既歸，遂背蔇之盟，陰召小白而不迎糾，魯始引兵伐齊而納糾。方其納也，小白猶未入於齊，齊不受糾，而公尚以蔇之盟彊欲納之。夫頓子、北燕伯，失地之君，内爲彊臣所拒，非假大援不可復其位，故《經》書「納」。若出奔之子，則異此矣。既素無位，又在外焉，必有君父之命乃可以還，否則國人義欲奉之，庶乎其可，苟非此二者，而隣國以兵來脅，必欲其立，豈王法所容乎？晋納捷菑，雖弗克，猶貶。伐齊納糾，罪公也。

齊小白入于齊。《左傳》曰：桓公自莒先入。澄按，襄公諸兒、公子糾、公子小白皆齊僖公之子，襄公遭弑而無嗣，則糾與小白皆可君齊。齊人初欲迎糾，既而當國者知糾之不如小白，故拒糾而召小白，先入於國而奉以爲君。小白之立，蓋齊國公議爲社稷計也，則小白乃齊國之所共戴，而糾特魯君之所私納，故曰「齊小白」，言其當爲齊君也。入者，難辭。雖齊大夫之所欲立，然有魯兵見伐，奉糾爭國，故小白亦藉莒兵護送而後得入齊，非如歸之易也。

秋

七月

丁酉，葬齊襄公。賊已討而弟立，九月乃得葬。

〔一〕齊無君而以當國之大夫敵公也：「公」，四庫本作「君」。

八月

庚申，及齊師戰于乾時，我師敗績。乾，音干○公親將兵納糾，小白既定，猶不退師，此戰書「及」書「齊師」，蓋公不自戰，微者與齊微者戰而魯敗也。杜氏曰：乾時，齊地，時水在樂安界，岐流[一]，旱則竭，故曰乾時。

九月

齊人取子糾，殺之。《左傳》曰：鮑叔帥師來言曰：「子糾，親也，請君討之；管、召，讎也，請受而甘心焉。」乃殺子糾于生竇。《公羊傳》曰：脅我，使我殺之也。《穀梁傳》曰：猶曰「取其子糾而殺之云爾」。范氏曰：言齊之子糾，今取而殺之，魯不能救護也。趙氏曰：《論語》云「桓公殺公子糾」，則知齊自殺之，非魯殺也。若實魯殺，則當書云「齊人使我殺子糾」，不應云「取」也。澄曰：趙說蓋非，當從三《傳》。未踰年之君稱子，齊立小白，魯亦立糾以與小白爭國，書「子糾」，以見魯莊擅立鄰國君之罪。小白立而魯師還，則糾乃一亡公子寄寓於魯者爾，何罪而齊欲殺之乎？今齊有君而魯又立糾，是齊有二君矣，勢固不兩立也。魯兵戰敗，力不敵齊，故齊聲子糾爭國之罪，偪魯殺之。魯不能芘[二]，遂殺之于生竇。殺之者雖魯，從齊令也，是猶齊人取之於魯，魯以畀齊而殺之焉爾，所以著子糾之死皆魯之罪也。

冬

浚洙。《公羊傳》曰：畏齊也。張氏曰：洙水在魯城北，齊伐魯之道也。魯雖殺子糾，而猶有畏齊之心，故浚而

[一] 岐流：「岐」，原作「峻」，據清刻本、四庫本及四部叢刊景宋本杜預《春秋經傳集解》改。
[二] 魯不能芘：「芘」，四庫本作「庇」，兩通。

深之，以備齊師之至。

《經》書月三，書日二。《大衍曆》：正月丁未，小，甲戌，冬至；二月丙子，大，甲辰，大寒；三月丙午，小，甲戌，雨水；閏月乙亥，大；四月乙巳，小，旦日，春分；五月甲戌，大；六月甲辰，大；七月甲戌，小，丁酉，二十四日；八月癸卯，大，庚申，十八日；九月癸酉，小；十一月壬申，小；十二月辛丑，大。《長曆》：是年閏八月。

十年丁酉。莊王十三年〇蔡哀十一〇曹莊十八〇衛惠十六〇晋緡二十一〇鄭厲十七、子儀十〇陳宣九〇杞靖二十〇宋閔八〇齊桓二〇秦武十四〇楚文六

春

王正月

公敗齊師于長勺。勺，市若切〇《左傳》曰：齊師伐我。澄曰：齊師来伐，以報乾時之戰，而公敗其師也。偏戰曰敗，彼未陳而我薄之也。啖氏曰：凡魯勝則曰敗某師。張氏曰：戰法，定日刻期，兩陣相向以決勝負，雖敗而奔，亦無多殺之禍。偏戰則出於本意，僥幸一勝也。

二月

公侵宋。潛師掠境曰侵，莊公僥幸得志於齊，遂舉無名之師以掠宋境，此所以召郎之師也。

三月

宋人遷宿。趙氏曰：徙而臣之曰遷某。陸氏曰：移入封内以爲附庸也。襄陵許氏曰：遷之，使未失其國家以

往〔一〕，其義猶有所難，則是王澤之未竭也。僖、文以後，有滅國無遷國矣。澄曰：使宿之民從其君遷它處，宋遂有其舊都之地。

夏

六月

齊師、宋師次于郎。魯莊以正月敗齊，二月侵宋，故齊、宋二國合兵報魯。駐兵于郎而未名所伐，可見其師出之無名也。

公敗宋師于乘丘。乘，繩證切○《左傳》曰：齊師、宋師次於郎。公子偃曰：「宋師不整，可敗也。宋敗，齊必還。」自雩門竊出，蒙皐比而先犯之，公從之，大敗宋師於乘丘，齊師乃還。杜氏曰：乘丘，魯地。劉氏曰：齊、宋揚兵整旅，徑人之國〔二〕，欲窺利乘便攻取，使魯人恫疑〔三〕，出奇計詐謀，覆滅其軍以自救，此輕用其衆之罪也。魯人偷得一時之勝，非弭患止亂、安國便民之道〔四〕。襄陵許氏曰：齊桓始入，未撫其民而輕用之，是以再不得志於魯。晋文公之入五年而後用其民，蓋監此也。

秋

九月

〔一〕使未失其國家以往：「往」，四庫本作「行」。

〔二〕徑人之國：「徑」，四庫本作「經」。

〔三〕使魯人恫疑：「恫」，清刻本作「懷」，四庫本作「懼」。

〔四〕安國便民之道：「便」，清刻本、四庫本作「使」。

荆敗蔡師于莘，以蔡侯獻舞歸。「舞」，《穀》作「武」〇杜氏曰：荆，楚本號，後改爲楚。莘，蔡地。獻舞，蔡季。啖氏曰：蔡侯失地，故名。澄曰：荆之下不書其君臣者，狄之也。荆爲中國患久矣，宣王時已伐之。入春秋，遂僭稱王，猾夏彌甚，殘滅小國以廣其土地者非一也，其事不聞於魯，故不書於《春秋》之經。蔡與齊、魯、宋、衛、陳、鄭，皆中國之望，蔡見楚之浸彊，前此與鄭會於鄧，《傳》以爲始懼楚，至此蔡果首受其禍。此《經》書荆蠻猾夏之始，蓋荆舉兵犯蔡，至莘地，蔡侯禦之，爲荆所敗，蔡侯師敗，爲荆所獲而以之歸也。蔡侯獻舞，哀公也，留於楚九年，至魯莊十九年卒。子肸嗣，是爲穆公。

冬

十月

齊師滅譚，譚子奔莒。《左傳》曰：齊侯之出也，過譚，譚不禮焉。及其入也，諸侯皆賀，譚又不至。杜氏曰：譚國在濟南平陵縣西南。張氏曰：今濟南府歷城縣。澄曰：滅者，夷其社稷，絶其宗祀也。齊桓方欲圖霸，而首以私憾滅小國，所以爲三王之罪人也。譚子爵而不名者，蓋是小國，史策不詳其名。或曰爲彊大所吞，雖失國而非其罪。然聖筆決不以名不名而定其有罪無罪也。奔不言出者，國已滅矣，無復有歸入之地也。《經》書月六，書日無。《大衍曆》：正月辛未，小，己卯，冬至；二月庚子，大；三月庚午，小；四月己亥，大；五月己巳，小；六月戊戌，大；七月戊辰，小；八月丁酉，大；九月丁卯，小；十月丙申，大；十一月丙寅，小；十二月乙未，大。

十有一年戊戌。莊王十四年〇蔡哀十二〇曹莊十九〇衛惠十七〇晋緡二十二〇鄭厲十八、子儀十一〇陳宣十〇杞

靖二十一〇宋閔九〇齊桓三〇秦武十五〇楚文七

春

王正月。

夏

五月

戊寅，公敗宋師于鄑。鄑，音兹〇《左傳》曰：宋爲乘丘之役故侵我。公禦之，宋師未陣而薄之，敗諸鄑。杜氏曰：鄑，魯地。張氏曰：宋師再至再敗，魯雖再勝，國亦困於兵矣。

秋

宋大水。《左傳》曰：宋大水，公使弔焉，曰：「天作淫雨，害於粢盛，若之何不弔？」對曰：「孤實不敬，天降之災，又以爲君憂，拜命之辱。」杜氏曰：公使弔之，故書。陸氏曰：外災來告則書。

冬

王姬歸于齊。《左傳》曰：齊侯來逆共姬。張氏曰：即齊侯之夫人王姬是也。澄曰：齊桓公娶王女以爲夫人，而魯主其昏，故書歸同於内女，不書來逆，常事無譏也。

《經》書月四，書日一。《大衍曆》：正月乙丑，大，乙酉，冬至；二月乙未，小；三月甲子，大；四月甲午，小，丙辰，春分；五月癸亥，大，戊寅，十六日；六月癸巳，小；七月壬戌，大；八月壬辰，小；九月辛酉，大；十月辛卯，小，己未，秋分；十一月庚申，大，己丑，霜降；閏月庚寅，小；十二月己未，大。《長曆》：是年閏三月。

十有二年己亥。莊王十五年，崩，不書○蔡哀十三○曹莊二十○衛惠十八○晋緡二十三○鄭厲十九、子儀十二○陳宣十一○杞靖二十二[一]○宋閔十，弒○齊桓四○秦武十六○楚文八

春

王二月

紀叔姬歸于酅。《公羊傳》曰：隱之也。何氏曰：痛其國滅無所歸也。澄曰：紀無國矣，而曰「紀叔姬」者，録其舊也。按，伯姬魯女，爲紀侯大之夫人，叔姬其娣也。紀國既亡，紀侯又死，叔姬無所依。紀季以酅爲齊附庸，猶存紀之宗祀，欲歸就紀國宗祀所存之處而終其身，得婦人從一而終之義焉。然紀侯去國九年之後乃始歸酅者，俟季之位定也，惟恐齊不能容季而紀祀不可存，則酅不可依也，又見其謹審遠辱之識焉[二]。賢哉，叔姬也！杜氏曰：紀侯去國而死，叔姬歸魯。紀季自定於齊而後歸之，全守節義，以終婦道，故係之紀。啖氏曰：非嫁而歸，故加「紀」字，稱紀，言紀之婦也。蓋紀侯去國之後死於它，而叔姬還魯，至是乃歸于酅。胡氏曰：魯爲宗國，婦人有來歸之義。紀既亡矣，不歸于魯[三]，全節守義，不以亡故而虧婦道也。夏侯令女，曹爽之弟婦，寡居守志，曰：「曹氏全盛之時尚欲保終，況今衰亡，何忍棄之？」其聞叔姬之風乎[四]。

[一] 杞靖二十二：「二十二」，原作「二十三」，據清刻本、四庫本改。
[二] 又見其謹審遠辱之識焉：「識」，清刻本、四庫本作「幾」。
[三] 不歸于魯：清刻本作「復歸于酅」。
[四] 其聞叔姬之風乎：「乎」，四庫本作「者也」。

夏

四月。

秋

八月

甲午，宋萬弑其君捷及其大夫仇牧。「捷」，《公》作「接」〇《左傳》曰：乘丘之役，公以金僕姑射南宫長萬，公右歂孫生搏之。宋人請之。宋公靳之曰：「始吾敬子，今子魯囚也，吾弗敬子矣。」病之，弑閔公于蒙澤[一]。遇仇牧于門，批而殺之，遇太宰督于東宫之西，又殺之。張氏曰：仇牧遇弑君之賊，不畏彊禦，死於其難，故書「及」；華督弑君亂臣，死不償責，故不書。澄曰：《公羊傳》言莊公獲萬，舍諸宫中數月，然後歸之，歸反爲大夫于宋。按萬稱名，是自魯歸宋而爲再命之大夫也，萬有力無德，戰敗免罪已幸矣，又以之爲大夫，宋閔用人如此，其遭弑也，自取之也。

冬

十月

宋萬出奔陳。《左傳》曰：立子游，羣公子奔蕭，公子御説奔亳。南宫牛、猛獲帥師圍亳，蕭叔大心及戴、武、宣、穆、莊之族以曹師伐之，殺南宫牛于師，殺子游于宋，立桓公，猛獲奔衛，南宫萬奔陳。宋人請猛獲于衛，衛人歸之。亦請南宫萬于陳以賂，皆醢之。胡氏曰：宋人醢萬，則賊已討矣，不書殺萬，特書萬出奔陳，以著陳人黨惡之罪。

[一] 弑閔公于蒙澤：「弑」，原作「殺」，據四庫本改。

張氏曰：陳容其奔，罪已大矣，受賂而後歸之，與所謂「殺其人，汙其宮而瀦之」之意何如！澄曰：陳之人當如昔年之執州吁者以執萬，今乃受其奔，是爲逆賊之逋逃主也。宋臣雖能敗賊而立君，然賊既逸去，後始得而誅之，視石碏討州吁之義則有愧矣，故不言宋人殺萬。

《經》書月四，書日一。《大衍曆》：正月己丑，大，庚寅，冬至；二月己未，小；三月戊子，大；四月戊午，小；五月丁亥，大；六月丁巳，小；七月丙戌，大；八月丙辰，小；九月乙酉，大，《經》八月甲午在此月；十月乙卯，小；十一月甲申，大；十二月甲寅，小。《長曆》：甲午，八月九日。

十有三年庚子。僖王元年○齊霸桓公五年○蔡哀十四○曹莊二十一○衛惠十九○晋緡二十四○鄭厲二十、子儀十三○陳宣十二○杞靖二十三○宋桓公御説元年○秦武十七○楚文九

春

齊侯、宋人、陳人、蔡人、邾人會于北杏。「齊侯」，《穀》作「齊人」○《左傳》曰：會于北杏，以平宋亂。杜氏曰：北杏，齊地。澄曰：是時管仲爲政四年矣，教齊桓糾合諸侯以圖霸，而始爲此會也。按上年宋有弑君之亂，蕭叔大心僅能率五族殄亂賊，立桓公御説。平宋亂者，定御説之位也。以平宋亂會諸侯，其名正矣。然列國僅有陳、蔡，小國僅有邾，併宋四國而已，又君不躬至而卿代行，若魯若衛，最近於齊而皆不會，是齊桓之信，未能孚於諸侯也[一]。宋、陳、蔡以卿會君，故降而稱人。春秋之世，以諸侯而主天下盟會，由此北杏之會始。以大夫而主天下盟會，

[一] 未能孚于諸侯也：「孚」，四庫本作「申」。

由文七年扈之盟始。張氏曰：宋弑君之首惡方誅，嗣君新立，合諸侯定宋亂，陳、蔡、邾並來受命，齊桓苟能於宋萬初弑君之時舉兵討之，則不勞告諭，而天下翕然宗齊矣。齊桓欲合諸侯行霸事，恐諸侯之未喻，故未欲煩其君，而使其臣來會，告以平宋亂之事。晉悼公合諸侯于邢丘，命朝聘之數，使諸侯之大夫聽命，鄭伯之外，齊、宋、衛、邢皆稱人，殆齊桓故事歟！

夏

六月

齊人滅遂。管仲相桓公，方將糾合諸侯以圖霸，而前此滅譚，今又滅遂，不仁甚矣，此孔門所以羞稱齊桓，曾西所以不爲管仲也。杜氏曰：遂國在濟北蛇丘縣東北。張氏曰：蛇丘屬漢泰山郡隧鄉，故遂國也。

秋

七月。

冬

公會齊侯盟于柯。《左傳》曰：始及齊平也。孫氏曰：公不及北杏之會，桓公既滅遂，懼其見討，故盟于此。杜氏曰：柯，齊之阿邑。張氏曰：今鄆州東阿縣。魯莊自齊桓入國，屢與之戰，雖一再勝，而齊方修軍政以圖霸，魯有見伐之虞，至此始及齊平。《公》、《穀》所載曹子之事，齊桓捐小利以收魯，容或有之，皆霸術也，但《公羊》言之過其實爾。趙氏曰：按桓公未嘗侵魯地，盟後未嘗歸魯田，其事妄。

《經》書月二，書日無。《大衍曆》：正月癸未，大，乙未，冬至；二月癸丑，小；三月壬午，大；四月壬子，小；五月辛巳，大；六月辛亥，大；七月辛己，小；八月庚戌，大；九月庚辰，小；十月己酉，大；十一月己卯，小；十二月戊申，大。

十有四年辛丑。僖王二年〇齊霸桓六〇蔡哀十五〇曹莊二十二〇衛惠二十〇晋緡二十五〇鄭厲二十一、子儀十四〇陳宣十三〇杞共公元年〇宋桓二〇秦武十八〇楚文十

春

齊人、陳人、曹人伐宋。《左傳》曰：宋人背北杏之會，諸侯伐宋，取成而還。澄按：北杏之會，齊侯本以定宋君之位，而宋即背之，蓋假仁義非誠心，故人心不孚也〔一〕。張氏曰：伐宋同陳、曹〔二〕，皆宋之鄰，不勤遠國，簡便之規撫也〔三〕。程子曰：齊自管仲爲政，莊十一年而後，未嘗興大衆也，其賦於諸侯亦寡矣，終管仲之身，息養天下厚矣，至於秦、晋，使之不競而已，不彊致也，是以其功卑而易成。

夏

單伯會伐宋。伐宋之役，齊止用近宋之陳、曹而不煩遠兵，然魯方從霸，故齊雖不徵於魯，而魯自遣單伯以兵往會也。張氏曰：魯自盟柯已平于齊，而未從其役，故因齊討宋，命上卿率師往會，示從霸之意。齊桓方興，理勢當從，

〔一〕故人心不孚也：「孚」，清刻本、四庫本作「予」。

〔二〕伐宋同陳、曹：「同」，清刻本、四庫本作「用」。

〔三〕簡便之規撫也：「撫」，通志堂經解本張治《春秋集注》作「模」。

固異於暈會宋殤黨亂賊、伐無罪矣，故書會伐而不再叙諸國也。

秋

七月

荆入蔡。《左傳》曰：蔡哀侯娶于陳，息侯亦娶焉。息嬀過蔡，蔡侯止而見之，弗賓。息侯聞之，怒，使謂楚文王曰：「伐我，吾求救于蔡而伐之。」楚子從之。敗蔡于莘，以蔡侯歸。蔡哀侯爲莘故，繩息嬀以語楚子。楚子如息，以食入享，遂滅息，以息嬀歸，生堵敖及成王。未言，楚子問之，對曰：「吾一婦人而事二夫，縱弗能死，其又奚言？」楚子以蔡侯滅息，遂入蔡。張氏曰：息之亡、蔡之入，皆哀侯致之。蔡自會鄧懼楚之後，非但不爲徹桑土、綢繆牖户之謀，而以婦人之故再召楚師，始則身虜，繼以國破。楚熊貲興兵以悦婦人，是時齊桓之業未成，遂致其横行淮漢，侵及中國也。澄曰：齊雖圖霸，力未能以帖荆。十年，荆方敗蔡而虜其君，今又破蔡而入其國，《春秋》屢書，痛中國之不競也。

冬

單伯會齊侯、宋公、衛侯、鄭伯于鄄。鄄，戈見切〇《左傳》曰：宋服故也。杜氏曰：鄄，衛地。張氏曰：今濮州鄄城縣。澄曰：春，齊、陳、曹三國之人伐宋。其夏，魯單伯方往會伐，時宋已成而三國還師，單伯不及至宋境矣，故冬而單伯復會齊、宋之君以結成，而衛、鄭之君亦來會也，此衣裳之會之一，齊霸蓋略定矣。若陳、蔡、曹、邾已歸齊者不復與會，蓋齊之霸政務簡便，不欲煩諸侯也。

《經》書月一，書日無。《大衍曆》：正月戊寅，小，庚子，冬至；二月丁未，大；三月丁丑，小；四月丙午，大；五月丙子，小；六月乙巳，大，《傳》甲子，二十日；七月乙亥，小；八月甲辰，大，癸酉，大暑；閏月甲戌，大；九月甲辰，小，旦日，處暑；十月癸酉，大；十一月癸卯，小；十二月壬申，大。《長曆》：是年閏五月。

十有五年壬寅。僖王三年○齊霸桓七○蔡哀十六○曹莊二十三○衛惠二十一○晉緡二十六○鄭厲二十二○陳宣十四○杞共二○宋桓三○秦武十九○楚文十一

春

齊侯、宋公、陳侯、衛侯、鄭伯會于鄄。《左傳》曰：齊始霸也。張氏曰：《傳》謂始霸，指諸侯始定而言，然魯未信服，自後宋人猶或主兵，衛、鄭未免復叛，蓋齊霸駸駸而定，而諸侯之心猶未一也。劉氏曰：伯則主諸侯，諸侯莫先焉。此年伐郳，宋序齊上。明年伐鄭，宋亦序齊上，齊之未主諸侯明矣。然則齊始霸在十六年九國盟于幽之時，自此始爲諸侯主矣。襄陵許氏曰：十三年、十四年會，至是又會，三合諸侯而不盟，以示重慎，是以盟則衆信，莫敢渝也。

夏

夫人姜氏如齊。張氏曰：文姜播惡齊襄之世，不如齊八年矣，至此復如齊。桓公欲求魯好以定霸業，而不之拒。襄陵許氏曰：鄄之會，魯尚未從，桓公未能比近，無以示遠，務求合於魯，是以受文姜，以昭親親，而齊、魯之交卒合。然而禮坊一弛，夫人復啓越竟之恣，遂成如莒之姦。

秋

宋人、齊人、邾人伐郳。「郳」，《公》作「兒」○《左傳》曰：諸侯爲宋伐郳。張氏曰：小邾，宋之附庸，不服宋，桓公爲宋伐之。宋序齊上，蓋齊桓霸體未全正，此役爲宋而興，亦猶伐宋之師，邾人爲道而序鄭之上也。劉氏曰：此齊桓之師，何以不先諸侯？猶未成乎霸也。明年會幽，爲九合之始。九者始于幽，終于淮。澄按，九合之數説

各不同，故朱子以爲「九」當作「糾」。杜氏諤曰：齊桓内不能率諸侯以朝天子，外不能攘夷狄以救中國，爲宋討一附庸以求其服從，斯德之小乎！

鄭人侵宋。《左傳》曰：鄭人間之而侵宋。張氏曰：間諸侯伐郳而侵宋，不誠服齊而背二鄄之會，鄭之反覆於齊、楚之間蓋始於此。

冬

十月。

《經》書月一，書日無。《大衍曆》：正月壬寅，小，丙午，冬至；二月辛未，大；三月辛丑，小；四月庚午，大；五月庚子，小；六月己巳，大；七月己亥，小；八月戊辰，大；九月戊戌，小；十月丁卯，大；十一月丁酉，小；十二月丙寅，大。

十有六年癸卯。僖王四年〇齊霸桓八〇蔡哀十七〇曹莊二十四〇衛惠二十二〇晋武公稱三十八年〇鄭厲二十三〇陳宣十五〇杞共三〇宋桓四〇秦武二十〇楚文十二

春

王正月。

夏

宋人、齊人、衛人伐鄭。《左傳》曰：宋故也。孫氏曰：鄭背鄄之會侵宋，故齊桓帥諸侯伐之。齊序宋下者，

與伐郳義同。張氏曰：伐鄭不止爲宋而已，蓋鄭不服則諸侯之心未一也。襄陵許氏曰：中國諸侯宋爲大，既爲之服郳，又爲之報鄭，宋蓋自是與齊爲一，宋親而中國諸侯定矣。

秋

荆伐鄭。《左傳》曰：鄭伯自櫟入，緩告于楚。楚伐鄭，及櫟。孫氏曰：桓未能救中國也。張氏曰：蓋齊霸未定，楚之威侵及中國。自桓二年鄭已懼楚會鄧，至此三十餘年而後受兵，楚之威不輕用蓋如此。師氏曰：自桓公之立而荆爲中國患矣，十年敗蔡師，十四年又入蔡，今復伐鄭，而桓不能討，聖人詳而書之，以累桓也〔一〕。

冬

十有二月

公會齊侯、宋公、陳侯、衛侯、鄭伯、許男、曹伯、滑伯、滕子同盟于幽。《左》、《穀》無「公」字。「許男」下《左》無「曹伯」字〇齊自北杏以後，屢合諸侯，有會無盟者，諸侯之心未一也，至此而鄭服，始合九國之君而爲此盟，此桓公糾合諸侯一匡天下之始，自入春秋以來所未嘗有之事也。諸侯尊桓公爲霸而主盟，然桓公執謙，未敢專主盟之權，故曰「同盟」。同者，列國相與盟而莫適爲主。及二十七年再盟于幽，齊亦未專主盟也。至僖二年宋、江、黄盟貫，齊始爲盟主，而自此以後不復書「同」矣。杜氏曰：陳國每盟會皆在衛下，齊桓始霸，楚亦始彊，陳介於二大國之間，而爲三恪之客，齊桓因而進之，班在衛上，終於《春秋》。滑國都費，河南緱氏縣。幽，宋地。

郳子克卒。克，郳儀父也。蓋齊桓請命于王，爵之爲子，而儀父改名克也，子瑣嗣。

〔一〕以累桓也：「累」，四庫本作「罪」。

《經》書月二，書日無。《大衍曆》：正月丙申，大，辛亥，冬至；二月丙寅，小；三月乙未，大；四月乙丑，小；五月甲午，大；六月甲子，小；七月癸巳，大；八月癸亥，小；九月壬辰，大；十月壬戌，小；十一月辛卯，大；十二月辛酉，小。

十有七年甲辰。僖王五年，崩，不書〇齊霸桓九〇蔡哀十八〇曹莊二十五〇衛惠二十三〇晋武三十九〇鄭厲二十四〇陳宣十六〇杞共四〇宋桓五〇秦德公元年〇楚文十三

春

齊人執鄭詹。「詹」，《公》作「瞻」〇詹者，鄭再命之大夫。鄭嘗再會鄄，又背之而侵宋，今雖盟幽，然其心必又有不誠服於齊者，故齊執其大夫，不知當時指何罪而執之？《左氏》以爲鄭不朝也。孔氏曰：齊以不朝責鄭，鄭命詹詣齊謝罪，齊人執之。襄陵許氏曰：宋大鄭小，齊桓蓋德宋而威鄭，文王之興，大邦畏其力，小邦懷其德，而桓反之，是以爲霸道也，至於宋襄執鄫之虐，則桓不爲矣。

夏

齊人殲于遂。「殲」，《公》作「瀸」〇《左傳》曰：遂因氏、頜氏、工婁氏、須遂氏饗齊戍，醉而殺之，齊人殲焉。澄曰：殲者，盡殺之之辭。齊桓霸事方興，而以彊大吞小弱，滅遂而慮遂之遺民不服，故遣齊之民戍守其地。以無罪滅遂，固已失遂人之心矣，而齊之戍遂者，或又凌蔑其舊民，故遂人憤怒而盡殺之也。張氏曰：不言遂人殲齊戍，而書其自殲，所以伸遂人復讎之志，而著桓公不仁以至於自殲其衆也。襄陵許氏曰：齊師滅譚，譚子奔莒，著其君不詘也；齊人滅遂，齊人殲于遂，著其民不歸也。孟子謂「霸者以力服人，非心服也，力不贍也」，荀子謂桓「詐邾、襲莒，

并國三十五」，則所滅蓋不盡書，書滅譚滅遂，上下一見之也。

秋

鄭詹自齊逃來。常山劉氏曰：詹爲鄭卿，見執於齊，不能自辨以理，取直而歸，反如匹夫之逃越來它國[一]，斯可賤也。蘇氏曰：詹之義當身任齊責，以紓國患，而逃遁自免，書「逃來」，賤之也。胡氏曰：齊桓始霸，同盟于幽而魯首叛盟，受其逋逃，虧信義矣。張氏曰：執列國大夫[二]，逾歷三時，不令其服罪而去，致防閑弛慢，國囚亡逸，齊之罪也；竊身逃竄，同於苟免之匹夫，無大夫之行，失節辱國，詹之罪也；爲逋逃主以取伐於霸主，魯之罪也。

冬

多麋。麋，鹿之大者，魯地所有，昔不如是之多，而今之多過於常時，異也，故書。高郵孫氏曰：以有爲災則書「有」，「有蜮」是也；以無爲異則書「無」，「無冰」是也；麋者常有之物，惟其多則書之。

《經》書月無，書日無。《大衍曆》：正月庚寅，大，丙辰，冬至；二月庚申，小；三月己丑，大；四月己未，小，丁亥，春分；閏月戊子，大；五月戊午，小，旦日穀雨；六月丁亥，大；七月丁巳，小；八月丙戌，大；九月丙辰，小；十月乙酉，大；十一月乙卯，小；十二月甲申，大。《長曆》：是年閏六月。

十有八年乙巳。惠王元年○齊霸桓十○蔡哀十九○曹莊二十六○衛惠二十四○晉獻公佹諸元年○鄭厲二十五○陳

[一] 反如匹夫之逃越來它國：「來」，四庫本作「在」。

[二] 執列國大夫：「列」，四庫本作「叛」。

宣十七〇杞共五〇宋桓六〇秦德二〇楚文十四

春

王三月

日有食之。孫氏曰：不日不朔，日、朔俱失也。吕氏曰：史失之，《春秋》無由追攷也。

夏

公追戎于濟西。戎即隱公、桓公與之盟者。追，謂於其已退而躡其後以追之也。戎入魯境，魯將禦之，而戎遄退，故魯莊以兵遠追逐之，至於濟水之西也。孫氏曰：僖二十六年齊人侵我西鄙，公追齊師至酅，先言侵而後言追，此不言侵伐者，明不覺其來，已去而追之也。

秋

有蜮。《穀梁傳》曰：一有一亡曰有，蜮，射人者也。《公羊傳》曰：記異也。何氏曰：以有爲異也。杜氏曰：蜮，短狐，含沙射人。張氏曰：蜮，能含沙射水中人影，中之輒病，或至於死，江淮以南水濱有之，魯所無也。

冬

十月。

《經》書月二，書日無。《大衍曆》：正月甲寅，大，辛酉，冬至；二月甲申，小；三月癸丑，大；四月癸未，小；五月壬子，大，日食，沈括謂「《春秋》日食三十六，淮南衛朴能推算三十五，猶不得莊十八年三月者一」。杜預《長曆》三月癸未朔不入食限。劉孝孫以爲五月壬子朔食與《大衍曆》合，《經》書三月，閏差也；六月壬午，小；七月辛亥，大；八月辛巳，大；九月辛亥，小；十月庚辰，大；十一月庚戌，小；十二月己卯，大。

十有九年丙午。惠王二年○齊霸桓十一○蔡哀二十○曹莊二十七○衛惠二十五○晋獻二○鄭厲二十六○陳宣十八○杞共六○宋桓七○秦宣公元年○楚文十五

春

王正月。

夏

四月。

秋

公子結媵陳人之婦于鄄，遂及齊侯、宋公盟。公子結，魯三命大夫，魯因受鄭詹之逃，疑得罪於齊霸，故命公子結與齊、宋二君會鄄而盟，冀以釋前罪。而鄄之巨室有嫁女爲陳人之婦者，結以庶女媵之，因有盟鄄之便而送其女於鄄，然後與齊、宋盟。《春秋》以其不敬君命，故先書其私事，而反以君命之正事爲遂事，例與「祭公來，遂逆王后于紀」同。結以私家之鄙事，參會霸之大盟，不惟不足以釋齊之怒，而又以重魯之罪，是以致齊之來伐也。

夫人姜氏如莒。夫人自齊襄既弑之後，八年不出，因十五年又一至齊[一]，蓋假托國事以愚其昏懦之子。莊公不能

[一] 因十五年又一至齊：「因」，清刻本作「國」，屬上句爲「八年不出國」。

制，因此又復縱恣，故於今如莒也。婦人既嫁不踰境，父母没不得歸寧，雖兄弟之國且不可往，况往它國乎！

冬

齊人、宋人、陳人伐我西鄙。魯之臣送己女爲媵，而遂與霸主大國之盟，不恭也，是以聲其罪而伐之。陳亦以結媵其國人之婦而輕慢霸主，故與齊、宋同興問罪之師。結不知禮，而爲私爲公，兩失歡好，禮之不可不謹也如是。

《經》書月二，書日無。《大衍曆》：正月己酉，小，丁卯，冬至；二月戊寅，大；三月戊申，小；四月丁丑，大；五月丁未，小；六月丙子，大；七月丙午，小；八月乙亥，大；九月乙巳，小；十月甲戌，大；十一月甲辰，小；十二月癸酉，大。

二十年丁未。惠王三年〇齊霸桓十二〇蔡穆侯肹元年〇曹莊二十八〇衛惠二十六〇晋獻三〇鄭厲二十七〇陳宣十九〇杞共七〇宋桓八〇秦宣二〇楚杜敖熊囏元年[一]

春

王二月

夫人姜氏如莒。比年書夫人往它國以姦，而魯莊若罔聞知，昔年猶可諉曰年未長也，今既年長矣而如此，其不子也甚矣哉！

[一] 楚杜敖熊囏元年：「囏」，原作「䲙」，據清刻本、四庫本改；「杜」，四庫本作「堵」。

夏

齊大災。張氏曰：天火曰災，書大，志其甚也。齊人來告，魯往弔之，故書。

秋

七月。

冬

齊人伐戎。「戎」，《穀》作「我」〇張氏曰：齊桓於是舉攘夷狄之兵。戎在徐州之域，最近齊、魯，故先治之也。《經》書月二，書日無。《大衍曆》：正月癸卯，大，壬申，冬至；閏月癸酉，小；二月壬寅，大；三月壬申，小；四月辛丑，大；五月辛未，小；六月庚子，大；七月庚午，小；八月己亥，大；九月己巳，小；十月戊戌，大；十一月戊辰，小；十二月丁酉，大。《長曆》是年閏十二月。

二十有一年戊申。惠王四年〇齊霸桓十三〇蔡穆二〇曹莊二十九〇衛惠二十七〇晋獻四〇鄭厲二十八，卒〇陳宣二十〇杞共八〇宋桓九〇秦宣三〇楚杜二[一]

春

王正月。

[一] 楚杜二：「杜」，四庫本作「堵敖」，下年同。

夏

五月

辛酉，鄭伯突卒。突，鄭厲公也，在位二十八年，子捷嗣，是爲文公。張氏曰：突，鄭莊公之孽子，莊公既歿，奪忽之位，其後雖爲蔡仲所逐，旋入于櫟，卒取鄭國，故不復著忽、亹、儀之在位，以其不能君也。論者以爲突始終能君。夫簒弑竊國之人，而《春秋》終始君之，且記其卒于位，所以著小人肆志、亂賊得終、王法不行而世之所由亂也。

秋

七月

戊戌，夫人姜氏薨。夫人，桓公之夫人，莊公之母也。

冬

十有二月

葬鄭厲公。

《經》書月四，書日二。《大衍曆》：正月丁卯，小，丁丑，冬至；二月丙申，大；三月丙寅，小；四月乙未，大；五月乙丑，大；六月乙未，小，《經》五月辛酉在此月；七月甲子，大；八月甲午，小，《經》七月戊戌在此月；九月癸亥，大；十月癸巳，小；十一月壬戌，大；十二月壬辰，小。《長曆》：辛酉，五月二十七日；戊戌，七月五日。

二十有二年己酉。惠王五年〇齊霸桓十四〇蔡穆三〇曹莊三十〇衛惠二十八〇晋獻五〇鄭文公捷元年〇陳宣二十一〇杞惠公元年〇宋桓十〇秦宣四〇楚杜三

春

王正月

肆大眚。「眚」，《公》作「省」〇肆，謂縱放之也。眚，謂過誤而犯者。《虞書》言「眚災肆赦」，眚固可赦而不言大，聖人雖至仁，然赦人之罪，亦必有所劑量於其間，不一槩也。今書肆大眚，則是罪之大而不當赦者亦赦之，譏其惠姦佚罰也。

癸丑，葬我小君文姜。高氏曰：婦人無爵，何謚之有？先王之制，但取夫之謚冠於姓之上，以明所屬。詩所謂「莊姜」、「宣姜」、「共姜」，《經》所書「宋共姬」是也，豈有不繫其夫而别自爲謚者哉？夫人姜氏，弑逆淫亂之人，得罪於宗廟，國人之所不容，今也云亡，雖以母子之故不忍棄絶，則葬之足矣，又迫於大義，不敢加以夫之謚，别爲之謚曰文，而不復繫於桓公，將以掩其惡也。然而欺天罔民，壞先王之制，則其罪又不若從其夫之謚耳。自是魯國從而效尤，凡夫人之死，皆爲之别立謚，後世因循不改，大失《春秋》之旨矣。沙隨程氏曰：婦人之謚從夫，文姜别作謚，以其得罪於先公也。其後或妾母僭稱夫人，或雖正嫡亦不能從夫謚者，著禮之變也。

陳人殺其公子御寇。御，上聲〇《穀梁傳》曰：言公子而不言大夫，公子未命爲大夫也。其曰公子何也？公子之重，視大夫。孫氏曰：《春秋》之義，非天子不得專殺。二百四十二年，無天王殺大夫文，書諸侯殺大夫者四十七。古者諸侯之大夫皆命於天子，諸侯不得專命也。大夫有罪，則請於天子，諸侯不得專殺也。大夫猶不得專殺，況世子母弟乎！春秋之世，國無小大，其卿、大夫、士皆專命之，有罪無罪皆專殺之，其無王也甚矣。「陳人殺其公子御寇」者，

譏專殺也，稱君、稱國、稱人雖有輕重，其專殺之罪則一也。胡氏曰：殺而稱君者，獨出於其君之意，而大夫、國人有不與焉，如「晉侯殺其世子申生」之類是也；稱國者，國君、大夫與聞其事而不請於天子，如「鄭殺其大夫申侯」之類是也。稱人有二義：其一，國亂無政，衆人擅殺而不出於其君，則稱人，如「陳人殺其公子御寇」之類是也；其一，弑君之賊，人人之所得討，背叛之臣，國人之所同惡，則稱人，如「衛人殺州吁」、「鄭人殺良霄」之類是也。澄曰：公子，言其屬也，非稱其氏也。屬之下單稱名，與再命之大夫同，故《穀梁》以爲公子之重視大夫。

夏

五月。孫氏曰：《春秋》未有以夏五月首時者，此蓋五月之下文有脱事爾，或曰書時之首月，而「四」訛爲「五」也。

秋

七月

丙申，及齊高傒盟于防。及高傒盟，蓋求昏於齊也。高傒，齊三命之卿當國者，豈吾微者可與之盟哉？孰及之？公也。趙氏以爲凡盟不目内，皆指公也。

冬

公如齊納幣。《穀梁傳》曰：納幣，大夫之事也。公親納幣，非禮也。趙氏曰：昏禮有六，一納采，二問名，三納吉，四納徵——納徵即納幣也，五請期，六親迎——親迎即逆女也。《春秋》獨書其二，以納幣方契成，逆女爲事終，舉重之義也。啖氏曰：魯往它國納幣，皆常事不書，凡書者，皆譏也，它國來亦如之。孫氏曰：按桓六年九月丁卯子同生，公十四歲即位，又二十四年如齊逆女，年三十七始昏者，文姜制之，不得以時而昏爾。故母喪未終，如齊納幣，圖昏之速也。澄曰：魯莊受制於母，年長而不得娶，母既死，急於娶，故於喪制中屈己與齊大夫盟而求昏焉。齊之許未堅，而公自如齊納幣，納幣非公所當自行也〔一〕。程子曰：齊疑昏議，故公自行納幣，後二年方逆，齊難之也。

《經》書月三，書日二。《大衍曆》：正月辛酉，大，壬午，冬至；二月辛卯，小，《經》正月癸丑在此月；三月庚申，大；四月庚寅，小；五月己未，大；六月己丑，小；七月戊午，大，乙酉，夏至；八月戊子，小，《經》七月丙申在此月；九月丁巳，大，丙戌，處暑；十月丁亥，大，丙辰，秋分；閏月丁巳，小；十一月丙戌，大，丁亥，霜降；十二月丙辰，小。《長曆》：癸丑，正月二十三日；丙申，七月九日。

二十有三年庚戌。惠王六年〇齊霸桓十五〇蔡穆四〇曹莊三十一，卒〇衛惠二十九〇晉獻六〇鄭文二〇陳宣二十二〇杞惠二〇宋桓十一〇秦宣五〇楚成王頵元年

春

公至自齊。至之者，譏之也，譏其不當親往納幣也。

祭叔來聘。祭，音債〇祭者，周畿內之國，隱之時爵爲伯，桓之時爵爲公。叔者，公之弟貳君者也，例稱字。畿內之國，王臣也，不當外交諸侯，而祭國入春秋以來，至今凡三交魯矣。伯之來，公之來，來下不書其事，蓋伯與公君也，行兩君相見之禮，是朝魯也，王臣外交通問且不可，況以畿內之國朝畿外之諸侯，烏可哉？故不書曰朝而但曰來。

〔一〕納幣非公所當自行也：「納幣」，清刻本作「以明」。

祭叔，臣也，蓋以臣禮見公。然當時有介弟攝君行禮之事，若不書聘，則或疑其爲攝君而行朝禮也，故書「來聘」者，見其奉君命以聘，而非攝君事以朝，此《春秋》别嫌明微之意。若夫王臣私交之非禮，則或朝或聘，其罪一也。

夏

公如齊觀社。公求昏於齊，而齊之許未慭，於是公屈尊親往納幣以致請，而未得齊之諾，欲再往齊致請而無名，遂托觀社以行。夫社者，諸侯祭其土示之常事，未聞鄰國之君往觀之者，如齊而曰「觀社」，此何禮哉！按《春秋外傳》載曹劌之言曰：「齊棄太公之法，觀民於社，君爲是舉而往觀之，非故業也。」又按襄二十四年「齊社，蒐軍實，使客觀之」，蓋齊俗每因祭社則蒐軍以夸示威衆，而聚人觀之，故公得託此爲名以如齊也。程子曰：昏議尚疑，故以觀社再往請議，後一年方逆，蓋齊難之。

公至自齊。其譏與前納幣之至同。

荆人來聘。按前書敗蔡、入蔡、伐鄭，單書「荆」，此於「荆」下加「人」字者，啖氏曰：若言荆來聘，則似舉州皆來，故加人字以成文爾，無它意也。陸氏曰：凡夷狄朝聘皆稱人，君臣同辭。張氏曰：楚自四五年來，先加兵於鄭、蔡，而聘使至魯，用遠交近攻之術。

公及齊侯遇于穀。昏議猶未定，故又遇於穀以致請。

蕭叔朝公。蕭，附庸國，今徐州蕭縣。叔，蕭君之弟貳君者，攝君行朝禮。朝公者，朝公于穀也。朝聘當廟受，于野，非禮也。介弟攝君而朝，又行朝禮於野，蕭之朝、魯之受，皆非也，交譏之。

秋

丹桓宫楹。《穀梁傳》曰：禮，天子諸侯黝堊，大夫倉，士黈。丹楹，非禮也。何氏曰：楹，柱也，丹之者，爲將娶齊女，欲以誇大示之。

冬

十有一月

曹伯射姑卒。射，音亦○射姑，莊公也，在位三十一年。蓋世子羈嗣〔一〕，踰年而庶子赤篡立，是爲僖公，《史記世家》「赤」作「夷」。

十有二月

甲寅，公會齊侯盟于扈。遇穀以請而齊猶難之，故又盟，以要其信而後許也。夫求昏者，可求則求，不可則已；許昏者，可許則許，不可則卻。魯欲求齊婚，不以媒妁往覘其可不可，公乃自與齊高傒盟以求之，未得齊諾而公遽請納幣，是與彊委禽者同也。躬納幣而猶未諾，則又往觀社以請，觀社以請而猶未諾，則又遇于穀以請，遇穀之後宜若可矣，又必盟于扈而後可焉，何其難之之甚也！二國之昏姻不以禮、不以義如此，哀姜之不終也宜哉！杜氏曰：扈，鄭地，在滎陽卷縣西北。孫氏曰：扈，齊地。

《經》書月二，書日一。《大衍曆》：正月乙酉，大，戊子，冬至；二月乙卯，小；三月甲申，大；四月甲寅，小；五月癸未，大；六月癸丑，小；七月壬午，大；八月壬子，小；九月辛巳，大；十月辛亥，小；十一月庚辰，大；十二月庚戌，大，甲寅，五日。

〔一〕蓋世子羈嗣：「蓋」，據清刻本、四庫本作「卒」。

二十有四年辛亥。惠王七年〇齊霸桓十六〇蔡穆五〇曹僖公赤元年〇衛惠三十〇晉獻七〇鄭文三〇陳宣二十三〇杞惠三〇宋桓十二〇秦宣六〇楚成二

春

王三月

刻桓宫桷。《穀梁傳》曰：天子之桷，斲之、礱之、加密石焉；諸侯之桷，斲之、礱之；大夫斲之，士斲本。刻桷，非正也。杜氏曰：刻，鏤也。桷，椽也。澄曰：於礱、斲之外又加刻鏤之工〔一〕。丹楹、刻桷者，以齊女將歸，見于禰廟，故示此華靡以夸之也。

葬曹莊公。曹羈嗣位而葬其父也。

夏

公如齊逆女。親迎常事，不書。公納幣越三年而後得親迎則非常也，故書。

秋

公至自齊。納幣之久而後親迎，親迎以非常而書，故至之以示譏也。

八月

丁丑，夫人姜氏入。孫氏曰：公親迎于齊，不俟夫人而至，失夫之道也。婦人從夫者也，夫人不從公而入，失

〔一〕斲之外又加刻鏤之工：「工」，清刻本、四庫本作「功」。

婦之道也。澄曰：凡卿爲君逆夫人，本非禮也，猶且以夫人同至。公親往逆而不與同至，夫人後公而入，蓋夫人難之以要公也。《公羊》謂「夫人與公有所約而後入」。所謂有所約者，杜氏以爲以孟任故，蓋公嬖孟任，必與公約不復嬖孟任而後入也[一]。入者，非順易之辭，有阻難之意焉。張氏曰：見莊公不夫、哀姜妬忌之情矣。

戊寅，大夫宗婦覿，用幣。覿，音迪○大夫宗婦者，同宗大夫之婦也。覿，見也。用幣，以幣爲贄也。凡見必用贄，卿贄以羔，大夫贄以雁，士贄以雉，婦人之贄，榛、栗、棗、脩而已。夫人姜氏既入，莊公欲夸寵之，故使同宗大夫之婦用幣爲贄以見也。

大水。陰盛所致也。

冬

戎侵曹。侵曹，蓋納赤也。

曹羈出奔陳。杜氏曰：羈蓋曹世子，微弱不能自定。澄按，上年十一月曹莊公射姑卒，今年三月而葬，則羈以世子嗣位葬其先君，至今年冬，在位期年矣，爲戎所逐而出，不書爵而書名，義與鄭忽同。

赤歸于曹。赤，曹僖公名，蓋曹莊公之庶子、羈之弟也。歸者，易辭，爲戎所納，故易，義與「突歸于鄭」同。但彼先書突歸而後書忽出，蓋祭仲在宋，挈突以歸而後忽出，此則羈避戎兵出，而赤乃得歸也。張氏曰：羈繫于曹，與鄭忽同，明其正也。赤不繫國，庶孽也，赤以庶逐適，戎以裔謀夏，天子方伯不能正。

[一]「必與公約不復嬖孟任而後入也」，清刻本前有「姜」字。

郭公。郭，國名，或云即虢也。公爵，畿内八命之國也。公下文缺，或云「公」字疑是「亡」字，書「郭亡」，義與梁亡同。劉氏曰：齊桓公之郭，問父老曰：「郭何故亡？」曰：「以其善善而惡惡也。」公曰：「若子之言，乃賢君也，何至於亡？」父老曰：「郭君善善不能用，惡惡不能去，所以亡也。」考其時與事，或然。

《經》書月二，書日二。《大衍曆》：正月庚辰，小，癸巳，冬至；二月己酉，大；三月己卯，小；四月戊申，大；五月戊寅，小；六月丁未，大；七月丁丑，小；八月丙午，大；九月丙子，小，《經》八月丁丑戊寅在此月；十月乙巳，大；十一月乙亥，小；十二月甲辰，大。《長曆》：是年閏七月。丁丑，八月三日；戊寅，四日。

二十有五年壬子。惠王八年〇齊霸桓十七〇蔡穆六〇曹僖二〇衛惠三十一，卒〇晉獻八〇鄭文四〇陳宣二十四〇杞惠四〇宋桓十三〇秦宣七〇楚成三

春

陳侯使女叔來聘。女，音汝〇《左傳》曰：始結陳好也。杜氏曰：季友相魯，原仲相陳，二人有舊，故女叔來聘，季友冬亦報聘。高郵孫氏曰：諸侯之大夫，天子賜之邑，使之歸國則書氏書字，鄭祭仲、魯單伯、陳女叔是也。澄曰：女，氏；叔，字。天子所命四命之大夫。陳，三恪也，其初公爵，故有四命之孤。

夏

五月

癸丑，衛侯朔卒。朔，惠公也，在位三十一年。魯不會，故不書葬。其子赤嗣，是爲懿公。

六月

辛未，朔，日有食之。鼓，用牲于社。《穀梁傳》曰：鼓，禮也；用牲，非禮也。澄謂：日食者，陰盛陽微，鼓聲以助陽氣。

伯姬歸于杞。高氏曰：凡內女書歸，若時君之女則加「子」字以別之，此伯姬蓋桓公末歲所生之女，于今殆二十有餘歲，失時而後嫁也。陸氏曰：不言逆者，夫自逆，常事不書。澄以它書攷證，蓋歸於杞惠公。

秋

大水，鼓，用牲于社、于門。《左傳》曰：凡天災，有幣無牲，非日月之眚不鼓。

冬

公子友如陳。杜氏曰：報女叔之聘。

《經》書月二，書日二。《大衍曆》：正月甲戌，小，戊戌，冬至；二月癸卯，大；三月癸酉，小；四月壬寅，大；五月壬申，大，庚子，穀雨；六月壬寅，小，庚午，小滿，《經》五月癸丑在此月；閏月辛未，大，日食，《經》書六月朔，置閏不同也；七月辛丑，小，旦日，夏至；八月庚午，大；九月庚子，小；十月己巳，大；十一月己亥，小；十二月戊辰，大。《長曆》：癸丑，五月十二日。

二十有六年癸丑。惠王九年〇齊霸桓十八〇蔡穆七〇曹僖三〇衛懿公赤元年〇晋獻九〇鄭文五〇陳宣二十五〇杞惠五〇宋桓十四〇秦宣八〇楚成四春《公》脱「春」字。

公伐戎。張氏曰：爲追于濟西之恥報怨也。襄陵許氏曰：隱、桓世有戎盟，至於莊公，戎始變渝，我是以有濟西之役，於此伐戎，義已勝矣，齊、魯伐戎而中國崇也。

夏

公至自伐戎。襄陵許氏曰：以伐戎致，大伐戎也。杜氏諤曰：伐戎，無譏也，所以致者，公出師於外，踰時而返，必書至以危之。

曹殺其大夫。劉氏曰：稱國以殺而不名者，大夫無罪而君殺之也。張氏曰：曹伯赤殺之也，豈於羈赤出入之際，或不附戎而殺之，若鄭厲殺原繁、傅瑕與？高氏曰：除羈之黨，恐其内應也[一]。澄曰：大夫不書氏名，被殺者無罪也，惟此年曹殺大夫、僖二十七年宋殺大夫、文七年宋人殺大夫三條爾，其它縱或無罪，必有被殺之因，是亦罪也。縱或有罪，亦當告之天子，侯國不得專殺也。

秋

公會宋人、齊人伐徐。張氏曰：徐，嬴姓國，國近齊、魯，今徐州彭城境也。澄曰：穆王以後，徐僭稱王，徐國雖小，但春秋之前已嘗僭王猾夏，今見楚彊，則服於楚，國與宋鄰，必與宋有惡。齊桓爲宋伐之，故命宋主兵而序齊上。齊、宋蓋皆卿也，以公在，故降稱人。胡氏曰：按《書》伯禽嘗征徐戎，則徐爲魯患舊矣。是年春，公伐戎，秋

[一] 恐其内應也：「恐」，四庫本作「惡」。

又伐徐者，必徐與戎合兵表裏爲魯患也，故雖齊、宋師少而公獨親行。

冬

十有二月

癸亥，朔，日有食之。

《經》書月一，書日一。《大衍曆》：正月戊戌，小，癸卯，冬至；二月丁卯，大；三月丁酉，小；四月丙寅，大；五月丙申，小；六月乙丑，大；七月乙未，小；八月甲子，大；九月甲午，大；十月甲子，小；十一月癸巳，大；十二月癸亥，小，日食。

二十有七年甲寅。惠王十年○齊霸桓十九○蔡穆八○曹僖四○衛懿二○晉獻十○鄭文六○陳宣二十六○杞惠六○宋桓十五○秦宣九○楚成五

春

公會杞伯姬于洮。洮，音滔○陸氏曰：參譏之。沙隨程氏曰：與二年夫人姜氏會齊侯于禚之事同。高氏曰：婦人無相會之禮，伯姬既歸於杞，復來與公會，是與文姜、齊襄無異也。杜氏曰：洮，魯地。張氏曰：洮溝在濟州，今濟南府也。

夏

六月

公會齊侯、宋公、陳侯、鄭伯同盟于幽。《左傳》曰：陳、鄭服也。張氏曰：再舉同盟之禮，以申霸令而一諸侯之心也。魯、宋、陳、鄭偕至而衛獨不來，故明年伐衛。澄曰：同盟者，齊桓猶未專主會也。

秋

公子友如陳，葬原仲。原仲，陳大夫。原，氏；仲，字。禮，臣既没不名，故稱字，猶管夷吾稱管仲也。按，無會葬鄰國大夫之禮，季友與原仲有舊，欲往會其葬，以大夫不可私行出境，請於公而公命之行，故書「公子友如陳」，無以異於常時奉君命而使者。大夫無私交，公之遣行，友之會葬，原氏之受，皆非禮也，參譏之。

冬

杞伯姬來。趙氏曰：譏無父母而來，凡内女稱來，不宜來也。合禮者皆常事，不書，蓋非禮而來，故書爾。高氏曰：伯姬，春方出與公會，而冬又來，何其不安于杞也？而杞伯不能制其妻，如其國何？

莒慶來逆叔姬。此亦是桓公之女，昏姻失時，年近三十而始嫁也。大夫娶公女，公不自主而使大夫主之，凡書者譏，尊卑不敵而公自主之也。莒慶，莒國之卿，再命稱名。莒無三命之卿，此其上卿也。高氏曰：叔姬者，伯姬之妹，皆非莊公之女。伯姬歸于杞，不以叔姬娣而以適莒慶者，卑杞故也。不曰逆女而曰逆叔姬，以别卿爲君逆者也。慶不氏者，莒小國，無三命卿，與齊高固異。

杞伯來朝。高氏曰：致伯姬也。杞伯不能制其内，縱伯姬之數出，又來朝而致之，其卑弱可知矣。

公會齊侯于城濮。杜氏曰：城濮，衛地。張氏曰：齊欲討衛而會魯於此，定其交而後加兵於人，所以見其謀之審也。

小；五月庚寅，大；六月庚申，小；七月己丑，大；八月己未，小；九月戊子，大；十月戊午，小；十一月丁亥，大；十二月丁巳，大。《經》書月一，書日無。《大衍曆》：正月壬辰，大，己酉，冬至；二月壬戌，小；三月辛卯，大；四月辛酉，

二十有八年乙卯。惠王十一年○齊霸桓二十○蔡穆九○曹僖五○衛懿三○晉獻十一○鄭文七○陳宣二十七○杞惠七○宋桓十六○秦宣十○楚成六

春

王三月

甲寅，齊人伐衛。衛人及齊人戰，衛人敗績。《左傳》曰：王使召伯廖賜齊侯命[一]，且請伐衛，以其立子頹也。齊伐衛，敗衛師，數之以王命，取賂而還。高氏曰：初，蔿邊奉子頹犯王而不克，奔衛，衛興兵助頹犯王，而齊爲霸主，不能奔救。及鄭伯既納王，王乃錫齊侯命，使討之，於是乎伐衛，曰伐者，討得其罪也。然既敗衛，乃取賂而還，嗟夫，齊侯以能尊王室霸諸侯，而所爲乃若是！沙隨程氏曰：齊侯自去年已會公于城濮，則駐師於衛地久矣，而曰三月甲寅伐衛，衛受子頹之奔，王命齊侯伐之，則齊侯待於城濮爲有禮矣。及衛人不服而戰，則前乎甲寅之日，其伐未果也，是宜以衛人主兵。張氏曰：衛嘗受盟于幽，前年同盟不至，伐不服罪，乃以齊來伐之日而急擊之，然不能敵齊節制之師而敗，以衛爲主，罪之也。不地，於衛都也。澄曰：前年冬，齊侯出會魯于衛地矣，今年春伐衛。稱人者，蓋

[一] 王使召伯廖賜齊侯命：「廖」，原作「瘳」，據清刻本、四庫本改。

齊侯待於城濮，但遣微者往伐，意欲以不戰屈之也，而衛不服罪，敢與齊戰，輕躁寡謀，不量其力，自取敗衄也。

夏

四月

丁未，邾子瑣卒。瑣在位十二年，其子蘧蒢嗣。

秋

荆伐鄭。《左傳》曰：楚令尹子元以車六百乘伐鄭，入于桔柣之門，衆車入自純門。及逵市，縣門不發，楚言而出。子元曰：「鄭有人焉。」胡氏曰：子元無故伐鄭，是凌弱暴寡之師也。澄曰：齊霸已盛，而楚猶敢伐其與國，恃其彊而不畏齊也。

公會齊人、宋人、救鄭。「宋人」下《公》有「邾婁人」三字〇《左傳》曰：諸侯救鄭，楚師夜遁。鄭人將奔桐丘，諜告曰：「楚幕有烏。」乃止。《穀梁傳》曰：善救鄭也。胡氏曰：得救急卹鄰之義，桓公攘戎狄、安中國之事見矣。澄曰：齊、宋皆卿，壓於公，故稱人。張氏曰：是時楚文王卒，成王幼，子元伐鄭，師出無名，故鄭人示以閒暇而不敢入，聞諸侯之救而遂遁。時桓公攘楚之計未定，楚政雖亂〔一〕，然自若敖、蚡冒至于武、文，兵制尚在，其後二年之間，殺子元而授政令尹子文，復修國政，故召陵之師雖舉，而楚之君臣非此時比，故僅能使之受盟，終不足以大服之也。

〔一〕楚政雖亂：「雖」，清刻本、四庫本作「適」。

冬

築郿。郿，音眉，《公》作「微」〇築者，創始造邑也。夏時之冬，用民力之時，魯之冬則有建酉、建戌之月，未可用民力也。杜氏曰：郿，魯下邑。

大無麥禾。此於冬後總記一年之事，夏秋之間既無麥，秋冬之間又無禾。禾，黍稷稻粱也。大無者，言全無也。蘇氏曰：是歲未嘗有水旱螟蟲之災，而書「大無麥禾」，劉向曰「土氣不養，稼穡不成也」，沈約《宋志》言吴孫皓時嘗有之，苗稼豐美而實不成，百姓以饑，闔境皆然，連歲不已。此所謂大無麥禾也。

臧孫辰告糴于齊。「辰」，《穀》作「臣」〇《外傳·魯語》曰：魯饑，臧文仲言於公曰：「夫爲四鄰之援，固國之艱急是爲；鑄名器、藏寶財，固民之殄病是待。今國病矣，盍以名器請糴于齊？」公曰：「誰使？」對曰：「國有饑饉，卿出告糴，古之制也，辰也請如齊。」公使往。從者曰：「君不命而請之，其爲選事乎？」文仲曰：「賢者急病而讓夷，居官者當事不避難。在位者恤民之患，是以國家無違。我不如齊，非急病也。在上不恤下，居官而惰，非事君也。」文仲以鬯圭與玉磬如齊，齊人歸其玉而予之糴。劉氏曰：君子之爲國也，務農重穀，節用愛人則倉廩實，不知爲此，事至而憂之，以急病讓夷爲功，何其末歟？澄曰：臧孫，氏；辰，名，魯世卿三命。古者一年耕，必有三年之食[一]，三年耕，必有九年之食[二]，故雖饑而民不害者，蓄積多而備先具也。是年冬大無麥禾，而臧孫即往告糴于齊，見魯之無政事而財用不足也。張氏曰：一年不熟，而上下相顧，無以粒民，重臣自往告糴，若不遇齊桓，則魯之民必至轉死於溝

[一] 古者一年耕必有三年之食：「一」，清刻本作「三」；「三」，清刻本作「一」。

[二] 三年耕必有九年之食：「三」，清刻本作「九」；「九」，清刻本作「三」。

壑矣。

《經》書月二，書日二。《大衍曆》：正月丁亥，小，甲寅，冬至；二月丙辰，大，甲申，大寒；閏月丙戌，小，甲寅，二十九日；三月乙卯，大，旦日，雨水；四月乙酉，小，丁未，二十三日；五月甲寅，大；六月甲申，小；七月癸丑，大；八月癸未，小；九月壬子，大；十月壬午，小；十一月辛亥，大；十二月辛巳，小。《長曆》：是年閏三月。甲寅，三月晦日。

二十有九年丙辰。惠王十二年〇齊霸桓二十一〇蔡穆十〇曹僖六〇衛懿四〇晉獻十二〇鄭文八〇陳宣二十八〇杞惠八〇宋桓十七〇秦宣十一〇楚成七

春

新延廄。《穀梁傳》曰：冬築郿，春新延廄，其用民力爲已悉矣。孫氏曰：大無麥禾，告糴於齊，則民饑矣。延廄雖壞，未新可也，莊公不愛民力若此。澄曰：新，有故而修之也。延廄，馬閑也。

夏

鄭人侵許。張氏曰：許、鄭世讎也，然許自盟幽之後，不與齊桓之會，鄭人侵之，或齊之命與？自後許始從中國。襄陵許氏曰：許以近楚，未會諸侯，故鄭侵之以求好焉。

秋

有蜚。蜚，音吠〇《公羊傳》曰：記異也。何氏曰：惡臭之蟲，南粤所生，非中國所有，書有，言本無也。澄

曰：書螟、書螽，止言螟、螽，爲災則書也。蝝曰生，麋曰多，蜚曰有，不常多而今多，不常生而今生，不常有而今有也。鸜鵒，亦昔無而今有，書「來」者，以其自它國而來也。蜚、蜮它處所有，而此地今自生，其有非自彼來，故《穀梁》以爲一有一亡，是也。

冬

十有二月

紀叔姬卒。啖氏曰：内女爲諸侯之夫人則書卒，以公爲之服也。禮，諸侯絶朞服，惟適國君者爲之服大功九月，以尊卑敵故也，許嫁爲夫人者亦然，其爲媵及嫁太子、公子、大夫則不書。澄按，叔姬，娣也。自隱公厚於先君之女，以夫人之禮而歸之於紀，自此以後，魯、紀二國之待叔姬、叔姬之所以自待其身，皆與伯姬同，《春秋》備書之，以見魯之過於厚而非禮也，然則此蓋莊公以爲姑而爲服大功之服也與？叔姬莊十二年歸于酅，此卒于酅也，紀滅而猶繫之紀者，蓋國亡無所倚托，雖寄寓於酅以待死，其爲紀國夫人伯姬之娣則如初也。

城諸及防。杜氏曰：諸、防皆魯邑。張氏曰：諸，今密州諸城縣，縣又有故防城。及者，别二邑也。澄曰：但言「城諸防」，則似一邑，然凡書土功，雖時，非善之也，書之於農隙愈於非時者爾，於春夏書，譏可知也。其間亟興土功而亟書之者，不繫乎時與不時，皆貶也。若此前年冬築郿，大饑而告糴，此年春新延廐，於是又城諸及防，豈不爲亟而譏之乎！

《經》書月一，書日無。《大衍曆》：正月庚戌，大，己未，冬至；二月庚辰，小；三月己酉，大；四月己卯，大；五月己酉，小；六月戊寅，大；七月戊申，小；八月丁丑，大；九月丁未，小；十月丙子，大；十一月丙午，小；十二月乙亥，大。

三十年丁巳。惠王十三年○齊霸桓二十二○蔡穆十一○曹僖七○衛懿五○晋獻十三○鄭文九○陳宣二十九○杞惠九○宋桓十八○秦宣十二○楚成八

春

王正月。

夏

師次于成。《左》無「師」字○師少將卑。師，衆也。張氏曰：成，魯地，《地譜》今泰山鉅平縣東南。趙氏曰：魯蓋欲會齊圍鄣，至成待命，聞鄣已降，不復行爾。

秋

七月

齊人降鄣。降，奚江切。鄣，音章○杜氏曰：鄣，紀附庸國，東平無鹽縣東北有障城。小國孤危，不能自固，蓋齊遥以兵威脅使降附〔一〕。趙氏曰：降服而爲附庸也。常山劉氏曰：不書「鄣降」而曰「降鄣」，齊肆彊力脅而服之也。高郵孫氏曰：郕降于齊師，是時齊、魯之師相會圍郕，郕不降我而獨降齊，非齊師能使之降，郕自降爾。齊人降鄣，非鄣欲降也，齊降之爾。

〔一〕蓋齊遥以兵威脅使降附：「遥」，清刻本作「迫」。

八月

癸亥，葬紀叔姬。魯之往葬，皆以正夫人禮。

九月

庚午，朔，日有食之，鼓，用牲于社。孫氏曰：書鼓用牲者，譏其用牲爾，非謂九月不鼓也。

冬

公及齊侯遇于魯濟。濟，上聲○《左傳》曰：謀山戎也，以其病燕故。張氏曰：簡禮以議軍旅之事。杜氏曰：濟水，歷齊魯界，在齊爲齊濟，在魯爲魯濟，蓋魯地。襄陵許氏曰：齊桓伐郳、伐鄭、伐徐，皆以宋人主兵，與公會城濮而後伐衛，與公遇魯濟而後伐戎，以是知桓公之霸不自恃也，用兵行師，每資武於宋桓，取策於魯莊。其治國也，一則仲父，二則仲父，用人之能以爲能，集人之功以爲功，遂能力正天下，澤被生民。

齊人伐山戎。《公羊傳》曰：此齊侯也。趙氏曰：伐山戎當書「齊侯」，獻戎捷當書「齊人」，交互致誤爾。程子曰：蓋互錯一字。杜氏曰：山戎，北狄。

《經》書月四，書日二。《大衍曆》：正月乙巳，小，甲子，冬至；二月甲戌，大；三月甲辰，小；四月癸酉，大；五月癸卯，小；六月壬申，大；七月壬寅，小；八月辛未，大；九月辛丑，小，《經》八月癸亥在此月；十月庚午，大，日食，《經》書九月，置閏不同也；十一月庚子，大；閏月庚午，小；十二月己亥，大。《長曆》：是年閏二月。癸亥，八月二十三日。

三十有一年戊午。惠王十四年〇齊霸桓二十三〇蔡穆十二〇曹僖八〇衛懿六〇晉獻十四〇鄭文十〇陳宣三十〇杞惠十〇宋桓十九〇秦成公元年〇楚成九

春

築臺于郎。何氏曰：四方而高曰臺。禮，天子有靈臺，以候天地；諸侯有時臺，以候四時。登高望遠，人情所樂。動而無益於民者，雖樂不爲也。劉氏曰：去國而築臺，是樂而已矣，譏厲民也。

夏

薛伯卒。薛，侯爵，今稱伯，降班而告終也。小國無可攷，不知其名。

築臺于薛。杜氏曰：薛，魯地。

六月

齊侯來獻戎捷。「侯」字當從趙氏作「人」。齊之將伐戎也，嘗與魯莊遇于魯濟以謀之，伐而得勝，故使人獻捷于魯，以嘉其謀之中也。

秋

築臺于秦。杜氏曰：東平范縣西北有秦亭。張氏曰：《寰宇記》范縣今屬濮州，亭尚存。莊公一歲三築臺，政所謂「及是時，般樂怠敖」者。

冬

不雨。蓋歷建酉、建戌、建亥之月，凡三月無雨也。

《經》書月二，書日無。《大衍曆》：正月己巳，小，己巳，冬至；二月戊戌，大；三月戊辰，小；四月丁酉，大；五月丁卯，小；六月丙申，大；七月丙寅，小；八月乙未，大；九月乙丑，小；十月甲午，大；十一月甲子，小；十二月癸巳，大。

三十有二年己未。惠王十五年〇齊霸桓二十四〇蔡穆十三〇曹僖九〇衛懿七〇晋獻十五〇鄭文十一〇陳宣三十一〇杞惠十一〇宋桓二十〇秦成二〇楚成十

春

城小穀。范氏曰：小穀，魯地。孫氏曰：曲阜西北有小穀城。永嘉薛氏曰：莊公六年後，無麥苗、大無麥禾、螟、麋、蜮、蜚相繼而有，大水者三，中君尚當少警，而公之侈心日起，因娶而觀社、丹楹、刻桷。告糴之時有築郿之役，次年新廐、城諸、防，去年三築臺而不雨。今春又城小穀，平歲猶不可，况薦饑而輕用民力乎！澄按，《左傳》云「城小穀，爲管仲也」，而杜氏注謂「公感齊桓之德，故爲管仲城私邑」，且釋此地名爲在齊之濟北穀城縣。唯泰山孫氏以爲在魯之曲阜西北。胡氏曰：孫，魯人也，而終身學《春秋》，其考此詳矣。高氏曰：先儒以小穀爲齊邑，魯爲管仲城之，若然，聖人亦當異其文而繫之齊，且公雖感齊桓之私，豈肯爲管仲城邑乎？昭十一年《傳》云「齊桓城穀而寘管仲焉」，齊自有穀，如文十一年「公及齊侯盟于穀」、宣十四年「公孫歸父會齊侯于穀」，此齊穀也，非魯之小穀。沙隨程氏曰：齊地别有穀，在濟北，有管仲井，非小穀也。文十七年、宣十四年盟會者，乃濟北之穀也。

夏

宋公、齊侯遇于梁丘。《左傳》曰：齊侯爲楚伐鄭之故，請會于諸侯，宋公請先見于齊侯。張氏曰：齊不以霸

主自居，以梁丘近宋而先之也。梁丘，在濟州昌邑縣西南。高氏曰：梁丘，宋地，齊侯將會諸侯，爲鄭謀楚，而宋公先遇於梁丘，宋序齊上者，地主也。用兵則以主兵者爲先，盟會則以主盟者爲先，若相遇則以地爲賓主。皆非其地，莫適爲主，則序以爵而已。

秋

七月

癸巳，公子牙卒。《左傳》曰：初，公築臺，臨黨氏，見孟任，從之。生子般。公疾，問後於叔牙，對曰：「慶父材。」問於季友，對曰：「臣以死奉般。」公曰：「鄉者牙曰慶父材。」成季使以君命命僖叔待於鍼巫氏，使鍼季酖之，歸及逵泉而卒。《公羊傳》曰：公病，召季子曰：「牙謂我曰：『魯一生一及，君知之矣，慶父也存。』」季子曰：「是將爲亂乎！」俄而牙弒械成。季子和藥而飲之。公子牙今將爾，將而誅焉。誅不避兄，君臣之義也。行誅乎兄，隱而逃之，使若以疾死然，親親之道也。沙隨程氏曰：牙，叔孫氏之祖也。《左氏》以爲欲立慶父而季友酖殺之，時公年四十有五，距薨時尚一月，苟以是誅牙，則慶父何爲尚執國柄？而二《傳》以爲將弒公，又不近理。蓋是見閔公不書即位，考例不合，故爲是異説，牙實善終也。高氏曰：《左氏》具載季友殺叔牙之事，考之於《經》，全不寓微意，以此言之，公子牙蓋自卒爾。

八月

癸亥，公薨于路寢。書月書日，謹之；書其所，詳凶變也。路寢，正寢也。公病〔一〕，遷居正寢，而於正寢終

〔一〕「公病」，原作「病病」，據清刻本、四庫本改。

焉，禮也。

冬

十月

己未，子般卒。「己未」，《公》、《穀》作「乙未」。般，音班〇《左傳》曰：子般即位，次於黨氏，共仲使圉人犖賊子般。成季奔陳。立閔公。孫氏曰：子般，莊公太子，未踰年之君也，莊公未葬，故名。不薨不地者，降成君也。此與襄三十一年「秋九月，癸巳，子野卒」義同。沙隨程氏曰：般之卒書日辰書名，與襄三十一年子野同，蓋亦令終也。文十八年「冬十月，子卒」，不書日辰不名，則故可知也。先儒謂君薨子名，既葬稱子，然景王既葬矣，王子猛猶名，是此例不通也。胡瑗謂「子般非遇弒」，信然。高氏曰：新君未踰年稱子，莊公薨，般既立，不幸而卒。三《傳》皆以爲慶父所殺，考之於《經》，所書與子野同，若以子般爲被弒，則子野亦豈被弒乎？惟文十八年書「子卒」而不名者，乃被弒也，何則既書「子卒」，即書「夫人姜氏歸于齊」？蓋文公既薨，子赤爲宣公、襄仲所弒，而弒君之賊自立，姜氏不能容，自歸於父母之國也。子般、子野皆非被弒，而子般特以哀姜、慶父之故，疑若爲其所弒爾。《春秋》别嫌明微，深辨乎疑似之際，豈有實弒其君而全不寓意，乃區區曲爲之諱乎！

公子慶父如齊。沙隨程氏曰：公薨，子般卒，慶父以國統未定，請於霸主而國人立閔公。高氏曰：若以慶父弒君而出奔，則聖人豈不著其出奔之罪乎？知此非出奔也，蓋公薨子卒，繼嗣未定，慶父雖有僥倖之心，而身爲國卿，加以公子之貴，有嫌疑之避，於是如齊告難，蓋以桓公始霸，謀定其君。及自齊歸，魯已立閔，慶父始有篡弒之意，故明年齊侯使仲孫湫來省難，而仲孫謂「不去慶父，魯難未已」也。澄按，諸説誤謂慶父弒般，故有以此爲出奔齊者，亦有以此謂自托於齊者。竊詳閔二年慶父、哀姜弑閔公，慶父不容於魯國，遄出奔莒〔二〕。哀姜於齊，親也，亦有所憚而不敢歸齊，逃罪于邾，竟不免於死。齊桓霸令如此，設使慶父實弑子般，果何所恃而遽敢如齊乎？齊桓亦何所顧惜、何所阿徇而不問其罪乎？以此知子般之非弑也。不然，齊桓寬縱於般之弑而嚴察於閔之弑，何其用刑之頗也？因《左傳》事跡失實，誤以子般爲被弑，遂使魯臣虛負縱賊之罪，霸主亦受佚罰之誣，得孫、胡、程、高四家，一正前誤，則見齊桓霸令之光明無可議者矣。

狄伐邢。狄，北狄。杜氏曰：邢，姬姓，周公之胤，國在廣平襄國縣。張氏曰：今邢州龍岡縣。狄前此雖未見於《經》，然自伐邢而滅衛，三年之間，塗炭兩國，首以伐書，著其彊也。高氏曰：夷狄犯中國而謂之伐，中國不自正故也。襄陵許氏曰：《春秋》戎先見，荆次之，狄次之，而荆暴於戎，狄又暴於荆。當惠王世，戎、狄、荆楚交伐諸夏，使無齊桓攘服定之，豈復有中國哉！

《經》書月三，書日三。《大衍曆》：正月癸亥，大，乙亥，冬至；二月癸巳，小；三月壬戌，大；四月壬辰，小；五月辛酉，大；六月辛卯，小；七月庚申，大；八月庚寅，小，《經》七月癸巳在此月；九月己未，大，《經》八月癸亥在此月；十月己丑，小；十一月戊午，大，《經》十月己未在此月；十二月戊子，小。《長曆》：是年閏三月。癸巳，七月四日；癸亥，八月五日；己未，十月二日。

〔二〕遄出奔莒：「遄」，四庫本作「遂」。

春秋纂言卷四

元　吴澄　撰

閔公名啟方，莊公子，母哀姜之娣叔姜，在位二年，《史記》云「名開」。

元年庚申。惠王十六年〇齊霸桓二十五年〇蔡穆十四年〇曹昭公班元年〇衛懿八年〇晋獻十六年〇鄭文十二年〇陳宣三十二年〇杞惠十二年〇宋桓二十一年〇秦成三年〇楚成十一年

春

王正月沙隨程氏曰：不書即位，與隱公同。

齊人救邢。《左傳》曰：管敬仲言於齊侯曰：「戎狄豺狼，不可厭也；諸夏親暱，不可棄也；宴安酖毒，不可懷也。詩云：『豈不懷歸？畏此簡書。』簡書，同惡相恤之謂也。請救邢以從簡書。」張氏曰：管仲請救邢，桓公始興救邢之師。《論語》以免民左衽之功歸管仲，蓋救諸夏攘戎狄，皆管仲發其端也。

夏

六月

辛酉，葬我君莊公。十一月乃葬。

秋

八月

公及齊侯盟于落姑。「落」，《公》、《穀》作「洛」〇《左傳》曰：請復季友也。杜氏曰：落姑，齊地。澄按，《左傳》所載，去年成季奔陳，竊意子般卒後，慶父、哀姜專國，故季友出以避禍。此時慶父秉外權，哀姜爲内主，蓋唯恐季友之歸。閔公八歲爾，孰能奉之出會霸主而爲國計者？必魯之世臣有不當權而忠於國，能如衛之石碏，深謀秘計，告於霸主，請復季友。故桓公以霸令召閔公至齊地而與之盟，使若復季友之意出於齊而不出於魯，故盟以要其信而使魯復之。既盟之後，桓公使召諸陳，而閔公次于郎以待之，若不敢背霸主之盟而使季友得以歸魯者。季友以霸主之重，則慶父不敢去之矣。《春秋》書「公及齊侯盟于落姑」，所以著魯大臣之有謀也。

季子來歸。季者，公子友之字；子者，天子大夫之爵，而當時諸侯之大夫僭以爲稱也。凡諸侯之大夫無君在上者不稱名，當時閔公幼弱，政在大夫，魯雖有君，若無君然，故季友至國，慶父接之以大夫見大夫，無復有以君召臣之禮。此雖慶父之無君，而友不露其謀，亦姑徇之也。君前臣名，友不書名，所以著魯臣之不知有君也。

冬

齊仲孫來。季友既歸，而齊桓遣仲孫湫來省魯難，書氏不書名者，蓋魯臣以兩臣相見之禮接，而不復以之見君。來下不書其事，非聘也。其時慶父專權，本國之季子歸，它國之仲孫來，皆大夫自相交際，不復知有君矣，故上書「季子」，此書「仲孫」，皆不書名，以著魯臣無君之罪。沙隨程氏曰：書「仲孫」，與文十五年「華孫」同。

《經》書月三，書日一。《大衍曆》：正月丁巳，大，庚辰，冬至；二月丁亥，小；三月丙辰，大；四月丙戌，大；五月丙辰，小；六月乙酉，大；七月乙卯，小，《經》六月辛酉在此月；八月甲申，大，癸丑，大暑；閏月甲寅，小；九月癸未，大，癸未，處暑；十月癸丑，小；十一月壬午，大；十二月壬子，小。《長曆》：辛酉，六月八日。

二年辛酉。惠王十七年〇齊霸桓二十六〇蔡穆十五〇曹昭二〇衛懿九〇晋獻十七〇鄭文十三〇陳宣三十三〇杞惠十三〇宋桓二十二〇秦成四〇楚成十二

春

王正月

齊人遷陽。遷者，强以兵力劫遷之也，與宋人遷宿同，謂遷其民於它處而取其地。杜氏曰：陽，國名。張氏曰：《漢志》東海郡陽都縣是其國也。

夏

五月

乙酉，吉禘于莊公。吉者，言喪制中未可以吉祭也。禘者，言羣公廟不當用禘樂也。主未入廟，故不稱莊宫，而但稱「莊公」也。張氏曰：禘爲天子宗廟之大祭，不王不禘，諸侯不得用之。魯有禘樂，雖先王所賜，止可用於周公之廟，不可施於羣公[一]，況喪禮二十五月而祥[二]，又兩月而禫，然後以吉祭易喪祭。今莊公之薨纔二十二月，主未遷

[一] 不可施於羣公：「羣」，清刻本、四庫本作「莊」。

[二] 況喪禮二十五月而祥：「況」，原作「兄」，據清刻本、四庫本改。

祔，嗣君幼弱，而以吉禮盛樂用於神主，蓋出於哀姜、慶父，樂哀謀簒而爲之，又非它日僭禮之所得比矣。

秋

八月

辛丑，公薨。《左傳》曰：公傅奪卜齮田，公弗禁。共仲使卜齮賊公於武闈。澄按，弒而書薨而不地，義與隱公同。

九月

夫人姜氏孫于邾。孫，去聲○《左傳》曰：共仲通於哀姜，哀姜欲立之。閔公之死也，哀姜與知之，故孫于邾。澄按，夫人不奔齊而奔邾者，蓋有淫行、與弒謀，身負二惡，自慊於心而畏齊桓〔一〕，故不敢歸齊也。

公子慶父出奔莒。《左傳》曰：成季以僖公適邾，共仲奔莒，乃入，立之，以賂求共仲于莒，莒人歸之。及密，使公子魚請，不許，哭而往。共仲曰：「奚斯之聲也！」乃縊。張氏曰：慶父與哀姜謀弒閔公，欲自立而不遂，此魯國秉禮之驗也。方季友適邾之時，使魯國無人，安能逐姜氏、慶父哉？季友既立僖，則當正慶父之罪，致辟於甸人，以致弒其君之討，乃以賂求于莒，不許其入而已，又立孟氏與叔牙同，無輕重之別，豈非邦憲之失與？

冬

齊高子來盟。來盟，蓋與季友盟立僖公也。高傒不書名而書「子」者，其時魯無君，季友接之以二臣相見也。

〔一〕自慊於心而畏齊桓：「慊」，四庫本作「歉」。

十有二月

狄入衛。《左傳》曰：衛懿公及狄人戰於滎澤，衛師敗績，遂滅衛。衛之遺民男女七百有三十人，益之以共、滕之民爲五千人，立戴公，以廬于曹。齊侯使公子無虧帥車三百乘、甲士三千人以戍曹，歸公乘馬、祭服五稱、牛羊豕雞狗皆三百，與門材，歸夫人魚軒、重錦三十兩。杜氏曰：戴公其年卒，立文公。孔氏曰：此年之末，文公即位，戴公爲君不過十數日爾。張氏曰：衛之滅，非特懿公好鶴失人心，自惠公即位，宣姜淫恣，耽樂忘政，習貫爲常。公又重之，亡形已具，故狄人一至而涣然離散，國隨以亡，非齊桓救而封之，則康叔之後至此無噍類矣。桓公迎其遺民，立文公，而爲之建國家社稷。此所以止書「入」也，以衛爲春秋初時大國，方與齊侯胥命，欲爲方伯，才四十年，淪於亡滅。故治國必先齊家，而淫亂之禍，不簺則滅，可不戒哉！

鄭棄其師。《左傳》曰：鄭人惡高克，使帥師次於河上，久而弗召，師潰而歸，高克奔陳。澄聞之吾夫子曰：「以不教民戰，是爲棄之。」古人視民如赤子，故平日教之習戰，一旦不得已而用之於軍旅，欲其完師而歸，一無所損也。今鄭無戰鬭之事，乃使其臣將兵于外，久而弗得歸，致其衆潰散，非棄其民而何哉！

《經》書月五，書日二。《大衍曆》：正月辛巳，大，乙酉，冬至；二月辛亥，小；三月庚辰，大；四月庚戌，小；五月己卯，大，乙酉，七日；六月己酉，小；七月戊寅，大；八月戊申，大；九月戊寅，小，《經》八月辛丑在此月；十月丁未，大；十一月丁丑，小；十二月丙午，大。《長曆》：是年閏五月。辛丑，八月二十五日。

春秋纂言卷五

元　吴澄　撰

僖公名申，莊公子，閔公庶兄，母成風，夫人聲姜，在位三十三年。

元年壬戌。惠王十八年〇齊霸桓二十七年〇蔡穆十六年〇曹昭三年〇衛文公燬元年〇晋獻十八年〇鄭文十四年〇陳宣三十四年〇杞惠十四年〇宋桓二十三年〇秦穆公任好元年〇楚成十三年

春

王正月

齊師、宋師、曹師次于聶北，救邢。「曹師」，《左》作「曹伯」〇《左傳》曰：諸侯救邢。邢人潰，出奔師，師遂逐狄人。杜氏曰：聶北，邢地。次者，按兵觀釁以待事也。張氏曰：次于聶北，屯兵便利以援邢而懼狄。桓公用兵之規模，主於持重，故不遽決於一戰，而持久以待之。澄按，莊三十二年冬，狄伐邢。閔元年春，齊救邢。蓋齊師進而狄師退，故不言戰。狄師雖不逼邢，然兩年之間，以兵往來，蹂踐邢、衛之境，邢雖未破，亦岌岌矣。至二年冬，破衛國，死衛君，則狄之勢愈張。既入衛，又移師于邢，故齊桓率諸侯次于聶北救邢。邢不能支狄，衆潰而出奔，就諸侯之師，諸侯遂以師逐狄人而退之。

夏

六月

邢遷于夷儀。「夷儀」，《公》作「陳儀」，後同○《左傳》曰：具邢器用而遷之，師無私焉。杜氏曰：夷儀，邢地。張氏曰：按《輿地廣記》，河北龍岡縣北一百五十里有夷儀嶺。澄曰：邢人賴諸侯救援之力，衆雖自潰，而非爲狄所入也。諸侯逐退狄師，然邢國遭狄人二年攻伐之餘，不復可立國矣。故諸侯之師具邢器用而遷之於夷儀，然後邢得以復存也。邢遷者，邢自欲遷也，故不曰「遷邢」。

齊師、宋師、曹師城邢。邢即夷儀也。邢既遷，則夷儀乃邢國之所在，故不書「城夷儀」而曰「城邢」也。張氏曰：邢雖已遷，無力自城，諸侯若不城之，終未能以自定。桓公因其既遷，命三師爲之板築〔一〕，使之足以守而居之安。

秋

七月

戊辰，夫人姜氏薨于夷，齊人以歸。《左傳》曰：哀姜孫于邾，齊人取而殺之于夷，以其尸歸。沙隨程氏曰：夷，齊地，夫人薨不地，今地，故也，齊爲我討也。齊人以歸者，以其喪歸于我。或謂齊人取其尸歸于齊者非也。既薨于齊地，則以歸者，歸於我也。張氏曰：自文姜弒桓公，得逃致辟，而淫縱益甚，使魯國三四十年間濁亂昏迷，卒成再弒其君之禍。至此，齊桓舉方伯之職，慶父、哀姜皆死，然後三綱稍明，人倫粗正，此縱罪誅惡失得之明驗也。澄

〔一〕命三師爲之板築：「板」，四庫本作「版」，下同，不出校。

按，自齊桓既霸之後，諸侯無敢有弑君者，僅魯有弑閔一事，然亂賊遄誅，無得幸免，霸政之有功於世道也。哀姜或桓女，或襄女，雖己子兄子，必殺無赦，以義奪恩，與石碏殺厚義同。莊公求昏于齊，當齊桓之世，齊桓甚難其事。莊公不憚屈辱求之，始成昏。魯莊、齊桓計其年當相若，則哀姜決非桓女。若以爲僖女，則必不娶其母之妹以爲夫人，故疑是襄女也。然襄公弑莊公之父，而後乃娶其女，其忘讎不天，鬼神所不祐，哀姜之不得其死也宜哉！

楚人伐鄭。孫氏曰：莊十年，荆敗蔡師于莘，始見于《經》；十四年，入蔡稱荆；二十三年，來聘始進稱人；二十八年，伐鄭，又稱荆。今曰「楚人伐鄭」者，以其兵衆地大，漸通諸夏，復其舊封，比之小國也，故自此十數年侵伐用兵皆稱人焉。張氏曰：荆至是稱楚者，蓋荆乃州之名也。《商頌》稱「奮伐荆楚」，則楚亦其國之舊名，但自武、文以來，雖駸駸彊盛，而未暇正其國之號名，故以州稱。及熊頵即位，令尹子文得政，始定改號曰楚，以交於中國。前此獨來聘稱人，其侵敗中國皆以州舉，自此始稱號稱人，則浸彊而陵駕中國。然終齊桓世，雖伐滅小國止稱人者，以桓之力猶足以制之也。桓没而宋襄霸，然後始列於會盟，偃然主諸侯，而《春秋》有以爵書者矣。

八月

公會齊侯、宋公、鄭伯、曹伯、邾人于檉。「檉」，《公》作「朾」〇《左傳》曰：謀鄭故也。澄曰：邾人，邾卿也。有國君在，臣雖當稱名，亦降稱人。杜氏曰：陳國陳縣西北有檉城。張氏曰：今宛丘縣也。楚人伐鄭，桓公不遽救而會諸侯謀之，蓋楚方彊，而公謀制楚十全之策也。

九月

公敗邾師于偃。「偃」，《公》作「纓」〇《左傳》曰：虚丘之戍將歸者也。杜氏曰：邾人送哀姜還，因戍虚丘，欲以侵魯。邾人歸，公要而敗之。偃，邾地。沙隨程氏曰：以受哀姜之故，是必請于會而伐之。

冬

十月

壬午，公子友帥師敗莒師于酈，獲莒挐。酈，音狸，《公》作「犂」，《穀》作「麗」。挐，女居、女加二切○杜氏曰：莒既不能爲魯討慶父，受魯之賂而又重來，其求無厭。張氏曰：求賂而以兵至。沙隨程氏曰：莒受慶父，復侵我至酈，故公子友帥師敗之。澄曰：莒，小國，其卿一命稱人。挐，國君之弟，同於再命，故稱名。

十有二月

丁巳，夫人氏之喪至自齊。沙隨程氏曰：齊魯接境，自薨于夷，越一百七十日始至者，魯人迎之不亟也。杜氏曰：不稱姜，闕文。

《經》書月七，書日三。《大衍曆》：正月丙子，小，庚寅，冬至；二月乙巳，大；三月乙亥，小；四月甲辰，大；五月甲戌，小；六月癸卯，大；七月癸酉，小；八月壬寅，大，《經》七月戊辰在此月；九月壬申，小；十月辛丑，大；十一月辛未，小，《經》十月壬午在此月；十二月庚子，大，丁巳，十八日。《長曆》：是年閏十一月。戊辰，七月二十七日；壬午，十月十二日。

二年癸亥。惠王十九年○齊霸桓二十八○蔡穆十七○曹昭四○衛文二○晋獻十九○鄭文十五○陳宣三十五○杞惠十五○宋桓二十四○秦穆二○楚成十四

春

王正月

城楚丘。《左傳》曰：諸侯城楚丘而封衛焉，不書所會，後也。《穀梁傳》曰：楚丘，衛邑也，其城何？封衛也。不言城衛何？衛未遷也。胡氏曰：桓公率諸侯城之而封衛也。沙隨程氏曰：閔二年十二月，狄入衛，至是踰年，諸侯始城楚丘以處文公，救患之師，緩不及事，且不反其舊都，故不列所以城之者。張氏曰：衛滅之後，齊桓公立戴公以廬于漕，漕，今滑州之白馬。其年戴公卒，文公立，桓公城楚丘而封之。楚丘，今開德府衛南縣。蓋分板築之役于諸侯而魯往城之也。劉氏曰：詩序謂「文公徙居楚丘，始建城市而營宫室」，由此而言，文公先徙居而後建城市，不得云衛未遷也。薛氏曰：楚丘，衛之徙都也。孰城之？我城之也。《詩·定之方中》，文公始作楚宫，定星之中，夏時之十月也。十月遷楚丘，俟衛遷而後魯城之，書之若内邑然，桓公爲有過矣。澄曰：胡、程從《左氏》以爲諸侯城之。張、薛以爲魯獨力城之。三傳、胡、張皆以爲城之而封衛，劉、薛以爲衛遷而後城。按衛之有國舊矣，爲狄所入而遷于楚丘，曰「封衛者」，繆也。邢遷于夷儀而後諸侯城之，此亦當是衛既遷楚丘而後城之也。然城邢序諸侯，而此不序，城邢不言城夷儀，而此言「城楚丘」，劉、薛、程氏蓋頗得《經》意。又按閔二年十二月，狄入衛，其月文公即位，觀《詩》所謂「作于楚宫」，皆文公自營其宫室，豈待踰年之後，魯方往城其邑乎？況元年諸侯之城邢，只是救邢之師就爲之城。魯、衛相去非接境，諸侯皆無兵役[一]，而魯獨興衆遠適衛地築城，齊桓之霸令應不如是。疑當如莊三十二年城小穀之例，楚丘亦是魯地。隱七年，凡伯聘魯而戎伐之于楚丘，則楚丘之地在周東魯西，故近魯之戎得就其地伐之，但今無所考，不見魯地之楚丘在何處爾。張氏謂「戎伐凡伯之楚丘，非衛地者」是矣，而又以楚丘爲梁國楚丘縣，屬今之拱州，則又不可以爲魯地也，姑闕之。

[一] 諸侯皆無兵役：「無兵役」，清刻本、四庫本作「燕兵投甲」。

夏

五月

辛巳，葬我小君哀姜。哀姜有罪，齊桓以霸令誅之者，義也。然姜實莊公之正配，僖公之適母也，子無絀母之道，僖公以小君葬之者，禮也。

虞師、晋師滅下陽。「下」，《公》、《穀》作「夏」〇《左傳》曰：晋荀息以垂棘之璧與屈産之乘假道於虞以伐虢，虞公許之，且請先伐虢，遂起師。晋里克、荀息帥師會虞師伐虢，滅下陽。《穀梁傳》曰：非國而曰滅，重夏陽也。夏陽者，虞、虢之塞邑也，滅夏陽而虞、虢舉矣。程子曰：下陽，邑也，虢之亡由此，故即書「滅」。張氏曰：下陽與上陽爲對，虢之塞邑，在今陝州平陸縣，上陽在陝縣，虢所都也。虞，周太王子仲雍所封，其都亦在平陸之地。虢，文王弟虢叔之後。晋，成王弟唐叔之後，國都在今太原府。晋獻公佹諸，武公之子也。武公以曲沃伯篡晋，獻公嗣立，浸以兵吞噬近地之小國。晋與虞、虢爲鄰，自莊公末，因虢人侵晋，而謀於士蔿，以圖虢爲務，今始與虞伐之。蓋先以璧馬重賂間虞、虢之交，使虞人不知其謀，忘輔車相依之勢，反道晋以滅下陽。下陽者，控制虞、虢之要地，晋取下陽而虞、虢舉矣，故《春秋》於此書「滅」。虞首兵，蓋以爵先晋，亦如邾之道鄭，所以見虞之自取滅亡也。

秋

九月

齊侯、宋公、江人、黄人盟于貫。「貫」，《公》作「貫澤」〇《左傳》曰：服江、黄也。杜氏曰：江、黄，楚與國也，始來服齊，故爲合諸侯。張氏曰：江在汝南安陽縣，今蔡州新息縣之地。黄，嬴姓國，在汝南弋陽縣，今光州定城縣。貫，今興仁府濟陰縣有貫城。齊桓謀楚，先服此二國，皆迫近楚之境者，所以遠交而孤楚勢，此桓公服楚之規模也，唯宋與盟，不煩諸侯也。

冬

十月

不雨。《穀梁傳》曰：不雨者，勤雨也。張氏曰：書此以見魯國上下皆以無雨爲憂，止書首時，自酉至亥，三月皆不雨也。

楚人侵鄭。張氏曰：楚自莊三十年楚頵已長，殺子元，用子文爲令尹，子文毀家以紓國難，兵勢浸彊，故比年侵伐鄭。若非齊桓兩歲之間專以圖楚爲事，必未能制之於召陵。而執宋公盟諸侯之事，不在僖十九年之後矣。

《經》書月四，書日一。《大衍曆》：正月庚午，大，丙申，冬至；二月庚子，小；三月己巳，大，丁酉，雨水；四月己亥，小；五月戊辰，大，辛巳，十四日，丁酉，穀雨；閏月戊戌，小；六月丁卯，大，戊辰，小滿；七月丁酉，小；八月丙寅，大；九月丙申，小；十月乙丑，大；十一月乙未，小；十二月甲子，大。

三年甲子。惠王二十年〔一〕○齊霸桓二十九○蔡穆十八○曹昭五○衛文三○晉獻二十○鄭文十六○陳宣三十六○杞惠十六○宋桓二十五○秦穆三○楚成十五

〔一〕「二十年」，原作「二十一」，據清刻本、四庫本及上下文改。

春

王正月

不雨。杜氏曰：一時不雨則書首月。

夏

四月

不雨。與上年冬十月不雨、此年春王正月不雨義同。

徐人取舒。杜氏曰：徐國在下邳僮縣東南，舒國今廬江舒縣。高郵孫氏曰：舒者，附庸之國，服屬於楚。徐人自楚取之，使之屬徐也。取國而不言滅者，舒之宗祀復存也。襄陵許氏曰：舒蓋荆與國，徐人取之，蓋倚齊、魯。張氏曰：齊桓方霸，而不能戢諸侯之吞并小國，蓋方謀楚，未暇討之，亦降鄣、遷陽等事有以教之，無以令之也。

六月

雨。《左傳》曰：自十月不雨至于五月，不曰旱，不爲災也。趙氏曰：明旱不終夏，不爲災爾。

秋

齊侯、宋公、江人、黄人會于陽穀。《左傳》曰：謀伐楚也。張氏曰：陽穀，今東平府須成縣北，隋置陽穀縣。去年盟以定其交矣，今歲再會，申伐楚之約也。胡氏曰：侵蔡、次陘之師，諸侯皆在，江、黄獨不與焉，安知其爲謀伐楚乎？曰諸侯大衆同次于陘，厚集其陣，聲罪致討，以震中國之威，江人、黄人各守其境，按兵不動，以爲八國之援，此克敵制勝之謀也。觀伐楚後令江人、黄人伐陳，則知侵蔡、次陘，二國不會，而自爲掎角之勢明矣。

冬

公子友如齊涖盟。《穀》作「公子季友」○《左傳》曰：齊侯爲陽穀之會來尋盟。杜氏曰：齊侯自陽穀遣人詣魯，求尋盟，魯使上卿詣齊受盟也。襄陵許氏曰：公蓋有故，不會陽穀，是以季友如齊涖盟。張氏曰：魯、宋爲一，而列國無不從役矣。

楚人伐鄭。《左傳》曰：鄭伯欲成，孔叔不可，曰：「齊方勤我，棄德不祥。」《經》書月三，書日無。《大衍曆》：正月甲午，小，辛丑，冬至；二月癸亥，大；三月癸巳，大；四月癸亥，小；五月壬辰，大；六月壬戌，小；七月辛卯，大；八月辛酉，小；九月庚寅，大；十月庚申，小；十一月己丑，大；十二月己未，小。

四年乙丑。惠王二十一年○齊霸桓三十○蔡穆十九○曹昭六○衛文四○晋獻二十一○鄭文十七○陳宣三十七○杞惠十七○宋桓二十六○秦穆四○楚成十六

春

王正月

公會齊侯、宋公、陳侯、衛侯、鄭伯、許男、曹伯侵蔡[一]，蔡潰，遂伐楚，次于陘。《左傳》曰：齊

[一] 公會齊侯宋公陳侯衛侯鄭伯許男曹伯侵蔡：「衛侯」，原闕，據四庫本補。

侯與蔡姬乘舟于囿，蕩公，公懼，變色，禁之，不可。公怒，歸之，未絶之也，蔡人嫁之。齊侯以諸侯之師侵蔡，蔡潰，遂伐楚。楚子使與師言曰：「君處北海，寡人處南海，唯是風馬牛不相及也，不虞君之涉吾地也，何故？」管仲對曰：「昔召康公命我先君太公曰：『五侯九伯，女實征之，以夾輔周室。』賜我先君履，東至于海，西至于河，南至于穆陵，北至于無棣。爾貢包茅不入[一]，王祭不共，無以縮酒，寡人是徵。昭王南征而不復，寡人是問。」對曰：「貢之不入，寡君之罪也，敢不共給？昭王之不復，君其問諸水濱。」師進，次于陘。澄曰：楚之憑陵諸夏有年矣，地大兵彊，未易制也。管仲爲桓公謀之數年，而後能興伐楚之師，此至重大之事，豈可輕試其鋒於它國？桓公乃以一婦人之故憾蔡，因行師過蔡，顧以伐楚之兵，小試於蔡，以其師之無名，故曰侵。蔡，小國也，當此重兵，如以石壓卵，故一侵而蔡即潰也。或謂蔡，文王之胄，而自獻舞以來，甘心屈服于僭竊之夷，桓公伐楚，而先加兵於附楚之蔡，蔡衆既潰，則威震而兵彊。此説不然。夫楚之猾夏，先自蔡始，虜獻舞以歸，既而又入其國，中國無能救援之者，其附於楚，豈能得已哉！桓公不先治猾夏之楚，而先治不得已而附楚之蔡，可謂失先後之宜、輕重之序矣。其威之震、兵之彊，豈待蔡潰而後震且彊也哉！《春秋》書「侵蔡」者，正以譏桓公興義師，而首爲此不義之舉也。遂者，繼事之辭，桓公合諸侯之師，正爲伐楚設，而乃先用之以侵蔡，故《春秋》書伐楚爲遂事者，若曰因侵蔡而遂以伐楚爾，前《經》凡兩書遂，皆同此義。陘，楚地。杜氏謂「潁川召陵縣有陘亭」，張氏謂「今潁昌府郾城縣也」。按孫子云：「百戰百勝，非用兵之善，不戰而屈人之兵者善也。」齊以楚之猾夏而聲其罪以致伐，然楚衆方彊，若不持重而輕進深入，則勝負之數未可知也，故次于陘以待其自來屈服，所以爲節制之師，而合於不戰屈人兵之善也。

[一] 爾貢包茅不入：「不」，原作「下」，據四庫本改。

夏

許男新臣卒。《左傳》曰：許穆公卒于師。趙氏曰：許國與楚近，蓋許男遇疾而歸，卒于國。張氏曰：召陵，地屬潁川。潁川，今之潁昌府長社縣，去許密邇，故許男疾而歸也。劉氏曰：卒于師，當曰「卒于師」，今無稱焉，去其師而復也。古者君即位爲椑，出疆必載椑，卒于師曰師，于會曰會，正也。澄按桓十五年書「許叔入于許」，新臣即許叔也，至此在位四十二年，子業嗣，是爲僖公。

楚屈完來盟于師，盟于召陵。屈，氏；完，名。其時楚未有三命大夫，而此書氏名者，蓋因其來盟，桓公以霸主奉王命命之爲三命之卿，若後世承制命官之類，蓋以獎進楚人也。來盟者，楚子遣之來受盟。諸侯之師在陘，于師者，于陘也。屈完既至陘，桓公嘉其來服，故退師召陵以禮楚，而與之盟。桓公之待楚進退有禮，雖不足以盡王者之義，而一匡天下，民到于今受其賜，亦二百四十年甚盛之舉也。張氏曰：召陵在今郾城縣，漢潁川郡召陵縣。

齊人執陳轅濤塗。「轅」，《公》、《穀》作「袁」○《公羊傳》曰：濤塗之罪，辟軍之道也。桓公假塗于陳而伐楚，陳人不欲其反由己，謂桓公曰：「君既服南夷矣，何不還師服東夷且歸？」桓公於是還師濱海而東，大陷于沛澤之中。執濤塗。《左傳》曰：陳轅濤塗謂鄭申侯曰：「師出於陳、鄭之間，國必甚病。若出於東方，觀兵於東夷，循海而歸，其可也。」申侯曰：「善。」濤塗以告，齊侯許之。申侯見曰：「師老矣，若出於東方而遇敵，懼不可用也。若出於陳、鄭之間，共其資糧屝屨，其可也。」齊侯説，與之虎牢，執轅濤塗。孫氏曰：桓公與陳侯南服彊楚，歸而返執陳轅濤塗，其惡可知。

秋

及江人、黄人伐陳。桓公怒陳轅濤塗欲利陳而誤軍道，故既執濤塗，又命魯微者同江、黄以伐陳。時江、黄之師在其國，伐楚之役，未嘗勞之，且以其國近於陳，故令伐陳也。必使魯人及之者，江、黄遠國，不可無魯主兵也。張氏曰：《左氏》與《公羊》所傳轅濤塗之罪，大同小異。如《左氏》説，則齊師終由陳反，但怒轅濤塗之言耳，若果由陳、鄭而歸，則何必魯及江、黄伐陳，又再勤諸侯之師乎[一]？以此考之，則知《公羊》大陷沛澤之説爲信，所以桓公怒陳之深，至於興諸侯之師，伐而又侵也。

八月

公至自伐楚。公與齊桓爲它會皆不至，此獨至者，重大其事，且以師出三時，久役之勞也。

葬許穆公。

冬

十有二月

公孫兹帥師會齊人、宋人、衛人、鄭人、許人、曹人侵陳。「兹」，《公》作「慈」，後同○《左傳》曰：叔孫戴伯帥師會諸侯之師侵陳，陳成，歸轅濤塗。澄按，陳與六國同伐楚，成齊桓帖荆之功，陳與有力。一有誤軍道之罪，既執其臣，端以三國伐之，今又動七國之兵臨其國，厚人之功而薄人之過者，蓋不如此。書「侵」者，以見其師之無名也。六國皆將卑師少，獨魯以三命之卿帥大衆以往，蓋勤於奉霸令也。蘇氏曰：伐陳、侵陳，皆討濤塗之不忠也。前曰「伐」，當其罪也。後曰「侵」，已甚也[二]。胡氏曰：桓公識明而量淺，管仲器不足而才有餘。方楚人未帖，而齊

[一] 又再勤諸侯之師乎：「勤」，原作「勒」，據四庫本改。
[二] 已甚也：「已」，清刻本、四庫本作「以」。

以爲憂也，致勤於鄭，振中夏之威；會于陽穀，惇遠國之信〔一〕；按兵于陘，修文告之詞；退舍召陵，結會盟之禮，何其念之深、禮之謹也！楚方受盟，志已驕溢，陳大夫一謀不協，其身見執，其國見伐見侵，而怒猶未怠也〔二〕。厚以責人，而不自反其失，在於量淺而器不宏也。沙隨程氏曰：濤塗既執，又再侵伐，陳罪特暫謀之不善耳，非有荆楚暴殄中國之罪也。桓公責彊夷甚略，罪弱國甚備，非道也。

《經》書月三，書日無。《大衍曆》：正月戊子，大；丙午，冬至；二月戊午，小；三月丁亥，大；四月丁巳，小；五月丙戌，大；六月丙辰，小；七月乙酉，大；八月乙卯，大；九月乙酉，小；十月甲寅，大；十一月甲申，小，辛亥，霜降；十二月癸丑，大，辛巳，小雪。

五年丙寅。惠王二十二年〇齊霸桓三十一〇蔡穆二十〇曹昭七〇衛文五〇晋獻二十二〇鄭文十八〇陳宣三十八〇杞惠十八〇宋桓二十七〇秦穆五〇楚成十七

春

晋侯殺其世子申生。《左傳》曰：晋獻公烝于齊姜，生大子申生。大戎狐姬生重耳〔三〕，小戎子生夷吾，驪姬生奚齊〔四〕，其娣生卓子。驪姬嬖，欲立其子。公使大子居曲沃，重耳居蒲，夷吾居屈，羣公子皆鄙，唯二姬之子在絳。將

〔一〕惇遠國之信：「惇」，原作「得」，據清刻本及四部叢刊景宋本胡安國《春秋傳》改。

〔二〕而怒猶未怠也：「怠」，四庫本作「息」。

〔三〕大戎狐姬生重耳：「大」，原作「犬」，據清刻本、四庫本改。

〔四〕「驪姬生奚齊」，清刻本前有「後伐驪戎，驪戎男女以驪姬」。

立奚齊，與中大夫成謀。姬謂大子曰：「君夢齊姜，必速祭之。」大子歸胙于公。公田，姬寘諸宫六日。公至，毒而獻之。公祭之地，地墳；與犬，犬斃；與小臣，小臣亦斃。姬泣曰：「賊由大子。」大子奔新城，公殺其傅杜原款。或謂大子：「子辭，君必辯焉。」大子曰：「君非驪姬，居不安，食不飽。我辭，姬必有罪，君老矣，吾又不樂。」曰：「子其行乎？」大子曰：「君實不察其罪，被此名也以出，人誰納我？」縊于新城。姬遂譖二公子曰：「皆知之。」重耳奔蒲，夷吾奔屈。陸氏曰：申生進不能自明，退不能違難，有愛父之心，而乃陷之於不義，使讒人得志，國以大亂，所謂「小仁，大仁之賊也」。張氏曰：申生爲獻公之冢嗣，又嬖驪姬而欲立奚齊，申生既死，而公卒之後，奚齊亦被殺，徒設此心，兩俱棄之，致晋亂二十餘年，所謂爲人父而蒙首惡之名者，此矣。

杞伯姬來朝其子。杞伯姬，蓋魯桓公之女，杞惠公之夫人也。合它書參究，魯莊公二十二年爲杞惠公元年，魯莊二十五年伯姬歸杞，生二子，曰成公，曰桓公，自歸杞至今十五年矣，故杜預以爲其子十歲左右。又按魯桓公九年，曹伯有疾，遣其世子射姑代父朝魯，《春秋》譏之。杞惠公疑亦有疾，伯姬以其子爲魯之甥，故挾之至魯，就令攝父行朝禮。是年杞惠公卒，成公嗣位，蓋伯姬知其夫之將亡，豫欲托其子於魯也。杞伯失君道，失父道，失夫道；伯姬失妻道，失母道；其子失子道，而魯僖受其朝，皆非禮也。

夏

公孫兹如牟。《左傳》曰：如牟，娶焉。杜氏曰：卿非君命不越境，故奉公命聘于牟，因自爲逆，因聘而娶，故傳實其事。澄按，魯公之如它國者，往朝也；魯臣之如它國者，以公命往聘也。魯於鄰近大國，未見使其臣以時往聘。牟，小國也，桓十五年嘗朝于魯，自後並不再有邦交之禮。今公孫兹乃往聘于彼，蓋以其私事行而有請於公，假托君命以往，故書以譏之。

公及齊侯、宋公、陳侯、衛侯、鄭伯、許男、曹伯會王世子于首止。《穀梁傳》曰：及以會，尊之也。程子曰：世子，王之貳，不可與諸侯列。世子出，諸侯會之，故其辭異。杜氏曰：首止，衛地，陳留襄邑東南有首鄉。張氏曰：襄邑，今屬拱州，以爲衛地，非也。王世子，惠王之長子鄭也。初，惠王取陳嬀爲后，生子鄭及叔帶。愛叔帶，欲立之。齊桓公以其廢長立幼，將啓亂階，遂率諸侯會王世子于首止，示天下戴之以爲天王之貳，所以尊國本，絶亂階也。蘇氏曰：首止之會，非王志也，率諸侯而定世子，義也。然而諸侯不以王命而會世子，世子不以王命而出會諸侯，衰世之事也。

秋

八月

諸侯盟于首止。「首止」，《公》、《穀》作「首戴」〇《公羊傳》曰：諸侯何以不序？一事而再見者，前目而後凡也。張氏曰：無中事而舉諸侯者，明世子之不與盟也。此盟蓋會世子之禮已畢，約諸侯以同戴世子。方伯者，察天下之勢而正救於未亂〔一〕，故桓公之謀寧周，春秋之義舉也。

鄭伯逃歸，不盟。《左傳》曰：王使周公謂鄭伯曰：「吾撫汝以從楚，輔之以晋，可以少安。」鄭伯欲逃歸，孔叔止之曰：「國君不可以輕，輕則失親。失親，患必至。」不聽，逃其師而歸。張氏曰：惠王徇后之意，欲易世子，故不悦桓公此舉。桓公之舉，天下之公義也。惠王之命，一人之私心也。逃者，匹夫之事，鄭伯背公徇私，行同匹夫，故

〔一〕察天下之勢而正救於未亂：「正」，清刻本作「止」。

書「逃歸」以罪之。澄按，上書「諸侯」，此書「鄭伯」，言七國諸侯之中，獨鄭伯徇惠王之命[一]，不欲與尊戴王世子之盟而逃歸也。

楚人滅弦，弦子奔黄。《左傳》曰：楚鬭穀於菟滅弦，弦子奔黄。於是江、黄、道、栢方睦於齊，皆弦姻也，弦子恃之而不事楚，又不設備，故亡。張氏曰：鬭穀於菟，楚之名大夫也，輔楚頵以當齊桓，雖外受盟于召陵，而内懷負固之心，至此窺見王懷愛叔帶之意，而不悦桓公此舉，遂因王閒鄭，而親帥師滅弦。黄、弦同壤，而黄受弦子之奔，楚之滅黄，亦自此始。桓公不能救弦，以啓救鄭圍許之紛紛。孫氏曰：楚人滅弦，惡桓不能救也。十年「狄滅温」，十二年「楚人滅黄」同此。杜氏曰：弦國在弋陽軑縣東南。任公輔曰：《地譜》光州光山縣故弦國。澄曰：弦子不稱名，小國，紀載不備，不可考其名也。

九月

戊申，朔，日有食之。

冬

晋人執虞公。《左傳》曰：晋侯復假道於虞以伐虢。宫之奇諫曰：「虢，虞之表也，虢亡，虞必從之。晋不可啓，寇不可玩，一之爲甚，其可再乎？諺所謂『輔車相依，脣亡齒寒』者，虞虢之謂也。」弗聽，許晋使。晋侯圍上陽，滅虢，虢公醜奔京師。師還，館于虞，遂襲虞，滅之，執虞公及其大夫井伯，而修虞祀，且歸其職貢于王。澄曰：虞，天子畿内之國，八命之公也。畿内之國與外諸侯不同，受地於天子，食其所有而歸其職貢。晋執虞公，則虞國所受之地

[一] 獨鄭伯徇惠王之命：「獨」，清刻本作「惟」。

爲晋有矣，故不書「滅虞」，其不書「滅虢」者，往年取虢之下陽書「滅」，於斯時虢已滅矣，今再取上陽，不過取其未盡之餘邑而已。

《經》書月二，書日一。《大衍曆》：正月癸未，小，辛亥，冬至，二十九日，《傳》辛亥朔，日南至，蓋周置閏在先故也；閏月壬子，大；二月壬午，小，旦日，大寒；三月辛亥，大；四月辛巳，小；五月庚戌，大；六月庚辰，小；七月己酉，大；八月己卯，小，庚子，立秋；九月戊申，大，朔，日食，黄道翼七度；十月戊寅，大；十一月戊申，小，丙辰，立冬；十二月丁丑，大。《長曆》：是年閏十二月。

六年丁卯。惠王二十三年〇齊霸桓三十二〇蔡穆二十一〇曹昭八〇衛文六〇晋獻二十三〇鄭文十九〇陳宣三十九〇杞成公元年〇宋桓二十八〇秦穆六〇楚成十八

春

王正月。

夏

公會齊侯、宋公、陳侯、衛侯、曹伯伐鄭，圍新城。《左傳》曰：以其逃首止之盟故也。杜氏曰：新城，鄭新密，今滎陽密縣。胡氏曰：以霸主諸侯之力圍新造之邑，圍而不舉，有遺力者矣，蓋桓公欲待其自服也。

秋

楚人圍許，諸侯遂救許。《左傳》曰：楚子圍許以救鄭，諸侯救許，乃還。張氏曰：圍許之役，蓋攻其所必

救，以解新城之圍也。釋鄭而救許，所以抑暴而救患，此見桓公之急於義也。

冬

公至自伐鄭。孫氏曰：出踰三時。

《經》書月一，書日無。《大衍曆》：正月丁未，小，丁巳，冬至；二月丙子，大；三月丙午，小；四月乙亥，大；五月乙巳，小；六月甲戌，大；七月甲辰，小；八月癸酉，大；九月癸卯，小；十月壬申，大；十一月壬寅，小；十二月辛未，大。

七年戊辰。惠王二十四年〇齊霸桓三十三〇蔡穆二十二〇曹昭九，卒〇衛文七〇晉獻二十四〇鄭文二十〇陳宣四十〇杞成二〇宋桓二十九〇秦穆七〇楚成十九

春

齊人伐鄭。張氏曰：鄭未服，故復伐。齊力足以制之，故不煩諸侯也。胡氏曰：鄭伯背華即夷，南與楚合而未離也，故桓公復治之。

夏

小邾子來朝。小邾子，即郳犂來也，郳蓋邾之别封，齊桓請於王而爵之爲子，因改其國號曰邾，上加「小」字者，《春秋》以别於先封之邾也。杜氏曰：郳犂來始得王命而來朝也。

鄭殺其大夫申侯。《左傳》曰：陳轅宣仲怨鄭申侯之反己於召陵，故勸之城其賜邑，遂譖諸鄭伯曰：「美城其

賜邑，將以叛也。」齊人伐鄭，孔叔言於鄭伯曰：「國危矣，請下齊以救國。」公曰：「吾知其所由來矣。」殺申侯以説於齊，用陳轅濤塗之譖也。初，申侯申出也，有寵於楚文王。文王將死，與之璧，使行，曰：「唯我知女，女專利而不厭，予取予求，不女疵瑕也，後之人將求多於女，女必不免。我死，女必速行，無適小國，將不女容焉。」既葬，出奔鄭，又有寵於厲公。子文聞其死也，曰：「古人有言曰『知臣莫若君』，弗可改也已。」張氏曰：《傳》載陳轅濤塗譖申侯之事，蓋未可信，而言申侯自楚奔鄭，理或有之，唯申侯不忘故國，所以道鄭伯背霸從楚，以啓霸主討鄭，而致殺身之禍與？澄曰：申侯，名也，再命之大夫。鄭伯因惠王有「撫女從楚」之命而逃首止之盟，齊興問罪之師，鄭服逃盟之罪，則齊師息矣。今不自下齊，而乃歸罪於申侯，蓋信讒而頗於刑也，故《春秋》不罪申侯，而責鄭伯殺大夫之罪。

秋

七月

公會齊侯、宋公、陳世子款、鄭世子華盟于甯母。「甯」，《穀》作「寧」。〇《左傳》曰：謀鄭故也。管仲言於齊侯曰：「臣聞之，招攜以禮[一]，懷遠以德，德禮不易，無人不懷。」齊侯修禮於諸侯，諸侯官受方物[二]，鄭伯使太子華聽命於會，言於齊侯曰：「洩氏、孔氏、子人氏三族實違君命，君若去之，我以鄭爲內臣，君亦無所不利焉。」齊侯將許之，管仲曰：「君以禮與信屬諸侯，而以姦終之，無乃不可乎？子父不奸之謂禮，守命共時之謂信，違此二者，姦莫大焉。」子華既爲太子，而求介於大國，以弱其國，亦必不免。」齊侯辭焉。子華由是得罪於鄭，鄭伯使請盟於齊。張

[一] 招攜以禮：「攜」，原作「携」，據四庫本改。

[二] 諸侯官受方物：「受」，原作「授」，據清刻本、四庫本改。

氏曰：《傳》言齊侯因管仲之言而修禮於諸侯，諸侯官受方物，又不受鄭世子爲内臣之請，以見管仲之於桓公正救多矣。按陸氏《纂例》云《公》、《穀》無「鄭世子華」，《左氏》有之，誤加之也。今《公》、《穀》皆有，姑存之。澄竊疑鄭世子華雖聽命於會，齊桓必未使之與盟，故明年盟洮，鄭不與而鄭伯乞盟也。此《經》當以無「鄭世子華」四字者爲是。杜氏曰：甯母，魯地，高平方與縣有泥母亭，音如甯。

曹伯班卒。「班」，《公》作「般」〇班，昭公也，在位九年，子襄嗣，是爲共公。

公子友如齊。公與齊桓盟未幾而友復聘齊，必有其故，或疑其爲請昏也。

冬

葬曹昭公。

《經》書月一，書日無。《大衍曆》：正月辛丑，小，壬戌，冬至；二月庚午，大；三月庚子，大；四月庚午，小；五月己亥，大；六月己巳，小；七月戊戌，大；八月戊辰，小；九月丁酉，大；閏月丁卯，小；十月丙申，大；十一月丙寅，小；十二月乙未，大。《長曆》：是年閏十一月。

八年己巳。惠王二十五年，崩〇齊霸桓三十四〇蔡穆二十三〇曹共公襄元年〇衛文八〇晋獻二十五〇鄭文二十一〇陳宣四十一〇杞成三〇宋桓三十〇秦穆八〇楚成二十

春

王正月

公會王人、齊侯、宋公、衛侯、許男、曹伯、陳世子款盟于洮。「陳世子款」下《公》有「鄭世子華」

○《左傳》曰：襄王惡叔帶之難，懼不立，而告難于齊。盟于洮，謀王室也。澄按，《左氏》以爲七年之冬惠王已崩，然《經》於今年之冬方書王崩。天王之崩，天下所聞，豈有一年秘不發喪之理？而《春秋》所書，不考其實崩之日，乃信其僞訃之日，必不然也。竊疑此時王雖未崩，或是有疾，襄王唯恐一旦大故而叔帶簒立，周之大臣亦有能爲襄王謀者，故遣下士告難於齊，桓公於是合諸侯以謀之，王人本不當與盟。蓋以所謀者，王室之事，而王人特爲此事而來，故亦與盟，然非禮也。至今年冬，王崩而襄王得安其位者，齊桓之力也。王人者，王朝一命之下士。胡氏曰：内臣之微者，莫微於下士。外臣之貴者，莫貴於方伯公侯。今以下士之微序方伯公侯之上，尊君之義明矣。杜氏曰：洮，曹地[一]。

鄭伯乞盟。鄭伯前年徇惠王之邪心，逃首止之盟，蓋不欲定王世子也。今見齊桓再會諸侯，結盟以定王世子之位，襄王將嗣位爲王矣，故鄭伯懼後禍，悔前非，而乞與此盟也。胡氏曰：乞者，卑孫自屈之辭，欲與是盟而未知可與否也。始而逃歸，今則乞盟，於此見人君之舉動不可不慎也。張氏曰：鄭伯欲與於盟而不可得，足以見霸權之重，而可以使鄭伯之自反。

夏

狄伐晉。《左傳》曰：晋里克帥師敗狄于采桑。梁由靡曰：「狄無耻，從之必大克。」里克曰：「懼之而已，無速衆狄。」虢射曰：「期年狄必至，示之弱矣。」狄伐晋，報采桑之役也。澄按，狄嘗伐邢入衛，齊桓雖能存邢、衛，而未嘗挫狄師也。故狄無所忌，而其勢益張，至此雖晋之大國，亦敢於伐之，《春秋》傷齊霸之不能攘狄也。

[一]「曹地」，四庫本作「音搖」。

秋

七月

禘于太廟，用致夫人。趙氏曰：譏禘，又譏致也，但云「夫人」者，時君之妻。陸氏曰：聲姜也。澄曰：太廟者，周公廟也。禘者，於周公之廟禘文王，而以周公配也。致者，至之也。夫人者，僖公所娶之夫人也。夫人之歸，必因祭而見于太廟。按《士昏禮》，婦入三月然後祭行。諸侯之禮雖未之聞，然必無初歸即見廟之禮也。僖公娶于齊，夫人之至，適當禘于太廟之期，就以見于廟而與祭，非禮也。邀其至於此，故曰致。何以不稱姜氏？言「用致夫人姜氏」，則不成辭也。納幣、逆女何以不書，得禮之正，無譏焉，則常事爾，故不書。唯此禘太廟致夫人爲非禮，故書也。聲姜，蓋齊桓公之女也。

冬

十有二月

丁未，天王崩。按正月齊會諸侯謀王室之難，至此始書王崩者，蓋惠王前歲之冬有疾，今年歲終乃崩也。《經》書月三，書日一。《大衍曆》：正月乙丑，小，丁卯，冬至；二月甲午，大；三月甲子，小；四月癸巳，大；五月癸亥，小；六月壬辰，大；七月壬戌，大；八月壬辰，小；九月辛酉，大；十月辛卯，小；十一月庚申，大；十二月庚寅，小，丁未，十八日。《長曆》：是年又閏十一月。

九年庚午。襄王元年○齊霸桓三十五○蔡穆二十四○曹共二○衛文九○晋獻二十六，卒○鄭文二十二○陳宣四十

二〇杞成四〇宋桓三十一，卒〇秦穆九〇楚成二十一

春

王三月

丁丑，宋公御説卒。「御」，《公》、《穀》作「禦」〇御説，宋桓公也，在位三十一年，世子兹父嗣，是爲襄公。

夏

公會宰周公、齊侯、宋子、衛侯、鄭伯、許男、曹伯于葵丘。《左傳》曰：會于葵丘，尋盟且修好也。

王使宰孔賜齊侯胙。澄曰：宰，冢宰，天子之卿，六命，公爵。天子之三公，八命。周，扶風應縣東北周城，公所食之邑也。宰名孔，蓋以三公爲六卿之長。杜氏曰：陳留外黄縣東有葵丘。張氏曰：今開封雍丘縣也。宋桓公卒未葬而襄公出會諸侯，故曰「子」。穀梁氏譏其背殯出會，蓋非有金革至急之事，喪僅逾時，豈可出乎？比之以嘉禮行而稱爵者，均爲非禮，亦孟子所謂百步五十步之間爾。宰周公，天子之爲政者，不殊會之，宰權雖重，非世子貴有常尊之可比也。

秋

七月

乙酉，伯姬卒。《公羊傳》曰：此未適人，何以卒？許嫁矣，婦人許嫁，字而笄之，死則以成人之喪治之。啖氏曰：内女爲諸侯夫人書卒，許嫁爲夫人者亦然。其爲媵及嫁太子、公子、大夫則不書。孫氏曰：直曰「伯姬」，未適人也。未適人卒者，許嫁則服，服則得常，常則不書，書者，譏不服也。十六年「鄫季姬卒」，文十二年「子叔姬卒」，皆此義也。杜氏謂曰：伯姬謂許嫁之内女，若嫁爲夫人，則加某國之稱。澄曰：伯姬蓋莊公之女，或以爲僖公之女

者非。

九月

戊辰，諸侯盟于葵丘。《左傳》曰：宰孔先歸。《穀梁傳》曰：讀書加于牲上，壹明天子之禁。孟子曰：初命誅不孝，無易樹子，無以妾爲妻；再命尊賢育材，以彰有德；三命敬老慈幼，無忘賓旅；四命士無世官，官事無攝，取士必得，無專殺大夫；五命無曲防，無遏糴，無有封而不告。胡氏曰：觀初命之辭，則桓公翼戴襄王之事信矣[一]。張氏曰：一命之辭，三綱所係，蓋修身齊家之要，自此以下，尊賢、敬臣、子民、柔遠人、懷諸侯之意略備，其提挈綱領，以正率人，蓋春秋之所未有。然桓公於易樹子、以妾爲妻之禁，終不免躬自犯之，則何以令諸侯矣？況道不足以治心，諸侯方服而驕。公羊氏以爲震而矜之，叛者九國。《左氏》亦紀宰孔歸，遇晉侯如會，而謂「齊侯不務德而勤遠略」，遂止晉侯之行。蓋本原不正而驕吝形。孫氏曰：桓公內率諸侯，外攘夷狄，討逆誅亂以救中國，經營馳驟三十年，勞亦至矣。然自服強楚，其心乃盈，不能朝于京師，翼戴天子。前致王世子于首止，今致宰周公于葵丘，盈已甚矣。趙氏曰：按此會唯有六國，至十三年會于鹹有七國，十五年盟于牡丘亦七國，並舊盟之國，寧有九國叛乎？陸氏曰：盟稱諸侯者，前目後凡，且明周公之不與盟也。

甲戌，晉侯佹諸卒。「甲戌」，《左》作「甲子」，甲子不當在戊辰後，今從《公》、《穀》。「佹」，《公》作「詭」。

○佹諸，晉獻公也，在位二十六年，孽子奚齊、卓子相繼而立，皆弑，秦納庶子夷吾，是爲惠公。

[一] 則桓公翼戴襄王之事信矣：「事」，原作「實」，據清刻本、四庫本及四部叢刊景宋本胡安國《春秋傳》改。

冬

晉里克殺其君之子奚齊。《公羊傳》曰：弑未踰年君之號也。澄曰：獻公未葬，故不曰「弑其君」，而曰「殺其君之子」。杜氏謂曰：《春秋》殺它國未踰年之君有二：此年書「晉里克」，文十四年書「齊公子商人」也。然齊舍稱君，奚齊稱君之子，立皆未踰年，而所稱不同，得無其旨哉？趙氏曰：齊舍亦未踰年君也，何不云其君之子乎？故《穀梁》「國人不子」之義是也。范氏曰：諸侯在喪稱子，言國人不君之，故繫于其君。

《經》書月三，書日四。《大衍曆》：正月己未，大，壬申，冬至；二月己丑，小；三月戊午，大，丁丑，二十日；四月戊子，小；五月丁巳，大；六月丁亥，小；七月丙辰，大，乙酉，三十日；八月丙戌，小；九月乙卯，大，戊辰，十四日，甲戌，二十日；十月乙酉，大；十一月乙卯，小；十二月甲申，大。《長曆》：七月無乙酉。

十年辛未。襄王二年〇齊霸桓三十六〇蔡穆二十五〇曹共三〇衛文十〇晉惠公夷吾元年〇鄭文二十三〇陳宣四十三〇杞成五〇宋襄公兹父元年〇秦穆十〇楚成二十二

春

王正月

公如齊。孫氏曰：公始朝齊也。不至者，朝桓安之，與它國異也，十五年如齊同此。張氏曰：莊公十三年柯之盟，魯已服齊，雖莊公因昏姻一再如齊，自此魯不朝齊者幾二十年，蓋桓公霸業未成，不責諸侯以朝禮也。今僖公始朝齊，見於葵丘之後，霸體漸肆。諸侯不朝天子而朝霸主，自此始矣。

狄滅温，温子奔衛。《左傳》曰：蘇子叛王即狄，又不能於狄，狄人伐之，王不救，故滅。張氏曰：温，今孟

州温縣，周畿内國，成王時司寇蘇忿生之邑。澄曰：按狄於閔之季年伐邢入衛，齊桓雖存邢、衛，而不加兵於狄，蓋其時方急圖楚，故心力未暇及狄，狄因此愈肆。前年敢伐大國之晋，今又敢伐畿内之温，豈特王靈之不振，抑亦霸圖之有闕也。

晋里克弑其君卓及其大夫荀息。「君卓」下《公》有「子」字◯《左傳》曰：初，獻公使荀息傅奚齊。公疾，召之，曰：「以是藐諸孤，辱在大夫，其若之何？」稽首而對曰：「臣竭其股肱之力，加之以忠貞。其濟，君之靈也；不濟，則以死繼之。」里克、丕鄭欲納文公，故以三公子之徒作亂。將殺奚齊，先告荀息曰：「三怨將作，秦、晋輔之，子將何如？」荀息曰：「將死之。」里克曰：「無益也。」荀息曰：「吾與先君言矣，不可以貳。能欲復言而愛身乎？雖無益也，將焉辟之。」里克殺奚齊，荀息將死之。人曰：「不如立卓子而輔之。」荀息立公子卓以葬。里克殺卓，荀息死之。張氏曰：按《外傳》，驪姬將殺申生而難太子之傅里克，謀於優施，飲里克酒，爲《烏烏集枯》之歌以感動里克。里克欲中立以免難，稱疾不朝，驪姬遂得以成其殺申生之謀。里克當申生未死之前，不能以死正諫，而中立以求免，坐視太子之無罪而死。及獻公卒，乃殺奚齊、卓子而欲納重耳。夫奚齊、卓子雖庶孽，而有先君之命以立乎其位，則固里克之君也，故正名其弑君。荀息不失信於君，得以死節書。胡氏曰：息從君於昏，不食其言，庸足取乎？曰世喪道微，孰有可以託六尺之孤，寄百里之命，臨死節而不可奪如息者哉！

夏

齊侯、許男伐北戎。杜氏曰：北戎，山戎也。薛氏曰：當是時，患有大於戎者，狄及晋、楚是也。晋滅虢、滅虞；狄嘗入衛、逼邢，前年伐晋，近又滅温；召陵之後，楚滅弦、圍許，豈可置而不圖，舍彊圖弱，守衛固如是乎？況許方患楚而毆以伐戎，非用人之道也。

晋殺其大夫里克。《左傳》曰：晋郤芮使夷吾重賂秦以求入，齊隰朋帥師會秦師納惠公，周公忌父、王子黨會齊隰朋立晋侯。晋侯將殺里克，使謂之曰：「微子則不及此，雖然，子弑二君與一大夫，爲子君者，不亦難乎？」對曰：「不有廢也，君何以興？欲加之罪，其無辭乎？臣聞命矣。」服劍而死。於是丕鄭聘於秦，且謝緩賂，故不及。《穀梁傳》曰：里克所爲弑者，重耳也。夷吾曰：「是又將殺我乎！」故殺之不以其罪也。張氏曰：里克再弑其君，而其誅不以討賊之辭言之，蓋里克在獻公父子則爲賊，而惠公幸奚齊、卓子之死而得立，初未嘗有討里克之心，獨以其志在重耳而不在己，懼其又將以己爲奚齊、卓子，是以殺之。蓋其事與專殺大夫者無異，故不得以討賊之辭書之也。

秋

七月。

冬

大雨雪。雨，去聲。「雪」，《公》作「雹」。

《經》書月二，書日無。《大衍曆》：正月甲寅，小，戊寅，冬至；二月癸未，大；三月癸丑，小；四月壬午，大；五月壬子，小；六月辛巳，大，庚戌，小滿；閏月辛亥，小；七月庚辰，大，二日，夏至；八月庚戌，小；九月己卯，大；十月己酉，小；十一月戊寅，大；十二月戊申，小。

十有一年壬申。襄王三年〇齊霸桓三十七〇蔡穆二十六〇曹共四〇衛文十一〇晋惠二〇鄭文二十四〇陳宣四十四〇杞成六〇宋襄二〇秦穆十一〇楚成二十三

春

晉殺其大夫丕鄭父。《左傳》曰：丕鄭之如秦也，言於秦伯曰：「吕甥、郤稱、冀芮，實爲不從，若重問以召之，臣出晉君，君納重耳，蔑不濟矣。」秦伯使泠至報問，且召三子。郤芮曰：「幣重而言甘，誘我也。」遂殺丕鄭、祁舉及七輿大夫：左行共華、右行賈華、叔堅、騅歂、纍虎、特宫、山祁〔一〕，皆里、丕之黨也。丕豹奔秦。蘇氏曰：丕鄭請秦伯出晉君而納重耳，鄭則有罪。然鄭之謀猶殺里克致之也。張氏曰：惠公志於得國，而無君人之度，外則失信於秦，内則忌克多殺，故丕鄭雖有私謀貳心，而《春秋》以累上之辭書之也。高氏曰：丕鄭父者，里克之黨也。惠公以私意殺里克，故其黨皆懼，謀召重耳，是懷貳心以事君也。丕鄭父之死，雖可傷，亦可罪也。澄按，鄭父，名也，《傳》但稱鄭，不言父者，從省，或以爲字者，非也。

夏

公及夫人會齊侯于陽穀。僖公夫人蓋齊桓之女，若歸寧父母，禮當就國，亦不當與公同往。今與夫同行，會其父于野，瀆亂甚矣。沙隨程氏曰：公稔知桓、莊之失，而不改其轍。齊侯親見兩國之事，亦循其跡。以兩君相會，而使婦人厠於其間，何以示侍衛、僕從之臣乎？

秋

八月

〔一〕山祁：「祁」，原作「祈」，據四庫本改。

大雩。諸侯旱而雩，禮也。大雩者，祀及上帝，非禮也。

冬

楚人伐黄。《左傳》曰：黄人不歸楚貢。澄按，楚之彊暴，凡近楚之國，皆責之以納職貢，如事天子之禮〔一〕，黄既從齊霸，故不歸楚貢，而楚伐之，至於亡也。

《經》書月一，書日無。《大衍曆》：正月丁丑，大，癸未，冬至；二月丁未，大；三月丁丑，小；四月丙午，大；五月丙子，小；六月乙巳，大；七月乙亥，小；八月甲辰，大；九月甲戌，小；十月癸卯，大；十一月癸酉，小；十二月壬寅，大。

十有二年癸酉。襄王四年〇齊霸桓三十八〇蔡穆二十七〇曹共五〇衛文十二〇晋惠三〇鄭文二十五〇陳宣四十五，杞成七〇宋襄三〇秦穆十二〇楚成二十四卒〇

春

王三月

庚午，日有食之。杜氏曰：不書朔，官失之。

夏

楚人滅黄。《左傳》曰：黄人恃諸侯之睦于齊也，不共楚職，曰："自郢及我九百里，焉能害我？"楚滅黄。《穀

〔一〕如事天子之禮："天子"，清刻本、四庫本作"人君"。

梁傳》曰：貫之盟，管仲曰：「江、黄遠齊而近楚，楚若伐而不能救，則無以宗諸侯矣。」桓公不聽，遂與之盟。管仲死，楚滅江、滅黄，桓公不能救，故君子閔之也。張氏曰：著夷狄之彊，中國不救，而黄君死於其位。胡氏曰：滅人之國，其罪則一，而見滅之君，其例有三：以歸者，貪生畏死，甘就執辱，許斯、頓牂之類是也；出奔者，雖不死於社稷，託於諸侯，猶得寓禮，弦子、温子之類是也；若夫國滅死於其位，是得正而斃焉者矣，於禮爲合，於時爲不幸，若江、黄二國是也。

秋

七月。

冬

十有二月

丁丑，陳侯杵臼卒。「杵」，《公》作「處」〇杵臼，陳宣公也，在位四十五年，世子款嗣，是爲穆公。

《經》書月三，書日二。《大衍曆》：正月壬申，小，戊子，冬至；二月辛丑，大；三月辛未，小；四月庚子，大；五月庚午，小，日食，《經》書三月食，《大衍曆》與《長曆》朔每差一月，而此差二月者，蓋杜氏以私意又於此年二月置閏故也；六月己亥，大；七月己巳，小；八月戊戌，大；九月戊辰，小；十月丁酉，大；十一月丁卯，小；十二月丙申，大，《經》書十二月丁丑在十一月十一日。《長曆》：是年閏二月，十二月丁丑在十一月十二日。

十有三年甲戌。襄王五年〇齊霸桓三十九〇蔡穆二十八〇曹共六〇衛文十三〇晋惠四〇鄭文二十六〇陳穆公款元年〇杞成八〇宋襄四〇秦穆十三〇楚成二十五

春

狄侵衛。胡氏曰：楚人伐黄而救兵不起，桓業怠矣。然後狄人窺伺中國，今年侵衛，明年侵鄭，近在王都之側，淮夷亦來病杞而不忌也。澄按，北狄之彊，桓公未嘗膺之。管仲猶存，霸業方盛，狄人猶敢肆行，伐邢入衛而滅温，況今管仲已亡，霸業侵衰，則狄之無所顧憚，固其宜也，豈獨因滅黄不救而後窺伺哉！

夏

四月

葬陳宣公。

公會齊侯、宋公、陳侯、衛侯、鄭伯、許男、曹伯于鹹。《左傳》曰：淮夷病杞故，且謀王室也。澄曰：謀王室者，爲王子帶之難也。杜氏曰：鹹，衛地，東郡濮陽縣東南有鹹城。

秋

九月

大雩。義已見前。

冬

公子友如齊。張氏曰：陽穀、甯母及鹹之會，其後公子友皆如齊，蓋伐楚、服鄭、城緣陵之事，魯皆同之，足以見友之專魯政也。

《經》書月二，書日無。《大衍曆》：正月丙寅，大，癸巳，冬至；二月丙申，小，甲子大寒；三月乙丑，大，甲午，雨水；閏月乙未，小；四月甲子，大，乙丑，春分；五月甲午，小；六月癸亥，大；七月癸巳，小；八月壬戌，大；九月壬辰，大；十月壬戌，小；十一月辛卯，大；十二月辛酉，小。

十有四年乙亥。襄王六年〇齊霸桓四十〇蔡穆二十九，卒〇曹共七〇衛文十四〇晋惠五〇鄭文二十七〇陳穆二〇杞成九〇宋襄五〇秦穆十四〇楚成二十六

春

諸侯城緣陵。諸侯，前年會鹹之諸侯也。按，僖元年齊以救邢之諸侯城邢，同在一年，諸侯猶且再叙，著齊桓之志方勤，而霸業向盛也。今以會鹹之諸侯城緣陵，各在一年而不重叙，著齊桓之志已怠，而霸業向衰也。緣陵，杞邑，不曰杞緣陵者，杞未遷也。杜氏曰：緣陵，杞邑，辟淮夷遷都於緣陵。高氏曰：齊率諸侯城之，將遷焉而不遷者，城之之力也。

夏

六月

季姬及鄫子遇于防，使鄫子來朝。「鄫」，《穀》作「繒」，後同〇《公羊傳》曰：使來朝，使來請己也。趙氏曰：稱季姬，明魯未嫁女也，若是鄫夫人，不當言與鄫子遇。此時鄫子請娶之，明年歸鄫，《公》、《穀》説是。孫氏曰：季姬上無歸鄫之文，則是未嫁者。此年六月，季姬、鄫子遇于防，明年九月，季姬歸于鄫，是季姬先與鄫子遇而後嫁也。張氏曰：鄫，姒姓，禹後，漢屬東海郡，晋屬琅琊，今在沂州承縣東北，有鄫故城，又有鄫山。澄曰：季姬蓋亦莊公女，九年所書伯姬之妹也。不繫國，未嫁也。張氏以爲僖公之女，按時君之女稱子，此不稱子，則知非僖公女也。

未嫁之女而與鄫子私相邂逅于防地，是淫奔也。姬既私遇之後，使鄫子來朝魯而請昏，娶之爲夫人也。鄫子、季姬淫行同於禽獸，不足責也。僖公爲國君而不能正家如此，何以居人上乎？高氏曰：季姬許嫁邾子，自是邾人怨鄫子，兩國禍難不解由此。

秋

八月

辛卯，沙鹿崩。《穀梁傳》曰：沙，山名，林屬於山爲鹿。《公羊傳》曰：河上之邑也。杜氏曰：平陽元城縣東有沙鹿土山，在晋地。劉氏曰：曷爲不繫國？名山大川不以封，諸侯守之，山不可以係國也。澄曰：鹿，麓古字，通用，山足也，《易》云「即鹿無虞」。沙鹿崩者，沙山連足而崩也。

狄侵鄭。張氏曰：狄數犯畿内之諸侯，而齊桓不能治，自入衛、伐邢、滅温而至此，霸圖弱而王室卑，諸侯受禍，著齊桓之怠也。

冬

蔡侯肹卒。肹，許乙切○肹，蔡穆公也，在位二十九年，子甲午嗣，是爲莊公。《經》書月二，書日一。《大衍曆》：正月庚寅，大，己亥，冬至；二月庚申，小；三月己丑，大；四月己未，小；五月戊子，大；六月戊午，小；七月丁亥，大；八月丁巳，小；九月丙戌，大，《經》八月辛卯在此月；十月丙辰，小；十一月乙酉，大；十二月乙卯，小。《長曆》：辛卯八月六日。

十有五年丙子。襄王七年○齊霸桓四十一○蔡莊公甲午元年○曹共八○衛文十五○晋惠六○鄭文二十八○陳穆三

○杞成十○宋襄六○秦穆十五○楚成二十七

春

王正月

公如齊。按僖十年朝齊，今年又朝齊，是用五年一朝之制，同於事天子矣。

楚人伐徐。《左傳》曰：徐即諸夏故也。澄按，徐，夷也，首僭王；楚，亦夷也，次僭王，徐、楚同惡者也。因齊桓之合諸侯匡天下，徐亦革面而即諸夏，以即諸夏而爲楚所伐，可悲也夫。

三月

公會齊侯、宋公、陳侯、衛侯、鄭伯、許男、曹伯盟于牡丘，遂次于匡。《左傳》曰：尋葵丘之盟，且救徐也。澄按，將救徐而先尋盟，使葵丘之盟不寒，則何以尋爲哉？張氏曰：葵丘之盟，諸侯既聽命矣。此爲楚人伐徐而合諸侯，即驅之討楚救徐可也，又從而盟之，諸侯不一故也。人心已一而復貳，非霸主救災恤患之志怠而人心始懈乎？牡丘，齊地，《齊語》曰：「築五鹿、中牟、蓋與、牡丘，以衛諸夏之地。」註云：「四塞，諸夏之闢也。」《地譜》云：「與匡近。」匡，衛地，今開封府長垣縣西南。

公孫敖帥師及諸侯之大夫救徐。「帥」，《公》作「率」，後並同○何氏曰：譏諸侯救徐而不自往，遣大夫往，卒不能解也。胡氏曰：徐在山東，與齊密邇。楚都于郢，距此遠矣。今楚肆其憑陵暴橫，而桓公之救特勉彊不得已而應之耳，書此所以著攘夷安夏之志怠也。

夏

五月

日有食之。《左傳》曰：不書朔與日，官失之也。

秋

七月

齊師、曹師伐厲。《左傳》曰：以救徐也。杜氏曰：厲，楚與國。義陽隨縣北有厲鄉。張氏曰：按兵法，攻所必救。厲在徐、楚之間，欲楚之必救以解徐也。然繼此楚敗徐於婁林，則厲在所不必救，明年不克救徐而還。高氏曰：諸侯大夫皆救徐，而齊侯獨帥曹同伐厲，厲雖可討，然非所以救徐也。見彊楚之難禦，而中國之威已頓矣。

八月

螽。

九月

公至自會。《公羊傳》曰：桓公之會不致，此何以致？久也。高氏曰：以會致者始於此。《春秋》所書凡二十有三，公自正月如齊，因而會盟，暴師于外已踰三時，而以會致，見救徐之無功也。

季姬歸于鄫。鄫子請娶季姬，僖公許之，而至此始歸也。

己卯，晦，震夷伯之廟。《左傳》曰：於是展氏有隱慝焉。趙氏曰：晦，晦朔之晦。杜氏曰：震者，雷電擊之也。夷伯，魯大夫展氏之祖父。夷，謚；伯，字。大夫既卒，書謚字。澄曰：隱慝，謂人所不知之罪惡。張氏曰：天之怒擊，每在於惡熟而人誅不加之後。

冬

宋人伐曹。《左傳》曰：討舊怨也。襄陵許氏曰：同盟始自相攻，桓不能已矣。張氏曰：莊十四年，曹從齊桓伐宋，宋至今憾之。今諸侯始貳，曹方有王事，而襄公乘虛伐之，尚可繼桓而圖霸乎？

楚人敗徐于婁林。杜氏曰：婁林，徐地，下邳僮縣東南有婁亭。張氏曰：今在泗州臨淮縣，書以見楚兵之獨勝，而救徐之威不立，伐厲之謀無補也。

十有一月

壬戌，晉侯及秦伯戰于韓，獲晉侯。胡氏曰：不言師敗績，君重於師也。大夫戰而見獲，必書「師敗績」，師與大夫敵也。張氏曰：秦舍晉君於外，已而歸諸晉，所以不書「以歸」也。韓，今同州韓城縣。

《經》書月七，書日二。《大衍曆》：正月甲申，大，甲辰，冬至；二月甲寅，大；三月甲申，小；四月癸丑，大，日食，《經》書五月日食，程氏公説曰「十二年庚午日食，後見一閏」，而杜預《長曆》無閏，故四月癸丑乃《春秋》五月也；五月癸未，小；六月壬子，大；七月壬午，小；八月辛亥，大；九月辛巳，小；十月庚戌，大，《經》九月己卯晦，今在十月晦；閏月庚申，小；十一月己酉，大，壬戌，十四日；十二月己卯，小。《長曆》：五月壬子朔，不入食限。

十有六年丁丑。襄王八年〇齊霸桓四十二〇蔡莊二〇曹共九〇衛文十六〇晉惠七〇鄭文二十九〇陳穆四〇杞成十一〇宋襄七〇秦穆十六〇楚成二十八

春

王正月

戊申，朔，隕石于宋，五。《左傳》曰：隕星也。《公羊傳》曰：先言霣而後言石，聞之磌然，視之則石，察

之則五。杜氏曰：隕，落也。聞其隕，視之石，數之五，各隨其聞見先後而記之。莊七年星隕如雨，見星之隕於四遠，而不見其在地之驗，此則見在地之驗，而不見始隕之星。澄按，邵子曰：星在地則爲石，石在天則爲星，此言天星隕落至地而化爲石也。

是月，六鷁退飛，過宋都。鷁，五歷切，《穀》作「鶂」；過，五禾切○《公羊傳》曰：先言六，後言鷁，視之則六，察之則鷁，徐而察之則退飛。《左傳》曰：風也。杜氏曰：鷁，水鳥，高飛遇風而退。孫氏曰：書是月者，所以别非戊申之日爾，不書日者，闕所不知也。胡氏曰：石隕鷁飛，宋異也，何以書於魯史？見當時諸侯有不當告而告者，聖人因災異以明天人感應之理。宋襄以亡國之餘，欲圖霸業，後五年有盂之執，又明年有泓之敗，天之示人顯矣。

三月

壬申，公子季友卒。胡氏曰：季，字也；友，名也。大夫卒而書名，曷爲稱字？聞諸師曰：「春秋時魯卿有生而賜氏者，季友、仲遂是也。」生而賜氏者何？命之世爲卿也。季友立僖公，仲遂立宣公，二君私情以異賞報之，故皆生而賜氏，俾世其官。《經》於其卒各以氏書者，誌變法亂紀之端，貽權臣竊命之禍。澄按，季友、仲遂，僖、宣二公報其立己之恩，故於其將卒，賜之以氏，命其子孫世世爲卿。其後宣公十七年，書「公弟叔肸卒」，亦是宣公寵愛其弟，故肸身雖未爲卿，而於其將卒，賜之以氏，與季友、仲遂同，使其子孫世世爲卿，故肸之後叔氏世爲魯卿也。凡公族，必待命之爲三命之卿，而後諸侯之子者得氏之曰公子，公子之子者得氏之曰公孫，公孫之子者得氏之以其王父之字而曰某氏，不然則雖公子、公孫皆不得稱氏，而況於公孫之後者乎？友也，遂也，肸也，二人以立君之功，一人以寵弟之故，於其將死而各賜以氏曰季、曰仲、曰叔，是豫命其子孫世世爲三命之卿也，故《春秋》書季友、仲遂、叔肸之卒，以譏其變法。

夏

四月

丙申，鄫季姬卒。凡内女之卒，蓋非常者書，常者不書。季姬之非常，比前事而觀可知已。

秋

七月

甲子，公孫兹卒。兹，慶父之子也。

冬

十有二月

公會齊侯、宋公、陳侯、衛侯、鄭伯、許男、邢侯、曹伯于淮。《左傳》曰：會于淮，謀鄫且東略也。蘇氏曰：淮夷病鄫故也。杜氏曰：淮，臨淮郡左右。張氏曰：後漢下邳國，今泗州也。師氏曰：淮夷嘗病杞，而齊侯城緣陵以復杞，今會諸侯于淮，豈非謀淮夷以杜其後來耶！

《經》書月五，書日三。《大衍曆》：正月戊申，大，己酉，冬至；二月戊寅，小；三月丁未，大，壬申，二十六日；四月丁丑，小，丙申，二十日；五月丙午，大；六月丙子，大；七月丙午，小，甲子，十九日；八月乙亥，大；九月乙巳，小；十月甲戌，大；十一月甲辰，小；十二月癸酉，大。

十有七年戊寅。襄王九年〇齊霸桓四十三，卒〇蔡莊三〇曹共十〇衛文十七〇晉惠八〇鄭文三十〇陳穆五〇杞成

十二〇宋襄八〇秦穆十七〇楚成二十九

春

齊人、徐人伐英氏。《左傳》曰：齊爲徐伐英氏，以報婁林之役也。杜氏曰：英氏，楚與國。張氏曰：皐陶後之封也，桓公之興師末矣。

夏

滅項。張氏曰：項國，子爵，漢屬汝南，今陳州項城縣。杜氏曰：公在會，别遣師滅項。程子曰：滅人之國，在君則當諱。故魯滅國書取。滅項，君在會，季孫所爲也，故不諱。胡氏曰：成公取鄟，襄公取邿，皆不言滅而書取，諱也。若夫滅項，則執政之臣擅權爲惡，不與之諱。

秋

夫人姜氏會齊侯于卞。《左傳》曰：淮之會，公有諸侯之事未歸而取項。齊人以爲討而止公，聲姜以公故會齊侯于卞。張氏曰：卞，魯地，今在襲慶府泗水縣。大臣滅項而止僖公，刑已偏頗，又遠會婦人于魯地，此管仲既亡，桓公志荒之政也〔一〕。澄曰：此蓋會淮之後，諸侯各歸其國，齊獨止公者，不許其歸魯，將與之皆至齊也。夫人，齊女也，聞公見止，故要齊侯於路，而會之於魯地，非齊侯已歸至齊，而再出至卞以會夫人也。

九月

公至自會。以夫人會齊侯故，公於中路得釋而歸。公未至齊，故但云至自會也。

〔一〕桓公志荒之政也：「志」，四庫本作「怠」。

冬

十有二月

乙亥，齊侯小白卒。小白，齊桓公也，即位五年而霸，至此霸三十九年，在位共四十三年。長子無虧被殺，宋襄公納公子昭立之，是爲孝公。

《經》書月二，書日一。《大衍曆》：正月癸卯，小，甲寅，冬至；二月壬申，大；三月壬寅，小；四月辛未，大；五月辛丑，小；六月庚午，大；七月庚子，小；八月己巳，大；九月己亥，小；十月戊辰，大；十一月戊戌，小；十二月丁卯，大，乙亥，九日。《長曆》：是年閏十二月。

十有八年己卯。襄王十年〇宋霸襄公九年〇蔡莊四〇曹共十一〇衛文十八〇晉惠九〇鄭文三十一〇陳穆六〇杞成十三〇齊孝公昭元年〇秦穆十八〇楚成三十

春

王正月

宋公、曹伯、衛人、邾人伐齊。「宋公」下《公》有「會」字〇《左傳》曰：齊侯之夫人三，王姬、徐嬴、蔡姬，皆無子。内嬖如夫人者六人：長衛姬生武孟，少衛姬生惠公，鄭姬生孝公，葛嬴生昭公，密姬生懿公，宋華子生公子雍。公與管仲屬孝公於宋襄公以爲太子。雍巫有寵於衛共姬，因寺人貂以薦羞於公，亦有寵，公許之立武孟。管仲卒，五公子皆求立。桓公卒，易牙與寺人貂因内寵以殺羣吏，而立公子無虧。孝公奔宋，宋襄公以諸侯伐齊，齊人殺無虧。

張氏曰：長幼有定分，桓公、管仲不能自致其尊卑正否之辨，而輕屬幼少以爲亂階，君臣既失其制命之義矣。今桓公未葬，長子既立，宋襄不能從宜因勢，順其少長以撫定之，使得以終桓公之喪，乃成桓之私意，帥四國之諸侯，奉少奪長，大亂齊國。《春秋》書宋公以爲戎首，深罪之也。胡氏曰：伐齊之喪，奉少奪長，其罪大。或曰桓公、管仲嘗屬孝公於宋襄以爲世子矣，則何以不可？曰不能制命，雖天王欲撫鄭伯以從楚，《春秋》猶以大義裁之而不與也。桓公君臣乃欲以私愛亂長幼之節，其可哉？獨不見宣王與仲山甫爭魯侯戲、括之事，其後如之何也？

夏

師救齊。《穀梁傳》曰：非伐喪，善救齊也。救者善，則伐者不正矣。杜氏諤曰：《傳》言三月齊人殺無虧，則無虧已殺矣[一]，今魯以師救之，亦以志其緩也。澄按，救者爲無虧也，蓋不知無虧之死，其意雖善，特緩不及事爾。

五月

戊寅，宋師及齊師戰于甗，齊師敗績。甗，魚偃切○《左傳》曰：齊人將立孝公，不勝四公子之徒，遂與宋人戰，宋敗齊師于甗。杜氏曰：無虧既死，曹、衛、邾先去，魯亦罷歸，故宋師獨與齊戰。不稱宋公，不親戰也。甗，齊地。王氏《箋義》曰：無虧既立，踰年之君也，而宋人脅齊殺之，將立孝公，復與齊人戰。四公子之徒爭國、宋伐喪，皆不義也。澄按，宋襄既以兵威脅齊人殺無虧，將立孝公，而四公子又欲與孝公爭國，故以齊師伐宋師，而宋與之戰也。

狄救齊。胡氏曰：書狄救齊者，許狄也，許夷狄則罪諸夏矣。常山劉氏曰：齊新有喪而諸侯加兵，不道如此，狄乃能行義，以兵救之。聖人哀中國無王，諸侯怙亂滅義，夷狄之不若也。杜氏曰：救四公子之徒。澄按，書「師救

[一] 則無虧已殺矣：「虧」，原作「知」，據清刻本、四庫本改。

齊」於伐齊之後，則救者，救無虧也。書「狄救齊」於齊師敗績之後，時無虧已死，齊無君矣，與宋戰而敗績者，四公子之徒也。故杜氏云然，雖緩不及事，然亦書救，終善之也。

秋

八月

丁亥，葬齊桓公。杜氏曰：十一月而葬，亂故也。八月無丁亥，日誤。張氏曰：桓公自入國以來，急於功利，不以正心正家爲務。肉未及寒，而庶孽争國，宋伐其喪，冢子見殺，國幾於亡。胡氏曰：桓公九合諸侯，威令加乎四海，雖名方伯，實行天子之事。然而付託非人，柩方在殯，四鄰謀動其國家而莫之恤，至踰於九月而後葬，以此見功利之在人淺矣。

冬

邢人、狄人伐衛。高郵孫氏曰：衛嘗見滅於狄，而齊桓封之。齊桓死未踰年爾，而衛人與諸侯伐之。邢人自以復存者桓公也，於是不忍齊之見伐而衛之無恩也，與狄人伐之。張氏曰：邢黨狄以伐衛，然論其曲直，則衛之忘恩背霸以伐喪奪長，宜得聲罪致討之師。澄按，邢爲周公之胤，衛爲武之穆，皆嘗亡於狄，賴齊而復存。今衛伐齊喪，固有罪矣，然爲宋所驅，非主兵首惡也。狄既救齊，而又責衛伐齊喪之罪，以狄爲之，亦可傷中國之無人矣。敵國不相征，凡興師以伐人者，皆不義也，况邢小國，猶不當黨異類之狄伐同姓之衛。或者逼於狄之命而不得已也與？然其後衛竟滅邢，其怨讎未必不基於此。狄，稱人者，非進之也，按趙氏曰「有邢人，若言邢人狄伐衛，則不成辭矣。」

《經》書月三，書日二。《大衍曆》：正月丁酉，大，庚申，冬至；二月丁卯，小；三月丙申，大；四月丙寅，小；五月乙未，大；六月乙丑，小，《經》五月戊寅在此月；七月甲午，大，壬戌，夏至；閏月甲子，小，《經》八日丁亥在此月二十四日；八月癸巳，大，癸巳，大暑；九月癸亥，小；十月壬辰，大；十一月壬戌，小；十二月辛卯，大。《長曆》：戊寅，五月十五日；八月癸巳，朔，月内無丁亥，在七月二十四日、九月二十五日。

十有九年庚辰。襄王十一年〇宋霸襄十〇蔡莊五〇曹共十二〇衛文十九〇晋惠十〇鄭文三十二〇陳穆七〇杞成十四〇齊孝二〇秦穆十九〇楚成三十一

春

王三月

宋人執滕子嬰齊。宋襄志在繼齊桓之霸，然去春首伐齊喪，奉少以篡長，今春首執滕子，恃彊而凌弱如此，欲霸得乎？蓋以桓霸之盛，而滕子自盟幽之後，不與盟會者幾四十年，故執之以威諸侯。滕子因以失國，故名。

夏

六月

宋公、曹人、邾人盟于曹南。「宋公」，《公》作「宋人」〇曹南，曹國之南。按桓公初霸，自北杏始，會者僅三國，皆大夫聽命，宋、蔡之大夫亦稱人者，以齊有君在故也。此宋襄初霸，自曹南始，盟者僅二國，蓋曹往年被伐，畏其威，故去年從宋伐齊，今又從宋盟于國之南也。邾則國小力弱，不敢不從，此亦以大夫聽命，而曹大夫稱人者，以宋有君在，與北杏宋人、蔡人義同。

鄫子會盟于邾。《公羊傳》曰：言會盟，後會也。杜氏曰：不及曹南之盟，諸侯既罷，鄫子乃會之於邾。澄按，

此蓋邾子如會[一]，適遇宋公歸國，及邾之境，故言會盟于邾。

己酉，邾人執鄫子，用之。《左傳》曰：宋公使邾文公用鄫子于次睢之社。澄曰：用之者，殺之而用其尸爲牲以祭神。劉氏曰：鄫子爲季姬所使而朝魯，《春秋》尚書「使鄫子來朝」，豈宋公使之用鄫子而不書乎？張氏曰：蓋鄫子會曹南之盟而後期，宋公使邾執之。邾、鄫世仇，因附勢而肆虐用之也。觀後曰「戕鄫子」亦出於邾，則邾之虐鄫，必自用鄫子[二]。何休以爲魯本許嫁季姬於邾，季姬淫佚，使鄫子請己，因此二國交忿。臨江劉氏亦信其説，未知然否。

秋

宋人圍曹。《左傳》曰：討不服也。澄曰：宋襄以威迫曹而與之盟，曹不心服，故雖盟于其國之南，而曹君不出，但使大夫聽命而已，故圍之。張氏曰：齊桓之霸，屈意去忿，盟魯平宋，以致諸侯，先近故也。今襄公欲圖諸侯，近於宋者莫如曹、滕，滕既執矣，曹方與盟，已而圍之，不從子魚内省德之言，而亟事干戈，宜其不遂霸也。

衛人伐邢。《左傳》曰：以報菟圃之役。張氏曰：衛不自省其從宋伐喪之罪，而以報復爲事。

冬

公會陳人、蔡人、楚人、鄭人盟于齊。《左》、《穀》無「公」字〇《左傳》曰：陳穆公請修好於諸侯，以無忘齊桓之德。盟于齊，修桓公之好也。澄按，陳、蔡、鄭三國皆服於楚者，魯畏楚之彊，志亦欲從之。陳、蔡、楚、鄭皆大夫也，以公在，故稱人。張氏曰：楚欲得志於中國久矣，齊桓討而攘之，其後桓志稍衰，滅黄敗徐，駸駸抗衡，然

[一] 此蓋邾子如會：據上下文意，「邾」當爲「鄫」。

[二] 必自用鄫子：「子」，原闕，據清刻本、四庫本補。

尚有所懼也。桓公既没，宋襄欲圖霸而諸侯不服，故楚假不忘桓德之説，求參預中國之盟會，陳、蔡及鄭，近楚而素降服者，故先受其謀。齊孝公親見其父極力攘楚，聽其甘言，納之國都而與盟，不知非我族類，其心必異，楚因是以行其志於中國。明年爲鹿上之盟，及盂之會，因執宋公。《春秋》書之，以謹楚人與盟之始也。

梁亡。《左傳》曰：梁伯好土功，亟城而弗處，民罷而弗堪，則曰：「某寇將至。」乃溝公宫，曰：「秦將襲我。」民懼而潰，秦遂取梁。張氏曰：梁，嬴姓，伯爵，虞伯翳之後。梁地今屬同州韓城縣。澄按，梁伯不能君國子民，以致民逃其上，秦因得以取其地，故不書秦滅梁，而以梁自亡爲文。

《經》書月二，書日一。《大衍曆》：正月辛酉，大，乙丑，冬至；二月辛卯，小；三月庚申，大；四月庚寅，小；五月己未，大；六月己丑，小，己酉，二十一日；七月戊午，大；八月戊子，小；九月丁巳，大；十月丁亥，小；十一月丙辰，大；十二月丙戌，小。

二十年辛巳。襄王十二年〇宋霸襄十一〇蔡莊六〇曹共十三〇衛文二十〇晉惠十一〇鄭文三十三〇陳穆八〇杞成十五〇齊孝三〇秦穆二十〇楚成三十二

春

新作南門。《穀梁傳》曰：作，爲也，有加其度也。言新，有故也，非作也。杜氏曰：魯城南門也，本名稷門，僖公更高大之，今猶不與諸門同[一]，改名高門。孫氏曰：譏其侈泰，妨農功，改舊制。按，新延廄不言作，此言作，

[一] 今猶不與諸門同：「今猶」，四庫本作「今獨」。

改舊可知。

夏

郜子來朝。「郜」，《穀》作「邾」○郜，文王之子所封。杜氏曰：郜，姬姓國。張氏曰：《後漢志》濟陰城武北有郜城。

五月

乙巳，西宫災。《公羊傳》曰：西宫，小寢也，有西宫則有東宫矣。諸侯有三宫。杜氏曰：西宫，公别宫也。天火曰災。

鄭人入滑。《左傳》曰：滑人叛鄭而服於衛，鄭公子士洩、堵寇帥師入滑。張氏曰：記天王出居鄭之始釁也。

秋

齊人、狄人盟于邢。《左傳》曰：爲邢謀衛難也，於是衛方病邢。按邢、狄嘗共伐衛，爲齊故也。衛人已嘗報伐，而病邢猶未已也。故齊、狄同爲邢謀。趙氏曰：夷狄與諸侯列叙，皆稱人以便文，但君臣同辭。

冬

楚人伐隨。《左傳》曰：隨以漢東諸侯叛楚，楚鬬穀於菟帥師伐隨，取成而還。張氏曰：楚力方彊，隨欲復漢東諸侯於中國，而德不足以勝之，此其所以召兵而自屈也。《左氏》罪其不量力，未若孟子師文王之論。襄陵許氏曰：楚既服隨，則將争衡于上國矣，而宋欲盟之，其能絀乎？

《經》書月一，書日一。《大衍曆》：正月乙卯，大，庚午，冬至；二月乙酉，小；三月甲寅，大；四月甲申，小；五月癸丑，大；六月癸未，大，《經》五月乙巳在此月；七月癸丑，小；八月壬午，大；九月壬子，小；十月辛巳，大；十一月辛亥，小；十二月庚辰，大。《長曆》：是年閏二月。乙巳，五月二十三日。

二十有一年壬午。襄王十三年〇宋霸襄十二〇蔡莊七〇曹共十四〇衛文二十一〇晉惠十二〇鄭文三十四〇陳穆九〇杞成十六〇齊孝四〇秦穆二十一〇楚成三十三

春

狄侵衛。按，天下無霸，而狄得假名義以亂中國，因宋、曹、衛、邾伐齊喪，則仗義興師以救齊，又聲衛伐喪之罪，而與邢協力以伐衛。衛因邢之黨狄伐己，而伐邢以報怨，且憾邢之心未已，則狄又援齊而盟，以爲邢謀，至此遂爲邢而侵衛。前之伐，以衛伐喪之惡，有罪可數，故稱伐。今之侵，以衛有滅邢之心，無事可指，故稱侵。侵者，言其師之無名也。伐衛、盟邢，與中國之邢、齊並叙則稱人，此獨侵衛，則還其本號，而止稱狄。

宋人、齊人、楚人盟于鹿上。《左傳》曰：宋爲鹿上之盟，以求諸侯於楚。公子目夷曰：「小國爭盟，禍也。宋其亡乎，幸而後敗。」杜氏曰：鹿上，宋地，汝陰有原鹿縣。澄按，宋襄欲圖霸，合諸侯，而德義不足以感人。曹南之盟，僅能迫脅至近之曹、至小之邾以同於己，其餘諸侯無更從之者。楚人亦乘間合諸侯，而其勢力足以威人。齊之盟，不特陳、蔡、鄭從之，而魯亦從之。此宋襄之所願欲而不可得者，故求之於楚，欲借楚之令而使從楚之諸侯從己。曾不思楚彊夷也，齊桓之霸如此其盛，猶敢時出而猾夏，與齊抗衡。齊桓既没，諸侯皆畏其彊而從楚矣。宋襄既無楚頵之勢力，又無齊桓之德義，乃倚楚爲重，而欲得其所從服之諸侯，是所謂求肉於虎，其爲楚所侮而遭執辱也宜哉！楚君既稱人，則齊、宋二君與之列叙者亦降稱人，若宋、齊皆稱爵，則疑楚人之爲大夫，而不見其爲君也。

夏

大旱。

秋

宋公、楚子、陳侯、蔡侯、鄭伯、許男、曹伯會于盂，執宋公以伐宋。「盂」，《公》作「霍」，《穀》作「雩」，又作「宇」〇《公羊傳》曰：宋公與楚子期，以乘車之會。公子目夷諫曰：「楚，夷國也，彊而無義，請君以兵車之會往。」宋公曰：「不可，吾與之約以乘車之會，自我爲之，自我墮之，不可。」終以乘車之會往。楚人果伏兵車，執宋公以伐宋。杜氏曰：楚始與中國行會禮。盂，宋地。澄曰：宋襄求諸侯於楚，而楚許之，故爲此會，以合所求之諸侯也。當時楚最彊盛，諸侯服之。宋則國弱，而諸侯不從，故求於楚。宋爲首事，故先之，然能致諸侯之來者，實楚也。夫楚以國則夷狄也，以爵則子也，偃然以子爵而叙於侯伯之上，則此會也，楚實爲之主。故宋公之執，不待言楚而知其爲楚矣。諸侯聽其執而莫之救諫者，勢不能也。按前有鹿上之盟，後有使宜申來獻捷之事，楚君皆稱楚人，獨此稱楚子者，蓋謂執宋公不可稱執宋人。宋公既爵，則陳、蔡、鄭、許、曹皆須爵，否則疑若君與大夫會五國。既稱爵，則楚不得不稱爵，此《春秋》之筆也。

冬

公伐邾。杜氏曰：爲邾滅須句故。

楚人使宜申來獻捷。楚人者，楚子也，稱使則知爲楚子矣。宜申稱名，再命之大夫也。自屈完盟召陵之後，楚臣之名見於《經》者，自此始。捷，宋捷，上言伐宋，此言獻捷，其爲宋捷可知。諸侯從楚會盂而伐宋，魯獨不與，故獻其捷以威魯也。魯是以從楚，而爲薄之盟。

十有二月

癸丑，公會諸侯盟于薄，釋宋公。任氏曰：薄，《史記》作「亳」，漢山陽薄縣〔一〕，湯所都也。張氏曰：按《地譜》，拱州考城漢薄縣，即湯都，古字通用。僖公脅於獻捷之威，與五國爲會，求盟於楚，以請宋公，而後得釋，正中楚人之詭計。澄曰：公因楚來獻捷，遂往與諸侯盟，就請宋公於楚，宋公因以得釋，但稱諸侯，前目後凡也。

《經》書月一，書日一。《大衍曆》：正月庚戌，小，乙亥，冬至；二月己卯，大；三月己酉，小；四月戊寅，大，丁未，春分；閏月戊申，小；五月丁丑，大，旦日，穀雨；六月丁未，小；七月丙子，大；八月丙午，大；九月丙子，小；十月乙巳，大；十一月乙亥，小；十二月甲辰，大，癸丑，十日。

二十有二年癸未。襄王十四年〇宋霸襄十三〇蔡莊八〇曹共十五〇衛文二十二〇晋惠十三〇鄭文三十五〇陳穆十〇杞成十七〇齊孝五〇秦穆二十二〇楚成三十四

春

公伐邾，取須句。句，其俱切，《公》作「朐」〇《左傳》曰：任、宿、須句，風姓也，實司太皥與有濟之祀以服事諸夏。邾人滅須句，須句子來奔，因成風也。成風爲之言於公曰：「崇明祀，保小寡，周禮也。蠻夷猾夏，周禍也。若封須句，是崇皥、濟而修祀紓禍也。」伐邾，取須句，反其君焉。張氏曰：僖公非有崇明祀保小寡之公心，而徒徇母

〔一〕漢山陽薄縣：「薄」，四庫本作「亳」。

之私意，故此役之舉，無以服邾，而致升陘之寇。《春秋》書之，亦不異於它日之伐取也。

夏

宋公、衛侯、許男、滕子伐鄭。《左傳》曰：鄭伯如楚，宋公伐鄭。子魚曰：「禍在此矣。」杜氏曰：怒鄭至楚〔一〕，故伐之。孫氏曰：按莊公十六年，荆伐鄭；二十八年，荆伐鄭；僖元年，楚人伐鄭；二年，楚人伐鄭。鄭不即楚，此而即者，齊桓既死，宋襄不能與楚伉故也。澄按，宋襄求於楚，一會諸侯于盂而遭執伐之辱，再盟于薄，魯與諸侯同致請於楚而後得釋。鄭知宋霸不可成，其力不可恃，遂朝于楚。宋公不自反以修己之德義，乃遽怒鄭，而興師以伐之，與之同伐者僅能得許而已，許小，易役故也。衛嘗同宋伐齊，滕嘗遭執而畏，故三國從之。是役也，挑楚釁而取泓之敗。

秋

八月

丁未，及邾人戰于升陘。《左傳》曰：邾人以須句故出師，公卑邾，不設備而禦之。臧文仲曰：「國無小，不可易也。無備，雖衆不可恃也。君其無謂邾小，蠭蠆有毒，而况國乎？」弗聽。及邾戰，我師敗，邾人獲公胄，縣諸魚門。澄曰：邾人，邾大夫也。以君及臣，故不書公。杜氏曰：升陘，魯地。

冬

十有一月

〔一〕怒鄭至楚：「至」，清刻本、四庫本作「如」。

己巳，朔。宋公及楚人戰于泓，宋師敗績。《左傳》曰：楚人伐宋以救鄭。宋人既成列，楚人未既濟。司馬曰：「彼衆我寡，及其未既濟也，請擊之。」公曰：「不可。」既濟而未成列，又以告，公曰：「未可。」既陳而後擊之，宋師敗績，公傷股，門官殲焉。杜氏曰：宋伐鄭，楚救之，故戰也。泓，水名。孫氏曰：宋襄無齊桓之資，欲紹齊桓之烈，帥諸侯而致彊楚，故盂之會見執受伐。今復與楚爭鄭，以起此戰，喪師泓水上，身傷七月而死，爲中國羞。蘇氏曰：宋襄被執見釋，而猶爭諸侯，楚以夷狄而干諸夏，故泓之戰，雖曲在宋，而《春秋》詞無所予。張氏曰：不言楚救鄭，惡夷狄也。

《經》書月二，書日二。《大衍曆》：正月甲戌，小，庚辰，冬至；二月癸卯，大；三月癸酉，小；四月壬寅，大；五月壬申，小；六月辛丑，大；七月辛未，小；八月庚子，大，丁未，八日；九月庚午，小；十月己亥，大；十一月己巳，朔，小；十二月戊戌，大。

二十有三年甲申。襄王十五年〇宋霸襄十四，卒〇蔡莊九〇曹共十六〇衛文二十三〇晉惠十四〇鄭文三十六〇陳穆十一〇杞成十八，卒〇齊孝六〇秦穆二十三〇楚成三十五

春

齊侯伐宋，圍緡。「緡」，《公》作「閔」，後同〇《左傳》曰：討其不與盟於齊也。杜氏曰：謂十九年盟于齊，而宋獨不會，故今討之。澄曰：楚與諸侯盟于齊，乘間以干中夏爾，齊侯不悟而受其盟，宋之不與盟齊[一]，不愆義也，

[一] 宋之不與盟齊：「盟」，清刻本、四庫本作「盟于」。

齊反借此爲名以責宋，伐之於敗傷之後，悖理甚矣！何氏曰：襄公欲行霸，爲楚所敗，諸夏之君宜雜然助之，反因其困而伐之，不仁也。胡氏曰：齊，霸國之餘業，宋襄既敗于泓，則楚之勢益張矣。齊侯既無尊中國、攘夷狄、恤災患[一]、畏簡書之意，又乘其約而伐之。鄭與楚合，馮陵中國，「桓公伐鄭，圍新城」，攘夷狄也；宋與楚戰，兵敗身傷，「齊侯伐宋，圍緡」，殘諸夏也。美惡不嫌同辭。張氏曰：十八年，宋伐齊，納孝公也。齊侯忘宋襄納己之德，因宋敗于泓而圍其邑，《穀梁》所謂「以惡報惡」也。緡，宋邑，《漢志》山陽郡東緡縣，今濟州金鄉縣。

夏

五月

庚寅，宋公茲父卒。「茲」，《公》作「慈」〇《左傳》曰：傷於泓故也。澄按，宋襄公即位九年而圖霸，至此六年，在位通十四年。子王臣嗣，是爲成公。張氏曰：僖公不會宋襄之葬，蓋已忘盟薄之信，有志於附楚矣。

秋

楚人伐陳。《左傳》曰：楚成得臣帥師伐陳，討其貳於宋也，遂取焦、夷，城頓而還。澄按，曹南之盟，陳不從宋，伐鄭之役，陳亦不從宋，盟齊則陳從楚，會盂則陳從楚，考之《經》，唯見陳之服於楚，不見陳之貳於宋。今楚以爲貳於宋者，蓋以宋公被執之後，鄭畏而朝楚，而陳未朝楚爾。楚之無厭於諸夏，猶狄之無厭於太王也，因其不能如鄭之來朝，即誣以貳宋之罪伐之，而取其二邑，積其勢，不至於滅陳不已也。

[一] 恤災患：「患」，原闕，據清刻本、四庫本及四部叢刊景宋本胡安國《春秋傳》補。

冬

十有一月

杞子卒。杞成公也，在位十八年，其弟姑容立，是爲桓公。杞，二王之後，宜與宋同爵。其初有稱東婁公者，蓋公爵也。後以小弱而自降爲伯，今又降爲子以告終也。小國君卒無名，説已見前。杞前此訃告不通于魯，成公，魯之甥，其母伯姬猶在，於今始來告喪，自此以後，杞君之卒皆訃矣。

《經》書月二，書日一。《大衍曆》：正月戊辰，大，丙戌，冬至；二月戊戌，小；三月丁卯，大；四月丁酉，小；五月丙寅，大，庚寅，二十五日；六月丙申，小；七月乙丑，大；八月乙未，小；九月甲子，大；十月甲午，小；十一月癸亥，大；十二月癸巳，小。

二十有四年乙酉。襄王十六年〇蔡莊十〇曹共十七〇衛文二十四〇晋惠十五，卒〇鄭文三十七〇陳穆十二〇杞桓公姑容元年〇宋成公王臣元年〇齊孝七〇秦穆二十四〇楚成三十六

春

王正月。

夏

狄伐鄭。《左傳》曰：鄭之入滑也，滑人聽命，師還，又即衛。鄭公子士洩、堵俞彌帥師伐滑。王使伯服、游孫伯如鄭請滑，鄭伯不聽王命而執二子。王怒，將以狄伐鄭。富辰諫曰：「不可。《棠棣》四章曰『兄弟鬩于牆，外禦其

侮』，如是則兄弟雖有小忿，不廢懿親。今天子不忍小忿，以棄鄭親，其若之何？」王弗聽，使頹叔桃子出狄師伐鄭，取櫟。襄陵許氏曰：鄭執王使，是無王也。王啓狄師，是無中國也。

秋

七月。

冬

天王出居于鄭。《左傳》曰：王德狄人，將以其女爲后。富辰諫，弗聽。初，甘昭公有寵於惠后，惠后將立之，未及而卒。昭公奔齊，王復之，又通於隗氏，王替隗氏。頹叔桃子曰：「我實使狄，狄其怨我。」遂奉大叔以狄師攻王，王御士將禦之，王曰：「先后其謂我何？寧使諸侯圖之。」頹叔桃子奉大叔以狄師伐周，大敗周師。王出，適鄭，處于氾。大叔以隗氏居于温。澄按，天王居于狄泉，不書出者，王雖去京師，而猶在畿内也。此則去畿内，而越在諸侯之國，故書「出」。常山劉氏曰：時王者，政令僅行於畿内，才出畿内，即非王有，故書曰「出」。

晋侯夷吾卒。惠公也，在位十五年。《經》書冬而《左氏》以爲九月卒，則是周之冬十有一月也，但《傳》以爲二十三年者非，當從《經》。子圉嗣，是爲懷公。惠公之兄重耳自楚適秦，秦伯納之，是爲文公，殺懷公于高梁。

《經》書月二，書日無。《大衍曆》：正月壬戌，大，辛卯，冬至；閏月壬辰，小；二月辛酉，大，壬戌，大寒；三月辛卯，小；四月庚申，大；五月庚寅，大；六月庚申，小；七月己丑，大；八月己未，小；九月戊子，大；十月戊午，小；十一月丁亥，大；十二月丁巳，小。《長曆》：是年閏四月。

二十有五年丙戌。襄王十七年○蔡莊十一○曹共十八○衛文二十五，卒○晋文公重耳元年○鄭文三十八○陳穆十三[一]○杞桓二○宋成二○齊孝八○秦穆二十五○楚成三十七

春

王正月

丙午，衛侯燬滅邢。《左傳》曰：衛人將伐邢。禮至曰：「不得其守，國不可得也，我請昆弟仕焉。」乃往，得仕。衛人伐邢，二禮從國子巡城，掖以赴外，殺之。滅邢。朱子曰：因下文有「衛侯燬卒」，故誤多一「燬」字。澄按，説《春秋》者因謂滅同姓故書名。按，滅同姓者多矣，何獨此稱名乎？但書「衛侯滅邢」，而滅同姓之惡自見，何待書名？故知朱子之説爲得之。

夏

四月

癸酉，衛侯燬卒。文公也，在位二十五年，子鄭嗣，是爲成公。

宋蕩伯姬來逆婦。杜氏曰：伯姬，魯女，爲宋大夫蕩氏妻，自爲其子來逆，稱婦，姑存之辭。澄曰：伯姬歸不書者，諸侯女嫁大夫，非敵也，今又納内女爲其子之婦，姑自來逆婦，而書於《經》者，譏公降尊而自主其昏也。況《昏禮》當夫來親迎，豈有姑來逆婦之禮乎[二]？劉氏曰：伯姬之嫁也，不見《經》，今其來也，何爲見《經》？内女雖

[一] 陳穆十三：「穆」原作「桓」，據四庫本及上下文改。

[二] 「當夫來親迎豈有姑來逆婦之禮乎」，清刻本作「無姑來逆婦之理」。

親，體不敵則不書於策，今君失其禮，以愛易典，主大夫之昏，是卑朝廷而慢宗廟也。

宋殺其大夫。義與曹殺其大夫同。

秋

楚人圍陳，納頓子于頓。頓，近陳之小國，陳蓋欲兼并之，故前年楚伐陳，嘗城頓。杜氏曰：頓迫於陳而出奔楚，故楚圍陳，納頓子。頓國汝陰南頓縣。張氏曰：今屬陳州，姬姓國也。逼於陳而不能有其國，故楚圍陳而後能納之。聖人書此，見中國諸侯不能恤小國而定其位，反使夷狄行其義，閔中國之無霸也。

葬衛文公。

冬

十有二月

癸亥，公會衛子、莒慶盟于洮。洮，吐刀切〇《左傳》曰：衛人平莒於我，盟于洮，修衛文公之好，且及莒平也。杜氏曰：莒以元年酈之役怨魯，衛文公將平之，未及而卒，成公追成父志，故曰「修文公之好」。洮，魯地。澄曰：衛文公雖葬，成公不書爵，喪未踰年也。慶，名，莒再命之卿。

《經》書月三，書日三。《大衍曆》：正月丙戌，大，丁酉，冬至，丙午，二十一日；二月丙辰，小；三月乙酉，大；四月乙卯，小，癸酉，十九日；五月甲申，大；六月甲寅，小；七月癸未，大；八月癸丑，大；九月癸未，小；十月壬子，大；十一月壬午，小；十二月辛亥，大，癸亥，十三日。《長曆》：是年閏在三月。

二十有六年丁亥。襄王十八年〇蔡莊十二〇曹共十九〇衛成公鄭元年〇晋文二〇鄭文三十九〇陳穆十四〇杞桓三〇宋成三〇齊孝九〇秦穆二十六〇楚成三十八

春

王正月

己未，公會莒子、衛甯速盟于向。「速」，《公》作「遫」，後「速」字並同。向，舒亮切〇《左傳》曰：尋洮之盟也。澄按，去冬方盟，盟既未寒，又何尋焉？蓋衛本欲平魯、莒之怨，而洮之盟莒子不親至，僖公必欲與莒子盟，故復爲此會也。甯速，衛三命大夫，甯莊子也。向，莒地。

齊人侵我西鄙。《左傳》曰：討是二盟也。陳氏《折衷》曰：蓋嫌其黨莒、衛而背齊也。王氏《箋義》曰：魯與衛、莒盟于洮，齊輒興師討之，非也。澄曰：齊師無名，故曰侵。

公追齊師至酅，不及。「酅」，户圭切，《公》、《穀》作「巂」。「不」，《公》、《穀》作「弗」〇杜氏曰：公逐齊師，遠至齊地，濟北穀城縣西有地名酅下。張氏曰：後漢屬東郡，今屬東平府東阿。陳氏《折衷》曰：公拒齊師，齊師不戰，而公乘勝追之，軼于西鄙，而深入齊地。齊師既不敵，公追之弗及，故收兵而還。

夏

齊人伐我北鄙。《左傳》曰：公使展喜犒師。齊侯未入境，展喜從之。齊侯曰：「魯人恐乎？」對曰：「小人恐矣，君子則否。」齊侯曰：「何恃而不恐？」對曰：「恃先王之命。昔周公、太公股肱周室，成王勞而賜之盟，曰『世世子孫，無相害也』，載在盟府，太師職之。桓公是以糾合諸侯而匡救其災，昭舊職也。及君即位，諸侯之望曰：『其率桓

之功！』我敝邑用不敢保聚，曰：『豈其嗣世九年，而棄命廢職？』恃此以不恐。」齊侯乃還。杜氏曰：孝公未及魯境，先使微者伐。澄按，君、大夫將而稱人者，蓋雖有君、大夫在，而但遣微者以偏師加我也。前書「侵」者，師無名也。此書「伐」者，蓋齊以魯不服罪爲辭也。林堯叟曰：自隱以來，以兵加我，君、大夫將皆書人。君將書君，自文十五年齊懿公始；大夫將書大夫，自齊高厚始。訖《春秋》惟邾、莒稱人。

衛人伐齊。《左傳》曰：洮之盟故也。張氏曰：二盟乃衛人平莒於我，故爲魯伐之。澄按，衛平莒、魯，齊何與焉？洮、向之二盟雖瀆，其非在魯[一]，非齊之所當問也。齊孝公乃連興侵伐之師，可見謀國之不合義矣。其致衛之伐與魯之伐者，自取之也。

公子遂如楚乞師。《左傳》曰：東門襄仲、臧文仲如楚乞師，臧孫見子玉而道之伐齊、宋。《公羊傳》曰：乞者，卑辭也。孫氏曰：國之大小，師之衆寡，皆有王制，不可乞也。書者，惡魯不能内修戎備，而外乞師於夷狄。常山劉氏曰：雖晋之大，命魯興師，亦書曰「乞」，所以正王法。若公子遂如楚乞師，則又譏用夷狄伐中國爾。胡氏曰：齊人侵西伐北，固非義矣。僖公不能自反深思，乃以楚師敵齊，是以蠻荒殘中國也。張氏曰：僖公初年，頗有意於治國，務農閔雨[二]，國以殷富。中年以來，漸肆荒怠。初附齊桓，浸失政於大臣，滅項取執。齊桓既沒，不及閑暇修明政刑，民事既荒，國備不立。齊人再伐，己不能支，而遠乞師於夷狄，以刷其恥。孔子罪臧文仲竊位，從公子遂借兵彊夷，爲國之無謀也。使其立展禽以爲政，所以輔僖公者必有道矣，何至乞楚師以伐齊哉？

[一] 其非在魯：「其非」，清刻本、四庫本作「非過」。

[二] 務農閔雨：「閔雨」，原闕，據清刻本、四庫本及通志堂經解本張洽《春秋集注》補。

秋

楚人滅夔，以夔子歸。《左傳》曰：夔子不祀祝融與鬻熊，楚人讓之，成得臣、鬬宜申帥師滅夔。劉氏曰：楚祖鬻熊，夔祖熊摯，諸侯之祀不過其祖，是夔於祀典不得祀祝融與鬻熊也。楚反以是責而滅之，貪而不義也。杜氏曰：夔，楚同姓國，今建平秭歸縣。張氏曰：今之歸州秭歸縣及興平縣皆有夔子城。澄按，夔子失國不名者，遠國莫可得而知之。

冬

楚人伐宋，圍緡。《左傳》曰：宋以善於晋侯也，叛楚即晋。澄曰：宋可謂能速於徙義者矣，楚伐其國而圍其邑，書以著夷狄之肆横也。

公以楚師伐齊，取穀。《左傳》曰：置桓公子雍于穀，易牙奉之以爲魯援，楚申公叔侯戍之。澄曰：公不用魯師而用楚師，雖能取齊之邑，而借援彊夷，辱國莫大焉，將以刷西鄙北鄙之恥，而適所以甚其恥也。

公至自伐齊。何氏曰：魯乞師以犯彊齊，會齊侯昭卒，晋文行霸，幸而得免，故雖得意，猶致伐也。

《經》書月一，書日一。《大衍曆》：正月辛巳，小，壬寅，冬至；二月庚戌，大，《經》正月己未在此月；三月庚辰，小；四月己酉，大；五月己卯，小；六月戊申，大；七月戊寅，小；八月丁未，大；九月丁丑，小，乙巳，處暑；閏月丙午，大；十月丙子，小，旦日，秋分；十一月乙巳，大；十二月乙亥，大。《長曆》：己未，正月十一日。

二十有七年戊子。襄王十九年〇蔡莊十三〇曹共二十〇衛成二〇晋文三〇鄭文四十〇陳穆十五〇杞桓四〇宋成四〇齊孝十，卒〇秦穆二十七〇楚成三十九

春

杞子來朝。《左傳》曰：杞桓公來朝，公卑杞。

夏

六月

庚寅，齊侯昭卒。齊孝公也，在位十年，弟潘立，是爲昭公。襄陵許氏曰：齊桓既没，諸侯思之，而孝公不能藉之以興。觀其間楚之勝以困宋襄，又侵伐魯僖不已，與下宋桓、魯莊之意正反，有以知其爲謀不遠，霸業之所以隳矣。

秋

八月

乙未，葬齊孝公。《左傳》曰：有齊怨，不廢喪紀，禮也。

乙巳，公子遂帥師入杞。《左傳》曰：責無禮也。張氏曰：人方來朝，而帥師入之，以怨報德，欲加之罪，何患無辭也！杜氏謬曰：杞春來朝，今遂帥師入其國，雖曰責其不恭，何至於用師乎？蓋杞弱於魯，魯欺之尤甚。齊、楚之大，則魯事之不暇矣。澄曰：魯在春秋爲次國，未嘗不受彊大之陵暴，儻能推己以及人，所惡於彊，無以施之於弱可也。杞以小弱而朝於魯，縱使禮有不備，豈不愈於不朝者乎？今於其來朝也，已忽其小弱而卑之，朝禮甫畢，即以上卿帥重師以入其國，其志在於滅而取之也。魯號稱禮義之國，而陵小弱如此，它又何責焉？

冬

楚人、陳侯、蔡侯、鄭伯、許男圍宋。《穀梁傳》曰：楚人者，楚子也。《左傳》曰：楚子將圍宋，使子文治兵于睽，子玉復治兵于蔿。杜氏謬曰：宋，中國也，楚之彊暴，因欲服之，是以前年伐而圍緡，今又以諸侯之兵圍之。高氏曰：曹南之盟，諸侯稱人而宋獨稱爵。圍宋之役，諸侯稱爵而楚獨稱人。聖人於華夷之辯，其嚴如此。

十有二月

甲戌，公會諸侯盟于宋。杜氏曰：諸侯伐宋，公往會之，非後期。宋方見圍，無嫌於與盟，故直以宋地。澄曰：魯之臣前年如楚乞師，既道之伐齊、宋矣。楚以彊夷肆暴中國，而魯以中國之望，又啓其謀，既而楚果伐宋圍緡，又以師爲魯伐齊取穀，今冬又合四國之力圍宋，魯不傷中國之受夷禍，乃畏之德之謹事之，以求媚焉，故往會楚子于師，而受其盟。中國無霸，夷狄肆行而無忌以至于此，哀哉！高氏曰：公畏楚之彊，而求爲此盟，以報乞師之恩。宋於是告急於晉，而文公得以爲資，遂霸諸侯也。

《經》書月三，書日四。《大衍曆》：正月乙巳，小，丁未，冬至；二月甲戌，大；三月甲辰，小；四月癸酉，大；五月癸卯，小；六月壬申，大，庚寅，十九日；七月壬寅，小；八月辛未，大，乙未，二十五日；九月辛丑，小，乙巳，五日，《經》有日無月；十月庚午，大；十一月庚子，小；十二月己巳，大，甲戌，六日。《長曆》：庚寅，六月二十日；乙未，八月二十六日；乙巳，九月六日；甲戌，十二月七日。

二十有八年己丑。襄王二十年○晉霸文公四年○蔡莊十四○曹共二十一○衛成三○鄭文四十一○陳穆十六，卒○杞桓五○宋成五○齊昭公潘元年○秦穆二十八○楚成四十

春

晉侯侵曹。

晋侯伐衛。《左傳》曰：宋公孫固如晋告急。狐偃曰：「楚始得曹而新昏于衛，若伐曹、衛，楚必救之，則齊、宋免矣。」晋侯將伐曹，假道於衛，衛人弗許。還，自南河濟，侵曹伐衛，取五鹿。衛侯請盟，晋人弗許。衛侯欲與楚，國人不欲，故出其君以説于晋。衛侯出居于襄牛。杜氏諤曰：楚之病中國久矣。齊桓圖霸二十餘年[一]，而後服之。桓公没而宋襄繼圖其業，然力不能攘，而身見執，戰敗卒傷而死，聖人悼之。晋文之立，特起救宋之志，欲弊彊楚[二]，曹、衛背華附夷而侵伐之。然晋侯非實欲侵伐曹、衛，蓋志在於救宋服楚也。吕氏大圭曰：從楚圍宋者陳、蔡、鄭、許。晋文不攻陳、蔡、鄭、許，而乃及於無罪之曹、衛，陳、蔡、鄭、許，邇楚之國也，曹、衛，邇宋之國也。楚方圍宋而晋乃遠攻陳、蔡、鄭、許，則無以釋宋之圍，而亦無及於楚，安有城濮之戰？曹、衛二國雖曰其師不與圍，然楚之所以敢於横行中國者，實以得曹而新昏于衛故也。齊侯伐楚，猶恃江、黄，楚人伐宋，豈無資於曹、衛？豈必曹、衛之皆與圍哉！

公子買戍衛，不卒戍，刺之。刺，七賜切○杜氏曰：公子買，魯大夫子叢也。内殺大夫，皆書刺，言用《周禮》三刺之法，不枉濫也。澄曰：魯受楚之命，遣公子買戍衛，以拒晋伐衛之師。今晋伐衛，而買不能爲楚拒晋師，故以其不卒戍爲罪而殺之。黨夷狄、殺大夫，魯之罪有二焉。孫氏曰：公與楚，故使公子買戍衛，晋之兵力，非公子買所能抗也，故買不卒戍而歸。徐聞楚人救衛，公懼楚之見討也，乃殺買以説焉。内殘骨肉，苟悦彊夷，書以著其惡。吕氏大圭曰：買之不卒戍者，豈見晋方彊，不卒戍以避晋耶？魯之刺公子買者，爲黨楚，非黨晋。前年方以楚師伐齊，又

[一] 齊桓圖霸二十餘年：「圖」，清刻本作「創」。
[二] 欲弊彊楚：「弊」，四庫本作「敝」。

會楚于宋，魯人黨楚之罪不可掩矣。

楚人救衛。蓋楚人就分圍宋之師以救衛也，狐偃固已先料其必如此矣。

三月

丙午，晉侯入曹，執曹伯，畀宋人。《左傳》曰：宋人使門尹般如晉師告急。公曰：「宋人告急，舍之則絶，告楚不許。我欲戰矣，齊、秦未可，若之何？」先軫曰：「使宋舍我而賂齊、秦，藉之告楚。我執曹君，而分曹、衛之田以賜宋人。楚愛曹、衛，必不許也。喜賂怒頑，能無戰乎？」公説。執曹伯，分曹、衛之田以畀宋人。澄曰：晉之用師於曹、衛也，實欲致楚而與之戰。先以假道而啓衛之釁，衛既不許，則還師，自南河濟。略侵曹境，不深治曹也。移師伐衛，責其不假道之罪，取其邑。衛服罪請盟，而猶不許，以致其君出避。魯戍逃還，則楚人不得不救衛矣。楚既救衛，則又移師臨曹，入其國而執其君，又以曹君畀受圍之宋，多方以激楚之怒，則楚人不得不與晉戰矣。

夏

四月

己巳，晉侯、齊師、宋師、秦師及楚人戰于城濮，楚師敗績。濮，音卜〇《左傳》曰：楚子入居于申，使申叔去穀，使子玉去宋，曰：「無從晉師。」子玉使宛春告於晉師曰：「請復衛侯而封曹，臣亦釋宋之圍。」子犯曰：「子玉無禮哉！君取一，臣取二。」先軫曰：「子與之，定人之謂禮，楚一言而定三國，我一言而亡之，我則無禮。不許楚言，是棄宋也。楚有三施，我有三怨，怨讎已多，將何以戰？不如私許復曹、衛以攜之，執宛春以怒楚。」公悦，乃拘宛春於衛，且私許復曹、衛。曹、衛告絶於楚。子玉怒，從晉師。晉師退。軍吏曰：「以君避臣，辱也，何故退？」子犯曰：「師直爲壯，曲爲老，豈在久乎？微楚之惠，不及此。退三舍避之，所以報也。我退而楚還，我將何求？若其不還，君退臣犯，曲在彼矣。」退三舍。楚衆欲止，子玉不可。晉侯、宋公、齊國歸父、崔夭、秦小子憖次于城濮。楚師背酅而舍。子玉使鬭勃請戰，晉侯使欒枝對曰：「寡君聞命矣。楚君之惠，未之敢忘，是以在此，爲大夫退。既不獲命，敢煩大夫謂二三子『戒爾車乘，敬爾君事，詰朝相見』。」晉師陳于莘北，胥臣以下軍之佐當陳、蔡。子玉以若敖之六卒將中軍，子西將左，子上將右。胥臣蒙馬以虎皮，先犯陳、蔡，陳、蔡奔，楚右師潰。狐毛設二旆而退之，欒枝使輿曳柴而僞遁，楚師馳之。原軫、郤溱以中軍公族横擊之，狐毛、狐偃以上軍夾攻子西，楚左師潰。楚師敗績。子玉收其卒而止，故不敗。胡氏曰：荆楚恃彊憑陵中夏，滅黄而霸主不能恤，敗徐于婁林而諸大夫不能救，執中國盟主而在會者不敢與之爭。今又戍穀逼齊，合兵圍宋，戰勝中國，威動天下。非有城濮之敗，則其民披髮左衽矣。張氏曰：齊桓之伐楚，致屈完于召陵，楚未大創也，故次年即滅弦誘鄭，終桓公之霸，楚爲患而不能制。文公欲霸天下，以爲楚不大創不足以定霸，故欲戰而勝楚以取威，而後霸業定。當是時，楚爲齊、宋二國之患，文公欲虐曹、衛，致楚與戰，乃不許衛盟，執曹伯以快宋人之心，因激楚人之怒，而使之不得不戰，以取一勝之功，皆譎而不正之事。吕氏大圭曰：齊桓之楚，雖曰猾夏，敗蔡師，執蔡侯，又一伐蔡，三伐鄭，然蔡、鄭特近楚之國，未至偃然與中國並驅爭先，故齊桓猶可以徐爲之謀。晉文之楚，則執中國盟主，而在會者不敢與爭，戰于泓，而宋以先代之後不能與之敵，魯至於如楚乞師而戍穀逼齊，四國合兵以圍宋，而曹、衛亦受其節制，此夷狄之極盛也，故晉文不得不速與之戰。召陵之次，一得屈完之盟而退師。城濮之役，不至於楚師敗績不已也。蓋桓公之所爲，將以服彊楚之心，而晉文之舉事，所以挫彊楚之氣也。二公所遇之敵不同，故其用計亦異，而立功之緩急亦如之。其爲有功於中國則一也。然召陵之師，規矩既定，區處既當，聲其罪而伐之，楚亦屈服而不敢校，此正也；晉文欲救宋，而侵曹伐衛，執曹伯以畀宋人，迨子玉使宛春告晉以釋曹、衛，則又私許復曹、衛而執其使者，楚怒於使者之見執也，能不請戰乎？及其將戰，則又辭楚三舍，名曰報施，而實則示怯以誘子玉也。子玉剛而無禮，怒晉之頑，喜晉之怯，能不進戰乎？一致師之間，而其詭計如此，孔子斷以一言而謂之「譎」，豈不信哉！齊桓、晉文，均霸之盛也。然齊桓圖楚之功三十年，而後有召陵之役，會諸侯之事亦三十餘年，屢會屢盟，而後有葵丘之盛；若文公，則侵曹、伐衛、勝楚、圍許、盟踐土、會于温、兩致天王、執曹伯、復曹伯、復衛侯、執衛侯，凡霸者之事爲之略盡，而皆在一年之内，故齊桓猶有近正之意，若晉文公則太譎矣；齊桓猶有近厚之心，若晉文公則太迫矣。

楚殺其大夫得臣。《左傳》曰：子玉既敗，王使謂之曰：「大夫若入，其若申、息之老何？」及連穀而死。晉侯聞之而後喜可知也，曰：「莫余毒也已。蔿吕臣實爲令尹，奉己而已，不在民矣。」杜氏曰：至連穀，王無赦命，故自殺也。張氏曰：楚自得臣伐陳，立爲令尹，令其圍陳、圍宋，無非猾夏狃勝之事，故雖知晉之不可敵，而不能使之退師，師敗而不能自反其平日求勝無厭之罪，方責其無以見申息之老，縱其猾夏求勝，及其一敗而輒殺之。

衛侯出奔楚。《左傳》曰：衛侯聞楚敗，懼而奔楚，使元咺奉叔武以受盟。陸氏曰：令叔武攝位而去，故不名也。澄曰：衛侯黨楚之情深固，晉雖私許復之，終懷疑而不敢信，故聞楚敗，懼晉害己而出奔楚也。

五月

癸丑，公會晉侯、齊侯、宋公、蔡侯、鄭伯、衛子、莒子盟于踐土。《左傳》曰：至于衡雍，作王宫于踐土，獻楚俘于王。王命尹氏及王子虎、内史叔興父策命晉侯爲侯伯，曰：「王謂叔父：『敬服王命以綏四國，糾逖王慝〔一〕。』」晉侯三辭，從命，曰：「重耳敢再拜稽首，奉揚天子之丕顯休命。」受策以出，出入三覲。王子虎盟諸侯于王

〔一〕糾逖王慝：「逖」，原作「狄」，據四庫本改。

庭，要言曰：「皆獎王室，無相害也。有渝此盟，明神殛之，俾隊其師，無克祚國，及而玄孫〔一〕，無有老幼。」杜氏曰：襄王聞晉戰勝，自往勞之，故爲作宫。諸侯盟于踐土宫之王庭。踐土，鄭地。澄按，《傳》言王子虎盟諸侯于王庭，《經》不書王人者，王子虎不與盟也。衛子，衛侯之弟叔武也，子者，父死子繼未逾年君之稱。衛侯懼晉執辱之，故身出奔，而使其弟攝君以受盟，當書曰「衛叔」，而序於衆諸侯之下，今書曰「衛子」，是晉文怒衛侯奔楚，立叔武爲君，而以之代其兄，見伯主以私意廢置諸侯，紊王制也。

陳侯如會。杜氏曰：陳本與楚，楚敗，懼而屬晉，來不及盟，故曰「如會」。

公朝于王所。時襄王下勞晉侯，宫于踐土，晉文既盟諸侯，遂率與盟之諸侯朝王于踐土之宫，故曰「王所」，以别其非京師也。《春秋》，魯史，故但書「公朝」，非是魯一國獨朝而諸侯不朝也。胡氏曰：踐土之會，天王下勞晉侯，削而不書，何也？周室東遷，所存者號與祭爾，其實不及一小國之諸侯。晉文之爵雖曰侯伯，而號令天下，實行天子之事，此《春秋》之名實也。與其名存實亡，猶愈於名實俱亡也。故天王下勞晉侯于踐土，則削而不書，去其實以全名也。

六月

衛侯鄭自楚復歸于衛。《左傳》曰：晉人復衛侯。杜氏曰：以叔武受盟於踐土，故聽衛侯歸。澄按，衛侯初懼晉執辱，故奔楚而使其弟受盟，未嘗失國也，故出奔不名。晉文疑衛侯之背己，而喜叔武之從己〔二〕，故立武以代衛君而稱子。既而知叔武之受盟，實衛侯使之，則知衛侯實不背晉也，故又許其歸國。然叔武既稱未逾年之君以受盟，則國非

〔一〕及而玄孫：「而」，四庫本作「其」。
〔二〕而喜叔武之從己：「喜」，清刻本作「許」。

衛侯有矣，故今自楚復歸而書名者，言其已失國而再得國也。凡言復歸者，言國乃其國，昔失而今復之爾。

衛元咺出奔晉。「咺」，況晚切〇《左傳》曰：或訴元咺於衛侯曰：「立叔武矣。」其子角從公，公使殺之。咺不廢命，奉夷叔以入守。甯武子與衛人盟于宛濮曰：「天禍衛國，君臣不協，以及此憂也。今天誘其衷，使皆降心以相從也。不有居者，誰守社稷？不有行者，誰扞牧圉？不協之故，用昭乞盟于爾大神，以誘天衷。自今日以往，既盟之後，行者無保其力，居者無懼其罪。有渝此盟，以相及也，明神先君，是糾是殛。」國人聞此盟也，而後不貳。衛侯先期入，甯子先，長牂守門，以爲使也，與之乘而入，公子歂犬、華仲前驅。叔武將沐，聞君至，喜，捉髮走出，前驅射而殺之。公知其無罪也，枕之股而哭之。歂犬走出，公使殺之。元咺出奔晉。澄曰：叔武，衛侯之弟。衛侯素知其心之無它，故信之而使之攝君受盟。元咺之心，則衛侯有所不知也。咺見晉文怒衛侯，則欲奉叔武爲君以奪其位，而已遂相之。故晉文立武爲衛子，雖晉文之非義，實元咺成其意也。有以元咺立叔武告衛侯者，實言其事，非譖也，故衛侯殺其子角。咺子雖被殺，而奉叔武居守自若者，意欲終奉叔武爲君，而不意晉文之復衛侯也。其時衛國蓋有二君矣，叔武之立，實元咺之謀。其叔武本無心焉，特愚而不知分義爾。衛侯歸，則叔武仍爲臣，但輔之者未必能如叔武之心也。甯武子懼立叔武之黨疑而不自安，故盟以安之，盟辭明指居者、行者爲二黨，則知貳於叔武而無復君衛侯者蓋有其人，故曰「聞是盟也而後不貳」。衛侯怒元咺之立叔武，而殺其子，故前驅探衛侯之心，陽爲不識叔武而射殺之。叔武既死，則衛侯怒之之心息矣〔一〕，而又深知其立非叔武之本心，故枕而哭之哀者，兄弟之情不能自已也。歂犬初意衛侯必以己之殺叔武爲有功，及見衛侯哭弟而哀，則殺之者爲有罪矣，於是走出。衛侯聞其出而使殺之者，亦聊以歸獄，明自己本無殺弟之心也。

〔一〕則衛侯怒之之心息矣：「怒」，四庫本作「怨」。

元咺姦逆不忠，見衛侯前已殺角，今又殺武，則自度其必不免，故懼誅而奔晋也。

陳侯款卒。款，陳穆公也，在位十四年，其子朔嗣，是爲共公。

秋

杞伯姬來。高氏曰：以去年公子遂帥師入杞，故伯姬來請平。厥後又來求婦，蓋欲親魯也。澄按，伯姬以魯桓公之女，莊二十五年歸爲杞惠公之夫人，二十七年春會莊公于洮，其冬又來魯，来魯未幾，杞君亦來朝魯，蓋以小弱之國，欲以昏姻之好結援於魯也。及僖五年，惠公將卒之前，而伯姬挾其長子成公來朝，及成公卒，特來訃告，皆爲欲親魯也。次子桓公繼成公而立，即來朝魯，而爲魯所卑，又使卿帥師入其國。魯之待杞，可謂無恩矣，故至此伯姬又來謝過而求平也。

公子遂如齊。魯以楚師伐齊取穀，幸而孝公遄卒，未及報怨。晋文既霸，齊、魯均爲受盟之國，則齊不敢背晋盟而報魯怨，故魯因使公子遂聘齊，講好而釋前怨也。張氏曰：杞伯姬來，而入杞之怨釋；公子遂如齊，而取穀之憾解。中國貴於霸權之立如此。

冬

公會晋侯、齊侯、宋公、蔡侯、鄭伯、陳子、莒子、邾人、秦人于温。「晋侯」下《穀》無「齊侯」字

○《左傳》曰：討不服也。杜氏曰：討衛、許，陳共公稱子，先君未葬。宋襄公稱子，自在本班；陳共公稱子，降在鄭下；陳懷公稱子，而在鄭上，蓋主會者所次也。澄按，中國諸侯服從於楚，而同圍宋者四國：陳、蔡、鄭、許也。及楚既敗，晋既霸，蔡、鄭即知從晋，陳侯雖後盟期，亦來如會，獨許最小弱，而猶不改圖以從晋，故晋文此會，蓋合諸侯以討許也。晋文既赦衛侯而使之歸國矣，今又欲討衛者，蓋元咺本意欲奉叔武爲君，而不欲衛侯歸國，衛侯既歸而殺叔武，咺懼誅而奔晋，則又文致衛侯之罪而訴之於晋，故晋信咺之訴，而又欲討衛也。陳穆公未葬，共公在會稱子，

而班在鄭下者〔一〕，與踐土之盟叔武稱子、班鄭下同。踐土無邾、秦，至此則小國畏威，大國聞風，而邾、秦亦至，可見晉霸之盛，一時聲勢之動人者如此。

天王狩于河陽。「狩」，《穀》作「守」○《左傳》曰：晉侯召王，以諸侯見，且使王狩。仲尼曰：「以臣召君，不可以訓。」故書「天王狩于河陽」，言非其地也。杜氏曰：河陽，晉地，河内有河陽縣。張氏曰：今屬懷州，古孟津地也。澄按，城濮勝楚之後，襄王下勞晉侯，故踐土之盟，晉侯得以天王在會爲榮而夸示諸侯。今温之會，晉侯又欲如踐土，故召王來狩於其國之地，則天王又在會矣。然踐土是天王自來，故没而不書，存君體也。會温則晉實召王，故以天王自狩爲文，存臣禮也。

壬申，公朝于王所。「于」，《穀》作「於」○踐土之盟，天王在盟所，若主是盟者然，故既盟而晉率與盟之諸侯以朝王。温之會，天王在會所，若主是會者然，故既會而晉復率與會之諸侯以朝王也。《經》獨書「公朝」，義已見上。古者天子巡狩，其方伯率諸侯以朝于方岳之下，此禮之廢久矣。今一歲之間，天子兩受諸侯之朝，晉文之心，不過欲假此以夸諸侯，非真能尊天子也，實譎而名則正，心非而跡則是，故啖氏亦有取焉。啖氏曰：時天子微弱，諸侯驕惰，怠於臣禮，若令朝于京師，多有不從。又晉已彊大，率諸侯而入王城，亦有自嫌之意，故請王至温而行朝禮，若天子因狩而諸侯得覲然。以常禮言之，晉侯召君，名義之罪人也，其可以爲訓乎？若原其自嫌之心，嘉其尊王之意，則請王之狩，忠亦至焉。

晉人執衛侯，歸之于京師。《左傳》曰：衛侯與元咺訟，甯武子爲輔，鍼莊子爲坐，士榮爲大士。衛侯不勝，殺士榮，刖鍼莊子，謂甯俞忠而免之。執衛侯，歸之于京師，寘諸深室。甯子職納橐饘焉。澄曰：元咺，逆臣也，欲奉

〔一〕而班在鄭下者：「在」，原爲墨釘，據四庫本補。

其所立以簒其君之位，及晋歸其君，則懼誅而出奔。不奔它國而奔晋者，蓋其初贊成晋文立叔武之意，今衛侯殺武，咺欲訟衛侯於晋故也。其訟衛侯者，豈但殺叔武一事而已？必是甚言衛侯之無心於向晋，以激晋文之怒也。温之會，有王在焉，衛侯當是與諸侯俱至于會。晋文因元咺之訴，怒衛侯而不使之與會，又不以之朝天王，而使元咺與之對辯。晋侯直元咺而曲衛侯，故衛侯不勝，則以爲有罪，執之以歸于京師，蓋天王在河陽，受諸侯朝畢而還京師矣，故亦歸衛侯于京師也，其意若曰：「是會也，天王主之，衛侯有罪，王之大司馬宜斷斯獄，而豈敢私留之晋國哉？」借尊王之名行霸者之實，以威服諸侯而欺天下也。

衛元咺自晋復歸于衛。《左傳》曰：元咺歸于衛，立公子瑕。澄按，元咺譖訴衛侯之甚，而晋文怒之之深，故執之以歸于京師，蓋將假託王命而廢黜之，此晋文之意，實元咺之謀也。故咺自晋歸衛，即別立公子瑕爲君，而無所忌憚。挾霸主之威，而易置其君如奕棊，咺之罪大矣，奚啻當服今將之誅而已哉！

諸侯遂圍許。諸侯，會温之諸侯也，合諸侯于温者，本欲圍許也，然會温之後，朝天王，執衛侯，歸元咺，而後圍許，故書圍許爲繼事也。襄陵許氏曰：許之能從齊而不能從晋，何也？按齊桓自北杏之會，十有七年而後侵許，服之；又九年而後從於伐楚；又二年，許坐受圍，救而後定[一]。蓋使失其所繫如此之難也。晋文時，許既離于中國而合于蠻夷久矣，國人一服楚之威令，是以難變也。張氏曰：許比再會不至，故共伐之。自齊桓之没，諸侯從楚者衆，許在鄭之南，以其近楚而難從中國。然晋文一以威力控制諸侯，許亦知晋之威不足以芘己，而德不足以懷楚，是以果於不服。雖合中國之力，不能回之也。

[一]「又二年許坐受圍救而後定」，原闕，據清刻本、四庫本補。

曹伯襄復歸于曹，遂會諸侯圍許。《左傳》曰：晉侯有疾，曹伯之豎侯獳貨筮史，使曰：「以曹爲解。齊桓公爲會而封異姓，今君爲會而滅同姓。曹叔振鐸，文之昭也；先君唐叔，武之穆也。且合諸侯而滅兄弟，非禮也。與衛偕命而不與衛偕復，非信也。同罪異罰，非刑也。舍此三者，君將若之何？」公悦，復曹伯。遂會諸侯於許。澄曰：執曹伯畀宋人之時，曹猶有國也，故不名。今復歸于曹之時，曹已失國矣，故名。按晉文一年之間，自春初侵曹、伐衛、入曹，兵威如摧枯拉朽，又合諸侯而勝楚，盟踐土，霸威已立，霸業成矣。自此以後，且當休兵息民，修德行禮，以服諸侯之心可也。而禮煩威黷，踐土之盟血未乾，而又合諸侯以會温。城濮之大勞甫息，而又率諸侯以圍許〔一〕，諸侯亦疲於應命矣。是以合四國之力能勝彊大之楚，合十國之力乃不能服小弱之許，所謂彊弩之末，不能穿魯縞者矣，此兵法所忌也。蓋圍許之諸侯，亦彊從而已，孰肯盡心竭力者哉！

《經》書月四，書日四。《大衍曆》：正月己亥，小，壬子，冬至；二月戊辰，大；三月戊戌，小，丙午，九日；四月丁卯，大，己巳，四日；五月丁酉，大，癸丑，十七日；六月丁卯，小；七月丙申，大；八月丙寅，小；九月乙未，大；十月乙丑，小，壬申，八日，《經》無月；十一月甲午，大；十二月甲子，小。《長曆》：丙午，三月十日；癸丑，五月十八日；壬申，十月十日及十二月十一日。

二十有九年庚寅。襄王二十一年〇晉霸文五〇蔡莊十五〇曹共二十二〇衛成四〇鄭文四十二〇陳共公朔元年〇杞桓六〇宋成六〇齊昭二〇秦穆二十九〇楚成四十一

〔一〕而又率諸侯以圍許：「圍」，四庫本作「圖」。

春

介葛盧來。《左傳》曰：舍于昌衍之上，公在會，饋之芻米。杜氏曰：介，東夷，國在城陽黔陬縣。張氏曰：今密州膠西縣也。葛盧，介君之名。澄曰：附庸小國，未爵，例稱名。

公至自圍許。張氏曰：其至以圍許久役而不能服也。

夏

六月

公會王人、晋人、宋人、齊人、陳人、蔡人、秦人盟于翟泉。「會」上《左》、《穀》無「公」字。「翟」，《公》作「狄」○《左傳》曰：公會王子虎、晋狐偃、宋公孫固、齊國歸父、陳轅濤塗、秦小子慭盟于翟泉，尋踐土之盟，且謀伐鄭也。杜氏曰：翟泉，洛陽城内大倉西南池水也。澄按，晋狐偃、宋公孫固、齊國歸父、陳轅濤塗，皆三命之卿，秦慭亦再命之卿，今皆降而稱一命之人者，《左氏》謂「卿不會公、侯」，以公在，故厭而稱人也。若王子虎，王朝一命之下士，固當稱人，然以王子之貴，亦當稱名，如王子突爲王人例，但以諸國之卿既皆稱人，則王子虎亦不復稱名也。按盟不寒則不必尋也，踐土之盟，有齊、宋、蔡、鄭及後至之陳，今齊、宋、陳、蔡皆在，而鄭獨不至，鄭已怠於從晋矣。蓋晋文既歸衛侯，而又執之。筮史受曹伯之賂，而後復之。合十一國以圍許，諸侯皆不用命，而許竟不服。蓋晋文之所爲，煩擾繆戾，已失諸侯之心；威重挫損，漸起諸侯之慢。鄭之怠於從，晋當自反矣，而即謀伐之，是不以德義懷人，而專以威力脅人，與齊桓異矣。故明年興圍鄭之師，而卒不能得鄭也。竊嘗謂齊桓之霸，至葵丘之盟極盛，而後漸衰。晋文之霸，唯踐土之盟一盛，而即漸衰矣。程子曰：晋文連年會盟，皆在王畿之側，而此盟復迫王城，又與王人盟，彊逼甚矣。

秋

大雨雹。《左傳》曰：爲災也。

冬

介葛盧來。《左傳》曰：以未見公，故復來朝。

《經》書月一，書日無。《大衍曆》：正月癸巳，大，丁巳，冬至；二月癸亥，小；三月壬辰，大；四月壬戌，小；五月辛卯，大；六月辛酉，小，己丑，小滿；閏月庚寅，大；七月庚申，大，旦日，秋分；八月庚寅，小；九月己未，大；十月己丑，小；十一月戊午，大；十二月戊子，小。

三十年辛卯。襄王二十二年〇晋霸文六〇蔡莊十六〇曹共二十三〇衛成五〇鄭文四十三〇陳共二〇杞桓七〇宋成七〇齊昭三〇秦穆三十〇楚成四十二

春

王正月。

夏

狄侵齊。《左傳》曰：晋人侵鄭，以觀其可攻與否。狄間晋之有鄭虞也，侵齊。杜氏諤曰：狄侵齊，夷狄之犯中國也，晋霸當攘而驅之。書者，譏晋文之不救也。胡氏曰：四夷交侵，所當攘斥，上書「狄侵齊」，下書「圍鄭」，晋文若移圍鄭之師救齊，則方伯之職修矣。澄按，二十八年之冬會温以圍許，而許竟不服；二十九年之夏盟翟泉，謀伐鄭，

而鄭亦不畏；至三十年之夏，狄敢於乘間而侵齊。吾故曰晉文自城濮、踐土之後〔一〕，霸業浸浸以衰，至此亦可以自反矣。而猶不然，不圖攘夷，而乃圍鄭，可以見霸謀之不遠也。

秋

衛殺其大夫元咺及公子瑕。《左傳》曰：晉侯使醫衍酖衛侯，甯俞貨醫，使薄其酖，不死。公爲之請，納玉於王與晉侯，皆十瑴。王許之，乃釋衛侯。衛侯使賂周歂、冶廑曰：「苟能納我，吾使爾爲卿。」周、冶殺元咺及子適、子儀。陸氏曰：瑕，元咺所假立，而自秉國權，瑕亦未如君也，故以君殺大夫之辭言之，而在元咺下。王氏《箋義》曰：叔武，君命奉之以受盟，故稱「衛子」。若瑕者，元咺君之，非君而君者也。今與咺同戮，蓋咺嘗君之矣，不可無異辭，故言「及」。而稱「公子」者，不與咺君之也。高郵孫氏曰：瑕嘗立爲君矣，殺之猶曰「公子」者，瑕見立於元咺爾。元咺及之者，言瑕之見殺由於元咺。元咺存則公子瑕存，元咺死則公子瑕死也。胡氏曰：瑕未聞有罪，而殺之，何也？元咺立以爲君，故衛侯忌而殺之。然不與衛剽同者，是瑕能拒咺辭其位而不立也；不與陳佗同者，是瑕能守節不爲國人所惡也。故《經》以「公子」冠瑕而稱「及」，見瑕無罪，事起元咺〔二〕，以咺之故，延及於瑕。常山劉氏曰：殺二大夫以上不書及者，其事同，殺之志均故也。殺其大夫某及某者，以某之故而延及某也。澄曰：此言瑕之殺，元咺累之也。衛侯未入國而殺元咺，稱國殺者，實衛侯使人殺之也。夫元咺以臣訟君，君被執而咺偃然歸國，假伯主之權而易置其君，其不臣之罪，所當誅也。今以國殺爲文，而無討罪之辭者，衛侯未嘗正名其罪，而陰使人殺之，誅之不以其罪也。公子

〔一〕吾故曰晉文自城濮、踐土之後：「故」，清刻本、四庫本作「固」。

〔二〕事起元咺：「起」，清刻本、四庫本作「成」。

者，謂國君之子，非氏也。瑕立爲君逾年矣，今但曰公子者，瑕不居其位也。

衛侯鄭歸于衛。晋文實欲殺衛侯，而罪不至死，故使醫者因治病而以藥殺之，意欲衛侯死，而使公子瑕君衛也。幸以甯俞之忠而得不死，又以十轂之賂而得歸國，是衛侯已失國矣，而再得國，故書名。已殺元咺，則無人拒之，有周、冶等納之而勢易，故書「歸」。

晋人、秦人圍鄭。《左傳》曰：晋侯、秦伯圍鄭。晋軍函陵[一]，秦軍氾南。鄭使燭之武見秦君，秦伯與鄭人盟，使杞子、逢孫、楊孫戍之，乃還。晋亦去之。初，鄭公子蘭出奔晋，從於晋侯伐鄭，請無與圍鄭，使待命于東。鄭石甲父、侯宣多逆以爲太子，以求成於晋，晋人許之。

介人侵蕭。張氏曰：再來魯而次年遂侵蕭，求援而後舉兵也，與荆人、秦術之聘同[二]。

冬

天王使宰周公來聘。會葵丘之宰周公名孔，此宰周公名閲，蓋孔之子也。張氏曰：天子三公兼冢宰，而使來聘魯，用見周室陵夷，大臣失職也。

公子遂如京師，遂如晋。自文公霸後，魯未嘗聘晋，本欲初聘於晋，但以王室既先來聘，則不容不報，故因聘晋之使，命先至周，而後如晋也。慢王畏霸之情可見矣。

《經》書月一，書日無。《大衍曆》：正月丁巳，大，癸亥，冬至；二月丁亥，小；三月丙辰，大；四月丙戌，

[一] 晋軍函陵：「函」，原作「咸」，據清刻本、四庫本改。

[二] 與荆人、秦術之聘同：「之」，原闕，據清刻本、四庫本及通志堂經解本張洽《春秋集注》補。

小；五月乙卯，大；六月乙酉，小；七月甲寅，大；八月甲申，小；九月癸丑，大；十月癸未，小，《傳》九月甲午今在此月；十一月壬子，大；十二月壬午，大。《長曆》：是年閏九月。

三十有一年壬辰。襄王二十三年○晋霸文七○蔡莊十七○曹共二十四○衛成六○鄭文四十四○陳共三○杞桓八○宋成八○齊昭四○秦穆三十一○楚成四十三

春

取濟西田。《左傳》曰：分曹地也，使臧文仲往分曹地，自洮以南，東傅于濟。《公羊傳》曰：晋侯執曹伯，班其所侵地于諸侯也。高郵孫氏曰：《左氏》以爲晋侯分曹地以與諸侯，而魯取濟西之田，然《經》書與汶陽田無異，蓋魯濟西之田嘗見侵入于曹，晋侯執曹伯，而反諸侯之侵地，魯於是乎取之。趙氏曰：凡力得之曰取，雖取本邑，亦無異辭，不當取也。張氏曰：復魯之舊地，亦與非其有而取之者同，蓋無王命以正疆理，皆取之不得其道也，况晋之奪諸曹以與魯，本以其私憾，而非有至公之義乎！

公子遂如晋。《左傳》曰：拜曹田也。

夏

四月

四卜郊，不從，乃免牲，猶三望。《公羊傳》曰：三卜，禮也；四卜，非禮也。求吉之道三。《穀梁傳》曰：免牲者，爲之緇衣纁裳，有司玄端，奉送至于南郊。《左傳》曰：望，郊之細也，不郊亦無望可也。澄按，天子有

冬至圜丘之郊，又有孟春祈穀之郊。成王賜魯得郊祭，然止是孟春祈穀之郊而已。孟春於周正爲三月，卜郊之禮，當以周二月下旬卜三月上辛，不吉，則三月上旬卜中辛，再不吉，則又以三月中旬卜季辛，不吉，則不郊矣。魯既三卜不吉，而又於三月下旬卜四月上辛，四卜不吉，乃免牲而不郊。蓋魯郊本非禮，然魯每歲一郊以爲常祀，故《春秋》不書，唯因其非禮之中又失禮，或遇災變則書之，以明魯之不當郊也。張氏曰：《公羊》以三望爲泰山、河、海，鄭康成以爲河不在魯境，故以海、岱及淮爲徐州之境，而魯之所祀。按天子四望，王雖令魯郊，止行祈穀之郊。魯得望祭，特比天子闕其一，故三望。稱「猶」，亦言不當望而望祭也。如使魯望不出竟，則何爲又加之曰「猶」以譏之，若壬午「猶繹」之書乎？《公羊》之說必有所傳。

秋

七月。

冬

杞伯姬來求婦。杜氏曰：自爲其子求昏。杜氏諤曰：伯姬五年書「來朝其子」，二十八年書「來」，今又爲子求婦。澄曰：自來求婦者，蓋疑不自來求，則婦不可得也。求而得僖公之女叔姬，以爲桓公之夫人。《經》不書歸，至成公世被出乃見《經》。伯姬，莊公之妹，僖公之姑也，於莊公時一會一來，已非禮矣。僖公五年，挾其長子代君父來朝，長子成公既卒，次子桓公繼立，朝而遣卑，國又見入，故二十八年伯姬又來，至今年又來爲其子求婦。此時伯姬年踰六十，近七十矣，不顧其行之越禮，意欲親魯借援，以扶其小弱之國也。張氏曰：成公世杞叔姬之不終，或者權輿於此歟！

狄圍衛。杜氏諤曰：夷狄患中國，晉文爲霸，不能攘之，書之以志晉文之過。澄按，狄以三十年夏侵齊，今又圍衛，若無晉霸然，豈以晉文居狄之久而狎之歟？

十有二月

衛遷于帝丘。「于」，《穀》作「於」〇杜氏曰：避狄難也。帝丘，今東郡濮陽縣，故帝顓頊之虚，故曰帝丘。胡氏曰：衛嘗爲狄所滅，東徙渡河。齊桓公攘狄而封之，衛國忘亡。今又爲狄所圍，而遷于帝丘，晋文無卻夷安夏之功矣。張氏曰：狄閔二年入衛，齊桓救而封之，自此狄不敢加兵於衛，桓公之力也。齊桓即世，衛文忘齊之大德，從宋襄伐齊，殺冢嗣而立不正，於是狄人始假義伐衛，衛人忘恩而啓狄之冦[一]，蓋始於此。自晋文興，不復侵伐相攻矣。今復圍衛[二]，而衛迫狄遷都，此胡氏所以罪晋文也。

《經》書月三，書日無。《大衍曆》：正月壬子，小，戊辰，冬至；二月辛巳，大；三月辛亥，小；四月庚辰，大；五月庚戌，小；六月己卯，大；七月己酉，小；八月戊寅，大；九月戊申，小；十月丁丑，大；十一月丁未，小；十二月丙子大。

三十有二年癸巳。襄王二十四年〇晋霸文八，卒〇蔡莊十八〇曹共二十五〇衛成七〇鄭文四十五，卒〇陳共四〇杞桓九〇宋成九〇齊昭五〇秦穆三十二〇楚成四十四

春

王正月。

[一] 衛人忘恩而啓狄之冦：「冦」，清刻本作「釁」。

[二] 今復圍衛：「圍」，四庫本作「迫」。

夏

四月

己丑，鄭伯捷卒。「捷」，《公》作「接」○鄭文公也，在位四十五年，其子蘭嗣，是爲穆公[一]。

衛人侵狄。《左傳》曰：狄有亂。澄按，衛畏狄之彊而遷都以避之，今乘其亂，始敢以兵入其境，言侵不言伐者，不敢聲其罪而報其圍國之役也。人衛，微者也。

秋

衛人及狄盟。《左傳》曰：狄請平焉。澄按，衛乘狄之亂而侵之，狄不與較而求和，其侵狄之衛人與之盟也。杜氏曰：不地者，就狄廬帳盟。

冬

十有二月

己卯，晉侯重耳卒。晉文公也，在位八年，子驩嗣，是爲襄公。

《經》書月三，書日二。《大衍曆》：正月丙午，小，癸酉，冬至；二月乙亥，大，癸卯，大寒；閏月乙巳，小；三月甲戌，大，旦日，雨水，《經》四月乙丑在此月；四月甲辰，大；五月甲戌，小；六月癸卯，大；七月癸酉，小；八月壬寅，大；九月壬申，小；十月辛丑，大；十一月辛未，小，《經》十二月己卯在此月；十二月庚子，大。

[一] 是爲穆公：「爲」，原作「名」，據清刻本、四庫本改。

《長曆》：己丑，四月十七日；己卯，十二月十一日。

三十有三年甲午。襄王二十五年〇晉霸襄公驩元年〇蔡莊十九〇曹共二十六〇衛成八〇鄭穆公蘭元年〇陳共五〇杞桓十〇宋成十〇齊昭六〇秦穆三十三〇楚成四十五

春

王二月

秦人入滑。《左傳》曰：杞子自鄭使告于秦曰：「鄭人使我掌其北門之管，若潛師以來，國可得也。」穆公訪諸蹇叔，蹇叔曰：「勞師以襲遠，非所聞也。且行千里，其誰不知？」公辭焉。召孟明、西乞、白乙，使出師于東門之外。蹇叔之子與師，哭而送之曰〔一〕：「晉人禦師必於殽。殽有二陵焉，其南陵，夏后皋之墓也，其北陵，文王之所辟風雨也。必死是間，予收爾骨焉。」秦師遂東，過周北門，左右免胄而下，超乘者三百乘。王孫滿觀之，曰：「秦師輕而無禮，必敗。」及滑，鄭商人弦高將市於周，遇之，以乘韋先，牛十二犒師，曰：「寡君聞吾子將步師出于敝邑，敢犒從者。不腆敝邑，爲從者之淹，居則具一日之積，行則備一夕之衛。」且使遽告于鄭。鄭穆公使視客館，則束載，厲兵秣馬矣。使皇武子辭焉，曰：「吾子淹久於敝邑，唯是脯資餼牽竭矣。爲吾子之將行也，鄭之有原圃，猶秦之有具囿也，吾子取其麋鹿，以間敝邑，若何？」杞子奔齊，逢孫、楊孫奔宋。孟明曰：「鄭有備矣，不可冀也。攻之不克，圍之不繼，吾其還也。」滅滑而還。杜氏曰：滅而書入，不能有其地。澄按，孟明視三人皆秦一命之大夫，故稱人。

〔一〕「哭而送之」，原闕，據清刻本補。

齊侯使國歸父來聘。二十六年有伐齊取穀之怨，二十八年晉文既霸，公子遂聘齊以解仇而講好，越六年而國歸父來報公子遂之聘也。

夏

四月

辛巳，晉人及姜戎敗秦師于殽。「敗秦」下《公》無「師」字〇《左傳》曰：晉原軫曰：「秦違蹇叔而以貪勤民，天奉我也。奉不可失，敵不可縱。縱敵患生，違天不祥，必伐秦師。」欒枝曰：「未報秦施，而伐其師，其爲死君乎？」先軫曰：「秦不哀吾喪而伐吾同姓，秦則無禮，何施之爲？吾聞之，一日縱敵，數世之患也。謀及子孫，可謂死君乎！」遂發命，遽興姜戎。子墨衰絰，梁弘御戎，萊駒爲右，敗秦師于殽，獲百里孟明視、西乞術、白乙丙以歸。杜氏曰：姜戎，姜姓之戎，居晉南鄙，戎子駒支之先也。澄按，晉侯親在，蓋遣微者及姜戎往敗秦師，故書曰「晉人及姜戎」。

癸巳，葬晉文公。

狄侵齊。《左傳》曰：因晉喪也。澄按，三十年狄侵齊，《傳》以爲間晉之有鄭虞，此言狄侵齊，《傳》以爲因晉喪，狄之所以敢侵齊者，因晉之虞、因晉之喪，則狄未嘗無畏晉之心也。晉縱狄而莫之攘，是爲可罪焉爾。

公伐邾，取訾婁。「訾婁」，《公》作「叢」，《穀》作「訾樓」〇《左傳》曰：以報升陘之役也。

秋

公子遂帥師伐邾。《左傳》曰：邾不設備，襄仲復伐邾。張氏曰：僖公懷升陘之敗[一]，以晉文方霸而未敢興報怨之師。今晉國方有喪[二]，秦、狄内訌，故君臣間有事而交伐邾以取利。

晉人敗狄于箕。《左傳》曰：狄伐晉，及箕。晉侯敗狄于箕，郤缺獲白狄子。杜氏曰：太原陽邑縣南有箕城。澄曰：晉侯雖在師，敗狄者實郤缺也，一命之士，故稱人。秦、晉同圍鄭，秦擅及鄭盟，晉文不忍伐其師。狄嘗侵齊，而又嘗圍衛，晉文縱其寇中國，蓋出亡在狄，歸國由秦，皆嘗受其惠也。今晉襄紹霸，唯恐霸威不立，而霸業遂衰，故汲汲然以衰服從戎，既敗秦而又敗狄也。

冬

十月

公如齊。《左傳》曰：齊國莊子來聘，自郊勞至于贈賄，禮成而加之以敏。臧文仲言於公曰：「國子爲政，齊猶有禮，君其朝焉。服于有禮，社稷之衛也。」公如齊朝，且弔有狄師。張氏曰：以比事屬辭觀之，間晉而虐邾，所以因齊聘而朝之以自託也。

十有二月

公至自齊。

〔一〕僖公懷升陘之敗：「敗」，清刻本、四庫本作「忿」。

〔二〕今晉國方有喪：「國」，原作「文」，據四庫本改。

乙巳，公薨于小寢。《左傳》曰：即安也。張氏曰：不終於路寢，言即安之非正也。

隕霜，不殺草，李梅實。十二月霜當重，而乃不能殺草，李梅再花而結成實，皆冬暖之咎徵也。

晋人、陳人、鄭人伐許。《左傳》曰：討其貳於楚也。張氏曰：許自文公所不能致〔一〕，襄公今年敗秦敗狄，又伐先世所不能致之許，襄公承業之志，自以爲勤，然不知忘喪毒民失道之甚也〔二〕。

《經》書月四，書日三。《大衍曆》：正月庚午，小，戊寅，冬至；二月己亥，大；三月己巳，小，《經》四月辛巳、癸巳在此月；四月戊戌，大；五月戊辰，小；六月丁酉，大；七月丁卯，大，《傳》八月戊子今在此月；八月丁酉，小；九月丙寅，大；十月丙申，小；十一月乙丑，大；十二月乙未，小，乙巳，十一日。《長曆》：辛巳，四月十五日；癸巳，二十七日；乙巳，十二月七日。

〔一〕許自文公所不能致：「自」，清刻本作「爲」。

〔二〕然不知忘喪毒民失道之甚也：「忘喪」、「失道」，原闕，據清刻本、四庫本及通志堂經解本張洽《春秋集注》補。

春秋纂言卷六

元　吴澄　撰

文公名興，僖公子，母聲姜，在位十八年，夫人出姜。

元年乙未。襄王二十六年○晋霸襄二年○蔡莊二十年○曹共二十七年○衛成九年○鄭穆二年○陳共六年○杞桓十一年○宋成十一年○齊昭七年○秦穆三十四年○楚成四十六年，弑

春

王正月

公即位。

二月

癸亥，朔，日有食之。《左》、《穀》無「朔」字。

天王使叔服來會葬。叔，氏；服，名。天子之上士三命者。

夏

四月

丁巳，葬我君僖公。杜氏曰：七月而葬，緩。

天王使毛伯來錫公命。《穀梁傳》曰：禮有受命，無來錫命。劉氏曰：錫命者，命爲諸侯也。諸侯在喪稱子，踰年即位，喪畢，以士服見於王，王乃於廟命之。古者五十而命〔一〕，至周，喪畢則命矣。喪未畢而命，非禮也。澄曰：毛，邑，伯，爵，王朝六命之卿，有采地而錫爵者也。

晉侯伐衛。《左傳》曰：晉文公之季年，諸侯朝晉，衛成公不朝，使孔達侵鄭，伐綿、訾及匡〔二〕。晉襄公既祥，使告於諸侯而伐衛。先且居、胥臣伐衛。晉師圍戚，取之，獲孫昭子。王氏《箋義》曰：衛成公怨晉文公執歸京師，故其季年不朝，而且侵其鄰國，示不從盟主也。襄公嗣位，欲脩文公之業，先以衛侯之罪告於諸侯，乃命大夫伐衛，取其戚田，諸侯於是畏威，復歸於晉。昔年齊桓公卒，五公子爭立，霸業遂廢，今襄公克纘父功，繼爲盟主，首能威服諸侯。

叔孫得臣如京師。《左傳》曰：毛伯衛來錫公命，叔孫得臣如周拜。高郵孫氏曰：魯公即位，未嘗如周，而周錫之命。受命矣，又不自行，而使臣往，不臣之甚也。

衛人伐晉。衛以不事霸主受伐喪邑，而又報伐焉，見謀國者之非也。

秋

公孫敖會晉侯于戚。《左傳》曰：晉侯疆戚田，故公孫敖會之。澄按，卿不會公、侯，凡魯卿會外君，直書不隱，以見其非。杜氏曰：戚，衛邑，在頓丘衛縣西。

〔一〕古者五十而命：「十」，四庫本作「月」。

〔二〕訾及匡：「匡」，原作「筐」，據清刻本、四庫本改。

冬

十月

丁未，楚世子商臣弑其君頵。頵，威倫切，《公》、《穀》作「髡」○《左傳》曰：楚子將以商臣爲大子，訪諸令尹子上，子上曰：「君之齒未也，而又多愛，黜乃亂也。楚國之舉，恒在少者。且是人也，蠭目而豺聲，忍人也，不可立也。」弗聽。既又欲立王子職而黜大子商臣。商臣聞之而未察，告其師潘崇曰：「若之何而察之？」潘崇曰：「享江芈而勿敬也。」從之。江芈怒曰：「呼，役夫！宜君王之欲殺女而立職也。」告潘崇曰：「信矣。」潘崇曰：「能事諸乎？」曰：「不能。」「能行乎？」曰：「不能。」「能行大事乎？」曰：「能。」以宫甲圍成王。王請食熊蹯而死，弗聽，王縊。《易》曰：臣弑其君，子弑其父，非一朝一夕之故，其所由來者漸矣。胡氏曰：考於《傳》之所載，可以見其所由致之漸。嫡妾必正，而楚子多愛；立子必長，而楚國之舉，常在少者；養世子不可以不慎也，而以潘崇爲之師；侍膳問安，世子職也，而多置宫甲。降而不憾，憾而能眕者鮮矣。乃欲黜兄而立其弟，謀及婦人，宜其敗也。而使江芈知其情，其及宜矣。楚頵僭王，憑陵中國，戰勝諸侯，毒被天下，然昧於君臣父子之道，禍發蕭牆而不之覺也[一]，不善之積，豈可揜哉！《春秋》書世子弑其君者，推本所由，而著其首惡，爲萬世之大戒也。唐世子弘受《左氏春秋》至此，廢書嘆曰：「經籍聖人垂訓，何書此耶？」郭瑜對曰：「《春秋》以善惡爲勸戒，故商臣千載而惡名不滅。」弘曰：「非唯口不可道，故亦耳不忍聞[二]，願受它書。」瑜請讀《禮》，世子從之。嗚呼！聖人大訓不明於後世，皆腐儒學《經》

[一] 禍發蕭牆而不之覺也：「之」，清刻本作「知」。
[二] 故亦耳不忍聞：「故」，清刻本作「抑」。

不知其義者之罪。夫亂臣賊子，雖陷阱在前，斧鉞加頸而不避，顧謂身後惡名足以懲其爲惡，豈不謬哉！持此曉人，可謂茅塞其心矣。若語之曰「爲人君父而不通於《春秋》之義者，必蒙首惡之名；爲人臣子而不通於《春秋》之義者，必陷篡弑誅死之罪。聖人書此者，使天下後世知所以爲君臣父子之道，而免於首惡之名、誅死之罪也。」世子弘而聞此，必將懮然畏懼，知《春秋》之不可不學矣。學於《春秋》，必明臣子之義，不至於奏請咈旨而見鴆矣。

公孫敖如齊。《左傳》曰：穆伯如齊，始聘焉，禮也。凡君即位，卿出並聘，踐修舊好，要結外援，好事隣國，以衛社稷，忠信卑讓之道也。

《經》書月四，書日三。《大衍曆》：正月甲子，大，甲申，冬至；二月甲午，小；三月癸亥，大，日食，《經》書二月朔食，蓋《長曆》自隱元年至今三十四閏，大衍三十六閏故也；四月癸巳，小，丁巳，二十五日；五月壬戌，大，《傳》云辛酉朔，差一日；六月壬辰，小；七月辛酉，大；八月辛卯，小；九月庚申，大；十月庚寅，小，丁未，十八日；十一月己未，大；十二月己丑，大，戊午，小雪；閏月己未，小。《長曆》：是年閏三月。《左氏》曰：於是閏三月，非禮也。諸曆是年皆置閏，而不當在三月爾。丁巳，四月二十七；丁未，十月二十。

二年丙申。襄王二十七年〇晋霸襄三〇蔡莊二十一〇曹共二十八〇衛成十〇鄭穆三〇陳共七〇杞桓十二〇宋成十二〇齊昭八〇秦穆三十五〇楚穆王商臣元年

春

王二月

甲子，晋侯及秦師戰于彭衙，秦師敗績。《左傳》曰：殽之役，晋人既歸秦帥，秦大夫及左右皆言於秦伯

曰：「是敗也，孟明之罪也，必殺之。」秦伯曰：「是孤之罪也。」復使爲政。秦孟明視帥師伐晉，以報殽之役，晉侯禦之，先且居將中軍，趙衰佐之，王官無地御戎，狐鞫居爲右。及秦師戰於彭衙，秦師敗績。杜氏曰：彭衙，秦地，馮翊郃陽縣西北有彭衙城。杜氏謬曰：按《左氏》，殽之役晉獲秦三帥，舍之歸秦，秦伯不替孟明而用之，今帥師報役，此秦不量力以勞民，自取其敗。

丁丑，作僖公主。《穀梁傳》曰：譏其後也。范氏曰：薨至此已十五月。張氏曰：事亡如事存，故作主以象神而祭之。禮，既葬作主於墓，不終日而虞祭，不忍一日忘親也。僖公元年四月葬，今乃作主，慢而違禮甚矣。

三月

乙巳，及晉處父盟。《左傳》曰：晉人以公不朝來討〔一〕，公如晉，晉人使陽處父盟公以恥之。陸氏曰：義同高傒。凡大夫與公盟，若非彼彊逼我而盟，例但書人，言非大夫之罪也。今晉逼公，令與大夫盟，故特書其名以見其罪。處父不書氏，蓋未命也，猶公子翬初不書氏，後書公子也。不書地，在晉都。澄按，未命謂未三命也。次年救江書「陽處父」，豈今年再命，明年乃三命歟？或是處父上傳寫闕「陽」字。杜氏謬曰：處父來魯而就魯盟。《左氏》、《穀梁》又以公如晉言之，是妄生《經》外之説。

夏

六月

公孫敖會宋公、陳侯、鄭伯、晉士縠盟于垂隴。「隴」，《公》、《穀》作「斂」〇《左傳》曰：穆伯會諸侯

〔一〕晉人以公不朝來討：「討」，原作「計」，據清刻本、四庫本改。

及晉司空士穀盟於垂隴，晉討衛故也。陳侯爲衛請成於晉，執孔達以説。澄按，卿與君盟會，例降稱人，不没其氏名者，非之也。魯以公孫敖伉三國之君[一]，晉以士穀主盟，皆非禮也，故書以譏之。衛敢於伐盟主者，孔達之罪也。今陳侯爲請而執孔達，衛服其罪，故免於晉之伐也。襄陵許氏曰：元年衛人伐晉，至是諸侯會盟，而明年衛人會晉伐沈，則知衛服於垂隴之會矣。晉襄方患秦、楚，遵養中國，罪苟有所委，斯受之矣。杜氏曰：垂隴，鄭地，滎陽縣東有隴城。

自十有二月不雨，至于

秋

七月。《穀梁傳》曰：歷時而言不雨，文不憂雨也。不憂雨者，無志乎民者也。胡氏曰：書「不雨至于秋七月」，而不曰「至于秋七月不雨」者，蓋後言不雨，則是冀望欲雨之詞，而非文公之意也。夫書「不雨至秋七月」，即八月嘗雨矣，而不書「八月雨」，見文公不以民事繫憂樂也，其怠于政可知。杜氏諤曰：《春秋》僖公書不雨者三，文公亦書不雨者三，而《穀梁》解之特異，且《春秋》編年，必具四時，一時無事則書首月以備之，是以僖二年冬十月不雨，三年春王正月不雨，夏四月不雨，《春秋》所以析而言之者，蓋不可闕首月，以備四時也。今文公此年書「十二月不雨至于秋七月」者，蓋冬夏自有異事以備四時也，十年、十三年「正月不雨至于秋七月」者，其年之夏亦有異事，故不復出首月不雨之文也。《穀梁》以二公所書之異，曲生外意，謂僖公閔雨，有志於民，文公不憂雨，無志乎民。《穀梁》之意，賢僖公而生此説也。

八月

[一] 魯以公孫敖伉三國之君：「伉」，四庫本作「抗」。

丁卯，大事于太廟，躋僖公。《公羊傳》曰：大事者，大祫也，毁廟之主、未毁廟之主皆合食于太祖。躋，升也。升僖公，逆祀也，先禰而後祖也。《左傳》曰：於是夏父弗忌爲宗伯，尊僖公，曰：「躋聖賢，明也。」君子以爲失禮。禮無不順，子雖齊聖，不先父食。祀，國之大事而逆之，可謂禮乎？澄曰〔一〕：凡四時之祭稱祭名，而曰烝曰嘗者，五廟各祭也。曰有事于太廟者，四廟之主遷於太廟而合祭也，是爲祫。曰大事於太廟者，毁廟之主亦與祭，自伯禽以下、禰廟以上之主〔二〕，皆合祭於太廟也，是爲大祫。諸侯有祫，無大祫，今魯亦大祫者，成王賜魯重祭，故魯得僭用天子之禮也。文公欲尊其父，故升僖公之神主，設位於閔公之上也。夫僖之於閔，屬則弟兄，分則君臣。曾爲君臣，義同父子，閔猶父也，僖猶子也。子雖齊聖，不先父食。今躋僖於閔之上，是先子後父也，故曰「逆祀」。按僖公之喪，此年十二月方再期而祥，此八月大事於太廟，是喪制未終而行吉祭也，譏吉祭，又譏逆祀也。

冬

晋人、宋人、陳人、鄭人伐秦。《左傳》曰：晋先且居、宋公子成、陳轅選、鄭公子歸生伐秦，取汪及彭衙而還。程子曰：秦以忿取敗，晋可以已矣，而復伐秦，報復無已，殘民結怨。澄按，先且居將中軍，則三命之卿，蓋遣其偏禆與三國之微者往伐，故皆稱人。

公子遂如齊納幣。僖公以十二月薨，此二年十二月始大祥，而行納幣禮，是在喪而圖昏，未祥而行嘉禮也，非禮故書。

〔一〕 澄曰：「澄」，原作「登」，據清刻本、四庫本改。

〔二〕 禰廟以上之主：「禰」，清刻本、四庫本作「祖」。

《經》書月五，書日四。《大衍曆》：正月戊子大，己丑，冬至；二月戊午，小，《經》八月甲子、丁丑皆在此月；三月丁亥大，乙巳，十九日；四月丁巳，小；五月丙戌，大；六月丙辰，小；七月乙酉，大；八月乙卯，小，丁卯，十三日；九月甲申，大；十月甲寅，小；十一月癸未，大；十二月癸丑，小。《長曆》：是年閏正月。甲子，正月九日；丁丑，二十二日；乙巳，三月二十日；丁卯，八月十五日。

三年丁酉。襄王二十八年〇晉霸襄四〇蔡莊二十二〇曹共二十九〇衛成十一〇鄭穆四〇陳共八〇杞桓十三〇宋成十三〇齊昭九〇秦穆三十六〇楚穆二

春

王正月

叔孫得臣會晋人、宋人、陳人、衛人、鄭人伐沈，沈潰。沈，尸稔切〇《左傳》曰：以其服於楚也。杜氏曰：汝南平與縣北有沈亭。張氏曰：沈，姬姓國，《漢志》汝南治平與，故沈子國，今屬蔡州。胡氏曰：五國皆稱人，將非命卿也。沈在汝南，未嘗與中國會盟，師入其境而人民逃散。常山劉氏曰：一被侵伐而人民散，君之不能可知矣，蔡潰、沈潰、許潰是也。

夏

五月

王子虎卒。王子者，王之子，非氏也。虎，名也。王子虎，盟翟泉稱王人，則是王朝一命之下士也，今稱名者，

以王子之貴同於再命，故稱名。王臣無外交，今以其嘗與魯同盟而來赴，非禮也，故書以譏。

秦人伐晉。《左傳》曰：秦伯伐晉，濟河焚舟，取王官及郊。晉人不出，遂自茅津濟，封殽尸而還。張氏曰：秦穆公既歸自殽，而作《秦誓》矣，然彭衙及此役，猶以報復爲事，豈非悔過之心不能勝其恥敗之心而至此乎[一]？

秋

楚人圍江。自齊桓之霸，江、黄以近楚之國而從齊，故楚憾之之深，前既滅黄矣，而未加兵於江者，蓋江猶能自守其國也，故至今年始有圍江之師。

雨螽于宋。雨，于付切○陸氏曰：自空而下，又多，有似雨也。

冬

公如晉。二年之春，晉討公之不朝，而有處父盟公之辱矣，今年冬乃朝晉也。

十有二月

己巳，公及晉侯盟。《左傳》曰：晉人懼其無禮於公也，請改盟。澄按，舊説謂上年公朝晉，使處父盟公，晉自悔其無禮，故請公再朝，晉侯自與公盟，以釋前非也。杜氏諤曰：按《經》二年書「及晉處父盟」，《左傳》以爲公如晉而處父盟之，《經》無其文。此年書「公及晉侯盟」，《經》自有公如晉之文也，則是二年公未嘗如晉明矣[二]。但晉人以公不朝，使處父來討，而處父輒與公盟也。今公如晉朝，而至己巳之日，公及晉侯盟，《經》文簡直易曉，《左氏》以

[一] 悔過之心：「心」，清刻本作「念」。

[二] 則是二年公未嘗如晉明矣：「明」，清刻本、四庫本作「盟」。

爲晋懼無禮而請改盟，謂公再如晋，是飾辭過實，亦近誣矣。

晋陽處父帥師伐楚以救江。《公》、《穀》無「以」字〇《左傳》曰：門于方城，遇息公子朱而還。澄按，江以從中國而受楚之伐，中國霸主之所當救也。陽處父畏楚兵之彊，不敢徑趨江之城下，乃揚言伐楚以救江，門於方城，一見息公子之來[一]，即避之而還。師既不能救江，又不敢伐楚，其爲畏楚也明矣。胡氏曰：楚嘗伐鄭矣，齊桓公遠結江、黄，合九國之師於召陵，然後伐鄭之謀罷。又嘗圍宋矣，晋文公許復曹、衛，會四國之師於城濮，然後圍宋之役解。今江國小而弱，非能與宋、鄭比，楚人圍之，必不待徹四境屯戍守禦之衆與宿衛盡行也。當是時，楚有覆載不容之罪，晋主夏盟，宜合諸侯聲罪致討，命秦甲出武關，齊以東兵略陳、蔡而南，處父等軍於方城之外，楚必震恐而江圍自解矣。計不出此，乃獨遣一軍遠攻彊國，豈能濟乎？故書「伐楚以救江」，言救江雖善，而所以救之者非其道矣。

《經》書月三，書日一。《大衍曆》：正月壬午，大，甲午，冬至；二月壬子，小；三月辛巳，大；四月辛亥，小；五月庚辰，大；六月庚戌，大；七月庚辰，小；八月己酉，大；九月己卯，小；十月戊申，大；十一月戊寅，小；十二月丁未，大，己巳，二十三日，《長曆》十二月二十四日。

四年戊戌。襄王二十九年〇晋霸襄五〇蔡莊二十三〇曹共三十〇衛成十二〇鄭穆五〇陳共九〇杞桓十四〇宋成十四〇秦穆三十七〇齊昭十〇楚穆三

[一] 一見息公子之來：「之」，四庫本作「朱」。

春

公至自晋。孫氏曰：自是公朝彊國皆至者，惡其輕去宗廟，遠朝彊國，或執或辱，危之也。孫氏覺曰：文之出六，至之者四，危之也，不至者二，安之也。

夏

逆婦姜于齊。《穀梁傳》曰：其逆者誰也？公也。親逆而稱婦，爲其成禮於齊也。趙氏曰：公自逆，常事不書。以成禮于齊，所以變文云「逆婦」以譏之。澄按，婦人之歸夫家，在途稱女，既至稱婦。逆而稱婦，又曰「于齊」，是成夫婦之禮于齊也，故《穀梁》云：「何其速婦之也？」不稱夫人者，夫人乃臣子稱其小君之辭，非夫人之所得稱也。公自逆，故不稱夫人。

狄侵齊。襄陵許氏曰：狄自箕之敗，至是始復侵齊，閒晋有秦、楚之難也。

秋

楚人滅江。三年之秋，楚人圍江，晋人陽爲救之之名，而無救之之實，江之受圍周一朞，而其國竟滅，晋霸不競，而蠻荆得以肆其虐於小國，可哀也夫！

晋侯伐秦。《左傳》曰：晋侯伐秦，圍邧、新城，以報王官之役。胡氏曰：晋人三敗秦師，秦取王官及郊，未至結怨如晋師之甚也，襄公又報之，過矣。

衛侯使甯俞來聘。按《左氏》所載，晋文公之季年，諸侯朝晋，衛成公獨不朝，又使孔達侵鄭，伐綿、訾及匡。晋襄公既祥，使告於諸侯而伐衛，圍戚，取之。衛不服罪而孔達敢伐霸主，其明年晋會諸侯于垂隴，將伐衛，幸得陳侯爲之請成，執孔達以説於晉，而衛遂得免於伐。自孔達遭執之後，蓋甯俞代之爲政。至次年春，衛從晉伐沈，自此衛服霸主而無事矣。又次年春，晉遂歸孔達，其夏，衛侯朝晉，至秋，而來聘魯焉。事大睦鄰以安社稷，或者皆出甯俞之謀也。夫子所稱其知之可及者蓋如此。

冬

十有一月

壬寅，夫人風氏薨。杜氏曰：僖公母，風姓也。啖氏曰：成風以後，妾母皆僭用夫人禮。程子曰：妾母稱夫人，嫡妾亂矣。仲子始僭，猶未敢同嫡也。胡氏曰：風氏，僖公之母，莊公妾也。邦君之妻曰夫人，蓋敵體之稱也。若夫妾媵，則非敵矣。其生亦以夫人之名稱號之，其死亦以夫人之禮卒葬之，非所以正其分也。以妾媵爲夫人，徒欲尊寵其所愛，而不虞卑其身。以妾母爲夫人，徒欲崇貴其所生，而不虞賤其父。卑其身則失位，賤其父則無本。越禮至是，不亦悖乎！夫禮，庶子爲君，爲其母無服，不敢二尊者也。《春秋》於成風記其卒葬，各以實書，謹禮之所由變也。《經》書月一，書日一。《大衍曆》：正月丁丑，小，己亥，冬至；二月丙午，大；三月丙子，小；四月乙巳，大；五月乙亥，小；六月甲辰，大；七月甲戌，小；八月癸卯，大，壬申，大暑；閏月癸酉，大；九月癸卯，小，癸卯，處暑；十月壬申，大；十一月壬寅，小，旦日，壬寅；十二月辛未，大。《長曆》：是年閏三月。壬寅，十一月三日。

五年己亥。襄王三十年〇晉霸襄六〇蔡莊二十四〇曹共三十一〇衛成十三〇鄭穆六〇陳共十〇杞桓十五〇宋成十

五〇齊昭十一[一]〇秦穆三十八〇楚穆四

春

王正月

□王使榮叔歸含且賵。含，户暗切。賵，芳鳳切〇《公羊傳》曰：含者，口實也。杜氏曰：珠玉曰含，車馬曰賵。胡氏曰：含且賵者，厚禮妾母也。程子曰：天子成妾母爲夫人，亂倫之甚。澄曰：榮，氏；叔，字，王朝四命之大夫。

三月

辛亥，葬我小君成風。陸氏曰：自文公葬成風之後，乃有二夫人祔廟，非禮也。蘇氏曰：仲子非是惠公之嫡，故特爲之宫而不祔，不書其葬，蓋禮之正也。自成風以來，妾母皆葬，蓋祔也。魯禮之變，自此始矣。

□王使召伯來會葬。「召」，《穀》作「毛」〇胡氏曰：歸含且賵，施於妾母已稠疊矣。又使卿來會葬，恩數有加焉。含賵而葬，其事益隆。亂人倫、廢王法甚矣。澄曰：召，邑；伯，爵，王朝六命之卿。

夏

公孫敖如晋。三年之冬，文公朝晋。今五年之夏，卿往聘焉，魯之謹於事霸主也。

秦人入鄀。鄀，音若〇《左傳》曰：鄀叛楚即秦，又貳於楚。張氏曰：今襄陽宜城縣地有鄀故城。

[一] 齊昭十一：「一」，原作「六」，據四庫本及上下文改。

秋

楚人滅六。《左傳》曰：楚成大心、仲歸帥師滅六，公子燮滅蓼。臧文仲聞六與蓼滅，曰：「皋陶、庭堅不祀忽諸，德之不建，民之無援，哀哉！」張氏曰：六國，皋陶之後。杜氏曰：今廬江六縣。任公輔曰：《地譜》壽州安豐縣有六國故城。澄曰：晉襄公之死期將及，故其志氣不能如初年之盛，紹霸之業浸以衰微，故西戎之秦、南蠻之楚，敢於肆行中國，吞噬小國而無所忌也。

冬

十月

甲申，許男業卒。許僖公也，在位三十三年，子錫我嗣，是爲昭公。

《經》書月三，書日二。《大衍曆》：正月辛丑，小，乙亥，冬至；二月庚午，大；三月庚子，小，辛亥，十二日；四月己巳，大；五月己亥，小；六月戊辰，大；七月戊戌，小；八月丁卯，大；九月丁酉，小；十月丙寅，大，甲申，十九日；十一月丙申，小；十二月乙丑，大。《長曆》：辛亥，三月十三日；甲申，十月二十日。

六年庚子。襄王三十一年〇晉霸襄七，卒〇蔡莊二十五〇曹共三十二〇衛成十四〇鄭穆七〇陳共十一〇杞桓十六〇宋成十六〇齊昭十二〇秦穆三十九〇楚穆五

春

葬許僖公。

夏

季孫行父如陳。《左傳》曰：臧文仲以陳、衛之睦也，欲求好於陳。季文子聘於陳，且娶焉。澄按，此亦行父欲迎婦於陳，而請於君，借聘禮以行而已。魯、陳前此未嘗有邦交也。

秋

季孫行父如晉。《左傳》曰：季文子將聘於晉，使求遭喪之禮以行。其人曰：「將焉用之？」文子曰：「豫備不虞，古之善教也。求而無之，實難。過求何害？」澄按，三年之冬，公朝晉；五年之夏而卿聘；今六年之秋，卿又聘而問疾焉。魯事霸主之勤如此。

八月

乙亥，晉侯驩卒。「驩」，《公》作「讙」〇晉襄公也，在位七年。初欲立公子雍，不果。嫡子夷皋嗣，是爲靈公。

冬

十月

公子遂如晉。杜氏曰：卿共葬事。

葬晉襄公。不書日，闕。

晉殺其大夫陽處父。《左傳》曰：晉蒐于夷，舍二軍，使狐射姑將中軍，趙盾佐之。陽處父至自温，改蒐于董，易中軍。陽子，成季之屬也，故黨於趙氏，且謂趙盾能，曰：「使能，國之利也。」是以上之。宣子於是乎始爲國政。賈季怨陽子之易其班也，而知其無援於晉，使續鞫居殺陽處父。《穀梁傳》曰：晉將使狐夜姑爲將軍，趙盾佐之。陽處父曰：「不可。」襄公曰：「諾。」謂夜姑曰：「吾使盾佐汝，今汝佐盾矣。」襄公死，處父主竟上之事，夜姑使人殺之。《公羊傳》曰：晉殺其大夫陽處父。射姑殺也。射姑殺，其稱國以殺何？君漏言也。胡氏曰：凡書殺者，在上則稱君，在下則稱氏，在衆則稱人，在微則稱盜，君與臣同殺則書國。今殺處父者射姑耳，君獨以漏言，故亦預殺焉。張氏曰：按《左氏》，則若晉國之事，一聽於陽處父者。及考《穀梁氏》所謂「君漏言」，則是易中軍乃陽處父密言於襄公，公不能謹而輕漏之，以致狐射姑之殺處父。《春秋》所以分其殺於君與大夫也。澄按，是時襄公已卒矣，而書國殺者，《經》意若曰「處父今日之死，由襄公漏言之故，實襄公殺之也。」

晉狐射姑出奔狄。射，音亦，《穀》作「夜」○《左傳》曰：晉殺續簡伯，賈季奔狄。宣子使臾駢送其帑與其器用財賄至諸竟。

閏月不告朔[一]，猶朝于廟。《左傳》曰：閏以正時，時以作事。不告閏朔，棄時政也[二]。李堯俞曰：古曆十九年爲一章，章有七閏，入章三年閏九月，六年閏六月，九年閏三月，十一年閏十一月，十四年閏八月，十七年閏四月，十九年閏十二月。此據元首初章[三]，若於後漸積餘分，大率三十二月則置閏，不必同初章。凡爲曆者，閏前之月，中氣在晦，閏後之月，中氣在朔，若曆不置閏，則弦望晦朔皆非其正，故《書》云「以閏月定四時成歲」。天子閏月則聽朔於明堂，闔門左扉，立於其中，故於文，王在門爲閏。天子有閏月聽朔之禮，諸侯從可知也。趙氏曰：天子常以今年冬頒

[一] 閏月不告朔：「朔」，原作「月」，據清刻本、四庫本改。

[二] 棄時政也：「政」，清刻本、四庫本作「正」。

[三] 此據元首初章：「據」，清刻本、四庫本作「擬」。

明年正朔於諸侯，諸侯受之，每月奉月朔甲子以告于廟，所謂稟正朔也。文公以閏非正，不行告朔之禮，而以其朔日但身至廟拜謁而已，故曰「猶朝於廟」。杜氏謂曰：子貢欲去告朔之餼羊。子曰：「賜也，爾愛其羊，我愛其禮」。文公既不告朔，而但至廟拜謁，《春秋》志文公廢告朔而猶朝廟，是幸其禮不盡廢，聖人愛禮之深意也。

《經》書月三，書日一。《大衍曆》：正月乙未，大，庚戌，冬至；二月乙丑，小；三月甲午，大；四月甲子，小；五月癸巳，大；六月癸亥，小；七月壬辰，大；八月壬戌，小，乙亥，十四日；九月辛卯，大；十月辛酉，小；十一月庚寅，大；十二月庚申，小。《長曆》：是年閏十二月。乙亥，八月十五日。程氏公説曰：曆法是年未應閏，《經》書閏月，則周閏有所移也。

七年辛丑。襄王三十二年〇晉霸靈公夷皐元年〇蔡莊二十六〇曹共三十三〇衛成十五〇鄭穆八〇陳共十二〇杞桓十七〇宋成十七，卒〇齊昭十三〇秦康公罃元年〇楚穆六

春

公伐邾。《左傳》曰：公伐邾，間晉難也。杜氏曰：公因霸國有難而侵小。

三月

甲戌，取須句，遂城郚。句，其俱切。郚，音吾〇《左傳》曰：寘文公子焉。澄按，邾人嘗滅須句，須句子奔魯。僖公二十二年伐邾，取須句，而反其君。其年秋，邾人以須句故伐魯，戰於升陘而魯敗，邾人復取須句，至今年十八年矣。文公乃又伐邾而取須句。邾文公之子前叛邾而在魯，故公命之爲守須句之大夫。僖公前取須句之後，邾人旋來伐魯。今文公再取須句，疑邾之又來伐而争也，故既使邾之叛臣守須句矣，又城郚邑以備邾師之至也。杜氏曰：郚，魯

邑，卞縣南有郚城。張氏曰：卞，今屬襲慶府泗水縣。

夏

四月

宋公王臣卒。宋成公也，在位十七年，其弟禦殺世子而自立，國人殺禦而立其少子杵臼，是爲昭公。

宋人殺其大夫。《左傳》曰：於是公子成爲右師，公孫友爲左師，樂豫爲司馬，鱗矔爲司徒，公子蕩爲司城，華御事爲司寇[一]。昭公將去羣公子，樂豫曰：「不可。公族，公室之枝葉也，若去之，則本根無所庇蔭矣。」不聽。穆、襄之族率國人以攻公，殺公孫固、公孫鄭於公宫。杜氏曰：二子在公宫，爲亂兵所殺。澄按，穆、襄之族率國人，人衆，非一人也，故稱宋人。死者不幸而遭亂兵，非有可殺之罪，故不稱名。陸氏曰：非君意而殺之者衆，不可書名，特加「人」字以別之。胡氏曰：國亂無政，衆人擅殺之也。

戊子，晋人及秦人戰于令狐。《左傳》曰：秦康公送公子雍于晋，曰：「文公之入也無衛，故有吕郤之難。」乃多與之徒衛。穆嬴日抱太子以啼於朝，曰：「先君何罪？其嗣亦何罪？舍嫡嗣不立，而外求君[二]，將焉寘此？」宣子、諸大夫皆患穆嬴，且畏偪，乃背先蔑而立靈公，以禦秦師。及堇陰，宣子曰：「我若受秦，秦則賓也；不受，寇也。既不受矣，而復緩師，秦將生心。先人有奪人之心，軍之善謀也。逐寇如追逃[三]，軍之善政也。」訓卒、利兵、秣

[一] 華御事爲司寇：「事」，原作「士」，據四庫本改。
[二] 而外求君：「外求君」，原作「求外君」，據清刻本、四庫本改。
[三] 逐寇如追逃：「逐」，原作「追」，據清刻本、四庫本改。

馬、蓐食，潛師夜起，敗秦師於令狐。張氏曰：令狐，晋地，今河中府猗氏縣有令狐城。澄按，帥師者晋趙盾，送公子雍者秦康公。二國有君有卿在，而各使裨將帥偏師以戰，故言晋人、秦人。

晋先蔑奔秦。「蔑」，《公》作「眛」，下有「以師」字○《左傳》曰：先蔑之使也，荀林父止之曰：「夫人、太子猶在而外求君[一]，此必不行，子以疾辭，若何？不然將及。攝卿以往可也，何必子？吾嘗同寮，敢不盡心乎？」弗聽。及亡，荀伯盡送其帑及其器用財賄於秦，曰：「爲同寮故也。」《穀梁傳》曰：不言出，在外也。孫氏曰：自軍中而往也。

狄侵我西鄙。張氏曰：間秦、晋之爭。襄陵許氏曰：狄懲箕之敗，四年間一侵齊而未敢肆，至是始復侵魯、侵齊、侵宋、侵衛，晋襄既没，莫之忌矣。

秋

八月

公會諸侯、晋大夫盟于扈。《左傳》曰：晋侯立故也。杜氏曰：扈，鄭地，滎陽卷縣西北有扈亭。張氏曰：今之鄭州原武縣。襄陵許氏曰：諸侯何以不序？大夫何以不名？大夫而主盟諸侯，自扈之會始也。高郵孫氏曰：《春秋》書及某大夫盟者唯二，莊公九年「公及齊大夫盟于蔇」及此年是也。澄按，《經》書諸侯者，皆前目後凡，此年以前並無諸國之目，若無《左傳》，則不知其爲齊、宋、衛、陳、鄭、許、曹七國之君，不列叙諸國而但言諸侯，以無盟主而大夫强合諸國之君，故略之也。晋大夫者，趙盾也。莊公九年書「齊大夫」，時襄公已弑，桓公未入，齊無君，當國大夫

[一] 太子猶在而外求君：「外求君」，原作「求外君」，據清刻本、四庫本改。

自爲主而與莊公盟，故不書氏名，而但曰「齊大夫」。此年書「晉大夫」，時趙盾迎立公子雍，靈公未立，晉未有君，趙盾自爲主而與七國盟，故亦不書氏名，與前書「齊大夫」同，以見趙盾自專國政，擅廢置君。襄公卒已期年，而嗣君猶未正位，蓋盟扈之後始立靈公也。

冬

徐伐莒。高氏曰：徐本戎也，厥後自進於中國，數與中國諸侯盟會。僖十五年楚人伐徐，齊桓爲之大合中國諸侯以救之，爲其能去夷即華，不侵犯中國故也。今輒興兵而伐莒，以中國無盟主，是以敢爾，故聖人復夷狄之。

公孫敖如莒涖盟。《左傳》曰：穆伯娶于莒，曰戴己，生文伯，其娣聲己生惠叔。戴己卒，又聘于莒，莒人以聲己辭，則爲襄仲聘焉。莒人來請盟，穆伯如莒涖盟，且爲仲逆，自爲娶之。仲請攻之，叔仲惠伯諫曰：「兵作于内爲亂。今臣作亂而君不禁，若之何？」公止之，惠伯成之，使仲舍之，公孫敖反之。澄按，魯臣每欲娶婦，必請於君，行聘會之禮，假公事以遂其私。君之無政，臣之無禮也。况敖代爲弟逆，名猶不正，卒以淫奔，禽獸之行也。高氏曰：莒爲徐所伐，故來求援，而請修洮之盟。公孫敖娶于莒，故許其盟而請往涖之。

《經》書月三，書日二。《大衍曆》：正月己丑，大，乙卯，冬至；二月己未，小，《經》二月甲戌在此月；三月戊子，大；四月戊午，大，丙戌，春分；閏月戊子，小，《經》四月戊子在此月；五月丁巳，大，旦日，穀雨；六月丁亥，小；七月丙辰，大；八月丙戌，小；九月乙卯，大；十月乙酉，小；十一月甲寅，大；十二月甲申，小。《長曆》：甲戌，三月十八日；戊子，四月二日。

八年壬寅。襄王三十三年，崩〇晉霸靈二〇蔡莊二十七〇曹共三十四〇衛成十六〇鄭穆九〇陳共十三〇杞桓十八

〇宋昭公杵臼元年〇齊昭十四〇秦康二〇楚穆七

春

王正月。

夏

四月。

秋

八月

戊申，天王崩。襄王也，在位三十三年，世子王臣嗣，是爲頃王。

冬

十月

壬午，公子遂會晉趙盾盟于衡雍。雍，於用切〇《左傳》曰：襄仲會趙孟，報扈之盟也。澄按，上年公既與趙盾盟于扈矣，趙盾以魯國之權在公子遂而不在文公，故必致公子遂盟于衡雍而後信也。任氏曰：二國之用事者會盟，政在大夫矣。張氏曰：衡雍，鄭地，滎陽卷縣故城，在今鄭州原武東，與扈相近。《後漢》河南卷縣有垣雝城，古衡雍也。

乙酉，公子遂會雒戎盟于暴。「雒戎」，《左》一作「伊雒之戎」，《公》作「伊雒戎」〇《左傳》曰：遂會雒伊之戎。僖公十一年《傳》云：揚拒、泉皋、伊雒之戎同伐京師。杜氏曰：雒戎居伊水、雒水間者。杜氏諤曰：《左傳》以會雒戎爲遂事。孫氏曰：再言公子遂，非繼事也。澄按，壬午會趙盾，越四日乙酉盟雒戎，非歸魯而再出也，蓋初出之時，已擬行此二事，故《經》作二事書之。

公孫敖如京師，不至而復。「至」下《公》無「而」字。

丙戌，奔莒。《左傳》曰：穆伯如周弔喪，不至，以幣奔莒，從己氏焉。《公羊傳》曰：不言出，在外也。《穀梁傳》曰：不言所至，未如也，未如則未復也。未如而曰如，未復而曰復，其如非如也，其復非復也，惟奔莒之爲信。孫氏曰：如京師，弔喪也，不至而復，中道而反也。宣八年公子遂如齊，至黃乃復，以疾而還，義猶不可，況敖如京師弔喪，中道而反乎？張氏曰：國君爲天子斬衰，公孫敖受命以赴天王之喪，廢君命而返，已爲不赦之罪，況懷桑中之行而淫奔乎？文公容其復而奔，魯之無政刑也。陸氏曰：還者事畢，復者未畢。「師還」、「公還自晋」、「歸父還自晋」、「士匄聞齊侯卒，乃還」，故曰：還，事畢也。「公如晋，至河乃復」、「公孫敖如京師，不至而復」、「仲遂至黃乃復」，皆事未畢而復也。

螽。

宋人殺其大夫司馬，宋司城來奔。《左傳》曰：宋襄夫人，襄王之姊也，昭公不禮焉。夫人因戴氏之族以殺大司馬公子卬，司城蕩意諸來奔。程子曰：宋，王者後，得自命官，故獨宋卿書官。張氏曰：司城，司空也，宋以武公名司空，諱之，故曰司城。澄按，宋人者，戴氏之族，非一人也。見宋昭公無政，而臣庶得以擅殺大夫也。諸侯大國三卿，曰司徒、司馬、司空，當時諸國皆不遵王制，改其官名，宋亦改司徒曰太宰，唯司馬、司城尚是舊名，故《春秋》每書宋二官，必存其官號，以幸王制之猶未改也，不書氏名，死者無罪，例已見前。

《經》書月四，書日四。《大衍曆》：正月癸丑，大，庚申，冬至；二月癸未，小；三月壬子，大；四月壬午，小；五月辛亥，大；六月辛巳，大；七月辛亥，小；八月庚辰，大，戊申，二十九日；九月庚戌，小；十月己卯，大，壬午，四日，乙酉，七日，丙戌，八日；十一月己酉，小；十二月戊寅，大。《長曆》：戊申，八月晦；壬午，十月五日。

九年癸卯。頃王元年〇晋霸靈三〇蔡莊二十八〇曹共三十五，卒〇衛成十七〇鄭穆十〇陳共十四〇杞桓十九〇宋昭二〇齊昭十五〇秦康三〇楚穆八

春

毛伯來求金。《左傳》曰：不書王命，未葬也。杜氏曰：求金以供葬事，雖踰年而未葬，故不稱王使。澄曰：天子之喪，百官總己以聽於冢宰三年，故王不出命也，與隱三年武氏子來求賻同。毛，邑；伯，爵，王朝六命之卿。

夫人姜氏如齊。趙氏曰：無父母而歸寧，譏也。澄按，出姜當是齊昭公之女，而趙氏以爲無父母，蓋謂歸寧合禮者，《經》不書，故疑其非昭公之女歟？

二月

叔孫得臣如京師。葬天王也。高郵孫氏曰：《春秋》天王書葬者五，君往者三，臣往者二。君往者不書「公如京師」，常事得禮，法所當略也。臣往者書其人，以爲天王之喪，君不自往而使臣焉，則是忘君父之恩，廢臣子之禮。

辛丑，葬襄王。《公羊傳》曰：王葬，不及時書，過時書，我有往者則書。

晋人殺其大夫先都。《左傳》曰：夷之蒐，晋侯將登箕鄭父、先都，而使士縠、梁益耳將中軍。先克曰：「狐、趙之勛，不可廢也。」從之。先克奪蒯得田於堇陰，故箕鄭父、先都、士縠、梁益耳、蒯得作亂，使賊殺先克。晋人殺先

都、梁益耳。澄按，先都，下軍佐也。襄公於夷之蒐，將升之上軍，以先克之言而止，故先都等陰使賊殺先克。時靈公幼弱，趙盾將中軍，秉國政，先克其佐也，惡先都等使賊殺其佐，不敢明正先都之罪，而使羣下殺之，故書衆殺，而不書國殺也。

三月

夫人姜氏至自齊。孫氏曰：凡夫人出，例皆不至，惟此獨書至者，以其如齊，雖不合禮，然愈於文姜之如齊，故於其歸也，特書至，以其行猶可以至也。劉氏曰：夫人曷爲或致或不致？出入以禮，則可以致；出入不以禮，則不可致。此其爲有禮奈何？父母在而歸寧也。胡氏曰：出姜如齊，以寧父母，於禮得矣。其至者，出姜蓋不安於魯，故至而特書。澄按，或謂出姜無父母，或謂出姜有父母，今兼存之以俟攷焉。

晋人殺其大夫士穀及箕鄭父。王氏《箋義》曰：晋自趙盾代士穀當國，諸大夫不平之，至是謀亂，大夫死者五人。向若晋從其君之命，士穀將中軍，箕鄭父之徒各登其職，則此亂無由而作矣，故《春秋》原晋亂之本，由趙盾之代爲中軍帥也。既書殺先都，又書殺士穀、箕鄭父，蓋箕鄭之死由士穀之失職，士穀之死由趙盾之代其位也。然士穀之徒以失職而謀作亂，其罪大矣。時晋侯年幼，政在宣子，故皆不以累上書之，而率稱人以殺，其言「及箕鄭父」者，《穀梁》所謂「累者」是也。先儒多不解所以稱人書「及」之旨，故原而釋之。胡氏曰：稱人以殺者，國亂無政，衆人擅殺之之辭。三大夫挾私怨，而使賊殺其中軍佐，固有罪矣。當是時，主幼不君，政在趙盾。而中軍佐者，盾之黨也，若獄有所歸，則此三人者，獨無可議從末減乎？而皆殺之，是大夫專生殺，而政不自人主出也，故不稱國討。常山劉氏曰：殺二大夫以上不言及，其事同，殺之之志均故也。若晋之二趙、二郤，蔡之二公孫是也。書曰「殺其大夫某及某」者，以某之故而延及于某也，若元晅信不臣矣，而公子瑕不見其辜，衛侯遷怒而并殺之，故書曰「及」，以志專殺之中又有輕重者也，士縠及箕鄭父倣此。

楚人伐鄭。《左傳》曰：范山言於楚子曰：「晋君少，不在諸侯，北方可圖也。」楚子師于狼淵以伐鄭，囚公子堅[一]、公子尨及樂耳，鄭及楚平。孫氏曰：楚復彊也，楚自城濮之敗，不敢加兵於鄭，今伐鄭者，晋文既死，中國不振故也。

公子遂會晋人、宋人、衛人、許人救鄭。《經》所書四國皆書人，而《左氏》以爲晋趙盾、宋華耦[二]、衛孔達[三]，蓋三卿皆當國主兵者，其時不親行，而各使微者以將兵救鄭也。張氏曰：楚自城濮以來，不得志於中國，其君臣之心未嘗一日忘也。趙盾爲政，欲攘楚而大庇中夏，正當力懲其始，以振中國之威，乃視爲常役，而緩不及事，師及鄭，而楚已囚鄭公子而去，豈拯焚溺之舉哉？

夏

狄侵齊。張氏曰：楚得氣去而狄交侵矣，書以病晋也。

秋

八月

曹伯襄卒。曹共公也，在位三十五年，子壽嗣，是爲文公。

[一] 囚公子堅：「囚」，原作「因」，據清刻本、四庫本改。

[二] 宋華耦：「耦」，原作「偶」，據清刻本、四庫本改。

[三] 衛孔達：「孔」，原作「先」，據清刻本、四庫本改。

九月

癸酉，地震。《公羊傳》曰：記異也。

冬

楚子使椒來聘。「椒」，《穀》作「萩」○椒，鬬椒，穀於菟之從子，楚卿再命者。張氏曰：伐鄭而聘魯，亦遠交近攻之意。

秦人來歸僖公、成風之襚。杜氏曰：衣服曰襚，追襚僖公，并及成風。張氏曰：當是時秦、楚交病中國，秦欲伐晋而歸襚于魯，猶楚欲圖北方而使椒來聘也。高氏曰：僖公薨已九年，成風薨已四年，其葬既久矣，而秦方以襚爲名，將焉用之？成風於僖公雖曰母子，而先君後夫人者，禮當然也，以過時始至，故曰來歸。

葬曹共公。

《經》書月四，書日二。《大衍曆》：正月戊申，小，乙丑，冬至；二月丁丑，大，辛丑，二十五日；三月丁未，小；四月丙子，大；五月丙午，小；六月乙亥，大；七月乙巳，小；八月甲戌，大；九月甲辰，小；十月癸酉，大，《經》九月癸酉在此月朔；十一月癸卯，小；十二月壬申，大。《長曆》：辛丑，二月二十六日；癸酉，九月朔。

十年甲辰。頃王二年○晋霸靈四○蔡莊二十九○曹文公壽元年○衛成十八○鄭穆十一○陳共十五○杞桓二十○宋昭三○齊昭十六○秦康四○楚穆九

春

王三月

辛卯，臧孫辰卒。高氏曰：此臧哀伯之孫臧文仲也。孔子譏其竊位，又譏其不仁者三，不智者三，而魯人師其言[一]，以爲死而不朽。子許，曰宣叔。張氏曰：文仲，魯之名大夫也，知柳下惠之賢而不與立，自莊公末已與聞國政，而四十餘年間國政多疵，文公尤甚。

夏

秦伐晉。「秦」下闕一字，《經》七年書令狐之戰，《左氏》載八年夏秦人伐晉，取武城，以報令狐之役，《經》不書。又載今年春晉伐秦，取少梁，《經》亦不書，此書「秦伐晉」，秦、晉交兵，報復無已，兩罪之也。

楚殺其大夫宜申。《左傳》曰：與子家謀弒穆王，穆王聞之，殺宜申。高氏曰：宜申，字子西，亦城濮之敗將，事弒君父之賊十年矣，乃謀弒焉。楚子聞而殺之，亦可悲也已。澄按，商臣弒君父，天地所不容，宜申爲工尹，不能與同列共謀討賊，乃北面而事之，君臣之分已定，而乃謀弒，其義不足稱也。然其謀不遂而身見死，聖人不以其當受今將之誅，而以國殺大夫爲文，其意深矣。

自正月不雨，至于

秋

七月。義已見前。

及蘇子盟于女栗。女，音汝○蘇，邑；子，爵，王朝四命之大夫，受封而有國邑者。孫氏曰：內不出主名，微

[一]「而魯人師其言」，清刻本前有「辰卒後」三字。

者。文公使微者盟天子卿，其惡可知。澄按，依趙氏例，以及爲公及之者是。

冬

狄侵宋。高氏曰：狄侵諸大國，獨宋未爾。自宋亂之後，狄既侵之，楚次厥貉，又將來伐，則國幾亡矣。

楚子、蔡侯次于厥貉。「厥」，《公》作「屈」○《左傳》曰：陳侯、鄭伯會楚子於息，遂及蔡侯次于厥貉，將以伐宋。宋華御事曰：「楚欲弱我也，先爲之弱可乎？何必使誘我，我實不能，民何罪？」乃逆楚子，勞且聽命。高氏曰：此楚子將求諸侯，恐諸侯疑貳，欲前而未敢也。夫楚子者，弒君父之賊，而中國諸侯如宋、陳、鄭之君，乃皆俛首而聽命焉，聖人於此不從諸侯盟會之例，而特書曰「楚子、蔡侯次于厥貉」，次者，遲疑不前之意，著楚子包藏禍心，欲憑陵諸夏而未敢遽前也。唯蔡侯首附夷狄，故獨書以均其罪。厥後諸侯知中國之不可棄，復同盟于新城，非若蔡侯之堅服楚也。胡氏曰：楚滅江、六，平陳與鄭，於是乎爲伐宋之舉，次于厥貉。當是時，陳、鄭皆從楚矣，獨書蔡侯何哉？鄭失三大夫，侯救而不獲；陳獲公子茷而懼；宋方有狄難，蓋有不得已者，非所欲也。蔡無四境之虞，則是得已而不已，故削三國，書蔡侯，見其棄諸夏之惡也。高郵孫氏曰：厥貉之次，遂稱楚子，而明年伐麇，又以爵書，自是與中國等，夷狄盛彊而中國之衰益甚矣。

《經》書月二，書日一。《大衍曆》：正月壬寅，大，辛未，冬至；閏月壬申，小；二月辛丑，大；三月辛未，小，辛卯，二十一日；四月庚子，大；五月庚午，小；六月己亥，大；七月己巳，小；八月戊戌，大；九月戊辰，小；十月丁酉，大；十一月丁卯，小；十二月丙申，大。

十有一年乙巳。頃王三年○晋霸靈五○蔡莊三十○曹文二○衛成十九○鄭穆十二○陳共十六○杞桓二十一○宋昭

四〇齊昭十七〇秦康五〇楚穆十

春

楚子伐麇。麇，九倫切，《公》作「圈」〇《左傳》曰：厥貉之會，麇子逃歸，楚成大心敗麇師于防渚。潘崇復伐麇，至於鍚穴。襄陵許氏曰：楚侵伐書爵始此，中國日替矣。高氏曰：中國諸侯自會厥貉之後，皆不能加楚也。成三年會蜀之後，雖其大夫帥師，亦出主名〔一〕，一同中國，蓋聖人悼中國無盟主，故不以夷狄待之也。

夏

叔仲彭生會晉郤缺于承筐。《公》、《穀》無「仲」字〇《左傳》曰：謀諸侯之從楚者。杜氏曰：九年，陳、鄭及楚平。十年，宋聽楚命。承筐，宋地，在陳留襄邑縣西。張氏曰：今拱州襄陵縣。澄按，其時楚日益彊，晉君幼，魯君怠，將欲謀楚，而乃以以次之大夫相會，霸謀之不遠，而楚勢之益張也，宜哉。彭生，叔仲惠伯，公子牙之孫，蓋其適子之子以叔孫爲氏，此其支子之子，故以叔仲爲氏。杜氏諤曰：自文公之後，大夫擅相爲會者多矣，《春秋》詳而志之。

秋

曹伯來朝。《左傳》曰：曹文公即位而來見也。

公子遂如宋。《左傳》曰：襄仲聘宋，且言司城蕩意諸而復之，因賀楚師之不害也。

狄侵齊。高氏曰：七年之間，狄三侵齊，非特齊之不競也，亦當狄之方彊爾。狄之彊如此，乃所以大䧟之功也。

〔一〕亦出主名：「名」，清刻本作「名氏」。

冬

十月

甲午，叔孫得臣敗狄于鹹。《左傳》曰：鄋瞞侵齊〔一〕，遂伐我。公卜使叔孫得臣追之，吉。侯叔夏御莊叔，綿房甥爲右，富父終甥駟乘，敗狄于鹹，獲長狄僑如。富父終甥摏其喉以戈〔二〕，殺之。杜氏曰：鄋瞞，狄國名，防風氏之後，漆姓。鹹，魯地。啖氏曰：不言獲，賤夷狄之師爾。高氏曰：叔孫得臣最善射。狄侵齊，而復之魯，叔孫得臣以一矢斃其酋首，故不言帥師。《春秋》書敗狄者四，皆不書戰，不待戰而敗之，喜中國之勝也。劉氏曰：非長狄乎？曰非也。《春秋》正名，狄也，戎也，淮夷也，白狄也，赤狄也，山戎也，夷蠻也，陸渾戎也，姜戎也，是不一名。澄曰：狄之中有長身者，故號之曰長狄，長狄即狄也，非別有一種名長狄。

《經》書月一，書日一。《大衍曆》：正月丙寅，小，丙子，冬至；二月乙未，大；三月乙丑，大；四月乙未，小；五月甲子，大；六月甲午，小；七月癸亥，大；八月癸巳，小；九月壬戌，大；十月壬辰，小，甲午，三日；十一月辛酉，大；十二月辛卯，小。《長曆》：甲午，十月四日。

十有二年丙午。頃王四年〇晋霸靈六〇蔡莊三十一〇曹文三〇衛成二十〇鄭穆十三〇陳共十七〇杞桓二十二〇宋昭五〇齊昭十八〇秦康六〇楚穆十一

〔一〕鄋瞞侵齊：「侵」，原作「使」，據清刻本、四庫本改。
〔二〕富父終甥摏其喉以戈：「摏」，原作「舂」，據清刻本、四庫本改。

春

王正月

郕伯來奔。「郕」，《公》作「盛」〇《左傳》曰：郕太子朱儒自安于夫鍾，國人弗徇。郕伯卒，郕人立君。太子以夫鍾與郕邽來奔。趙氏曰：諸侯嗣位未踰年稱子，鄭忽、曹羈[一]、莒展皆已即位，及其出奔，猶但稱名，豈有身未即位以邑出奔而稱郕伯？一何厚誣耶？劉氏曰：意者先郕伯以去年卒，太子即位而不能自安，遂出奔。孫氏曰：諸侯播越失地皆名，此不名者，非自失國也。按莊八年師及齊師圍郕，郕降于齊師，自是入齊爲附庸，此又來奔，齊所偪爾，故不名。

杞伯來朝。《左傳》曰：杞桓公來朝，始朝公也。

二月

庚子，子叔姬卒。趙氏曰：時君之女，故曰「子」以別，非先君之女也。澄按，《公》、《穀》二《傳》皆以叔姬爲文公同母之女弟，如此則是先君之女，非時君女也，不當稱子。而《左傳》又以爲杞桓夫人，蓋指僖三十一年杞伯姬所求之婦，若果爾，則非文之女矣。杞桓乃魯莊之甥，即位在魯文之先，所娶決非魯文之女。至成五年被出來歸，八年卒于魯者，乃是杞伯姬所求魯僖之女爲杞桓夫人者也。

夏

楚人圍巢。《左傳》曰：羣舒叛楚，子孔執舒子，遂圍巢。杜氏曰：巢，吴、楚間小國。巢，廬江六縣東有古巢

[一] 曹羈：「羈」，原作「覊」，據四庫本改。

城。張氏曰：今無爲軍巢縣。

秋

滕子來朝。《左傳》曰：滕昭公來朝，亦始朝公也。

秦伯使術來聘。「術」，《公》作「遂」◯《左傳》曰：秦伯使西乞術來聘，且言將伐晋。澄曰：義見前歸禭下。

冬

十有二月

戊午，晋人、秦人戰于河曲。《左傳》曰：秦伐晋，取羈馬。晋趙盾、孫林父、郤缺、臾駢從秦師于河曲。臾駢曰：「秦不能久，請深壘固軍以待之。」秦人欲戰，秦軍掩晋上軍，趙穿追之，不及，反，怒，以其屬出。宣子曰：「秦獲穿也，獲一卿矣。秦以勝歸，我何以報？」乃皆出戰，交綏，秦師夜遁。趙氏曰：凡戰不書及，交爲主也。高氏曰：二國報怨償禍，迭起師徒，其罪均也。不書敗者，兩無敗也。杜氏曰：河曲，在河東蒲坂縣南。張氏曰：今河中府河東縣南有河曲。

季孫行父帥師城諸及鄆。「鄆」，《公》作「運」，後同◯杜氏曰：鄆，莒、魯所爭者，城陽姑幕縣南有員亭，員即鄆也。以其遠偪外國，故帥師城之。張氏曰：諸，見莊公二十九年註。鄆，魯之東鄆，今鄆州須城縣也。莒、魯爭鄆，蓋始於此。前此莒未嘗與魯有爭，且未嘗有事于鄆。今行父帥師城二邑以起爭端，魯自此與莒爲仇，由鄆始。孫氏曰：帥師而城，畏莒故也。杜氏諤曰：《春秋》書城築二十九，而帥師城之者二，此年及哀三年城啓陽也。鄆者，莒、魯所爭之邑。帥師以城之者，懼不虞之難，故爲之備也。凡城築之事皆志，重民力也，况帥師而城者乎！勞民甚矣。

《經》書月三，書日二。《大衍曆》：正月庚申，大，辛巳，冬至；二月庚寅，小，庚子，十一日；三月己未，大；四月己丑，小；五月戊午，大；六月戊子，大；七月戊午，小；八月丁亥，大；九月丁巳，小，乙酉，處暑；十月丙戌，大，乙卯，秋分；閏月丙辰，小；十一月乙酉，大，旦日，霜降；十二月乙卯，小，戊午，四日。

《長曆》：是年閏十二月。庚子，二月十二日；戊午，十二月五日。

十有三年丁未。頃王五年〇晉霸靈七〇蔡莊三十二〇曹文四〇衛成二十一〇鄭穆十四〇陳共十八，卒〇杞桓二十三〇宋昭六〇齊昭十九〇秦康七〇楚穆十二

春

王正月。

夏

五月

壬午，陳侯朔卒。陳共公也，在位十八年，子平國嗣，是爲靈公。

邾子蘧蒢卒。蘧，其居切。蒢，文居切〇邾文公也，在位五十年，子貜且嗣〔一〕。

自正月不雨，至于

〔一〕子貜且嗣：「貜」，原作「蠼」，據四庫本改。

秋

七月。義見前。

世室屋壞。「世」，《左》、《穀》作「太」〇《公羊傳》曰：世室，魯公廟也。周公稱太廟，魯公稱世室，羣公稱宫。世室，世世不毀也。屋壞，久不脩也。澄曰：世室屋壞，謂伯禽之廟久不脩而屋壞也。周公封於魯，留相王朝而不適魯，使伯禽往就封。周公雖不適魯，然實爲魯之始祖，故魯之太廟祀周公，百世不毀。伯禽雖代受封，然上有周公爲之父，則不得爲始封之君，其廟爲昭之第一室，親盡則毀。蓋諸侯之禮，唯太廟不毀，二昭二穆皆四世而遞遷。周，天子也，后稷居太廟，文王三分天下有其二，武王代商而爲天子[一]，周之王業自文武始，故文武廟爲宗，謂之世室，與太廟皆百世不毀，此天子之禮，非諸侯之所得僭也。成王賜魯重祭，俾太廟得用天子之禮以祀周公，魯人以爲伯禽爲魯國始封之君，欲不毀其廟，故以伯禽之廟爲世室，如周之文武，僭用天子廟制以尊伯禽，非禮也。魯文公怠慢不虔，久不脩廟，遂至屋壞。聖人書之，因以見魯公世室之爲非禮也，與卜郊失禮，郊牛有變而書，以見魯郊之爲非禮者同。「世」、「太」二字多通用，故《左》、《穀》誤「世」爲「太」。《穀梁》謂「太室猶世室，以爲伯禽廟」，字雖誤而義則與《公羊》同。杜氏以爲太廟之室，諸儒多從之。夫廟制，其中之一室謂之太室，稱太者，以别於左右二夾室。《書·洛誥》記成王祭文王、武王，而曰「王入太室祼」，彼文王、武王廟非太廟也，亦有太室，何獨太廟之室謂之太室乎？且爲人子孫不早脩廟，以致屋壞，謂一廟之屋皆壞也。若果是太廟屋壞，當書「太廟屋壞」，今乃書「太室屋壞」，則是太廟之中，前堂後寢、左右夾室、東西二廂之屋皆不壞，而唯中間一室之屋獨壞也，於義有不通矣。

[一] 武王代商而爲天子：「代」，四庫本作「伐」。

冬

公如晉。《左傳》曰：公如晉，朝且尋盟。

衛侯會公于沓。《公》無「公」字◯《左傳》曰：衛侯會公于沓，請平于晉。澄曰：公往朝晉，衛侯要之于路，而與公會于沓，欲因公以請平于晉也。

狄侵衛。晉不能霸，故狄人屢犯中國，因衛侯之出，狄乘間侵之。

十有二月

己丑，公及晉侯盟。公朝晉而請盟也。

公還自晉。《公》、《穀》無「公」字◯還者，在路而未至國也。

鄭伯會公于棐。「棐」，《公》作「斐」◯《左傳》曰：公還，鄭伯會公，亦請平于晉，公皆成之。澄曰：公未至魯，鄭伯要之於路，而與公會于棐也。杜氏曰：鄭、衛貳于楚，畏晉，故因公請平。棐，鄭地。高氏曰：初，衛、鄭舍晉而從楚，豈得已哉？彊弱之勢不敵，滅亡之徵可待，姑爲一時之計爾，而晉未之察[一]。季文子相魯侯，爲之請成，以舒兩國之禍[二]。《春秋》善和難，故詳志之，且見公一出而二國附如此，惜乎其自怠也！杜氏諤曰：文公一出三爲：如晉朝也，及晉侯盟也，自往及還與二國會也。

《經》書月四，書日二。《大衍曆》：正月甲申，大，丙戌，冬至；二月甲寅，小；三月癸未，大；四月癸丑，

[一] 而晉未之察：「未」，清刻本作「不」。

[二] 以舒兩國之禍：「舒」，四庫本作「紓」。

小；五月壬午，大，壬午，一日；六月壬子，小；七月辛巳，大；八月辛亥，小；九月庚辰，大；十月庚戌，大；十一月庚辰，小，《經》十二月己丑在此月；十二月己酉，大。

十有四年戊申。頃王六年，崩，不書○晉霸靈八○蔡莊三十三○曹文五○衛成二十二○鄭穆十五○陳靈公平國元年○杞桓二十四○宋昭七○齊昭二十，卒○秦康八○楚莊王旅元年

春

王正月

公至自晉。

邾人伐我南鄙。魯文公七年伐邾，取須句，疑邾之必來報伐也，故城郚以備之，然終邾文公之世，七年而不伐魯。今嗣君即位，始加兵於魯。《左傳》謂：「公使人往弔，不敬。故邾來討。」然邾小國也，何至因弔喪使人之不敬而遽敢討魯乎？蓋欲以報須句之役爾。見魯未易攻，故師至南鄙而遄去也。

叔彭生帥師伐邾。按十一年承筐之會，《左氏》經文作「叔仲彭生」，則此《經》「叔」下亦當有「仲」字。

夏

五月

乙亥，齊侯潘卒。昭公也，在位二十年，其子舍嗣。

六月

公會宋公、陳侯、衛侯、鄭伯、許男、曹伯、晉趙盾。

癸酉，同盟于新城。《左傳》曰：從於楚者服，且謀邾也。張氏曰：從楚者，宋、陳、鄭、許，許自文公圍之不服，襄公又嘗伐之，今始與盟會也[一]。自襄公之末，楚再憑陵。趙盾得政，稍加和集。去歲，文公之朝，衛、鄭求附，盾因此并招致久負固之許，諸侯偕至，然後講同盟之禮。高氏曰：去冬，鄭、衛皆因公而請平于晉，至是諸侯之從楚者復附晉也，諸侯始皆相會。衆議既合，而後盟，且謀納捷菑焉，故别書癸酉同盟。澄曰：同盟者，莫適爲主也。是時晉靈公幼，趙盾以當國大夫出會諸侯，不敢主是盟，故書「同盟」也。杜氏曰：新城，宋地，在梁國穀熟縣西。

秋

七月

有星孛入于北斗。《左傳》曰：周内史叔服曰：「不出七年，宋、齊、晉之君皆將死亂。」杜氏曰：後三年，宋弑昭公。五年，齊弑懿公。七年，晉弑靈公。胡氏曰：此三君皆違道失德而死于亂，符叔服之言，天之示人顯矣，史之有占亦明矣。孫氏曰：孛，彗之屬。偏指曰彗，光芒四出曰孛，入于北斗者，入魁中也。

公至自會。

晉人納捷菑于邾，弗克納。「捷」，《公》作「接」○《左傳》曰：邾文公元妃齊姜生定公，二妃晉姬生捷菑。文公卒，邾人立定公，捷菑奔晉。晉趙盾以諸侯之師八百乘納捷菑于邾，邾人辭曰：「齊出貜且長。」宣子曰：「辭順而

[一] 今始與盟會也：「盟會」，清刻本、四庫本作「會盟」。

弗從，不祥。」乃還。杜氏曰：郛有成君，晋趙盾不度于義，而大興諸侯之師，涉郛之境，見辭而退，雖有服義之善，所興者廣，所害者衆。趙氏曰：弗克納，言失之於前而得之於末，愈乎遂也。

九月

甲申，公孫敖卒于齊。《左傳》曰：穆伯之從己氏也，魯人立文伯。文伯疾，請曰：「穀之子弱，請立難。」文伯卒，立惠叔。穆伯求復，惠叔以爲請，許之。將來，卒于齊。告喪請葬，弗許。陸氏曰：奔大夫不書卒，非我臣也。既許其歸，即我臣也，故書之，且明君臣之義，死生一也。魯卿卒於它國則地[一]。

齊公子商人弑其君舍。《左傳》曰：子叔姬妃齊昭公[二]，生舍。叔姬無寵，舍無威。桓公子商人驟施於國而多聚士。昭公卒，舍即位，商人弑舍自立。《穀梁傳》曰：舍未踰年，其曰君何也？成舍之爲君，所以重商人之弑也。陸氏曰：《春秋》之作，本以懲姦惡，若未踰年之君被弑而不曰君，則逆亂之臣皆以未踰年而肆其凶惡也。晋奚齊本不正，又里克不代其位，故異於此。高郵孫氏曰：人子之心，則未逾年而稱子；國人弑君，則未逾年而稱君，此《春秋》所以辨君臣之分，而防篡弑之禍。啖氏曰：舍母蓋魯之媵女，但一叔姬爾。《左氏》附會後事，加「子」字。澄按，啖説是也。《左氏》附會加「子」字，則叔姬乃文公女也。文公即位才十四年，豈有女配齊昭公而生子可立爲君者哉？齊昭公以魯僖公二十八年即位，叔姬生舍當在魯僖末年，時文公尚爲世子，豈有世子年幼，而有女嫁鄰國年長之君爲夫人者乎？況文四年文公逆婦姜于齊，蓋齊昭公之女也，豈有齊昭既娶魯文之女，而魯文又娶齊昭之女者乎？故知《左氏》

[一] 魯卿卒於它國則地：「則地」，四庫本作「例也」。

[二] 子叔姬妃齊昭公：「子」，原闕，據清刻本、四庫本補。

以舍母爲文公女者妄也。

宋子哀來奔。《左傳》曰：宋高哀爲蕭封人，以爲卿，不義宋公而出，遂來奔。孫氏曰：子哀，宋公族子。子，姓；哀，名也。澄曰：子哀三命之卿，例稱氏稱名，子，氏；哀，名也。宋子姓而氏曰子者，所謂以姓爲氏也。周制婦人稱姓，男子稱氏。再命者有名無氏，三命當稱氏，則君命之氏。宋哀自封人升爲卿，君未及命氏而出奔，故無氏可稱。若但書名，則疑於再命而非三命之卿，故《經》書宋之姓以爲哀之氏，表其爲三命之卿也。《傳》稱「高哀」，而《經》書「子哀」，猶晋大夫曰范曰中行，而《經》所書皆以士爲氏也。張氏曰：自宋昭公在位，始終無一善可稱，大臣死禍出奔者比比皆是，獨子哀潔身而去，不蹈隕身濡尾之悔。觀蕩意諸再歸而卒不免，則子哀之見幾而作，豈非既明且哲之流哉？

冬

單伯如齊。單伯，魯大夫之命於天子者。自莊公元年至今已七十餘年，未必一人，或其子若孫歟？

齊人執單伯。胡氏曰：商人弑舍，固忌魯矣[一]。魯使單伯如齊，齊人欲辱魯，故執單伯并執叔姬，而誣之以罪。

齊人執子叔姬。陸氏曰：《左氏》言子叔姬是齊侯舍之母，《春秋》例無執本國人者，《左傳》誤。此乃魯女嫁齊，齊不受而執之爾，《公》、《穀》義是。何氏曰：時子叔姬嫁當爲齊夫人，使單伯送之。澄按，叔姬稱子，則是時君之女，《左傳》誤以爲舍母，澄已辨之矣。當從《公》、《穀》義及何休、陸淳之説，但《公》、《穀》言道淫，是以齊之誣辭爲實。何氏言單伯送叔姬，亦非。竊詳事意，齊舍年幼新立，急欲求配，居喪而娶文公之女，故其逆其歸皆不書。姬歸當是九月之末，至齊而舍已被弑，姬無所從，故十月之初，魯遣單伯往省。商人固忌魯與舍爲昏，已既弑舍，則又有

[一] 固忌魯矣：「固」，原作「团」，據清刻本、四庫本改。

所忌。因單伯來省姬，遂執單伯併姬，而誣以曖昧之罪，將以辱魯。《經》書「冬，單伯如齊」，則是於叔姬歸齊之後如齊，而非送叔姬也。

《經》書月五，書日三。《大衍曆》：正月己卯，小，壬辰，冬至；二月戊申，大；三月戊寅，小；四月丁未，大，《經》五月乙亥在此月；五月丁丑，小；六月丙午，大，癸酉，二十八日；七月丙子，小；八月乙巳，大；九月乙亥，小，甲申，十日；十月甲辰，大；十一月甲戌，小；十二月癸卯，大。《長曆》：乙亥，五月二十九日。

十有五年己酉。匡王元年○晋霸靈九○蔡莊三十四○曹文六○衛成二十三○鄭穆十六○陳靈二○杞桓二十五○宋昭八○齊懿公商人元年○秦康九○楚莊二

春

季孫行父如晋。《左傳》曰：爲單伯與子叔姬故也。澄按，齊商人有可討之罪，而魯弱不敢當齊之彊，使人與君女遭其執辱，故上卿往聘於晋，欲藉霸主之重請於齊，以釋免其所執者也。

三月

宋司馬華孫來盟。宋卿書官義已見前。華孫，督之後，名耦。氏而不名者，四命之孤卿，與孔父、蔡仲、女叔同。凡卿之不名者例書字。父爲最尊，伯仲叔季次之。稱孫者，表其系，亞於稱字者也。趙氏曰：不稱使，與齊仲孫、屈完義同，從簡爾。孫氏曰：宋自僖公會諸侯於薄釋宋公之後，未嘗與魯通問。今華孫請來結盟于我，以尋舊好。啖氏曰：凡不言君使者，皆有義。呂氏曰：不言使，自請之也。高郵孫氏曰：其君暗亂，國事廢弛，賢臣外奔，華孫懼鄰國之諸侯因其間隙而侵伐之，於是來盟，以紓其國之難。

夏

曹伯來朝。《左傳》曰：諸侯五年再相朝。杜氏曰：十一年曹伯來朝，至此五年乃來。

齊人歸公孫敖之喪。《左傳》曰：齊人或爲孟氏謀曰：「魯，爾親也，飾棺寘諸堂阜，魯必取之。」從之。卞人以告，惠叔猶毁以爲請，立于朝以待命，許之，取而殯之，齊人送之。澄謂敖之喪得歸者，以難之孝也。

六月

辛丑，朔，日有食之。鼓，用牲于社。《左傳》曰：非禮也。日有食之，天子不舉，伐鼓于社，諸侯用幣于社，伐鼓于朝。齊氏《指要》曰：莊二十五年，「鼓，用牲于社」，《傳》云「非常」，此稱「非禮」者，前《傳》既非正陽之月，時曆差誤，則稱「非常」。此年得當鼓之月，但用幣非禮，故《傳》變文言「非禮」也。日有食之，天子伐鼓于社，責羣陰也。諸侯用幣于社者，社尊於諸侯，故請救而不敢責之，但伐鼓于朝，自責其政事有闕，謫于天爾。

單伯至自齊。高氏曰：内大夫爲它國所執而見釋者，皆書其至。

晉郤缺帥師伐蔡。

戊申，入蔡。《左傳》曰：新城之盟，蔡人不與。晉郤缺以上軍、下軍伐蔡，曰：「君弱，不可以怠。」入蔡，以城下之盟而還。高氏曰：蔡侯既與楚子次于厥貉，故新城之盟不與焉。晉郤缺帥師伐之，斯有名矣。凡伐不言入，伐之不服，然後入焉。蔡雖附楚，楚人不之救，足以知楚之不足恃矣。雖蔡人自取之，然晉曾不脩所以服楚，而暴小國以爭諸侯，欲使區區之蔡，捍楚之强而不貳，則亦難矣。是歲蔡侯甲午卒，不書。其子申嗣，是爲文公。張氏曰：徒示威武，暴及其民，而蔡終不心服，謂之能輔霸主服諸侯，可乎？

秋

齊人侵我西鄙。高氏曰：齊商人簒弒其君，又執我國大夫，罪不勝誅，而反加兵於我。澄按，魯無得罪於齊，齊之興師無名，故曰「侵」。

季孫行父如晉。高氏曰：一歲再如晉者，皆爲齊故。

冬

十有一月

諸侯盟于扈。《左傳》曰：晉侯、宋公、衛侯、蔡侯、鄭伯、許男、曹伯盟于扈，尋新城之盟，且謀伐齊也。齊人賂晉侯，故不克而還。於是有齊難，是以公不會。澄按，此非前目後凡之例，而七國之君不列叙，略之也。晉侯，霸主也，而與諸國同稱諸侯，不以霸主畀晉靈也。蔡侯新遭伐入之威，故暫貳于楚而與中國之盟。

十有二月

齊人來歸子叔姬。趙氏曰：書「來歸」於姬上者，非嫁後之出，故異其文焉。澄曰：若《左氏》所載事跡果是，則《經》合書「齊子叔姬來歸」，今不繫齊，則爲未嫁之女明矣。高氏曰：晉會諸侯盟於扈，受齊賂而不伐齊，故齊人自歸子叔姬，以解諸侯之意。

齊侯侵我西鄙，遂伐曹，入其郛。《左傳》曰：齊侵我，謂諸侯不能也。伐曹，入其郛，討其來朝也。季文子曰：「齊侯其不免乎？己則無禮，而討於有禮者，曰：『女何故行禮？』禮以順天，天之道也，己則反天，而又以討人，難以免矣。」襄陵許氏曰：魯盡禮於晉而見侵弗恤，曹脩禮於魯而被伐莫救，夫豈特齊之暴戾無道，皆晉靈、趙盾之責也。高氏曰：齊商人弑君自立，諸侯會于扈謀伐之，晋人取賂而還。商人知諸國之無能爲，益無顧忌，肆其威暴，且恚魯仗晋以謀己，故一歲而再侵我。惡魯而及曹，非理甚矣[一]。因我而加兵於曹，曰侵可也，而曰伐者，討其朝魯，執辭正也。

《經》書月四，書日一。《大衍曆》：正月癸酉，小，丁酉，冬至；二月壬寅，大；三月壬申，大；四月壬寅，小；五月辛未，大；六月辛丑，小，朔，日食，戊申，八日，己巳，小滿；閏月庚午，大；七月庚子，小，旦日，夏至；八月己巳，大；九月己亥，小；十月戊辰，大；十一月戊戌，小；十二月丁卯，大。

十有六年庚戌。匡王二年〇晋霸靈十〇蔡文公申元年〇曹文七〇衛成二十四〇鄭穆十七〇陳靈三〇杞桓二十六〇宋昭九，弑〇齊懿二〇秦康十〇楚莊三

春

季孫行父會齊侯于陽穀，齊侯弗及盟。《左傳》曰：及齊平，公有疾，使季文子會齊侯于陽穀，請盟。齊侯不肯，曰：「請俟君間。」澄曰：及，猶與也。謂齊侯不與行父盟也。高氏曰：晋侯既幼，不在諸侯。齊侯恃彊，數見侵伐，故魯不得已而事之。以行父當齊侯，宜齊侯之弗肯與盟也。張氏曰：文公即位之元年，以會霸主爲憚，而付之公孫敖，以取晋怒，魯之不得志於晋者數年[二]。今齊之亂，公能脩明政刑，告天子方伯以討其罪，則雖大國必畏之矣。既

[一] 非理甚矣：「理」，清刻本、四庫本作「禮」。
[二] 魯之不得志于晋者數年：「數年」，清刻本、四庫本作「數十年」。

不能然，反使商人得以彊大而威我，親戚、命使執辱於齊，不唯邊鄙被患，而與國與受其禍，此有志者困心衡慮而圖之之時也，而文公方且宴安於其國，復使其臣犯分求盟，以平累年之隙，抑何不思之甚哉。

夏

五月

公四不視朔。《穀梁傳》曰：四不視朔，厭政以甚矣[一]。《公羊傳》曰：四不視朔，有疾也，自是公無疾不視朔。蘇氏曰：定哀之間，子貢欲去告朔之餼，蓋不復視朔矣。此《公羊》之所以爲此言也。然而五月書不視朔，則六月視朔矣。視朔之廢，非始於此也。杜氏曰：諸侯每月必聽政，因朝於廟。今公不視二月、三月、四月、五月之朔也。趙氏曰：公若誠有疾，則不當譏。據諸侯盟會，文公三度不及[二]，又不會齊，以此推之，知公怠於國務，非疾也。高氏曰：朔者，天子之所頒也，諸侯上稟天子之命，下授萬民之時，故其奉王朔告于廟[三]，則謂之告朔。退而視朝以授民，則謂之視朔。前此未有書不視朔者，若其有疾，則亦常事不書爾。此特書者，見公之非有疾而然也。澄曰：公不視朔，非真有疾，託疾以詆齊也。今春季孫行父盟齊侯而齊不與盟，必欲公自至。公倦於往而畏齊之威，故託疾以詆，因不視朔，乃遣公子遂往盟齊侯，而齊侯與之盟，蓋既託疾而又納賂故也。按前書「閏月，不告朔，猶朝于廟」者，其月雖不告朔，然猶朝于廟。朝廟之後，退而視朝，是視朔之禮不廢也。今四不視朔，則不告朔、不朝廟從可知也。在後每朔三

[一] 厭政以甚矣：「以」，四庫本作「已」。
[二] 文公三度不及：「度」，四庫本作「年」。
[三] 故其奉王朔告于廟：「王」，四庫本作「正」。

禮未嘗廢〔一〕，唯因朝事會盟行師而出，不在國則廢，至則又復舉矣。其後蓋因季氏逐昭公，魯國無君者七年，故廢告朔之禮。昭公薨於外，定公以元年六月方即位，自是告朔之禮不復舉，故子貢欲去其羊。謂不告朔自文公始者，非也。

六月

戊辰，公子遂及齊侯盟于郪丘。「郪」，《公》作「犀」，《穀》作「師」○《左傳》曰：公使公子遂納賂於齊侯，故盟于郪丘。杜氏曰：郪丘，齊地。高氏曰：陽穀之會，齊侯弗及盟者，非特行父奉使之失也，晋爲魯故會諸侯于扈，將以伐齊，齊侯賂之，遂不果伐，於是齊侯欲取償于魯焉。至是公使公子遂納賂于齊，而復求盟，所以尋盟于郪丘，則有辭矣。謂公四不視朔，實有疾故也，然則《春秋》書公四不視朔，非特譏公之怠，亦以見公子遂得盟之由，則知此盟非齊侯之欲，故明年齊侯復伐我西鄙，僅少紓而已。

秋

八月

辛未，夫人姜氏薨。僖公夫人，文公母也。

毁泉臺。《公羊傳》曰：郎臺也，未成爲郎臺，既成爲泉臺。毁何以書？譏爾。先祖爲之，己毁之，不如勿居而已矣。何氏曰：莊公所築，不當暴揚先祖之惡也。孫氏曰：惡勞民也。築之勞，毁之勞，既築之又毁之，可謂勞矣。

楚人、秦人、巴人滅庸。《左傳》曰：楚大饑，庸人率羣蠻以叛楚。麇人率百濮聚於選，於是申、息之北門不

〔一〕在後每朔三禮未嘗廢：「三」，清刻本、四庫本作「之」。

啓，楚人謀徙於阪高。蔿賈曰：「我能往，寇亦能往，不如伐庸。夫麇與百濮謂我饑不能師，故伐我也。我若出師，必懼而歸。百濮離居，將各走其邑，誰暇謀人？」乃出師，旬有五日，百濮乃罷。使廬戢黎侵庸，庸人逐之，囚子揚窗，三宿而逸，曰：「庸師衆，羣蠻聚焉，不如復大師，且起王卒，合而後進。」師叔曰：「不可。姑又與之遇以驕之。」七遇皆北。庸人曰：「楚不足與戰矣。」遂不設備。楚子乘馹會師，分爲二隊以伐庸。秦人、巴人從楚師，羣蠻從楚子盟，遂滅庸。高氏曰：楚率秦、巴以滅人之國，則秦又聽服於楚矣。夫城濮之役，秦人在焉，自是遂與中國盟會，而晋襄因殽之役，報復不已，自是失秦矣。夫秦兵之彊，後世莫及焉，使其協和以攘楚，且討其弑君父之罪，蓋有餘力，而晋反棄秦以資楚，此中國之所以不振也。

冬

十有一月

宋人弑其君杵臼。「杵」，《公》作「處」〇《左傳》曰：宋公子鮑禮於國人，宋饑，竭其粟而貸之，年自七十已上，無不饋詒也，無日不數於六卿之門，國之材人無不事也，親自桓以下無不恤也。襄夫人助之施。昭公將田孟諸，未至，夫人王姬使帥甸攻而殺之，蕩意諸死之。澄按，宋昭公立九年，不能其大夫國人，襄夫人亦惡之。出田孟諸，甸徒攻而弑之，故稱人以弑，弑者賤人，無名可書也。蓋鮑見昭公之失衆心，固有圖爲君之意，而未有篡謀也。襄夫人雖有以鮑易杵臼之意，而未萌殺心也。昭公出田，甸徒弑之，而鮑與夫人因得遂其素志，《左傳》之文，宜删「夫人王姬使帥」六字，方與《經》協。蓋謂甸衆知襄夫人之意，而敢於行弑則可，謂襄夫人使人帥甸弑之，則未必然也。孫氏曰：稱人，微者也，名氏不登于史策。胡氏曰：蕩意諸死之，而不得與孔父、仇牧並書者，君昏不能正，危不能救，坐待其死，而與之同死，所謂「匹夫匹婦自經於溝瀆而莫之知」者也。

《經》書月四，書日二。《大衍曆》：正月丁酉，小，壬寅，冬至；二月丙寅，大；三月丙申，小；四月乙丑，大；五月乙未，小；六月甲子，大，戊辰，五日；七月甲午，小；八月癸亥，大，辛未，九日；九月癸巳，小；十月壬戌，大；十一月壬辰，小，《傳》甲寅，二十三日；十二月辛酉，大。《長曆》：是年閏五月。

十有七年辛亥。匡王三年〇晉霸靈十一〇蔡文二〇曹文八〇衛成二十五〇鄭穆十八〇陳靈四〇杞桓二十七〇宋文公鮑元年〇齊懿三〇秦康十一〇楚莊四

春

晉人、衛人、陳人、鄭人伐宋。《左傳》曰：晉荀林父、衛孔達、陳公孫寧、鄭石楚伐宋，討曰：「何故弒君？」猶立文公而還。澄曰：《傳》所載皆四國之卿而《經》書人者，蓋元帥不行，而遣裨將往伐也，責其弒君是也，但不當不誅弒君之人。

夏

四月

癸亥，葬我小君聲姜。「聲」，《公》作「聖」〇《左傳》曰：有齊難，是以緩。高氏曰：九月乃葬，慢也。

齊侯伐我西鄙。《左傳》曰：齊伐我，襄仲請盟。高氏曰：齊猶以公不親盟，復來討焉。於此見郪丘之盟無益矣。

六月

癸未，公及齊侯盟于穀。齊伐我而晉不能救，公竟不免親與齊侯盟。

諸侯會于扈。《左傳》曰：晉侯蒐于黄父，遂復合諸侯于扈，平宋也。公不與，會齊難故也。澄曰：晉侯不能爲盟主而合諸侯，故略之而不列序也。

秋

公至自穀。危之也。

冬

公子遂如齊。《左傳》曰：拜穀之盟。杜氏諤曰：公及齊侯盟而冬又聘之，故《左氏》謂之拜盟也。

《經》書月二，書日二。《大衍曆》：正月辛卯，大，丁未，冬至；二月辛酉，小；三月庚寅，大；四月庚申，小，癸亥，四日；五月己丑，大；六月己未，小，癸未，二十五日；七月戊子，大；八月戊午，小；九月丁亥，大；十月丁巳，大；十一月丁亥，小；十二月丙辰，大。《長曆》：癸亥，四月五日；癸未，六月二十六日。

十有八年壬子。匡王四年〇晉霸靈十二〇蔡文三〇曹文九〇衛成二十六〇鄭穆十九〇陳靈五〇杞桓二十八〇宋文二〇齊懿四，弑〇秦康十二，卒〇楚莊五

春

王二月

丁丑，公薨于臺下。高郵孫氏曰：薨非路寢皆不正也，臺下蓋又甚焉。

秦伯罃卒。秦康公也，在位十二年，子稻嗣，是爲共公。高氏曰：秦雖伯益之後，本附庸也，僻在西夷，自秦

仲始大。至平王時，秦襄始有功於周室，列於諸侯，賜爵爲伯。穆公班於城濮之戰，自後與中國交聘盟會，遂霸西戎。九年，康公來歸僖公、成風之襚，始與魯通好，至是遂書其卒。

夏

五月

戊戌，齊人弑其君商人。《左傳》曰：齊懿公之爲公子也，與邴歜之父爭田，弗勝。及即位，乃掘而刖之，而使歜僕。納閻職之妻，而使職驂乘。公遊于申池，二人弑懿公，納諸竹中。歸，舍爵而行。齊人立公子元。澄曰：歜、職皆賤者，故稱人而不書名。何氏曰：商人弑君賊，齊人以君事之。張氏曰：商人固當討之賊，然齊人不以爲賊，北面稱臣而君之者三年，以爲賊則不當事，以爲君則不可弑。今三年事之，一旦弑之，亂作於大分已定之後，故曰「弑其君」也。

六月

癸酉，葬我君文公。

秋

公子遂、叔孫得臣如齊。《穀梁傳》曰：使舉上客而不稱介，不正其同倫而相介，故列而數之也。《左傳》曰：襄仲、莊叔如齊，惠公立故，且拜葬也。澄按，公子遂將殺適立庶，而先聘齊以請，故託賀立君及拜葬二事以行也。二卿同使者，一卿賀齊立君，一卿拜葬也。

冬

十月

子卒。《左傳》曰：文公二妃敬嬴生宣公，敬嬴嬖而私事襄仲，宣公長而屬之襄仲。襄仲欲立之，叔仲不可。仲見于齊侯而請之，齊侯新立而欲親魯，許之。仲殺惡及視而立宣公。《公羊傳》曰：子謂子赤也。不曰弒也，弒何以不曰？不忍言也。《穀梁傳》曰：子卒不日，故也。何氏曰：與子般異，般書日。孫氏曰：成君弒不地，子赤未逾年，故不日以別之。

夫人姜氏歸于齊。《左傳》曰：大歸也，將行，哭而過市，曰：「天乎！仲爲不道，殺嫡立庶。」市人皆哭。魯人謂之哀姜。

季孫行父如齊。告宣公之立也。沙隨程氏曰：遂、得臣、行父三人皆與謀，以其前後如齊而知之也。高氏曰：前乎子卒書如齊，後乎子卒書如齊，行父遂與公子遂同弒惡而立宣公，故夫人姜氏歸于齊，而行父遽如齊焉。惡實齊之甥，恐齊人聽夫人之訴而來討，於是議納賂以請平焉。魯國臣子之罪，不可勝誅也。

莒弒其君庶其。《公羊傳》曰：稱國以弒者，衆弒其君之辭也。《左傳》曰：莒紀公生太子僕，又生季佗，愛季佗而黜僕，且多行無禮於國。僕因國人以弒紀公，以其寶玉來奔。澄曰：如《左氏》之言，則是太子僕以子弒父也。《春秋》何得不書而乃書國弒乎？且僕既與國人同弒君，則又何以奔魯乎？或疑「僕因國人」之下「以」字當作「之」，謂僕因國人之弒紀公，懼并及禍，故以其寶玉來奔也。

《經》書月四，書日三。《大衍曆》：正月丙戌，小，癸丑，冬至；二月乙卯，大，癸未，大寒，丁丑，二十三日；閏月乙酉，小；三月甲寅，大，旦日，雨水；四月甲申，小，《經》五月戊戌在此月；五月癸丑，大，《經》六月癸酉在此月；六月癸未，小；七月壬子，大；八月壬午，小；九月辛亥，大；十月辛巳，小；十一月庚戌，大；十二月庚辰，小。《長曆》：丁丑，二月二十四日；戊戌，五月十一日；癸酉，六月二十二日。

春秋纂言卷七

元　吴澄　撰

宣公名倭，一名接，文公妾敬嬴之子，在位十八年，夫人穆姜。

元年癸丑。匡王五年〇晋霸靈十三年〇蔡文四年〇曹文十年〇衛成二十七年〇鄭穆二十年〇陳靈六年〇杞桓二十九年〇宋文三年〇齊惠公元元年〇秦共公稻元年〇楚莊六年

春

王正月

公即位。凡繼弑君不即位者，以君父遭弑而賊未討，則太子不忍行即位禮，或國亂人心危疑，不暇行即位禮也。仲遂以臣弑君，宣公以庶奪嫡，方以子惡被弑而已得立爲得志，故安然行即位禮。

公子遂如齊逆女。胡氏曰：宣公懼於見討，故結昏于齊，爲自安計。越典禮而逆女，如此其亟而不顧者，必敬嬴、公子遂立接之始謀也。高氏曰：不待喪畢，而公子遂遽如齊逆女者，恐姻好久不通，而齊人來討也。且娶于齊，則公因得以列於會而諸侯不復討矣。澄按，負篡弑之罪而急於結齊昏以定其位，此惡之大；喪娶卿逆之非禮，則其惡之小者爾。

三月

遂以夫人婦姜至自齊。高氏曰：不直書「夫人婦姜至自齊」，而稱「遂以」者，明公子遂不當以夫人歸也。婚禮莫重乎親迎，豈容它人得以之歸哉？公子遂蓋公族之尊者，尤不可也。不稱公子，一事再見也。文公逆婦姜于齊，不稱夫人，自逆故也。此稱夫人者，臣下之詞也。婦者，有姑之辭，無姑，則專以夫人之禮至，有姑則以婦禮至。姑者，敬嬴，以嬖妾私事襄仲，以屬其子，弒世嫡兄弟，黜主君夫人，乃援成風故事，即以子貴爲國母。今斬焉在衰絰之中，而請昏納婦，故因夫人至特稱「婦姜」，以顯敬嬴妾也而姑之。李堯俞曰：《經》稱婦姜者，不言氏。婦人言氏以配姓，蓋欲稱謂之順也。《春秋》於内女則稱叔姬，於外女則不可以叔伯言之，故夫人不言謚、不稱婦，則必以氏配之。今此婦而言姜加氏，則稱謂之繁也，亦猶文姜、成風以謚稱，而不以氏稱也，如成十四年書「婦姜氏」者。趙氏曰：繆增也。

夏

季孫行父如齊。《左傳》曰：如齊納賂以請會。高氏曰：公既昏矣，然後季文子如齊納賂，請列於會。蓋春秋時，凡國君不以其道立，茍得一預於諸侯之會，則它國不得復討其罪，所以季文子不憚自行者，欲假大國之權，以定宣公之位也。宣公之位定，則一時臣子黨亂誤國之罪，庶皆可以逃矣。昔人稱季文子三思而後行，今當魯國喪禍之際，而舉動乖錯如此，安在其爲三思哉？是必思之過多而方寸亂矣，故孔子譏之。吕氏曰：君母不正，孽子篡立，而國之大臣恃大國以免，施施肆肆，無所忌憚。行父，名大夫也，而猶若是，先王之澤盡矣。張氏曰：文公世子之死，在官當誅者，公子遂其首，行父次之。

晉放其大夫胥甲父于衛。《左傳》曰：晉人討不用命者。杜氏曰：胥甲，晉下軍胥臣之子。文公十二年戰河曲，不肯薄秦於險。蘇氏曰：胥甲、趙穿，其罪一也，放胥甲而捨趙穿。穿，盾之族子也。胡氏曰：秦、晉戰河曲[一]，撓臾駢之謀者趙穿也。若討其不用命，當以穿爲首，而獨放胥甲父，則以趙盾當國而庇其族子也。澄按，河曲之戰，及今八年矣，豈有不用命之罪，八年而後討哉？必胥甲父以它事取惡於趙盾，而盾逐之也。

公會齊侯于平州。《左傳》曰：會于平州，以定公位。杜氏曰：平州，齊地，在泰山牟縣西[二]。張氏曰：《後漢志》瑯琊國陽都故地有牟臺。《註》云平州在縣西。凡亂臣賊子之所以不敢縱其欲者，以有霸主大國能討之也。齊乃魯之鄰，其力足以正魯，而惠公不明於義利邪正之辨，始許仲遂以亂魯之適庶，終會平州以定賊子之位，則亂賊復何畏而不逞哉！晉爲盟主，而齊、宋弒君，威弗能加，魯亂不治，見晉之無能爲也。

公子遂如齊。《左傳》曰：如齊拜成。胡氏曰：遂一再見于《經》矣！拜成又書者，著其始終成就弒立之謀。

六月

齊人取濟西田。《左傳》曰：爲立公故，以賂齊也。杜氏曰：濟西，故曹地，僖三十一年晉文以分魯。呂氏大圭曰：《春秋》書取田邑，有伐而書取者八，如隱四年「莒人伐杞，取牟婁」、十年「公敗宋師，取郜、取防」、僖二十二年「公伐邾，取須句」、二十六年「公以楚師伐齊，取穀」、三十三年「公伐邾，取訾婁」、宣四年「公伐莒，取向」、九年「齊侯伐萊，取根牟」、十年「公孫歸父伐邾，取繹」，是用兵力以取之也。有直書取者，如僖三十一年「春，取濟

[一] 秦、晉戰河曲：「秦」，原作「齊」，據清刻本、四庫本改。
[二] 在泰山牟縣西：「泰」，原闕，據四庫本補。

西田」，我取之曹也。此年「齊人取濟西田」，齊取之我也。成二年「取汶陽田」，以鞌之戰而齊以歸我也，此則不用兵力而取之也。張氏曰：桓公簒立，求援於鄭而誘以許田；宣公奪嫡，主齊以自立，而賂以濟西。以利自固，前後一轍。使鄭莊、齊惠不貪其利，則桓、宣必不能以自立矣。

秋

邾子來朝。文十四年，邾伐我南鄙。今六年來朝，不詳其故。

楚子、鄭人侵陳，遂侵宋。《左傳》曰：宋人之弑昭公也，晋荀林父以諸侯之師伐宋。宋及晋平，宋文公受盟于晋。又會諸侯于扈，將爲魯討齊，皆取賂而還。鄭穆公曰：「晋不足與也。」遂受盟于楚。陳共公卒，楚人不禮焉。陳靈公受盟于晋，故楚子侵陳、宋。胡氏曰：鄭以宋人弑君，晋不能討，以此罪晋，爲不足與，今乃附楚以亟病中國，何義乎！書「侵陳，遂侵宋」者，以見此師爲不義，掠境侵暴，非能聲宋之罪也。吕氏大圭曰：《春秋》盟會而書「楚子」自盂始，征伐而書「楚子」自侵陳始。向也次厥貉，嘗書「楚子」矣，然未嘗加兵於中國也。伐麇亦書「楚子」矣，然不過加兵於其與國也。征伐而出爵者[一]，皆伯之之辭。侵蔡伐楚書「齊侯」，伯齊侯也[二]；侵曹伐衛書「晋侯」，伯晋侯也。侵陳侵宋書「楚子」，《春秋》固伯楚子乎？書「齊侯」、「晋侯」，喜中國之猶有霸也。書「楚子」，傷中國之無霸，而夷狄得以執霸權也。

晋趙盾帥師救陳。高氏曰：鄭連楚以侵陳與宋，晋何爲獨救陳？曰：以楚兵主在於陳，因加於宋。晋人踰宋

[一] 征伐而出爵者：「出」，四庫本作「書」。

[二] 伯齊侯也：「伯」，四庫本作「霸」，下文「伯晋侯也」、「伯楚子乎」同。

而救陳，救陳而師退，是救宋也，故舉救陳則及宋，舉救宋則不及陳矣。胡氏曰：《傳》稱師救陳、宋，《經》不書宋，聖人削之也。前方以不能討宋，諸侯會而不序，今若書救宋，則典刑紊矣。

宋公、陳侯、衛侯、曹伯會晋師于棐林，伐鄭。「棐」，《公》作「斐」○《左傳》曰：楚蔿賈救鄭，遇于北林，囚晋解揚，晋人乃還。杜氏曰：棐林，鄭地，滎陽宛陵縣東南有林鄉。澄曰：晋師即趙盾救陳之師也。以四國之君在會，故不稱趙盾，而稱晋師也。陳，先代之後，而受侵逼，霸主所宜救也。鄭以畿内之國而附蠻夷，霸主所當伐也。惜乎晋霸不競，荆蠻方彊，晋卿能致四國之君，聲罪致討，不能服鄭，而反遺楚禽〔一〕，中國之不振可傷也。

冬

晋趙穿帥師侵崇。「崇」，《公》作「柳」○《左傳》曰：晋欲求成於秦，趙穿曰：「我侵崇，秦急崇，必救之，吾以求成焉。」趙穿侵崇，秦弗與成。杜氏曰：崇，秦之與國。任公輔曰：按《地譜》，商有崇國，在京兆鄠縣甘亭。高氏曰：晋方病楚而欲得秦，欲求成而反加兵於它人之國，適足以衆晋之敵爾，此謬計也。

晋人、宋人伐鄭。《左傳》曰：以報北林之役。於是晋侯侈，趙宣子爲政，驟諫而不入，故不競於楚。澄按，棐林之會，晋合四國以伐鄭而無功，故至於再伐，不復可致三國。伐鄭者，爲宋也，故獨與宋連兵。高氏曰：宋怨鄭與楚之侵也，復請晋伐鄭，晋亦以前救之無功也，遂連兵伐之。夫晋以貪賂致諸侯之叛，不能退而自責，乃謀動干戈於外，以遂宋之復怨，况宋人弑君，豈可與之合兵乎？

《經》書月三，書日無。《大衍曆》：正月己酉大，戊午，冬至；二月己卯，大；三月己酉，小；四月戊寅，大；

〔一〕而反遺楚禽：「遺」，清刻本作「遭」。

五月戊申，小；六月丁丑，大；七月丁未，小；八月丙子，大；九月丙午，小；十月乙亥，大；十一月乙巳，小；十二月甲戌，大。

二年甲寅。匡王六年，崩〇晋霸靈十四，弑〇蔡文五〇曹文十一〇衛成二十八〇鄭穆二十一〇陳靈七〇杞桓三十〇宋文四〇齊惠二〇秦共二〇楚莊七

春

王二月

壬子，宋華元帥師及鄭公子歸生帥師戰于大棘，宋師敗績，獲宋華元。《左傳》曰：鄭公子歸生受命于楚伐宋，宋華元、樂吕御之，戰于大棘，宋師敗績，囚華元，獲樂吕，及甲車四百六十乘，俘二百五十人，馘百人。宋人以兵車百乘、文馬百駟以贖華元于鄭，半入，華元逃歸。杜氏曰：大棘在陳留襄邑縣南。張氏曰：襄邑，今屬拱州。澄曰：鄭附楚侵中國之陳、宋，晋爲宋故再伐鄭，而皆無功。鄭受楚命，一戰宋而乃大勝，楚人之氣益張矣。李氏堯俞曰：《春秋》三十四戰，主客並書帥師者，惟此及哀二年趙鞅、罕達而已。高氏曰：元年秋，鄭人與楚子侵宋，宋人既爲棐林之役以報之。是冬，又與晋人伐鄭，一役而兩報之，遂起此役。今鄭師之來，宋當明大義以諭之，否則慎固封守，使鄭不得而犯焉。華元乃遽帥師出與之戰，於是三軍大敗，以至見獲。不能效死，徒殄民辱國而已，以見中國因夷狄之故而自相殘如此。吕氏大圭曰：《春秋》書戰言大夫帥師自此始，自是而後，若晋荀林父、衛孫良夫、魯季孫行父、臧

孫許〔一〕、叔孫僑如、公孫嬰齊、齊國書皆大夫帥師而戰，惟晉趙鞅、鄭罕達戰于鐵，及此年戰大棘，戰而兩稱帥師者，其衆敵也。《春秋》書獲者七，惟齊國書及此年宋華元書「敗績」者，身見獲而師又敗也。大夫生死皆言獲，鄭獲宋華元，生也；吴獲陳夏齧、吴獲齊國書，死也。蓋存之殺之，皆在既獲之後爾。

秦師伐晉。《左傳》曰：以報崇也，遂圍焦。晉趙盾救焦。胡氏曰：晉用大師于崇，乃趙穿私意而無名也，故書「侵」。秦人爲是興師而報晉，則問其無名之罪也，故書「伐」。

夏

晉人、宋人、衛人、陳人侵鄭。《左傳》曰：晉趙盾遂自陰地及諸侯之師侵鄭，以報大棘之役。楚鬬椒救鄭，曰：「能欲諸侯而惡其難乎？」遂次于鄭以待晉師。盾曰：「彼宗競于楚，殆將斃矣，姑益其疾。」乃去之。澄曰：晉又與諸侯之師，爲宋報鄭，師出無名，又畏楚之救而還師。高氏曰：自是楚與晉爭，晉不能競，反有弑逆之禍，於是楚益自肆，明年遂有問鼎之事。

秋

九月

乙丑，晉趙盾弑其君夷臯。「臯」，《公》作「獋」。○《左傳》曰：晉侯飲趙盾酒，伏甲，將攻之。其右提彌明知之，趨登曰：「臣侍君宴，過三爵，非禮也。」遂扶以下。公嗾夫獒焉〔二〕，明搏而殺之。盾曰：「棄人用犬，雖猛何

〔一〕臧孫許：「臧」，原作「莊」，據清刻本改。

〔二〕公嗾夫獒焉：「焉」，原闕，據四庫本補。

爲？」鬭且出，提彌明死之。靈輒與爲公介，倒戟以禦公徒而免之，遂自亡也。趙穿攻靈公于桃園，宣子未出山而復。

澄曰：趙盾專晉國之政幾二十年，境内境外知有盾而不知有公。靈公既長，不堪其專，遂欲殺盾。提彌明扶盾出走，明既搏殺公獒，又與公徒鬭而死，則盾之私屬與公徒敵，無復有臣禮矣。靈輒内叛，倒戟以禦内兵，故盾得幸免，然君臣既爲仇敵，非盾弑公，則公殺盾，勢固不兩立也。穿，盾之族子，平日所愛信之人也，弑公而盾乃復。穿之弑，爲盾弑也。盾爲首惡，穿特承意行事者爾，此正與魏帝髦之弑同。髦惡司馬昭之專，率徒以攻昭，昭倉皇奔避。賈充謂成濟曰：「司馬公養汝等，政在今日。」於是成濟抽戈弑髦，而昭得免於誅。夫弑髦者，賈充發言，成濟操刃，而《皇極經世書》及《通鑑綱目》皆書曰「魏司馬昭弑其君髦」，曷嘗歸獄於賈充與成濟哉！趙盾之專，猶司馬昭之專也；晉靈之欲殺盾，猶曹髦之欲殺昭也；趙穿之弑晉靈，猶成濟之弑曹髦也。趙盾陽爲不知謀，以求自免其弑君之罪，將誰欺乎？夫子書曰「晉趙盾弑其君夷皋」，誅首惡也。故曰「《春秋》成而亂臣賊子懼」，亂臣，謂趙盾也；賊子，謂許世子止也。彼二人者，弑君弑父而欲欺人，以爲非己所弑，其懼者何？以聖人不可欺，而直筆不之赦也。自《三傳》以來，説《春秋》者多方爲盾止分釋，則是亂臣賊子不可以欺聖人，而乃可以欺後儒也。靈公在位十四年，趙盾使趙穿逆襄公之弟黑臀于周而立之，是爲成公。

冬

十月

乙亥，天王崩。匡王也，在位六年，其弟瑜立，是爲定王。

《經》書月三，書日三。《大衍曆》：正月甲辰，小，癸亥，冬至，《經》二月壬子在此月；二月癸酉，大；三月癸卯，小；四月壬申，大；五月壬寅，大；六月壬申，小；七月辛丑，大；八月辛未，小；九月庚子，大，乙丑，二十六日；十月庚午，小，乙亥，六日；十一月己亥，大，戊辰，處暑；閏月己巳，小；十二月戊戌，大。《長曆》：是年閏五月。壬子，二月二日；乙丑，九月二十七日；乙亥，十月八日。

三年乙卯。定王元年○晉霸成公黑臀元年○蔡文六○曹文十二○衛成二十九○鄭穆二十二，卒○陳靈八○杞桓三十一○宋文五○齊惠三○秦共三○楚莊八

春

王正月

郊牛之口傷，改卜牛，牛死，乃不郊，猶三望。《公羊傳》曰：郊則必祭稷，養牲養二〔一〕，卜帝牲，不吉則扳稷牲而卜之。帝牲在于滌三月，於稷者唯具是視。《左傳》曰：望，郊之屬也，不郊亦無望可也。杜氏曰：牛不稱牲，未卜日也。齊氏《旨要》曰：牛卜日曰牲，今未卜日，尚爲祭牛。范氏曰：牛無故其口自傷，易牛改卜，復死，乃廢郊禮。高氏曰：魯僭郊禮久矣，隱、桓、莊、閔不書者，聖人不敢無故斥言君父之過，故因變異而書也。胡氏曰：乃不郊者，爲牛之口傷，改卜而牛又死也，不然郊矣。禮，爲天王服斬衰，周人告喪於魯，史策已書而未葬也。祀帝于郊，夫豈其時？而或謂不以王事廢天事，禮乎？張氏曰：此又因事之變以明魯郊之非禮也，而僭禮之中，復有忘哀從吉之罪。三年之喪，乃臣子斬衰奔赴之時，豈可僭天子越紼行事之禮？此《春秋》所以特書之，并書「猶三望」以譏其可已而不已也。

〔一〕養牲養二：「養二」之「養」原闕，據清刻本、四庫本補。

葬匡王。高氏曰：前期而葬者，簡也。王室微，諸侯不王也。

楚子伐陸渾之戎。「陸渾之戎」，《公》作「奔賁戎」○《左傳》曰：楚子伐陸渾之戎，遂至於雒，觀兵於周疆。定王使王孫滿勞楚子，楚子問鼎之大小輕重。對曰：「在德不在鼎，周德雖衰，天命未改，鼎之輕重，未可問也。」

夏

楚人侵鄭。《左傳》曰：晉侯伐鄭，及郔。鄭及晉平，士會入盟。楚人侵鄭，鄭即晉故也。胡氏曰：鄭以晉靈不君，取賂釋賊，爲不足與，是也。而往從楚，非矣。今晉成初立，背僭竊而歸諸夏，是反正也。《春秋》大改過，許遷善。不書晉伐鄭、鄭及晉平者，與鄭伯之能反正也，故獨書楚人侵畧諸夏之罪[一]。

秋

赤狄侵齊。赤狄始見《經》。張氏曰：赤狄，狄之别種。孔《疏》云：「謂之赤狄、白狄者，俗尚赤衣、白衣也。」《地譜》：洛州，《春秋》赤狄之地。高氏曰：見狄之種類已分矣。襄陵許氏曰：楚侵其南，狄侵其北，天下棟撓之時也。

宋師圍曹。《左傳》曰：宋文公即位三年，殺母弟須及昭公子，武氏之謀也，使戴、桓之族攻武氏于司馬子伯之館，盡逐武、穆之族。武、穆之族以曹師伐宋。宋師圍曹，報武氏之亂也。高氏曰：武氏之亂，非曹人所致也。宋不能内睦九族，而興兵以圍人之國，不亦左乎。

[一] 故獨書楚人侵畧諸夏之罪：「畧」，清刻本、四庫本作「掠」。

冬

十月

丙戌。鄭伯蘭卒。鄭穆公也，在位二十二年。子夷嗣，是爲靈公。

葬鄭穆公。葬速，禮不備也。

《經》書月二，書日一。《大衍曆》：正月戊辰，小，旦日，冬至；二月丁酉，大；三月丁卯，大；四月丙申，大；五月丙寅，小；六月乙未，大；七月乙丑，小；八月甲午，大；九月甲子，小，《經》十月丙戌在此月；十月癸巳，大；十一月癸亥，小；十二月壬辰，大。《長曆》：丙戌，十月二十五日。

四年丙辰。定王二年〇晋霸成二〇蔡文七〇曹文十三〇衛成三十〇鄭靈公夷元年，弑〇陳靈九〇杞桓三十二〇宋文六〇齊惠四〇秦共四，卒〇楚莊九

春

王正月

公及齊侯平莒及郯，莒人不肯。杜氏曰：莒、郯二國相怨，故公與齊侯共平之。高氏曰：莒、郯相怨，而郯乃魯昏姻之國，公欲爲郯平莒，而挾齊以爲重，故及齊侯。公之義不足以服莒之心，莒所以不肯也。肯者，心以爲然而從之也。曰「莒人」，見其不肯者非特其君也。

公伐莒，取向。向，舒亮切〇《左傳》曰：平國以禮不以亂，伐而不治，亂也。以亂平亂，何治之有？杜氏

曰：向，莒邑，東海承縣東南有向城。張氏曰：宣公平二小國，若出於公，不必假齊，一言而彼已服。今挾齊爲重而莒尚不肯，伐莒而齊不復與，復取向以自益，著宣公之不公而終之以利也。高氏曰：二大國以好平兩小國之怨而且不能，不知自反而取邑於人，亦已甚矣。公既無以得莒，後書「郯伯姬來歸」，則郯亦不能固其好也。然向本魯地，桓十六年城向是也。後入于莒，豈魯與莒有好而向還莒歟？至此莒弗肯平，然後公復取向也。

秦伯稻卒。秦共公也，在位五年，子桓公嗣。

夏

六月

乙酉，鄭公子歸生弑其君夷。夷，靈公也，嗣位一年，鄭人立穆公之庶子堅，是爲襄公。據諸家之説，皆謂公子宋弑君，歸生不能誅宋而反從其邪謀，故爲首惡。然宋實手弑其君之賊，何乃得免於罪乎？《左傳》所載事蹟猥陋，蓋不足信，而諸家爲傳所惑，故生曲説以從《傳》也。歸生貴戚之卿，秉國重權，嗣君新立，必有所不獲於其君者，因宋之有邪謀，陽爲畜老憚殺之言，陰實假手於宋以除其君，此亂臣之首，而宋特其從也。

赤狄侵齊。高氏曰：以齊之疆，而連年爲狄所侵，則惠公之無政可知矣。

秋

公如齊。高氏曰：狄在齊境而公往朝之，宣公之無政也又可知矣。

公至自齊。胡氏曰：宣公比年如齊而皆至者，危之也。張氏曰：危之者，與桓二年「公至自唐」同意。

冬

楚子伐鄭。《左傳》曰：鄭未服也。杜氏曰：前年楚侵鄭，不獲成，故曰未服。高氏曰：中國諸侯不問鄭國弑君之罪，而夷狄興兵以討之，所以病中國也。

《經》書月二，書日一。《大衍曆》：正月壬戌，大，甲戌，冬至；二月壬辰，小；三月辛酉，大；四月辛卯，小；五月庚申，大，《經》六月乙酉在此月；六月庚寅，小，《傳》七月戊戌在此月；七月己未，大；八月己丑，小；九月戊午，大；十月戊子，小；十一月丁巳，大；十二月丁亥，小。《長曆》：乙酉，六月二十七日。

五年丁巳。定王三年〇晉霸成三〇蔡文八〇曹文十四〇衛成三十一〇鄭襄公堅元年〇陳靈十〇杞桓三十三〇宋文七〇齊惠五〇秦桓公榮元年〇楚莊十

春

公如齊。高氏曰：公以不義得國，故亟朝於齊。且公始即位，公子遂、季孫行父一歲而三聘齊，至是甫及三時而再朝，謹事大國以自固也。

夏

公至自齊。《左傳》曰：齊高固使齊侯止公，請叔姬焉。高氏曰：春如齊而夏至者，以齊人止公，彊爲高固請昏也，故書至以危之。

秋

九月

齊高固來逆子叔姬。《左》「逆」下無「子」字〇《左傳》曰：卿自逆也。高氏曰：古者三十而娶，五十而爵

爲大夫，故大夫無出竟親迎者。高固爲齊正卿，而始與魯昏，越竟逆女，非禮矣。胡氏曰：嫁女於大夫而不使大夫主之，公自爲主，厭尊毁列，卑朝廷、慢宗廟矣。鄭國褊小，楚公子圍貴驕彊大，來娶于鄭，子產辭而却之，使館于外。宣公以國君而逼於高固，彊委禽焉而不能止，《春秋》詳書此辱，爲後世鑒。澄曰：宣公負簒國之罪，倚齊以安，數朝數聘，卑身事齊，猶以爲未甚。至齊之臣彊取其女，甘心與之而不敢違，蓋身爲不義，故忍恥忍辱而屈於人下如此。曹子臧、吴季札，彊與之國，義不肯受，不降其志，而常伸於人上者，果何人哉！

叔孫得臣卒。不書日，文闕。

冬

齊高固及子叔姬來。《左傳》曰：反馬也。胡氏曰：禮，嫁女留其送馬，不敢自安。及廟見成婦，遣使反馬。高固親來，非禮也，况是逆未易歲，遽歸寧乎？高氏曰：歸寧常事，不書；反馬亦常事，不書。高固爲齊卿，非王事不當出境，既未娶而爲國卿，又不可以國卿而有新昏反馬之禮也。啖子曰：大夫非公事，與妻出境，非禮也。時叔姬初嫁，未合歸寧。

楚人伐鄭。楚數犯中國也。

《經》書月一，書日無。《大衍曆》：正月丙辰，大，己卯，冬至；二月丙戌，大；三月丙辰，小；四月乙酉，大；五月乙卯，小；六月甲申，大；七月甲寅，小，壬午，夏至；八月癸未，大，壬子，大暑；閏月癸丑，小；九月壬午，大，旦日，處暑；十月壬子，小；十一月辛巳，大；十二月辛亥，小。

六年戊午。定王四年〇晋霸成四〇蔡文九〇曹文十五〇衛成三十二〇鄭襄二〇陳靈十一〇杞桓三十四〇宋文八〇

齊惠六〇秦桓二〇楚莊十一

春

晋趙盾、衛孫免侵陳。《左傳》曰：陳及楚平，晋荀林父帥師救鄭伐陳，陳即楚故也。高氏曰：趙盾前會衛侯救陳，今更與衛孫免加兵于其國，故書「侵」以正主盟者之罪，雖以陳背晋即楚，亦以晋救之無功故也。

夏

四月。

秋

八月

螽。高氏曰：書八月者，惟八月有之，非歷時也。螽爲農災，王道所重，今以月書，則爲災不久，輕於以時書者矣。

冬

十月。

《經》書月三，書日無。《大衍曆》：正月庚辰，大，甲寅，冬至；二月庚戌，小；三月己卯，大；四月己酉，大；五月己卯，小；六月戊申，大；七月戊寅，小；八月丁未，大；九月丁丑，小；十月丙午，大；十一月丙子，小；十二月乙巳，大。《長曆》：是年閏五月。

七年己未。定王五年○晋霸成五○蔡文十○曹文十六○衛成三十三○鄭襄三○陳靈十二○杞桓三十五○宋文九○齊惠七○秦桓三○楚莊十二

春

衛侯使孫良夫來盟。《左傳》曰：孫桓子來盟，始通且謀會晋也。胡氏曰：是盟衛欲爲晋致魯，而魯專事齊，初未與晋通也，必有疑焉，而衛侯任其無咎，故遣良夫來爲此盟。

夏

公會齊侯伐萊。杜氏曰：萊國，東萊黄縣。張氏曰：今登州黄縣有萊山。胡氏曰：平莒及郯，魯欲也，故書「及」。伐萊，齊志也，故書「會」。齊合黨連兵，恃彊陵弱，而宣公惟命之從也。高氏曰：公方與衛盟，將復從晋，而又應齊侯之命，興兵以陵弱小之國，此又取辱之道也。

秋

公至自伐萊。高氏曰：爲齊興兵，逾時而歸，故以伐萊至。

大旱。胡氏曰：公與齊侯合黨連兵，恃彊陵弱，軍旅之後，必有凶年，言民以征役怨咨之氣感動天變，而旱乾作矣。

冬

公會晋侯、宋公、衛侯、鄭伯、曹伯于黑壤。《左傳》曰：鄭及晋平，公子宋之謀也，故相鄭伯以會。晋侯之立也，公不朝焉，又不使大夫來聘，晋人止公于會，盟于黄父，公不與盟。張氏曰：黑壤，晋地，一名黄父。啖氏

曰：《經》但言會，《傳》作盟，不與《經》合，又説公見止，亦近誣。《經》書月無，書日無。《大衍曆》：正月乙亥，小，己丑，冬至；二月甲辰，大；三月甲戌，小；四月癸卯，大；五月癸酉，小；六月壬寅，大；七月壬申，小；八月辛丑，大；九月辛未，大；十月辛丑，小；十一月庚午，大；十二月庚子，小。

八年庚申。定王六年〇晋霸成六〇蔡文十一〇曹文十七〇衛成三十四〇鄭襄四〇陳靈十三〇杞桓三十六〇宋文十〇齊惠八〇秦桓四〇楚莊十三

春

公至自會。宣公簒立，自疑而不敢會晋，衛欲爲晋致魯，故去春使孫良夫來盟，而後去冬公與黑壤之會，縱使無《左氏》所記止公不得與盟之辱，亦必懷疑而自危，故此書至，而自是不敢如晋矣。

夏

六月

公子遂如齊，至黄乃復。《公羊傳》曰：有疾也。高氏曰：不稱有疾者，大夫受命而出，雖死，以尸將命，豈可以疾而廢君命耶？張氏曰：黄，齊境上地，書「至黄乃復」，與公孫敖不至而復同罪，其違君命也。

辛巳，有事于太廟。仲遂卒于垂。有事于太廟，常事不書，欲知仲遂以祭之日而卒，故書。遂不書「公子」，上文已有「公子」字，史文從簡。仲者，遂之字也。卒而以字加於名之上者，賜之族而以其字爲氏，使世爲卿，如季友

之例也。張氏曰：垂，齊地，非魯境，故書也。

壬午，猶繹。萬入去籥。辛巳日祭，壬午，祭之明日。胡氏曰：繹者，祭之明日賓尸也。猶者，可已之辭。禮，大夫卒，當祭則不告，終事而聞則不繹。不告者，盡肅敬之誠於宗廟；不繹者，全始終之恩於臣子。今仲遂國卿也，卒而猶繹，則失遇臣之禮矣。吕氏曰：萬舞，文武二舞之總名。籥舞，文舞之别名。文舞又謂之羽舞，蓋文舞吹籥秉翟羽也。萬入去籥者，文武二舞俱入，於二舞中去羽舞吹籥〔一〕，以其有聲也，去其有聲而用其舞者。仲遂卒於正祭之日，則次日已聞之，行吉禮於方聞喪之時，雖用舞，而僅去其有聲者，是知其不可而猶爲之也。

戊子，夫人嬴氏薨。「嬴」，《公》、《穀》作「熊」〇杜氏曰：宣公母也。高氏曰：此文公之妾也，何以稱夫人薨？援成風之例，僭也。胡氏曰：自成風事季友而屬其子，及僖公得國，立爲夫人，嫡妾亂矣。敬嬴又私事襄仲而屬宣公，援例以立。

晋師、白狄伐秦。《左傳》曰：白狄及晋平，會晋伐秦。張氏曰：白狄，今丹州、延州、銀夏之地。白狄，秦同壤之國也，晋與秦自侵崇啟釁，七年猶未已。與白狄爲昏，結以伐秦，自此至成十三年吕相絶秦之詞，皆連兵之事。高氏曰：晋不能糾合諸侯以攘夷狄，乃外連白狄以伐秦。殽之役，書「晋人及姜戎」，此不言「及」者，以《傳》考之，白狄爲主也。《經》先晋者，不與夷狄之會中國也。中國而爲夷狄所帥，晋之恥也。

楚人滅舒蓼。「蓼」，《穀》作「鄝」〇《左傳》曰：楚爲衆舒叛，故伐舒蓼，滅之。楚子疆之，及滑汭，盟吴、越而還。杜氏曰：舒、蓼，二國名。或曰僖三年《經》書「徐人取舒」，文五年《傳》記「楚公子燮滅蓼」，彼蓋上義陽

〔一〕於二舞中去羽舞吹籥：「羽」，四庫本作「文」。

之蓼，不與羣舒近，其國已滅矣。此舒蓼則如舒庸、舒鳩，蓋羣舒之别種，非二國也。

七月

甲子，日有食之，既。

冬

十月

己丑，葬我小君敬嬴。雨，不克葬。「敬嬴」，《公》、《穀》作「頃熊」。

庚寅，日中而克葬。《穀梁傳》曰：葬既有日，不爲雨止，禮也。雨不克葬，喪不以制也。胡氏曰：卜葬先遠日，以備不懷也〔一〕。諸侯相朝與旅見天子，入雨，霑服失容則廢。矧送終大事，人情所不忍遽者，反可冒雨不待成禮而葬乎？潦車載簑笠，士喪禮也。有國家者乃不能爲雨備〔二〕，何也？襄陵許氏曰：子惡之弑，謀自敬嬴，故《春秋》因其不克葬而著咎徵焉，君子於是乎知有天道。

城平陽。杜氏曰：泰山平陽縣。張氏曰：今鄆縣有南平陽城。高氏曰：懼晋故也，方舉大喪，又城平陽，重困民力也。

楚師伐陳。高氏曰：陳以晋、衛見侵，復棄楚而從晋，故楚以爲討，稱師稱伐，所以譏其始謀之失也，然晋不能救，陳人遂復即楚。

〔一〕以備不懷也：「備不懷」，清刻本作「避不懷」，四庫本作「避不慎」。

〔二〕有國家者乃不能爲雨備：「雨」，原作「兩」，據清刻本、四庫本改。

《經》書月三，書日六。《大衍曆》：正月己巳，大，己未，冬至；二月己亥，小；二月戊辰，大；四月戊戌，小；五月丁卯，大，丙申，穀雨；閏月丁酉，小；六月丙寅，大，丁卯，小滿，辛巳，十六日，壬午，十七日，戊子，二十三日；七月丙申，小；八月乙丑，大；九月乙未，小；十月甲子，大，己丑，二十六日，庚寅，二十七日，《經》書七月甲子日食，程氏公説曰：杜預《長曆》自僖十二年至文元年，五年一閏者二[一]，四年一閏者三，失二閏焉，又自文十六年至宣十年，四年一閏者三，又失一閏焉。預《曆》七月朔，不入食限，甲子晦亦不入食限。《大衍曆》十月甲子朔，日食黄道角五度半[二]；十一月甲午，小；十二月癸亥，大。《長曆》：辛巳，六月十七日；己丑，十月二十五日。

九年辛酉。定王七年〇晉霸成七年，卒〇蔡文十二〇曹文十八〇衛成三十五，卒〇鄭襄五〇陳靈十四〇杞桓三十七〇宋文十一〇齊惠九〇秦桓五〇楚莊十四

春

王正月

公如齊。孫氏曰：公有母喪而遠朝彊齊，無哀甚矣。

公至自齊。胡氏曰：《經》於如齊每行必致，深罪之也。

[一] 五年一閏者二：「年」，原作「月」，據清刻本、四庫本改。

[二] 日食黄道角五度半：「角」，清刻本、四庫本作「命」。

夏

仲孫蔑如京師。《左傳》曰：王使來徵聘。高氏曰：信斯言也，益見王室之微矣！胡氏曰：宣公享國九年，再朝齊矣，於周僅一往聘，歲首月朝齊，夏使大夫聘京師，比事而惡自見。

齊侯伐萊。襄陵許氏曰：赤狄北侵，齊不敢報。萊不伐齊，而齊亟伐之，可以觀惠公畏彊陵弱矣。

秋

取根牟。杜氏曰：根牟，東夷國也，瑯邪陽都縣東有牟鄉。劉氏曰：附庸之國也。高氏曰：蓋萊邑也。七年，公會齊侯伐萊，此齊侯再伐，公雖不與伐，而乘危取之也。昭八年《傳》云「大蒐于紅，自根牟至於商衛」。

八月

滕子卒。昭公也，子文公嗣。高氏曰：自隱七年書「滕侯卒」，至此始書「滕子」。

九月

晉侯、宋公、衛侯、鄭伯、曹伯會于扈。《左傳》曰：討不睦也。高氏曰：復謀齊也，齊與諸侯不睦，而魯獨事之，故公不與會。

晉荀林父帥師伐陳。陳不來會，即楚故也。去年楚伐陳，晉不能救，今乃伐之，不義甚矣。

辛酉，晉侯黑臀卒于扈。成公也，在位七年，其子獳嗣，是爲景公。

冬

十月

癸酉，衛侯鄭卒。成公也，在位三十五年，其子遬嗣，是爲穆公。胡氏曰：晋成公不葬，魯不會也。衛成公不葬，亦魯不會也。

宋人圍滕。《左傳》曰：因其喪也。胡氏曰：滕，小國，又方有喪，所宜矜哀弔恤，而用兵圍之，不仁甚矣。

楚子伐鄭。高氏曰：楚子聞晋侯卒于扈，以重兵來討鄭伯之貳，於是鄭復與楚平。

晋郤缺帥師救鄭。高氏曰：鄭已與楚平矣，救之無益也，自是晋、楚交伐鄭。

陳殺其大夫洩冶。「洩」，《公》、《穀》作「泄」○《左傳》曰：陳靈公與孔寧、儀行父通於夏姬，皆衷其衵服以戲于朝。洩冶諫曰：「公卿宣淫，民無效焉，且聞不令，君其納之。」公曰：「吾能改矣。」公告二子，二子請殺之，公弗禁，遂殺洩冶。胡氏曰：稱國以殺者，君與用事大臣同殺之也。治以諫殺身者也，殺諫臣者，必有亡國弑君之禍。此爲徵舒弑君、楚子滅陳之端。

《經》書月四，書日二。《大衍曆》：正月癸巳，大，庚子，冬至；二月癸亥，小；三月壬辰，大；四月壬戌，小；五月辛卯，大；六月辛酉，小；七月庚寅，大；八月庚申，小，《經》九月辛酉在此月；九月己丑，大；十月己未，小，癸酉，十五日；十一月戊子，大；十二月戊午，小。《長曆》：九月辛酉亦在八月。癸酉，十月十六日。

十年壬戌。定王八年○晋霸景公獳元年○蔡文十三○曹文十九○衛穆公遬元年○鄭襄六○陳靈十五，弑○杞桓三十八○宋文十二○齊惠十，卒○秦桓六○楚莊十五

春

公如齊。公至是四朝齊矣。

公至自齊。

齊人歸我濟西田。《左傳》曰：齊侯以我服故，歸濟西之田。杜氏曰：元年以賂齊也，不言「來」，公如齊，因受之。澄按，公在齊，而齊以田歸之，非遣使來致也，故不書「來歸」。胡氏曰：宣公於齊，順其所欲，既以女妻其臣，又會伐萊，又每歲往朝於齊廷。惠公悦其順事己，而以所取濟西田歸之也。高氏曰：元年書「齊人取濟西田」，蓋魯以濟西之田賂齊，而齊人取之也。至是而歸者，公比年朝齊，齊侯感公朝事之勤，因其請而歸之也。夫魯之分地，先君受之於天子，豈可失墜？又況負篡逆之罪，賂以免討乎？齊人取弒逆之賂以縱惡，故其取其歸，皆謹書之。然其它歸田未有言我，而此獨曰「我濟西田者」，獨此本魯田也。若哀八年「歸讙及郓、闡」、定八年「齊人歸鄆、讙、龜陰田」，皆魯侵諸侯而得之，非周公之本封也。既本它國之田，故不言「我」。鄆、讙、龜陰田特曰「來歸」者，夾谷之會，孔子相焉，責以禮義，齊人自服而來歸也。它祇書「歸」者，皆因請而得之爾。

夏

四月

丙辰，日有食之。

己巳，齊侯元卒。惠公也，在位十年，其子無野嗣，是爲頃公。

齊崔氏出奔衛。《左傳》曰：崔杼有寵於惠公，高、國畏其偪也，公卒而逐之。《公羊傳》曰：稱崔氏，譏世卿也。張氏曰：特書其氏，見崔杼之宗彊於齊，故勢足以偪高、國。今日雖逐之，而尚能復歸於齊，如崔成之徒，後日卒自遺滅宗之禍。豈非族大勢張，而不知制節謹度，卒至凶于家、禍于國也歟！孫氏曰：東遷之後，天子、諸侯之大夫皆世。書「尹氏」，譏天子之大夫；書「崔氏」，譏諸侯之大夫。高氏曰：隱三年書「尹氏卒」，昭三十三年書「尹氏立王子朝」，又三年書「尹氏以王子朝奔楚」，自隱至昭，二百年矣，而尹氏世執國政，故卒有子朝之難，而專廢立之權也。此年書「齊崔氏出奔衛」，至襄二十三年書「齊崔杼弒其君光」，自宣至襄，五十餘年，崔氏世爲齊大夫，故卒有弒君之禍也。春秋之時，尊莫如周，彊莫如齊，而世卿之禍如此。尹氏、崔氏，聖人於世卿之中，擇其至彊而爲害之深者以爲戒也。

公如齊。《左傳》曰：如齊奔喪。杜氏曰：公親奔喪，非禮也。

五月

公至自齊。胡氏曰：春如齊朝，夏復奔其喪，若是雖不致可也，而皆致者，甚之也。

癸巳，陳夏徵舒弒其君平國。《左傳》曰：陳靈公與孔寧、儀行父飲酒於夏氏，公謂行父曰：「徵舒似汝。」對曰：「亦似君。」徵舒病之。公出，自其廄射而殺之，二子奔楚。澄曰：靈公在位十五年，子午嗣，是爲成公。成公不討弒君父之賊，則知靈公之惡播於國人，而徵舒之罪，國人所弗懲也〔一〕。胡氏曰：禍莫大於拒諫而殺直臣，忠莫顯於身見殺而其言驗。洩冶所爲不憚斧鉞、盡言於其君者，正謂靈公君臣通於夏徵舒之家，恐其及禍，不忍坐視，故昧死言之。靈公不能納，又從而殺之，卒以見弒而亡其國，書以驗見弒之由也。

六月

宋師伐滕。《左傳》曰：滕人恃晋而不事宋，宋師伐滕。胡氏曰：稱師，用衆也。鄰有弒逆不能聲罪致討，乃

〔一〕 國人所弗懲也：「懲」，清刻本、四庫本作「憨」。

用大衆以伐所當矜恤之小邦，且滕不事己，無乃己德猶有所闕，而滕何尤焉？

公孫歸父如齊。歸父，仲遂之子。胡氏曰：宣公深德齊侯之能定其位，故生則傾身以事之，而不辭屈辱，没則親往奔喪，而使貴卿會其葬。

葬齊惠公。

晋人、宋人、衛人、曹人伐鄭。《左傳》曰：鄭及楚平，諸侯之師伐鄭，取成而還。胡氏曰：鄭居大國之間，從於彊令，豈其罪乎？不能以德撫，而以力爭之〔一〕，庸何愈於楚？襄陵許氏曰：自晋靈以來，成、景相繼力爭陳、鄭，而無以服楚。高氏曰：是時陳有弑君之亂，曾是不圖，而從事於鄭。張氏曰：舍亂臣賊子之大惡，而輕動干戈，以討迫於彊令無所適從之小國。

秋

天王使王季子來聘。《公羊傳》曰：王季子者，王之母弟也。《左傳》曰：劉康公來報聘。杜氏曰：康公，即王季子，其後食邑於劉。澄曰：王之子，以王子爲氏，季，其字也。天子四命之大夫稱氏稱字，如南季氏也。以王子爲氏者，稱王子季，則不成辭，故曰「王季子」。報聘者，報九年夏仲孫蔑之聘也。張氏曰：宣公事周，簡慢極矣，僅遣一介而重臣繼來。胡氏曰：宣公至是享國十年，不朝于周而比年朝齊，不奔王喪而奔齊侯喪，不遣貴卿會匡王葬，而使歸父會齊侯之葬。縱未舉法，勿聘焉猶可也，而使王季子來，王靈益不振矣。襄陵許氏曰：自是王靈益亡，王聘益輕，《春秋》不復録矣。

〔一〕而以力爭之：「以力爭之」，四庫本作「爭之以力」。

公孫歸父帥師伐邾，取繹。「繹」，《公》作「蘱」○杜氏曰：繹，邾邑，魯國鄒縣北有繹山。張氏曰：《詩》「保有鳧繹」、「邾文公遷于繹」皆此，今在襲慶府鄒縣，爲邾、魯二國之境。高氏曰：自文公時，邾、魯有隙。宣公篡立，而邾子首朝之，自是絶跡魯廷者又十年，故歸父帥師以討其罪。然以貴卿爲將，舉大衆，而征伐不施於亂臣賊子，而陵弱侵小近在附庸之國，是爲盜也。

大水。

季孫行父如齊。始聘嗣君也。

冬

公孫歸父如齊。《左傳》曰：伐邾故也。高氏曰：以伐邾故，恐齊人以爲討，遂謀伐莒焉。甚矣，魯之懼齊也！二歲之間，而公與大夫如齊者五。胡氏曰：齊侯嗣立，宣公親往奔其父喪，又使貴卿會葬矣，若待逾年然後脩聘，未晚也，而季孫行父亟行，歸父繼往，宣公君臣不知爲國以禮，而以妄悦之可以免討也。歸父貪于取繹，畏齊而往，蓋理曲則氣必餒，能無畏乎？

齊侯使國佐來聘。高氏曰：嗣子逾年即位，始稱君，未逾年稱子，故葵丘之會稱宋子，蓋齊桓方倡大義以尊中國，諸侯之從者唯恐後，故宋公雖在喪，而來與會，亦不深責，以其不獲已而趨急務爾。魯之於齊，與國也，聘雖後時，亦何害耶？惠公之卒，葬之既速，又未逾年，而以君命遽遣使來聘焉，譏伐莒也。當凶釁而行吉禮，忘哀思而結歡好，書曰「齊侯」，著其惡也。

饑。張氏曰：王政以民食爲重，故積貯天下之大命也。前此百有餘年，水旱螟螽之災多矣，不以饑書，今大水之後特書饑者，著宣公煩於事外，國用無節，上下用竭，故一遇水旱，遂致乏食爾。

楚子伐鄭。高氏曰：是夏，鄭因晋同三國見伐而復棄楚，故楚子又伐鄭。據《左氏》載，晋士會救鄭及諸侯戍鄭，而《春秋》削之者，責晋雖得鄭而不能有之也。

《經》書月三，書日三。《大衍曆》：正月丁亥，大，乙巳，冬至；二月丁巳，小；三月丙戌，大；四月丙辰，大，日食，己巳，十四日；五月丙戌，小，癸巳，八日；六月乙卯，大；七月乙酉，小；八月甲寅，大；九月甲申，小；十月癸丑，大；十一月癸未，小；十二月壬子，大。《長曆》：是年閏五月。癸巳，五月九日。

十有一年癸亥。定王九年〇晋霸景二〇蔡文十四〇曹文二十〇衛穆二〇鄭襄七〇陳成公午元年〇杞桓三十九〇宋文十三〇齊頃公無野元年〇秦桓七〇楚莊十六

春

王正月。

夏

楚子、陳侯、鄭伯盟于辰陵。「辰」，《穀》作「夷」〇《左傳》曰：楚子伐鄭，及櫟。子良曰：「晋、楚不務德而兵争，與其來者可也。晋、楚無信，我焉得有信？」乃從楚盟于辰陵。陳、鄭服也。杜氏曰：辰陵，陳地，潁川長平縣東南有辰亭。張氏曰：今陳州西華縣。楚莊於是合二國爲盟，而欲討陳夏徵舒也。《春秋》以晋、齊二大國方且用兵于莒、狄，而不能討。獨楚合諸侯以討之，所以楚子書爵於陳侯、鄭伯之上，與之也。

公孫歸父會齊人伐莒。張氏曰：莒恃晋而不事齊，魯事齊，故從齊而伐之。兵不討亂而附彊陵弱，著齊、魯之

罪也。

秋

晉侯會狄于欑函。欑，才端切；函，音咸〇《左傳》曰：晉郤成子求成于衆狄，衆狄疾赤狄之役，遂服于晉，會于欑函，衆狄服也。杜氏曰：欑函，狄地。澄曰：楚方倡義於天下，而晉孜孜於羣狄，至往會焉，晉卑甚矣。高氏曰：陳、鄭，諸夏之國而從楚；衆狄，夷狄之國而從晉。狄在欑函，而晉侯親往會之。夫中國諸侯所恃者晉爾，齊方伐莒，晉方會狄，而使楚人爲霸者之事，此反道也。

冬

十月

楚人殺夏徵舒。《左傳》曰：楚子爲陳亂故，伐陳，謂陳人〔一〕：「無動！將討於少西氏。」遂入陳，執夏徵舒，轘諸栗門。高氏曰：弑君之賊，固人人可得而殺之，豈有蠻夷華夏之間哉！然徵舒弑君，今已逾年，國人不能討，天子方伯不能誅，反致夷狄入中國而殺之。彼夷狄尚知弑君之當殺，則中國如之何不能殺之耶？聖人書此，傷中國之不自正也。

丁亥，楚子入陳，納公孫寧、儀行父于陳。「寧」，《公》作「甯」〇《左傳》曰：陳侯在晉，因縣陳。申叔時曰：「夏徵舒弑其君，其罪大矣，討而戮之，君之義也，諸侯之從也。曰『討有罪也』，今縣陳，貪其富也。以討召諸

〔一〕謂陳人：「陳」，原闕，據清刻本、四庫本改。

侯而以貪歸之，無乃不可乎？」王曰：「善哉。」乃復封陳，鄉取一人焉以歸，謂之夏州。高氏曰：是時陳侯在晉，故楚子不動干戈，自入于陳。然則人君可輕出乎？吕氏曰：楚人殺陳夏徵舒，討賊之辭，且衆同欲也，故曰「楚人」；入陳，非衆志也，故曰「楚子」。胡氏曰：公孫寧、儀行父從君於昏，宣淫於朝，誅殺諫臣，使其君見弑，蓋致亂之臣也，肆諸市朝，與衆同棄，然後快於人心。今乃詭辭奔楚，託於討賊復讎以自脱其罪，而楚莊亦不能察，又使陳人用之，可乎？爲楚莊者宜奈何？瀦徵舒之宫，封洩冶之墓，尸孔寧、儀行父于朝，謀于陳衆，定其君而去，其庶幾乎？

《經》書月二，書日一。《大衍曆》：正月壬午，小，庚戌，冬至；閏月，辛亥，大；二月辛巳，小，旦日，大寒；三月庚戌，大；四月庚辰，小；五月己酉，大；六月己卯，小；七月戊申，大；八月戊寅，大；九月戊申，小；十月丁丑，大，丁亥，十一日；十一月丁未，小；十二月丙子，大。

十有二年甲子。定王十年〇晉霸景三〇蔡文十五〇曹文二十一〇衛穆三〇鄭襄八〇陳成二〇杞桓四十〇宋文十四〇齊頃二〇秦桓八〇楚莊十七

春

葬陳靈公。賊討國復，二十二月而後得葬。

楚子圍鄭。《左傳》曰：鄭既受盟于辰陵，又徼事于晉。楚圍鄭，克之，入自皇門，至於逵路。鄭伯肉袒牽羊以逆。退三十里而許之平。潘尫入盟，子良出質。澄曰：中國不能霸，與國屈服於荆蠻，鄭伯禮之恭、辭之善以媚悦於楚

極矣，至今使人悲之[一]。

夏

六月

乙卯，晉荀林父帥師及楚子戰于邲，晉師敗績。邲，蒲必切○《左傳》曰：晉師救鄭，荀林父將中軍，先穀佐之；士會將上軍，郤克佐之；趙朔將下軍，欒書佐之。及河，聞鄭既及楚平，桓子欲還，曰：「無及於鄭而勦民，焉用之？」隨武子曰：「善。會聞用師觀釁而動，見可而進，知難而退，軍之善政也。」彘子曰：「不可。晉所以霸，師武臣力也。今失諸侯，不可謂力；有敵而不從，不可謂武。由我失霸，不如死。」以中軍佐濟。楚子北師，次于郔，將飲馬於河而歸。聞晉師既濟，王欲還，嬖人伍參欲戰，言於王曰：「晉之從政者新，未能行令。其佐先穀，剛愎不仁，未肯用命。其三帥者，專行不獲，聽而無上，衆誰適從？此行也，晉師必敗。且君而逃臣，若社稷何？」王病之，次于管以待之[二]。楚少宰如晉師，曰：「寡君此行也，將鄭是訓定，豈敢求罪于晉？二三子無淹久。」隨季對曰：「昔平王命我先君文侯曰『與鄭夾輔周室，毋廢王命』，今鄭不率，寡君使羣臣問諸鄭，豈敢辱候人？」彘子以爲諂，使趙括從而更之，曰：「行人失辭，寡君使羣臣遷大國之跡於鄭，曰『無避敵』，羣臣無所逃命。」楚子又使求成于晉，晉人許之，盟有日矣。楚許伯御樂伯，攝叔爲右以致晉師。晉魏錡求公族，未得而怒，欲敗晉師，請致師，弗許，請使，許之。遂

[一] 至今使人悲之：「悲」，清刻本、四庫本作「惡」。

[二] 次于管以待之：「管」，原作「菅」，據清刻本、四庫本改。

往請戰而還。趙旃求卿未得，且怒于失楚之致師者〔一〕，請挑戰，弗許，請召盟，許之，與魏錡皆命而往。晉人懼二子之怒楚師也，使以軘車逆之。潘黨望其塵，使騁而告曰：「晉師至矣。」楚人亦懼王之入晉軍也，遂出陳。孫叔曰：「進之！寧我薄人，無人薄我。」遂疾進師，車馳卒奔，乘晉軍。桓子不知所爲，鼓於軍中，曰：「先濟者有賞。」中軍、下軍爭舟，舟中之指可掬也。晉師右移，上軍未動，工尹齊將右拒卒以逐下軍。潘黨率游闕四十乘，從唐侯爲左拒以從上軍。隨季曰：「楚師方壯，若萃於我，吾師必盡，不如收而去之。分謗生民，不亦可乎？」殿其卒而退，不敗。楚熊負羈囚知罃〔二〕，知莊子以其族反之。厨武子御，下軍之士多從之，射連尹襄老，獲之，載其尸。射公子穀臣，囚之，以二者還。及昏，楚師軍於邲。晉之餘師不能軍，宵濟，亦終夜有聲。楚重至於邲，遂次于衡雍，祀于河，作先君宫，告成事而還。杜氏曰：邲，鄭地。張氏曰：《地譜》鄭州城下管城縣有邲城，在縣南。晉不能討陳亂，已失三綱軍政之本，乃欲恃力以争鄭，不知楚莊既討陳亂，則師出有名，而所以施於鄭者，又進退得宜，勇怯中節。林父上不能輔君討亂，以行主盟之大義，而此行本爲救鄭，而鄭已服楚。士穀之徒恃彊專制，故林父雖知楚之不可敵，而不能止諸帥之從楚師，此《春秋》特以林父主此戰，著其敗師之罪也。

秋

七月。

冬

十有二月

〔一〕且怒于失楚之致師者：「于」，原闕，據清刻本、四庫本補。

〔二〕楚熊負羈囚知罃：「羈」，原作「姬」，據清刻本、四庫本改。

戊寅，楚子滅蕭。《左傳》曰：楚子伐蕭，宋華椒以蔡人救蕭，蕭人囚熊相宜僚及公子丙。王曰：「勿殺，吾退。」蕭人殺之。王怒，遂圍蕭，蕭潰。杜氏曰：蕭，宋附庸國也。高氏曰：楚既得陳、鄭，又敗晉師，遂深入中國，憑陵諸夏，滅人之國。

晉人、宋人、衛人、曹人同盟于清丘。杜氏曰：清丘，衛地。張氏曰：《地譜》今濮州臨濮縣東南有清丘。高氏曰：晉爲楚所敗，故諸侯懼而爲此盟，既又不旋踵而皆背之。澄按，《春秋》之例，會盟戰伐，有君在則雖國卿亦降稱人，其特出姓名者，著其罪也。此盟雖無君在，然盟者霸主及國君之事也，今皆以大夫行之，故雖無君臣，亦降稱人。

宋師伐陳。《左傳》曰：宋爲盟故伐陳。杜氏曰：陳貳於楚故。高氏曰：陳有弑逆之事，宋不能討，而楚能討之。宋以楚子滅蕭，且爲清丘之盟故[一]，請於晉以伐陳，以討其道楚師之罪。

衛人救陳。高氏曰：書衛救陳者[二]，所以罪宋也。然衛方盟于清丘，而反救陳，救雖義事，而有背盟之惡。

《經》書月三，書日二。《大衍曆》：正月丙午，小，丙辰，冬至；二月乙亥，大；三月乙巳，小；四月甲戌，大；五月甲辰，小；六月癸酉，大；七月癸卯，小，《經》六月乙卯在此月；八月壬申，大；九月壬寅，小；十月辛未，大；十一月辛丑，小；十二月庚午，大，戊寅，九日。《長曆》：是年閏五月。乙卯，六月十四日；十一月己亥，朔，戊寅在十一月。

[一] 且爲清丘之盟故：「清」，原作「青」，據清刻本、四庫本改。
[二] 高氏曰書衛救陳者：「高氏曰書」四字原闕，按此段確出於高閌《春秋集注》，故據四庫本補。

十有三年乙丑。定王十一年〇晋霸景四〇蔡文十六〇曹文二十二〇衛穆四〇鄭襄九〇陳成三〇杞桓四十一〇宋文十五〇齊頃三〇秦桓九〇楚莊十八

春

齊師伐莒。「莒」，《公》作「衛」〇《左傳》曰：莒恃晋而不事齊故也。澄曰：齊以彊陵弱而伐莒，且十一年之伐稱齊人，此稱齊師者，甚其動大衆而伐小國也。

夏

楚子伐宋。《左傳》曰：以其救蕭也。胡氏曰：楚滅蕭，將以脅宋。諸侯懼而同盟。爲宋人計者，恤民固本，輕傜薄賦，使民效死親其上，則可以待敵矣，計不出此，而急於伐陳，攻楚與國，非策也，故楚有辭于伐。

秋

螽。爲災故書。

冬

晋殺其大夫先縠。《左傳》曰：赤狄伐晋，及清，先縠召之也。晋人討邲之敗與清之師，歸罪於先縠而殺之，盡滅其族。高氏曰：邲之役，三師皆欲還，先縠固請戰，遂及於敗，至是以爲討，然釋趙旃、魏錡不討，而獨誅先縠，爲政不平，殺者不受治矣，又族滅之，惡之甚也。張氏曰：越椒將攻王，而楚莊尚思子文之治楚，而復克黄之所。先縠，先軫之孫，而滅其族，蓋晋之德刑皆不足以敵楚矣。

《經》書月無，書日無。《大衍曆》：正月庚子，大，辛酉，冬至；二月庚子，小；三月己亥，大；四月己巳，

小；五月戊戌，大；六月戊辰，小；七月丁酉，大；八月丁卯，小；九月丙申，大；閏月丙寅，小；十月乙未，大；十一月乙丑，小；十二月甲午，大。

十有四年丙寅。定王十二年〇晋霸景五〇蔡文十七〇曹文二十三，卒〇衛穆五〇鄭襄十〇陳成四〇杞桓四十二〇宋文十六〇齊頃四〇秦桓十〇楚莊十九

春

衛殺其大夫孔達。《左傳》曰：清丘之盟，晋以衛之救陳也討焉，使人弗去，曰：「罪無所歸，將加而師。」孔達曰：「苟利社稷，請以我説，罪我之由。我則爲政，而亢大國之討，將以誰任？我則死之。」縊而死。衛人以説于晋而免，遂告于諸侯曰：「寡君有不令之臣達，搆我敝邑于大國，既伏其罪矣，敢告！」衛人以爲成勞，復室其子，使復其位。高氏曰：晋既討邲之敗，而殺先穀矣。以衛背清丘之盟而救陳也討焉，孔達自知不可免，乃縊而死，衛人因以説于晋，故稱國以殺。

夏

五月

壬申，曹伯壽卒。文公也，在位二十三年，子盧嗣，是爲宣公。

晋侯伐鄭。《左傳》曰：爲邲故也。告於諸侯，蒐焉而還，中行桓子之謀也，曰：「示之以整，使謀而來。」鄭人懼，使子張代子良于楚，鄭伯如楚謀晋。高氏曰：晋救鄭而敗于邲，鄭遂即楚。夫鄭背華即夷，討之正也。然自文公

没，襄公僅能脩先君之業，靈公幼而趙盾爲政，其殆庶幾矣。成、景之世，文公之澤寖微，干戈日尋，積而至於蜀之盟，而中國盡夷狄矣，豈特失鄭而已乎！

秋

九月

楚子圍宋。《左傳》曰：楚子使申舟聘于齊，及宋，宋人止之。華元曰：「過我而不假道，鄙我也，鄙我，亡也。殺其使必伐我，伐我亦亡也。亡一也。」乃殺之。楚子圍宋。澄曰：宋前以救蕭而見伐，今又以殺楚使而受圍，楚之荐食上國，宋之挑釁彊夷，俱可罪也。

葬曹文公。

冬

公孫歸父會齊侯于穀。高氏曰：齊侯在穀，而歸父往聘焉，故不書如齊〔一〕，蓋謀於齊侯而平楚、宋也。齊人始疑。張氏曰：魯素事齊，而宣公之立，公子遂主之，故其父子常親于齊，而齊亦不復計等列之不班，從而與之會也。王氏曰：遂以不正而立宣公，公以不正而任其子，歸父此年會齊侯，明年會楚子，見公與之深也。諸侯失政，自宣公始。大夫專政，自歸父始。石氏曰：文公以來，大夫始專盟會〔二〕，至是以爲常矣。

《經》書月二，書日一。《大衍曆》：正月甲子，小，丙寅，冬至；二月癸巳，大；三月癸亥，小；四月壬辰，

〔一〕故不書如齊：「如」，四庫本作「于」。
〔二〕大夫始專盟會：「始」，四庫本作「擅」。

大；五月壬戌，大，壬申，十一日；六月壬辰，小；七月辛酉，大；八月辛卯，小；九月庚申，小；十月己丑，大；十一月己未，大；十二月己丑，小。《長曆》：壬申，五月十二日。

十有五年丁卯。定王十三年〇晉霸景六〇蔡文十八〇曹宣公盧元年〇衛穆六〇鄭襄十一〇陳成五〇杞桓四十三〇宋文十七〇齊頃五〇秦桓十一〇楚莊二十

春

公孫歸父會楚子于宋。《左傳》曰：孟獻子言於公曰：「臣聞小國之免於大國也，聘而獻物，於是有庭實旅百；朝而獻功，於是有容貌采章。嘉淑而有加貨，謀其不免也。誅而薦賄，則無及也。今楚在宋，君其圖之。」公說。襄陵許氏曰：楚圍宋之威振及魯矣。胡氏曰：楚不假道于宋以啟釁端而圍之，陵蔑中華甚矣。諸侯縱不能畏簡書、攘夷狄，存先代之後，嚴兵固圉以爲聲援，猶之可也，乃以周公之裔，千乘之國，謀其不免，至於薦賄，不亦鄙乎？比事以觀，則知中國盛衰之由矣。

夏

五月

宋人及楚人平。《左傳》曰：宋人使樂嬰齊告急于晉，晉侯欲救之。伯宗曰：「不可。古人有言曰：『雖鞭之長，不及馬腹。』天方授楚，未可與爭。雖晉之彊，能違天乎？」乃止。楚師將去宋，申犀稽首於王之馬前曰：「毋畏知死而不敢廢王命，王棄言焉。」王不能答。申叔時僕，曰：「築室，反耕者，宋必聽命。」從之。宋人懼，使華元夜入楚師，登子反之牀，起之，曰：「寡君使元以病告，曰：『敝邑易子而食，析骸以爨。雖然，城下之盟，有以國斃，不能

從也。去我三十里，惟命是聽。』」子反懼，與之盟，而告王。退三十里，宋及楚平，華元爲質。杜氏諤曰：禦敵之道，莫大乎完守備也。今楚子自秋九月圍宋至此，歷三時，宋固守以待晉之救，非不完於所備也，晉不能援救之。宋儻不求平于楚，則若社稷何？若邦衆何？由是不得已及楚平。澄曰：平者，兩國之大夫也，然此權非可自大夫出，故二國之卿皆降稱人，與清丘之盟同例。

公至自會。

六月

癸卯，晉師滅赤狄潞氏，以潞子嬰兒歸。《左傳》曰：潞子嬰兒之夫人，晉景公之姊也。酆舒爲政而殺之，又傷潞子之目。晉荀林父敗狄于曲梁，滅潞。張氏曰：潞氏，今潞州潞城縣。杜氏曰：潞，赤狄之別種氏國，故稱氏，子爵也。王氏《箋義》曰：東遷之後，夷狄寖盛，諸侯不能制，乃與之會盟交聘，雖云進之以漸，蓋亦患之之甚也。赤狄近於晉，並爲晉患，比數侵齊，奪黎氏地，疆土益廣。晉侯因酆舒之罪，命桓子伐而滅之。陳氏《折衷》曰：稱「潞子」，蓋滅國以其君歸，皆稱爵，如「楚人滅弦，弦子奔黄」、「楚人滅頓，以頓子牂歸」、「楚人滅胡，以胡子豹歸」，第言奔者不名之，以歸者名之。高氏曰：是時楚肆其彊，圍宋踰年，晉不能救，而反滅狄，利其土地，亦怠於憂中國矣。

秦人伐晉。《左傳》曰：秦桓公伐晉，次于輔氏，魏顆敗秦師[一]。高氏曰：自二年秦師伐晉，晉不報秦，今十四年矣，此復來伐者，乘晉兵逐爭狄土而闚其虛也。

[一] 魏顆敗秦師：「敗」，原作「伐」，據四庫本改。

王札子殺毛伯〔一〕、召伯。《左傳》曰：王孫蘇與召氏、毛氏争政，使王子捷殺召戴伯及毛伯衛，卒立召襄。孫氏曰：王札子，文誤倒爾。杜氏諤曰：桓、襄之前，列國諸侯交相戰伐，列國不稟王命也，至此而臣有相殺者，内之卿士不奉王命也。

秋

螽。張氏曰：按自六年至今三遇螽災，而水旱未與焉，此宣公不脩德節用愛人之所感也。

仲孫蔑會齊高固于無婁。「無」，《公》作「牟」〇杜氏曰：無婁，杞邑。張氏曰：大夫相會，蓋始於此。高氏曰：齊侯在穀，則公孫歸父會之。齊卿在無婁，則仲孫蔑會之。蓋公主齊久矣，幸晋、楚之争而不我及也，忽焉而平楚、宋，俾歸父請於齊侯，齊侯則疑我之從楚也，蔑於是會焉，以脩舊好。

初税畝。《公羊傳》曰：初，始也。税畝者，履畝而税也。《穀梁傳》曰：古者三百步爲里，名曰井田。井九百畝，籍而不税。杜氏曰：公田之法，十取其一，今又履其餘畝，復十收其一，遂以爲常，故曰初。

冬

蝝生。蝝，悦全切，又去聲〇高郵孫氏曰：蝝者，螽之子也。春秋之秋，夏時之夏；春秋之冬，夏時之秋也。螽爲災於夏，而蝝生於秋，一歲而再爲災，故志之。

饑。胡氏曰：春秋饑歲多矣，書於《經》者三，而宣公有其二。張氏曰：宣兩書饑，一在大水之後，一在螽、

〔一〕王札子殺毛伯：「札」，原作「扎」，據四庫本改，後同。

蝝之後，甚言國無蓄積，而民無以生也。

《經》書月二，書日一。《大衍曆》：正月戊午，大，辛未，冬至；二月戊子，小；三月丁巳，大；四月丁亥，小；五月丙辰，大；六月丙戌，小，癸卯，十八日；七月乙卯，大；八月乙酉，大；九月乙酉，小；十月甲申，大；十一月甲寅，小；十二月癸未，大。《長曆》：是年閏十一月。癸卯，六月十九日。

十有六年戊辰。定王十四年〇晉霸景七〇蔡文十九〇曹宣二〇衛穆七〇鄭襄十二〇陳成六〇杞桓四十四〇宋文十八〇齊頃六〇秦桓十二〇楚莊二十一

春

王正月

晉人滅赤狄甲氏及留吁。《左傳》曰：晉士會帥師滅赤狄甲氏及留吁鐸辰。杜氏曰：甲氏、留吁，赤狄別種，晉既滅潞氏，今又并盡其餘黨。高氏曰：書及，所以別言二種也。胡氏曰：甲氏，潞之餘種；留吁，其殘邑也。《春秋》於夷狄，攘斥之，不使亂中夏則止矣，必欲盡殄滅之無遺種，豈仁人之心、王者之事乎？

夏

成周宣榭火。「榭」，《公》作「謝」；「火」，《公》、《穀》作「災」〇《公羊傳》曰：成周者，東周也。《左傳》曰：人火之也。杜氏曰：成周，洛陽；宣榭，講武屋。《爾雅》曰：無室曰榭，謂屋歇前。澄曰：《公羊》以宣榭爲宣宮之榭，《穀梁》以爲樂器所藏，何休以爲宣王之廟，至此不毀者，有中興之功。啖氏曰：按宣王之廟久已毀矣，縱失禮不毀，止當在王城，不當在成周也。李氏堯俞曰：廟不應有榭，榭不應藏樂，榭者，講武之所。宣者，其宣王之所

爲乎？至是歷十二世，王業日壞，求其如宣之盛，既不可得而見，而王之跡又煨燼，蓋痛之也。高氏曰：《國語》曰：「先王之爲臺榭也，臺不過望氛氣，榭不過講軍實。」宣王中興，南征荆舒，北伐玁狁，攘夷狄以復文武之竟土。今周復衰，平、惠以降，皆庸暗齷齪，無能興者。孟子曰「夫明堂者，王者之堂也。王欲行王政，則勿毁之矣」，况我宣王中興講武之坐屋，子孫衰微，不能振舊，而反爲火所焚乎？

秋

郯伯姬來歸。《左傳》曰：出也。高氏曰：不能乎舅姑〔一〕，爲夫所出，見棄而歸也。吕氏曰：婦人既嫁而出，人道之大者，故書之。

冬

大有年。《穀梁傳》曰：五穀大熟爲大有年。澄謂宣公在位十六年，天灾饑饉薦臻，咎徵常多，今忽大有年，記異也。

《經》書月一，書日無。《大衍曆》：正月癸丑，小，丁丑，冬至；二月壬午，大；三月壬子，小；四月辛巳，大；五月辛亥，小；六月庚辰，大，戊申，小滿；閏月庚戌，小；七月己卯，大，旦日，夏至；八月己酉，小；九月戊寅，大；十月戊申，小；十一月丁丑，大；十二月丁未，大。

十有七年己巳。定王十五年〇晋霸景八〇蔡文二十，卒〇曹宣三〇衛穆八〇鄭襄十三〇陳成七〇杞桓四十五〇宋

〔一〕不能乎舅姑：「乎」，清刻本、四庫本作「事」。

文十九〇齊頃七〇秦桓十三〇楚莊二十二

春

王正月

庚子，許男錫我卒。許昭公也，在位三十年，其子甯立，是爲靈公。

丁未，蔡侯申卒。蔡文公也，在位二十年，其子固立，是爲景公〔一〕。

夏

葬許昭公。

葬蔡文公。胡氏曰：日卒書名，赴得禮也。葬不月，其略在內。宣公不知禮義邦交之實，送終獨厚於齊，而利害不切於身者，皆薄其禮，大則君親，次則盟主，又其次若秦若衛若滕，雖赴告而不會葬。考《春秋》之備書，而宣公失事上交隣之禮見矣。

六月

癸卯，日有食之。

己未，公會晉侯、衛侯、曹伯、邾子，同盟于斷道。斷，音短〇《左傳》曰：晉侯使郤克徵會于齊，齊頃

〔一〕是爲景公：「景」，原作「靈」，據四庫本改。

公帷婦人，使觀之。郤子登，婦人笑于房。獻子怒，出而誓曰〔一〕：「所不此報，無能涉河。」齊侯使高固、晏弱、蔡朝、南郭偃會，及斂盂，高固逃歸。盟于卷楚，辭齊人。晋人執晏弱于野王，執蔡朝於原，執南郭偃于温，晋師還。杜氏曰：斷道，晋地。張氏曰：此蓋郤克怒齊，假同盟之禮，約諸侯共伐齊也。

秋

公至自會。

冬

十有一月

壬午，公弟叔肸卒。肸，許乙切〇曰「公弟」者，以屬書，未命爲大夫，故不以公子爲氏。肸之生雖未爲卿，而於其死也，宣公寵愛之，故賜之族，使其子孫世世爲卿如季友、仲遂。

《經》書月三，書日五。《大衍曆》：正月丁丑，小，壬午，冬至，庚子，二十四日；二月丙午，大；二月丁未，《經》有日無月；三月丙子，小；四月乙巳，大；五月乙亥，小；六月甲辰，大；己未，十六日，《經》書六月癸卯日食，程氏公説曰：《大衍曆》食當在五月乙亥朔，食黄道胃十三度少；七月甲戌，小；八月癸卯，大；九月癸酉，小；十月壬寅，大；十一月壬申，小，壬午，十一日；十二月辛丑，大。《長曆》：庚子，正月二十六日；丁未，二月四日；己未，六月十七日；壬午，十一月十三日。

〔一〕出而誓曰：「曰」，原作「之」，據清刻本、四庫本改。

十有八年庚午。定王十六年〇晋霸景九〇蔡景公固元年〇曹宣四〇衛穆九〇鄭襄十四〇陳成八〇杞桓四十六〇宋文二十〇齊頃八〇秦桓十四〇楚莊二十三，卒

春

晋侯、衛世子臧伐齊。《左傳》曰：晋侯、衛世子臧伐齊，至於陽穀。齊侯會晋侯盟于繒，以公子彊爲質于晋，晋師還。蔡朝、南郭偃逃歸。高氏曰：晋、衛先伐齊，故齊人求成以緩諸侯之師。

公伐杞。高氏曰：杞自文十六年來朝，而不復至，故伐之。己不脩德而欲人之朝己，亦不思之甚矣。

夏

四月。

秋

七月

邾人戕鄫子于鄫。《左傳》曰：凡自虐其君曰弑，自外曰戕。杜氏曰：弑、戕皆殺也。弑者，積微而起，所以相測量，非一朝一夕；戕者，卒暴之名。陸氏希聲曰：弑非其君曰戕。范氏曰：于鄫，惡其臣子不能距難。孫氏曰：僖十九年，邾人執鄫子用之，天子不能誅，故此肆然復戕鄫子于鄫也。胡氏曰：邾人蓋嘗執鄫子，用之，則不共戴天之世讎也。既不能復，又使邾人得造其國都而戕殺其君，曰「于鄫」者，所以深責鄫之臣子也。

甲戌，楚子旅卒。「旅」，《穀》作「吕」〇楚莊王也，在位二十三年，子共王審嗣。高氏曰：前此不書楚子之卒者，外夷狄也。此書之者，以楚入爲中國之害甚於前日，中國不能自正，乃與夷狄相爲朝聘，相與盟誓，相通問好，故

自此詳卒也。

公孫歸父如晉。《左傳》曰：公孫歸父以襄仲之立公也，有寵，欲去三桓以張公室，與公謀而聘於晉，欲以晉人去之。高氏曰：公自篡立以來，所以事齊諂矣。晚睹齊之不競於晉，則翻然事晉，而棄齊如遺跡焉。甚哉，利之使人輕合易絶也！《傳》載公之晚謀伐齊[一]，至成二年而有鞌之役。蓋歸父此行，實爲始謀，亦以三桓專命，欲假晉以去之故也。胡氏曰：宣公刻意事齊，易世猶未怠也。及頃公不能謹禮，怒晉、魯上卿，而郤克當國，決策討之。晉方彊盛，齊少懦矣，於是背齊而事晉。其於邦交，以利爲向背者也。況欲以晉人去三桓，夫輕於背大國，易於謀大家，而不知其本末，未有能成而無悔者也。

冬

十月

壬戌，公薨于路寢。正其終也。

歸父還自晉，至笙，遂奔齊。「笙」，《公》作「檉」〇《左傳》曰：公薨，季文子言於朝曰：「使我殺適立庶以失大援者，仲也夫！」臧宣叔怒曰：「當其時不能治，後之人何罪？子欲去之[二]，許請去之。」遂逐東門氏。子家還，及笙，壇帷，復命於介，既復命，袒括髮，即位哭，三踊而出，遂奔齊。高氏曰：夫先君未殯而逐其臣，是死其君而忘其父也。歸父既畢使事，盡哀而奔，是知死亡之不免，而能不失度於顛沛造次之時，異乎它大夫之奔矣。雖然，人

[一] 傳載公之晚謀伐齊：「晚」，四庫本作「欲」。

[二] 予欲去之：「去」，原作「立」，據清刻本、四庫本改。

臣之正，受命而出，雖君薨，猶當致命于殯前，若其有罪，待命於新君可也。今歸父還未及魯境，遽即奔齊，則有惡於新君矣。故書遂書奔，以著其逃刑之罪。

《經》書月二，書日二。《大衍曆》：正月辛未，小，丁亥，冬至；二月庚子，大；三月庚午，小；四月己亥，大；五月己巳，大；六月己亥，小；七月戊辰，大，甲戌，七日；八月戊戌，小；九月丁卯，大；十月丁酉，小，壬戌，二十六日；十一月丙寅，大；十二月丙申，小。《長曆》：甲戌，七月八日；壬戌，十月二十八日。

春秋纂言卷八

元　吴澄　撰

成公名黑肱，宣公之子，母穆姜，在位十八年，夫人齊姜。

元年辛未。定王十七年〇晋霸景十年〇蔡景二年〇曹宣五年〇衛穆十年〇鄭襄十五年〇陳成九年〇杞桓四十七年〇宋文二十一年〇齊頃九年〇秦桓十五年〇楚共王審元年

春

王正月

公即位。

二月

辛酉，葬我君宣公。

無冰。孫氏曰：周之二月，夏之十二月，無冰，冬温也。

三月

作丘甲。《左傳》曰：爲齊難故。澄按，班氏《食貨志》誤以《司馬法》采地供王之賦，爲一成正賦之數。馬氏、

鄭氏《周禮》註因之，至於今，諸儒承其誤。唯《公羊》何註、《論語》包注不與班氏同。今因近世傳氏所考，一正諸儒之誤，以合於何、包之説。一成方十里，凡百井，四井爲邑，四邑爲丘，四丘爲甸，一甸六十四井也。每井八夫，則六十四井該五百一十二夫，此五卒爲一旅之衆。於五百夫之中，内三百七十五人爲兵車五乘：甲士十五人，步卒三百六十人。又一百二十五夫爲重車五乘。此一甸六十四井之賦，餘二丘有四井不賦，周井田出軍賦之制如此。蓋一成之内，唯一甸出甲。今魯益兵，雖不成甸，其甸外之二丘，計二百五十六夫亦皆爲兵，則一成之賦，又增兵車二乘、重車二乘也，而一成共賦兵車七乘、重車七乘，爲兵者共七百人矣。

夏

臧孫許及晉侯盟于赤棘。《左傳》曰：聞齊將出楚師。杜氏曰：與晉盟，懼齊、楚。赤棘，晉地。胡氏曰：初，宣公謀以晉人去三桓，歸父爲是見逐而奔齊矣。今季孫當國，恨齊人之立宣公、納歸父，又懼晉侯之或見討也，故往結此盟。爲齊難，既作丘甲矣，聞將出楚師，又遠與晉尋盟，豈固本保邦之道乎？

秋

王師敗績于茅戎。「茅」，《公》、《穀》作「貿」〇《左傳》曰：晉侯使瑕嘉平戎于王，單襄公如晉拜成。劉康公徼戎，將遂伐之。叔服曰：「背盟而欺大國，此必敗。」不聽，遂伐茅戎，敗績于徐吾氏。劉氏曰：茅戎，戎之别也。胡氏曰：桓王伐鄭，兵敗身傷而《經》不書敗，存君臣之義也。劉康公徼戎，伐之，敗績于徐吾氏，而《經》不書戰，辨华夷之分也。《經》雖以尊君父、外戎狄爲義，而君父所以尊，戎狄所以服，則有道矣。桓王不以討賊興師而急於伐鄭，康公不以惇信持國而輕於徼戎，是失所以君天下、禦四夷之道也。

冬

十月。

《經》書月四，書日一。《大衍曆》：正月乙丑，大，壬辰，冬至；二月乙未，小，辛酉，二十七日，癸亥，大寒；三月甲子，大，癸巳，雨水；閏月甲午，小；四月癸亥，大，旦日，春分；五月癸巳，小；六月壬戌，大；七月壬辰，大；八月壬戌，小；九月辛卯，大；十月辛酉，小；十一月庚寅，大；十二月庚申，小。《長曆》閏同，辛酉，二月二十九日。

二年壬申。定王十八年〇晋霸景十一〇蔡景三〇曹宣六〇衛穆十一，卒〇鄭襄十六〇陳成十〇杞桓四十八〇宋文二十二，卒〇齊頃十〇秦桓十六〇楚共二

春

齊侯伐我北鄙。《左傳》曰：臧宣叔令修賦、繕完、具守備，曰：「齊、楚結好，我新與晋盟，晋楚爭盟，齊師必至。雖晋人伐齊，楚必救之，是齊、楚同我也[一]。知難而有備，乃可以逞。」齊侯伐我北鄙，圍龍，頃公之嬖人盧蒲就魁門焉。龍人囚之。齊侯曰：「勿殺。吾與而盟，無入而封。」弗聽，殺而膊諸城上。齊侯親鼓，士陵城[二]，三日，取龍，遂南侵及巢丘。高氏曰：魯絶齊而與晋盟，齊遂即楚而伐我也。胡氏曰：初，魯事齊謹甚，雖易世而聘會不絶

[一] 是齊楚同我也：「楚」，原闕，據清刻本、四庫本改。
[二] 士陵城：「陵城」，原作「凌戰」，據清刻本、四庫本改。

也。及與晉侯盟于斷道而怨隙成，再盟于赤棘而後伐吾北鄙。

夏

四月

丙戌，衛孫良夫帥師及齊師戰于新築，衛師敗績。《左傳》曰：衛侯使孫良夫、石稷、甯相、向禽將侵齊，與齊師遇。石子欲還，孫子曰：「不可，以師伐人，遇其師而還，將謂君何〔一〕？若知不能，則如無出。今既遇矣，不如戰也。」戰于新築。石成子曰：「師敗矣，子不少須。衆懼盡，子喪師徒，何以復命？」曰：「子，國卿也，隕子辱矣。」齊師次于鞠居，新築人仲叔于奚救孫桓子，桓子是以免。杜氏曰：新築，衛地。高氏曰：衛將侵齊，齊自伐魯還，相遇於新築。石稷欲避之，孫子不可，遂與之戰，以至於敗。

六月

癸酉，季孫行父、臧孫許、叔孫僑如、公孫嬰齊帥師會晉郤克、衛孫良夫、曹公子首及齊侯戰于鞌，齊師敗績。「首」，《公》、《穀》作「手」○《左傳》曰：孫桓子還於新築，不入，遂如晉乞師。臧宣叔亦如晉乞師，皆主郤獻子。晉侯許之七百乘。郤子曰：「此城濮之賦也，有先君之明與先大夫之肅，故捷。克於先大夫，無能爲役，請八百乘。」許之。郤克將中軍，士燮佐上軍，欒書將下軍，韓厥爲司馬，以救魯、衛。臧宣叔逆晉師，且道之，季文子帥師會之。師從齊師于莘，至於靡笄之下。齊侯使請戰，曰：「子以君師辱於敝邑，不腆敝賦，詰朝請見。」對曰：

〔一〕將謂君何：「謂」，原作「若」，據清刻本、四庫本改。

「晋與魯、衛，兄弟也。來告曰『大國朝夕釋憾於敝邑之地』，寡君不忍，使羣臣請於大國，無令輿師淹於君地，能進不能退，君無所辱命。」齊侯曰：「大夫之許，寡人之願也；若其不許，亦將見也。」齊高固入晋師，桀石以投人，禽之而乘其車，繫桑本焉，以徇齊壘，曰：「欲勇者賈余餘勇！」師陳于鞌。邴夏御齊侯，逢丑父爲右。晋解張御郤克，鄭丘緩爲右。齊侯曰：「余姑翦滅此而後朝食！」不介馬而馳之。郤克傷於矢，流血及屨，未絶鼓音，曰：「余病矣。」張侯曰：「師之耳目在吾旗鼓，進退從之，此車一人殿之，可以集事，若之何其以病敗君之大事也？擐甲執兵[一]，固即死也，病未及死，吾子勉之。」左并轡，右援枹而鼓，馬逸不能止，師從之。齊師敗績。逐之，三周華不注。韓厥從齊侯，逢丑父與公易位，將及華泉，驂絓於木而止[二]。韓厥執縶馬前，奉觴加璧以進，曰：「寡君使羣臣爲魯、衛請，曰『無令輿師陷入君地』。下臣不幸，屬當戎行，無所逃隱，且懼奔避，而忝兩君。臣辱戎士，敢告不敏，攝官承乏。」丑父使公下，如華泉取飲，鄭周父御佐車，宛茷爲右[三]，載齊侯以免。杜氏曰：鞌，齊地。胡氏曰：大國三軍，次國二軍。魯雖大國，而四卿共將，是四軍也。上卿行父與僑如、嬰齊各將一軍會戰[四]，而臧孫許如晋乞師，又逆晋師爲之道，本不將兵，特往來晋、魯兩軍之間，與謀議爾。將稱元帥，略其副屬，辭之體也。而四卿皆書者，豈特爲詳内録哉？趙氏曰：首稱「公子」，即三命之卿，但以國小不能自崇樹，其大夫請命於王者少爾，唯此與昭二十年公孫會凡二人爾。齊氏曰：鞌之戰，齊有必勝之氣，晋有不敵之勢，而齊以驕輕取敗，晋以必死致勝。董氏《繁露》曰：齊頃公，桓公之

[一] 擐甲執兵：「執」，原作「即」，據四庫本改。
[二] 驂絓於木而止：「驂」，原闕。據清刻本、四庫本補。
[三] 宛茷爲右：「宛」，原作「伐」，據清刻本、四庫本改。
[四] 上卿行父與僑如、嬰齊各將一軍會戰：「將」，四庫本作「帥」。

孫，霸主之餘尊[一]。即位九年，未嘗一與會同之事，有怒魯、衛之志。伐魯入其北郊，伐衛敗之新築。大國往聘，慢而弗敬，晋、魯俱怒。内悉其衆，外得衛、曹，四國相輔，大困之於鞌。獲齊頃公，斮逢丑父，大辱身，幾亡國，爲天下笑。

秋

七月

齊侯使國佐如師。

己酉，及國佐盟于袁婁。「袁」，公作「爰」○《左傳》曰：晋師從齊師，入自丘輿，擊馬陘。齊侯使賓媚人賂以紀甗、玉磬與地。賓媚人致賂，晋人不可，曰：「必以蕭同叔子爲質，而使齊之封内盡東其畝。」曰：「子以君師辱於敝邑，畏君之震，師徒撓敗。吾子惠徼齊國之福，不泯其社稷，唯是先君之敝器土地不敢愛，子又不許。請收合餘燼，背城借一。敝邑之幸，亦云從也。況其不幸，敢不唯命是聽。」魯、衛諫曰：「齊疾我矣，其死亡者皆親暱也，子若不許，讎我必甚。唯子則又何求？子得其國寶，我亦得地，而紓於難，其榮多矣。齊、晋亦唯天所授，豈必晋？」晋人許之。對曰：「羣臣帥賦輿以爲魯、衛請，苟有以藉口而復於寡君，君之惠也，敢不唯命是聽？」晋師及齊國佐盟于袁婁。《公羊傳》曰：曷爲不盟于師？郤克眣魯、衛之使，使爲之請，然後許之，逮于袁婁而與之盟。《穀梁傳》曰：鞌去齊五百里，袁婁去齊五十里，一戰綿地五百里，焚雍門之茨，侵車東至海，君子甚之。張氏曰：齊國治臨淄，去洛陽東千八百里，縣西有袁婁。高氏曰：齊侯至於乞盟，辱亦甚矣，國佐受成命於君，而可否在晋之大夫，又非服晋也，直畏晋

[一] 霸主之餘尊：「尊」，清刻本、四庫本作「業」。

彊，賂晋而請盟爾，故不曰「來盟」，而曰「齊侯使如師」。師在齊境，故書「如」。不與之盟于師，進逮袁婁而後盟，見四國之師乘勝而逼之。胡氏曰：荆楚暴横，憑陵諸夏，齊桓公仗義致討，而楚人帖服，其書「來盟于師」者，楚人自服而來盟也。「盟于召陵」者，桓公退舍，禮與之盟也。若夫袁婁，則異於是。齊未若楚之暴，而諸大夫含憤積怒，欲雪一笑之恥，至於殺人盈野，非有擊彊扶弱之心。國佐如師，特以賂免，非服之也。澄曰：楚服齊桓之誼[一]，故使屈完來受盟于師，其盟已前定也，故彼書「來盟」，桓公又退一舍，而與之盟于召陵，齊有禮矣。齊師既敗于鞌，使國佐來納賂以求成，許不許在晋郤克，其盟未前定也，故此但書「如師」。晋之誼既不足以服齊之心[二]，故國佐徑去，四國進師，追及國佐，近逼齊都，而後與之盟于袁婁，此晋之無義而又無禮也。

八月

壬午，宋公鮑卒。文公也，在位二十二年，子固嗣，是爲共公。

庚寅，衛侯遬卒。穆公也，在位十一年，子臧嗣，是爲定公。

取汶陽田。《公羊傳》曰：鞌之賂也。《左傳》曰：使齊人歸我汶陽之田。杜氏曰：晋使齊還魯，故書「取」，不以好得，故不言「歸」。孫氏曰：汶陽之田，魯地也，齊人侵之，今復取之，不言取之齊者，明本非齊地。杜氏謂曰：宣十年，濟西田言「歸」，此言「取」者，彼公如齊之後而齊自歸之，故以齊歸起文。今因晋、衛之力伐而後取之，故以魯取爲文，非齊實欲歸之矣。

[一] 楚服齊桓之誼：「誼」，清刻本、四庫本作「義」。

[二] 晋之誼既不足以服齊之心：「誼」，清刻本、四庫本作「義」。

冬

楚師、鄭師侵衛。《左傳》曰：宣公使求好于楚，莊王卒、宣公薨，不克作好。公即位，受盟于晋，會晋伐齊。衛人不行使于楚，而亦受盟于晋，從於伐齊。故楚令尹子重爲陽橋之役以救齊。將起師，子重曰：「君弱，羣臣不如先大夫，師衆而後可。」乃悉師，王卒盡行。楚師侵衛，遂侵我，師于蜀。高氏曰：楚人以魯、衛受盟於晋而伐齊，故令尹子重爲陽橋之役以救齊，而先與鄭加兵于衛。夫鄭以中國從夷狄，而首伐衛喪，是授戈與寇而攻其親戚也。

十有一月

公會楚公子嬰齊于蜀。《左傳》曰：楚侵及陽橋，孟孫請往賂之，以執斲、執鍼、織紝，皆百人，公衡爲質，以請盟，楚人許平。澄曰：楚用令尹子重之謀，以救齊爲名，而加兵於魯、衛。先遣裨將帥重師及鄭師侵衛，而遂侵魯，主兵之嬰齊入魯境而駐師于蜀。魯懼，遂從孟孫之謀，納賂請平。楚既許平魯，而又約諸國會盟，公先往會嬰齊，然後諸國之大夫皆至，而盟于蜀也。不没嬰齊之氏名者，欲見其挾衆威魯，而以臣伉君也。杜氏曰：蜀，魯地，泰山博縣西南有蜀亭。

丙申，公及楚人、秦人、宋人、陳人、衛人、鄭人、齊人、曹人、邾人、薛人、鄫人盟于蜀。《左傳》曰：楚公子嬰齊、蔡侯、許男、秦右大夫説、宋華元、陳公孫寧、衛孫良夫、鄭公子去疾，及齊國之大夫。澄曰：楚人先諸國者，公子嬰齊爲盟主也，不書氏名者，以有魯君在會，而同諸國大夫例降稱人也。嬰齊於此盟降稱人，而前會稱氏名者，欲見楚人者即公子嬰齊也。齊叙鄭下者，以其命數卑於鄭大夫也。蔡、許之君不書者，以其爲楚之車左車右，降在臣列，同於楚臣，《左氏》謂之「失位」是也。蘇氏曰：楚自城濮之敗，不競於晋。莊王雖入陳、圍鄭及宋，而未嘗合諸侯。及蜀之盟，諸侯從之者十有一國，晋不敢争。然其盟十一國也，諸侯實畏晋而竊與之盟。其後四十二年，晋趙武、楚屈建合諸侯於宋，然後晋、楚之從得相交見。又八年，楚靈王求諸侯於晋，晋人許之，然後諸侯公然與楚盟爾。

《經》書月五，書日六。《大衍曆》：正月己丑，大，戊戌，冬至；二月己未，小；三月戊子，大；四月戊午，小，丙戌，二十九日；五月丁亥，大；六月丁巳，小，癸酉，十七日；七月丙戌，大，己酉，二十四日；八月丙辰，小，壬午，二十七日；九月乙酉，大，庚寅，六日；十月乙卯，大；十一月乙酉，小，丙申，十二日；十二月甲寅，大。《長曆》：四月丙戌在五月朔；癸酉，六月十八日；己酉，七月二十五日；壬午，八月二十八日；庚寅，九月七日；丙申，十一月十四日。

三年癸酉。定王十九年[一]〇晋霸景十二〇蔡景四〇曹宣七〇衛定公臧元年〇鄭襄十七〇陳成十一〇杞桓四十九〇宋共公固元年〇齊頃十一〇秦桓十七〇楚共三

春

王正月

公會晋侯、宋公、衛侯、曹伯伐鄭。《左傳》曰：諸侯伐鄭，次于伯牛，討邲之役也[二]，遂東侵鄭，鄭公子偃帥師禦之，使東鄙覆諸鄤，敗諸丘輿。皇戌如楚獻捷。高氏曰：去冬之役，鄭爲楚導，而宋、魯、曹、衛雖盟于蜀，

[一] 定王十九年：「定」，原作「宣」，據清刻本、四庫本及上下文改。

[二] 討邲之役也：「役」，原作「敗」，據四庫本改。

猶不敢背晋，故罷盟而遂會晋伐鄭焉。於是鄭公子偃帥師禦之，敗晋游兵于丘輿，使皇戌如楚獻捷。終鄭襄公之身，不復從晋矣。胡氏曰：鄭附蠻夷，擾中國，則盟主有詞於伐爾。宋、衛未葬稱爵，背殯越境以吉禮從金革之事也。

辛亥，葬衛穆公。高氏曰：此見衛侯背殯出師，不臨先君之喪。

二月

公至自伐鄭。雖未逾時，伐鄭無功，亦危之而致也。

甲子，新宫災，三日哭。《公羊傳》曰：新宫者，宣公之宫也。廟災，三日哭，禮也。《穀梁傳》曰：迫近不敢稱謚，恭也。孫氏曰：哀三年，桓宫、僖宫災稱謚，此不稱謚者，親廟也。

乙亥，葬宋文公。胡氏曰：按《左傳》，文公卒，始厚葬，益車馬，重器備。君子謂「華元、樂舉於是乎不臣」。考於《經》，未有以驗其厚也。數其葬之月，則信矣。天子七月，諸侯五月，大夫三月，士逾月，以降殺遲速爲禮之節，不可亂也。文公之卒，國家安靖，外無危難，曷爲越禮逾時，逮乎七月而後克襄事哉！高氏曰：七月而葬，天子之禮也。以葬月考之，知其僭禮。

夏

公如晋。《左傳》曰：拜汶陽之田也。

鄭公子去疾帥師伐許。《左傳》曰：許恃楚而不事鄭。張氏曰：晋方怒鄭之不服，其爲國憂未有底止也，乃怒許之不事己，而使大夫動大衆以伐之，見其興兵之不度德量力也。

公至自晋。高氏曰：公始畢三年之喪，不朝天王而朝晋，故書至以譏之。

秋

叔孫僑如帥師圍棘。《公羊傳》曰：棘者，汶陽之不服邑也。《左傳》曰：取汶陽之田，棘不服，故圍之。杜氏曰：棘，汶陽之邑，在濟北蛇丘。張氏曰：今宛州龔丘縣是也。趙氏曰：凡内自圍者，皆叛邑。胡氏曰：復故地而民不聽，至命上將用大師環其邑而攻之，蓋魯於是時初税畝，作丘甲，税役日重，棘雖歸故國，所以不願爲之民也歟？

大雩。義見前《經》。

晉郤克、衛孫良夫伐廧咎如。廧，在良切，《公》作「將」，《穀》作「牆」。咎，古刀切○《左傳》曰：討赤狄之餘，廧咎如潰。高氏曰：不係赤狄者，非赤狄也。杜氏曰：晉滅赤狄，其餘民散入廧咎如，故討之。

冬

十有一月

晉侯使荀庚來聘。公朝晉故。

衛侯使孫良夫來聘。鞌之役故。

丙午，及荀庚盟。

丁未，及孫良夫盟。孫氏曰：二子來聘，不能以信相親，反要公以盟。

鄭伐許。「鄭」下缺一字。胡氏曰：晉楚争鄭，鄭兩事焉。及邲之戰，於是始專於事楚，不通中華。晉雖加兵，終莫之聽。利在中國，則從中國，利在夷狄，則從夷狄，而不擇義之可否爲去就，況又憑弱犯寡。許亦事楚，而鄭反伐之。一歲之中而再動干戈於鄰國，不亦甚乎！

《經》書月三，書日五。《大衍曆》：正月甲申，小，癸卯，冬至，辛亥，二十八日；二月癸丑，大，甲子，十二日，乙亥，二十三日；三月癸未，小；四月壬子，大；五月壬午，小；六月辛亥，大；七月辛巳，小；八月庚戌，大；九月庚辰，小；十月己酉，大；十一月己卯，小，丙午，二十八日，丁未，二十九日；閏月戊申，大；十二月戊寅，大。《長曆》：辛亥，正月三十日；甲子，二月十三日；乙亥，二十四日；丙午，十一月二十九日。

四年甲戌。定王二十年〇晉霸景十三〇蔡景五〇曹宣八〇衛定二〇鄭襄十八，卒〇陳成十二〇杞桓五十〇宋共二〇齊頃十二〇秦桓十八〇楚共四

春

宋公使華元來聘。《左傳》曰：通嗣君也。澄曰：宋共公新即位，故晉、衛、宋三國相繼來聘，以三年春同會伐鄭，交結和好也。

三月

壬申，鄭伯堅卒。「堅」，《公》作「取」〇襄公也，在位十八年，子費嗣，是爲悼公。

杞伯來朝。《左傳》曰：歸叔姬故也。杜氏曰：將出叔姬，先修朝禮，言其故。

夏

四月

甲寅，臧孫許卒。此文仲之子宣叔也，子紇嗣，是爲武仲。

公如晉。《左傳》曰：晉侯見公，不敬。季文子曰：「晉侯必不免。」張氏曰：晉景公勝齊而驕也。高氏曰：公連歲如晉者，以嘗即楚故也。

葬鄭襄公。

秋

公至自晉。《左傳》曰：公欲求成于楚而叛晉，季文子曰：「不可。」乃止。

冬

城鄆。任公輔曰：魯西邑，東郡廪丘東有鄆城，即西鄆。張氏曰：《後漢志》屬廪丘，今濟南府鄆城縣。杜氏曰：公欲叛晉，故城而爲備。

鄭伯伐許。《左傳》曰：鄭公孫申帥師疆許田，許人敗諸展陂。鄭伯伐許，取鉏任、冷敦之田。程子曰：稱鄭伯，見其不復爲喪，以吉禮從戎也。

《經》書月二，書日二。《大衍曆》：正月丁未，大，戊申，冬至；二月丁丑，小；三月丙午，大，壬申，二十七日；四月丙子，大；五月丙午，小，《經》四月甲寅在此月；六月乙亥，大；七月乙巳，小；八月甲戌，大；九月甲辰，小；十月癸酉，大；十一月癸卯，小；十二月壬申，大。《長曆》：是年閏七月，三月壬申在二月二十六日；甲寅，四月九日。

五年乙亥。定王二十一年，崩○晋霸景十四○蔡景六○曹宣九○衛定三○鄭悼公費元年○陳成十三○杞桓五十一○宋共三○齊頃十三○秦桓十九○楚共五

春

王正月

杞叔姬來歸。出而來歸也，此叔姬蓋僖公之女、文公之姊妹、宣公之姑、成公之祖姑也。僖三十一年杞伯姬來求婦，而僖公以叔姬歸杞，爲伯姬之婦、桓公之夫人。僖三十一年至今四十四年，叔姬年蓋六十餘矣，被出而歸，杞桓公年亦七十餘矣，始出其夫人。

仲孫蔑如宋。報華元也。

夏

叔孫僑如會晋荀首于穀。「首」，《公》作「秀」○《左傳》曰：晋荀首如齊逆女，故宣伯餫諸穀。

梁山崩。《公羊傳》曰：河上之山也。梁山崩，壅河，三日不流。外異而書者，爲天下記異也。張氏曰：梁山，見《詩·韓奕》篇，同州韓城縣有禹貢梁山。胡氏曰：梁山屬韓國，《詩》謂之「韓奕」者，言奕然高大，爲韓國之鎮也，後爲晋所滅，而晋大夫韓氏以爲邑。高氏曰：先王之制，名山大川不以封。梁山雖屬於韓，而非諸侯正受封之地，故《春秋》書「梁山崩」而不繫之國者，爲天下記異也，是以不書晋。夫國主山川，豈特晋國當之哉？

秋

大水。高氏曰：此亦非特魯國之災也，皆當時人事之所召。

冬

十有一月

己酉，天王崩。定王也，在位二十一年，子夷嗣，是爲簡王。不書葬者，罪諸侯之不赴也。

十有二月

己丑，公會晉侯、齊侯、宋公、衛侯、鄭伯、曹伯、邾子、杞伯同盟于蟲牢。《左傳》曰：許靈公愬鄭伯于楚，鄭悼公如楚訟，不勝，楚人執皇戌及子國，故鄭伯歸，使公子偃請成于晉，鄭伯及晉趙同盟于垂棘。同盟于蟲牢，鄭服也。高氏曰：鄭數伐許，許人愬于楚，楚人不直鄭，鄭伯遂復棄楚而請盟于晉，晉侯於是會諸侯而爲此盟也。

《經》書月三，書日二。《大衍曆》：正月壬寅，小，癸丑，冬至；二月辛未，大；三月辛丑，小；四月庚午，大；五月庚子，小；六月己巳，大；七月己亥，大；八月己巳，小；九月戊戌，大；十月戊辰，小；十一月丁酉，大，己酉，十三日；十二月丁卯，小，己丑，二十三日。《長曆》：己酉，十一月十四日；己丑，十二月二十四日。

六年丙子。簡王元年〇晉霸景十五〇蔡景七〇曹宣十〇衛定四〇鄭悼二，卒〇陳成十四〇杞桓五十二〇宋共四〇齊頃十四〇秦桓二十〇楚共六〇吴子壽夢乘元年

春

王正月

公至自會。

二月

辛巳，立武宮。《左傳》曰：季文子以鞌之功立武宮，非禮也。澄曰：魯，諸侯也，周公爲大廟，居中不毁。昭廟二，居左，穆廟二，居右，皆親盡則毁。成王賜魯於大廟祀周公以天子之禮，而伯禽受之，賜者受者皆非矣。因此之故，伯禽既薨，魯人以爲始封之君，欲使其廟雖至親盡亦不毁，而同於大廟，僭比周文王之廟。至成公之世，武公之廟毁已久矣，又再立武宮，僭比周武王之廟。高氏曰：武公敖在宣王時，南征北伐，佐王師有功，而謚曰「武」。至成公時，季孫行父因鞌之戰，自多其功，崇尚武事，一旦特出私意[一]，再爲立宮，同於世室[二]，合伯禽爲二宗[三]，蓋僭用周天子之禮，若文武之二宗也。故《明堂位》曰：「魯公之廟，文世室也；武公之廟，武世室也。」聖人於此特書「立武宮」，以著季氏僭亂妄作之由。張氏曰：《明堂位》之言，其爲俗儒之論明矣。甚哉，其亂聖制而誤後學也！武公名敖，周公九世孫，成公之十一世祖也。

取鄟。鄟，音專，又市巒切〇杜氏曰：附庸國也。胡氏曰：鄟，微國也。書取者，滅之也。滅而書「取」，爲君隱也。項亦國也，其書滅者，以僖公在會，季孫所爲，故直書其事而不隱。孫氏曰：宣九年取根牟，此年取鄟，襄十三年取邿，皆微國也。

[一] 一旦特出私意：「私」，四庫本作「其」。

[二] 同於世室：「同」，清刻本作「比」。

[三] 合伯禽爲二宗：「合」，原作「於」，據清刻本、四庫本改。

衛孫良夫帥師侵宋。《左傳》曰：諸侯謀復會，宋公使向爲人辭以子靈之難。晉伯宗、夏陽説、衛孫良夫、甯相、鄭人、伊洛之戎、陸渾、蠻氏侵宋，以其辭會也。蘇氏曰：晉將復會諸侯，宋人辭以難，故使衛與魯更侵之。

夏

六月

邾子來朝。

公孫嬰齊如晉。《左傳》曰：命伐宋。

壬申，鄭伯費卒。費，音秘○悼公也，在位二年，弟睔立〔一〕，是爲成公。不書葬者，當晉、楚争伐之際，臣子不得盡禮於大事也。

秋

仲孫蔑、叔孫僑如帥師侵宋。《左傳》曰：晉命也。高氏曰：晉復使魯伐宋，故二卿同帥師而出也。使魯伐宋者，雖晉之命，而魯不以大義諭之，遽爲之興師，則罪專在魯矣。責與衛良夫同，故書曰「侵」。

楚公子嬰齊帥師伐鄭。《左傳》曰：鄭從晉故也。許氏翰曰：至是書楚卿帥師者，霸統幾亡也。高氏曰：鄭棄楚，復從晉，受盟于蟲牢，故楚乘其喪而伐之。

冬

季孫行父如晉。《左傳》曰：晉遷于新田，季文子如晉，賀遷也。

〔一〕弟睔立：「睔」，原作「腀」，據清刻本、四庫本改。

晉欒書帥師救鄭。「救」，《公》作「侵」〇《左傳》曰：與楚師遇於繞角，楚師還。高氏曰：楚伐鄭喪而悼公不葬，晉救雖至，已苦兵矣，然而不背蟲牢之盟，是以善其救也。

《經》書月三，書日二。《大衍曆》：正月丙申，大，己未，冬至；二月丙寅，小，辛巳，十六日；三月乙未，大；四月乙丑，小；五月甲午，大；六月甲子，小，壬申，九日；七月癸巳，大，辛酉，夏至；閏月癸亥，小；八月壬辰，大；九月壬戌，小；十月辛卯，大；十一月辛酉，大；十二月辛卯，小。《長曆》：辛巳，二月十七日。

七年丁丑。簡王二年〇晉霸景十六〇蔡景八〇曹宣十一〇衛定五〇鄭成公睔元年〇陳成十五〇杞桓五十三〇宋共五〇齊頃十五〇秦桓二十一〇楚共七〇吴壽夢二

春

王正月

鼷鼠食郊牛角，改卜牛，鼷鼠又食其角，乃免牛。鼷，音兮〇《穀梁傳》曰：免牲不曰不郊，免牛亦然。甯氏曰：言免牲則不郊顯矣，言免牛亦不郊，而《經》復書「不郊」者，蓋爲三望起爾。杜氏曰：稱牛，未卜日；免，放也。澄曰：書郊牛之變，義同宣三年。孔氏曰：李巡云「鼱鼩，一名鼩鼠」。孫炎云「有螫毒，如鼠狼」。

吴伐郯。《左傳》曰：吴伐郯，郯成。季文子曰：「中國不振旅，蠻夷入伐而莫之或恤，無弔者也夫。」襄陵許氏曰：吴自壽夢得申公巫臣而爲楚患，夷狄相攻，不志也。伐郯之役，名連上國，於是始見於《春秋》。志入州來，著十五年之所以會鍾離。杜氏曰：吴國，吴郡也。張氏曰：今按吴郡是爲平江府。郯，己姓國。秦有郯郡，漢屬東海郡，

故城今在淮陽軍下邳縣北〔一〕。

夏

五月

曹伯來朝。曹宣公也。

不郊，猶三望。襄陵許氏曰：用是知魯郊或以五月，非特定公也。高氏曰：免牛則不郊矣，復書「不郊」者，以吴、曹事隔其文，故爲三望起也。夫三望因郊而設，不郊則望祭之禮不備矣。正祭已廢而舉其從祀〔二〕，此僖公之舉也，祭從先祖，蓋有惑焉。

秋

楚公子嬰齊帥師伐鄭。《左傳》曰：鄭子良相成公如晉，見，且拜師。楚子重伐鄭，師于氾。高氏曰：去冬欒書救鄭，而楚師還，未得志于鄭，故復伐之。

公會晉侯、齊侯、宋公、衛侯、曹伯、莒子、邾子、杞伯救鄭。《左傳》曰：諸侯救鄭，鄭共仲、侯羽軍楚師，囚鄖公鍾儀，獻諸晉。胡氏曰：楚人軍旅數起，頻年伐鄭，晉合八國之君親往救鄭，則攘夷狄、安中國之師也，故書「救」以著其善。

八月

〔一〕故城今在淮陽軍下邳縣北：「邳」，清刻本作「良」，四庫本作「郎」。

〔二〕正祭已廢而舉其從祀：「祀」，清刻本、四庫本作「事」。

戊辰，同盟于馬陵。《左傳》曰：尋蟲牢之盟，且莒服故也。

公至自會。諸侯會而楚師退，故不以救鄭至。

吴入州來。《左傳》曰：楚申公巫臣與子重、子反有怨，及共王即位，使巫臣聘于齊，及鄭而奔晋，晋人使爲邢大夫。子重、子反殺巫臣之族而分其室。巫臣自晋請使于吴，晋侯許之。吴子壽夢説之，乃通吴于晋。以兩之一卒適吴，舍偏兩之一焉。與其射御，教吴乘車，教之戰陳，教之叛楚，寘其子狐庸焉，使爲行人於吴。吴始伐楚、伐巢、伐徐。馬陵之會，吴入州來，子重、子反於是乎一歲七奔命。蠻夷屬於楚者，吴盡取之，始大，通吴於上國。孫氏曰：州來，微國。吴乘楚伐鄭，故入州來。杜氏曰：州來，楚邑，淮南下蔡縣是也。高氏曰：吴楚争彊，始見於此。州來屬楚，吴以兵入之，著楚雖恃彊而吴敢與之敵也。

冬

大雩。高氏曰：冬非旱時，曰大雩者，志其旱且僭也。

衛孫林父出奔晋。《左傳》曰：衛定公惡孫林父，林父奔晋，衛侯如晋，晋反戚焉。杜氏曰：林父，良夫之子也。戚，林父邑。林父出奔，戚隨屬晋。高氏曰：衛定公惡林父，故逐之。林父亡七年而恃晋反衛，復貴用事〔一〕，又十九年，遂逐其君，卒以邑叛。則定公可謂知所惡矣。

《經》書月三，書日一。《大衍曆》：正月庚申，大，甲子，冬至；二月庚寅，小；三月己未，大；四月己丑，

〔一〕復貴用事：「貴」，四庫本作「責」。

小；五月戊午，大；六月戊子，小；七月丁巳，大；八月丁亥，小；九月丙辰，大，《經》八月戊辰在此月；十月丙戌，小；十一月乙卯，大；十二月乙酉，小。《長曆》：是年閏八月。戊辰，八月十三日。

八年戊寅。簡王三年〇晋霸景十七〇蔡景九〇曹宣十二〇衛定六〇鄭成二〇陳成十六〇杞桓五十四〇宋共六〇齊頃十六〇秦桓二十二〇楚共八〇吴壽夢三

春

晋侯使韓穿來言汶陽之田，歸之于齊。《左傳》曰：季文子餞之，私焉，曰：「大國制義以爲盟主，是以諸侯懷德畏討，無有貳心。謂汶陽之田[一]，敝邑之舊也，而用師于齊，使歸敝邑。今有二命，曰『歸諸齊』。信以行義，義以成命，小國所望而懷也。信不可知，義無所立，四方諸侯，其誰不解體？《詩》曰『女也不爽，士貳其行。士也罔極，二三其德』，七年之中，一予一奪，二三孰甚焉？士之二三，猶喪妃耦，而況霸主？霸主將德是以，而二三之，其何以長有諸侯乎？詩曰『猶之未遠，是用大簡』。行父懼晋之不遠猶而失諸侯也，是以敢私言之。」高氏曰：齊不會晋，晋侯患之。幸於鞌之戰，盟于袁婁，又盟于蟲牢，又盟于馬陵，今俾我歸田焉，所以堅齊也。夫汶陽田者，魯國之舊，嘗爲齊所取矣。鞌之戰，齊請盟，晋命齊反魯、衛侵地，故我得復而取之，亦可謂義也[二]。今齊事晋，晋乃使韓穿來命魯歸之，則非義矣。何則？魯國之分地，乃先君受之於天子，晋不當爲齊請於魯，齊不當求之於晋。韓穿爲晋卿，不當

[一] 謂汶陽之田：「汶」，原作「文」，據四庫本改。
[二] 「亦可謂義也」，清刻本前有「取之」二字。

爲齊言於魯，魯不當以晋侯之故，遂以先君之分地與齊。然而曰「來言」，則晋非必令魯歸之也，言之而已。曰「歸之于」者，彊歸之辭，蓋以明晋之失言也。夫汶陽，魯田，自齊歸魯，曰歸可也，自魯之齊，安得謂之歸？唯晋不察此，故使韓穿來言也，季文子之言盡矣。

晋欒書帥師侵蔡。《左傳》曰：晋欒書侵蔡，遂侵楚，獲申驪。是行也，鄭伯將會晋師，門於許東門，大獲焉。襄陵許氏曰：侵蔡，報伐鄭也。大國争衡而小國受敗，《春秋》矜焉。高氏曰：晋得齊之後，冀盡得夫諸侯也。蔡則畏楚，終不與晋。自文十五年晋郤缺入蔡之後，蔡侯不與中國盟會者又幾三十年，至是欒書復加兵以侵之，又非執辭討罪之舉，故書「侵」。

公孫嬰齊如莒。《左傳》曰：聲伯如莒，逆也。高氏曰：因馬陵之盟，始復與莒通，嬰齊因聘而自逆婦。澄曰：魯臣託聘之名，而自逆婦者多矣，非禮也。

宋公使華元來聘。《左傳》曰：聘共姬也。高氏曰：凡諸侯相聘，必有事焉，非專行聘禮也。華元之來，蓋圖昏爾。

夏

宋公使公孫壽來納幣。杜氏曰：宋公無主昏者，自命之，故稱使也。趙氏曰：禮不當使公孫也，若合禮，則常事不書。杜氏諤曰：昏禮納幣使大夫，常事不書，《春秋》書之，見於《經》者二：文二年公子遂如齊納幣、此年公孫壽是也。公子、公孫，同族兄弟而爲君納幣，非所以遠嫌也，故趙子以不當使言之[一]。

[一] 故趙子以不當使言之：「子」，清刻本、四庫本作「氏」。

晋殺其大夫趙同、趙括。《左傳》曰：晋趙嬰通於趙莊姬，原、屏放諸齊。嬰曰：「我在，故欒氏不作。我亡，吾二昆其憂哉？」趙莊姬爲趙嬰之亡故，譖之於晋侯曰：「原、屏將爲亂。」晋討趙同、趙括。高氏曰：趙朔者，晋侯之婿，妻曰莊姬，其季父嬰通乎莊姬，而同、括其兄也。莊姬譖同、括，晋侯乃追論趙氏殺君之事而殺之。劉氏曰：趙同、趙括，内不正其親，外專戮以干其君，足以殺其身而已矣。胡氏曰：同、括無罪，爲莊姬所譖，而欒、郤害之也。稱國以殺，見晋之失政刑矣。

秋

七月

天子使召伯來錫公命。「錫」，《左》、《穀》作「賜」〇啖氏曰：稱天子，蓋誤。錫命義見前。

冬

十月

癸卯，杞叔姬卒。陸氏曰：凡内女爲諸侯之夫人則書卒，以公爲之服也。嫁爲諸侯夫人而不書卒，時魯公非其兄弟及兄弟之子也，諸侯無大功以下之服故。杞叔姬雖出，猶書者，爲喪歸杞故也。高氏曰：叔姬爲杞所出，與杞絶矣，不當係之杞。今猶稱杞而日其卒者，魯人將脅杞而歸之，未許其絶也。未許其絶，故自以謂杞夫人之喪〔一〕，而不以吾女卒之。

〔一〕故自以謂杞夫人之喪：「謂」，四庫本作「爲」。

晉侯使士燮來聘。《左傳》曰：晋士燮來聘，言伐郯也，以其事吴故。公賂之，請緩師。燮不可，曰：「君命無貳，失信不立，禮無加貨，事無二成。」

叔孫僑如會晉士燮、齊人、邾人伐郯。《左傳》曰：季孫使宣伯會伐郯。高氏曰：七年吴伐郯，諸侯莫之救者，於是與吴成，而士燮遂摟諸侯以伐之。薛氏曰：吴伐郯而不能救，服吴則伐之，諸侯無所措手足矣。

衛人來媵。杜氏曰：古者諸侯取適夫人及左右媵，各有姪娣，國三人，凡九女[一]，所以廣繼嗣也[二]。魯將嫁伯姬於宋，故衛來媵之。杜氏譜曰：諸侯一娶三國九女，今魯將嫁伯姬，而晋、衛、齊三國來媵，僭矣，不得不詳録之。

《經》書月二，書日一。《大衍曆》：正月甲寅大，己巳，冬至；二月甲申，小；三月癸丑，大；四月癸未，大；五月癸丑，小；六月壬午，大；七月壬子，小；八月辛巳，大；九月辛亥，小；十月庚辰，大，癸卯，二十四日；十一月庚戌，小；十二月己卯，大。《長曆》：癸卯，十月二十五日。

九年己卯。簡王四年〇晋霸景十八〇蔡景十〇曹宣十三〇衛定七〇鄭成三〇陳成十七〇杞桓五十五〇宋共七〇齊頃十七，辛〇秦桓二十三〇楚共九〇吴壽夢四

春

王正月

[一] 凡九女：「凡」，原作「皆」，據清刻本、四庫本改。

[二] 所以廣繼嗣也：「嗣」，原作「續」，據清刻本、四庫本改。

杞伯來逆叔姬之喪以歸。《公羊傳》曰：脅而歸之也。胡氏曰：杞伯初來朝魯，然後出之，卒而復逆其喪以歸者，豈非叔姬本不應出，故魯人得以義責之，使復歸葬乎？澄曰：僖三十一年，杞伯姬來求婦，而叔姬歸爲杞桓公之夫人，至成公四年，爲夫婦四十四年矣，年皆已老，乃出而歸，莫考其由〔一〕，或止是以無子而出也？胡氏言姬本不應出，故魯人得以義責之，其説蓋是。

公會晋侯、齊侯、宋公、衛侯、鄭伯、曹伯、莒子、杞伯同盟于蒲。《左傳》曰：爲汶陽之田故，諸侯貳於晋，晋人懼，會于蒲，以尋馬陵之盟。季文子謂范文子曰：「德則不競，尋盟何爲？」是行也，將始會吴，吴人不至。杜氏曰：蒲，衛地。張氏曰：今開封府長垣縣，古蒲邑。晋因諸侯之貳，不自反其失信反汶陽之非〔二〕，而復假同盟之禮以威制約束之，然自此鄭、魯俱有叛晋之心，執鄭盟魯，紛紛甚矣。治人不治，反其智，同盟豈所以一諸侯哉？高氏曰：晋不足以宗諸侯，既爲此盟而諸侯皆貳，於是鄭叛不服，莒潰莫救。

公至自會。高氏曰：伯姬將以二月歸宋，而公以正月出會，而遽歸者，晋以汶陽之田故，諸侯皆有二心焉，亦足以見蒲盟之不信也。

二月

伯姬歸于宋。高氏曰：内女歸不書，此書者，譏宋公之不親逆也。昏禮之大者在親迎，今伯姬之歸，孑然如匹婦之行，此豈國君娶夫人之禮哉？

〔一〕莫考其由：「莫」，清刻本作「嘗」。
〔二〕不自反其失信反汶陽之非：「反汶陽」之「反」，清刻本、四庫本作「及」。

夏

季孫行父如宋致女。《左傳》曰：季文子如宋致女，復命，公享之，賦《韓奕》之五章。穆姜出于房，再拜曰：「大夫勤辱，不忘先君以及嗣君，施及未亡人，先君猶有望也，敢拜大夫之重勤。」又賦《綠衣》之卒章而入。何氏曰：婦人三月而廟見稱婦，擇日而祭於禰，成婦之義也。父母使人操禮致之。孫氏曰：致女使卿，非禮也。張氏曰：納幣、致女皆過乎厚，觀《左傳》載穆姜之辭，則前後越禮皆穆姜之意歟〔一〕？澄曰：伯姬，宣公女也。

晋人來媵。伯姬已嫁而晋始來媵，蓋譏其不及事，且爲齊媵起也。

秋

七月

丙子，齊侯無野卒。頃公也，在位十七年，其子環嗣，是爲靈公。

晋人執鄭伯。《左傳》曰：楚人以重賂求鄭，鄭伯會楚公子成于鄧。鄭伯如晋，晋人討其貳於楚也，執諸銅鞮。高氏曰：鄭伯雖與楚會，旋即悔過而躬朝于晋，是已知前日之失而自服其罪矣。晋人當捨其前失而待之以禮可也，乃因其來朝而執之，豈有以禮來朝，而反蒙執辱者哉？襄陵許氏曰：向使晋能制楚，使之不能危鄭，討鄭可也。今楚潰莒入鄆，晋不能救，而禁鄭之貳於楚，鄭獨能無懲於牽羊銜璧之禍乎？故晋景之執鄭伯，愧於漢武之遣樓蘭也。

晋欒書帥師伐鄭。《左傳》曰：欒書伐鄭，鄭人使伯蠲行成，晋人殺之。高氏曰：中國失道，夷狄抗衡，自文、

〔一〕則前後越禮皆穆姜之意歟：「歟」，清刻本、四庫本作「也」。

宣以來，晋楚争盟而伐鄭，鄭從楚則晋師至，從晋則楚師至，然而自邲之戰，鄭之從楚者十年，其後晋侯伐鄭，更蟲牢、馬陵之會，然後鄭伯受盟。及蒲之會，所以尋前日之盟也，而晋人乃執辱鄭伯，又使欒書伐之，明年，又使衛侵鄭，又會諸侯伐鄭。方是時，楚適備吴，未暇争鄭，故鄭之在晋者亦五年。及是一求成于鄭而鄭伯甘心爲楚者，蓋追怒晋之不德〔一〕，弗恤小國之難，而輕辱其君，故與楚伐許、侵宋，同撓中國凡二十年。間諸侯之師，侵伐盟會曾無虚歲，諰諰然常以失鄭爲憂〔二〕。是禍也，實晋有以啓之，蓋以不信蒲之盟故爾。

冬

十有一月

葬齊頃公。

楚公子嬰齊帥師伐莒。

庚申，莒潰。《左傳》曰：晋侯使申公巫臣如吴，假道于莒，與渠丘公立于池上，曰：「城已惡。」莒子曰：「僻陋在夷，其孰以我爲虞？」對曰：「夫狡焉思啓封疆以利社稷者，何國蔑有？唯然故多大國矣，唯或思或縱也。勇夫重閉，况國乎？」楚子重侵陳以救鄭，自陳伐莒，圍渠丘，渠丘城惡，衆潰，奔莒，楚入渠丘。莒人囚楚公子平。楚人曰：「勿殺，吾歸而俘。」莒人殺之。楚師圍莒，莒城亦惡，莒潰。高氏曰：晋人不恤同盟之急，是又自背蒲之盟也。

楚人入鄆。杜氏曰：楚以偏師入鄆，故稱人。鄆，莒别邑也。高氏曰：鄆本莒也，魯嘗取而城之，《經》不書

〔一〕蓋追怒晋之不德：「怒」，清刻本、四庫本作「念」。

〔二〕諰諰然常以失鄭爲憂：「諰諰」，清刻本、四庫本作「鰓鰓」。

「遂」而再舉「楚人」，則知鄆今屬魯也〔一〕，楚人非有意伐我，特以鄆本莒邑，莒潰而遂以兵入之，直以爲一事而已。任公輔曰：東鄆也。

秦人、白狄伐晋。《左傳》曰：諸侯貳故也。胡氏曰：晋嘗與白狄伐秦，秦亦與白狄伐晋。高氏曰：晋爲盟主，既執鄭伯，又不救莒，故諸侯攜貳，而秦人連白狄以伐之，見景公不能霸矣。

鄭人圍許。《左傳》曰：示晋不急君也。是則公孫申謀之，曰：「我出師以圍許，僞將改立君者，而紓晋使，晋必歸君。」高氏曰：鄭以晋人執其君，故追咎於許而圍之。張氏曰：君在外而興師以復怨，大臣之罪也。

城中城。杜氏曰：中城，魯邑，在東海廩丘縣西南。高氏曰：蓋以莒無備而潰，楚人入鄆，懼而城之也。

《經》書月四，書日二。《大衍曆》：正月己酉，小，甲戌，冬至；二月戊寅，大；三月戊申，小；四月丁丑，大；閏月丁未，小；五月丙子，大；六月丙午，大；七月丙子，小，丙子，一日；八月乙巳，大；九月乙亥，小；十月甲辰，大，《經》十一月庚申在此月；十一月甲戌，小；十二月癸卯，大。《長曆》：是年閏十一月。七月乙巳，朔，無丙子；庚申，十一月十八日。

十年庚辰。簡王五年〇晋霸景十九，卒〇蔡景十一〇曹宣十四〇衛定八〇鄭成四〇陳成十八〇杞桓五十六〇宋共八〇齊靈公環元年〇秦桓二十四〇楚共十〇吴壽夢五

〔一〕　則知鄆今屬魯也：「也」，四庫本作「邑」。

春

衛侯之弟黑背帥師侵鄭。《左傳》曰：晋命也。澄曰：晋既執鄭伯矣，又命欒書伐鄭矣，今又使衛侵之，伯國之所爲如此，其何以服鄭之心乎？黑背非卿大夫，特以爲時君之弟，故命之帥師。高氏曰：受大國之命而輕用其師者，皆書「侵」，與六年侵宋同。黑背者，公孫剽之父也，衛侯愛其弟，授以兵柄，終至簒國之禍。

夏

四月

五卜郊，不從，乃不郊。二月下旬初卜，三月上旬再卜，三月中旬三卜，不從則當止而不郊矣。乃於三月下旬四卜，又於四月上旬五卜，五卜不從而後不郊，瀆神甚矣。高氏曰：魯不當郊也，今之不郊，非據禮也。五卜不從，乃不郊爾。師氏曰：魯僭天子之事以卜郊，其言三卜者一，襄之七年是也；四卜者二，僖二十二年與襄十一年是也；五卜者一，成之十年是也。

五月

公會晋侯、齊侯、宋公、衛侯、曹伯伐鄭。《左傳》曰：鄭公子班聞叔申之謀。子如立公子繻，鄭人殺繻，立髡頑，子如奔許。欒武子曰：「鄭人立君，我執一人焉，何益？不如伐鄭而歸其君，以求成焉。」晋侯有疾，立太子州蒲爲君，會諸侯伐鄭。鄭子罕賂以襄鐘，子然盟于脩澤，子駟爲質，鄭伯歸。高氏曰：鄭已立君，故晋會諸侯伐鄭而歸鄭伯，因與之成焉。晋既敗人之國，使其君臣變亂而後伐之而歸其君，《春秋》惡其首亂，不以舍服與之也。是時晋侯已病[一]，以《左氏》考之，厲公實代父出會，而《經》不書者，諸侯各以兵會伐，不行相會之禮，故《春秋》亦略之而不辨。杜氏曰：晋侯立子州蒲爲君，此父不父、子不子。劉氏曰：《經》但言「晋侯」也，無明其是州蒲，若欲貶晋，書其名乃可明爾，此晋大事也，仲尼豈忘之哉[二]？

齊人來媵。《公羊傳》曰：三國來媵，非禮也。趙氏曰：齊人來媵，先書晋、衛二國者，九女既足，而又來媵，所以爲失禮。胡氏曰：諸侯有三歸[三]，適夫人行則以姪娣從，二國來媵，亦以姪娣從。凡一娶九女，所以廣繼嗣。三國來媵，則是一娶十有二女，備書以明逾制也。何氏曰：唯天子娶十二女。高氏曰：伯姬嫁已久而猶來媵之。諸侯夫人唯有二媵，今晋、衛已備其數，豈可復加乎？蓋齊人欲復修魯好，以是先之爾。

丙午，晋侯獳卒。獳，乃侯切〇景公也，在位十九年，子州蒲嗣，是爲厲公。

秋

七月

公如晋。《左傳》曰：晋人止公，使送葬。高氏曰：公昔不奔天王之喪，今乃奔晋侯之喪，又爲晋人所執，使之送葬。

冬

十月《公》脱「冬十月」三字〇《左傳》曰：冬，葬晋景公。公送葬，諸侯莫在，魯人辱之，故不書。胡氏曰：

[一] 是時晋侯已病：「已」，清刻本作「有」。

[二] 仲尼豈忘之哉：「仲尼」，清刻本作「聖人」。

[三] 諸侯有三歸：「歸」，四庫本作「婦」。

假令諸侯皆在，魯人不以爲辱，其可書乎？劉氏曰：曷爲不言葬晉景公〔一〕？天子之喪，動天下屬諸侯，公之喪晉侯，非禮也。以爲唯天子之事可也。高氏曰：案《傳》，冬當書「葬晉景公」，而不書者，以前有公如晉，後有公至自晉，故難之，若一時無事然也。

《經》書月四，書日一。《大衍曆》：正月癸酉，小，庚辰，冬至；二月壬寅，大；三月壬申，小；四月辛丑，大；五月辛未，小；六月庚子，大，丙午，七日，《經》有日無月；七月庚午，小；八月己亥，大；九月己巳，小；十月戊戌，大；十一月戊辰，大；十二月戊戌，小。

十有一年辛巳。簡王六年〇晉霸厲公州蒲元年〇蔡景十二〇曹宣十五〇衞定九〇鄭成五〇陳成十九〇杞桓五十七〇宋共九〇齊靈二〇秦桓二十五〇楚共十一〇吴壽夢六

春

王三月

公至自晉。《左傳》曰：晉人以公爲貳於楚，故止公，公請受盟而後使歸。孫氏曰：公留於晉九月。

晉侯使郤犫來聘。犫，尺由切，《公》作「州」〇按，晉景公卒，成公旋往奔喪，可謂謹於事大矣。而晉不禮之，止之使送葬，已大辱矣，送葬畢又不使歸，公遂請受盟，以明其非貳，故於三月而後得歸，才及國，而郤犫已至，豈誠心行聘禮也哉？直欲迫公使速盟爾。

〔一〕曷爲不言葬晉景公：「言」，四庫本作「書」。

己丑，及郤犨盟。張氏曰：成公自汶陽復歸于齊，欲貳晋而不果，然嫌隙竟章[一]，無以自明。晋因公之朝而止之數月，請受盟而後使歸，又使郤犨來盟。高氏曰：公留於晋者九月，晋侯不與公盟，乃反公於國而使大夫盟之，見晋侯無禮於公甚矣。

夏

季孫行父如晋。郤犨既歸，而行父遄往報聘，畏晋故爾。《左氏》以爲且涖盟，盟與不盟未可知也。

秋

叔孫僑如如齊。高氏曰：自鞌之役而齊、魯絶交，至是乃復通，蓋謝其來媵，因修好焉。張氏曰：僑如之聘，蓋謝戰鞌之師，捐歸汶陽之忿，而行之迫於晋之辱，而不得已也。襄陵許氏曰：魯蓋激晋之德禮不施，將貳于齊而未能者歟？

冬

十月。

《經》書月二，書日一。《大衍曆》：正月丁卯，大，乙酉，冬至；二月丁酉，小；三月丙寅，大，己丑，二十四日；四月丙申，小；五月乙丑，大；六月乙未，小；七月甲子，大；八月甲午，小；九月癸亥，大；十月癸巳，小；十一月壬戌，大；十二月壬辰，小。

〔一〕然嫌隙竟章：「章」，清刻本作「彰」，四庫本作「張」。

十有二年壬午。簡王七年○晋霸厲二○蔡景十三○曹宣十六○衛定十○鄭成六○陳成二十○杞桓五十八○宋共十○齊靈三○秦桓二十六○楚共十二○吴壽夢七

春

周公出奔晋。《左傳》曰：周公楚惡惠、襄之偪也，且與伯與争政，不勝，怒而出。及陽樊，王使劉子復之，盟于鄄而入。三日，復出奔晋。澄曰：周公，畿内受封之三公，今奔就畿外諸侯之國，出在王畿千里之外，故書「出」。三《傳》皆謂自周無出，蓋見王子瑕、王子朝不言出故[一]。夫子瑕、子朝皆爲逆亂，無所容其身，而奔它國。出對入而言，瑕、朝之奔，不可以再入，故不書「出」。若周公則天子之三公，可復入也，故言「出」。

夏

公會晋侯、衛侯于瑣澤。瑣，素果切，《公》作「沙」○《左傳》曰：楚子重伐鄭，師于汜，諸侯救鄭。鄭共仲、侯羽軍楚師，囚鄖公鍾儀，獻諸晋。晋人以鍾儀歸，囚諸軍府。晋侯觀于軍府，見鍾儀，問之曰：「南冠而縶者誰也？」有司對曰：「鄭人所獻楚囚也。」使税之，召而弔之。再拜稽首。問其族，對曰：「伶人也。」公曰：「能樂乎？」對曰：「先父之職官也，敢有二事？」使予之琴，操南音。公曰：「君王何如？」對曰：「非小人所得知也。」固問之，對曰：「其爲太子也，師保奉之，以朝于嬰齊，而夕于側也，不知其它。」公語范文子，文子曰：「楚囚，君子也。君盍歸之，使合晋楚之成[二]。」公從之。重爲之禮，使歸求成。楚子使公子辰如晋，報鍾儀之使，請修好結成。晋侯使糴筏

[一] 王子朝不言出故：「故」，清刻本作「之故」，四庫本作「也」。

[二] 使合晋楚之成：「楚」，原作「侯」，據清刻本、四庫本改。

如楚，報太宰子商之使也。宋華元善於令尹子重，又善於欒武子，聞楚人既許晋糴筏成〔一〕，而使歸復命矣。華元如楚，遂如晋，克合晋楚之成。晋士燮會楚公子罷、許偃，盟于宋西門之外，曰：「凡晋、楚無相加戎，好惡同之，同恤災危，備救凶患。若有害楚，則晋伐之；在晋，楚亦如之。交贄往來，道路無壅，謀其不協而討不庭。有渝此盟，明神殛之，俾隊其師，無克祚國〔二〕。」鄭伯如晋聽成，會于瑣澤。高氏曰：考《傳》事實與《經》不合，殆其不然。夫晋厲之會，實始乎此，略諸國而致魯、衛，則以見厲公之德不能謹始，諸侯多解體矣。

秋

晋人敗狄于交剛。《左傳》曰：狄人間宋之盟以侵晋，而不設備，晋人敗狄于交剛。高氏曰：此狄蓋白狄也，何以知其白狄？九年秦人、白狄伐晋，此先敗狄而後伐秦，是知報九年之役也。前書「白狄」者，罪欲明也。此祗書「狄」者，敗狄而已，不必辨其狄之種類也。

冬

十月。

《經》書月一，書日無。《大衍曆》：正月辛酉，大，庚寅，冬至；閏月辛卯，小；二月庚申，大；三月庚寅，大；四月庚申，小；五月己丑，大；六月己未，小；七月戊子，大；八月戊午，小；九月丁亥，大；十月丁巳，小；十一月丙戌，大；十二月丙辰，小。

〔一〕聞楚人既許晋糴筏成：「人」，原作「子」，據四庫本改。

〔二〕無克祚國：「祚」，四庫本作「胙」。

十有三年癸未。簡王八年〇晋霸厲三〇蔡景十四〇曹宣十七，卒〇衛定十一〇鄭成七〇陳成二十一〇杞桓五十九〇宋共十一〇齊靈四〇秦桓二十七〇楚共十三〇吴壽夢八

春

晋侯使郤錡來乞師。錡，魚綺切〇《左傳》曰：十一年，秦、晋爲成，將會于令狐。晋侯先至焉。秦伯不肯涉河，使史顆盟晋侯于河東，晋郤犨盟秦伯于河西。秦伯歸而背晋成，晋侯使來乞師。張氏曰：自齊桓以來，召兵侵伐，雖不出於王命，然攘夷討罪，爲中國舉，猶足以令諸侯也。今晋以私怨報秦，則其義不足以令諸侯矣。故懼其不從而卑辭以乞之，聖人直書，以見其舉事不公，自貶霸體也。

三月

公如京師。《春秋》二百四十二年之間，魯君未嘗一朝京師，因會晋伐秦，道過京師，則不得不朝王也。劉氏曰：何以書，譏。何譏爾？公非如京師也，爲伐秦故如京師也。

夏

五月

公自京師，遂會晋侯、齊侯、宋公、衛侯、鄭伯、曹伯、邾人、滕人伐秦。《左傳》曰：公及諸侯朝王，遂從劉康公、成肅公會晋侯伐秦。秦桓公既與晋厲公爲令狐之盟，而又召狄與楚，欲道以伐晋，諸侯是以睦於晋。晋欒書將中軍，士燮將上軍，韓厥將下軍，趙旃將新軍，郤毅御戎，欒鍼爲右，晋師以諸侯之師戰于麻隧，秦師敗績。澄按，公之此行，本爲會晋伐秦爾，必先書「如京師」，而此書自京師遂會伐者，所以見遂事之爲正事，而如京師者非

誠也。

曹伯盧卒于師〔一〕。「盧」，《公》、《穀》作「廬〔二〕」○《左傳》曰：曹宣公卒于師，曹人使公子負芻守，使公子欣時逆曹伯之喪。負芻殺其太子而自立也，諸侯乃請討之，晋人以其役之勞，請俟它年。澄曰：盧，宣公也，在位十七年，弟負芻篡立，是爲成公。

秋

七月

公至自伐秦。孫氏曰：不以京師至者，明本非朝京師。張氏曰：以伐秦至者，明諸侯以伐秦爲重也。

冬

葬曹宣公。《左傳》曰：宣公既葬，子臧將亡，國人皆將從之。成公乃懼，告罪且請焉，乃反而致其邑。《經》書月三，書日無。《大衍曆》：正月乙酉，大，乙未，冬至；二月乙卯，小；三月甲申，大；四月甲寅，大；五月甲申，小；六月癸丑，大；七月癸未，小；八月壬子，大；九月壬午，小；十月辛亥，大；十一月辛巳，小；十二月庚戌，大。

十有四年甲申。簡王九年○晋霸厲四○蔡景十五○曹成公負芻元年○衛定十二，卒○鄭成八○陳成二十二○杞桓

〔一〕曹伯盧卒于師：「盧」，四庫本作「廬」，下同。

〔二〕公穀作廬：「廬」，四庫本作「盧」。

六十〇宋共十二〇齊靈五〇秦桓二十八〇楚共十四〇吳壽夢九

春

王正月

莒子朱卒。杜氏曰：季佗也。何氏曰：莒大於邾，至此始卒。徐氏曰：葬稱謚，莒行夷禮，君終無謚，故不書葬。

夏

衛孫林父自晉歸于衛。《左傳》曰：衛侯如晉，晉侯彊見孫林父焉，定公不可。衛侯既歸，晉侯使郤犨送孫林父而見之，衛侯欲辭。定姜曰：「不可，是先君宗卿之嗣也，大國又以爲請，不許將亡。雖惡之，不猶愈於亡乎？君其忍之。安民而宥宗卿，不亦可乎？」衛侯見而復之。孫氏曰：林父七年奔晉，其言「自晉歸于衛」者，由晉侯而得歸也，衛大夫由晉侯而得歸，衛國之事可知矣。襄陵許氏曰：人臣不唯義之即安，而介恃大國使之反己，此能爲逐君之惡者也，唯其辨之不早，是以衛獻至於出奔，禍兆此矣。歸，易詞也，自晉奉之故也。

秋

叔孫僑如齊逆女。爲成公逆夫人也。高氏曰：公即位十有四年矣，國家無事，迄今始娶，不親逆而使同姓之卿逆之[一]，援公子遂之例也，故書以爲戒，此《春秋》防微杜漸之旨[二]。

[一] 不親逆而使同姓之卿逆之：「不」，原作「又」，據清刻本改。

[二] 此《春秋》防微杜漸之旨：「旨」，四庫本作「意」。

鄭公子喜帥師伐許。《左傳》曰：鄭子罕伐許，敗焉。鄭伯復伐許，入其郛，許人平以叔申之封。襄陵許氏曰：鄭偪許，楚困鄭，以國大小、兵力彊弱更相吞噬，夷夏一道，而人理盡矣。高氏曰：此著許之所以遷，亦見晋厲之不霸矣。夫許、鄭之怨久矣，三年再伐，四年伐，九年圍之，而今又伐焉。使厲公而霸〔一〕，則鄭人者怒鄰兼弱且如是乎？明年遷于葉，辟鄭以依楚，明晋不足恃也，而襄三年晋荀罃帥師伐許者，猶討與楚也夫。

九月

僑如以夫人婦姜氏至自齊。張氏曰：僑如不氏，一事再見也。稱婦，宣公夫人穆姜尚存故也。澄按，趙氏以此「氏」字爲傳寫誤增。

冬

十月。

庚寅，衛侯臧卒。《左傳》曰：衛侯有疾，立敬姒之子衎爲太子。定公卒，夫人姜氏既哭而息，見太子之不哀，不内酌飲，歎曰：「是夫也，將不唯衛國之敗，其必始於未亡人。嗚呼！天禍衛國也夫，吾不獲鱄也使主社稷。」大夫聞之，無不聳懼。孫文子自是不敢舍其重器於衛，盡寘諸戚而甚善晋大夫。澄曰：臧，定公也，在位十二年，子衎嗣，是爲獻公。

秦伯卒。桓公也，在位二十七年，子景公立〔二〕，史皆失其名。

〔一〕使厲公而霸：「而霸」，清刻本作「霸業未隳」。

〔二〕子景公立：「立」，原作「卒」，據清刻本改。

《經》書月三，書日一。《大衍曆》：正月庚辰，小，辛丑，冬至；二月己酉，大；三月己卯，小；四月戊申，大；五月戊寅，小；六月丁未，大；七月丁丑，小；八月丙午，大；九月丙子，小；十月乙巳，大；閏月乙亥，大，《經》十月庚寅在此月；十一月乙巳，小；十二月甲戌，大。《長曆》：是年閏七月。庚寅，十月十六日。

十有五年乙酉。簡王十年○晉霸厲五○蔡景十六○曹成二○衛獻公衎元年○鄭成九○陳成二十三○杞桓六十一○宋共十三，卒○齊靈六○秦景公后元年○楚共十五○吴壽夢十

春

王二月

葬衛定公。

三月

乙巳，仲嬰齊卒。《公羊傳》曰：此公孫嬰齊也，謂之仲嬰齊，爲兄後也。杜氏曰：襄仲子，公孫歸父弟也。宣十八年逐東門氏，既而又使嬰齊紹其後，曰仲氏。高氏曰：歸父既奔齊，魯人徐傷其無後，使嬰齊紹之爲卿，故前不《經》見，而特卒之者，譏世卿，且著其亂昭穆之序，失父子之親。以後歸父，則弟不可爲兄嗣；以後襄仲，則子不可以父之字爲氏也。啖氏曰：二《傳》不知有叔肸子公孫嬰齊，此稱仲以别之之義，故妄説爾。

癸丑，公會晉侯、衛侯、鄭伯、曹伯、宋世子成、齊國佐、邾人同盟于戚。《左傳》曰：討曹成公也。

晉侯執曹伯，歸之于京師。《左》、《穀》無「之」字○《公羊傳》曰：伯討也。蘇氏曰：稱侯以執，執有罪

也。歸于京師，禮也。《春秋》執諸侯多矣，唯是爲得禮。張氏曰：厲公此舉善矣，而《春秋》猶不以伯討揜其與盟之罪，蓋以爲先執曹伯以令諸侯而盟之，然後盡善也。觀曹人請君于晋曰：「若有罪，則君列諸會矣。」由一舉措之失，遂開釋姦之門，豈小失哉？澄按，僖二十八年執衛侯，歸下有「之」字，蓋二《傳》脱字爾，當從《公羊》。

夏

六月

宋公固卒。共公也，在位十三年，子成嗣，是爲平公。

楚子伐鄭。《左傳》曰：楚將北師，子囊曰：「新與晋盟而背之，無乃不可乎？」子反曰：「敵利則進，何盟之有？」申叔時聞之，曰：「子反必不免！信以守禮，禮以庇身。信禮之亡，欲免，得乎？」楚子侵鄭，及暴隧，遂侵衛，及首止。鄭子罕侵楚，取新石。欒武子欲報楚，韓獻子曰：「無庸，使重其罪，民將叛之，無民孰戰？」

秋

八月

庚辰，葬宋共公。共，音恭，三月而葬。

宋華元出奔晋。《左傳》曰：宋華元爲右師，魚石爲左師，蕩澤爲司馬，華喜爲司徒，公孫師爲司城，向爲人爲大司寇，鱗朱爲少司寇，向帶爲太宰，魚府爲少宰。蕩澤弱公室，殺公子肥。華元曰：「我爲右師，君臣之訓，師所司也，今公室卑而不能正，吾罪大矣。不能治官，敢賴寵乎？」乃出奔晋。

宋華元自晋歸于宋。《左傳》曰：二華，戴族也；司城，莊族也；六官者，皆桓族也。魚石將止華元，魚府曰：「右師反，必討，是無桓氏也。」魚石曰：「右師苟獲反，雖許之討，必不敢，且多大功，國人與之。不反，懼桓氏之無祀於宋也。右師討，猶有戍在，桓氏雖亡，必偏。」魚石自止華元于河上，請討，許之，乃反。陸氏曰：《經》云「自晉歸」，而《傳》云「魚石自止華元于河上」，殊相違矣。張氏曰：襄三十年良霄之奔，其奔而歸也，逆順與華元不同，而書法亦異。良霄之入不再序，而曰「入」，逆也；華元再序，又書曰「歸」，則或出或處之正，從可知矣。高氏曰：再書「華元」者，善華元也，與鄭良霄異矣。蓋華元之志非奔也，欲挾晉自重以攻蕩氏之黨爾，然跡其所爲，又與衛孫林父亦何以異？故其所書之辭亦同。

宋殺其大夫山。《左傳》曰：使華喜、公孫師帥國人攻蕩氏，殺子山。高氏曰：先書「華元自晉歸于宋」，而繼書此，則知其爲華元所殺矣。蘇氏曰：元將討山，而知力之不能，故奔，奔而國人許之討，故歸。其討山也，雖其族人莫敢救之者。使元懷禄顧寵，重於出奔，則不能討山矣。鄭子産爲政，豐卷將祭，請田，弗許，卷退而徵役，子産奔晋，子皮止之，歸而逐卷，亦猶是也。

宋魚石出奔楚。《左傳》曰：魚石、向爲人、鱗朱、向帶、魚府出舍于睢上，華元使止之，不可。華元自止之，不可，乃反。魚府曰：「今不從，不得入矣。右師視速而言疾，有異志焉。若不我納，今將馳矣」。登丘而望之，則馳。騁而從之，則決睢澨，閉門登陴矣。左師、二司寇、二宰遂出奔楚。華元使向戌爲左師，老佐爲司馬，樂裔爲司寇，以靖國人。杜氏曰：五大夫畏同族罪及，故出奔。高氏曰：五大夫皆出奔，獨魚石書者，五大夫皆蕩族，華元已誅其罪首，餘奔者皆不足書。唯魚石奔逃于夷狄，遂爲中國之害，故爲十八年復入彭城書也。《春秋》有事在後而先書其始者，此其例也。趙氏曰：按《傳》，魚石自請討蕩澤，則是處無過之地矣，既討之後，何事魚石又奔？假如魚石爲與蕩氏同族，慚而自去，則是知恥之人，後不應却入彭城爲亂。考之魚石直與蕩澤同惡爾，國亂用兵相攻，則仇敵也，如何自止之乎？

冬

十有一月

叔孫僑如會晋士燮、齊高無咎、宋華元、衛孫林父、鄭公子鰌、邾人，會吴于鍾離。《左傳》曰：始通吴也。《公羊傳》曰：曷爲殊會？外吴也。《春秋》内諸夏而外夷狄。程子曰：吴益彊大，求會于諸侯，諸侯往從之，故書諸國往與之會，見夷狄盛而中國衰也。時中國病楚，故與吴親。襄十年柤之會、十四年向之會與此同。啖氏曰：既會士燮，同往會吴。孫氏曰：諸侯大夫不敢致吴子也，吴子在鍾離，故相與會吴子于鍾離爾。杜氏曰：鍾離，楚邑，淮南縣。張氏曰：今濠州城下縣，故鍾離國，嬴姓，後爲楚邊邑。胡氏曰：殊會有二義，會王世子于首止，意在尊王室；會吴于鍾離、于柤、于向，意在賤夷狄。夫以泰伯至德，周之伯父也，至其後世僭竊稱王，不能居中國之爵號。成、襄之間，中國無霸，齊、晋大國亦皆俛首東向而親吴，聖人蓋傷之。

許遷于葉。葉，舒涉切〇《左傳》曰：許靈公畏偪于鄭，請遷于楚，楚公子申遷許于葉。張氏曰：葉，今汝州葉縣也。高氏曰：許，微弱之國，鄰于鄭，鄭亟加兵，自三年棄疾伐許，四年鄭伯伐許，九年鄭人圍許，十四年公子喜時伐許，今遂遷焉，蓋畏鄭而南依楚，故以自遷爲文。胡氏曰：遷之者雖楚人，而欲遷者許意也。

《經》書月五，書日三。《大衍曆》：正月甲辰，小，丙午，冬至；二月癸酉，大；三月癸卯，小，乙巳，三日，癸丑，十一日；四月壬申，大；五月壬寅，小；六月辛未，大；七月辛丑，小；八月庚午，大，庚辰，十一日；九月庚子，小；十月己巳，大；十一月己亥，小；十二月戊辰，大。《長曆》：己巳，三月四日；癸丑，十二日。

十有六年丙戌。簡王十一年〇晋霸厲六〇蔡景十七〇曹成三〇衛獻二〇鄭成十〇陳成二十四〇杞桓六十二〇宋平公成元年〇齊靈七〇秦景二〇楚共十六〇吴壽夢十一

春

王正月

雨木冰。雨，如字〇《公羊》、《穀梁傳》曰：雨而木冰也。高氏曰：雨著木而成冰，上温而下寒也，與「隕霜，不殺菽」相反。劉向謂「木者少陽，貴臣卿大夫之象，是年叔孫僑如出奔，公子偃誅死」，後世雨木冰多應在大臣，天人之應或可推也。漢儒之學豈無所受，但不當每事求合爾。

夏

四月

辛未，滕子卒。文公也。高氏曰：滕入《春秋》，至今三書其卒，皆不名，至是日之矣。

鄭公子喜帥師侵宋。《左傳》曰：楚子自武城使公子成以汝陰之田求成於鄭，鄭叛晋。子駟從楚子盟于武城，鄭子罕伐宋。宋將鉏、樂懼敗諸汋陵，退舍于夫渠，不儆。鄭人覆之，敗諸汋陵〔一〕，獲將鉏、樂懼。高氏曰：鄭服中國五年矣，至是始叛晋附楚，爲楚加兵于吾中國，自是與楚同害中國，諸侯之兵無寧歲矣。

六月

〔一〕敗諸汋陵：「陵」，原作「陂」，據清刻本、四庫本改。

丙寅，朔，日有食之。

晋侯使欒黶來乞師。黶，於斬切○《左傳》曰：晋侯將伐鄭，郤犨如衛，遂如齊，皆乞師焉。欒黶來乞師。孟獻子曰：「有勝矣。」高氏曰：晋失霸主之義，不足以令諸侯，恐諸侯厭惡伐鄭之役，特使卿來乞師，實欲公親行爾。程子曰：時穆姜、叔孫僑如將作難，故出師後期。

甲午，晦，晋侯及楚子、鄭伯戰于鄢陵。楚子、鄭師敗績。鄢，謁遠切○《左傳》曰：鄭人聞有晋師，使告于楚，楚子救鄭。司馬將中軍，令尹將左，右尹子辛將右。晋師濟河，聞楚師將至，范文子欲反，曰：「我僞逃楚，可以紓憂。夫合諸侯，非吾所能也，以遺能者。我若羣臣輯睦以事君，多矣。」武子曰：「不可。」晋、楚遇于鄢陵。范文子不欲戰，郤至曰：「韓之戰，惠公不振旅；箕之役，先軫不反命；邲之師，荀伯不復從[一]，皆晋之恥也。今我辟楚，又益恥也。」文子曰：「吾先君之亟戰也有故，秦、狄、齊、楚皆彊，不盡力，子孫將弱。今三彊服矣，敵楚而已。唯聖人能内外無患，自非聖人，外寧必有内憂，盍釋楚以爲外懼乎？」楚晨壓晋軍而陳，欒書曰：「楚師輕窕，固壘而待之，三日必退，退而擊之，必獲勝焉。」郤至曰：「楚有六間，不可失也。其二卿相惡，王卒以舊，鄭、陳而不整，蠻軍而不陳，陳不違晦，在陳而囂。我必克之。」苗賁皇言於晋侯曰：「楚之良在其中軍王族而已，請分良以擊其左右，而三軍萃於王卒，必大敗之。」步毅御晋厲公，欒鍼爲右。彭名御楚共王，潘黨爲右。石首御鄭成公，唐苟爲右。及戰，吕錡射共王，中目。王召養由基，與之兩矢，使射吕錡。中項，伏弢。以一矢復命。郤至三遇楚子之卒，見楚子必下，免胄而趨風。楚子使工尹襄問之以弓，郤至見客，免胄承命。唐苟謂石首曰：「子在君側，敗者壹大，我不如子，子以君

[一] 荀伯不復從：「復」，原作「服」，據清刻本、四庫本改。

免，我請止。」乃死。楚師薄於險，養由基射，再發，盡殪。叔山冉搏人以投，中車〔一〕，折軾。晉師乃止，囚楚公子茷。旦而戰，見星未已。子反命軍吏察夷傷、補卒乘、繕甲兵、展車馬，雞鳴而食，唯命是聽。晉人患之，苗賁皇徇曰：「蒐乘補卒，秣馬厲兵，修陳固列，蓐食申禱，明日復戰。」乃逸楚囚。王聞之，召子反謀，子反醉而不能見。王曰：「天敗楚也夫！余不可以待。」乃宵遁。晉入楚軍，三日穀。范文子立於戎馬之前，曰：「君幼，諸臣不佞，何以及此？君其戒之！《書》曰『惟命不于常』，有德之謂。」胡氏曰：是時兩軍相抗〔二〕，未有勝負，晉之捷也亦幸焉爾。楚雖敗而勢益張，晉遂怠而國大亂。高氏曰：晉將伐鄭，鄭告於楚，楚子遽引師而來，於是晉不暇俟諸侯之兵，先與之合戰，而大敗之。我既未致伐于彼，彼志非來伐于我，故直言戰而已。杜氏曰：楚師未大崩〔三〕，楚子傷目而退，故曰「楚子敗績」。鄢陵，鄭地。張氏曰：《後漢·郡國志》潁川鄢陵，晉敗楚之地，今東京開封府鄢陵縣。

楚殺其大夫公子側。《左傳》曰：楚師還，及瑕，王使謂子反曰：「先大夫之覆師徒者，君不在，子無以爲過，不穀之罪也。」子反再拜稽首，曰：「君賜臣死，死且不朽，臣之卒實奔，臣之罪也。」子重使謂子反曰：「初隕師徒者，而亦聞之矣，盍圖之？」對曰：「雖微先大夫有之，大夫命側，側敢不義？側亡君師，敢忘其死？」王使止之，弗及而卒。高氏曰：凡楚師之敗，必行兵法於主將而死之。春秋之世，楚實彊於天下，其所以能彊者，兵彊也，兵所以能彊者，將帥之力也，將帥之所以力者，賞罰行也。二百四十二年之間，敗績者凡十有六，而楚居三焉。城濮之敗殺得臣，鄢陵之敗殺公子側，柏舉之敗囊瓦逃刑而奔鄭。至於中國之敗績凡十有三，不聞加兵法於一主將者。國勢寖弱，遂成姑

〔一〕中車：「車」，原作「軍」，據清刻本、四庫本改。
〔二〕是時兩軍相抗：「抗」，四庫本作「見」。
〔三〕楚師未大崩：「崩」，清刻本、四庫本作「奔」。

息。漢魏而下，率皆踵之，端可爲鑑。

秋

公會晉侯、齊侯、衛侯、宋華元、邾人于沙隨，不見公。《左傳》曰：戰之日，齊國佐、高無咎至於師，衛侯出于衛，公出于壞隤。宣伯通於穆姜，欲去季、孟而取其室。將行，穆姜送公而使逐二子，公以晉難告，曰：「請反而聽命。」姜怒，公子偃、公子鉏趨過，指之曰：「女不可，是皆君也。」公待于壞隤，申宫儆，備設守而後行，是以後。使孟獻子守于公宫。會于沙隨，謀伐鄭也。宣伯使告郤犨曰：「魯侯待于壞隤，以待勝者。」郤犨將新軍，且爲公族大夫，以主東諸侯，取貨于宣伯而訴公於晉侯，晉侯不見公。杜氏曰：沙隨，宋地，梁國寧陵縣北有沙隨亭。程子曰：晉侯聽譖，怒公後期，故不見公。魯之後期，國難故也，晉曲我直，不足爲恥。高氏曰：此諸侯之兵始至而會焉，喜敗楚也。鄢陵之戰，諸侯之師皆未至，非特魯而已，晉乃聽僑如之譖，獨不見公。夫聖人於魯事，凡有可恥者，必微其辭而不敢斥，若我無失道，爲横逆所加，則直書其事。昭十年「公不與盟」，義亦同此。

公至自會。石氏曰：公之此行，内有僑如之患，而外不爲諸侯所禮，故危而致之。

公會尹子、晉侯、齊國佐、邾人伐鄭。《左傳》曰：公會尹武公及諸侯伐鄭。將行，姜又命公如初，公又申守而行。諸侯之師次于鄭西，我師次于督揚，不敢過鄭。子叔聲伯使叔孫豹請逆于晉師，爲食于鄭郊。師逆以至，聲伯四日不食以待之，食使者而後食。諸侯遷于制田，知武子佐下軍，以諸侯之師侵陳，至於鳴鹿，遂侵蔡，未反，諸侯遷于潁上。鄭子罕宵軍之，宋、齊、衛皆失軍。高氏曰：楚師既敗，而鄭猶不服，見晉政之斁于人矣。晉爲曹伯請于天子，因假王命以再伐鄭，故以尹子主會也〔一〕，宋、衛以後至不書。是役也，晉尚以僑如之譖，不使公與其事。

曹伯歸自京師。《左傳》曰：曹人請于晉，曰：「我先君宣公即世，國人曰『若之何憂猶未弭，而又討我寡君，以亡曹國社稷之鎮公子，是大泯曹也』。先君無乃有罪乎？若有罪，則君列諸會矣。君唯不遺德刑，以伯諸侯，豈獨遺諸敝邑？敢私布之，復請于晉。」晉侯謂子臧：「反，吾歸而君。」子臧反，曹伯歸。程子曰：曹伯不名，不稱復歸，王未嘗絶其位也。自京師，王命也。陸氏曰：曹伯之簒，罪莫大焉，晉侯討而執之，其事當矣。王不能定其罪名，失政刑也。書曰「歸自京師」而不名曹伯，以深譏王也。高氏曰：諸侯在它國，則是失地之君，故反國則名之。今曹伯在京師，而王不黜之，是不失國，故不名也。嗚呼，簒逆之人，殺君之子而自立，既列於諸侯之會，又赦於天子之庭，是率天下而入于亂也。

九月

晉人執季孫行父，舍之于苕丘。苕，音條，《公》作「招」○《左傳》曰：宣伯使告郤犫曰：「魯之有季、孟，猶晉之有欒、范也，政令於是乎成。今其謀曰『晉政多門，不可從也，寧事齊、楚，有亡而已，蔑從晉矣』，若欲得志于魯，請止行父而殺之，我斃蔑也而事晉。蔑有貳矣。魯不貳，小國必睦，不然，歸必叛矣。」晉人執季文子于苕丘。

冬

十月

乙亥，叔孫僑如出奔齊。《左傳》曰：公還，待于鄆，使子叔聲伯請季孫于晉。郤犫曰：「苟去仲孫蔑而止季

〔一〕故以尹子主會也：「主」，原作「王」，據四庫本改。

孫行父，吾與子國，親于公室。」對曰：「僑如之情，子必聞之矣。若去蔑與行父，是大棄魯國，而罪寡君也。若猶不棄，而惠徼周公之福，使寡君得事晉君，則夫二人者，魯國社稷之臣也，若朝亡之，魯必夕亡。以魯之密邇仇讎，亡而爲讎，治之何及？」郤犨曰：「吾爲子請邑。」對曰：「嬰齊，魯之常隸也，敢介大國以求厚焉？承寡君之命以請，若得所請，吾子之賜多矣，又何求？」范文子謂欒武子曰：「季孫於魯，相二君矣，妾不衣帛，馬不食粟，可不謂忠乎？信讒慝而棄忠良，若諸侯何？子叔嬰齊，奉君命無私，謀國家不貳，圖其身不忘其君，若虛其請，是棄善人也。子其圖之。」乃許魯平，赦季孫。高氏曰：季孫得釋，將與公偕歸。僑如聞之，遂出奔齊。魯人立其弟豹以爲叔孫後，是爲穆叔。

十有二月

乙丑，季孫行父及郤犨盟于扈。高氏曰：晉釋行父，行父自苕丘與郤犨爲此盟也。

公至自會。高氏曰：大夫執則致，行父不致者，公待行父偕歸焉，舉公爲重也。然公未嘗爲會，而曰「至自會」者，有託焉爾。夫沙隨之會，既不見公，伐鄭之會，又不得與，而國之宗卿於是見執，公徬徨于外以求自明于晉，僅能使僑如見逐，季孫受盟，而公免于難焉。方秋而出，盡冬而歸，始以伐鄭出會，而不得與乎其事，君辱臣執，亦國之深恥也。及公之歸，不可以伐鄭至，故託曰「至自會」，以見公之不與於伐鄭也。

乙酉，刺公子偃。陸氏曰：直書「刺」者，有罪也。晉伐衛，買不卒戍，明不勝而還，非其罪也。高氏曰：公之將行，穆姜指偃與鉏曰「皆可爲君」，鉏尚幼，則姜之意在偃也，公以是歸而刺之。然僖二十八年「公子買戍衛，不卒戍，刺之」，明言其罪也，此直云「刺公子偃」，則若無罪焉，何哉？曰：言其罪者，著其事實，以明非其罪也；不言其罪者，刺得其罪也。澄曰：昔象與父母同謀殺舜，焚廩揜井，必欲寘舜于死地。象謂舜已死，而入其宮，見舜猶生，則僞爲鬱陶思君之言，以欺其兄，舜乃誠信而喜之，使之分治臣庶。及爲天子，則封之爲有庳之君。舜豈不知象之謀殺己哉？故孟子以爲仁人之於弟也，不藏怒焉，不宿怨焉，親之愛之，而貴之富之，此舜所以盡爲兄之道，而爲人倫之至也。偃雖爲穆姜所指，然不過脅公使從己爾，未見姜真有廢立之謀，而偃實有今將之心也。今僑如既逐，成公當修身齊家，以感化其母，威權在己，則偃雖真有邪謀，亦焉所施？乃不能制其母，而怒其弟，竟殺之，其視舜之所以處象者爲何如也？公子者，非氏也[一]，屬也，言先公之子也，而可殺乎？陸、高等所見知有世俗利害之私而已，不知有人倫天理之正者也。

《經》書月六，書日六。《大衍曆》：正月戊戌，大，辛亥，冬至；二月丁卯，大；三月丁酉，大；四月丁卯，小，辛未，五日；五月丙申，大；六月丙寅，小，朔，日食，甲午，晦；七月乙未，大；八月乙丑，小；九月甲午，大；十月甲子，小，乙亥，十二日；十一月癸巳，大；十二月癸亥，小，乙丑，三日，乙酉，二十三日。《長曆》：辛未，四月六日。

十有七年丁亥。簡王十二年〇晉霸厲七〇蔡景十八〇曹成四〇衛獻三〇鄭成十一〇陳成二十五〇杞桓六十三〇宋平二〇齊靈八〇秦景三〇楚共十七〇吴壽夢十二

春

衛北宫括帥師侵鄭。「括」，《公》作「結」〇《左傳》曰：鄭子駟侵晉虛、滑，衛北宫括救晉，侵鄭，至於高

[一] 非氏也：「氏」，四庫本作「親」。

氏。高氏曰：晉命也。凡爲它人興師者，皆書侵以譏之。據《左氏》，鄭侵晉，衛救晉侵鄭，夫鄭雖背晉，猶畏晉之疆，豈敢興師自與晉抗乎？此必不然。雖楚来入中國，亦不過侵伐宋、衛而已，觀《經》之所書，事實可見。

夏

公會尹子、單子、晉侯、齊侯、宋公、衛侯、曹伯、邾人伐鄭。《左傳》曰：鄭太子髡頑、侯獳爲質于楚，楚公子成、公子寅戍鄭。公會尹武公、單襄公及諸侯伐鄭，自戲童至於曲洧。杜氏曰：晉未能服鄭，故假天子威，周使二卿會之。高氏曰：晉假王命討鄭，重以王之兩大夫，晉主兵，先尹、單，重王命。夫晉厲之失道也，而能數合諸侯，力捍彊楚者，由假王靈扶義以合天下也。伐秦之役，劉康公、成肅公在焉而不書者，以受命京師爲重矣。

六月

乙酉，同盟于柯陵。《左傳》曰：尋戚之盟也。杜氏曰：柯陵，鄭西地。陸氏曰：不重言諸侯，譏尹子、單子與盟。蘇氏曰：齊、晉之盛，天子之大夫會而不盟，尊周也。柯陵之會，尹、單始與諸侯之盟，自是習以爲常，非禮也。

秋

公至自會。《左傳》曰：楚子重救鄭，師于首止，諸侯還。澄按，諸侯之師至曲洧，遄爲柯陵之盟，方欲聲鄭之罪以致伐，而楚救已至，諸侯畏楚之彊而還，未嘗得致伐也，故公不以伐鄭致，而以會致。

齊高無咎出奔莒。《左傳》曰：齊慶克通于聲孟子，與婦人蒙衣乘輦而入于閎，鮑牽見之，以告國武子。武子召慶克而謂之。慶克久不出，而告夫人曰：「國子譎我。」夫人怒。國子相靈公以會，高、鮑處守。及還，將至，閉門而索客。孟子訴之曰：「高、鮑將不納君而立公子角，國子知之。」刖鮑牽而逐高無咎，無咎奔莒。高弱以盧叛。襄陵許氏曰：靈公不公其聽，自沈帷牆，奔其世官以長禍亂，悲夫！

九月

辛丑，用郊。九月，夏之七月，非郊之時，故特書「用」。孫氏曰：九月用郊，瀆亂尤甚。

晉侯使荀罃來乞師。余氏曰：晉侯再伐鄭，恐公不出師，故遣荀罃來乞之。師氏曰：請王命以討有罪，宜糾合諸侯以遵王命，奉辭以往，無敢或後可也，乃使大夫乞師於魯邪？以盟主而乞師，已爲卑辱，况以王之卿士主兵，乃言乞師，其卑王室以誤寵諸侯也甚矣[一]。夫欲仗天子之威以討叛伐貳，而乃先爲此卑辱，欲望鄭畏威，得乎哉？

冬

公會單子、晉侯、宋公、衛侯、曹伯、齊人、邾人伐鄭。杜氏曰：前夏未得志故。孫氏曰：鄭與楚比周，晉侯再假王命，三合諸侯伐之，不能服，中國不振可知也。

十有一月

公至自伐鄭。《左傳》曰：諸侯圍鄭，楚公子申救鄭，師于汝上，諸侯還。杜氏曰：不書圍，畏楚救，不成圍而還。

壬申，公孫嬰齊卒于貍脤。貍，力之切；脤，市軫切，《公》作「軫」，《穀》作「蜃」○《左傳》曰：聲伯

[一] 其卑王室以誤寵諸侯也甚矣：「誤」，清刻本作「諛」。

還自鄭，至貍脤而卒。澄按，此叔肹之子聲伯也，子叔老嗣，是爲聲子。陸氏曰：大夫卒於它國即書國，卒於魯地即書地，仲遂、公孫嬰齊是也。

十有二月

丁巳，朔，日有食之。

邾子貜且卒。貜，但縛切；且，子餘切○在位四十年，子宣公牼嗣。

晉殺其大夫郤錡、郤犨、郤至。「犨」，《公》作「州」○《左傳》曰：晉厲公侈，多外嬖，反自鄢陵，欲盡去羣大夫，而立其左右。胥童以胥克之廢也，怨郤氏而嬖於厲公。郤錡奪夷陽五田，郤犨與長魚矯争田，執而梏之。五與矯亦嬖於厲公。欒書怨郤至，以其不從己而敗楚師也，欲廢之。使楚公子茷告公曰：「此戰也，郤至寔召寡君，以東師之未至也，與軍帥之不具也，曰『此必敗，吾因奉孫周以事君』。」公告欒書，書曰：「其有焉，不然，豈其死之不恤，而受敵使乎？君盍嘗使諸周而察之？」郤至聘于周，欒書使孫周見之，公使覘之，信，遂怨郤至。厲公田，與婦人先殺而飲酒，後使大夫殺。郤至奉豕，寺人孟張奪之，郤至射而殺之。公曰：「季子欺余！」厲公將作難。胥童曰：「必先三郤，族大多怨。去大族，不偪；敵多怨，有庸。」公曰：「然。」郤氏聞之，郤錡欲攻公，曰：「雖死，君必危。」郤至曰：「人所以立，信、知、勇也[一]。信不叛君，知不害民，勇不作亂。失玆三者，其誰與我？死而多怨，將安用之。君實有臣而殺之，其謂君何？我之有罪，吾死後矣。若殺不辜，將失其民，欲安得乎？待命而已。受君之禄，是以聚黨。有黨而争命，罪孰大焉？」胥童、夷陽五帥甲八百，將攻郤氏。長魚矯請無用衆，公使清沸魋助之。抽戈結衽而僞

[一] 信知勇也：「知」，原作「智」，據四庫本改。

訟者，三郤將謀於榭，矯以戈殺駒伯、苦成叔於其位，温季曰：「逃威也。」遂趨。矯及諸其車，以戈殺之，皆尸諸朝。張氏曰：郤氏雖多怨，既爲大夫，則君之股肱也。厲公不正其有罪無罪，而用嬖幸胥童、長魚矯之計，一朝殺三卿，又劫欒書、中行偃，能無及乎？

楚人滅舒庸。《左傳》曰：舒庸人以楚師之敗也，道吴人圍巢、伐駕、圍釐虺，遂恃吴而不設備。楚公子橐師襲舒庸，滅之。任公輔曰：舒庸，東夷，偃姓之國。張氏曰：《地譜》廬州城下舒城。高氏曰：楚既摧敗，而其餘烈猶足以滅國於要荒，使其得志於鄢陵，則毒被華夏，豈勝道哉？宣十二年楚入陳圍鄭之後，書「晋師敗績」、「楚子滅蕭」是也。此書「滅舒庸」，著中國能折其鋒使不得爲我患者，晋厲之成勞也。蓋晋厲公有宏才而無令德，是以威震於外而亂生於内，身雖不終，功亦足録。

《經》書月四，書日四。《大衍曆》：正月壬辰，大，丙辰，冬至；二月壬戌，小；三月辛卯，大；四月辛酉，小；五月庚寅，大；六月庚申，大，乙酉，二十六日；閏月庚寅，小；七月己未，大；八月己丑，小，《經》九月辛丑在此月；九月戊午，大；十月戊子，小；十一月丁巳，大，壬申，十六日，《經》書十二月丁巳，朔，日食在此月朔，置閏不同，故日食朔不差而月差也；十二月丁亥，小。《長曆》：是年閏十二月，辛丑，九月十四日；壬申在十月五日。

十有八年戊子。簡王十三年〇晋霸厲八，弑〇蔡景十九〇曹成五〇衛獻四〇鄭成十二〇陳成二十六〇杞桓六十四〇宋平三〇齊靈九〇秦景四〇楚共十八〇吴壽夢十三

春

王正月

晋殺其大夫胥童。《左傳》曰：胥童以甲劫欒書、中行偃於朝，矯曰：「不殺二子，憂必及君。」公曰：「一朝而尸三卿，余不忍益也。」對曰：「人將忍君。臣聞亂在外爲姦，在内爲軌。御姦以德，御軌以刑。不施而殺，不可謂德；臣偪而不討，不可謂刑。德刑不立，姦軌並至。臣請行。」遂出奔狄。公使辭於二子曰：「寡人有討於郤氏，郤氏既伏其辜矣[一]，大夫無辱，其復職位！」皆再拜稽首曰：「君討有罪而免臣於死，君之惠也，二臣雖死，敢忘君德？」乃皆歸。公使胥童爲卿。公遊於匠麗氏，欒書、中行偃遂執公焉。欒書、中行偃遂殺胥童。高氏曰：胥童者，胥甲之孫，胥克之子[二]，謀殺三郤而晋國遂亂，於是欒書、中行偃先殺胥童。襄陵許氏曰：殺胥童者，欒書、中行偃也，而稱國者，二人執君而當國也。澄曰：《左傳》所載殺胥童者偃也，而書國殺，蓋二子當國，而以國法殺之。

庚申，晋弑其君州蒲。《左傳》曰：欒書、中行偃使程滑弑厲公，葬之於翼東門之外，以車一乘。胡氏曰：弑君[三]，天下之大罪；討賊，天下之大刑。《春秋》合於人心而定罪，聖人順於天理而用刑，固不以大霈釋當討之賊，亦不以大刑加不弑之人。然趙盾書弑，許世子書弑，楚公子比書弑，齊陳乞書弑，欒書身爲元帥，親執厲公於匠麗氏，使程滑弑公，而《春秋》書國以弑，不書欒書之名氏，何哉？仲尼無私，與天爲一，奚獨嚴於趙盾、許世子輩，而於欒武

[一] 郤氏既伏其辜矣：「辜」，原作「罪」，據清刻本、四庫本改。
[二] 胥克之子：「克」，原作「元」，據清刻本、四庫本改。
[三] 弑君：「弑」，原作「殺」，據清刻本、四庫本改。

子闊略如此乎？學者深求聖人誅亂臣賊子之旨，而後可與言《春秋》矣。朱子曰：胡氏此《傳》，不明言其意，嘗問其説於文定公之甥范伯達[一]，伯達曰：「公之意，蓋以爲厲公之無道，當廢而不當弒。欒書廢之，則得世臣之義矣，至於殺之，則罪也，故稱國弒以兩見其意焉。」張氏曰：稱國以弒者，衆弒其君之辭也。孟子論貴戚之卿曰『君有大過則諫，反覆之而不聽，則易位』，厲公之過大矣，昵用小人，殺戮無罪，舉朝諸卿不保首領。書、偃，晋之世臣，以社稷爲心，可以行易位之權，而程滑遽弒之。稱國以弒，而不言二臣弒之，分其惡於衆也。悼公逐不臣者七人，而不誅書、偃，非里克、甯喜之比故也。澄按，《春秋》之作，正爲誅亂臣賊子也。趙穿弒靈公，《傳》不言盾使，而《經》書趙盾弒君。程滑殺厲公，《傳》以爲欒書、中行偃使之，而《經》止書國弒，何也？曰此《春秋》之所以别嫌明微也。蓋靈公之不君，其惡未加於一國，欲殺趙盾，而趙穿爲盾殺之，實盾之所欲弒也，故《春秋》誅盾爲首惡。厲公之無道，徧得罪於一國，欒書、中行偃執公，而殺其輔君爲惡之嬖臣，蓋將以匡晋國，而未有弒君之心也。程滑因國人之所共怒而弒公，蓋非書、偃之專謀也，故書國弒。若獨書書、偃，則罪歸於二卿，而一國之人得免於弒君之惡矣。曰二卿執公可乎？曰孟子云「諸侯危社稷，則變置」，欒書當國之卿，厲公既誅三卿矣，不可諫也，必將大亂晋國，坐視社稷之隕，則亦何以爲國卿乎？故將廢置而更立焉。國人遽弒其君，聖人不以首惡加二子，非縱之也，蓋辨是非、定邪正以示萬世。《左氏》「使程滑」之言，非《經》意也。

齊殺其大夫國佐。《左傳》曰：齊侯使崔杼爲大夫，使慶克佐之，帥師圍盧。國佐從諸侯圍鄭，以難請而歸，遂如盧師，殺慶克，以穀叛。齊侯與之盟於徐關而復之。盧降，使國勝告難於晋，待命于清。齊爲慶氏之難故，齊侯使士

[一] 嘗問其説於文定公之甥范伯達：「其」，原作「禁」，據清刻本、四庫本改。

華免以戈殺國佐于內宫之朝，師逃于夫人之宫。使清人殺國勝。國弱來奔，王湫奔萊。慶封爲大夫，慶佐爲司寇。既，齊侯反國弱，使嗣國氏。襄陵許氏曰：慶克作慝，濁亂中閨，譖害大臣，不誅不詰，使國佐無所發其忠憤，起而殺之，顧爲俱靡而已，於是因以爲國佐罪。張氏曰：無咎奔於去年之秋而鮑牽刖，齊靈可以省母言之是非矣。國佐叛而後復之，意靈公非不知國佐之直與慶克等之内亂宫闈也，卒殺國佐，則靈公之知又下魯成公數等矣。保姦如此，因慶克以成慶封黨賊之禍，慶封逐而政卒歸於陳氏，皆靈公蔽塞聰明，唯婦言是用所致也。國佐不能見幾而去，以邑叛君，又佐危亂之朝[一]，身死於宫闈，非不幸矣。

公如晋。《左傳》曰：晋使荀罃、士魴逆周子于京師而立之，生十四年矣。大夫逆于清原，盟而入，館于伯子同氏，朝于武宫，即位于朝。公如晋，朝嗣君也。

夏

楚子、鄭伯伐宋。《左傳》曰：鄭伯會楚子伐宋[二]，取朝郟。

宋魚石復入于彭城。《左傳》曰：楚子辛、鄭皇辰侵城郜，取幽丘，同伐彭城，納宋魚石、向爲人、鱗朱、向帶、魚府焉，以三百乘戍之而還。杜氏曰：彭城，宋邑。張氏曰：今徐州彭城縣。蘇氏曰：公孫寧、儀行父言「納」，而魚石不言「納」，蓋楚莊誅陳罪人，疑若無罪，故書「納」以正其罪。魚石之書「復入」，而先言楚、鄭之伐，已著其

[一] 又佐危亂之朝：「又佐」，清刻本作「入仕」，四庫本作「又仕」。

[二] 鄭伯會楚子伐宋：「伯」，原作「子」，據清刻本、四庫本改。

納亂臣也[一]，故不言自楚，而特書「復入」。然不言叛者[二]，復入而將以亂國，非直叛君而已，故魚石、欒盈之罪重於趙鞅、宋辰也。高氏曰：此楚、鄭間晉之變。孫氏曰：伐宋，取彭城，與魚石守之以逼宋也，其曰「宋魚石復入于彭城」者，不與楚、鄭伐宋取邑以與宋叛臣也，故以魚石自入犯君爲文。

公至自晉。

晉侯使士匄來聘。《左傳》曰：拜朝也。襄陵許氏曰：公朝始至而聘使紹至[三]，晉悼之下諸侯肅矣，此列國之所以睦，而叛國之所以服也。高氏曰：書「晉侯」，與宣公十年書「齊侯」同義。

秋

杞伯來朝。《左傳》曰：勞公且問晉故，公以晉君語之，杞伯於是驟朝于晉，而請爲昏。

八月

邾子來朝。《左傳》曰：即位而來見也。

築鹿囿。杜氏曰：築牆爲鹿苑。高郵孫氏曰：《春秋》興作皆書，雖城池之固，門廐之急，無遺焉，重民力也，況耳目之翫、一身之娛哉！高氏曰：成公之季，大國來聘，小國來朝，國家閒暇矣，不務修其刑政而築鹿囿。前此未有書築囿者，自此之後，昭九年築郎囿、定十三年築蛇淵囿，人君之示子孫也，其可不戒哉！

[一] 已著其納亂臣也：「已」，清刻本、四庫本作「以」，二字通。

[二] 然不言叛者：「言」，清刻本、四庫本作「書」。

[三] 公朝始至而聘使紹至：「紹至」，清刻本作「繼來」。

己丑，公薨于路寢。

冬

楚人、鄭人侵宋。《左傳》曰：宋老佐、華喜圍彭城，老佐卒焉。楚子重救彭城，伐宋。宋華元如晉告急，韓獻子爲政，曰：「欲求得人，必先勤之。成霸安疆，自宋始矣。」晉侯師于台谷以救宋，遇楚師于靡角之谷，楚師還。

晉侯使士魴來乞師。魴，音房，《公》作「彭」〇《左傳》曰：晉士魴來乞師。季文子問師數于臧武仲，對曰：「伐鄭之役，知伯實來，下軍之佐也。今彘季亦佐下軍，如伐鄭可也。事大國，無失班爵而加敬焉，禮也。」從之。襄陵許氏曰：悼公之時，霸業復興，而乞師以救宋，猶遵厲公故事。元年而後，遂無乞師，則召兵而已矣。

十有二月

仲孫蔑會晉侯、宋公、衛侯、邾子、齊崔杼同盟于虛朾。虛，起居切；朾，它丁切〇《左傳》曰：謀救宋也。宋人辭諸侯，而請師以圍彭城。杜氏曰：虛朾，宋地。高氏曰：諸侯師至而楚、鄭之師已退，故宋人辭諸侯，而請其師以圍彭城，而先爲此盟也。

丁未，葬我君成公。

《經》書月三，書日三。《大衍曆》：正月丙辰，大，辛酉，冬至，庚申，五日；二月丙戌，小；三月乙卯，大；四月乙酉，小；五月甲寅，大；六月甲申，小；七月癸丑，大；八月癸未，小，己丑，七日；九月壬子，大；十月壬午，大；十一月壬子，小；十二月辛巳，大，丁未，二十七日。

春秋纂言卷九

元 吴澄 撰

襄公名午，成公妾定姒之子，在位三十一年。

元年己丑。簡王十四年，崩○晋霸悼公周元年○蔡景二十年○曹成六年○衛獻五年○鄭成十三年○陳成二十七年○杞桓六十五年○宋平四年○齊靈十年○秦景五年○楚共十九年○吴壽夢十四年

春

王正月

公即位。襄公生甫四歲，大臣相之見諸臣而行即位之禮。

仲孫蔑會晋欒黶、宋華元、衛甯殖、曹人、莒人、邾人、滕人、薛人圍宋彭城。《左傳》曰：非宋地，追書也，於是爲宋討魚石，故稱宋。彭城降晋，晋人以宋五大夫在彭城者歸，寘諸瓠丘。齊人不會彭城，晋人以爲討，齊太子光爲質於晋[一]。《穀梁傳》曰：繫彭城於宋者，不與魚石也。劉氏曰：魚石走之楚，楚子取彭城而封之，諸侯

[一] 齊太子光爲質於晋：「質」，原作「寘」，據清刻本、四庫本改。

爲是討之。楚已取彭城矣，曷爲繫之宋？楚子不得取之宋，魚石不得受之楚也。師氏曰：苟書彭城而不書宋，則無以見魚石之不臣、楚子之獎亂，與夫諸侯討叛之功矣。

夏

晋韓厥帥師伐鄭。「厥」，《公》作「屈」〇《左傳》曰：晋韓厥、荀偃帥諸侯之師伐鄭，入其郛，敗其徒兵於洧上。

仲孫蔑會齊崔杼、曹人、邾人、杞人次于鄫。「鄫」，《公》作「合」〇《左傳》曰：東諸侯之師次于鄫以待晋師。杜氏曰：鄫，鄭地，在陳留襄邑縣東南。高氏曰：晋以韓厥已足以當鄭，不欲重勤東諸侯之師，故使次于鄫以震鄭心，且備楚師之出也。

秋

楚公子壬夫帥師侵宋。《左傳》曰：晋師自鄭以鄫之師侵楚焦、夷及陳，晋侯、衛侯次于戚以爲之援。楚子辛救鄭，侵宋吕、留。鄭子然侵宋，取犬丘。孫氏曰：楚師侵宋，所以救鄭也。高氏曰：楚不敢敵諸侯之師，卒不爲動，則有以量楚力所至矣，以其無名加兵，故書曰「侵」。

九月

辛酉，天王崩。簡王也，在位十四年，子泄心嗣，是爲靈王。

邾子來朝。高氏曰：公雖新立，才四歲爾，又在衰絰之中，豈能以禮相接乎？

冬

衛侯使公孫剽來聘。剽，匹妙切〇高氏曰：剽蓋衛國用事者，厥後遂逐衛侯而自立。

晋侯使荀罃來聘。孫氏曰：天王崩，邾子、衛、晋之朝聘，皆不臣也。高氏曰：二國來聘，以公新即位故也。凡聘必以禮樂相見，公在喪中，又遭天王之喪，而邾子來朝，是時訃未至於諸侯，猶可言也。至冬而晋、衛二國不廢聘好，則諸侯不臣之罪著矣。縱彼未聞訃而來，魯亦豈可晏然受之乎？

《經》書月二，書日一。《大衍曆》：正月辛亥，小，丁卯，冬至；二月庚辰，大；三月庚戌，小；四月己卯，大；五月己酉，小；六月戊寅，大；七月戊申，小；八月丁丑，大；九月丁未，小，辛酉，十五日；十月丙子，大；十一月丙午，小；十二月乙亥，大。

二年庚寅。靈王元年〇晋霸悼二〇蔡景二十一〇曹成七〇衛獻六〇鄭成十四，卒〇陳成二十八〇杞桓六十六〇宋平五〇齊靈十一〇秦景六〇楚共二十〇吴壽夢十五

春

王正月

葬簡王。五月而葬，速也。

鄭師伐宋。《左傳》曰：楚令也。高氏曰：楚以彭城故，令鄭伐之，鄭受制於夷狄而爲之伐中國。襄陵許氏曰：書「伐宋」者，積鄭之疚。

夏

五月

庚寅，夫人姜氏薨。此成公夫人齊姜也。

六月

庚辰，鄭伯睔卒。睔，古困切○《左傳》曰：鄭成公疾，子駟請息肩于晋，公曰：「楚君以鄭故，親集矢於其目，非異人任，寡人也。若背之，是棄力與言，其誰暱我？免寡人，唯二三子。」襄陵許氏曰：鄭之託於楚，夫豈以中國爲終可畔？既蒙其德，遂不可反，是以君子貴謀始也。澄曰：鄭成公也，在位十四年，子髡頑嗣，是爲僖公。高氏曰：不書葬者，以成公背中國，故諸侯不會其葬也。

晋師、宋師、衛甯殖侵鄭。《左傳》曰：於是子罕當國，子駟爲政，子國爲司馬。晋師侵鄭〔一〕，諸大夫欲從晋。子駟曰：「官命未改。」杜氏曰：宋雖非卿，師重，故叙衛上。吕氏曰：衛不稱師，將尊師少也。蘇氏曰：鄭雖有畔中國之罪，而伐其喪，非禮也。澄曰：以伐喪故，書「侵」而不言「伐」。

秋

七月

仲孫蔑會晋荀罃、宋華元、衛孫林父、曹人、邾人于戚。《左傳》曰：謀鄭故也。孟獻子曰：「請城虎牢以逼鄭。」知武子曰：「善。鄫之會，吾子聞崔子之言，今不來矣。滕、薛、小邾之不至，皆齊故也。寡君之憂不唯鄭。罃將復於寡君而請於齊，得請而告，吾子之功也；若不得請，事將在齊。吾子之請，諸侯之福也，豈唯寡君賴之？」

〔一〕「晋師侵鄭」四字原闕，據清刻本、四庫本補。

己丑，葬我小君齊姜。齊，謚也，三月而葬，速。

叔孫豹如宋。《左傳》曰：通嗣君也。杜氏曰：豹於此始自齊還爲卿。

冬

仲孫蔑會晉荀罃、齊崔杼、宋華元、衛孫林父、曹人、邾人、滕人、薛人、小邾人于戚，遂城虎牢。《左傳》曰：復會于戚，齊崔武子及滕、薛、小邾之大夫皆會，知武子之言故也。遂城虎牢。鄭人乃成。張氏曰：虎牢，故東虢之邑也，鄭滅爲制邑，秦漢爲成皋，東有汜水，今孟州有汜水縣，故虎牢城。胡氏曰：虎牢，巖險聞於天下，猶虞之下陽、晉之上黨、魏之安邑、燕之榆關、吴之西陵、蜀之漢樂，地有所必據，城有所必守，而不可以棄焉者也。程子曰：鄭有虎牢而不能守，故不繫於鄭也。劉氏曰：此鄭虎牢也，曷爲不繫之鄭？取之矣，非鄭之地也。陸氏曰：諸侯之大夫相與取它國之邑而城之，非正也。城之可以安中國、息征伐，故聖人許之而不繫之於鄭也。

楚殺其大夫公子申。《左傳》曰：公子申爲右司馬，多受大國之賂以偪子重、子辛，楚人殺之。劉氏曰：嬰齊也，壬夫也，申也，三人者執楚國之政。公子申賄而專，嬰齊、壬夫畏其偪而殺之也。襄陵許氏曰：著楚之所以不競於晉也。

《經》書月四，書日三。《大衍曆》：正月乙巳，小，壬申，冬至；二月甲戌，大；三月甲辰，大；閏月甲戌，小；四月癸卯，大；五月癸酉，小，庚寅，十八日；六月壬寅，大；七月壬申，小，《經》六月庚辰在此月九日，己丑，十八日；八月辛丑，大；九月辛未，小；十月庚子，大；十一月庚午，小；十二月己亥，大。《長曆》：是年閏四月。庚寅，五月十九日；六月亦無庚辰。

三年辛卯。靈王二年〇晉霸悼三〇蔡景二十二〇曹成八〇衛獻七〇鄭僖公髡頑元年〇陳成二十九〇杞桓六十七〇宋平六〇齊靈十二〇秦景七〇楚共二十一〇吳壽夢十六

春

楚公子嬰齊帥師伐吳。《左傳》曰：楚子重伐吳，爲簡之師，克鳩茲，至於衡山。使鄧廖帥組甲三百、被練三千以侵吳。吳人要而擊之，獲鄧廖，其能免者，組甲八十、被練三百而已。既飲至，三日，吳人伐楚，取駕。駕，良邑也，鄧廖，亦楚之良也。君子謂子重於是役也，所獲不如所亡。楚人以是咎子重，子重病之，遇心疾而卒。襄陵許氏曰：國政失御，大臣相殘，又外結吳怨，而内爲晉讎，此共王之所以不振也。高氏曰：楚始志伐吳，吳與鍾離之會故也。楚自鄢陵之敗，勢稍屈於中國，楚畏中國諸侯併力謀之，而吳乘其間〔一〕，故先伐吳以張其勢。

公如晉。《左傳》曰：始朝也。高氏曰：童子侯不朝王，蓋不可接以成人之禮也，豈可反朝同列乎？

夏

四月

壬戌，公及晉侯盟于長樗。《左傳》曰：孟獻子相，公稽首。知武子曰：「天子在而君辱稽首，寡君懼矣。」孟獻子曰：「以敝邑介在東表，密邇仇讎，寡君將君是望，敢不稽首？」高氏曰：移所以事天子之禮事晉也。張氏曰：孟獻子，魯之賢大夫，尚不知君臣之義，《春秋》諸賢之同病也。長樗，近晉之地。蘇氏曰：晉侯修禮於諸侯，故去其

〔一〕而吳乘其間：「乘」，原闕，據清刻本、四庫本補。

國都，與公盟于長樗。

公至自晉。何氏曰：上盟不于國都，嫌如晉不得入，故以晉至。

六月

公會單子、晉侯、宋公、衛侯、鄭伯、莒子、邾子、齊世子光。

己未，同盟于雞澤。《左傳》曰：晉爲鄭服故，且欲修吴好，將合諸侯。使士匄告于齊曰：「寡君使匄，以歲之不易，不虞之不戒，寡君願與二三兄弟相見，以謀不協，請君臨之。使匄乞盟。」齊侯欲勿許，而難爲不協，乃盟於耏外。公會單頃公及諸侯，同盟于雞澤。晉侯使荀會逆吴子于淮上，吴子不至。高氏曰：此因城虎牢之故，鄭服而同盟，而王臣亦與焉。杜氏曰：雞澤，晉地，在廣平曲梁縣西南。任公輔曰：按《地譜》，一名雞丘。張氏曰：今洺州永平縣。晉悼公始合諸侯，而儕王官於諸侯，俾同歃血，與桓公首止、葵丘異矣，故書諸侯會，不再言雞澤。而己未同盟，例之於新城同盟之書。

陳侯使袁僑如會。《左傳》曰：楚子辛爲令尹，侵欲於小國。陳成公使袁僑如會求成，晉侯使和組父告于諸侯。啖氏曰：不召而自来也。高氏曰：陳自辰陵之盟而即楚，凡十有八年矣。晉屢争鄭而不争陳者，非不争陳也，得鄭則亦得陳者也。今聞鄭伯受盟，故俾大夫來求成于晉。以其本非召會而自來，来又後時，故書「如會」。

戊寅，叔孫豹及諸侯之大夫及陳袁僑盟。《穀梁傳》曰：諸侯盟，大夫又相與盟，是大夫張也。雞澤之會，諸侯始失政矣。啖氏曰：諸侯既盟，袁僑乃至，故使大夫别與之盟也。孫氏曰：諸侯既盟而袁僑至，無盟可也。諸侯盟，大夫又盟，諸侯始失政也。至溴梁之盟曰「大夫」，而不復言「諸侯之大夫」，則政在大夫矣。胡氏曰〔一〕：陳久叛中國，不堪楚之侵欲，然後求盟于晋。悼公立已四年，其從晋不亦晚乎？悼公盍亦增修德政，而謂袁僑曰「諸侯之盟事畢矣，而吾子始來，若再刑牲歃血，要質鬼神，是瀆也。吾子以帝王之胄，習於禮義，害楚之政，背夷即華，此諸侯之願，寡君之欲也，雖微盟誓，天地鬼神實照臨之，其唯同心糾逖王慝。」厚禮遣之，使往報焉足矣，奚必汲汲使大夫盟之哉？

秋

公至自會。

冬

晋荀罃帥師伐許。《左傳》曰：許靈公事楚，不會于雞澤。知武子帥師伐許。張氏曰：荀罃，悼公之賢大夫也，偶見陳人之服，不能輔悼公益修德以保陳，陳固則許何患其不来？今遽帥師以問罪於許，規模欲速〔二〕，宜其并陳不能保也。

《經》書月二，書日三。《大衍曆》：正月己巳，小，丁丑，冬至；二月戊戌，大；三月戊辰，小；四月丁酉，大，壬戌，二十六日；五月丁卯，大；六月丁酉，小，己未，二十三日；七月丙寅，大，《經》六月戊寅在此月；八

〔一〕胡氏曰：「胡」，原作「張」，據清刻本、四庫本改。按，張洽《春秋集注》，此解冠以「胡氏曰」。然胡安國《春秋傳》并無此文。元汪克寬《春秋胡傳纂疏》亦有此文，冠以「《通旨》」，《春秋大全》則謂「茅堂胡氏曰」。則此解殆出自胡安國之子胡寧所撰之《春秋通旨》。

〔二〕規模欲速：「模」，原作「撫」，據清刻本、四庫本、通志堂經解本張洽《春秋集注》改。

月丙申，小；九月乙丑，大；十月乙未，小；十一月甲子，大；十二月甲午，小。《長曆》：六月七月朔同，戊寅亦不在六月。

四年壬辰。靈王三年○晉霸悼四○蔡景二十三○曹成九○衛獻八○鄭僖二○陳成三十，卒○杞桓六十八○宋平七○齊靈十三○秦景八○楚共二十二○吴壽夢十七

春

王三月

己酉，陳侯午卒。成公也，在位三十年，子溺嗣，是爲哀公。高氏曰：陳成公既爲雞澤之會，則是國已變於夏矣。

夏

叔孫豹如晉。《左傳》曰：報知武子之聘也。高氏曰：且爲鄫世子故，事見五年、六年。

秋

七月

戊子，夫人姒氏薨。「姒」，《公》作「弋」，下「定姒」同○杜氏曰：成公妾、襄公母，姒，杞姓。高氏曰：襄公以夫人之禮葬之。

葬陳成公。陳襄夷即華，故魯會其葬。

八月

辛亥，葬我小君定姒。杜氏曰：逾月而葬，速。高氏曰：死才二十四日爾。襄陵許氏曰：《傳》載季文子欲不以夫人之禮葬定姒，而不得已於人言，卒夫人之。觀此逾月而葬，禮略也。

冬

公如晋。《左傳》曰：公如晋聽政。晋侯享公，公請屬鄫，晋侯不許。孟獻子曰：「以寡君之密邇於仇讎，而願固事君，無失官命。鄫無賦於司馬，爲執事朝夕之命敝邑，敝邑褊小，缺而爲罪，寡君是以願借助焉。」晋侯許之。

陳人圍頓。《左傳》曰：楚人使頓間陳而侵伐之，故陳人圍頓。高氏曰：僖二十五年，楚人圍陳，納頓子于頓。陳侯畏楚而不敢討，頓子恃楚而不事陳。今陳復從中國，而頓爲楚間，故圍之。自雞澤之會而書「伐許」、「圍頓」，著晋興而楚絀矣[一]。

《經》書月三，書日三。《大衍曆》：正月癸亥，大，壬午，冬至；二月癸巳，小，《經》三月己酉在此月；三月壬戌，大；四月壬辰，小；五月辛酉，大；六月辛卯，小；七月庚申，大，戊子，二十九日；八月庚寅，大，辛亥，二十二日；九月庚申，小；十月己丑，大；十一月己未，小；十二月己丑，大；閏月戊午，小。《長曆》：三月亦無己酉；戊子，七月二十八日。

五年癸巳。靈王四年〇晋霸悼五〇蔡景二十四〇曹成十〇衛獻九〇鄭僖三〇陳哀公溺元年〇杞桓六十九〇宋平八

[一] 著晋興而楚絀矣：「絀」，清刻本、四庫本作「詘」。

〇齊靈十四〇秦景九〇楚共二十三〇吴壽夢十八

春

公至自晋。高氏曰：著公不朝正于廟也，且公幼而頻年如晋，是危道也。襄之出二十四，致之者二十，危之也。

夏

鄭伯使公子發來聘。《左傳》曰：通嗣君也。高氏曰：鄭自雞澤之會始離於夷狄，来聘於中國，諸侯得以息兵修好也。

叔孫豹、鄫世子巫如晋。《左傳》曰：穆叔覿鄫太子于晋，以成屬鄫，鄫世子比諸魯大夫也。劉氏曰：鄫不勝莒、魯之患，求爲附庸以自定。鄫屬於魯爲附庸，故相與往見於晋也，鄫世子猶吾大夫焉，交譏之。陸氏曰：鄫，列國也，使其世子同於我大夫，魯與晋俱失正矣。鄫，力不足者，故無譏焉。

仲孫蔑、衛孫林父會吴于善道。「道」，《公》、《穀》作「稻」〇《左傳》曰：吴子使壽越如晋，辭不會雞澤之故，且請聽諸侯之好。晋人將爲之合諸侯，使魯、衛先會吴，且告會期。故孟獻子、孫文子會吴于善道。杜氏曰：魯、衛俱受命于晋，故不言「及」。二大夫往會之，故曰「會吴」。善道，吴地。張氏曰：悼公初立，其風聲所及，遠人慕之，故吴有志於親中國，辭謝雞澤之不會，而請聽後會之期。悼公告以會戚之期，而聽其自来足矣，至使魯、衛特往會之，則是以中國大邦而爲蠻夷屈，此二大夫會吴之所以特書也。襄陵許氏曰：晋、楚爭衡，權之在吴〔一〕，故晋急吴

〔一〕權之在吴：「之」，清刻本作「寔」、四庫本作「實」。

如此。

秋

大雩。高氏曰：因旱祭志僭也。

楚殺其大夫公子壬夫。《左傳》曰：楚人討陳叛故，曰：「由令尹子辛實侵欲焉。」乃殺之。杜氏曰：共王敗於鄢陵，殺子反，殺公子申、壬夫，八年之中，殺三卿。高氏曰：楚之所以不競。

公會晋侯、宋公、陳侯、衛侯、鄭伯、曹伯、莒子、邾子、滕子、薛伯、齊世子光、吴人、鄫人于戚。《左傳》曰：會吴，且謀戍陳也。穆叔以屬鄫爲不利，使鄫大夫聽命于會。張氏曰：因吴之来而命戍陳也。石氏曰：成九年爲蒲之會，將以會吴，而吴不至，故十五年諸侯之大夫會之于鍾離。前三年，悼公盟雞澤，使荀會逆吴子，而又不至，故此年使魯、衛先會之于善道，此皆往會之也。至秋，戚之會，序吴於列，而不復殊者，因其来會也。凡序吴者，来會我也；殊吴者，往會之也。

公至自會。

冬

戍陳。《左傳》曰：楚子囊爲令尹。范宣子曰：「我喪陳矣。楚人討貳而立子囊，必改行而疾討陳。陳近於楚，民朝夕急，能無往乎？有陳非吾事也，無之而後可。」諸侯戍陳。《公羊傳》曰：曷爲不言諸侯戍之？離至不可得而序，故言我也。啖氏曰：戍者，以兵守之也。張氏曰：自桓、文以来，所以服陳者，未聞以兵守之也。士匄知戍陳之非長策，是以有喪陳之嘆。高氏曰：陳背華即夷二十餘年，爲諸侯所伐，未嘗少息。歸於中國，則又爲夷狄所伐。既不能鑿斯池、築斯城，與民效死守之而勿去，又恃人之力以自戍，其爲國何足道也？然此諸侯同戍，非獨魯戍之也，書於公至之後，則知諸侯各遣戍，與僖二年城楚丘同義。

楚公子貞帥師伐陳。《左傳》曰：子囊伐陳。高氏曰：楚使頓間陳而陳伐之，乃歸罪於壬夫，楚又爲之殺壬夫，而陳又不改，於是乎伐之。

公會晉侯、宋公、衛侯、鄭伯、曹伯、莒子、邾子、滕子、薛伯、齊世子光救陳。「曹伯」下《左》無「莒子、邾子、滕子、薛伯」○高氏曰：陳方附中國，諸侯既戍之，復爲楚所伐，而又相率救之。救之，義事也，悼公之能也。

十有二月

公至自救陳。善救陳也。

辛未，季孫行父卒。高氏曰：此公子友之孫季文子也。自文子卒而魯有城費、作三軍事，則知季孫雖專魯，而文子猶忠貞，僭亂未啟也。其子宿嗣，是爲武子。季孫之彊，萌於僖公，大於成公，熾於襄、昭，極於定、哀。

《經》書月一，書日一。《大衍曆》：正月丁亥，大，戊子，冬至；二月丁巳，小；三月丙戌，大；四月丙辰，小；五月乙酉，大；六月乙卯，小；七月甲申，大；八月甲寅，小；九月癸未，大；十月癸丑，小；十一月壬午，大；十二月壬子，小，辛未，二十日。《長曆》：是年閏四月。

六年甲午。靈王五年○晉霸悼六○蔡景二十五○曹成十一○衛獻十○鄭僖四○陳哀二○杞桓七十，卒○宋平九○齊靈十五○秦景十○楚共二十四○吴壽夢十九

春

王三月

壬午，杞伯姑容卒。桓公也，在位七十年，子匄嗣，是爲孝公。高氏曰：杞入《春秋》，未嘗書名，自僖公二十三年杞子卒後，桓公繼立，僖二十七年来朝，成九年来逆叔姬之喪，此年卒。

夏

宋華弱來奔。《左傳》曰：宋華弱與樂轡少相狎，長相優，又相謗也。子蕩怒，以弓梏華弱於朝。平公見之，曰：「司武而梏於朝〔一〕，難以勝矣。」遂逐之。華弱來奔。司城子罕曰：「同罪異罰，非刑也。專戮於朝，罪孰大焉？」亦逐子蕩。子蕩射子罕之門，曰：「幾日而不我從。」子罕善之如初。

秋

葬杞桓公。

滕子來朝。《左傳》曰：始朝公也。

莒人滅鄫。《左傳》曰：鄫恃賂也。杜氏曰：鄫有貢賦之賂于魯，恃之以慢莒，故滅之。

冬

叔孫豹如邾。《左傳》曰：穆叔如邾聘，且脩平也。高氏曰：公初即位，邾子来朝，後有狐駘之戰在四年，而

〔一〕司武而梏於朝：「武」，原作「城」，據清刻本、四庫本改。

《經》不書，至是叔孫豹往聘，且脩平焉，以無忘舊好也。

季孫宿如晉。《左傳》曰：晉人以鄫故來討，曰「何故亡鄫？」季武子如晉，見，且聽命。高氏曰：宿始執政而往朝于霸主，且聽命焉。襄陵許氏曰：魯既世卿而大夫無復三年之喪，哀典廢於下矣。

十有二月

齊侯滅萊。《左傳》曰：二年，齊侯伐萊，萊人使正輿子賂夙沙衛，以索馬牛，皆百匹，齊師乃還。齊侯滅萊，萊恃謀也。於鄭子國之來聘也，晏弱城東陽而圍萊，堙之，環城，傅於堞。及杞桓公卒之月，王湫帥師及正輿子、棠人軍齊師，齊師大敗之。入萊，萊共公浮柔奔棠，正輿子、王湫奔莒，莒人殺之。陳無宇獻萊宗器于襄宮。晏弱圍棠，滅之，遷萊于郳，高厚、崔杼定其田。高氏曰：齊圖萊久矣，自宣七年伐萊，至是而遂滅之，不言萊君出奔，國滅君死也。

《經》書月二，書日一。《大衍曆》：正月辛巳，大，癸巳，冬至；二月辛亥，大；三月辛巳，小，壬午，二日；四月庚戌，大；五月庚辰，小；六月己酉，大；七月己卯，小；八月戊申，大；九月戊寅，小；十月丁未，大；十一月丁丑，小；十二月丙午，大。

七年乙未。靈王六年〇晉霸悼七〇蔡景二十六〇曹成十二〇衛獻十一〇鄭僖五，卒〇陳哀三〇杞孝公匄元年〇宋平十〇齊靈十六〇秦景十一〇楚共二十五〇吴壽夢二十

春

郯子來朝。《左傳》曰：始朝公也。澄按，郯，少昊氏之後也。

夏

四月

三卜郊，不從，乃免牲。《左傳》曰：孟獻子曰：「夫郊祀后稷，所以祈農事也，故啟蟄而郊，郊而後耕。今既耕而卜郊，宜其不從也。」

小邾子來朝。《左傳》曰：亦始朝公也。

城費。費，音秘○《左傳》曰：南遺爲費宰，叔仲昭伯爲隧正，欲善季氏而求媚於南遺，謂遺：「請城費，吾多與而役。」胡氏曰：夫文子相三君，無衣帛之妾，無食粟之馬，無藏金玉，無重器備，則固忠於公室，而不顧其所食之私邑也。及行父卒，宿專魯國之政，羣小媚之，無故勞民，妄興是役，季氏益張。其後孔子行乎季氏，至於帥師墮費，其越禮不度可知矣。張氏曰：費，季氏之邑，今沂州費縣。

秋

季孫宿如衛。《左傳》曰：報子叔之聘，且辭緩報非貳也。襄陵許氏曰：此書滕、郯、小邾来朝，而志卿如邾、如晉、如衛，衛来拜聘，著朝廷之間，交際之文則從矣〔一〕。

八月

螽。高氏曰：莊公以前，螟猶書之，莊公已後，螟不復書，螽然後書，以是知災異之益多矣。《春秋》不勝其書，

〔一〕交際之文則從矣：「從」，清刻本、四庫本作「泛」。

舉其重以見輕爾。

冬

十月

衛侯使孫林父來聘。《左傳》曰：拜武子之言，而尋孫桓子之盟也。

壬戌，及孫林父盟。孰及之？公也。

楚公子貞帥師圍陳。高氏曰：晋悼將脩文公之業，復有志於攘楚，而楚先圍陳，陳侯遂出會諸侯以求救於晋，晋悼於是遽爲之合諸侯也。

十有二月

公會晋侯、宋公、陳侯、衛侯、曹伯、莒子、邾子于鄬。杜氏曰：鄬，鄭地。謀救陳，陳侯逃歸，不成救，故不書救也。

鄭伯髡頑如會，未見諸侯。「髡頑」，《公》、《穀》作「髡原」。

丙戌，卒于鄵。鄵，七報切，《公》、《穀》作「操」○《左傳》曰：將會于鄬，子駟相。及鄵[一]，子駟使賊夜弒僖公，而以瘧疾赴于諸侯。胡氏曰：弒而僞赴，又順其欲而不彰，則亂臣賊子免於見討，而《春秋》非傳信之書矣。趙氏曰：諸侯死，例書名，此爲上文已言鄭伯如會，下不可又云鄭伯髡頑卒，又不可上言鄭伯如會，下但言髡頑卒，所以

[一] 及鄵：「鄵」，原作「鄬」，據清刻本、四庫本改。

須於如會時便書名，以便其文爾。三《傳》不達此體，見其文特異，不能釋，遂妄云被弒[一]，若實見弒而以疾赴，則從而書之，諸國弒君豈有實告乎？按《經》文未見諸侯，則是已出境，臨欲相見之時爾。《公羊》云「未出境」，益非也。永嘉吕氏曰：諸侯不生名，此名之者，以其卒也。「吴子遏伐楚，門于巢，卒」同，從省文也[二]。諸侯卒於國都不地，此其地者，以其不在其國，爲如會而卒故也，與「宋公佐卒于曲棘」同。未見諸侯而卒，與「許男卒于師」同。此諸侯之例如此，而説者徒見其文之異，便有鄭伯見弒之説，誤矣。杜氏曰：鄵，鄭地。澄按，僖公，在位四年，子嘉嗣，是爲簡公。

陳侯逃歸。《左傳》曰：陳人患楚。慶虎、慶寅謂楚人曰：「吾使公子黄往而執之。」楚人從之。二慶使告陳侯于會曰：「楚人執公子黄矣，君若不来，羣臣不忍社稷宗廟，懼有二圖。」陳侯逃歸。胡氏曰：上二年，諸侯戍陳，今楚令尹来伐，諸侯又救之，亦既勤矣。爲陳侯計者，下命國中大申儆備，立太子以固守，親聽命於諸侯，謀禦敵之策。當是時，晉君方明，諸侯聽命，必能致力於陳矣。不此之顧，棄儀衛以逃歸，故書以罪之。高氏曰：楚人以陳叛，故殺公子壬夫，而亟討陳。晉雖爲陳再合諸侯，卒不能攘楚以安中國，故陳侯内爲二慶所逼而逃歸也。然爲一國之君，而不能自立，從夷狄則懼爲中國所伐，從中國則又懼楚，若匹夫之逃，亦可羞矣。

《經》書月四，書日二。《大衍曆》：正月丙子，小，戊戌，冬至；二月乙巳，大；三月乙亥，小；四月甲辰，大；五月甲戌，大；六月甲辰，小；七月癸酉，大；八月癸卯，小；閏月壬申，大；九月壬寅，小，《經》十月壬

[一] 遂妄云被弒：「弒」，原作「殺」，據清刻本、四庫本改。

[二] 從省文也：「從」，清刻本、四庫本作「屬」。

戌在此月；十月辛未，大；十一月辛丑，小；十二月庚午，大，丙戌，十七日。《長曆》：是歲閏十月。壬戌，十月二十一日；丙戌，十二月六日。

八年丙申。靈王七年〇晉霸悼八〇蔡景二十七〇曹成十三〇衛獻十二〇鄭簡公嘉元年〇陳哀四〇杞孝二〇宋平十一〇齊靈十七〇秦景十二〇楚共二十六〇吴壽夢二十一

春

王正月

公如晉。《左傳》曰：公如晉，朝且聽朝聘之數。

夏

葬鄭僖公。觀此則知僖公之非弒明矣。

鄭人侵蔡，獲蔡公子燮。「燮」，《穀》作「濕」〇《左傳》曰：鄭子國、子耳侵蔡，獲蔡司馬公子燮。鄭人皆喜，唯子産不順，曰：「小國無文德而有武功，禍莫大焉。楚人来討，能勿從乎？從之，晉師必至。晉、楚伐鄭，自今鄭國不四五年弗得寧矣。」子國怒之，曰：「國有大命，而有正卿，童子言焉，將爲戮矣。」王氏《箋義》曰：鄭欲從楚，故侵蔡以致楚，然後告絶於晉而與楚平，故子國聞子産之言，怒之，懼其謀泄爾。不然，無故而侵蔡，何也？

季孫宿會晉侯、鄭伯、齊人、宋人、衛人、邾人于邢丘。《左傳》曰：以命朝聘之數，使諸侯之大夫聽

命。季孫宿、齊高厚、宋向戌、衛甯殖、邾大夫會之。大夫不言〔一〕，尊晋侯也。鄭伯獻捷于會，故親聽命。杜氏曰：時公在晋，晋悼唯使大夫聽命，故季孫在會而公先歸。有晋、鄭二君在，故齊、宋、衛三國之大夫降稱人。內大夫書氏名者，以著其亢也。胡氏曰：朝聘，事之大者，重煩諸侯而使大夫聽命，無乃以姑息愛人乎？使政在大夫而諸侯失國，豈所以愛之也？後此八年，溴梁之會，悼公初没，諸侯皆在而大夫獨盟，君若贅旒，夫豈一朝一夕之故哉？張氏曰：會而使大夫聽命，自齊桓北杏始，《春秋》之法，必辨等列，以大夫會諸侯而人之者，所以嚴君臣之分，謹上下之交也。任公輔曰：邢丘，故邢國，河内平皋縣也。

公至自晋。如晋朝，不與邢丘之會而先歸，故書「至自晋」，而不言「至自會」也。

莒人伐我東鄙。《左傳》曰：伐我以疆鄫田也。張氏曰：莒人滅鄫，而魯不敢争，霸主不討，所以興伐魯疆鄫田之師也。高氏曰：鄫田接於魯，而疆界不明，故興兵伐我以正之，鄫遂屬於莒矣。襄陵許氏曰：莒恃遠滅鄫伐魯，以奸齊盟，而霸討弗及者，晋方患秦、楚故也。

秋

九月

大雩。義見前。

冬

楚公子貞帥師伐鄭。《左傳》曰：楚子囊伐鄭，討其侵蔡也。子駟、子國、子耳欲從楚，子孔、子蟜、子展欲

〔一〕大夫不言：「言」，清刻本、四庫本作「書」。

待晉。子駟曰：「民急矣，姑從楚以紓吾民，晉師至，吾又從之。犧牲玉帛，待於二竟，以待彊者，而庇民焉。寇不爲害，民不罷病，不亦可乎？」子展曰：「小所以事大，信也。小國無信，兵亂日至，亡無日矣。五會之信，今將背之，雖楚救我，將安用之？親我無成，鄙我是欲，不可從也，不如待晉。晉君方明，四軍無闕，八卿和睦，必不棄鄭。楚師遼遠，糧食將盡，必將速歸，何患焉？舍之聞之『杖莫如信』，完守以老楚，杖信以待晉，不亦可乎？」子駟曰：「請從楚，騑也受其咎。」乃及楚平，使王子伯駢告于晉。知武子使行人子員對之，曰：「君有楚命，亦不使一介行李告于寡君，而即安于楚，君之所欲也，誰敢違君？寡君將帥諸侯以見于城下，唯君圖之。」胡氏曰：鄭介大國之間，若能任仁賢，明政刑，以禮法自守，而親比四隣，必能保國。楚雖大，何畏焉？乃加兵於蔡，無故怒楚，而公子貞來伐，則及楚平。見鄭之屈服於楚而不信也。

晉侯使士匄来聘。《左傳》曰：范宣子來聘，且拜公之辱，告將用師于鄭。

《經》書月二，書日無。《大衍曆》：正月庚子，小；癸卯，冬至；二月己巳，大；三月己亥，小；四月戊辰，大；五月戊戌，小；六月丁卯，大；七月丁酉，小；八月丙寅，大；九月丙申，大；十月丙寅，小；十一月乙未，大；十二月乙丑，小。

九年丁酉。靈王八年〇晉霸悼九〇蔡景二十八〇曹成十四〇衛獻十三〇鄭簡二〇陳哀五〇杞孝三〇宋平十二〇齊靈十八〇秦景十三〇楚共二十七〇吳壽夢二十二

春

宋災。「災」，《公》作「火」〇高氏曰：宋自昭、文以來，亂敗相屬，三書宋災，見人事之不脩也。

夏

季孫宿如晋。《左傳》曰：報宣子之聘也。高氏曰：公朝晋而晋来聘，又使報焉，事大國之禮則順矣。

五月

辛酉，夫人姜氏薨。宣公夫人，成公母也。

秋

八月

癸未，葬我小君穆姜。杜氏曰：四月而葬，速。高氏曰：别爲之謚，用文姜之例也。

冬

公會晋侯、宋公、衛侯、曹伯、莒子、邾子、滕子、薛伯、杞伯、小邾子、齊世子光伐鄭。《左傳》曰：諸侯伐鄭，季武子、齊崔杼、宋皇鄖從荀罃、士匄門于鄟門；衛北宫括、曹人、邾人從荀偃、韓起門于師之梁；滕人、薛人從欒黶、士魴門于北門；杞人、郳人從趙武、魏絳斬行栗，師于氾。令于諸侯曰：「脩器備，盛餱糧，歸老幼，居疾于虎牢，肆眚圍鄭。」鄭人恐，乃行成。中行獻子曰：「遂圍之，以待楚人之救也，而與之戰，不然無成。」知武子曰：「許之盟而還師，以敝楚人，吾三分四軍，與諸侯之鋭以逆来者，於我未病，楚不能矣，猶愈於戰。暴骨以逞，不可以争。大勞未艾，君子勞心，小人勞力，先王之制也。」乃許鄭成。

十有二月

己亥，同盟于戲。戲，許宜切〇《左傳》曰：鄭服也。將盟，鄭六卿公子騑、公子發、公子嘉、公孫輒、公孫蕢、公孫舍之，及其大夫、門子皆從鄭伯。晋士莊子爲載書，曰：「自今日既盟之後，鄭國而不唯晋命是聽，而或有異志者，有如此盟。」公子騑趨進曰：「天禍鄭國，使介居二大國之間，大國不加德音而亂以要之，使其鬼神不獲歆其禋祀，其民人不獲享其土利，夫婦辛苦墊隘，無所厎告。自今日既盟之後，鄭國而不唯有禮與强可以庇民者是從，而敢有異志者，亦如之。」荀偃曰：「改載書。」公孫舍之曰：「昭大神要言焉，若可改也，大國亦可叛也。」知武子謂獻子曰：「我實不德，而要人以盟，豈禮也哉？非禮，何以主盟？姑盟而退，修德息師而来，終必獲鄭，何必今日？我之不德，民將棄我，豈唯鄭？若能休和，遠人將至，何恃於鄭？」乃盟而還。

楚子伐鄭。《左傳》曰：子駟將及楚平。子孔、子蟜曰：「與大國盟，口血未乾而背之，可乎？」子駟、子展曰：「吾盟固云唯强是從，今楚師至，晋不我救，則楚强矣。」乃及楚平。

《經》書月三，書日三。《大衍曆》：正月甲午，大，己酉，冬至；二月甲子，小；三月癸巳，大；四月癸亥，小；五月壬辰，大，辛酉，三十日；六月壬戌，小；七月辛卯，大；八月辛酉，小，癸未，二十三日；九月庚寅，大；十月庚申，小；十一月己丑，大，《經》十二月己亥在此月十一日，疑《經》書月誤以「一」爲「二」；十二月己未，小。《長曆》：辛酉，五月二十九；癸未，八月二十二；十一月庚寅，朔，己未亦在其月十日。

十年戊戌。靈王九年〇晋霸悼十〇蔡景二十九〇曹成十五〇衛獻十四〇鄭簡三〇陳哀六〇杞孝四〇宋平十三〇齊靈十九〇秦景十四〇楚共二十八〇吴壽夢二十三

春

公會晋侯、宋公、衛侯、曹伯、莒子、邾子、滕子、薛伯、杞伯、小邾子、齊世子光會吴于柤。

祖，莊加切○《左傳》曰：會吴子壽夢也。杜氏曰：吴子在祖，晋以諸侯往會之，故曰「會吴」。祖，楚地。張氏曰：《後漢》彭越國付陽縣有祖水。

夏

五月

甲午，遂滅偪陽。偪，甫目、彼力二切，《穀》作「傅」○《左傳》曰：晋荀偃、士匄請伐偪陽而封宋向戌焉。荀罃曰：「城小而固，勝之不武，弗勝爲笑。」固請圍之。不克，諸侯之師久於偪陽。荀偃、士匄請於荀罃曰：「水潦將降，懼不能歸，請班師。」知伯怒，投之以机，出於其間，曰：「女成二事而後告予，予恐亂命，以不女違。女既勤君而興諸侯，牽帥老夫以至於此[一]。既無武守，而又欲易余罪，曰：『是實班師，不然克矣。』余羸老也，可重任乎？七日不克，必爾乎取之。」荀偃、士匄帥卒攻偪陽，親受矢石。滅之。以與向戌，向戌辭，乃與宋公。以偪陽子歸，獻于武宫，謂之夷俘。使周内史選其族嗣，納諸霍人。高氏曰：偪陽，楚與國也。杜氏曰：偪陽，妘姓國，今彭城傅陽縣[二]。張氏曰：今徐州沛縣。

公至自會。《穀梁傳》曰：會夷狄不致，惡事不致，此其致何也？存中國也。杜氏諤曰：踰時而反，故危而致之。

楚公子貞、鄭公孫輒帥師伐宋。《左傳》曰：楚子囊、鄭子耳伐宋，師於訾毋，圍宋，門於桐門。高氏曰：

[一] 牽帥老夫以至于此：「帥」，四庫本作「率」。

[二] 今彭城傅陽縣：「傅」，清刻本、四庫本作「偪」。

以宋公受偪陽故也。

晋師伐秦。《左傳》曰：九年，秦景公使士雃乞師於楚，將以伐晋，楚子許之，師於武城，以爲秦援。秦人侵晋。晋饑，弗能報也。晋荀罃伐秦，報其侵也。高氏曰：晋方帥諸侯會吴滅偪陽，又越千里而伐秦，可謂虐用其民矣。爲晋計者，莫若修文公之業，與秦通和，庶因秦之兵力共攘彊楚，可以少安中國。不此之圖，而反以秦資楚，此晋之失也。

秋

莒人伐我東鄙。《左傳》曰：莒人間諸侯之有事也，故伐我東鄙。高氏曰：伐者，必有辭也。

公會晋侯、宋公、衛侯、曹伯、莒子、邾子、齊世子光、滕子、薛伯、杞伯、小邾子伐鄭。《左傳》曰：諸侯伐鄭，齊崔杼使太子光先至於師，故長於滕。師於牛首。吕氏曰：齊世子光序諸侯上，主會者爲之也。《春秋》不改，所以示譏，言專以强弱事勢爲先後也。鄭於是復從晋，然亦不敢背楚也。

冬

盗殺鄭公子騑、公子發、公孫輒。「騑」，《公》、《穀》作「斐」〇《左傳》曰：初，子駟與尉止有争，將禦諸侯之師，而黜其車。尉止獲，遂弗使獻。初，子駟爲田洫，司氏、堵氏、侯氏、子師氏皆喪田焉。故五族聚羣不逞之人，因公子之徒以作亂。於是子駟當國，子國爲司馬，子耳爲司空，子孔爲司徒。尉止、司臣、侯晋、堵女父、子師僕帥賊以入晨攻執政於西宮之朝，殺子駟、子國、子耳。子孔知之，故不死。子西聞盗，不儆而出，尸而追盗，盗入於北宮，乃歸，授甲，臣妾多逃，器用多喪。子産聞盗，爲門者，庀羣司，閉府庫，慎閉藏，完守備，成列而後出，兵車十七乘，尸而攻盗於北宮。子蟜率國人助之，殺尉止、子師僕，盗衆盡死。侯晋奔晋，堵女父、司臣、尉翩、司齊奔宋。子孔當國。孫氏曰：盗一日而殺三卿，鄭伯失刑政。胡氏曰：卿大夫者，國君之陪貳也，身不能保，而盗得殺之於朝，安在其爲陪貳乎？

戍鄭虎牢。《左傳》曰：諸侯之師城虎牢而戍之。晉師城梧及制，士魴、魏絳戍之。虎牢，非鄭地也，言將歸焉。鄭及晉平。胡氏曰：虎牢之城不繫鄭者，責在鄭也。戍而繫鄭者，罪諸侯也。鄭人從楚，固爲不義，然中國所以城虎牢，非欲斷荆楚之路爲鄭蔽也，駐師阨險以偪之爾。至是伐而復戍焉，可謂以義服之乎？張氏曰：前年戍陳，不能制楚以保陳矣。又踵前轍，勞諸侯以戍守，恃力逼小，豈霸主服人之道乎？高氏曰：鄭雖行成，而諸侯所以爲之戍，則其意有在。使鄭復貳，則虎牢之戍反爲腹心之憂；如其不貳，則助之守而爲之援焉，定則固將反之矣，是以還繫於鄭。然五年城虎牢不繫鄭者，是時諸侯城之，以駐師而禦楚，雖鄭亦不能有之也。

楚公子貞帥師救鄭。《左傳》曰：楚子囊救鄭，諸侯之師還鄭而南，至於陽陵。楚師不退。知武子欲退，曰：「今我逃楚，楚必驕，驕則可與戰矣。」欒黶曰：「逃楚，晉之恥也。合諸侯以益恥，不如死。我將獨進。」師遂進，與楚夾潁而軍。子蟜曰：「諸侯既有成行，必不戰矣。從之將退，不從亦退。退，楚必圍我，猶將退也，不如從楚，亦以退之。」宵涉潁，與楚人盟。欒黶欲伐鄭師，荀罃不可，曰：「我實不能禦楚，又不能庇鄭，鄭何罪？不如致怨焉而還。今伐其師，楚必救之，戰而不克，爲諸侯笑。克不可命，不如還也。」諸侯之師還，侵鄭北鄙而歸，楚人亦還。胡氏曰：以救許楚，罪諸侯不能保鄭，肆其陵逼，曾荆楚之不若也。

公至自伐鄭。襄陵許氏曰：書楚救鄭而致公，知諸侯之避楚也。

《經》書月一，書日一。《大衍曆》：正月戊子，大，甲寅，冬至；二月戊午，大；三月戊子，小；四月丁巳，大；閏月丁亥，小，《經》五月甲午在閏月；五月丙辰，大；六月丙戌，小；七月乙卯，大；八月乙酉，小；九月甲寅，大；十月甲申，小；十一月癸丑，大；十二月癸未，小。《長曆》：是年閏十一月。甲午，五月八日。

十有一年己亥。靈王十年〇晉霸悼十一〇蔡景三十〇曹成十六〇衛獻十五〇鄭簡四〇陳哀七〇杞孝五〇宋平十四〇齊靈二十〇秦景十五〇楚共二十九〇吴壽夢二十四

春

王正月

作三軍。《左傳》曰：季武子將作三軍，告叔孫穆子曰：「請爲三軍，各征其軍。」穆子曰：「政將及子，子必不能。」武子固請之，穆子曰：「然則盟諸？」乃盟諸僖閎，詛諸五父之衢。三分公室而各有其一。三子各毁其乘：季氏使其乘之人，以其役邑入者無征，不入者倍征；孟氏使半爲臣，若子若弟；叔孫氏使盡爲臣，不然不舍。杜氏曰：魯本無中軍，唯上下二軍，皆屬於公，有事三卿更帥以征伐。季氏欲專其民人，故假立中軍，因以改作。孔氏曰：往前民皆屬公家，若非征伐，不屬三子，故三子自以其邑之民爲己之車乘。今既三分公室，所分得者即是己有，故三家各自壞舊時車乘部伍，以足成三軍也。季氏使所分得國内三分有一之人，以其役與邑皆来入季氏者，則無公征，若不以役邑入季氏，則使公家倍征之。役，今之丁也；邑，賦税也。設利害以驅民，使入己爾。民畏倍征，則盡歸季氏，所分得者，無一入公也。孟氏以子弟之中課取其一，又分半以歸公也。叔孫氏使子弟盡爲己臣，唯以父兄歸公爾。故昭公五年《傳》云「季氏盡征之，叔孫氏臣其子弟」，言不臣父兄，取二分而二分歸公也。孟氏取其半，又如叔孫所取其中止取其半，以半歸公，取一分而三歸公也。吕氏曰：孟氏稍弱，所以只使半爲臣。季氏彊，直欲盡無公室也。澄曰：古之制，地方百里爲大國，大國三軍；方七十里爲次國，次國二軍；方五十里爲小國，小國一軍。魯爲方百里之大國，當有三軍，故《魯頌》曰「公車千乘」，又曰「公徒三萬」，蓋言伯禽初受封之時有三軍也。其後不能備三軍，故止有二軍，然不知二軍自何時始。以魯之衆，本不能備三軍之數，季武子欲增中軍而作爲三軍者，蓋借此改作而分公室之衆也。按二十五

成之地出一軍，則三軍者該地七十五成，魯之方百里，其地有百成，但三桓皆百乘之家，各有十成之地，則取百成中之三十成矣。況又臧氏、仲氏、叔氏之類，亦有采邑，則魯之公室，其不滿七十五成矣，何以能有三軍？故三家毁其乘者，各以其家所得采邑十成之民，補足其數，僅可備三軍也。

夏

四月

四卜郊，不從，乃不郊。因四卜之瀆，以著魯郊之僭。

鄭公孫舍之帥師侵宋。《左傳》曰：鄭人患晋、楚之故，諸大夫曰：「不從晋，國幾亡。楚弱於晋，晋不吾疾也。晋疾，楚將辟之，何爲而使晋師致死於我？楚弗敢敵，而後可固與也。」子展曰：「與宋爲惡，諸侯必至，吾從之盟。楚師至，吾又從之，則晋怒甚矣。晋能驟来，楚將不能。吾乃固與晋。」大夫説之，使疆埸之司惡於宋，宋向戌侵鄭，大獲。子展曰：「師而伐宋可矣。若我伐宋，諸侯之伐我必疾，吾乃聽命焉，且告於楚。楚師至，吾又與之盟而重賂晋師，乃免矣。」子展侵宋。杜氏曰：欲以致諸侯也。

公會晋侯、宋公、衛侯、曹伯、齊世子光、莒子、邾子、滕子、薛伯、杞伯、小邾子伐鄭。《左傳》曰：諸侯伐鄭，齊太子光、宋向戌先至於鄭，門於東門。其莫，晋荀罃至於西郊，東侵舊許，右還〔一〕，次於瑣，圍鄭，觀兵於南門，西濟於濟隧。鄭人懼，乃行成。高氏曰：以前伐未得志，而鄭復来侵宋故也。凡世子代父與盟會，當在諸侯之下，齊光代君出會，十年在滕子、薛伯上，已爲僭矣。此會又在莒子、邾子上，於是爲甚，以莒、邾皆屬於齊故也，

〔一〕右還：「還」，原作「遷」，據清刻本、四庫本改。

見世子益驕，而主會者莫能制也。自再會蕭魚之後，霸業稍振，諸侯不復與光會矣，則知十九年同圍齊之役，蓋齊有以取之也。

秋

七月

己未。同盟于亳城北。「亳」，《公》、《穀》作「京」○《左傳》曰：同盟於亳，范宣子曰：「不慎，必失諸侯，諸侯道敝而無成，能無貳乎？」乃盟，載書曰：「凡我同盟，毋蘊年，毋壅利，毋保姦，毋留慝。救災患，恤禍亂，同好惡，獎王室。或間茲命，司慎司盟，名山名川，羣臣羣祀，先王先公，七姓十二國之祖，明神殛之，俾失其民，隊命亡氏，踣其國家。」胡氏曰：鄭既盟而又叛，從子展之謀，欲致晉師而後與之也，故其載書雖有「隊命亡氏，踣其國家」之言，渝之而不顧。噫，慢鬼神至此，而盟猶足恃乎？杜氏曰：亳城，鄭地。任氏曰：偃師也，故湯都。

公至自伐鄭。以前事致者，見雖同盟而未得鄭也。

楚子、鄭伯伐宋。《左傳》曰：楚子囊乞旅於秦，秦右大夫詹帥師從楚子，將以伐鄭。鄭伯逆之，伐宋。高氏曰：晉師方還，而鄭伯逆楚子同伐宋，蓋用公孫舍之之謀，以伐宋自信於楚，而數叛晉，使楚道敝，而固與晉以托國焉。

公會晉侯、宋公、衛侯、曹伯、齊世子光、莒子、邾子、滕子、薛伯、杞伯、小邾子伐鄭。《左傳》曰：諸侯悉師復伐鄭。杜氏曰：此夏諸侯皆復來，故曰「悉師」。高氏曰：諸侯之師方歸，未及解甲息肩，而復至於鄭之城下。

會于蕭魚。《左傳》曰：諸侯之師觀兵于鄭東門。鄭人使王子伯駢行成。晉趙武入盟鄭伯。鄭子展出盟晉侯。會于蕭魚。赦鄭囚，皆禮而歸之。納斥候，禁侵掠。晉侯使叔肸告于諸侯，公使臧孫紇對曰：「凡我同盟，小國有罪，大國致討，苟有以藉手，鮮不赦宥，寡君聞命矣。」鄭人賂晉侯以師悝、師觸、師蠲；廣車、軘車淳十五乘，甲兵備，凡兵車百乘；歌鍾二肆，及其鎛、磬，女樂二八。杜氏曰：鄭服而諸侯會。蕭魚，鄭地。蘇氏曰：鄭與會也。八年鄭人侵蔡，獲公子燮，自是晉、楚爭鄭。五年之間，晉人四以諸侯伐鄭，楚輒救之，晉用知罃之謀，未嘗與楚人戰，至是楚不能應，遂全師以服鄭。於是鄭固與晉二十餘年，楚不能爭。雖城濮之克，不能過也。孫氏曰：言伐言會者，得鄭之辭也。鄭自齊桓、晉文死，或即夷狄，或歸中國，晉、楚爭之久矣。晉悼比歲大合諸侯伐鄭，今始得之，亦能有鄭者餘二十年[一]，此晉悼之績也。程子曰：諸侯數月之間再伐鄭，鄭服而請會，鄭不可信也，而晉悼公誠以待人，信之不疑，自此鄭不背晉者二十四年。

公至自會。《穀梁傳》曰：伐而後會，不以伐鄭致，得鄭伯之辭也。程子曰：兵不加鄭，故書至自會。

楚人執鄭行人良霄。《左傳》曰：鄭人使良霄、太宰石㚟如楚，告將服于晉曰：「孤以社稷之故，不能懷君。君若能以玉帛綏晉，不然則武震以攝威之，孤之願也。」楚人執之。襄陵許氏曰：見楚之力盡於是矣。高氏曰：鄭使良霄告絶于楚，楚不能得鄭，故執良霄以舒憤懣不平之氣，自是不復出師以與晉爭，鄭於是堅從晉。良霄，公孫輒之子也。

冬

秦人伐晉。《左傳》曰：秦庶長鮑、庶長武帥師伐晉以救鄭。鮑先入晉地，士魴禦之，少秦師而弗設備。武濟自輔氏，與鮑交伐晉師。戰于櫟，晉師敗績，易秦故也。高氏曰：秦景公妹爲楚共王夫人，於是爲楚伐晉，報去年之

[一] 亦能有鄭者餘二十年：「亦」，清刻本作「自是」。

役也。

《經》書月三，書日一。《大衍曆》：正月壬子，大，己未，冬至；二月壬午，小；三月辛亥，大；四月辛巳，大；五月辛亥，小；六月庚辰，大；七月庚戌，小，己未，十日；八月己卯，大；九月己酉，小；十月戊寅，大；十一月戊申，小；十二月丁丑，大。

十有二年庚子。靈王十一年〇晉霸悼十二〇蔡景三十一〇曹成十七〇衛獻十六〇鄭簡五〇陳哀八〇杞孝六〇宋平十五〇齊靈二十一〇秦景十六〇楚共三十〇吴壽夢二十五，卒

春

王三月

莒人伐我東鄙，圍台。「台」，《穀》作「邰」，下同〇高氏曰：諸侯伐我，未有言圍邑者，書圍邑自此始。莒人間歲伐我，公五與莒子會，宜其釋怨同好矣，而見伐不已，則魯弱可知矣。杜氏曰：台，郎邪費縣有台亭〔一〕。

季孫宿帥師救台，遂入鄆。《公羊傳》曰：言遂何？公不得爲政爾。《穀梁傳》曰：受命而救台，不受命而入鄆也。孫氏曰：不受命而入鄆，專也。何氏曰：公微弱，政教不行，故季孫宿遂取鄆以自益其邑。高氏曰：善救台，惡入鄆也。成十二年嘗帥師城鄆矣，魯不能守，復爲莒所取，今復取之。

〔一〕郎邪費縣有台亭：「郎邪」，清刻本、四庫本作「瑯琊」。

善持勝矣。

夏

晋侯使士魴來聘。《左傳》曰：來聘，且拜師。杜氏曰：謝前年伐鄭師。襄陵許氏曰：晋悼服鄭抑楚而聘魯，

秋

九月

吴子乘卒。此吴子壽夢也，在位二十五年，其子諸樊嗣。杜氏諤曰：宣十八年録楚子旅卒者，以其暴盛而諸侯交接，赴告之相親也，至此書吴子乘卒者，亦以其暴盛，且明諸侯通之會之，而赴告之相及也。

冬

楚公子貞帥師侵宋。《左傳》曰：楚子囊、秦庶長無地伐宋，師于揚梁，以報晋之取鄭也。高氏曰：秦人與焉而削之者，楚人率秦，故專罪楚也。

公如晋。《左傳》曰：朝，且拜士魴之辱。高氏曰：晋侯一使人来聘，而公遂親往朝之，事晋之禮恭矣。

《經》書月二，書日無。《大衍曆》：正月丁未，小，甲子，冬至；二月丙子，大；三月丙午，小；四月乙亥，大；五月乙巳，小；六月甲戌，大；七月甲辰，小；八月癸酉，大；九月癸卯，小；十月癸酉，小；十一月壬寅，大；十二月壬申，小。

十有三年辛丑。靈王十二年○晋霸悼十三○蔡景三十二○曹成十八○衛獻十七○鄭簡六○陳哀九○杞孝七○宋平

十六〇齊靈二十二〇秦景十七〇楚共三十一，卒〇吴諸樊遏元年

春

公至自晉。公在外，不朝正於廟也。

夏

取邿。邿，音詩，《公》作「詩」〇《左傳》曰：邿亂，分爲三。師救邿，遂取之。杜氏曰：邿，小國也，任城亢父縣有邿亭[一]。高氏曰：魯乘其亂，滅之以爲附庸。襄陵許氏曰：晉始息民，是以楚侵宋不報，魯取邿不討，取無大亂而已。

秋

九月

庚辰，楚子審卒。此楚共王也，在位三十一年，子昭嗣。

冬

城防。《左傳》曰：於是將早城，臧武仲請俟畢農事。高氏曰：防，臧氏之邑也。厥後齊高厚伐我北鄙，圍防，則城防者，畏齊也。襄陵許氏曰：鄭役既息，魯政有裕[二]，則知取邿以爲利，城防以爲安而已矣。《經》書月一，書日一。《大衍曆》：正月辛丑，大，庚午，冬至；閏月辛未，小；二月庚子，大；三月庚午，

[一] 任城亢父縣有邿亭：「亢」，清刻本、四庫本作「元」。

[二] 魯政有裕：「有裕」，清刻本作「日失」，四庫本作「稍暇」。

小；四月己亥，大；五月己巳，小；六月戊戌，大；七月戊辰，小；八月丁酉，大；九月丁卯，小，庚辰，十四日；十月丙申，大；十一月丙寅，小；十二月乙未，大。《長曆》：是年閏八月。

十有四年壬寅。靈王十三年〇晉霸悼十四〇蔡景三十三〇曹成十九〇衛獻十八〇鄭簡七〇陳哀十〇杞孝八〇宋平十七〇齊靈二十三〇秦景十八〇楚康王昭元年〇吴諸樊二

春

王正月

季孫宿、叔老會晉士匄、齊人、宋人、衛人、鄭公孫蠆、曹人、莒人、邾人、滕人、薛人、杞人、小邾人會吴于向。蠆，丑邁切，《公》作「囆」，下同。向，式亮切〇《左傳》曰：吴侵楚，養由基奔命，子庚以師繼之。養叔曰：「吴乘我喪，謂我不能師也，必易我而不戒。子爲三覆以待我，我請誘之。」子庚從之。戰于庸浦，大敗吴師。吴告敗于晉，會于向，爲吴謀楚故也。范宣子數吴之不德也，以退吴人。杜氏曰：吴伐楚喪，故謂之不德，數而遣之，卒不爲伐楚。襄陵許氏曰：四卿帥師，自成公始；二卿列會，自襄公始。大夫張也。高氏曰：吴來在向[一]，諸侯往會之，因謀伐秦焉。夫楚結秦以病晉，而晉又交吴以害楚，亦相激而然爾。重言會吴，與成十五年鍾離之會同。澄按，《左氏》以此會爲吴謀楚[二]，然吴在向而晉率諸侯之大夫往會之，是晉有求於吴，非吴有求於晉也，故疑《左氏》

[一] 吴來在向：「來」，四庫本作「人」。
[二] 《左氏》以此會爲吴謀楚：「此」，四庫本作「向」。

所載事跡非其實，而惟高氏謀伐秦之説或是。

二月

乙未，朔，日有食之。

夏

四月

叔孫豹會晋荀偃、齊人、宋人、衛北宫括、鄭公孫蠆、曹人、莒人、邾人、滕人、薛人、杞人、小邾人伐秦。《左傳》曰：諸侯之大夫從晋侯伐秦，以報櫟之役也。晋侯待于竟，使六卿帥諸侯之師以進，及涇，不濟。叔向見叔孫穆子，穆子賦《匏有苦葉》，叔向退而具舟。魯人、莒人先濟，鄭子蟜、北宫懿子見諸侯之師而勸之濟〔一〕，濟涇而次。秦人毒涇上流，師人多死。鄭司馬子蟜帥鄭師以進，師皆從之，至於棫林，不獲成焉。荀偃令曰：「雞鳴而駕，塞井夷竈，唯余馬首是瞻。」欒黶曰：「晋國之命，未有是也，余馬首欲東。」乃歸，下軍從之。伯游曰：「吾令實過，悔之何及？多遺秦禽。」乃命大還。晋人謂之「遷延之役」。欒鍼曰：「此役也，報櫟之敗也，役又無功，晋之恥也。吾有二位於戎路，敢不恥乎？」與士鞅馳秦師，死焉，士鞅反。欒黶謂士匄曰：「余弟不欲往，而子召之。余弟死，而子來，是而子殺余之弟也。弗逐，余亦將殺之。」士鞅奔秦。高氏曰：春夏興師，煩擾中國，將帥不和，威德兩弛，晋國之政衰矣，悼公所以不及文、襄也。

〔一〕北宫懿子見諸侯之師而勸之濟：「北宫」，原作「叔孫」，據清刻本、四庫本改。

己未，衛侯衎出奔齊。《左》、《穀》無「衎」字○《左傳》曰：衛獻公戒孫文子、甯惠子食，皆服而朝，日旰不召，而射鴻于囿。二子從之，不釋皮冠而與之言。二子怒，孫文子如戚。孫蒯入使，公飲之酒，使太師歌《巧言》之卒章，太師辭。師曹請爲之，遂誦之。蒯懼，告文子。文子曰：「君忌我矣，弗先必死。」并帑於戚。公使子蟜、子伯、子皮與孫子盟于丘宫，孫子皆殺之。公如鄄，使子行於孫子，又殺之。公出奔齊。孫氏追之，敗公徒。公及竟，使祝宗告亡。衛人立公孫剽，孫林父、甯殖相之，以聽命於諸侯。杜氏曰：孫、甯逐衛侯，《春秋》以其自取奔亡之禍，故諸侯失國者，皆不書逐君之賊也。襄陵許氏曰：逐君之惡，未有若林父者矣，鄭厲、衛惠猶以禮去者也。王氏《箋義》曰：《左傳》、《穀梁》衛侯出奔皆不書名，獨《公羊》書名。按諸侯不書名，唯出奔書名者，罪其不道而失國也。衎當名，《公羊》得之矣。

莒人侵我東鄙。杜氏曰：報入鄆也。高氏曰：莒自滅鄫之役，四伐我矣，是無晋也。

秋

楚公子貞帥師伐吴。《左傳》曰：楚子爲庸浦之役故，子囊師于棠以伐吴，吴不出而還。子囊殿，以吴爲不能而弗儆，吴人自皐舟之隘要而擊之，楚人不能相救。吴人敗之，獲楚公子宜穀。

冬

季孫宿會晋士匄、宋華閲、衛孫林父、鄭公孫蠆、莒人、邾人于戚。《左傳》曰：晋侯問衛故於中行獻子，對曰：「衛有君矣，伐之未可以得志，而勤諸侯，不如因而定之。」會于戚，謀定衛也。杜氏曰：戚，衛地。張氏曰：前書衛侯之奔，此列孫林父于會，晋爲霸主，抑君助臣，晋大夫之黨孫林父，罪惡見矣。

《經》書月三，書日二。《大衍曆》：正月乙丑，大，乙亥，冬至；二月乙未，小，朔，日食；三月甲子，大；四月甲午，小，己未，二十六日；五月癸亥，大；六月癸巳，小；七月壬戌，大；八月壬辰，小；九月辛酉，大；十月辛卯，小；十一月庚申，大；十二月庚寅，小。

十有五年癸卯。靈王十四年〇晉霸悼十五，卒〇蔡景三十四〇曹成二十〇衛獻十九、殤公剽元年〇鄭簡八〇陳哀十一〇杞孝九〇宋平十八〇齊靈二十四〇秦景十九〇楚康二〇吴諸樊三

春

宋公使向戌來聘。《左傳》曰：聘且尋盟。杜氏曰：報二年豹之聘，尋十一年亳之盟。

二月

己亥，及向戌盟于劉。孫氏曰：劉，魯地。襄陵許氏曰：不盟于國而盟于劉，崇向戌故，公弱甚矣。高氏曰：凡因来聘而盟者，必在國内，如成三年「晉侯使荀庚来聘。衛侯使孫良夫来盟。丙午，及荀庚盟。丁未，及孫良夫盟。」十一年「晉侯使郤犨来聘。己丑，及郤犨盟。」襄七年「衛侯使孫林父來聘。壬戌，及孫林父盟」是也。劉蓋王畿采地，豈有來聘魯而遠盟于劉者乎？蓋下文有「劉夏」，因傳者以爲春夏之夏，與文四年「夏，逆婦姜于齊」同文，故誤增「于劉」二字爾。

劉夏逆王后于齊。杜氏曰：劉，采地；夏，名也。天子卿書字，劉夏非卿，故書名。孫氏曰：天子不親迎，娶后則三公逆之。劉夏，士也。王后，天下母，使微者逆之，可哉？高郵孫氏曰：天子逆后使三公，《春秋》二百四十二年，周王十三，書「逆王后」者唯二，非禮則書也；祭公行得禮而書之者，譏遂事也；劉夏之逆，則以非三公而譏之。宋氏曰：何以書？魯主婚也。

夏

齊侯伐我北鄙，圍成。《左傳》曰：齊侯圍成，貳於晋故也。高氏曰：是時衛侯在齊，季孫宿爲戚之會以定衛，而齊不與焉。齊固有憾於諸侯矣，而尤懷夫袁婁之恥者也，伐我北鄙，以此之故。成，蓋吾仲孫之邑也。

公救成，至遇。《公羊傳》曰：不敢進也。杜氏曰：遇，魯邑。公至遇，畏齊不敢至成。范氏曰：至遇而齊師已退。高氏曰：魯於是時已三分其民，而公室卑弱，已不足以當敵，故書「公救成，至遇」。若畏而不進，則書「次」矣，不當書「至」也。

季孫宿、叔孫豹帥師城成郛。常山劉氏曰：由不能救成，成郛見壞而城之也。吕氏曰：成郛壞而城，苟完而已。高氏曰：此孟孫之邑，而叔孫、季孫帥師以城之者，見三家相黨，以備齊爲名而興役之衆，故其城堅固可守，卒爲魯患而不可墮也。定十二年，公圍成是也。郛，蓋外城也。

秋

八月

丁巳，日有食之。高氏曰：按《長曆》，七月丁巳朔，八月無丁巳，又不書朔，蓋因舊史也。

邾人伐我南鄙。《左傳》曰：使告于晋，晋將爲會以討邾、莒。晋侯有疾，乃止。高氏曰：邾貳於晋以與齊，黨於莒，故来伐我。襄陵許氏曰：政在君，則民一，民一則國彊；政在臣，則民二，民二則國弱。魯自文、襄失政，大夫盗竊國靈[一]，齊與邾、莒交伐其國，不競甚矣。無它，民分於三桓故也。

冬

十有一月

癸亥，晋侯周卒。悼公也，在位十五年，子彪嗣，是爲平公。襄陵許氏曰：悼公之霸，功亞桓、文。平公受之，遺烈猶在，祝柯、澶淵之盟是已。自是則晋日替矣。

《經》書月三，書日三。《大衍曆》：正月己未，大，庚辰，冬至；二月己丑，小，己亥，十一日；三月戊午，大；四月戊子，大；五月戊午，小；六月丁亥，大；七月丁巳，小，日食《經》書八月丁巳食，閏法差也；八月丙戌，大；九月丙辰，小；十月乙酉，大；閏月乙卯，小；十一月甲申，大，《經》十一月癸亥在閏十月及十二月；十二月甲寅，小。《長曆》：是年七月丁巳朔，日食。

十有六年甲辰。靈王十五年〇晋霸平公彪元年〇蔡景三十五〇曹成二十一〇衛獻二十、殤二〇鄭簡九〇陳哀十二〇杞孝十〇宋平十九〇齊靈二十五〇秦景二十〇楚康三〇吴諸樊四

春

王正月

[一] 大夫盗竊國靈：「靈」，清刻本、四庫本作「柄」。

葬晉悼公。踰月而葬，速。

三月

公會晉侯、宋公、衛侯、鄭伯、曹伯、莒子、邾子、薛伯、杞伯、小邾子于溴梁。溴，古閴切〇《左傳》曰：平公即位，改服脩官，烝于曲沃，警守而下，會于溴梁。杜氏曰：溴，水名，出河内軹縣，東南至温入河。高氏曰：爲討邾、莒也。邾、莒連伐魯，魯使告于晉，悼公將爲會以討之，遇疾乃止。平公即位，遂成父志。蘇氏曰：衛侯，剽也。二十五年「衛侯入于夷儀」，衎也。二君皆稱衛侯。

戊寅，大夫盟。《左傳》曰：晉侯與諸侯宴于温，使諸大夫舞，曰：「歌詩必類。」齊高厚之詩不類。荀偃怒，且曰：「諸侯有異志矣。」使諸大夫盟高厚，高厚逃歸。於是叔孫豹、晉荀偃、宋向戌、衛甯殖、鄭公孫蠆、小邾之大夫盟，曰：「同討不庭。」《公羊傳》曰：諸侯皆在是，言大夫盟，信在大夫也。《穀梁傳》曰：不曰「諸侯之大夫」，大夫不臣也。高氏曰：或謂晉侯在喪，故使大夫盟，非也。晉侯不憚出會，豈不肯出盟邪？雞澤之會，諸侯已盟而陳轅僑至，勢不可拒，因與之盟。然僑人臣也，不可當君，使大夫盟之，故以大夫而繫諸侯，見諸侯之已盟也。今叙諸侯而不言盟，言大夫而不繫諸侯者，是時晉爲魯故，將執邾、莒二君，而齊使高厚来會，先知其故，遽自逃歸，所以諸侯不欲先自盟也。夫晉會諸侯而使大夫盟，則信在大夫矣，烏在其爲盟主哉？是時齊有崔、高，衛有孫、甯，六卿專晉，三家柄魯，聖人因此盟以著喪亂之階。趙氏曰：高厚若已在會而逃歸，《經》文不合不書。僖五年「鄭伯逃歸，不盟」，襄七年「陳侯逃歸」，並書以著其罪，何獨此不書？《左氏》此傳不足憑也。胡氏曰：上年春會向，十三國之大夫也。夏會伐秦，亦十三國之大夫也。冬會戚，七國之大夫也。此三會皆國之大事也，而使大夫專之，是君不自爲政矣。況悼公既没，晉平初立，無先君之明，大夫張宜矣，夫豈一朝一夕之故哉？張氏曰：《春秋》莊十三年之前，禮樂征伐自諸侯出，而權未一也。自齊桓、晋文繼霸，中國之政，齊、晋專之，然猶在諸侯也。至今年以後，則皆自大夫出矣，故於此書大夫盟，著世變之益降也。永嘉陳氏曰：文十五年盟扈，十七年會扈，伯在而但曰諸侯者，無伯也。君在而但曰大夫者，無君也。自文以下，則有斥言諸侯而不序；自襄以下，則有斥言大夫而不序。

晋人執莒子、邾子以歸。《左傳》曰：以我故，執邾宣公、莒犂比公，且曰：「通齊、楚之使。」孫氏曰：執以歸，不以歸京師。劉氏曰：稱人以執，非伯討也。高郵孫氏曰：晋平初立，會于湨梁，將以號令而安之也，一會而執二君，《春秋》罪之。

齊侯伐我北鄙。高氏曰：齊既叛晋，聞公在會，將討邾、莒，故復來伐。是時齊益彊，自柯陵之會，遂不復出，但使大夫聽命，使世子抗禮出會，蓋有輕諸侯之心矣。故前年北鄙之役，爲莒伐我。邾實附齊，故亦伐我南鄙。晋患齊之益驕也，於是爲湨梁之會以討貳焉。邾、莒畏晋，不敢不會，而齊獨不至，故晋人乃執二君以歸也。齊知二君之執，爲我之故，乃益復伐我。二年之間，齊師五至於魯之城下。

夏

公至自會。高氏曰：見公出會謀齊，尚未及還而齊師已見伐矣。

五月

甲子，地震。異也。

叔老會鄭伯、晋荀偃、衛甯殖、宋人伐許。《左傳》曰：許男請遷于晋，諸侯遂遷許〔一〕，許大夫不可。晋人歸諸侯。鄭子蟜聞將伐許，遂相鄭伯以從諸侯之師。穆叔從公，齊子帥師會晋荀偃。次于棫林。伐許。次于函氏。高氏曰：許欲棄楚，請遷于晋，既而不果，故晋會諸侯大夫同伐之。鄭與許有宿怨，故其君親行，而在晋上，蓋卿不先諸侯，尊國君也。宋人稱人，蓋微者也。宋當在諸侯之上，今列衛甯殖之下，故知其微者。張氏曰：許男有從中國之志，而大夫沮之，足以見一時之俗矣。

秋

齊侯伐我北鄙，圍成。《左傳》曰：齊侯圍成，孟孺子速徼之。齊侯曰：「是好勇，去之以爲之名。」速遂塞海陘而還。高氏曰：去年伐我，圍成而壞其郛，今春再伐我，至是又伐我，圍成，甚之也。

大雩。

冬

叔孫豹如晋。《左傳》曰：聘且言齊故，晋人曰：「以寡君之未禘祀，與民之未息，不然不敢忘。」穆叔曰：「以齊人之朝夕釋憾於敝邑之地，是以大請。敝邑之急，朝不及夕，引領西望曰『庶幾乎』。比執事之閒，恐無及也。」見中行獻子，賦《圻父》。獻子曰：「偃知罪矣，敢不從執事以同恤社稷，而使魯及此！」見范宣子，賦《鴻雁》之卒章。宣子曰：「匄在此，敢使魯無鳩乎？」高氏曰：魯不能内修其政，以禦無道之齊，而乞憐于晋，魯之君臣庸甚矣。

〔一〕諸侯遂遷許：「遷」，原作「伐」，據清刻本、四庫本改。

《經》書月三，書日二。《大衍曆》：正月癸未，大，乙酉，冬至；二月癸丑，小，《經》三月戊寅在此月；三月壬午，大；四月壬子，大，《經》五月甲子在此月；五月壬午，小；六月辛亥，大；七月辛巳，小；八月庚戌，大；九月庚辰，小；十月己酉，大；十一月己卯，小；十二月戊申，大。《長曆》：是年閏十月。戊寅，三月二十六日；甲子，五月十三日。

十有七年乙巳。靈王十六年〇晋霸平二〇蔡景三十六〇曹成二十二〇衛獻二十一、殤三〇鄭簡十〇陳哀十三〇杞孝十一〇宋平二十〇齊靈二十六〇秦景二十一〇楚康四〇吴諸樊五

春

王二月

庚午，邾子牼卒。牼，苦耕切，《公》、《穀》作「瞷」〇宣公也，在位十八年，子華嗣，是爲悼公。去年晋人執以歸，此書卒者，晋人釋之也，莒亦如之。高氏曰：考成公末年，宣公来朝。襄公九年，宣又来朝，魯亦以其貴卿往聘而修平，益崇睦矣。而晚卒起仇讎如此者，魯國政刑不修，有以啟之也。

宋人伐陳。《左傳》曰：宋莊朝伐陳，獲司徒卬，卑宋也。高氏曰：七年鄬之會，陳侯逃歸，自是不復與諸侯會，而楚、鄭連年侵宋，宋人於是請於晋而伐之。宋無爲中國取陳之意，自適己事而已，然書「伐許」、「伐陳」，亦著楚之絀也。

夏

衛石買帥師伐曹。《左傳》曰：衛孫蒯田于曹隧，飲馬于重丘，毀其瓶。重丘人閉門而詢之曰：「親逐而君，爾

父爲厲，是之不憂，而何以田爲？」衛石買、孫蒯伐曹，取重丘。曹人愬于晋。高氏曰：雖石買以私忿背盟，加兵於人，然曹亦有以致之，是以有辭于伐也。

秋

齊侯伐我北鄙，圍桃。「桃」，《公》作「洮」〇《左傳》曰：齊人以其未得志於我，故伐我北鄙，圍桃。杜氏曰：弁縣東南有桃虚。

齊高厚帥師伐我北鄙，圍防。「高厚」上《左》無「齊」字〇《左傳》曰：高厚圍臧紇于防。師自陽關逆臧孫，至於旅松。郰叔紇、臧疇、臧賈帥甲三百，宵犯齊師，送之而復。齊師去之。齊人獲臧堅。高氏曰：齊之君臣同来伐我，分兵以圍吾二邑，其恃衆暴寡如此。齊、魯，世昏姻之國也，而數年之間見伐不已，見魯政之衰失矣。

九月

大雩。

宋華臣出奔陳。《左傳》曰：宋華閲卒，華臣弱皋比之室，使賊殺其宰華吴。賊六人以鈹殺諸盧門合左師之後，左師懼曰：「老夫無罪。」賊曰：「皋比私有討於吴。」遂幽其妻，曰：「畀余而大璧。」宋公聞之，曰：「臣也不唯其宗室是暴，大亂宋國之政，必逐之。」左師曰：「臣也亦卿也，大臣不順，國之恥也，不如蓋之。」乃舍之。左師爲己短策，苟過華臣之門，必騁。國人逐瘈狗，瘈狗入于華臣氏，國人從之。華臣懼，遂奔陳。高氏曰：華臣暴其宗室而亂宋國之政，不有國討，失政刑矣。震駭而奔，懷慝之禍也。夫陳乃宋讎而奔焉，意尤可誅。

冬

邾人伐我南鄙。《左傳》曰：爲齊故也。杜氏曰：齊未得志於魯，故邾助之。高氏曰：邾之先君以伐魯而爲晋所執，既歸而卒。嗣子在喪，而復興師伐我者，叛晉也，與齊也，齊人使之脩先君之怨也。此祝柯之會所以復来執也。《經》書月二，書日一。《大衍曆》：正月戊寅，小，辛卯，冬至；二月丁未，大，庚午，二十四日；三月丁丑，小；四月丙午，大；五月丙子，小；六月乙巳，大；七月乙亥，小；八月甲辰，大；九月甲戌，小；十月癸卯，大；十一月癸酉，小；十二月壬寅，大。

十有八年丙午。靈王十七年○晉霸平三○蔡景三十七○曹成二十三，卒○衛獻二十二、殤四○鄭簡十一○陳哀十四○杞孝十二○宋平二十一○齊靈二十七○秦景二十二○楚康五○吴諸樊六

春

白狄來。《公羊傳》曰：夷狄之君也，不言朝，不能乎朝也。高氏曰：與介葛盧來同，《春秋》書白狄，於是焉止。

夏

晉人執衛行人石買。《左傳》曰：執衛行人石買于長子，執孫蒯于純留，爲曹故也。杜氏曰：石買即是伐曹者，宜即懲治本罪，而晉因其爲使執之，故書「行人」。高氏曰：晉侯欲脩方伯之義，黜叛夫而誅亂臣，則莫如正孫蒯之惡。今大惡不與[一]，而小過必察，霸討果若是乎？

[一] 今大惡不與：「與」，清刻本作「正」，四庫本作「舉」。

秋

齊師伐我北鄙。「師」，《穀》作「侯」〇襄陵許氏曰：四年之中，六伐鄙而四圍邑，又縱邾、莒以助其虐，諸侯之陵暴未有若是者也，是以動天下之兵，幾亡其國。

冬

十月

公會晉侯、宋公、衛侯、鄭伯、曹伯、莒子、邾子、滕子、薛伯、杞伯、小邾子同圍齊。《左傳》曰：晉侯伐齊，將濟河，獻子以朱絲係玉二瑴而禱曰：「齊環怙恃其險，負其衆庶，棄好背盟，陵虐神主。曾臣彪將帥諸侯以討焉，其官臣偃實先後之。苟捷有功，無作神羞。」會于魯濟，尋湨梁之言，同伐齊。齊侯禦諸平陰，塹防門而守之，廣里。夙沙衛曰：「不能戰，莫如守險。」弗聽。諸侯之士門焉，齊人多死。范宣子告析文子曰：「吾知子，敢匿情乎？魯人、莒人皆請以車千乘自其鄉入，既許之矣。若入，君必失國。」子家以告公，公恐。齊侯登巫山以望晉師，晉人使司馬斥山澤之險，雖所不至，必旆而疏陳之，使乘車者左實右僞，以旆先，輿曳柴而從之。齊侯見之，畏其衆也，乃脱歸。齊師夜遯。入平陰，遂從齊師。晉人欲逐歸者，魯、衛請攻險。荀偃、士匄以中軍克京兹，魏絳、欒盈以下軍克邿，趙武、韓起以上軍圍盧，弗克。及秦周伐雍門之萩。范鞅門于雍門，焚雍門及西郭、南郭。劉難、士弱率諸侯之師焚申池之竹木，焚東郭、北郭。范鞅門于揚門，州綽門于東閭。齊侯駕，將走郵棠。太子與郭榮叩馬曰：「師速而疾，略也，將退矣，君何懼焉？且社稷之主，不可以輕，輕則失衆，君必待之！」將犯之，太子抽劍斷鞅，乃止。東侵及濰，南及沂。高氏曰：凡侵伐圍入之類，未有言同者，此爲魯討齊，而書「同圍」，何也？以謂諸侯皆不義齊乎？則邾、莒亦嘗病魯矣；以謂諸侯皆睦於晉而貳於齊乎？則滕、薛、小邾既屬齊矣。然則謂之同圍，猶同盟也。澄曰：凡合諸侯而爲盟，必有一國主盟，同盟則諸國同歃血而無適主盟者也。合諸侯而用兵，必有一國主兵。同圍齊，則諸國同主兵，而無適主兵者也。唯其莫適爲主，故諸國之兵雖甚盛，而不相統一，各行其志，環而攻之，大擾齊境，然竟莫能聲罪致討，以服齊之心，而取其成，故書「同圍」齊而不書「伐」也。

曹伯負芻卒于師。成公也，在位二十三年，子勝嗣，是爲武公。

楚公子午帥師伐鄭。《左傳》曰：鄭子孔欲去諸大夫，將叛晋而起楚師以去之，使告子庚，子庚弗許。楚子聞之，使楊豚尹宜告子庚曰：「國人謂不穀主社稷而不出師，死不從禮。不穀即位，於今五年，師徒不出，人其以不穀爲自逸而忘先君之業矣。大夫圖之，其若之何？」子庚嘆曰：「君王其謂午懷安乎？吾以利社稷也。」見使者，稽首而對曰：「諸侯方睦於晋，臣請嘗之。若可，君而繼之；不可，收師而退，可以無害，君亦無辱。」子庚帥師，治兵於汾。於是子蟜、伯有、子張從鄭伯伐齊，子孔、子展、子西守。二子知子孔之謀〔一〕，完守入保，子孔不敢會楚師。楚師伐鄭，次于魚陵。右師城上棘，遂涉潁，次于旃然。蔿子馮、公子格率鋭師侵費滑、胥靡、獻于、雍梁。右回梅山，侵鄭東北，至於蟲牢而反。子庚門于純門，信于城下而還，涉于魚齒之下。甚雨及之，楚師多凍，役徒幾盡。高氏曰：楚自蕭魚之役，不復伐鄭。鄭伯在會而楚伐之者，公子嘉召之也。

《經》書月一，書曰無。《大衍曆》：正月壬申，大，丙申，冬至；二月壬寅，小；三月辛未，大；四月辛丑，小；五月庚午，大；六月庚子，小；閏月己巳，大；七月己亥，小；八月戊辰，大；九月戊戌，小；十月丁卯，大；十一月丁酉，小；十二月丙寅，大。

〔一〕「二子知子孔之謀」，原作「子孔知二子之謀」，據清刻本、四庫本改。

十有九年丁未。靈王十八年〇晋霸平四〇蔡景三十八〇曹武公滕元年〇衛獻二十三、殤五〇鄭簡十二〇陳哀十五〇杞孝十三〇宋平二十二〇齊靈二十八，卒〇秦景二十三〇楚康六〇吴諸樊七

春

王正月

諸侯盟于祝柯。柯，古多切，《公》作「阿」〇《左傳》曰：諸侯還自沂上，盟于督揚，曰：「大毋侵小。」孫氏曰：諸侯不序，前目後凡也。杜氏曰：前年圍齊之諸侯也。祝柯縣，今屬濟南郡。張氏曰：《後漢志》平原郡祝柯，《地譜》齊州禹城縣，齊邑。

晋人執邾子。《左傳》曰：以其伐我故。高氏曰：既来同會，又與同盟，而乃執之，非霸討也。劉氏曰：邾人伐魯，晋人疾之，執其君以劫其地。不言以歸，釋之也。未得其地，故劫之。已得其地，故釋之。襄陵許氏曰：執之舍之，削取其田，不以王命，皆專於晋討，雖當罪〔一〕，非正也。

公至自伐齊。上年書「圍齊」，而此以伐致者，蓋興師本以伐齊也，兵無適主，故不能共聲罪以伐之，而乃各逞力以圍之，故書「同圍」以示譏。公既至，則本其事而以伐致也。

取邾田，自漷水。漷，好虢切，又音郭〇《左傳》曰：次于泗上，疆我田，取邾田，自漷水歸之于我。杜氏曰：取邾田，以漷水爲界。漷水出東海合鄉，西南經魯國，至高平湖陸縣入泗。蘇氏曰：成二年晋人敗齊于鞌，使齊

〔一〕雖當罪：「罪」，四庫本作「命」。

歸我汶陽之田，書曰「取汶陽田」，不言齊田，魯地也。今以晉命取田于邾，故曰「取邾田」，言非魯地也。高氏曰：邾之病魯，信有罪矣。魯以諸侯之力，前既執其先君，此又執其嗣君，取其田，蓋已甚矣。但書「取邾田」足矣，又云「自漷水」者，隨漷水以爲界，蓋言其取之多也。襄陵許氏曰：邾自漷水既削，庶其、畀我相繼來奔，邾始衰亂矣。

季孫宿如晉。《左傳》曰：如晉拜師。澄曰：謝討齊，且取邾田也。

葬曹成公。曹，小國，常朝魯，其君卒，魯常會其葬，況今又爲魯同圍齊而卒于師。

夏

衛孫林父帥師伐齊。《左傳》曰：晉荀偃卒，而視，不可含。宣子盥而撫之曰：「事吴敢不如事主？」猶視。欒懷子曰：「其爲未卒事於齊故也乎？」乃復撫之曰：「主苟終，所不嗣事于齊者，有如河。」乃瞑，受含。欒魴帥師從衛孫文子伐齊。張氏曰：欒魴不書，孫林父并將也。夫討彊暴之罪，而使逐君之大夫尸其事，則晉何以服齊？高氏曰：十四年林父逐衛侯，衎奔于齊，故獨伐齊。林父逐君，霸主所當討，而與之會伐，則晉平公之霸業可知矣。

秋

七月

辛卯，齊侯環卒。「環」，《公》作「瑗」〇靈公也，在位二十八年，子光嗣，是爲莊公。

晉士匄帥師侵齊，至穀，聞齊侯卒，乃還。穀，齊地。劉氏曰：天下無王，諸侯擅命，征伐各自己出，利人之難以成其私，故伐人之喪者比比，而士匄乃還師不侵，不亦善乎？陸氏曰：士匄聞喪，不當更往，還爲合禮。蘇氏曰：《穀梁》謂爲士匄宜墠，唯復命于介。夫將在軍，君命有所不受，有善而專之，君與有焉。必君命而後可，則安用將矣？

八月

丙辰，仲孫蔑卒。此孟文伯之子獻子也，子速嗣，曰莊子。

齊殺其大夫高厚。《左傳》曰：齊侯娶于魯曰顔懿姬，無子，其姪鬷聲姬生光，以爲太子。諸子：仲子、戎子，戎子嬖。仲子生牙，屬諸戎子，戎子請以爲太子，許之。仲子曰：「不可，廢常不祥，間諸侯，難。光之立也，列於諸侯矣。今無故而廢之，是專黜諸侯而以難犯不祥也，君必悔之。」公曰：「在我而已。」遂東太子光，使高厚傅牙以爲太子，夙沙衛爲少傅。齊侯疾，崔杼微逆光。疾病而立之，光殺戎子。莊公即位，執公子牙於句瀆之丘。夙沙衛奔高唐以叛，崔杼殺高厚於灑藍而兼其室。高氏曰：齊高厚嘗帥師伐我矣。晋新行義於齊，齊侯始立而欲親晋，故歸罪於高厚，而殺之以説于晋，此明年齊侯所以及澶淵之盟也。張氏曰：殺高厚者，崔杼也。杼雖擅生殺之柄，亦莊公之所欲也。

鄭殺其大夫公子嘉。「嘉」，《公》作「喜」。○《左傳》曰：鄭子孔之爲政也專，國人患之，乃討西宫之難與純門之師，子孔當罪。子展、子西率國人伐之，殺子孔而分其室。胡氏曰：嘉則有罪矣，子展、子西不能正以王法，肆諸市朝，與衆同棄，乃利其室而分之，有私焉，故稱國以殺。

冬

葬齊靈公。高氏曰：齊、魯仍世昏姻之國，雖有前怨，今已易世，故不廢喪紀，示不忘好。

城西郛。《左傳》曰：懼齊也。高氏曰：夫齊怨在魯，靈公以是而死。莊公既立，思所以報魯，此人情之必至也。

叔孫豹會晉士匄于柯。《左傳》曰：齊及晉平，盟于大隧，故穆叔會范宣子于柯。穆叔見叔向，賦《載馳》之四章。叔向曰：「肸敢不承命？」杜氏曰：魏郡内黄縣東北有柯城。高氏曰：魯猶懼齊，故爲柯之會以自固。

城武城。《左傳》曰：穆叔歸，曰：「齊猶未也，不可以不懼。」乃城武城。杜氏曰：泰山南武城縣。《經》書月二，書日二。《大衍曆》：正月丙申，小，辛丑，冬至；二月乙丑，大；三月乙未，大；四月乙丑，小；五月甲午，大；六月甲子，小，《經》七月辛卯在此月；七月癸巳，大，《經》八月丙辰在此月；八月癸亥，小；九月壬辰，大；十月壬戌，小；十一月辛卯，大；十二月辛酉，小。《長曆》：是年閏九月。辛卯，七月十七日；丙辰，八月二十四日。

二十年戊申。靈王十九年〇晉霸平五〇蔡景三十九〇曹武二〇衛獻二十四、殤六〇鄭簡十三〇陳哀十六〇杞孝十四〇宋平二十三〇齊莊公光元年〇秦景二十四〇楚康七〇吴諸樊八

春

王正月

辛亥，仲孫速會莒人盟于向。《左傳》曰：及莒平，盟于向，督揚之盟故也。杜氏曰：向，莒邑，莒數伐魯，前年諸侯盟督揚以和解之，故二國自復共盟，結其好。高氏曰：向本屬莒，宣四年取之。諸侯盟祝柯以和解莒、魯，二國復自結好，自是二十年莒、魯不交兵。速代父爲卿，未練而從政，無復三年之喪也。

夏

六月

庚申，公會晉侯、齊侯、宋公、衛侯、鄭伯、曹伯、莒子、邾子、滕子、薛伯、杞伯、小邾子盟于澶淵。澶，市然切○《左傳》曰：齊成故也。高氏曰：齊以晉不伐其喪而感服，居喪而出盟。襄陵許氏曰：自文十四年新城之役，諸侯盟書「同」，平公祝柯、澶淵之盟不書「同」，此悼公之遺烈也歟？杜氏曰：澶淵，衛地，近戚田，在頓丘縣南，一名繁汙。張氏曰：唐置澶州，今屬開德府臨河縣。

秋

公至自會。

仲孫速帥師伐邾。《左傳》曰：邾人驟至，以諸侯之事弗能報也[一]。孟莊子伐以報之。孫氏曰：速伐邾，背澶淵之盟也。襄陵許氏曰：祝柯之會，既執邾子，又取其田，報亦足矣，而復伐之，譏已甚也，且澶淵在彼。高氏曰：方與之盟而退，又興師以伐之，可乎？然邾小國也，不量力而易霸國、敵彊國，速兵不已，豈謀也哉？

蔡殺其大夫公子燮。《左傳》曰：蔡公子燮欲以蔡之晉，蔡人殺之。初，蔡文侯欲事晉，曰：「先君與於踐土之盟，晉不可弃，且兄弟也。」畏楚不能行而卒。楚人使蔡無常，公子燮求從先君以利蔡，不能而死。高氏曰：燮蓋嘗爲鄭所獲者，欲舍夷狄而之中國，正也；追先君之志而成之，順也；楚政無常，求寬其民，利也。而用事者安楚弗欲，懼燮之起晉争也，而殺之以政，非國人所謂可殺者也，而以國殺者，蔡侯以爲罪也。

蔡公子履出奔楚。高氏曰：履，燮之弟也，因懼而奔楚，亦可傷矣。君子之謀國也，必審其力，察其勢，揆其

[一] 以諸侯之事弗能報也：「事」，原作「師」，據清刻本、四庫本改。

時。三者可矣，然後度其義，義雖可而三者弗可，君子弗輕爲也。夫蔡之事楚也，殆將百年矣。楚不與中國交兵者，甫十年爾。二子見其稍爲晋下也，將伸百年之辱，改而從晋，此所謂義雖可爲而三者未可也，故燮之殺、履之出，衆人矜其志之弗就〔一〕，而君子以爲謀之未臧。既爲楚撼，而晋不能救，卒亡其國，哀哉！

陳侯之弟黄出奔楚。「黄」，《公》、《穀》作「光」○《左傳》曰：陳慶虎、慶寅畏公子黄之偪，愬諸楚曰：「與蔡司馬同謀。」楚人以爲討。公子黄將出奔，呼於國曰：「慶氏無道，求專陳國，暴蔑其君，而去其親。五年不滅，是無天也。」高氏曰：黄與履何以奔楚？自理也。黄以寵任太過，權逼其卿，故慶氏譖而陳侯不能爲之辨明，是以一國之大，不能容一弟也。澄曰：黄非三命之大夫，故不氏之曰公子，然以時君之弟，其尊與再命之大夫同，故得稱名。其稱名者，以其爲陳侯之弟故也，故曰「陳侯之弟黄」。

叔老如齊。杜氏曰：齊、魯有怨，交聘禮絶，今復繼好息民。

冬

十月

丙辰，朔，日有食之。

季孫宿如宋。《左傳》曰：報向戌之聘也。高氏曰：我有齊難，至是始報。

《經》書月三，書日三。《大衍曆》：正月庚寅，大，丙午，冬至，辛亥，二十二日；二月庚申，小；三月己丑，

〔一〕衆人矜其志之弗就：「志」，清刻本、四庫本作「功」。

大；四月己未，小；五月戊子，大；六月戊午，小，庚申，三日；七月丁亥，大；八月丁巳，大；九月丁亥，小；十月丙辰，大，朔，日食；十一月丙戌，小；十二月乙卯，大。

二十有一年己酉。靈王二十年〇晋霸平六〇蔡景四十〇曹武三〇衛獻二十五、殤七〇鄭簡十四〇陳哀十七〇杞孝十五〇宋平二十四〇齊莊二〇秦景二十五〇楚康八〇吴諸樊九

春

王正月

公如晋。《左傳》曰：拜師及取邾田也。

邾庶其以漆、閭丘來奔。《左傳》曰：季武子以公姑姊妻之，皆有賜於其從者。澄曰：庶其，再命之大夫，例名而不氏。杜氏曰：二邑在高平南平陽縣，東北有漆鄉，西北有顯閭亭。任公輔曰：兖州鄒縣即南平陽也，《後漢》山陽南平鄉有漆亭，山陽南平陽有閭丘亭。劉氏曰：漆一邑，閭丘一邑也，不言及，所受於君之私邑而食之者也，私邑不言及，公邑言及。高氏曰：時公在晋，而季氏受叛臣，納其邑，是謂以利主逋逃也。

夏

公至自晋。

秋

晋欒盈出奔楚。《左傳》曰：欒桓子娶於范宣子，生懷子。范鞅以其亡也，怨欒氏。桓子卒，欒祁與其老州賓

通，幾亡室矣，懷子患之。祁懼其討也，愬諸宣子曰：「盈將爲亂。」范鞅爲之徵。懷子好施，士多歸之。宣子畏其多士也，信之。懷子爲下卿，宣子使城著而遂逐之。高氏曰：盈不能防閑其母，遂爲范匄所逐，然不以范匄逐之爲文者，使盈無可逐之釁，則匄亦不得而逐矣。既取奔亡，復有作亂之志，故特奔于楚焉。以楚彊大，今日可恃以逃難，它日可挾以復歸也。

九月

庚戌，朔，日有食之。

冬

十月

庚辰，朔，日有食之。襄陵許氏曰：比年食又比月食，蓋自是八年之間而日七食，禍變重矣。

曹伯來朝。即位三年而來朝也。

公會晉侯、齊侯、宋公、衛侯、鄭伯、曹伯、莒子、邾子于商任。任，音壬○《左傳》曰：錮欒氏也。襄陵許氏曰：欒氏之出，非其罪也，徒以權門私相忌怨，何有於國？而平公受其激怒，勤動諸侯以逞范鞅之積憾，必欲使盈無所容於世，故盈發憤，卒興禍亂。此皆以私敗公，足以爲古今之至戒。是時中國無事，晉無所發政，以亟會諸侯，則知徒以欒氏，信不誣也。

《經》書月三，書日二。《大衍曆》：正月乙酉，小，壬子，冬至；二月甲寅，大；閏月甲申，小；三月癸丑，大；四月癸未，小；五月壬子，大；六月壬午，小；七月辛亥，大；八月辛巳，小；九月庚戌，大，朔，日食；

十月庚辰，小，朔，日食，《大衍》九月日食，黄道翼九度大，十月日在黄道角四度弱，非食限；十一月己酉，大；十二月己卯，大。《長曆》：是年閏八月。

二十有二年庚戌。靈王二十一年〇晋霸平七〇蔡景四十一〇曹武四〇衛獻二十六、殤八〇鄭簡十五〇陳哀十八〇杞孝十六〇宋平二十五〇齊莊三〇秦景二十六〇楚康九〇吴諸樊十

春

王正月

公至自會。著不朝正于朔。

夏

四月。

秋

七月

辛酉，叔老卒。此叔肸之孫，聲伯之子，子叔齊子也。其子弓嗣，是曰子叔敬子。

冬

公會晋侯、齊侯、宋公、衛侯、鄭伯、曹伯、莒子、邾子、滕子、薛伯、杞伯、小邾子于沙隨。

「邾子」下《左》無「滕子」〇《左傳》曰：欒盈自楚適齊，晏平仲言於齊侯曰：「商任之會，受命于晋，今納欒氏，

將安用之？小所以事大，信也，失信不立。君其圖之。」弗聽。會于沙隨，復錮欒氏也。欒盈猶在齊。晏子曰：「禍將作矣，齊將伐晉，不可以不懼。」胡氏曰：古者大夫去國，君不埽其社稷，不繫累其子弟，不收其田邑，使人導之出疆，又先於其所往。厚人倫也。今晉不念欒氏世勛而逐盈，又將搏執之，而命諸侯無得納焉，何其已甚也？楚逐申公巫臣，子反請以重幣錮之，楚子曰：「止。彼若能利國家，雖重幣，晉將可乎？若無益於晉，晉將棄之，何勞錮焉？」其賢於商任、沙隨之謀遠矣。高氏曰：晉以大夫之故，期年之間，再合諸侯，見晉失霸者之義，不足以令諸侯矣。齊人於是終保盈，是令不行也。令不行者，盈之譖爲可憫者也，諸侯皆知之，而平公不知也，故齊侯慨然背此盟，而明年伐衛，遂伐晉也。

公至自會。爲一欒盈而再合諸侯，見大夫之彊也。

楚殺其大夫公子追舒。《左傳》曰：楚觀起有寵於令尹子南，未益祿而有馬數十乘，楚人患之。王將討焉。子南之子棄疾爲王御士，王每見之，必泣。棄疾曰：「君三泣臣矣，敢問誰之罪也？」王曰：「令尹之不能，爾所知也。國將討焉，爾其居乎？」對曰：「父戮子居，君焉用之？洩命重刑，臣亦不爲。」王遂殺子南於朝，轘觀起於四境[一]。子南之臣謂棄疾：「請徙子尸於朝。」曰：「君臣有禮，唯二三子。」三日，棄疾請尸，王許之。既葬，其徒曰：「行乎？」曰：「吾與殺吾父，行將焉入？」曰：「然則臣王乎？」曰：「棄父事讎，吾不忍也。」遂縊而死。蘇氏曰：追舒罪不至死，故稱國以殺。高氏曰：追舒寵近小人，故及於難。然以楚國之力，除一寵嬖之大夫，顧豈難哉？而康王始則與人之子圖其父，終則殺之，轘其黨，由威柄失於上，故刑不足以馭下也。夫威柄既立，則責譙足以折姦臣之鋒。

[一] 轘觀起於四境：「境」，四庫本作「竟」。

及其失之，則刀鋸不足以當姦臣之罪。其怨毒所鍾，遂發於靈王之世，楚之不亡者，幸而已。以夷狄之國而威柄一失，其禍遂至於此，則中國之君，可不監于兹。

大；《經》書月三，書日一。《大衍曆》：正月己酉，小，丁巳，冬至；二月戊寅，大；三月戊申，小；四月丁丑，大；五月丁未，小；六月丙子，大；七月丙午，小，辛酉，十六日；八月乙亥，大；九月乙巳，小；十月甲戌，大；十一月甲辰，小；十二月癸酉，大。

二十有三年辛亥。靈王二十二年〇晉霸平八〇蔡景四十二〇曹武五〇衛獻二十七、殤九〇鄭簡十六〇陳哀十九〇杞孝十七，卒〇宋平二十六〇齊莊四〇秦景二十七〇楚康十〇吴諸樊十一

春

王二月

癸酉，朔，日有食之。

三月

己巳，杞伯匄卒。孝公也，在位十七年，晉悼夫人之兄弟也，五與魯盟。其弟益姑立，是爲文公。高氏曰：杞自桓公以來，晉悼爲昏姻國，國恃以興，而魯禮有加。

夏

邾畀我來奔。「畀」，《公》作「鼻」〇杜氏曰：庶其之黨，同竊邑以叛君。高氏曰：向受邾之叛臣與其邑，今

又受其叛臣。是年冬，臧孫紇出奔，邾亦受之。

葬杞孝公。

陳殺其大夫慶虎及慶寅。《左傳》曰：陳侯如楚，公子黄愬二慶於楚。楚人召之，使慶樂往，殺之，慶氏以陳叛。屈建從陳侯圍陳。陳人城，板隊而殺人。役人相命，各殺其長，遂殺慶虎、慶寅。高氏曰：書及者，罪在慶虎，以虎之罪而及寅也。

陳侯之弟黄自楚歸于陳。高氏曰：二慶死則黄之歸易也。衛侯之弟鱄、秦伯之弟鍼皆不書歸，何也？鱄、鍼之歸，衛侯、秦伯已卒矣。

晋欒盈復入于晋，入于曲沃。《左傳》曰：晋將嫁女于吴，齊侯使析歸父媵之，以藩載欒盈及其士，納諸曲沃。欒盈夜見胥午而告之，許諾，伏之而觴曲沃人。樂作，午言曰：「今也得欒孺子，何如？」對曰：「得主而爲之死，猶不死也。」皆歎，有泣者。爵行，又言，皆曰：「得主，何貳之有？」盈出，徧拜之。欒盈帥曲沃之甲，因魏獻子以晝入絳。初，欒盈佐魏莊子於下軍，獻子私焉，故因之。欒王鮒侍坐於范宣子，或告曰：「欒氏至矣！」宣子懼。欒王鮒曰：「奉君以走固宫，必無害也。且欒氏多怨，子爲政，欒氏自外，子在位，其利多矣。既有利權，又執民柄，將何懼焉？欒氏所得，其唯魏氏乎？而可彊取也。夫克亂在權，子無懈矣。」公有姻喪，王鮒使宣子墨縗冒絰，二婦人輦以如公，奉公以如固宫。范鞅逆魏舒，則成列既乘，將逆欒氏矣。趨進曰：「欒氏帥賊以入[一]，鞅之父與二三子在君所矣，使鞅逆吾子，鞅請驂乘。」持帶遂超乘，右撫劍，左援帶，命驅之出。僕請，鞅曰：「之公。」宣子逆諸階，執其手，賂

[一] 欒氏帥賊以入：「入」，原作「■」，據清刻本、四庫本補。

之以曲沃。范氏之徒在臺後，欒氏乘公門。宣子謂鞅曰：「矢及君屋，死之。」鞅用劍以帥卒，欒氏退。欒盈奔曲沃，晉人圍之。張氏曰：曲沃在河東聞喜縣。劉氏曰：曲沃，欒氏之邑也，然則曷爲不言叛？非叛者也，劫衆以敵君，直亂而已矣。蘇氏曰：欒盈自齊入于曲沃，不言自齊，何也？齊之納欒盈，非以兵納之也，譬如盗賊私納之，故不書自齊。胡氏曰：欒氏，晋之世臣，故盈雖出奔，猶繫於晋。復入者，甚逆之詞，爲其既絶而復入也。曲沃者，所食之地，當時權寵之臣，各以利誘其下，使爲之用，至於殺身而不避，莫知有君臣之分者，也故聞語「欒孺子」者，則或嘆或泣，而樂爲之死。盈從之，遂入絳，乘公門，若非天棄欒氏，又有范鞅之謀，晋亦殆矣。原其失，在於錮之甚急，使無所容〔一〕，是以至此極。《春秋》備書，以見人而不仁，疾之已甚，亂也。其爲後世鑒，豈不深切著明也哉？

秋

齊侯伐衛，遂伐晋。《左傳》曰：齊侯伐衛，自衛將遂伐晋。晏平仲曰：「君恃勇力以伐盟主，若不濟，國之福也。不德而有功，憂必及君。」崔杼諫曰：「不可。臣聞之，小國間大國之敗而毁焉，必受其咎。君其圖之。」弗聽。陳文子見崔武子曰：「將如君何？」武子曰：「吾言於君，君弗聽也，以爲盟主而利其難，羣臣若急，君於何有？子姑止之。」文子退，告其人曰：「崔子將死乎！謂君甚而又過之，不得其死。過君以義，猶自抑也，況以恶乎？」齊侯遂伐晋，取朝歌，爲二隊，入孟門，登大行，張武庫於熒庭。戍郫邵，封少水以報平陰之役，乃還。趙勝帥東陽之師以追之，獲晏氂。高氏曰：此齊侯背澶淵、商任、沙隨之盟，因晋有欒氏之難而助之，以報十八年之役也。十八年，諸侯同圍齊者，魯之故也，齊之所以數伐魯者，衛之故也，故先伐衛。先伐衛者，試也，晋不之問，於是遂伐晋。雖皆有辭于

〔一〕使無所容：「使」，清刻本、四庫本作「致」。

伐，然晋爲盟主，而衛其同盟也，齊莊既伐同盟，又伐盟主，禍亂之成〔一〕，著於此矣。

八月

叔孫豹帥師救晋，次于雍榆。雍，於用切；「榆」，《公》作「渝」、《穀》作「俞」○陸氏曰：凡言救者，救急之名，不當次止也。僖元年「次于聶北，救邢」，本次止而遥爲邢援，故先書次，後言救，譏其失救急之義也。今此君命往救晋〔二〕，豹畏齊而次，故上言「救晋」以明師出本意，是先通君命也，言君本命往救，而豹自次止，所以不譏君，而罪豹也。孫氏曰：不救則懼晋之討，往救則畏齊之彊，大夫帥師救之而次焉。聶北之次，先次後救，可救而不救，則罪重也。雍榆之次，先救後次，欲救而力不能，有罪而猶輕爾。《春秋》之義，次皆有罪，於次之中有足矜者，雍榆之次是也。杜氏曰：雍榆，晋地，汲郡朝歌東有雍城。

己卯，仲孫速卒。《左傳》曰：季武子無適子，公彌長而愛悼子，欲立之，訪於申豐，申豐趨退。訪於臧紇，紇曰：「飲我酒，吾爲子立之。」季孫飲大夫酒，臧紇爲客。既獻，臧孫命北面重席，新樽絜之。召悼子，降逆之。及旅，而召公鉏，使與之齒。季孫失色。季氏以公鉏爲馬正。孟孫惡臧孫，季孫愛之。孟氏之御騶豐點好羯也，曰：「從余言，必爲孟孫。」豐點謂公鉏：「苟立羯，請讎臧氏。」公鉏謂季孫曰：「孺子秩固其所也，若羯立，則季氏信有力於臧氏矣。」弗應。孟孫卒，公鉏奉羯立于户側。季孫至〔三〕，曰：「秩焉在？」公鉏曰：「羯在此矣。」季孫曰：「孺子長。」

〔一〕禍亂之成：「之」，原闕，據四庫本補。
〔二〕今此君命往救晋：「此」，清刻本、四庫本作「魯」。
〔三〕季孫至：「至」，清刻本作「哭」。

公鉏曰：「何長之有？唯其才也，且夫子之命也。」遂立羯，秩奔邾。臧孫入哭，甚哀，多涕。出，其御曰：「孟孫之惡子也，而哀如是。季孫若死，其若之何？」臧孫曰：「季孫之愛我，疾疢也；孟孫之惡我，藥石也。美疢不如惡石。夫石猶生我，疢之美，其毒滋多。孟孫死，吾亡無日矣。」

冬

十月

乙亥〔一〕，臧孫紇出奔邾。《左傳》曰：孟氏閉門，告於季孫曰：「臧氏將爲亂，不使我葬。」季孫不信。臧孫聞之，戒。孟氏將辟，藉除於臧氏。臧孫使正夫助之，除於東門，甲從己而視之。孟氏又告季孫。季孫怒，命攻臧氏。臧紇斬鹿門之關以出，奔邾。初，臧宣叔娶于鑄，生賈及爲而死。繼室以其姪，穆姜之姨子也。生紇，長於公宫，姜氏愛之，故立之。臧賈、臧爲出在鑄。臧武仲自邾使告臧賈，且致大蔡焉，曰：「紇不佞，失守宗祧，敢告不弔。紇之罪不及不祀，子以大蔡納請，其可。」賈曰：「是家之禍也，非子之過也。賈聞命矣。」再拜受龜，使爲以納請，遂自爲也。臧孫如防，使來告曰：「紇非能害也，知不足也，非敢私請，苟守先祀，毋廢二勳，敢不辟邑。」乃立臧爲。臧紇致防而奔齊。其人曰：「其盟我乎？」臧孫曰：「無辭。」將盟臧氏，季孫召外史掌惡臣而問盟首焉，對曰：「盟東門氏也，曰『毋或如東門遂，不聽公命，殺適立庶』；盟叔孫氏也，曰『毋或如叔孫僑如，欲廢國常，蕩覆公室』。」季孫曰：「臧孫之罪皆不及此。」孟椒曰：「盍以其犯門斬關？」季孫用之。乃盟臧氏曰：「無或如臧孫紇，干國之紀，犯門斬關。」臧孫聞之，曰：「國有人焉，誰居？其孟椒乎。」《穀梁傳》曰：蘧伯玉曰「不以道事君者，其出乎？」杜氏曰：阿順季

〔一〕乙亥：「亥」，原作「卯」，據四庫本改。

氏，爲之廢長立少，以取奔亡。

晋人殺欒盈。《左傳》曰：晋人克欒盈于曲沃，盡殺欒氏之族黨，欒魴出奔宋。不言大夫，言自外也。《公羊傳》曰：非其大夫也。陳氏《折衷》曰：凡稱諸侯殺大夫，必上書「大夫」，下書氏名，其不稱大夫，唯叛人而已，如鄭良霄、齊慶封、陳孔奂、陳夏區夫及欒盈是也。欒盈與鄭良霄一類，皆已出奔，自外復入爲亂故也。高氏曰：欒盈之罪，不及亡國，而范氏之怨，本以其私，至於勤諸侯，作盟會以錮之。盈得衆心而外不容於諸侯，内不復其國邑，逆亂之謀，自是而作，蓋疾之已甚之過也，故君子謂欒氏之惡，成於兩會之錮，幾至亡國。

齊侯襲莒。《左傳》曰：齊侯還自晋，不入，遂襲莒，門于且于，傷股而退。明日將復戰，期于壽舒。杞殖、華還載甲夜入且于之隧，宿於莒郊。明日，先遇莒子于蒲侯氏。莒子重賂之，使無死，曰：「請有盟。」華周對曰：「貪貨棄命，亦君所惡也。昏而受命，日未中而棄之，何以事君？」莒子親鼓之，從而伐之，獲杞梁。莒人行成。杜氏曰：掩其不備曰襲。高郵孫氏曰：以彊攻弱，又掩以不備焉，罪之尤者也。高氏曰：以十八年莒子同諸侯圍齊故也，用兵皆聲言彼罪，執辭以伐，若乘人不備，掩而取之，則盗賊之爲爾，《春秋》獨此書「襲」者，罪齊莊以諸侯之尊爲盗賊之事也。

《經》書月四，書日四。《大衍曆》：正月癸卯，大，壬戌，冬至；二月癸酉，小，朔，日食；三月壬寅，大，己巳，二十八日；四月壬申，小；五月辛丑，大；六月辛未，小；七月庚子，大；八月庚午，小，己卯，十日；九月己亥，大；十月己巳，小，乙亥，七日；十一月戊戌，大；十二月戊辰，小；閏月丁酉，大。

二十有四年壬子。靈王二十三年〇晋霸平九〇蔡景四十三〇曹武六〇衛獻二十八、殤十〇鄭簡十七〇陳哀二十〇

杞文公益姑元年〇宋平二十七〇齊莊五〇秦景二十八〇楚康十一〇吴諸樊十二

春

叔孫豹如晋。杜氏曰：賀克欒氏也。

仲孫羯帥師侵齊。《左傳》曰：晋故也。高氏曰：齊之伐晋也，魯使叔孫豹救之，次于雍榆，無功於晋，故仲孫羯至此復帥師侵齊，爲晋報焉，蓋懼晋之疑也。羯代速爲卿，未練而從政，無復三年之喪。

夏

楚子伐吴。《左傳》曰：楚子爲舟師以伐吴，不爲軍政，無功而還。高氏曰：於是見楚弱而吴之張也。自襄公言之：楚十一年失鄭，十四年伐吴，自是舍鄭而不取，置欒盈而不事。又十年而一再伐吴，以是知楚弱而勢分於吴，方急吴而緩中國也。

秋

七月

甲子，朔，日有食之，既。襄陵許氏曰：《春秋》三書日食既：桓三年以周桓敗；宣八年以楚莊興；至是而中國諸侯皆受盟於楚矣。

齊崔杼帥師伐莒。《左傳》曰：齊侯既伐晋而懼，將欲見楚子，楚子使薳啓疆如齊聘，且請期。齊侯聞將有晋師，使陳無宇從薳啓疆如楚，辭且乞師。崔杼帥師送之，遂伐莒，侵介根。高氏曰：去年齊侯襲莒，已與莒平。今崔杼因帥師送使者如楚，而遂伐莒，是見利則乘，齊人之無信也。

大水。襄陵許氏曰：夷儀之會，以水不克伐齊，則知水之所被廣矣〔一〕，非特魯之災也。

八月

癸巳，朔，日有食之。張氏曰：漢《五行志》曰：「董仲舒以爲比食又既，象陽將絶，夷狄主中國之象也。後六君弒，楚子伐鄭、滅舒鳩，魯侯朝之，卒主中國。」

公會晋侯、宋公、衛侯、鄭伯、曹伯、莒子、邾子、滕子、薛伯、杞伯、小邾子于夷儀。《左傳》曰：將以伐齊，水，不克。高氏曰：自盟于柯陵之後，齊有輕晋之心，會齊侯環卒而光新立，乃受盟于澶淵。及商任、沙隨之會，晋失其令，齊於是不賓。明年，乃伐衛，遂伐晋，又再加兵於莒。晋侯爲是故，爲此夷儀之會，帥十二國諸侯之師，將以討齊，然會而不伐，是有畏也。國勢不競，衆志不一也。曰「水，不克」者，特辭不能伐爾。下言崔杼伐我西鄙，蓋知晋之無能爲也。

冬

楚子、蔡侯、陳侯、許男伐鄭。《左傳》曰：楚子伐鄭以救齊，門于東門，次于棘澤。諸侯還救鄭。晋侯使張骼、輔躒致楚師。高氏曰：齊侯聞諸侯已會，遂告急于楚。楚畏吴而緩晋，故舍鄭者十有四年，今以鄭伯在會，故帥三國同伐鄭以救之。

公至自會。襄陵許氏曰：夷儀之師，不能正齊之亂，而徒致棘澤之役，以爲鄭難，其救不足録矣。高氏曰：諸

〔一〕則知水之所被廣矣：「被」，清刻本、四庫本作「及」。

侯救鄭不書，故以會至。

陳鍼宜咎出奔楚。鍼，其廉切〇《左傳》曰：陳人復討慶氏之黨，鍼宜咎出奔楚。

叔孫豹如京師。《左傳》曰：齊人城郟，穆叔如周聘，且賀城。王嘉其有禮也，賜之大路。高氏曰：襄公即位二十八年，如晉者五，出會者八，未嘗朝天子也。是時穀雒鬬毁王宫，而齊侯叛晉，欲求媚於天子，故爲王城之。於是叔孫豹如京師聘且賀。襄陵許氏曰：自宣九年仲孫蔑如京師，其後五十餘年，乃始有叔孫豹，以罕書也，蓋自是不書聘王矣。

大饑。《穀梁傳》曰：五穀不升爲大饑，一穀不升謂之嗛，二穀不升謂之饑。胡氏曰：古有救荒之政，若國凶荒，或發廩以賑之，或移粟以通用，或徙民以就食，或爲粥以救饑莩，或興工以聚失業之人，緩刑舍禁，弛力薄征，索鬼神，除盜賊，弛射侯而不燕，置廷道而不脩，殺禮物而不備。雖有旱乾水溢，民無菜色，所以備之者如此其至。是年秋有陰沴之災，而冬大饑，蓋所以賑業之者有不備矣。

《經》書月二，書日二。《大衍曆》：正月丁卯，小，旦日，冬至；二月丙申，大；三月丙寅，小；四月乙未，大；五月乙丑，小；六月甲午，大；七月甲子，小，朔，日食；八月癸巳，大，朔，日食，《大衍》七月日食，黄道井二十一度半彊，八月日在黄道星二度弱，非食限；九月癸亥，大；十月癸巳，小；十一月壬戌，大；十二月壬辰，小。《長曆》：是年閏三月。

二十有五年癸丑。靈王二十四年〇晋霸平十〇蔡景四十四〇曹武七〇衛獻二十九、殤十一〇鄭簡十八〇陳哀二十一〇杞文二〇宋平二十八〇齊莊六，弑〇秦景二十九〇楚康十二〇吴諸樊十三，卒

春

齊崔杼帥師伐我北鄙。《左傳》曰：報孝伯之師也。公患之，使告于晉。孟公綽曰：「崔子將有大志，不在病我，必速歸，何患焉？其來也不寇，使民不嚴，異於它日。」齊師徒歸。襄陵許氏曰：崔子之志，鄰國知之，而齊莊不寤。人將戕其，躬之不恤，而務貪伐國之功，故利令智昏，外競而內傾，自然之符也。

夏

五月

乙亥，齊崔杼弑其君光。《左傳》曰：齊棠公之妻，東郭偃之姊也。東郭偃臣崔武子。棠公死，偃御武子以弔焉，見棠姜而美之，遂娶之。莊公通焉，驟如崔氏。崔子因是，又以其間伐晉也，曰：「晉必將報。」欲弑公以説于晉而不獲間。公鞭侍人賈舉而又近之，乃爲崔子間公。莒子朝于齊，饗諸北郭，崔子稱疾不視事。公問崔子，遂從姜氏。姜入于室，與崔子自側户出。公拊楹而歌，侍人賈舉止衆從者而入，閉門。甲興，公登臺而請，弗許；請盟，弗許；請自刃於廟，弗許。皆曰：「君之臣杼疾病，不能聽命，近於公宫，陪臣干掫有淫者，不知二命。」公踰牆，又射之，中股，反隊，遂弑之。襄陵許氏曰：齊莊勢陵大邦，衆暴小國，而又躬亂巨室[一]，淫肆不君，故使崔杼因民不忍，以與敵市，此足以爲世鑒矣。高氏曰：崔杼不能防閑其妻，以淫于家，反不絶其妻，而行大逆於君。齊莊公背諸侯之盟，數行侵伐，崔杼因民之忿，遂以宣淫之故弑之。澄按，莊公在位六年，其弟杵臼立，是爲景公。

公會晉侯、宋公、衛侯、鄭伯、曹伯、莒子、邾子、滕子、薛伯、杞伯、小邾子于夷儀。《左傳》

[一] 而又躬亂巨室：「巨」，四庫本作「臣」。

曰：晋侯濟自泮，會于夷儀，伐齊，以報朝歌之役。齊人以莊公説，使隰鉏請成，慶封如師，男女以班。賂晋侯以宗器、樂器，自六正、五吏、三十帥、三軍之大夫、百官之正長師旅及處守者，皆有賂。晋侯許之，使叔向告于諸侯。公使子服惠伯對曰：「君舍有罪以靖小國，君之惠也，寡君聞命矣。」孫氏曰：莊公背澶淵之盟，加兵晋、衛，信不道矣。晋再合諸侯將伐齊，齊人弑莊公以求成，逆之大者。晋不能討之，以定齊國之亂，曷以宗諸侯哉？胡氏曰：晋本爲報朝歌之役，及聞崔杼之弑，則宜聲於齊人，問莊公之故，執崔杼而戮之，謀於齊衆，置君以定其國。今乃不討而受其賂。高氏曰：晋會諸侯以伐齊，齊以莊公既弑爲解，因納賂以求成焉。晋侯許之，故不書伐。夫以義會諸侯而以姦終之，有以知晋平之不競矣。

六月

壬子，鄭公孫舍之帥師入陳。《左傳》曰：初，陳侯會楚子伐鄭。當陳隧者，井堙木刊。鄭人怨之。鄭子展、子産帥車七百乘伐陳，宵突陳城，遂入之。陳侯扶其太子偃師奔墓。子展命師無入公宫，與子産親御諸門。陳侯使司馬桓子賂以宗器，陳侯免，擁社。子展執縶而見，再拜，稽首。子美入，數俘而出。司徒致民，司馬致節，司空致地，乃還。高氏曰：去秋夷儀之會，楚與陳、蔡、許三國同伐鄭，今歲復會於夷儀，鄭慮楚之復来也，故先帥師入陳以奪其心，觀《左氏》所載，春秋入人之國，未有若子展、子産之有禮者也。

秋

八月

己巳，諸侯同盟于重丘。《左傳》曰：齊成故也。胡氏曰：崔杼既弑其君，晋侯受其賂而許之成。高氏曰：不能仗義討齊弑逆之賊，反納賂而與之平。然不敢討齊者，以衛侯逐君篡立而同在會故也。於是晋侯使人逆衛侯衎，將使衛與之夷儀。故先書崔杼之弑，後書衛侯之入，又以見晉侯啓殖、喜之謀以召衛亂。杜氏曰：重丘，齊地。張氏曰：曹州乘氏縣有故城。

公至自會。

衛侯入于夷儀。「侯」下當有「衎」字○《左傳》曰：晉侯使魏舒、宛没逆衛侯，將使衛與之夷儀。衛獻公入于夷儀。杜氏曰：夷儀本邢地，衛滅邢而爲衛邑。晉愍衛衎失國，使衛分之。吕氏曰：夏五月，會夷儀之衛侯，剽也；此入於夷儀之衛侯，衎也。不嫌兩君，名實相亂乎？曰衎雖無道，非臣下所當逐，剽亦非臣下所得立，故衎入不名。然則「鄭伯突入于櫟」何以名？曰突不當立者，衎當立者。澄按，衛侯下當有「衎」字，蓋闕之也，解者不知爲文之缺，故曲生意義。

楚屈建帥師滅舒鳩。《左傳》曰：二十四年，吴人爲楚舟師之役故，召舒鳩人，舒鳩人叛楚。楚子師于荒浦，使沈尹壽與師祁犂讓之。舒鳩子敬逆二子而告無之，且請受盟。二子復命，王欲伐之。薳子曰：「不可。彼告不叛，且請受盟，而又伐之，伐無罪也。姑歸息民以待其卒，卒而不貳，吾又何求？若猶叛我，無辭有庸。」乃還。舒鳩人卒叛楚。令尹子木伐之，及離城。吴人救之。楚擊敗吴師，遂圍舒鳩，舒鳩潰。

冬

鄭公孫夏帥師伐陳。「夏」，《公》作「蠆」○《左傳》曰：鄭子産獻捷于晉，子展相鄭伯如晉拜成。子西復伐陳，陳及鄭平。澄按，六月已入陳矣，陳侯賂以宗器，免而擁社以示服。鄭即還師，未得成也。故再伐之，得成乃已。

十有二月

吴子遏伐楚，門于巢，卒。「遏」，《公》、《穀》作「謁」○《左傳》曰：吴子諸樊伐楚，以報舟師之役，門于巢。巢牛臣曰：「吴王勇而輕，若啓之，將親門，我獲射之，必殪。是君也死，疆其少安。」從之。吴子門焉，牛臣隱於短牆以射之，卒。《穀梁傳》曰：吴子過伐楚，至巢，入其門，門人射吴子，有矢創，反舍而卒。取卒之名加之「伐楚」之上者[一]，見其以伐楚卒也。劉氏曰：古者入境必假道，過門則爲之釋甲。其卒，非巢之罪也。高氏曰：吴人恃彊，欲窺中夏而先楚，楚之彊亦已久矣，吴豈能遽得志乎？自襄公十一年，楚專意於吴，再伐焉，雖不得吴，吴終畏之也。已而伐鄭，滅舒鳩。吴子以楚人再伐而驕，於是興師而卒于門巢。澄曰：遏，諸樊也在，位十三年，其弟餘祭立。

《經》書月四，書日三。《大衍曆》：正月辛酉，大，癸酉，冬至；二月辛卯，小；三月庚申，大；四月庚寅，小；五月己未，大，乙亥，十七日；六月己丑，小，壬子，二十四日；七月戊午，大，《經》書八月己巳當在此月十二日，蓋「七」字誤作「八」；八月戊子，小；九月丁巳，大；十月丁亥，小；十一月丙辰，大；十二月丙戌，大。

二十有六年甲寅。靈王二十五年〇晋霸平十一〇蔡景四十五〇曹武八〇衛獻三十、殤十二，弑〇鄭簡十九〇陳哀二十二〇杞文三〇宋平二十九〇齊景公杵臼元年〇秦景三十〇楚康十三〇吴餘祭元年

春

王二月

辛卯，衛甯喜弑其君剽。剽，匹妙切〇《左傳》曰：二十年，衛甯惠子疾，召悼子曰：「吾得罪於君，悔而無及也。名藏在諸侯之策，曰『孫林父、甯殖出其君』。君入則掩之。若能掩之，則吾子也；若不能，猶有鬼神，吾有餒

〔一〕取卒之名加之伐楚之上者：「取」，清刻本、四庫本作「夫」。

而已，不来食矣。」悼子許諾，惠子遂卒。二十五年，衛獻公自夷儀使與甯喜言，甯喜許之。太叔文子聞之，曰：「今甯子視君不如奕棊，其何以免乎？奕者舉棊不定，不勝其偶，而況置君而弗定乎？必不免矣。九世之卿族，一舉而滅之，可哀也哉！」衛獻公使子鮮爲復，辭。敬姒彊命之，對曰：「君無信，臣懼不免。」敬姒曰：「雖然，以吾故也。」許諾。初，獻公使與甯喜言。甯喜曰：「必子鮮在。」子鮮不獲命于敬姒，以公命與甯喜言曰：「苟反，政由甯氏，祭則寡人。」告右宰穀，右宰穀曰：「不可。獲罪於兩君，天下誰畜之？」悼子曰：「吾受命於先人，不可以貳。」穀曰：「我請使焉而觀之。」遂見公於夷儀，反，曰：「君淹恤在外十二年矣，而無憂色，亦無寬言，猶夫人也。若不已，死無日矣。」悼子曰：「子鮮在。」右宰穀曰：「子鮮在何益？多而能亡，於我何爲。」悼子曰：「雖然，弗可以已。」孫文子在戚，孫嘉聘於齊，孫襄居守。甯喜、右宰穀伐孫氏，不克。伯國傷。甯子出舍於郊。伯國死，孫氏夜哭。國人召甯子，甯子復攻孫氏，克之，殺子叔及太子角。劉氏曰：不與剽之立，則其曰「甯喜弑其君剽」何？甯氏君之，甯氏殺之，是以稱弑焉。出衛侯而立剽者，甯殖也，則曷爲於喜加弑焉？見喜之受命於殖而殺剽也。然則爲甯喜者宜奈何？宜乎效死勿聽。胡氏曰：聖人特正甯喜弑君之罪，示天下後世，使知慎於廢立之際，而不敢忽也。霍光以大義廢昌邑立宣帝，猶有言其罪者，況私意邪？范粲、桓彝之徒，殺身不顧，君子所以深取之。

衛孫林父入于戚以叛。《左傳》曰：孫林父以戚如晉。杜氏曰：衎雖未居位，林父專邑背國，猶爲叛也。高氏曰：獻公之奔齊也，林父實逐之。今甯喜弑剽，將納獻公，故林父懼而入于戚以叛。叛甚於奔，前此諸大夫有不利於己則奔而已，未有若林父之叛者，故書「叛」自林父始。

甲午，衛侯衎復歸于衛。《左傳》曰：衛侯入，書曰「復歸」，國納之也。大夫逆於竟者，執其手而與之言；道逆者，自車揖之；逆於門者，頷之而已。公至，使讓太叔文子曰：「寡人淹恤在外，二三子皆使寡人朝夕聞衛國之言，吾子獨不在寡人。古人有言曰『非所怨勿怨』，寡人怨矣。」對曰：「臣知罪矣。臣不佞，不能負羈紲以從扞牧圉，臣之罪一也；有出者，有居者，臣不能貳，通内外之言以事君，臣之罪二也。有二罪，敢忘其死？」乃行，公使止之。

澄曰：衎失國八年矣，雖一入于夷儀，猶未得國也，故書名。

夏

晋侯使荀吴来聘。《左傳》曰：晋人爲孫氏故，召諸侯，將以討衛。中行穆子来聘，召公也。

公會晋人、鄭良霄、宋人、曹人于澶淵。澶，市延切〇《左傳》曰：以討衛，疆戚田，取衛西鄙懿氏六十以與孫氏。杜氏曰：澶淵，衛地，又近戚田。高氏曰：諸侯皆大夫會而獨召公者，以魯、衛兄弟國，故使公正之也。

秋

宋公殺其世子痤。痤，才何切，《穀》作「座」〇《左傳》曰：初，宋芮司徒生女子曰棄，平公嬖，生佐，惡而婉，太子痤美而很[一]。寺人惠牆伊戾爲太子内師而無寵。楚客聘於晋，過宋，太子知之，請野享之。公使往，伊戾請從之。至則欿，用牲，加書，徵之，而騁告公曰：「太子將爲亂，既與楚客盟矣。」公曰：「爲我子，又何求？」對曰：「欲速。」公使視之，則信有焉。問諸夫人與左師，則皆曰：「固聞之。」公囚太子。太子曰：「唯佐也能免我。」召而使請，曰：「日中不来，吾知死矣。」左師聞之，聒而與之語。過期，乃縊而死。佐爲太子。公徐聞其無罪也，乃亨伊戾。高氏曰：晋獻公惑驪姬之讒殺申生，宋平公聽伊戾之詐而殺子痤，漢武帝、唐明皇猶蹈之，以二君猶爾，晋、宋不足道也。自古讒人之爲國患，雖其君之父子不能相保，况臣下乎！

〔一〕太子痤美而很：「很」，四庫本作「狠」。

晋人執衛甯喜。《公羊傳》曰：此執有罪，何以不得爲霸討？執之不以其罪也。劉氏曰：甯喜如晋，晋人執之曰「爾曷爲納君而伐孫氏」云爾。高氏曰：弑君之賊，人人皆得討之，晋人執之，非討其弑君也，討其伐戚而殺晋戍也。

八月

壬午，許男甯卒于楚。《左傳》曰：許靈公如楚，請伐鄭，曰：「師不興，孤不歸矣。」卒于楚。楚子曰：「不伐鄭，何以求諸侯？」高氏曰：十二年，晋伐許，它國皆大夫，獨鄭伯自行，故許男欲報之。以中國諸侯而卒於夷狄，死非其所矣。澄曰：靈公在位四十五年，其子買嗣，是爲悼公。

冬

楚子、蔡侯、陳侯伐鄭。《左傳》曰：鄭人將禦之，子産曰：「晋、楚將平，諸侯將和，楚王是故昧於一來，不如使逞而歸，乃易成也。」子展説，不禦寇。入南里，墮其城。涉於樂氏，門于師之梁。縣門發，獲九人焉。涉于氾而歸，而後葬許靈公。高氏曰：爲許故也，於是鄭不禦寇，怨之所以平，兵之所以弭也。

葬許靈公。楚伐鄭，歸而後葬之。

《經》書月二，書日三。《大衍曆》：正月丙辰，小，戊寅，冬至；二月乙酉，小，辛卯，七日，甲午，十日；三月甲寅，大；四月甲申，大；五月甲寅，小；六月癸未，大；七月癸丑，小；八月壬午，大，壬午，旦日，辛亥，大暑；閏月壬子，小；九月辛巳，大；十月辛亥，小；十一月庚辰，大；十二月庚戌，小。《長曆》：是年閏十二月。

二十有七年乙卯。靈王二十六年〇晉霸平十二〇蔡景四十六〇曹武九〇衛獻三十一〇鄭簡二十〇陳哀二十三〇杞文四〇宋平三十〇齊景二〇秦景三十一〇楚康十四〇吴餘祭二

春

齊侯使慶封來聘。高氏曰：景公即位，通嗣君也。夫鄭不擊楚而齊、魯釋怨，此宋之盟所以輯也。

夏

叔孫豹會晉趙武、楚屈建、蔡公子歸生、衛石惡、陳孔奂、鄭良霄、許人、曹人于宋。屈，俱勿切。「奂」，《公》作「瑗」，後同〇《左傳》曰：宋向戌善於趙文子，又善於令尹子木，欲弭諸侯之兵。如晉告趙孟，趙孟謀於諸大夫。韓宣子曰：「兵，民之殘也，財用之蠹，小國之大菑也。將或弭之，雖曰不可，必將許之。弗許，楚將許之，以召諸侯，則我失爲盟主矣。」晉人許之。如楚，楚亦許之。如齊，齊人難之。陳文子曰：「晉、楚許之，我焉得已？」齊人許之。告於秦，秦亦許之。皆告於小國，爲會于宋。孫氏曰：隱、桓之際，天子失道，諸侯擅權；宣、成之間，諸侯僭命，大夫專國。至宋之會，諸侯日微，天下之政、中國之事，皆大夫專持之，故二十九年城杞，三十年會澶淵，昭元年會虢，諸侯莫有見者。高氏曰：此何以會？楚意也。楚人患吴而結諸夏也。此事利害甚重，而諸侯大夫不詳其故，始循其弭兵之名[一]，遂會于宋而與之盟，自是華夏蠻貊莫辨，而諸國俛首兩事晉、楚。當時天下之事、中國之政皆大夫專持之，諸侯亦弗能制也。嗟夫，桓、文數十年之功業，一朝而壞之，百姓雖暫免於兵革之苦，而天下之勢，遂大潰而不可收拾矣！彼宋向戌者，又豈足知天下之大計哉？

[一] 始循其弭兵之名：「循」，清刻本作「狥」，四庫本作「徇」。

衛殺其大夫甯喜。《左傳》曰：衛甯喜專，公患之。公孫免餘請殺之。公曰：「微甯子，不及此，吾與之言矣。」對曰：「臣殺之，君勿與知。」乃與公孫無地、公孫臣謀，使攻甯氏，弗克，皆死。免餘復攻甯氏，殺甯喜及右宰穀，尸諸朝。高郵孫氏曰：喜弑剽而衎反國，里克弑奚齊而立夷吾，既而殺之，皆以其私。里克、甯喜之見殺，皆不以其罪，故皆曰「殺其大夫」也。

衛侯之弟鱄出奔晉。鱄，市轉切，又音專，《穀》作「專」○《左傳》曰：子鮮曰：「逐我者出，納我者死，君失其信，鱄實使之。」遂出奔晉。託於木門，不鄉衛國而坐，終身不仕。高氏曰：鱄與喜同納君者，喜既殺而鱄不安，遂棄其君而出奔也。

秋

七月

辛巳，豹及諸侯之大夫盟于宋。胡氏曰：此一地也，曷爲再言宋？宋之盟，向戌欲弭諸侯之兵以爲名，而楚屈建請晉、楚之從交相見，自是中國諸侯南鄕而朝楚。及申之會，蠻夷之君、纂弑之賊，大合十有一國之衆，而用齊桓召陵之事，無敢違者。聖人傷中國之衰，而其事自宋之盟始也。或者乃以宋之盟，中國不出，夷狄不入，玉帛之使交乎天下，爲晉趙武、楚屈建之力而善此盟，其説誤矣。

冬

十有二月

乙亥，朔，日有食之。

大；《經》書月二，書日二。《大衍曆》：正月己卯，大，癸未，冬至；二月己酉，大；三月己卯，小；四月戊申，大；五月戊寅，小；六月丁未，大；七月丁丑，小，辛巳，五日；八月丙午，大；九月丙子，小；十月乙巳，大；十一月乙亥，小，朔，日食，《經》書十二月食，《左氏》謂失閏也，或字誤；十二月甲申，大。

二十有八年丙辰。靈王二十七年，崩〇晋霸平十三〇蔡景四十七〇曹武十〇衛獻三十二〇鄭簡二十一〇陳哀二十四〇杞文五〇宋平三十一〇齊景三〇秦景三十二〇楚康十五，卒〇吴餘祭三

春

無冰。

夏

衛石惡出奔晋。《左傳》曰：衛人討甯氏之黨，故石惡出奔晋。衛人立其從子圃以守石氏之祀。

邾子來朝。高氏曰：邾自晋執其君，魯取其田，益微弱矣，至是悼公来朝。

秋

八月

大雩。

仲孫羯如晋。《左傳》曰：告將爲宋之盟故如楚也。

冬

齊慶封来奔。《左傳》曰：齊崔杼生成及彊而寡，娶東郭姜，生明。東郭姜以孤入，曰棠無咎，與東郭偃相崔

氏。崔成有疾而廢之，而立明。成請老于崔，崔子許之。偃與無咎弗予，曰：「崔，宗邑也，必在宗主。」成與彊怒，將殺之，告慶封。慶封告盧蒲嫳，盧蒲嫳曰：「彼，君之讎也，天或者將棄彼矣。崔之薄，慶之厚也。」它日，又告，慶封曰：「苟利夫子，必去之。難，吾助女。」崔成、崔彊殺東郭偃、棠無咎於崔氏之朝。崔子怒而出，遂見慶封。慶封使盧蒲嫳帥甲以攻崔氏，殺成與彊，而盡俘其家，其妻縊。嫳復命於崔子，且御而歸之，至則無歸矣，乃縊。慶封當國。慶封好田而耆酒，與慶舍政，則以其内實遷于盧蒲嫳氏，易内而飲酒，數日，國遷朝焉。使諸亡人得賊者，以告而反之，故反盧蒲癸。癸臣子之，有寵，言王何而反之，二人皆嬖。慶封田于萊，嘗于太公之廟，慶舍涖事。盧蒲癸自後刺子之，王何以戈擊之，死。慶封歸，遇告亂者，伐西門，弗克。還，伐北門，克之。入伐内宫，弗克。反，陳于嶽，請戰，弗許，遂来奔。既而齊人来讓，奔吴。吴句餘予之朱方，富於其舊。

十有一月

公如楚。《左傳》曰：爲宋之盟故，公及宋公、陳侯、鄭伯、許男如楚。

十有二月

甲寅，天王崩。靈王也，在位二十七年，子貴嗣，是爲景王。不書葬，諸侯不赴也。高氏曰：靈王雖無傳政，周人以爲王甚神聖，蓋非庸主矣。

乙未，楚子昭卒。《左傳》曰：公及衎至漢〔一〕，聞康王卒，欲反。叔仲昭伯曰：「我楚國之爲，豈爲一人？行

〔一〕公及衎至漢：「衎」，清刻本作「行」。本句疑有脱文，按《左傳》：爲宋盟故，公及宋公、陳侯、鄭伯、許男如楚。及漢，楚康王卒。公欲反。

也。」子服惠伯曰：「君子有遠慮，小人從邇。饑寒之不恤，誰遑其後？不如姑歸也。」叔孫穆子曰：「叔仲子專之矣，子服子始學者也。」榮成伯曰：「遠圖者忠也。」公遂行。宋向戌曰：「我一人之爲，非爲楚也。饑寒之不恤，誰能恤楚？姑歸而息民，待其立君而爲之備。」宋公遂反。澄曰：康王也，在位十五年，子郟敖麇嗣。胡氏曰：甲寅天王崩，乙未楚子昭卒，相距四十二日，則閏月也。然不以閏書，見喪服之不數閏也。齊景公葬書閏月，則明殺恩之非禮也。呂氏曰：閏承前月而受其餘日，故書閏月之日繫前月之下，此范甯之説也。《經》書月三，書日二。《大衍曆》：正月甲戌，小，戊子，冬至；二月癸卯，大；三月癸酉，小；四月壬寅，大；五月壬申，小；六月辛丑，大；七月辛未，大；八月辛丑，小；九月庚午，大；十月庚子，小；十一月己巳，大；十二月己亥，小，甲寅，十六日，乙未蓋字誤，「乙」當作「己」，二十一日也。

二十有九年丁巳，景王元年○晉霸平十四○蔡景四十八○曹武十一○衛獻三十三，卒○鄭簡二十二○陳哀二十五○杞文六○宋平三十二○齊景四○秦景三十三○楚郟敖麇元年○吴餘祭四，弑

春

王正月

公在楚。《左傳》曰：釋不朝正於廟也。楚人使公親襚。孫氏曰：按成十年秋七月公如晉，十一年三月公至自晉；昭十五年冬公如晉，十六年夏公至自晉，皆不言所在，公在中國猶可，在夷狄則甚矣，故詳而録之。胡氏曰：歲之首月，公如它國者有矣，此獨書「公在楚」者，外爲夷狄所制，以俟其葬而不得歸，内爲彊臣所逼，欲擅其國而不敢入，故特書所在，以存君也。高氏曰：公在晋、齊多矣，闕朝正之禮亦不少矣，但書公如晋如齊，則義自見也。今書

「公在楚」，則聖人之旨深矣。按二十八年公如楚，十二月甲寅天王崩，乙未楚子昭卒，公不篤君臣之義以奔天王之喪，而徇夷狄之彊以俟楚子之葬，久留于楚，待夏乃歸，故聖人特於朝正之時書公所在，與昭公失國在乾侯同，且以責季氏之無君也。

夏

五月

公至自楚。《左傳》曰：葬楚康王，公及陳侯、鄭伯、許男送葬，至於西門之外，諸侯之大夫皆至於墓。公還，及方城。季武子取卞，使公冶問，璽書追而與之，曰：「聞守卞者將叛，臣帥徒以討之，既得之矣，敢告。」公曰：「欲之而言叛，祇見疏也。」公謂公冶曰：「吾可以入乎？」對曰：「君實有國，誰敢違君？」公欲無入，榮成伯賦《式微》，乃歸。孫氏曰：公留于楚者七月。

庚午，衛侯衎卒。獻公也，在位通前三十三年，其子惡嗣，是爲襄公。

閽弒吴子餘祭。祭，側界切〇《左傳》曰：吴人伐越，獲俘焉，以爲閽，使守舟。吴子餘祭觀舟，閽以刀弒之。《穀梁傳》曰：閽，門者也，不稱姓名，閽不得齊於人。不稱其君，閽不得君其君也。舉至賤而加之「吴子」，吴子近刑人也。沙隨程氏曰：謂之弒，蓋其君也。不曰「其君」，賤閽也。盗殺蔡侯申書「殺」，閽書「弒」何也？以閽食庶人在官者之禄也，若士則書「某人弒其君某」。澄曰：餘祭在位三年，其弟夷昧立。

仲孫羯會晋荀盈、齊高止、宋華定、衛世叔儀、鄭公孫段、曹人、莒人、邾人、滕人、薛人、小邾人城杞。「世叔儀」，《公》「儀」作「齊」。「莒人」下《左》無「邾人」〇《左傳》曰：晋平公，杞出也，故知悼子合諸侯之大夫以城杞。鄭子太叔曰[一]：「晉國不恤周宗之闕，而夏肄是屏，其棄諸姬，亦可知也已。諸姬是棄，其誰歸之？」胡氏曰：平王不撫其民，而遠屯戍于母家，周人怨思。平公不能修文、襄之業，而有城杞之役，可謂知本乎？

晉侯使士鞅來聘。《左傳》曰：拜城杞也。高氏曰：謝城杞，且使我歸杞田也。

杞子来盟。《左傳》曰：晉侯使司馬女叔侯来治杞田，弗盡歸也。晉悼夫人愠曰：「齊也取貨，先君若有知也，不尚取之。」公告叔侯，叔侯曰：「武、獻以下，兼國多矣，誰得治之？杞，夏餘也，而即東夷。魯，周公之後也，而睦於晉，公卿大夫相繼於朝，史不絶書，府無虛月。如是可矣，何必瘠魯以肥杞？」杞文公来盟。高氏曰：晉使魯歸前所侵杞田，故書「杞子来盟」於「士鞅來聘」之下。

吴子使札来聘。《左傳》曰：通嗣君也。澄曰：餘祭立而通聘使于魯，札受命以出，不知餘祭之被弑也。

秋

九月

葬衛獻公。

齊高止出奔北燕。《左傳》曰：齊公孫蠆、公孫竈放其大夫高止於北燕。高止好以事自爲功，且專，故難及之。襄陵許氏曰：君放大夫可也，臣放大夫，是無君也，不可以訓，故以「出奔」書。杜氏曰：高止，高厚之子。張氏曰：北燕，燕國薊縣，姬姓，召公奭之後，至此始見於《經》。

[一] 鄭子太叔曰：「子太」，原作「太子」，據清刻本、四庫本改。

冬

仲孫羯如晉。《左傳》曰：報范叔也。

《經》書月三，書日一。《大衍曆》：正月戊辰，大，甲午，冬至；二月戊戌，小；三月丁卯，大；四月丁酉，小；五月丙寅，大，庚午，五日；閏月丙申，小；六月乙丑，大；七月乙未，小；八月甲子，大；九月甲午，小；十月癸亥，大；十一月癸巳，小；十二月壬戌，大。《長曆》：是年閏八月。

三十年戊午。景王二年〇晉霸平十五〇蔡景四十九，弒〇曹武十二〇衛襄公惡元年〇鄭簡二十三〇陳哀二十六〇杞文七〇宋平三十三〇齊景五〇秦景三十四〇楚郟二〇吴夷昧元年

春

王正月

楚子使薳罷来聘。薳，于委切；罷，音皮，《公》作「頗」〇《左傳》曰：通嗣君也。余氏曰：且報朝也。張氏曰：魯以君朝，而楚以大夫聘，此齊桓、晉文所以行乎列國者。故自宋之盟，夷夏不辨，楚人行霸主之禮於中國，非晉平、趙武之責而誰哉？高氏曰：公踰年在楚，楚郟敖新即位，故使薳罷来聘以報之。自文公九年至此，歷七十餘年未嘗交聘，今薳罷之来，蓋爲恭也。自是吴、楚皆不復来聘。

夏

四月

蔡世子般弑其君固。般，音班〇《左傳》曰：蔡景侯爲太子般娶于楚，通焉，太子弑景侯。澄按，景公在位四十九年，子般嗣，是爲靈公。

五月

甲午，宋災。《左傳》曰：或叫於宋大廟曰：「嘻嘻！出出。」鳥鳴於亳社，如曰「嘻嘻」。宋大災。

宋伯姬卒。《公》、《穀》無「宋」字〇《穀梁傳》曰：取卒之日，加之災上者，見以災卒也。伯姬之舍失火，左右曰：「夫人少辟乎！」伯姬曰：「婦人之義，傅母不在，宵不下堂。」左右又言，伯姬曰：「保母不在，宵不下堂。」遂逮乎火而死。婦人以貞爲行者也，伯姬之婦道盡矣。劉氏曰：使共姬避火而全生，未足以害其貞也，然而不以己之可以全其生之故，而違天下之常義，此安乎性命者乃能之。故審乎死生之度，辨乎榮辱之境，知禮之重重於生，辱之甚甚於死。伯夷、叔齊餓於首陽之下，何以過乎？沙隨程氏曰：古者女子二十而嫁，至是六十歲矣。保傅不應宵出無常處，以逮乎火爲賢，則嫂溺援之以手者非耶？今書之詳，蓋哀之也。澄嘗聞之君子曰：此蓋罪宋之子與臣不能救其君母，使之逮乎火而死也。

天王殺其弟佞夫。「佞」，《公》作「年」〇《左傳》曰：初，王儋季卒，其子括將見王而嘆。單公子愆期爲靈王御士，過諸廷，聞其嘆而言曰：「烏乎！必有此夫？」入以告王，且曰：「必殺之，不感而願大，視躁而足高，心在它矣。」王曰：「童子何知？」及靈王崩，儋括欲立王子佞夫，佞夫不知。儋括圍蔿，逐成愆，成愆奔平畤。尹言多、劉毅、單蔑、甘過、鞏成殺佞夫。高氏曰：靈王崩，王孫括欲立佞夫，佞夫不知，及景王既立，括逐蔿邑大夫，於是尹、劉、單、甘、鞏共殺佞夫，景王弗問焉。澄曰：象欲殺舜，而舜封之爲諸侯，仁人之於弟蓋如此。儋括爲亂，佞夫實不知謀，而尹、劉諸人乃殺佞夫。書「王殺」者，罪王不能免其弟也。

王子瑕奔晉。范氏曰：王子瑕不言出，周無外也。澄按，此言非也。夫出者，對入而言，不幸而出奔者，它日可以再入。瑕，天王之子，蓋亦與聞乎儋括、佞夫之謀，括事敗而佞夫見殺，瑕懼及禍而奔晉。瑕不能明爲子事父之孝，而自比於逆亂之黨[一]，蓋逆子也。奔以逃死[二]，而自絶於父，有罪而奔，不可復入者也，與王子朝奔楚同，故不言「出」。

秋

七月

叔弓如宋。

葬宋共姬。《穀》無「宋」字○《公羊傳》曰：外夫人不書葬，此何以書？隱之也。杜氏曰：共姬，從夫謚也。沙隨程氏曰：伯姬有賢行，遇乎不幸，故書法詳[三]。

鄭良霄出奔許，自許入于鄭。《左傳》曰：二十九年，鄭伯有使公孫黑如楚，辭曰：「楚、鄭方惡，而使余往，是殺余也。」伯有曰：「世行也。」子晳曰：「可則往，難則已，何世之有？」伯有將彊使之，子晳怒，將伐伯有氏。大夫和之，鄭大夫盟于伯有氏。三十年，鄭伯有耆酒，爲窟室而夜飲酒，擊鐘焉，朝至未已。朝者曰：「公焉在？」其人曰：「吾公在壑谷。」皆自朝布路而罷。既而朝，則又將使子晳如楚，歸而飲酒。子晳以駟氏之甲伐而焚之，伯有奔雍

[一] 而自比於逆亂之黨：「而」，清刻本作「甘」。

[二] 奔以逃死：「逃」，清刻本作「避」。

[三] 故書法詳：「法」，清刻本、四庫本作「之」。

梁，醒而後知之，遂奔許。鄭伯及其大夫盟于大宮，盟國人于師之梁之外。伯有聞鄭人之盟己也，怒。聞子皮之甲不與攻己也，喜，曰：「子皮與我矣。」晨自墓門之瀆入，因馬師頡介于襄庫，以伐舊北門。張氏曰：良霄之出，公孫黑蓋有罪焉，《春秋》舍公孫黑專伐之罪，而罪良霄，何也？伯有之所爲，有喪家亡身之道焉，雖微公孫黑，其能免於死乎？既亡而不自省，又入伐君而大亂其國，《春秋》於喪國失家者，皆不書所逐之人，以明其身之有罪，使有國有家者兢兢自謹，而求所以保也。知所以反身自脩之道，則奔亡之禍遠矣。胡氏曰：不言復入者，其位未絶也。若宋魚石，若晋欒盈，去國三年，位已絶矣。

鄭人殺良霄。《左傳》曰：駟帶帥國人以伐之，伯有死於羊肆。胡氏曰：良霄自許襲鄭，以伐公門，弗勝，死。不言殺其大夫者，非其大夫矣，討賊之辭也。

冬

十月

葬蔡景公。呂氏曰：許止、蔡般皆以子弑父、臣弑君，罪惡之極，而二君皆書葬，則是君弑賊未討不書葬者，本無是説也。

晋人、齊人、宋人、衛人、鄭人、曹人、莒人、邾人、滕人、薛人、杞人、小邾人會于澶淵，宋災故。《左傳》曰：爲宋災故，諸侯之大夫會，以謀歸宋財。叔孫豹會晋趙武、齊公孫蠆、宋向戌、衛北宫佗、鄭罕虎及小邾之大夫，會于澶淵，既而無歸于宋。澄按，《左傳》所載魯、晋、齊、宋、衛、鄭六國之卿皆出會，而《經》皆書人者，蓋謀歸宋財，由魯請之晋，故會諸侯，既而諸侯各無歸宋財之意，故魯叔孫豹不復往，而晋、齊、宋、衛、鄭五卿亦皆中止，但遣微者往至澶淵，以與七小國之大夫同會，故《經》書十二國之人，而魯無人與會也。張氏曰：父子君臣之變，自文元年書「楚商臣」，猶夷狄之事也。及是年，蔡以中國之臣子爲之，而魯會其葬。晋合諸侯，而所恤者宋之火災而已，故於此章三致意焉。上書景公之葬，下書爲宋災而會，然後舍大圖小、輕重失倫之罪見矣。此比事屬辭之所以爲《春秋》也。盟會之書其故者有二：稷也，澶淵也。以稷考之，則澶淵之所貶，非爲宋財之無歸明矣。胡氏曰：魯會蔡景公之葬，是不以世子般爲賊也。蔡弑君，大變也，而不討；宋有災，小事也，則合十二國而歸其財，可謂知務乎。

《經》書月五，書日一。《大衍曆》：正月壬辰，大，己亥，冬至；二月壬戌，小；三月辛卯，大；四月辛酉，小；五月庚寅，大，甲午，五日；六月庚申，小；七月己丑，大；八月己未，小；九月戊子，大；十月戊午，小；十一月丁亥，大；十二月丁巳，小。《長曆》：甲午，五月六日。

三十有一年己未。景王三年〇晋霸平十六〇蔡靈公般元年〇曹武十三〇衛襄二〇鄭簡二十四〇陳哀二十七〇杞文八〇宋平三十四〇齊景六〇秦景三十五〇楚郟三〇吴夷昧二

春

王正月。

夏

六月

辛巳，公薨于楚宫。《左傳》曰：公作楚宫。穆叔曰：「《太誓》云：『民之所欲，天必從之。』君欲楚也夫，故作其宫，若不復適楚，必死是宫也。」杜氏曰：適楚好其宫，歸而作之，不居先君之路寢而安所樂，失其所矣。

秋

九月

癸巳，子野卒。《左傳》曰：立胡女敬歸之子子野，次于季氏。卒，毁也。立敬歸之娣齊歸之子公子稠。穆叔不欲，曰：「太子死，有母弟則立之，無則立長，年鈞擇賢，義鈞則卜，古之道也。非適嗣，何必娣之子？且是人也，居喪而不哀，在慼而有嘉容，是謂不度。不度之人，鮮不爲患。若果立之，必爲季氏憂。」武子不聽，卒立之。比及葬，三易衰，衰衽如故衰。於是昭公十九年矣，猶有童心，是以知其不能終也。孫氏曰：襄公太子，未逾年之君也，名，未葬也，不薨不地，降成君也。杜氏曰：不書葬，未成君也。

已亥，仲孫羯卒。《左傳》曰：穆叔見孟孝伯，語之曰：「趙孟將死矣。其語偷，若趙孟死，爲政者其韓子乎？吾子盍與季孫言之，可以樹善，君子也。」孝伯曰：「人生幾何，誰能無偷？朝不及夕，將安用樹。」穆叔出而告人曰：「孟孫將死矣。吾語諸趙孟之偷也，而又甚焉。」孟孝伯卒。

冬

十月

滕子來會葬。《左傳》曰：滕成公来會葬，惰而多涕。子服惠伯曰：「滕君將死矣，怠於其位而哀已甚，兆於死所矣，能無從乎？」襄陵許氏曰：先王之制，諸侯之喪，士弔，大夫送葬。滕子會葬，非禮也。

癸酉，葬我君襄公。

十有一月

莒人弑其君密州。《左傳》曰：莒犂比公生去疾及展輿，既立展輿，又廢之。犂比公虐，國人患之。展輿因國人以攻莒子，弑之，乃立。去疾奔齊，齊出也。展輿，吴出也。陸氏曰：據《傳》則展輿弑其父，不當不書，恐《傳》是「展輿因國人之攻莒子，弑之，乃立」，誤以「之」爲「以」字。澄曰：文十八年，庶其之弑，澄已疑傳文之字誤，而如陸氏之説矣[一]。

《經》書月五，書日四。《大衍曆》：正月丙戌，大，甲辰，冬至；二月丙辰，大；三月丙戌，小；四月乙卯，大；五月乙酉，小；六月甲寅，大，辛巳，二十八日；七月甲申，小；八月癸丑，大；九月癸未，小；癸巳，十一日，己亥，十七日；十月壬子，大，癸酉，二十二日；十一月壬午，小；十二月辛亥，大。《長曆》：辛巳，六月二十七日；癸巳，九月十二日；己亥，十八日；癸酉在十月二十三日。

[一] 而如陸氏之説矣：「如」，四庫本作「知」。

春秋纂言卷十

元　吳澄　撰

昭公名稠，襄公妾齊歸之子，在位三十二年，夫人吳孟子。

元年庚申。景王四年〇晉霸平十七年〇蔡靈二年〇曹武十四年〇衛襄三年〇鄭簡二十五年〇陳哀二十八年〇杞文九年〇宋平三十五年〇齊景七年〇秦景三十六年〇楚郟四年，卒〇吳夷末三年

春

王正月

公即位。

叔孫豹會晉趙武、楚公子圍、齊國弱、宋向戌、衛齊惡、陳公子招、蔡公孫歸生、鄭罕虎、許人、曹人於虢。「國弱」，《公》「弱」作「酌」，後同。「齊惡」，《公》「齊」作「石」。招，常遙切。「罕虎」，《公》「罕」作「軒」，後同。「虢」，《公》作「漷」，《穀》作「郭」〇《左傳》曰：尋宋之盟也。祁午謂趙文子曰：「宋之盟，楚人得志於晉。今令尹之不信，諸侯之所聞也，子弗戒，懼又如宋。子木之信，稱於諸侯，猶詐晉而駕焉，況不信之尤者乎？楚重得志於晉，晉之恥也。」文子曰：「宋之盟，子木有禍人之心，武有仁人之心，是楚所以駕於晉也。今武猶是心也，

楚又行僭，非所害也。武將信以爲本。吾聞之『能信，不爲人下』，吾不能是難，楚不爲患。」楚令尹圍請用牲，讀舊書，加於牲上而已。晉人許之。杜氏曰：楚恐晉先歃，故欲從舊書，加於牲上，不歃血，《經》所以不書盟。讀舊書，則楚先晉，而先書趙武者，張氏曰：《春秋》正夷夏之分，宋之盟，楚爭先而晉不與較；今虢之役，又以計讀書加牲上，是以夷狄而爭勝也。夷夏之分不可亂，故二役皆先趙武焉。高氏曰：此會乃楚公子圍帥諸侯之大夫尋宋之盟也。宋之盟，齊人不預焉，今齊又從楚矣，中國微弱可知也。莒人弑君，諸侯不共討之者，是時楚人方聽莒人之訴，而欲執魯大夫，是不以莒人爲可討也。《春秋》不書莒人，蓋斥之爾。衛齊惡在陳、蔡之上者，上卿也。

三月

取鄆。「鄆」，《公》作「運」，後同○《左傳》曰：季武子伐莒，取鄆。莒人告於會。楚告於晉曰：「尋盟未退而魯伐莒，瀆齊盟，請戮其使。」樂桓子相趙文子，欲求貨於叔孫而爲之請，使請帶焉。弗與。梁其踁曰：「貨以藩身，子何愛焉？」叔孫曰：「諸侯之會，衛社稷也。我以貨免，魯必受師，是禍之也，何衛之爲？雖怨季孫，魯國何罪？叔出季處，有自來矣，吾又誰怨？然鮒也賄，弗與不已。」召使者，裂裳帛而與之〔一〕，曰：「帶其褊矣。」趙孟聞之，曰：「臨患不忘國，忠也；思難不越官，信也；圖國忘死，貞也；謀主三者，義也。有是四者，又可戮乎？」乃請諸楚曰：「魯雖有罪，其執事不辟難，畏威而敬命矣。子若免之，以勸左右可也，不靖其能，其誰從之？魯叔孫豹可謂能矣，請免之以靖能者。子會而赦有罪，又賞其賢，諸侯其誰不欣焉望楚而歸之？疆埸之邑，一彼一此，何常之有？主齊盟者，誰能辯焉？莒、魯爭鄆，爲日久矣，苟無大害於其社稷，可無亢也。子其圖之。」楚人許之。

〔一〕裂裳帛而與之：「裂」，原作「製」，據清刻本、四庫本改。

夏

秦伯之弟鍼出奔晉。鍼，其廉切○《左傳》曰：秦后子有寵於桓，如二君於景。其母曰：「弗去，懼選。」鍼適晉，其車千乘。《公羊傳》曰：此仕於晉也，千乘之國而不能容其母弟，故謂之「出奔」也。胡氏曰：夫后子出奔，其父禍之，而罪秦伯何也？《春秋》以均愛望人父，而以能友責人兄。父母有愛妄，猶終身敬之不衰，况兄弟乎！

六月

丁巳，邾子華卒。悼公也，在位十五年。

晉荀吴帥師敗狄于太原〔一〕。「大原」，《左》作「大鹵」○《左傳》曰：晉中行穆子敗無終及羣狄於大原，崇卒也。將戰，魏舒曰：「彼徒我車，所遇又阨，以什共車，必克，困諸阨，又克。請皆卒，自我始。」乃毁車以爲行，五乘爲三伍，爲五陳以相離，兩於前，伍於後，專爲右角，參爲左角，偏爲前拒以誘之。狄人笑之，未陳而薄之，大敗之。《穀梁傳》曰：中國曰大原，夷狄曰大鹵。《公羊傳》曰：此大鹵也，謂之大原，地物從中國。杜氏曰：大鹵，大原晉陽縣。胡氏曰：「薄伐玁狁，至於大原」，詩人美之，謂不窮追遠討，及封境而止也。大原在禹服之内，而狄人來侵，攘斥宜矣。其過在毁車崇卒，以詭誘狄人而敗之爾。後乘車戰法亡，崇尚步卒以詐變相高，皆此等啓之。高氏曰：書「敗狄」，所以與中國之勝也。箕與交剛之役皆晉人，至是卿帥師，則晉益衰矣。

秋

莒去疾自齊入于莒。去，起吕切○《左傳》曰：莒展輿立而奪羣公子秩。公子召去疾於齊，齊公子鉏納去疾。

〔一〕晉荀吴帥師敗狄于太原：「太」，《公》、《穀》皆作「大」，下文亦曰「大原」，則當以「大」爲是。

孫氏曰：莒子二子，長去疾，次展輿。莒子遇弒，去疾奔齊，展輿立，國人不與。程子曰：去疾假齊之力以入莒，討展輿之罪，正也，故稱「莒」。

莒展輿出奔吴。「展」下《公》、《穀》無「輿」字〇陸氏曰：莒展輿雖踰年，猶不書爵。高氏曰：不稱「莒子」，聖人不與其爲君也。展輿，吴出也，故奔吴。程子曰：展輿爲弒君者所立，而亦以國氏，何也？虢之會，雖國亂未與，然諸侯與其立矣，故欲執叔孫也。稱「莒展輿」，罪諸侯之與其立也。

叔弓帥師疆鄆田。《左傳》曰：因莒亂也。趙氏曰：凡疆田而書帥師，皆有難也。高氏曰：文十二年，季孫行父嘗帥師而城之，復爲莒所取。今承莒之亂而取之〔一〕，又帥師以疆其田。必帥師者，以不義得之，懼不服也。疆之者，溝封之以别乎莒也。劉氏曰：譏以亂爲利也。

葬邾悼公。高氏曰：入《春秋》來，邾始書葬。蓋邾、滕、薛，小國也，秦，遠國也，皆至昭公而書葬。是時魯衰甚矣，小國如大國，遠國如近國。

冬

十有一月

己酉，楚子麇卒。「麇」，《公》、《穀》作「卷」〇《左傳》曰：楚公子圍將聘於鄭，伍舉爲介。未出竟，聞王有疾而還，伍舉遂聘。公子圍至，入問王疾，縊而弒之，遂殺其二子幕及平夏。右尹子干出奔晉，宫廐尹子晳出奔鄭。殺

〔一〕今承莒之亂而取之：「承」，四庫本作「乘」。

太宰伯州犂于郟。葬王於郟，謂之郟敖。澄曰：楚圍之欲弑逆而篡立也久矣，郟敖有疾，圍自外至，入問其疾，適值其卒，因殺其君之二子而自立，國人遂疑麇之卒爲圍所弑也。夫子别嫌明微，以明其非弑。圍之逆亂，如仲遂之殺子惡而已，未嘗弑麇也。吕氏曰：《經》書「楚子麇卒」，而《左氏》以爲公子圍弑之，至誅慶封則《左氏》、《穀梁》又載慶封稱「圍弑君」之語，後世緣楚圍汰侈，遂以爲實。甚矣，三傳之爲《經》害也！趙盾弑其君曰非盾也，穿也；許止弑其君，曰不嘗藥也；鄭伯髡頑如會，未見諸侯而卒，而曰子駟弑之也。凡若此類，皆誣僞失實，重爲《經》害者也。

楚公子比出奔晋。高氏曰：靈王既殺其君之子而自立，比爲令尹，力不能制，亦不從亂，是以出奔。《春秋》書之，爲十三年起也。

《經》書月四，書日二。《大衍曆》：正月辛巳，小，乙酉，冬至；閏月庚戌，大；二月庚辰，小；三月己酉，大；四月己卯，小；五月戊申，大，《經》六月丁巳在此月；六月戊寅，大；七月戊申，小；八月丁丑，大；九月丁未，小；十月丙子，大；十一月丙午，小，己酉，四日；十二月乙亥，大。《長曆》：是年閏十二月。丁巳，六月十一日；己酉不在十一月。

二年辛酉。景王五年〇晋霸平十八〇蔡靈三〇曹武十五〇衛襄四〇鄭簡二十六〇陳哀二十九〇杞文十〇宋平三十六〇齊景八〇秦景三十七〇楚靈王虔元年〇吴夷末四

春

晋侯使韓起來聘。《左傳》曰：韓宣子來聘，且告爲政而來見。高氏曰：起，韓厥次子也，襄七年韓厥老，長子無忌有廢疾，讓起爲卿。公新即位，晋不敢輕魯，釋其奸盟取鄆，而以貴卿來聘焉。

夏

叔弓如晋。《左傳》曰：報宣子也。

秋

鄭殺其大夫公孫黑。《左傳》曰：鄭徐吾犯之妹美，公孫楚聘之矣，公孫黑又使彊委禽焉。犯懼，告子産。子産曰：「是國無政，非子之患也，唯所欲與。」適子南氏。子晳怒，既而櫜甲以見子南，欲殺之而取其妻。子南知之，執戈逐之，及衝，擊之以戈。子晳傷而歸，告大夫曰：「我好見之，不知其有異志也，故傷。」大夫皆謀之。子産曰：「直鈞，幼賤有罪，罪在楚也。」乃執子南，放之于吴。鄭伯及其大夫盟于公孫段氏，罕虎、公孫僑、公孫段、印段、游吉、駟帶私盟於閨門之外，實薰隧。公孫黑彊與於盟，使大史書其名，且曰「七子」。子産弗討。鄭公孫黑將作亂，欲去游氏而代其位，傷疾作而不果。駟氏與諸大夫欲殺之。子産在鄙，聞之，懼弗及，乘遽而至，使吏數之曰：「伯有之亂，以大國之事而未爾討也，爾有亂心無厭，國不女堪。專伐伯有，而罪一也；昆弟爭室，而罪二也；薰隧之盟，女矯君位，而罪三也。有死罪三，何以堪之？不速死，大刑將至。」再拜，稽首，辭曰：「死在朝夕，無助天爲虐。」子産曰：「人誰不死？凶人不終，命也。不速死，司寇將至。」縊，尸諸周氏之衢，加木焉。高氏曰：黑則有罪，而鄭人初畏其彊，不之討也。今因其疾而幸勝之，亦云殆矣，故稱國以殺。

冬

公如晋，至河乃復。《左傳》曰：韓須如齊逆女，齊陳無宇送女，致少姜。少姜有寵於晋侯，謂之少齊。少姜卒，公如晋，及河，晋侯使士文伯來辭曰：「非伉儷也，請君無辱。」孫氏曰：公如晋，至河乃復者六，唯二十三年書「有疾」，明有疾而反，餘皆見距不納，大取困辱也。高氏曰：公如晋，而晋不納，《春秋》以公「至河乃復」爲文者，臣子之心，不欲其君見拒於人，而以爲公臨河而不濟，懼涉難而自復也。乃者，有阻之辭。公不以禮自重，而自取輕，辱於大國也。且公得至晉，是公得與乎國事也，季氏不使公與國事，故公不得至晉焉。

季孫宿如晉。《左傳》曰：公還，季孫宿遂致服焉。《穀梁傳》曰：公如晉而不得入，季孫宿如晉而得入。高氏曰：以是知晉不納公，季孫有以使之也。

《經》書月無，書日無。《大衍曆》：正月乙巳，小，乙卯，冬至；二月甲戌，大；三月甲辰，小；四月癸酉，大；五月癸卯，小；六月壬申，大；七月壬寅，小；八月辛未，大；九月辛丑，小；十月庚午，大；十一月庚子，大；十二月庚子，小。

三年壬戌。景王六年〇晉霸平十九〇蔡靈四〇曹武十六〇衛襄五〇鄭簡二十七〇陳哀三十〇杞文十一〇宋平三十七〇齊景九〇秦景三十八〇楚靈二〇吴夷末五

春

王正月

丁未，滕子原卒。「原」，《公》作「泉」〇成公也，《春秋》於滕至是三書其卒。

夏

叔弓如滕。滕，小國也，而魯使卿往會其葬，以我襄公之葬，滕子來會，故報之也。

五月[一]

葬滕成公。

秋

小邾子來朝。《左傳》曰：小邾穆公来朝，季武子欲卑之。穆叔曰：「不可。曹、滕、二邾，實不忘我好。敬以逆之，猶懼其貳，又卑一睦，焉逆羣好也？其如舊而加敬焉。」季孫從之。高氏曰：公即位之初，大國来聘，小國来朝，非不可爲之國也，而終之以流播，詩曰「靡不有初，鮮克有終」，可不戒哉！

八月

大雩。

冬

大雨雹。雨，去聲。

北燕伯款出奔齊。《左傳》曰：燕簡公多嬖寵，欲去諸大夫而立其寵人。燕大夫比以殺公之外嬖。公懼，奔齊。胡氏曰：大夫，國之陪貳。晋厲公殺三郤，立胥童，而弒於匠麗氏；漢隱帝殺楊史，立郭允明，而弒於趙村[二]；衛獻公蔑冢卿而信其左右，亦奔夷儀。故人主不尊陪貳而與賤臣圖柄臣者，事成則失身而見弒，事不成則失國而出奔，此有國之大戒也。

[一]「五月」，原闕，據清刻本、四庫本補。

[二] 而弒於趙村：「趙」，原作「蘇」，據清刻本、四庫本改。

《經》書月三，書日一。《大衍曆》：正月己亥，大，丁未，九日，庚申，冬至；二月己巳，小；三月戊戌，大；四月戊辰，小；五月丁酉，大；六月丁卯，小；七月丙申，大；八月丙寅，小；九月乙未，大；閏月乙丑，小；十月甲午，大；十一月甲子，小；十二月癸巳，大。《長曆》：丁未，正月十日。

四年癸亥。景王七年〇晉霸平二十〇蔡靈五〇曹武十七〇衛襄六〇鄭簡二十八〇陳哀三十一〇杞文十二〇宋平三十八〇齊景十〇秦景三十九〇楚靈三〇吴夷末六

春

王正月

大雨雹。「雹」，《公》、《穀》作「雪」〇胡氏曰：雹者，陰脅陽，臣侵君之象。是時，季孫宿襲位世卿，弱公室，數月之間，再有雹變。申豐者，季氏之孚也，不端言其事，歸咎藏冰之失，誣矣。

夏

楚子、蔡侯、陳侯、鄭伯、許男、徐子、滕子、頓子、胡子、沈子、小邾子、宋世子佐、淮夷會于申。《左傳》曰：楚子使椒舉如晉求諸侯，晉侯欲勿許。司馬侯曰：「晉、楚唯天所相，不可與爭，君其許之。」乃許楚使。楚子問於子產曰：「晉其許我諸侯乎？」對曰：「許君。晉君少安，不在諸侯，其大夫多求，莫匡其君。在宋之盟又曰『如一』，若不許君，將焉用之？」王曰：「諸侯其来乎？」對曰：「必来。不来者其魯、衛、曹、邾乎？曹畏宋，邾畏魯，魯、衛偪於齊而親於晉，唯是不来。」諸侯如楚，魯、衛、曹、邾不會。曹、邾辭以難，公辭以時祭，衛侯

辭以疾。鄭伯先待于申。椒舉言於楚子曰：「臣聞諸侯無歸，禮以爲歸。今君始得諸侯，其慎禮矣。霸之濟否，在此會也。」杜氏曰：胡，汝陰縣西北有胡城。張氏曰：淮夷，淮浦之夷，《後漢志》下邳國有淮浦縣。申，姜姓之國，在南陽宛縣。程子曰：晋平不在諸侯，楚於是彊爲霸者之事。孫氏曰：中國自宋之會，政在大夫，諸侯不見者十年。楚子得大合諸侯於此者，中國不振，喪亂日甚，幅裂横潰，自是天下之政、中國之事皆夷狄制之。至於平丘、召陵之會，諸侯雖再出，尋復叛去，事無所救，不足道也。高氏曰：楚子會諸侯者，尋宋之盟也，謀吴也，圖霸也。蓋中國自晋平始衰，齊靈、莊背之，平公屢合諸侯以討焉。襄二十五年，莊公遇弑，始與晋平。晋侯自是不復出與盟會，其大夫趙武爲政，不在諸侯，故諸侯少安。然而晋日以衰，政在六卿。楚子始求合諸侯而未定，問於子産曰「晋其許我乎？」又曰「諸侯其来乎？」則靈王固自以爲不足服諸侯，而懼其未必從矣。當是時，使晋稍自彊，其誰敢與争？晋彊而諸侯從之，則楚亦不能肆其志也。而晋方且溺於嬖寵，故楚偃然得専諸侯。諸侯舍晋無所附，亦不得已而從楚。雖然，楚之會諸侯也，非與國則小國爾，魯、齊、衛、曹、薛、邾、杞不會也。宋、鄭、滕、小邾，雖會而終不與也，以是知夷狄必不能主中國也。蔡人《春秋》以来常在陳、衛之上，自莊十六年之後，以服屬於楚，故未嘗一會而先陳、衛者。今楚子大合諸侯，故復居陳之上。

楚人執徐子。《左傳》曰：徐子，吴出也，以爲貳焉，故執諸申。高氏曰：執之非道也，蓋楚子亦欲效桓、文之舉，以示威諸侯爾。

秋

七月

楚子、蔡侯、陳侯、許男、頓子、胡子、沈子、淮夷伐吴。《左傳》曰：楚子以諸侯伐吴，宋太子、鄭伯先歸，宋華費遂、鄭大夫從。高氏曰：諸侯畏楚之彊，守宋之盟而從之，然猶不能致魯、衛、曹、薛、邾、杞。至伐吳之役，則中國之諸侯皆去，唯楚屬從之爾，人心之鄉背可知也。

執齊慶封，殺之。《左傳》曰：使屈申圍朱方，克之，執齊慶封而盡滅其族。將戮慶封，椒舉曰：「臣聞無瑕者可以戮人，慶封唯逆命，是以在此，其肯從於戮乎？播於諸侯，焉用之？」王弗聽。負之斧鉞以徇於諸侯，使言曰：「無或如齊慶封，弒其君，弱其孤，以盟其大夫。」慶封曰：「無或如楚共王之庶子圍，弒其君兄之子麇而代之，以盟諸侯。」王使速殺之。《穀梁傳》曰：慶封其以齊氏，何也？爲齊討也，不以殺君罪之者，慶封不爲靈王服也。張氏曰：《春秋》書殺它國大夫之法有二：凡有罪而當誅者，書曰「某人殺某」，若「楚人殺陳夏徵舒」是也；無罪而不服者，書「執而殺之」，若「執蔡世子有以歸，用之」、「楚人執行人干徵師，殺之」是也。慶封有與弒其君之罪，楚子殺之，宜也，不曰「殺齊慶封」，而曰「執齊慶封，殺之」者，楚靈有諸己而非諸人，是以慶封不服，而《春秋》不純以討賊之法書之也。高氏曰：初，崔杼弒齊君而慶封爲之黨，齊人欲併討之，慶封走之吳，吳與之朱方而居之。楚子以慶封在吳，至是會諸侯伐吳，爲齊討，執慶封而殺之，假中國仁義以重其會，所以盜亦有道也。殺夏徵舒、殺陳孔奐不言執者，直辭也，此先言執者，曲辭也。然執徐子稱楚人，此執慶封若不主於楚者，不與楚討也。陳背中國而屬楚，楚故得殺徵舒、孔奐而討之。今慶封得罪於中國，故聖人不與夷狄之討中國，所以深罪中國之不能自正也。

遂滅賴。「賴」，《公》、《穀》作「厲」。〇《左傳》曰：遂以諸侯滅賴，遷賴於鄢。楚子欲遷許於賴，使鬭韋龜與公子弃疾城之而還。申無宇曰：「楚禍之首，將在此矣。召諸侯而來，伐國而克，城竟莫校，王心不違，民其居乎？民之不處，其誰堪之？不堪王命，乃禍亂也。」高氏曰：夷狄會中國之諸侯，又帥之以伐吳，專殺中國之大夫，遂以諸侯之兵滅人之國，流毒如此，蓋出於向戌弭兵之謀也。

九月

取鄫。《左傳》曰：莒亂，著丘公立而不撫鄫，鄫叛而來。孫氏曰：襄六年，莒人滅鄫，蓋莒滅鄫以爲附庸，今魯取之。

冬

十有二月

乙卯，叔孫豹卒。《左傳》曰：初，穆子去叔孫氏，及庚宗，遇婦人，使私爲食而宿焉。問其行，告之故，哭而送之。適齊，娶於國氏，生孟丙、仲壬。及宣伯奔齊，魯人召之，歸。既立，所宿庚宗之婦人獻以雉，問其姓，對曰：「余子長矣，能奉雉而從我矣[一]。」召而見之，號之曰「牛」[二]，遂使爲竪。有寵，長使爲政。叔孫田於丘蕕，遂遇疾焉。竪牛欲亂其室，殺孟丙逐仲。疾急，命召仲，牛許而弗召。杜洩見，告之饑渴，授之戈。對曰：「求之而至，又何去焉？」竪牛曰：「夫子疾病，不欲見人。」使寘饋于个而退。牛弗進，則置虛命徹。叔孫不食卒。高氏曰：穆叔質直好義，博聞彊識，季文、孟獻所不逮也。然蔽於所習，卒以餓死。襄陵許氏曰：叔孫豹卒而毁中軍，則公若寄矣。以是知豹之有力於公室，所謂「剥之無咎」者歟！

《經》書月四，書日一。《大衍曆》：正月癸亥，大，乙丑，冬至；二月癸巳，小；三月壬戌，大；四月壬辰，小；五月辛酉，大；六月辛卯，小；七月庚申，大；八月庚寅，小；九月己未，大；十月己丑，小；十一月戊

[一] 能奉雉而從我矣：「而」，原作「以」，據四庫本改。
[二] 號之曰牛：「號」，原作「名」，據清刻本、四庫本改。

午，大；十二月戊子，小，乙卯，二十八日。《長曆》：是年閏四月。乙卯，十二月二十九日。

五年甲子。景王八年〇晉霸平二十一〇蔡靈六〇曹武十八〇衛襄七〇鄭簡二十九〇陳哀三十二〇杞文十三〇宋平三十九〇齊景十一〇秦景四十，卒〇楚靈四〇吴夷末七

春

王正月

舍中軍。舍，音捨〇《左傳》曰：卑公室也。初，作中軍，三分公室，而各有其一。季氏盡征之，叔孫氏臣其子弟，孟氏取其半焉。及其舍之也，四分公室，季氏擇二，二子各一，皆盡征之而貢於公。孔氏曰：初，作中軍，季氏盡征之，並不入公室也；叔孫氏臣其子弟，以一家之内有父子兄弟四品，以父兄之税入公，子弟之税入己，大率半屬公，半入己；孟氏則於子弟中取其半，或取子，或取弟，大率三分歸公，一分入己。十二分其國民，三家得七，公得五，國民不盡屬公，公室已卑矣。今舍中軍，四分公室，三家自取其税，而各貢于公，公室彌卑矣。初云「作三軍」，今不云「舍三軍」者，初作時舊有二軍，今更增一軍，人數不足，故各毁其乘足成三軍。今此則唯舍中軍之衆屬上下二軍，季氏因叔孫家禍，退之，使同孟孫，獨取其半，爲專已甚，又擇取善者，是專之極，故《傳》言「擇二」以見之。高氏曰：季氏欲乘叔孫之弱而去之，名曰復古，實欲自彊爾。自是公室有貢而已，無復有民矣。

楚殺其大夫屈申。《左傳》曰：楚子以屈申爲貳於吴，乃殺之，以屈生爲莫敖。

公如晉。《左傳》曰：晉侯謂女叔齊曰：「魯侯不亦善於禮乎？自郊勞至於贈賄，禮無違者。」對曰：「是儀也，

不可謂禮也。禮，所以守其國，行其政，令無失其民者也。今政令在家，不能取也；公室四分，民食於它。思莫在公，不圖其終。爲國君，難將及身，不恤其所。禮之本末，將於此乎在，而屑屑焉習儀以亟，言善於禮，不亦遠乎？」高氏曰：公至是受三家之貢而已，無復有民，故雖如晉，非季氏之所忌也。

夏

莒牟夷以牟婁及防、兹來奔。高氏曰：牟夷者，展輿之黨也。公如晉未反，而魯受莒牟夷邑，季氏專，且見莒益弱矣。書「及」者，以防與兹别二邑也。防本屬魯，蓋嘗爲莒所取，今還吾所喪邑，而與受叛邑同者，不以私害公也。杜氏曰：防、兹，城陽平昌縣西南有防亭，姑幕縣東北有兹亭。張氏曰：《地譜》密州安丘縣有平昌故城，莒縣有姑幕故城。

秋

七月

公至自晉。《左傳》曰：莒人愬于晉，晉侯欲止公。范獻子曰：「不可。人朝而執之，誘也。討不以師而誘以成之，惰也。爲盟主而犯此二者，無乃不可乎？請歸之，閒而以師討焉。」乃歸公。高氏曰：歷二時乃得歸。

戊辰，叔弓帥師敗莒師于蚡泉。蚡，扶粉切，《公》作「濆」，《穀》作「賁」〇《左傳》曰：莒人來討，不設備，叔弓敗諸蚡泉。高氏曰：魯既受莒叛邑，莒人興師而來，叔弓敗之。曰「敗莒師」，幸魯之勝，乃所以罪之也。杜氏曰：蚡泉，魯地。張氏曰：《地譜》東境之地。

秦伯卒。景公也，在位四十年，子哀公嗣。

冬

楚子、蔡侯、陳侯、許男、頓子、沈子、徐人、越人伐吴。《左傳》曰：四年冬，吴伐楚，入棘、櫟、麻，以報朱方之役。楚子以諸侯及東夷伐吴，以報棘、櫟、麻之役。薳射以繁揚之師會於夏汭，越大夫常壽過帥師會楚子于瑣。聞吴師出，薳啓彊帥師從之。遽不設備，吴人敗諸鵲岸。楚子以馹至於羅汭，吴子使其弟蹶由犒師，楚人執之。楚師濟於羅汭，沈尹赤會楚子，次於萊山。薳射帥繁揚之師先入南懷，楚師從之，及汝清，吴不可入，楚子遂觀兵於坻箕之山。是行也，吴早設備，楚無功而還，以蹶由歸。高氏曰：往年伐吴矣，今又伐吴者，吴不畏故也。越於是始見，徐已預中國會盟，唯前年從楚子會申，又貳於吴而見執於楚，今又從以伐吴。張氏曰：越始見《經》，姒姓，其先夏后少康之庶子，封於越。杜氏曰：越國，會稽山陰縣。

《經》書月二，書日一。《大衍曆》：正月丁巳，大，庚午，冬至；二月丁亥，小；三月丙辰，大；四月丙戌，小；五月乙卯，大。六月乙酉，大。七月乙卯，小，戊辰，十四日。八月甲申，大。九月甲寅，小。十月癸未，大。十一月癸丑，小。十二月壬午，大。《長曆》：戊辰，七月十五日。

六年乙丑。景王九年〇晋霸平二十二〇蔡靈七〇曹武十九〇衛襄八〇鄭簡三十〇陳哀三十三〇杞文十四，卒〇宋平四十〇齊景十二〇秦哀公元年〇楚靈五〇吴夷末八

春

王正月

杞伯益姑卒。文公也，在位十四年，其弟郁釐立，是爲平公。

葬秦景公。秦於是始書葬。

夏

季孫宿如晉。《左傳》曰：拜莒田也。高氏曰：謝前年取莒牟夷叛邑[一]，蓋莒既伐魯，則魯有辭，是以晉受季孫之聘而不見討也。彌兵之時，莒亦好合矣。

葬杞文公。

宋華合比出奔衛。《左傳》曰：宋寺人柳有寵，太子佐惡之。華合比曰：「我殺之。」柳聞之，乃坎，用牲埋書，而告公曰：「合比將納亡人之族，既盟於北郭矣。」公使視之，有焉，遂逐華合比。合比奔衛。襄陵許氏曰：《經》書「宋公殺其世子痤」、「宋華合比出奔衛」，皆著寺人讒慝敗國，以爲世戒。

秋

九月

大雩。

楚薳罷帥師伐吴。「罷」，《公》作「頗」〇《左傳》曰：徐儀楚聘于楚。楚子執之，逃歸。懼其叛也，使薳洩伐徐。吴人救之。令尹子蕩帥師伐吴，師於豫章，而次于乾谿。吴人敗其師于房鍾，獲宫廄尹棄疾。子蕩歸罪于薳洩而殺之。高氏曰：三書伐吴者，見楚終不得志於吴也。襄陵許氏曰：敗楚師者，非薳洩也，而洩伏其誅[二]，故書「薳罷伐

[一] 謝前年取莒牟夷叛邑：「謝」，清刻本作「拜」。

[二] 而洩伏其誅：「誅」，清刻本作「罪」。

吴」以正之。楚再不競於吴，乃彌兵鋒，有事陳、蔡，至復伐徐而國亂矣。吴蓋自是休兵息民，國始浸彊。

冬

叔弓如楚。《左傳》曰：聘且弔敗也。高氏曰：《左氏》以爲弔敗，非也。楚恃彊暴，雖敗猶諱之，魯豈敢弔乎？蓋四年公不會申，已而震楚兵威，將朝楚而不能，故以叔弓先聘，而明年躬繼之也。張氏曰：楚與吴仇敵之國，而昭公昏吴遠楚，故申之會魯不與焉。今楚復伐吴，其惡益遠，昭公非能以中國自尊而遠夷狄者，姑通好於楚，蓋不待薳啓彊之召，已服楚而將朝之矣。

齊侯伐北燕。《左傳》曰：齊侯如晋，請伐北燕，晋侯許之。遂伐北燕，將納簡公。晏子曰：「不入，燕有君矣，民不貳。吾君賄，左右諂諛，作大事不以信，未嘗可也。」

《經》書月二，書日無。《大衍曆》：正月壬子，小，丙子，冬至；二月辛巳，大；三月辛亥，小；四月庚辰，大；五月庚戌，小；六月己卯，大；閏月己酉，小；七月戊寅，大；八月戊申，小；九月丁丑，大；十月丁未，小；十一月丙子，大；十二月丙午，大。《長曆》：是年閏六月。

七年丙寅。景王十年〇晋霸平二十三〇蔡靈八〇曹武二十〇衛襄九，卒〇鄭簡三十一〇陳哀三十四〇杞平公郁釐元年〇宋平四十一〇齊景十三〇秦哀二〇楚靈六〇吴夷末九

春

王正月

暨齊平。襄陵許氏曰：襄公之世，齊數伐魯。至齊景公，一使慶封來聘，而不書魯報，至是乃暨齊平。劉氏曰：齊大魯小，魯爲齊弱久矣，然而能以暨齊平者，介於楚也。夫不自計德之厚薄、勢之利害，而借人之威以憑諸侯[一]，是以遠者不服，近者不親。昭公棄其國，死於外，諸侯莫之救也，從此生矣。

三月

公如楚。《左傳》曰：楚子成章華之臺，願與諸侯落之。大宰薳啓疆曰：「臣能得魯侯。」薳啓疆來召公，辭曰：「昔先君成公命我先大夫嬰齊曰：『吾不忘先君之好，將使衡父照臨楚國。』嬰齊受命于蜀。我先君共王引領北望，日月以冀，傳序相授，於今四王矣。嘉惠未至，唯襄公之辱臨我喪。今君若步玉趾，辱見寡君，寵靈楚國，以信蜀之役，是寡君既受貺矣，何蜀之敢望？君若不來，使臣請問行期，寡君將承質幣而見於蜀，以請先君之貺。」高氏曰：楚靈非彊君也，數會諸侯焉，皆其微者，又且多叛，而吴人之鬬未艾也，亦奚庸必朝哉？蓋晋平不能修文公之業，使我不能自安，而玉帛駟馳，歲不遑暇。以是知王室不綱，而霸主猶有功於諸夏也。

叔孫婼如齊涖盟。婼，敕略切，《公》作「舍」，後同○襄陵許氏曰：始暨齊平，故盟以結好。

夏

四月

甲辰，朔，日有食之。

[一] 而借人之威以憑諸侯：「憑」，清刻本作「憑陵」。

秋

八月

戊辰，衛侯惡卒。《穀梁傳》曰：卿衛齊惡、君衛侯惡，何以君臣同名也？君子不奪人名，不奪人親之所名，重其所以來也。澄曰：襄公也，在位九年，庶子元嗣，是爲靈公。

九月

公至自楚。自如楚，今半年餘。

冬

十有一月

癸未，季孫宿卒。此季孫行父之子武子也，子紇嗣。

十有二月

癸亥，葬衛襄公。高氏曰：襄公之卒，晋反戚田，王有追命，可以蓋獻之愆也。

《經》書月七，書日四。《大衍曆》：正月丙子，小，辛巳，冬至；二月乙巳，大；三月乙亥，小；四月甲辰，大，朔，日食；五月甲戌，小；六月癸卯，大；七月癸酉，小；八月壬寅，大，戊辰，二十七日；九月壬申，小；十月辛丑，大；十一月辛未，小，癸未，十三日；十二月庚子，大，癸亥，二十四日。

八年丁卯。景王十一年〇晋霸平二十四〇蔡靈九〇曹武二十一〇衛靈公元年〇鄭簡三十二〇陳哀三十五，卒〇杞

平二○宋平四十二○齊景十四○秦哀三○楚靈七○吴夷末十

春

陳侯之弟招殺陳世子偃師。《左傳》曰：陳哀公元妃鄭姬生悼太子偃師，二妃生公子留，下妃生公子勝。二妃嬖，留有寵，屬諸司徒招與公子過。哀公有廢疾，公子招、公子過殺悼太子偃師，而立公子留。澄按，齊侯弟年、鄭伯弟語，皆非三命之卿，特以其屬貴而同於再命之卿。陳公子招既爲三命之卿，而以氏名通矣。今又去其氏，而曰「陳侯之弟招」，何也？蓋曰「陳公子招殺陳世子偃師」，則似兩下相殺之辭，今曰「陳侯之弟招」，則見其挾叔父之尊，而賊其兄之世嫡也。

夏

四月

辛丑，陳侯溺卒。哀公也，在位三十五年。高氏曰：陳侯以廢疾不能討殺世子之賊，因自縊而死。夫楚觀從納公子比而靈王縊，《春秋》謂「比弑其君」，陳侯之弟招立公子留而哀公縊，《春秋》不謂「留弑君」，何也？比之立，無君者也，靈雖不縊，亦不與比並存，是靈王之死由比也。招之立留，由君之廢也[一]，且君有命，哀雖不縊，亦不可以君國，是哀之死不以留也。

叔弓如晉。《左傳》曰：賀虒祁也。鄭伯亦賀。史趙曰：「甚哉，其相蒙也！可弔也，而又賀之。」襄陵許氏

[一] 由君之廢也：「由」，原作「猶」，據清刻本、四庫本改。

曰：財費則國貧，役煩則民敝，此之謂可弔，而諸侯賀之，是以人君安於危亡而不自知，蓋諛之者衆也。當楚之隆，勢專諸夏，而晋弗慮圖，唯宫室之崇，以爲安榮，平公可謂卑矣。高氏曰：前年楚成章華之臺，召諸侯落之。至是晋成虒祁之宫，而諸侯遂皆往賀之，晋之效尤如此，霸業之不振宜哉！

楚人執陳行人干徵師，殺之。《左傳》曰：干徵師赴于楚，且告有立君。公子勝愬之于楚，楚子執而殺之。劉氏曰：楚惡公子招而殺干徵師，非其罪也。

陳公子留出奔鄭。蘇氏曰：楚將討陳，故留出奔。留既爲君矣，不曰「陳留」而曰「陳公子留」，何也？留立於招爾，未成爲君也。高氏曰：偃師曰「世子」，留曰「公子」，别嫡庶也。

秋

蒐于紅。《左傳》曰：大蒐于紅，自根牟至於商、衛，革車千乘。杜氏曰：紅，魯地，沛國蕭縣西有紅亭。遠疑。劉氏曰：蒐，春事也，秋興之，非正也。蒐有常地矣，于紅，亦非正也。曷爲不言公？公不得與於蒐爾，三家專魯而分之，政令出焉，公寄食焉爾。

陳人殺其大夫公子過。過，古禾切○《左傳》曰：陳公子招歸罪於公子過而殺之。澄曰：按哀公屬留於招與過，故招、過同殺大子，二人之罪均也。招畏國人公論，懼楚人來討，故歸過於過而欲免己。人其可欺乎？

大雩。

冬

十月

壬午，楚師滅陳。《左傳》曰：楚公子棄疾帥師，奉偃師之子吳圍陳，宋戴惡會之，滅陳，使穿封戌爲陳公。

執陳公子招，放之于越。高氏曰：公子招死有餘罪，反宥而放之。

殺陳孔奐。孫氏曰：陳公子招，殺世子之賊也而放之；陳孔奐，無罪之人也而殺之。吁，楚靈暴虐淫刑如此！

澄曰：孔奐，招之黨，不爲無罪，然招首惡也而放，奐同惡也而殺，刑頗矣。

葬陳哀公。楚葬之也，與齊侯滅紀而葬紀伯姬同，不曰楚子葬者，蒙上楚師滅陳之文而書三事，其執、其放、其殺、其葬，皆楚也。

《經》書月二，書日二。《大衍曆》：正月庚午，大，丙戌，冬至；二月庚子，小；三月己巳，大；四月己亥，小，辛丑，三日；五月戊辰，大；六月戊戌，小；七月丁卯，大；八月丁酉，小；九月丙寅，大；十月丙申，小；十一月乙丑，大，《經》十月壬午在此月；十二月乙未，小。《長曆》：是年閏八月。辛丑，四月四日；壬午，十月十八日。

九年戊辰。景王十二年〇晉霸平二十五〇蔡靈十〇曹武二十二〇衛靈二〇鄭簡三十三〇陳滅〇杞平三〇宋平四十三〇齊景十五〇秦哀四〇楚靈八〇吳夷末十一

春

叔弓會楚子于陳。《左傳》曰：叔弓、宋華亥、鄭游吉、衛趙黶會楚子于陳。杜氏曰：楚子在陳，故四國大夫往，不行會禮，故不總書。襄陵許氏曰：楚既滅陳，威震中夏，是以無所號召而諸國之大夫會之。

許遷于夷。《左傳》曰：楚公子弃疾遷許于夷，實城父，取州來、淮北之田以益之。杜氏曰：許畏鄭，欲遷，故以自遷爲文。高氏曰：陳滅許遷，皆中國無霸之故也。杜氏諤曰：許自成十五年遷于葉，至此又遷于夷，《春秋》詳録，以見許之危弱不能自守矣。

夏

四月

陳災。「災」，《公》、《穀》作「火」〇《左傳》曰：鄭裨竈曰：「五年陳將復封，封五十二年而遂亡。」《公羊傳》曰：陳已滅矣，其言「陳火」何？存陳也。胡氏曰：凡外災告則書，今楚已滅陳，夷於屬縣，使穿封戌爲公矣，必不使告於諸侯，言亡國之有天災也，何以書於魯國之策乎？當是時，叔弓與楚子會于陳，則目擊其事矣，雖彼不來告，此不往弔，叔弓使畢而歸，語陳故也，魯史遂書之爾。高氏曰：陳雖爲楚所滅，而土地居民猶在焉，聖人不與楚滅之也，故還係之陳。

秋

仲孫貜如齊。貜，俱縛切〇《左傳》曰：孟僖子如齊，殷聘。杜氏曰：自叔老聘齊，至今二十年，禮意久曠，今脩盛聘，以無忘舊好。高氏曰：此暨齊平之故也，齊平而不來聘，則著齊輕公，非特居鄆時也，其來久矣。

冬

築郎囿。《左傳》曰：季平子欲其速成也，叔孫昭子曰：「焉用速成？其以勦民也。無囿猶可，無民其可乎？」襄陵許氏曰：公内制於彊臣，外輕於大國，亂亡危辱兆矣。是之弗慮，而築郎囿，知公之志日以荒矣。張氏曰：此見季孫意如逢其君以耳目之娱，而竊其權，昭公安之而不悟也。

《經》書月一，書日無。《大衍曆》：正月甲子，大，辛卯，冬至；二月甲午，小；三月癸亥，大；閏月癸巳，小；四月壬戌，大；五月壬辰，小；六月辛酉，大；七月辛卯，大；八月辛酉，小；九月庚寅，大；十月庚申，小；十一月己丑，大；十二月己未，小。

十年己巳。景王十三年○晉霸平二十六，卒○蔡靈十一○曹武二十三○衛靈三○鄭簡三十四○陳滅○杞平四○宋平四十四，卒○齊景十六○秦哀五○楚靈九○吴夷末十二

春

王正月。

夏

齊欒施來奔。「齊」，《公》作「晉」○《左傳》曰：齊惠欒、高氏皆耆酒，信内多怨〔一〕，彊於陳、鮑氏而惡之。有告陳桓子曰：「子旗、子良將攻陳、鮑。」亦告鮑氏。桓子授甲而如鮑氏，遭子良醉而騁，遂見文子，則亦授甲矣。使視二子，則皆將飲酒。桓子曰：「彼雖不信，聞我授甲，則必逐我。及其飲酒也，先伐諸。」陳、鮑方睦，遂伐欒、高氏。子良曰：「先得公，陳、鮑焉往？」遂伐虎門。公卜使王黑以靈姑銔率，吉。請斷三尺焉而用之。戰于稷，欒、高

〔一〕信内多怨：「信」，原作「言」，據清刻本、四庫本改。

敗，又敗諸莊。國人追之，又敗諸鹿門。欒施、高彊來奔。高氏曰：欒施與高彊以兵攻君宫，欲伐君以伐陳、鮑，遂與君戰，不勝而來奔，此罪大矣。《春秋》不書高氏，非卿故也。魯方通聘而受其奔亡之臣，非義也。

秋

七月

季孫意如、叔弓、仲孫貜帥師伐莒。「意」，《公》作「隱」，後同○胡氏曰：前已舍中軍矣，曷爲猶以三卿並將乎？季孫毁中軍，四分公室，擇其二，二家各有其一，至是季孫意如身爲主將，二子各帥一軍爲之副，則三軍固在，其曰舍之者，特欲中分魯國之衆爲己私爾，以爲復古則誤矣[一]。襄公以來，既作三軍，地皆三家之土，民皆三家之兵，每一軍出，各將其所屬，而公室無預焉，是知雖舍中軍，而三卿並將，舊額固存矣。高氏曰：是時，魯閒晉之衰，故三卿帥師同伐莒，欲一舉滅之，而三卿擅以爲己功也。

戊子，晉侯彪卒。平公也，在位二十六年，子夷嗣，是爲昭公。

九月

叔孫婼如晉。《左傳》曰：叔孫婼、齊國弱、宋華定、衛北宫喜、鄭罕虎、許人、曹人、莒人、邾人、滕人、薛人、杞人、小邾人如晉，葬平公也。

葬晉平公。《左傳》曰：既葬，諸侯之大夫欲因見新君。叔向辭之，曰：「大夫之事畢矣，而又命孤。孤斬焉在

[一] 以爲復古則誤矣：「誤」，原作「異」，據清刻本改。

哀經之中，其以嘉服見，則喪禮未畢；其以喪服見，是重受弔也，大夫將若之何？」皆無辭。高氏曰：不及期而葬，簡也。

不書冬，缺文。

十有二月

甲子，宋公成卒。「成」，《公》作「戍」〇平公也，在位四十四年[一]，子佐嗣，是爲元公。

《經》書月四，書日二。《大衍曆》：正月戊子，大，丁酉，冬至；二月戊午，小；三月丁亥，大；四月丁巳，小；五月丙戌，大；六月丙辰，小；七月乙酉，大，戊子，四日；八月乙卯，小；九月甲申，大；十月甲寅，大；十一月甲申，小；十二月癸丑，大，甲子，十二日。《長曆》：七月庚寅，朔，無戊子。

十有一年庚午。景王十四年〇晉霸昭公夷元年〇蔡靈十二，弒〇曹武二十四〇衛靈四〇鄭簡三十五〇陳滅〇杞平五〇宋元公佐元年[二]〇齊景十七〇秦哀六〇楚靈十〇吴夷末十三

春

王二月「二月」，《公》作「正月」。

叔弓如宋。高氏曰：卿共盟主之葬，猶可言也，卿共同列之葬，非禮甚矣。

[一] 在位四十四年：「四十四」，底本及校本皆作「四十」，宋平公在位實四十四年，據上下文改。

[二] 宋元公佐元年：「佐」，原作「左」，據四庫本改。

葬宋平公。亦速葬也。

夏

四月

丁巳，楚子虔誘蔡侯般，殺之于申。「虔」，《穀》作「乾」○《左傳》曰：楚子在申，召蔡靈侯。靈侯將往，蔡大夫曰：「王貪而無信，唯蔡於感。今幣重而言甘，誘我也，不如無往。」蔡侯不可。楚子伏甲而饗蔡侯于申，醉而執之，殺之，刑其士七十人。陸氏曰：般，弑君父之賊也，誘而殺之，何爲其不可乎？楚子内利其國，外託討罪，故不許其誘而責其詐也。夫以大國之力而討小國之逆，當聲其罪而伐之，倡大義於天下〔一〕。今乃誘而殺之，雖曰討賊，實取其國。蔡侯之罪，自不容誅，楚子之惡，亦已甚矣。高氏曰：蔡般弑逆之罪，雖義當討，而楚子亦弑逆之賊也，以賊討賊，何辨曲直？况楚子非真治般，志在滅蔡也，故《春秋》書「楚子虔」、「蔡侯般」，同斥其名，以見其罪同。永嘉吕氏曰：諸侯不生名，卒則名，失國則名，争國則名，見滅則名。「衛侯燬滅邢」，漢儒有滅同姓名之説，然諸侯之滅同姓者多矣，何以獨名衛侯耶？「楚子虔誘蔡侯般」，謂其誘而殺之，故名。然「楚子誘戎蠻子」，亦誘之也，何以不名？説者曰：以夷狄誘夷狄，猶可。以夷狄誘中國，不可。然聖人書「誘」，所以著楚子之罪矣，豈以中國夷狄而有異乎？然則衛侯燬、楚子虔之所以名，皆衍字爾。或謂「衛侯燬滅邢」之下有「衛侯燬卒」，因此而訛，遂於滅邢之上亦加「燬」字，楚子虔亦恐後儒於蔡侯般之上，見其不應名般而不名虔，故加一「虔」字。不知蔡侯般之名，非以罪般也，此與胡子髡、沈子逞、徐子章羽、沈子嘉、胡子豹、蔡世子有、潞子嬰兒同一例爾。

〔一〕倡大義於天下：「倡」，清刻本作「申」。

楚公子棄疾帥師圍蔡。《左傳》曰：韓宣子問於叔向曰：「楚其克乎？」對曰：「克哉。蔡侯獲罪於其君，而不能其民，天將假手於楚以斃之，何故不克？然肸聞之，『不信以幸，不可再也』。楚王奉孫吳以討於陳，曰：『將定而國。』陳人聽命而遂縣之，今又誘蔡而殺其君，以圍其國，雖幸而克，必受其咎，弗能久矣。」高氏曰：楚滅陳易，滅蔡難，此書「圍蔡」者，般出會而世子有守，尚能有拒，且望中國諸侯之救也。

五月

甲申，夫人歸氏薨。襄公之妾，昭公之母。胡女，歸姓。

大蒐于比蒲。高氏曰：備楚故也。曰「大」云者，僭天子之制也。十年書「蒐」，此書「大蒐」，見三家益彊而車徒日衆也。大蒐雖素定，然公以夫人之喪不自臨也。而大蒐不廢，則是三家者以馳騁田獵間君喪也。張氏曰：比蒲，魯南鄙之地。胡氏曰：君有重喪，喪不貳事。簡車徒，非禮也。乃有身從金革而無避者獨何與？曰：有門庭之寇，宗廟社稷之存亡係焉，必從權制。伯禽服喪，徐夷並興，至於東郊，出戰之師與築城之役[一]，同日並舉，度緩急輕重，蓋有不得已焉者矣。晋王克用薨，梁兵壓境，而莊宗決勝於夾寨；周太祖殂，契丹入寇[二]，而世宗接戰於高平。若此者，君行爲顯親，非不顧也；臣行爲愛君，非不忌也。唯審於輕重緩急之宜，斯可矣。澄按，伯禽之以喪服從戎者，服武王之喪也。

仲孫貜會邾子盟于祲祥。「祲祥」，《公》作「侵羊」〇《左傳》曰：修好，禮也。杜氏曰：盟會以安社稷，故

[一] 出戰之師與築城之役：「出戰」前原有「不開」二字，據清刻本、四庫本及四部叢刊本胡安國《春秋傳》刪。

[二] 契丹入寇：「寇」，清刻本作「侵」。

喪盟謂之禮。趙氏曰：《春秋》盟會是常，何獨於有喪之時而稱得禮？是時又無大患，邾又小國，何能有救患之益？高氏曰：始也公及邾儀父盟于蔑，公及邾儀父盟于趡，是魯侯親與之盟會也。今公雖以夫人之喪，使仲孫貜會邾子，盟于祲祥。然自是仲孫何忌及邾子盟于拔，叔孫州仇、仲孫何忌及邾子盟于句澤，是吾大夫與其君盟會爾。然則魯邾之更爲彊弱，斷可知矣。雖與邾盟以脩好，然魯人之志，必欲滅邾而後已，此盟豈可信邪？

秋

季孫意如會晉韓起、齊國弱、宋華亥、衛北宮佗、鄭罕虎、曹人、杞人于厥慭。「厥慭」，《公》作「屈銀」，慭，魚敬切，又平聲○《左傳》曰：謀救蔡也。楚師在蔡，晉荀吴謂韓宣子曰：「不能救陳，又不能救蔡，物以無親，晉之不能，亦可知也。已爲盟主而不恤亡國，將焉用之？」晉人使狐父請蔡於楚，弗許。襄陵許氏曰：蔡能嬰城，堅不下楚，此易助也。厥慭合天下之兵，畏不敢救，遣使請命，示之不能，使楚益驕，有以量中國之力而卒取之，此韓起之罪也。

九月

己亥，葬我小君齊歸。《左傳》曰：公不慼，晉士之送葬者歸，以語史趙。史趙曰：「必爲魯郊。」叔向曰：「魯公室其卑乎！君有大喪，國不廢蒐，有三年之喪，而無一日之慼。國不恤喪，不忌君也；君無慼容，不顧親也。國不忌君，君不顧親，能無卑乎？」

冬

十有一月

丁酉，楚師滅蔡。高氏曰：楚子滅陳、蔡皆稱師者，著其無道，恃衆彊滅之也。四月圍而十有一月方滅者，世子有之力也。

執蔡世子有以歸，用之。「有」，《穀》作「友」〇高氏曰：滅國而用世子有者，怒其拒師之久也。用之者，以爲牲也。夫蔡本中國之諸侯，乃背中國而即夷狄，必以夷狄爲可恃也。今蔡侯既爲夷狄所誘而殺之，又從而滅其國，其世子有又爲所執而虐用之，以絶其世，然則夷狄何補於蔡哉！此萬世人君之戒也。蔡侯已死而有稱世子，何也？未得乎立也。般誘殺則外亂，國被圍則内急，喪柩未至，則世子固未得乎立矣，而能拒狂楚者三時不改，真所謂世子也。不言以世子有歸者，有不從楚故也，斯得古人不共戴天之義矣。楚子誘人君而殺之，乘人之喪而滅之，執其嫡嗣而歸用之，此楚子不道之甚。聖人所以詳録之，非專罪夷狄也，乃所以罪吾中國，王綱既墜，霸統又絶，諸侯莫敢救，致夷狄之自恣，一至於此也。然則向戌之謀，實何利於中國哉？

《經》書月五，書日四。《大衍曆》：正月癸未，小，壬寅，冬至；二月壬子，大；三月壬午，小；四月辛亥，大，丁巳，七日；五月辛巳，小，甲申，四日；六月庚戌，大；七月庚辰，小；八月己酉，大；九月己卯，小，己亥，二十一日；十月戊申，大；十一月戊寅，小，丁酉，二十日；十二月丁未，大；閏月丁丑，大。

十有二年辛未。景王十五年〇晉霸昭二〇蔡滅〇曹武二十五〇衛靈五〇鄭簡三十六，卒〇陳滅〇杞平六〇宋元二〇齊景十八〇秦哀七〇楚靈十一〇吴夷末十四

春

齊高偃帥師納北燕伯于陽。「北燕伯」下一有「款」字〇《左傳》曰：因其衆也。杜氏曰：言因唐衆欲納之，故得先入唐，不言于燕，未得國都也。陽即唐也，燕别邑，中山有唐縣。高氏曰：三年北燕伯出奔齊，六年齊將納之而

不果，款播越在外蓋十年矣，不能自復而藉齊之力，僅能納之於别邑而已，失國之難反如此。

三月

壬申，鄭伯嘉卒。簡公也，在位三十六年，子寧嗣，是爲定公。高氏曰：鄭去中國即楚久矣，至於簡公，乘晋悼之方興，以國反正，遂息諸侯之兵。子産相之，薰然慈仁，民蒙其澤，蔚爲春秋之賢諸侯。

夏

宋公使華定來聘。《左傳》曰：通嗣君也。高氏曰：公始以卿共平公之葬，故宋元公即位而使人來聘也。

公如晋，至河乃復。《穀梁傳》曰：季孫氏不使遂乎晋也。《左傳》曰：取郠之役，莒人愬于晋，晋有平公之喪，未之治也，故辭公，公子慭遂如晋。高氏曰：晋昭公嗣位，公往朝焉。公四如晋，皆至河乃復。

五月

葬鄭簡公。三月而葬，速。

楚殺其大夫成熊。「熊」，《公》作「然」，《穀》作「虎」〇《左傳》曰：楚子謂成虎若敖之餘也，遂殺之。或譖成虎於楚子，成虎知之而不能行，懷寵也。

秋

七月。

冬

十月

公子憖出奔齊。憖，魚覲切，《公》作「整」○《左傳》曰：季平子立而不禮於南蒯，南蒯謂子仲：「吾出季氏而歸其室於公，子更其位，我以費爲公臣。」子仲許之。叔仲小、南蒯、公子憖謀季氏。憖告公，而遂從公如晉。南蒯以費叛如齊。子仲還，及衛，聞亂，逃介而先。及郊，聞費叛，遂奔齊。高氏曰：季氏之臣南蒯將去季氏而立憖，不克而以費叛，憖遂奔齊。是以君子譏其妄而哀其志也。

楚子伐徐。《左傳》曰：楚子狩於州來，次于潁尾，使蕩侯、潘子、司馬督、囂尹午、陵尹喜帥師圍徐以懼吳，楚子次于乾谿以爲之援。高氏曰：徐，吳之姻國也。楚人疾吳，故遷怒於徐，既執其君，又伐其國也。

晉伐鮮虞。《左傳》曰：晉荀吳僞會齊師者，假道於鮮虞，遂入昔陽，滅肥，以肥子緜皋歸。伐鮮虞，因肥之役也。杜氏曰：不書將帥，史闕文。鮮虞，白狄別種，在中山新市縣。昔陽，肥國都，樂平沾縣東有昔陽城。肥，白狄也。緜皋，其君名，鉅鹿下曲陽縣西有肥累城。高氏曰：楚靈不道，既滅陳、蔡，今方伐徐。晉爲盟主，坐視而不救，若力不能，君子不責也。能伐鮮虞而不救徐，非力不能，棄中國也。

《經》書月四，書日一。《大衍曆》：正月丁未，小，旦日，冬至；二月丙子，大；三月丙午，小，壬申，二十七日；四月乙亥，大；五月乙巳，小；六月甲戌，大；七月甲辰，小；八月癸酉，大；九月癸卯，小；十月壬申，大；十一月壬寅，小；十二月辛未，大。《長曆》：是年閏正月，三月無壬申。

十有三年壬申。景王十六年○晉霸昭三○蔡平公廬元年○曹武二十六○衛靈六○鄭定公寧元年○陳惠公吳元年○杞平七○宋元三○齊景十九○秦哀八○楚靈十二，弒○吳夷末十五

春

叔弓帥師圍費。《左傳》曰：叔弓圍費，弗克，敗焉。平子怒，令見費人，執之以爲囚俘。冶區夫曰：「非也，若見費人，寒者衣之，饑者食之，爲之令主，而共其乏困，費來如歸。南氏亡矣，民將叛之，誰與居邑？若憚之以威，懼之以怒，民疾而叛，爲之聚也。若諸侯皆然，費人無歸，不親南氏，將焉入矣？」平子從之。費人叛南氏。陸氏曰：凡家臣以邑叛，悉不書叛，但書大夫圍之，則邑叛可知矣。高氏曰：費，季氏邑也，叔弓帥師圍之，見家臣之彊，季氏之無君也。家臣以邑叛，不以君命而使大夫討之，如是則大夫非魯之大夫也，季氏之大夫也，師非魯之師也，季氏之師也。如是而欲討南蒯，不思之甚矣。

夏

四月

楚公子比自晋歸于楚，弑其君虔于乾谿。乾，音干〇《左傳》曰：楚薳氏之族及薳居、許圍、蔡洧、蔓成然，皆王所不禮也，因羣喪職之族，啓越大夫常壽過作亂，圍固城，克息舟，城而居之。觀起之死也，其子從在蔡，事朝吴，曰：「今不封蔡，蔡不封矣，我請試之。」以蔡公之命召子干、子晳，及郊而告之情，彊與之盟。入，襲蔡，蔡公將食，見之而逃。觀從使子干食，坎，用牲，加書而速行，己徇於蔡曰：「蔡公召二子，將納之，與之盟而遣之矣，將師而從之。」蔡人聚，將執之。辭曰：「失賊成軍而殺余，何益？」乃釋之。朝吴曰：「二三子若能死亡，則如違之，以待所濟；若求安定，則如與之，以濟所欲。且違上，何適而可？」衆曰：「與之。」乃奉蔡公，召二子而盟於鄧，依陳、蔡人以國。楚公子比、公子黑肱、公子棄疾、蔓成然、蔡朝吴帥陳、蔡、不羹、許、葉之師，因四族之徒以入楚。及郊，蔡公使須務牟與史猈先入，因正僕人殺太子禄及公子罷敵。公子比爲王，公子黑肱爲令尹，次于魚陂，公子棄疾爲司馬。

先除王宮，使觀從從師於乾谿，而遂告之，且曰：「先歸復所，後者劓。」師及訾梁而潰。王聞羣公子之死也，自投于車下，曰：「人之愛其子也，亦如余乎？」侍者曰：「甚焉，小人老而無子，知擠於溝壑矣。」王曰：「余殺人子多矣，能無及此乎？」右尹子革曰：「請待於郊，以聽國人。」王曰：「衆怒不可犯也。」曰：「若入於大都，而乞師於諸侯？」王曰：「皆叛矣。」曰：「若亡於諸侯，以聽大國之圖君也？」王曰：「大福不再，祇取辱焉。」然丹乃歸於楚。王沿夏，將欲入鄢。芋尹無宇之子申亥求王，遇諸棘闈以歸。王縊於芋尹申亥氏。《公羊傳》曰：楚靈王爲無道，作乾谿之臺，三年不成，百姓苦之，諸侯怨之。公子棄疾主方城之外，以君陳、蔡，脅比而立焉，然後令于乾谿之役曰：「比已立矣，先歸者復其田里，後者劓。」衆潰而散，靈王經而死。蘇氏曰：比將爲君，不曰「楚比」而曰「公子比」，何也？比之歸，非其謀也，亂始於觀從，而成於棄疾，以比爲名而已。比迫於觀從，而以身許之，以致虔死，則比雖不弑，而弑君之名，比尸之矣。比之歸也，虔猶在楚，其不曰「入」，何也？觀從召之，蔡人與之，楚人不拒，則比之歸無難也。高氏曰：先言比歸者，明在外，本無弑君之心也。及其以棄疾之請也，遂有得位之心，故復言「弑」者，正比之罪也。既曰「歸于楚」，又曰「弑于乾谿」者，非比親弑之也，加之罪爾。初，楚子麇疾，靈王因殺其子而自立，公子比以是出奔晉。比在晉十年矣，其能一旦自外歸而弑其君乎〔二〕？蓋靈王無道，雖棄疾脅比而立，靈王自縊而死，若比不從棄疾之脅，則靈王未必死。以此言之，棄疾不得比之勢，則無以濟其亂，比見利而動，遽欲爲君。則成楚靈之縊者，乃比也。蓋是時比當效死不立，而既立矣，又焉得避是名哉？若使人之受其名也，已享其利，則後世姦人苟有籍口以濟其私者，莫不皆寘力焉，故聖人正名比之弑君，所以絶後世姦人之禍也。杜氏曰：乾谿，在譙國城父縣東竟。

〔二〕其能一旦自外歸而弑其君乎：「旦」，原作「日」，據清刻本、四庫本改。

楚公子棄疾殺公子比。《左傳》曰：觀從謂子干曰：「不殺棄疾，雖得國，猶受禍也。」子干曰：「余不忍也。」子玉曰：「人將忍子。」國每夜駭曰：「王入矣！」棄疾使周走而呼曰：「王至矣！」國人大驚。使蔓成然走告子干、子晳曰：「王至矣，國人殺君司馬，將來矣！君若早自圖也，可以無辱。」又有呼而走至者曰：「衆至矣！」二子皆自殺。棄疾即位，名曰熊居。葬子干于訾，實訾敖。張氏曰：公子比已爲王，棄疾爲司馬，則君臣若已定矣。及棄疾殺比，乃不以「弑君」書者，君臣之分未定，而棄疾譎殺之也。比不能效死不立，而貪爲君之利，不得不服首惡之罪。若夫分未正而以譎殺之於曖昧之中，目之以兩下相殺可矣，未可謂之弑君也。高氏曰：比復稱公子，而不以討賊之辭加之者，非討賊也，殺而代之也。憫比墮棄疾之謀，以深罪棄疾也。棄疾本圖位而脅立比，比既立，遂殺而篡之。比既死，遂自立，改名曰居。蓋弑君之人，名在諸侯之策，故公子圍改名曰虔，公子棄疾改名曰居。

秋

公會劉子、晉侯、齊侯、宋公、衛侯、鄭伯、曹伯、莒子、邾子、滕子、薛伯、杞伯、小邾子于平丘。《左傳》曰：晉成虒祁，諸侯朝而歸者皆有貳心，爲取郠故，晉將以諸侯來討。叔向曰：「諸侯不可以不示威。」乃並徵會，告於吴。晉侯會吴子於良。水道不可，吴子辭，乃還。治兵於邾南，甲車四千乘，遂合諸侯於平丘。晉人將尋盟，齊人不可。晉侯使叔向告劉獻公曰：「抑齊人不盟，若之何？」對曰：「盟以底信，君苟有信，諸侯不貳，何患焉？告之以文辭，董之以武師，雖齊不許，君庸多矣。天子之老，請帥王賦，『元戎十乘，以先啓行』，遲速唯君。」叔向告於齊曰：「諸侯求盟，已在此矣。今君弗利，寡君以爲請。」對曰：「諸侯討貳，則有尋盟，若皆用命，何盟之尋？」叔向曰：「明王之制，使諸侯歲聘以志業，間朝以講禮，再朝而會以示威，再會而盟以顯昭明。志業於好，講禮於等，示威於衆，昭明於神，自古以來，未之或失也。晉禮主盟，懼有不治，奉承齊犧而布諸君，求終事也。君曰『余必廢之』，何齊之有？唯君圖之，寡君聞命矣。」齊人懼，對曰：「小國言之，大國制之，敢不聽從？」叔向曰：「諸侯有間矣，不可以不示衆。」治兵，建而不旆。復旆之，諸侯畏之。高氏曰：霸圖不競久矣，晉主夏盟，諸侯皆貳。平丘之會，諸侯之衆，兵車之盛，奕世未覩，又有天子之使以臨之，使晉之威靈少振，而聳動吳、楚，此叔向之謀也。張氏曰：平丘，今開封府封丘縣，在《東漢志》尚爲平丘縣。

八月

甲戌，同盟于平丘。「甲戌」，《穀》作「庚戌」○《左傳》曰：齊服也。孫氏曰：自宋之會，諸侯不出，大夫專會者十年。至申之會，則又甚矣，楚子以蠻夷之衆，横行中國，戕滅陳、蔡，以厭其欲，諸侯莫敢伉，楚子專盟會者又十年矣。今晉昭一旦與劉子合諸侯，同盟於此者，其能與楚子伉乎？乘楚靈弑逆之禍爾。高氏曰：晉若果能與劉子大合諸侯，以討楚平弑逆之罪，亦足以彊中國之威矣。今但同盟於此，何所爲哉？雖然，楚人自是不入寇，而中國爲之少安，亦由此盟也。

公不與盟。《左傳》曰：邾人、莒人愬於晉曰：「魯朝夕伐我，幾亡矣。我之不共，魯故之以。」晉侯不見公，使叔向來辭曰：「諸侯將以甲戌盟，寡君知不得事君矣，請君無勤。」子服惠伯對曰：「君信蠻夷之訴，以絶兄弟之國，棄周公之後，亦唯君。寡君聞命矣。」叔向曰：「寡君有甲車四千乘在，雖以無道行之，必可畏也，況其率道，其何敵之有？牛雖瘠，僨於豚上，其畏不死！南蒯、子仲之憂，其庸可棄乎？若奉晉之衆，用諸侯之師，因邾、莒、杞、鄫之怒以討魯罪，間其二憂，何求而弗克？」魯人懼，聽命。高氏曰：此晉侯聽邾、莒之訴而辱公，使不得與盟也。夫晉侯與公同體，當同心同力以攘夷狄，而諸侯咸會，乃聽邾、莒之妄訴，與衆棄公，不以比數。孫氏曰：與公同事而不同盟，非所以宗諸侯也，天下孰不解體？故自是訖會召陵，諸侯復不出者二十四年。至如鄟陵之會，晉自不出，其不足以宗諸侯矣。

晉人執季孫意如以歸。《左傳》曰：晉人執季孫意如，以幕蒙之，使狄人守之。司鐸射懷錦，奉壺飲冰，以蒲伏焉。守者御之，乃與之錦而入。晉人以平子歸，子服湫從。胡氏曰：魯自文公以來，公室微弱，三家專魯，而季氏罪之首也，宿及意如尤爲彊逼不臣。晉人若按邾、莒有無之狀，究南蒯、子仲奔叛之因，告於諸侯，以其罪執之，請於天子，以大義廢之，選於魯卿，更意如之位，收歛私邑，爲公室之民，使政令在君，三家臣順。今徒以邾、莒之故執意如，則是意在貨財，而不責其無君臣之義也。澄按，胡氏之論可謂萬世之大義矣，而非當時之事情也，録之者以示教云爾。

公至自會。公雖不與同盟，然已與平丘之會矣，故以會至。

蔡侯廬歸于蔡。《左傳》曰：平王即位，陳、蔡皆復，隱太子之子廬歸於蔡。杜氏曰：隱太子，太子有也。廬，蔡平侯。

陳侯吴歸于陳。《左傳》曰：悼太子之子吴歸於陳。杜氏曰：悼太子，偃師也。吴，陳惠公。澄按，魯昭公八年正月，陳哀公之弟公子招殺世子偃師，哀公縊而死。九月，楚公子棄疾奉偃師之子吴圍陳，十月，滅之，使穿封戌爲陳公。十一年四月，楚靈王誘蔡靈侯，殺之，公子棄疾帥師圍蔡，十一月，滅之，執蔡世子有以歸，用之。楚城陳、蔡、不羹，使棄疾爲蔡公。問於申無宇曰：「棄疾在蔡，何如？」對曰：「鄭莊公城櫟，寘子元焉，使昭公不立〔一〕。臣聞五大不在邊，五細不在庭，末大必折，尾大不掉，君所知也。」至是年，棄疾果以陳、蔡叛，陳、蔡之人以復讎之故而樂從之，棄疾因此得國，故復陳、蔡以報其功也。陳，先聖之後；蔡，王室之親。楚靈無道，滅其國而有其土地。廬，蔡靈

〔一〕使昭公不立：「不立」，清刻本、四庫本作「失位」。

之孫；吴，陳哀之孫，當爲君者也。土地雖入楚，國固其國也，侯固其位也，故其復國也，書國書爵書名，如失國之君歸其國然。蓋陳、蔡乃天子所封之國，非楚所得滅也。常山劉氏曰：陳、蔡者，先王之建國，非楚可滅，非楚可復也，故書爵書歸，言二國之嗣，位其所固有，國其所宜歸也。二君名者，素非諸侯，至此始立也。高氏曰：楚靈不道，暴滅陳、蔡，而平王始依陳、蔡之國，籍以發難。今既得位，遂復二國之後，暴靈之惡而歸恩於己，以説中國。《春秋》不言歸自楚者，見二國之復，乃自當復，非夷狄得滅而復之也。廬，靈公少子，世子有之弟，先儒謂世子有之子，非也。

冬

十月

葬蔡靈公。陸氏曰：國復乃葬，凡三十有一月。

公如晋，至河乃復。《左傳》曰：公如晋，荀吴謂韓宣子曰：「諸侯相朝，講舊好也，執其卿而朝其君，有不好焉，不如辭之。」乃使士景伯辭公于河。高氏曰：晋不與公盟，今又執吾卿，而公復朝之，無恥甚矣。豈欲因晋之執而請討季氏之罪乎？然季氏在晋，宜其不見納也。

吴滅州來。《左傳》曰：吴滅州來，楚令尹子期請伐吴〔一〕，王弗許，曰：「吾未撫民人，未事鬼神，未修守備，未定國家，而用民力，敗不可悔。州來在吴，猶在楚也，子姑待之。」高氏曰：成六年，吴入州來，蓋本楚屬也，至是取之，盡殺其吏民，無道之甚，故稱「滅」焉。《春秋》詳楚伐吴，略吴伐楚，而志其甚者，滅州來是也。吴人以州來封季子之後，又以遷蔡焉。

〔一〕楚令尹子期請伐吴：「期」，清刻本、四庫本作「旗」。

《經》書月三，書日一。《大衍曆》：正月辛丑，小，壬子，冬至；二月庚午，大；三月庚子，小；四月己巳，大；五月己亥，大；六月己巳，小；七月戊戌，大；八月戊辰，小，甲戌，七日；九月丁酉，大；十月丁卯，小；十一月丙申，大；十二月丙寅，小。

十有四年癸酉。景王十七年〇晋霸昭四〇蔡平二〇曹武二十七，卒〇衛靈七〇鄭定二〇陳惠二〇杞平八〇宋元四〇齊景二十〇秦哀九〇楚平王居元年〇吴夷末十六

春

意如至自晋。《左傳》曰：季孫猶在晋。子服惠伯私於中行穆子，曰：「魯事晋，何以不如夷之小國？魯，兄弟也，土地猶大，所命能具。若爲夷棄之，使事齊、楚，其何瘳於晋？」穆子告韓宣子，且曰：「楚滅陳、蔡不能救，而爲夷執親，將焉用之？」乃歸季孫。惠伯曰：「寡君未知其罪，合諸侯而執其老。若猶有罪，死命可也。若曰無罪而惠免之，諸侯不聞，是逃命也，何免之爲？請從君惠於會。」宣子患之，使叔魚見季孫曰：「鮒也聞諸吏，將爲子除館於西河。」平子懼，先歸。惠伯待禮。孫氏曰：大夫執則至，至名不稱氏，前見也。

三月

曹伯滕卒。武公也，在位二十七年，其子頃嗣，是爲平公。

夏

四月。

秋

葬曹武公。

八月

莒子去疾卒。去，上聲○《左傳》曰：莒著丘公卒，郊公不慼。國人弗順，欲立著丘公之弟庚輿。郊公惡公子鐸而善於意恢。公子鐸因蒲餘侯而與之謀曰：「爾殺意恢，我出君而納庚輿。」許之。襄陵許氏曰：昭公以來，微國皆葬，而莒著丘公不葬者，莒卒無謚，其號夷也，《春秋》不以夷亂華。

冬

莒殺其公子意恢。《左傳》曰：蒲餘侯兹夫殺莒公子意恢，郊公奔齊。公子鐸逆庚輿於齊，齊隰黨、公子鉏送之，有賂田。澄按，小國之卿再命，書名，其大夫一命，但當書人，意恢不稱大夫，則是不命之士，其名載於策者，以其屬爲公子，則貴而同於再命之卿，故於公子之下書名也。

《經》書月三，書日無。《大衍曆》：正月乙未，大，丁巳，冬至；二月乙丑，小；三月甲午，大；四月甲子，小；五月癸巳，大；六月癸亥，小；七月壬辰，大；閏月壬戌，小；八月辛卯，大；九月辛酉，大；十月辛卯，小；十一月庚申，大；十二月庚寅，小。

十有五年甲戌。景王十八年○晉霸昭五○蔡平三○曹平公須元年○衛靈八○鄭定三○陳惠三○杞平九○宋元五○齊景二十一○秦哀十○楚平二○吴夷末十七，卒

春

王正月

吴子夷末卒。「夷末」，《公》作「夷昧」。夷末在位十七年，庶弟僚立。

二月

癸酉，有事于武宫。籥入，叔弓卒。去樂，卒事。去，上聲○《左傳》曰：將禘於武公，戒百官。梓慎曰：「吾見赤黑之祲，非祭祥也，喪氣也，其在涖事乎？」叔弓涖事，籥入而卒。高郵孫氏曰：武宫，廢廟也，成六年復立之。胡氏曰：有事於宗廟，聞大夫之喪則去樂而祭，可乎？按曾子問君在祭不得成禮，夫子語之詳矣，而無有及大臣者，是知祭而去樂，不可也。有事於宗廟，遭大夫之變則可以聞乎？按《禮》，衛大史柳莊寢疾，君曰：「若疾亟，雖當祭必告。」是知祭而以聞，不可也。禮莫重於當祭，大夫有變而不以聞，則内得以盡其誠敬之心於宗廟，外得以全其隱恤之意於大臣，是兩得之也。然則有事於宗廟，大臣涖事，籥入而卒於其所，則如之何？禮雖未之有，可以義起也。有事于宗廟，大臣涖事，籥入而卒於其所，去樂卒事其可也，緣先祖之心，見大臣之卒，必聞樂不樂；緣孝子之心，視已設之饌，必不忍輕徹。故去樂而卒事，其可也。宗廟合禮者，常事不書，苟以爲可，則《春秋》何書乎？此記禮之變而書之者也。澄曰：叔弓，叔老之子也。

夏

蔡朝吴出奔鄭。「朝吴」下《公》無「出」字，「朝」作「昭」○《左傳》曰：楚費無極害朝吴之在蔡也，欲去之，乃謂之曰：「王唯信子，故處子於蔡。子亦長矣，而在下位，辱。必求之，吾助子請。」又謂其上之人曰：「王唯信吴，故處諸蔡。二三子莫之如也，而在其上，不亦難乎？弗圖，必及於難。」蔡人逐朝吴，朝吴出奔鄭。王怒曰：「余唯信吴，故寘諸蔡，且微吴，吾不及此，女何故去之？」無極對曰：「臣豈不欲吴？然而前知其爲人之異也。吴在蔡，蔡必速飛，去吴，所以翦其翼也。」胡氏曰：朝吴，蔡之忠臣，雖不能存蔡，而能復蔡，其從於棄疾，以棄疾必能封之也。棄疾以其忠於舊君而信之，使居舊國，可謂知所信矣。則曷爲出奔？費無極害其寵也。無極，楚之讒人也，出朝吴、出蔡侯、喪太子建、殺連尹奢，屏王耳目，使不聰明，卒使吴師入郢，辱及宗廟。讒人爲亂，可不畏乎？志朝吴出奔，而入郢之師兆矣。

六月

丁巳，朔，日有食之。

秋

晋荀吴帥師伐鮮虞。《左傳》曰：圍鼓，克之，以鼓子鳶鞮歸。高氏曰：十二年伐之未服故，然僅能得鼓，而卒叛去，晋之不能遠略可知矣。

冬

公如晋。《左傳》曰：平丘之會故也。澄按，平丘之會，公不與盟，大夫被執，公既往朝而不見納，辱亦甚矣，至此又往朝焉。蓋畏大國，不敢以辱爲恥也。

《經》書月三，書日二。《大衍曆》：正月己未，大，癸亥，冬至，《經》二月癸酉在此月；二月己丑，小；三月戊午，大；四月戊子，小；五月丁巳，大，朔，日食，《經》書六月食，蓋置閏後失也；六月丁亥，小；七月丙辰，大；八月丙戌，小；九月乙卯，大；十月乙酉，小；十一月甲寅，大；十二月甲申，大。《長曆》：是年閏九月。

癸酉，二月十五日。

十有六年乙亥。景王十九年○晋霸昭六，卒○蔡平四○曹平二○衛靈九○鄭定四○陳惠四○杞平十○宋元六○齊景二十二○秦哀十一○楚平三○吴僚元年

春

齊侯伐徐。《左傳》曰：齊師至於蒲隧，徐人行成。徐子及郯人、莒人會齊侯，盟於蒲隧，賂以甲父之鼎。叔孫昭子曰：「諸侯之無伯，害哉！齊君之無道也，興師而伐遠方，會之有成而還，莫之亢也，無伯也夫！」襄陵許氏曰：景公之時，吴、楚方争，晋既不能遠略。以齊之彊，務德修政，以通天下之志，糾合諸侯，復霸可也。而區區務争徐伐莒之利，志亦卑矣。

楚子誘戎蠻子，殺之。「蠻」，《公》作「蔓」，後同○《左傳》曰：楚子聞蠻氏之亂也，與蠻子之無質也，使然丹誘戎蠻子嘉，殺之，遂取蠻氏。杜氏曰：河南新城縣有蠻城。張氏曰：今伊闕縣，即新城也。蘇氏曰：楚子誘蔡侯，殺之，名而書地，以夷狄害中國，疾之也；誘殺戎蠻，不名不地，夷狄相殘，略之也。

夏

公至自晋。胡氏曰：昭公數朝於晋，三至於河而不得入，兩得見而晋侯又欲討其罪而止旃，其困辱亦甚矣。昭公安於危辱，無激昂勉厲之意，所謂自棄者不可與有爲，不亦悲乎！

秋

八月

己亥，晋侯夷卒。昭公也，在位六年，其子去疾嗣，是爲頃公。

九月

大雩。

季孫意如如晋。卿共葬事，畏晋也。

冬

十月

葬晋昭公。三月而葬，速。

《經》書月三，書日一。《大衍曆》：正月甲寅，小，戊辰，冬至；二月癸未，大；三月癸丑，小；四月壬午，大；五月壬子，小；六月辛巳，大；七月辛亥，小；八月庚辰，大，己亥，二十日；九月庚戌，小；十月己卯，大；十一月己酉，小；十二月戊寅，大。

十有七年丙子。景王二十年〇晋霸頃公去疾元年〇蔡平五〇曹平三〇衛靈十〇鄭定五〇陳惠五〇杞平十一〇宋元七〇齊景二十三〇秦哀十二〇楚平四〇吴僚二

春

小邾子來朝。

夏

六月

甲戌，朔，日有食之。

秋

郯子來朝。

八月

晋荀吴帥師滅陸渾之戎。《左傳》曰：晋侯使屠蒯如周，請有事於雒與三塗。萇弘謂劉子曰：「客容猛，非祭也，其伐戎乎？陸渾氏甚睦於楚，必是故也，君其備之。」乃警戎備。晋荀吴帥師涉自棘津，使祭史先用牲於雒，陸渾人弗知。師從之，遂滅陸渾，數之以其貳於楚也。陸渾子奔楚，其衆奔甘鹿，周大獲。宣子夢文公攜荀吴而授之陸渾，故使穆子帥師，獻俘於文宫。高氏曰：宣三年，楚子伐陸渾之戎，自是陸渾睦於楚，而爲中國之害，至是荀吴帥師滅之。胡氏曰：林父之於潞氏〔一〕，士會之於甲氏，荀吴之於陸渾戎，皆滅之也。而林父、士會稱人，荀吴舉其名氏，何哉？夷不亂華，陸渾之戎密邇王室，而縱之雜處，則非膺戎狄，别内外之義也，與夫闢土服遠，以圖彊霸則異矣。

冬

有星孛于大辰。《左傳》曰：西及漢。申須曰：「彗所以除舊布新也，天事恒象，今除於火，火出必布焉，諸侯其有火災乎！」梓慎曰：「往年吾見之，是其徵也。火出而見，今兹火出而章，必火入而伏，其居火也久矣，其與不然乎？火出，於夏爲三月，於商爲四月，於周爲五月。夏數得天，若火作，其四國當之，在宋、衛、陳、鄭乎！宋，大

〔一〕林父之於潞氏：「林父」，原作「文子」，據清刻本改。

辰之虚也；陳，太皞之虚也；鄭，祝融之虚也，皆火房也。星孛及漢，漢，水祥也。衛，顓頊之虚也，故爲帝丘，其星爲大水。水，火之牡也。其以丙子若壬午作乎！水火所以合也。若火入而伏，必以壬午，不過其見之月。」鄭裨竈言於子産曰：「宋、衛、陳、鄭將同日火。」襄陵許氏曰：星孛大辰，火災應之，天地之符也。大辰明堂當宋之分，故王室亂，宋亦亂。衛、陳、鄭，災氣所溢也。衛亂君奔，陳敗卿獲，唯鄭有令政而無後災，是知禍福之可轉也。

楚人及吴戰于長岸。杜氏曰：長岸，楚地。張氏曰：水戰也。《左傳》曰：吴伐楚。陽匄爲令尹，卜戰不吉。司馬子魚曰：「我得上流，何故不吉？且楚故司馬令龜，我請改卜。」令曰：「魴也以其屬死之，楚師繼之，尚大克之。」吉。戰於長岸，大敗吴師，獲其乘舟餘皇。使隨人與後至者守之，環而塹之，及泉，盈其隧炭，陳以待命。吴公子光請於其衆曰：「喪先王之乘舟，豈唯光之罪，衆亦有焉。請藉取之以救死。」衆許之。使長鬣者三人潛伏於舟側，曰：「我呼餘皇，則對。」師夜從之。三呼，皆迭對。楚人從而殺之。楚師亂，吴人大敗之，取餘皇以歸。胡氏曰：楚地五千里，帶甲數十萬，戰勝諸侯，威動天下，本非吴敵也。唯不能去讒賤貨，使費無極以讒勝，囊瓦以貨行，而策士奇材爲敵國用，故日以侵削，至雞父之師，七國皆敗；柏舉之戰，國破君奔，幾於亡滅。吴日益彊而楚削矣。

《經》書月二，書日一。《大衍曆》：正月戊申，小，癸酉，冬至；二月丁丑，大；三月丁未，小；四月丙子，大；五月丙午，大；閏月丙子，小；六月乙巳，大。《經》書六月甲戌，朔，日食，程氏曰：按《大衍》，是年閏五月，六月朔乙巳，非食限，五月丙午朔，日食黄道婁四度太其[一]，甲戌則九月朔名也，而亦不入食限。是月也，魯太史以爲夏之四月，而季平子以爲非正陽之月，平子必有所考，而言足明食朔之誤也，是魯太史之誤也，非《春秋》之誤

[一] 日食黄道婁四度太其：「其」，清刻本、四庫本作「甚」。

也；七月乙亥，小；八月甲辰，大；九月甲戌，小；十月癸卯，大；十一月癸酉，小；十二月壬寅，大。

十有八年丁丑。景王二十一年〇晋霸頃二〇蔡平六〇曹平四，卒〇衛靈十一〇鄭定六〇陳惠六〇杞平十二〇宋元八〇齊景二十四〇秦哀十三〇楚平五〇吴僚三

春

王三月

曹伯須卒。平公也，在位四年，其子午嗣，是爲悼公。

夏

五月

壬午，宋、衛、陳、鄭災。《左傳》曰：火始昏見，丙子，風。梓慎曰：「是謂融風，火之始也。七日其火作乎？」戊寅，風甚，壬午，大甚。宋、衛、陳、鄭皆火。梓慎登大庭氏之庫以望之，曰：「宋、衛、陳、鄭也，數日皆來告火。」《公羊傳》曰：記異也，同日而俱災，爲天下記異也。劉氏曰：四國同日而災，非人所能爲也，其序宋、衛、陳、鄭，《春秋》之正也，同德則尚爵，同爵則尚親，同親則尚齒。

六月

邾人入鄅。鄅，音禹〇《左傳》曰：鄅人籍稻，邾人襲鄅。鄅人將閉門，邾人羊羅攝其首焉，遂入之，盡俘以歸。鄅子曰：「余無歸矣。」從帑於邾，邾莊公反鄅夫人而舍其女。杜氏曰：鄅國在琅琊開陽縣。張氏曰：今屬沂州臨

沂縣，妘姓國。

秋

葬曹平公。

冬

許遷于白羽。《左傳》曰：楚左尹王子勝言於楚子曰：「許於鄭，仇敵也，而居楚地，以不禮於鄭。晉、鄭方睦，鄭若伐許而晉助之，楚喪地矣，君盍遷許？」楚子使王子勝遷許於析，實白羽。張氏曰：白羽一名析，楚邑，今鄧州内鄉縣。杜氏曰：自葉遷也，畏鄭而樂遷，故以自遷爲文。高氏曰：許至是三遷矣。

《經》書月三，書日一。《大衍曆》：正月壬申，小，戊寅，冬至；二月辛丑，大；三月辛未，小；四月庚子，大；五月庚午，小，壬午，十三日；六月己亥，大；七月己巳，小；八月戊戌，大；九月戊辰，小；十月丁酉，大；十一月丁卯，小；十二月丙申，大。《長曆》是年閏正月。

十有九年戊寅。景王二十二年〇晉霸頃三〇蔡平七〇曹悼公午元年〇衛靈十二〇鄭定七〇陳惠七〇杞平十三〇宋元九〇齊景二十五〇秦哀十四〇楚平六〇吴僚四

春

宋公伐邾。《左傳》曰：郳夫人，宋向戌之女也，故向寧請師。宋公伐邾，圍蟲，取之，乃盡歸郳俘。高氏曰：爲郳故也。天下無霸，而宋元於此一正入郳之亂，是以《春秋》録而進之。胡氏曰：此所謂聲罪執言之師也，故書「伐

郱」，而釋其取邑之罪。

夏

五月

戊辰，許世子止弑其君買。《左傳》曰：許悼公瘧，飲太子止之藥，卒。太子奔晋。張氏曰：藥劑之得失，決死生於須臾之間，瘧疾未足以死，而遽至於大故，是許悼公之卒，止實殺之也。孟子曰：「殺人以挺與刃，有以異乎？曰無以異也。以刃與政，有以異乎？曰無以異也。」進藥而藥殺，可不謂之弑哉？其所以異於商臣、蔡般者，過與故不同爾。蘇氏曰：今律過失殺人，以贖論。過失殺朞尊，減殺人二等；過失殺大父母、父母，減殺人一等，而和御藥誤不如法者死，蓋《春秋》之遺意。

己卯，地震。地道安静，以震爲異。

秋

齊高發帥師伐莒。《左傳》曰：莒子奔紀鄣。使孫書伐之。初，莒有婦人，莒子殺其夫，已爲嫠婦。及老，託於紀鄣，紡焉以度而去之。及師至，則投諸外。或獻諸子占，子占使師夜縋而登。莒共公懼，啓西門而出，齊師入紀。高氏曰：莒不事齊故。

冬

葬許悼公。吕氏大圭曰：《傳》例，君弑，賊不討不書葬，此二《傳》妄爲之説也。黎曰：被弑之君多不書葬者，或彼國方有事變，雖葬，我畏其亂，無使往會之。許悼弑而書葬者，蓋變生於内而不及國，欲没其弑逆之跡，具禮葬其父，我有使往，故書葬。歐陽公論止爲弑。

《經》書月一，書日二。《大衍曆》：正月丙寅，大，甲申，冬至；二月丙申，小；三月乙丑，大；四月乙未，小；五月甲子，大，戊辰，五日，己卯，十六日；六月甲午，小；七月癸亥，大；八月癸巳，小；九月壬戌，大；十月壬辰，小；十一月辛酉，大；十二月辛卯，大。

二十年己卯。景王二十三年〇晋霸頃四〇蔡平八，卒〇曹悼二〇衛靈十三〇鄭定八〇陳惠八〇杞平十四〇宋元十〇齊景二十六〇秦哀十五〇楚平七〇吴僚五

春

王正月。

夏

曹公孫會自鄸出奔宋。鄸，莫公切，《穀》作「夢」〇高氏曰：會者，公子喜時之子。喜時者，子臧也，鄸其采邑也。杜氏曰：鄸，曹邑。張氏曰：今興仁府乘氏縣大有饗城[一]，古老云古鄸城也。劉氏曰：奔未有言自者，此其言「自鄸」何？自鄸待放也。大夫有罪，待放於境三年。君賜之環則復，賜之玦則去。春秋之時，臣能專其邑，無不畔其國者；能使其衆，無不要其君者。臧武仲之智，猶據以求爲後於魯，是以孔子譏之。公孫會之自鄸奔宋也，其賢於

[一] 今興仁府乘氏縣大有饗城：「大有」，清刻本作「南有」，通志堂經解本張洽《春秋集注》作「有大」。

臧武仲遠矣。

秋

盜殺衛侯之兄縶。縶，張立切，《公》、《穀》作「輒」〇《左傳》曰：衛公孟縶狎齊豹，奪之司寇與鄄，有役則反之，無則取之。公孟惡北宫喜、褚師圃，欲去之。公子朝通於襄夫人，宣姜懼而欲以作亂。故齊豹、北宫喜、褚師圃、公子朝作亂。初，齊豹見宗魯於公孟，爲驂乘焉。將作亂，而謂之曰：「公孟之不善，子所知也，勿與乘，吾將殺之。」對曰：「吾由子事公孟，子假吾名焉，故不吾遠也。雖其不善，吾亦知之，抑以利故不能去，是吾過也。今聞難而逃，是僭子也。子行事乎，吾將死之，以周事子，而歸死於公孟，其可也。」衛侯在平壽，公孟有事於蓋獲之門外，齊子氏帷於門外而伏甲焉。使祝鼃寘戈於車薪以當門，使一乘從公孟以出。使華齊御公孟，宗魯驂乘。及閎中，齊氏用戈擊公孟，宗魯以背蔽之，斷肱，以中公孟之肩，皆殺之。公聞亂，乘驅自閱門入，慶比御公，公南楚驂乘，使華寅乘貳車。及公宫，鴻駵魋駟乘于公，公載寶以出。褚師子申遇公於馬路之衢，遂從。過齊氏，使華寅肉袒，執蓋以當其闕。齊氏射公，中南楚之背，公遂出。寅閉郭門，踰而從公。公如死鳥，析朱鉏宵從竇出，徒行從公。齊氏之宰渠子召北宫子。北宫氏之宰不與聞謀，殺渠子，遂伐齊氏，滅之。公入，與北宫喜盟於彭水之上，遂盟國人。公子朝、褚師圃、子玉霄、子高魴出奔晋。孫氏曰：以衛侯之母兄，盜得殺之，衛侯之無刑政也。張氏曰：衛襄公二子，長曰縶，次曰元。孟縶之足不良，於是立其弟元爲太子。襄公卒，元立。舜之親愛其弟也，富貴之而使吏治其國，不得有爲以暴其民。靈公受國於有疾之兄，聽其無禮於大夫，且俾之預於政，而又不能正其母，以預制其禍亂，使齊豹、北宫喜、褚師圃、公子朝之倫如盜賊竊發，兄死身危，幾亡其國。任公輔曰：尉止、齊豹、公孫翩、陽虎皆大夫，非卿，故曰盜。澄按，此説非也。凡稱盜，蓋皆賤者。但當稱人，以其所作不義，故不稱人而稱盜。陸氏曰：稱盜者，目罪人之賤者也。

冬

十月

宋華亥、向寧、華定出奔陳。「向寧」，《公》作「向甯」，後同〇《左傳》曰：宋元公無信多私，而惡華、向。華定、華亥與向寧謀曰：「亡愈於死，先諸！」華亥僞有疾，以誘羣公子，殺公子寅、公子御戎、公子朱、公子固、公孫援、公孫丁，拘向勝、向行於其廩。公如華氏請焉，弗許，遂劫之，取太子欒與母弟辰、公子地以爲質。公亦取華亥之子無慼、向寧之子羅、華定之子啓，與華氏盟，以爲質。公請於華費遂，將攻華氏，曰：「子死亡有命，余不忍其詬。」殺華、向之質而攻之，華、向奔陳，華登奔吴。向寧欲殺太子，華亥曰：「干君而出，又殺其子，其誰納我？且歸之，有庸。」使少司寇牼以歸。

十有一月

辛卯，蔡侯廬卒。平公也，在位八年，其子朱嗣，隱太子有之子東國以世嫡之故，攻朱而自立，是爲悼公。《經》書月三，書日一。《大衍曆》：正月辛酉，小，巳丑，冬至，按《左傳》謂二月己丑日南至，《三統曆》謂正月己丑朔，旦，冬至，皆氣同而朔差；二月庚寅，大；閏月庚申，小；三月己丑，大；四月己未，小；五月戊子，大；六月戊午，小；七月丁亥，大；八月丁巳，小；九月丙戌，大；十月丙辰，小；十一月乙酉，大，辛卯，七日；十二月乙卯，小。《長曆》是年閏八月。

二十有一年庚辰。景王二十四年〇晉霸頃五〇蔡悼侯東國元年〇曹悼三〇衛靈十四〇鄭定九〇陳惠九〇杞平十五

○宋元十一○齊景二十七○秦哀十六○楚平八○吴僚六

春

王三月

葬蔡平公。

夏

晋侯使士鞅來聘。《左傳》曰：叔孫婼爲政，季孫欲惡諸晋，使有司以齊鮑國歸費之禮爲士鞅。士鞅怒，曰：「鮑國之位下，其國小，而使鞅從其牢禮，是卑敝邑也，將復諸寡君。」魯人恐，加四牢焉，爲十一牢。杜氏曰：晋頃公即位，通嗣君也。高氏曰：晋頃公即位六年，公以晋昭見止之故，不復往朝，今使士鞅来聘，而賓客牢禮不以命數，二十有三年晋侯遂執婼。

宋華亥、向寧、華定自陳入于宋南里以叛。「叛」，《公》作「畔」○《左傳》曰：宋華貴遂生華貙、華多僚、華登，貙爲少司馬，多僚爲御士，與貙相惡，乃譖諸公曰：「貙將納亡人。」公懼，使告司馬。司馬歎曰：「必多僚也。吾有讒子而弗能殺，吾又不死，抑君有命，可若何？」乃與公謀逐華貙。子皮殺多僚，劫司馬以叛，而召亡人。華、向入，樂大心、豐愆、華牼禦諸横。華氏居盧門，以南里叛。宋城舊鄘及桑林之門而守之。華登以吴師救華氏，齊師、宋師敗吴師於鴻口。華登帥其餘以敗宋師。公欲出，厨人濮曰：「吾小人，可藉死而不能送亡，君請待之。」齊烏枝鳴曰：「用少莫如齊致死，齊致死莫如去備。彼多兵矣，請皆用劍。」從之。華氏北，復即之，遂敗華氏於新里。公子城以晋師至，曹翰胡會晋荀吴、齊苑何忌、衛公子朝救宋，與華氏戰於赭丘，大敗華氏，圍諸南里。楚薳越帥師逆華氏。胡氏曰：凡書叛，有入於戚者而不言衛，有入於朝歌者而不言晋，有入於蕭者而不言宋，此獨稱「宋南里」，何也？戚與朝歌及蕭，皆其所食邑也，若南里，則宋國城内之里名也。《傳》稱華氏居盧門南里以叛，宋城舊墉及桑林之門以守，是華氏與宋分國而居矣，故其出其入，皆以南里繫之宋，此叛臣逼脅其君已甚之詞也。

秋

七月

壬午，朔，日有食之。

八月

乙亥，叔輒卒。「輒」，《公》作「痤」○此叔弓之子伯張也。

冬

蔡侯東□出奔楚。「東」，《左》、《公》並作「朱」，今從《穀梁》○《穀梁傳》曰：東者，東國也。王父誘而殺焉，父執而用焉。澄按，東下闕「國」字，前年冬平公卒而東國立〔二〕，至此年冬而奔楚，或是國人黨平公之子，或是恐楚之討己，然無事跡可考，不可知也，《左氏》事跡不可信。按，是年蔡侯東出奔楚，二十三年蔡侯東國卒於楚，當是一人，不應作「朱」。蓋篆文日在木中爲東，一在木中爲朱，此《經》當是「蔡侯東國」，《穀》既脱一「國」字，《左》、《公》二家又因篆文「日」漫爲「一」，遂誤「東」爲「朱」，今正之。

公如晉，至河乃復。《左傳》曰：鼓叛晉，晉將伐鮮虞，故辭公。澄按，公朝晉，至是凡六矣，而不見納者四，

〔二〕 前年冬平公卒而東國立：「冬」，清刻本作「蔡」。

積弱積輕，是以屢辱也。

《經》書月三，書日二。《大衍曆》：正月乙卯，小，己亥，冬至；二月戊申，大；三月戊寅，小；四月丁未，大，乙丑，十九日；五月丁丑，小；六月丙午，大；七月丙子，小；八月乙巳，大；九月乙亥，大；十月乙巳，小；閏月甲戌，大；十一月甲辰，小；十二月癸酉，大，朔，日食，黄道箕四度半彊。

二十有二年辛巳。景王二十五年，崩〇晋霸頃六〇蔡悼二〇曹悼四〇衛靈十五〇鄭定十〇陳惠十〇杞平十六〇宋元十二〇齊景二十八〇秦哀十七〇楚平九〇吴僚七

春

齊侯伐莒。《左傳》曰：齊北郭啓帥師伐莒。莒子將戰，苑羊牧之諫曰：「不如下之，大國不可怒也。」弗聽，敗齊師於壽餘。齊侯伐莒，莒子行成。莒於是乎大惡其君。高氏曰：齊景矜而自功如此，安能及遠哉？

宋華亥、向寧、華定自宋南里出奔楚。《左傳》曰：楚薳越使告於宋曰：「聞君有不令之臣，爲君憂，寡君請受而戮之。」諸侯之戍謀曰：「若華氏知困而致死，楚恥無功而疾戰，非吾利也，不如出之以爲楚功，其亦無能爲也已。」乃固請出之，宋人從之。宋華亥、向寧、華定、華貙、華登、皇奄傷、省臧、士平出奔楚。胡氏曰：華、向誘殺羣公子，又劫其君，取太子母弟爲質，又求助於吴、楚蠻夷，入披其國都以叛，此必誅不赦之賊也，宋宜竭力必討之於内，諸侯宜協心必救之於外，楚子宜執叛臣之使而戮之於境。今楚人釋君而臣是助，諸侯之戍怠於救患，固請逸賊，而宋人又從之，其曰「自宋南里」者，譏宋之縱釋有罪，不能致討也。

大蒐于昌間。「間」，《公》作「姦」〇胡氏曰：昭公之時，凡三書蒐，或以非其時，或以非其地，大意在權臣專

行，公不與也。高氏曰：三家卒徒益衆，於蒐加「大」字，所以甚三家之盛，見公室之卑也。

夏

四月

乙丑，天王崩。《左傳》曰：王子朝、賓起有寵於景王，王與賓孟説之，欲立之。王田北山，使公卿皆從，將殺單子、劉子。王有心疾，崩於榮錡氏。單子攻賓起，殺之。

六月

叔鞅如京師。

葬景王。高氏曰：天子崩，天下諸侯，九夷八蠻，莫不奔其喪，故七月而葬者，盡天下臣子之心，使遠近得會其葬也。今天王崩，諸侯無一奔喪者，昭公但使叔鞅往會之，又以三月而葬，是天子而用士庶人之禮也。

王室亂。《左傳》曰：王子朝因舊官、百工之喪職秩者，與靈、景之族以作亂，逐劉子。劉子奔揚。單子逆悼王于莊宫以歸。王子還夜取王以如莊宫。單子出。王子還奉王以追單子。單子殺還、姑、發、弱、鬷、延、定、稠，子朝奔京。伐之，京人奔山。劉子入於王城，鞏簡公敗績於京，甘平公亦敗焉。叔鞅至自京師，言王室之亂也。高氏曰：《春秋》記事，必指其實。下書王猛、子朝之事，自足以見王室之亂，而聖人乃於此不隱其辭，何哉？此前王室衰微，猶未至於亂也，故聖人每扶而尊之。言王則曰「天王」，不混稱於吴、楚也；言周則曰「京師」，不下同於列國也；王敗於鄭而曰「蔡人、衛人、陳人從王伐鄭」，以諸侯不可敵王，故明君臣之大義也；王與戎戰，而書「王師敗績於茅戎」，以夷狄不可敵王，故以自敗爲文也；以至襄王出奔，而書「天王出居於鄭」；晋侯召王，而書「天王狩於河陽」。

王臣雖微者，亦序於諸侯之上，則所以嚴其名分者至矣。故凡王室可譏可貶者，皆遷就其辭，而爲之隱避。今景王不能正其家，而致諸子之爭立，於是尹氏、召伯、毛伯欲立王子朝，而劉子、單子欲立王猛。二子相爭，遂以干戈相向，迭勝迭負，五年之間，國無定主，王室之亂，莫此爲甚，故特書之。然莊二十年惠王有子頹之亂，僖二十四年襄王有子帶之亂，《春秋》不書「王室亂」，何獨於此乎書？惠、襄二王，亂不在己，今景王之亂，乃自取之，是王室自亂，蓋有甚於惠、襄者。

劉子、單子以王猛居于皇。《左傳》曰：單子欲告急於晉，以王如平畤，遂如圃車，次于皇。劉子如劉，單子使王子處守於王城，盟百工於平宮。鄩肸伐皇，大敗，獲鄩肸，焚諸王城之市。司徒醜以王師敗績於前城。百工叛，伐單氏之宫，敗焉，反伐之，伐東圉。杜氏曰：河南鞏縣西南有皇亭。張氏曰：西北有湟水。胡氏曰：猛未逾年，何以稱王？示當立也。既當立矣，何以稱名？明嗣君也。曰「王猛」者，見居尊得正，又以别乎諸王子也。按，《左氏》景王太子壽以昭十五年卒，至是八年矣，猛與匄皆其母弟，當立。然久而未立者，王愛庶子朝，欲立以爲嗣，未果而王崩。故諸大臣競立君，諸王子争欲立。以正則有猛，以寵則有朝。猛雖正而無寵，其威不足以懾羣下；朝雖寵而不正其分，不足以正人心。二子廢立，皆恃大臣彊弱而後定也。

秋

劉子、單子以王猛入于王城。《左傳》曰：晋籍談、荀躒帥九州之戎及焦、瑕、温、原之師，以納王於王城。單子、劉蚠以王師敗績於郊，前城人敗陸渾于社。高氏曰：王城，天子都而子朝之黨在焉，故言「入」。杜氏曰：王城，郟鄏，今河南縣。張氏曰：河南縣乃《周書·洛誥》所謂「澗水東、瀍水西」，爲定鼎之地，平王東遷，即都於此，而《春秋》所謂「京師」，皆指此也。

冬

十月

王子猛卒。《左傳》曰：不成喪也。敬王即位，館於子旅氏。晉籍談、荀躒、賈辛、司馬督帥師軍于陰，于侯氏，于谿泉，次于社。王師軍于汜，于解，次于任人。晉箕遺、樂徵、右行詭濟師取前城，軍其東南，王師軍於京。楚伐京，毁其西南。杜氏曰：未即位，故不言崩，謚爲悼王。高氏曰：居喪而稱「王」者，明當嗣也，出而書「居」者，如成君也，卒而書「子猛」者，蓋生已正其當王，故死以未逾年之君書之也。立後之法，先立嫡，無嫡則立子爾。立嫡者以嫡爲重，故太子死，立嫡孫，未有嫡孫，則立太子之母弟，以母嫡故也。立子則從諸子之長者立之，均吾庶子故也。今猛又卒，於是又立猛之母弟王子匄，是爲敬王。

十有二月

癸酉，朔，日有食之。

《經》書月四，書日二。《大衍曆》：正月己卯，小，己亥，冬至；二月戊申，大；三月戊寅，小；四月丁未，大，乙丑，十九日；五月丁丑，小；六月丙午，大；七月丙子，小；八月乙巳，大；九月乙亥，大；十月乙巳，小；閏月甲戌，大；十一月甲辰，小；十二月癸酉，大，朔，日食，黄道箕四度半彊。

二十有三年壬午。敬王元年〇晉頃七〇蔡悼三，卒〇曹悼五〇衛靈十六〇鄭定十一〇陳惠十一〇杞平十七〇宋元十三〇齊景二十九〇秦哀十八〇楚平十〇吴僚八

春

王正月

叔孫婼如晉。婼，勅略切○《左傳》曰：邾人城翼，還，將自離姑。公孫鉏曰：「魯將御我。」欲自武城還，循山而南。徐鉏、丘弱、茅地曰：「道下，遇雨將不出，是不歸也。」遂自離姑。武城人塞其前，斷其後之木而弗殊。邾師過之，乃推而蹷之，遂取邾師，獲鉏、弱、地。邾人愬於晉，晉人來討。叔孫婼如晉。杜氏曰：謝取邾師也。

癸丑，叔鞅卒。叔弓之子，叔輒之弟也。

晉人執我行人叔孫婼。《左傳》曰：晉人使與邾大夫坐，叔孫曰：「列國之卿，當小國之君，固周制也。邾又夷也，寡君之命介子服回在，請使當之，不敢廢周制故也。」乃不果坐。韓宣子使邾人聚其衆，將以叔孫與之。叔孫聞之，去衆與兵而朝。士彌牟謂韓宣子曰：「子弗良圖，而以叔孫與其讎，叔孫必死之。魯亡叔孫，必亡邾。邾君亡，國將焉歸？子雖悔之，何及？所謂盟主，討違命也，若皆相執，焉用盟主？」乃弗與，使各居一館。士伯聽其辭而愬諸宣子，乃皆執之。士伯御叔孫，從者四人，過邾館以如吏。先歸邾子。士伯曰：「以芻蕘之難，從者之病，將館子於都。」叔孫旦而立，期焉。乃館諸箕，舍子服昭伯於它邑。范獻子求貨於叔孫，使請冠焉。取其冠法而與之兩冠，曰：「盡矣。」爲叔孫故，申豐以貨如晉。叔孫曰：「見我，吾告女所行貨。」見而不出。吏人之與叔孫居於箕者，請其吠狗，弗與。及將歸，殺而與之食之。叔孫所館者，雖一日，必葺其牆屋，去之如始至。高氏曰：晉人雖以我取邾師爲罪而執我行人，其實則爲二十一年士鞅來聘，以魯爲卑己故也。

晉人圍郊。《左傳》曰：二師圍郊，郊、鄩潰。晉師在平陰，王師在澤邑。王使告閒，二師還。高氏曰：郊，王畿之邑，不繫之國者，天下皆王土也。王臣亦無所繫，蓋士無二王，所以別異於諸侯也。春秋諸侯更相侵伐，未嘗敢及於周。蓋外相攻奪以傾天下之勢，其心實無王，而外不敢犯王室者，懼天下諸侯執言而攻己也。此圍郊者，子朝在焉故也。東萊呂氏曰：當是時，王必自以爲無假於晋師，故使之間，而晋因此遂還。然晋師還而子朝之勢復熾，若因郊潰遂取子朝，不至如後日之難也。

夏

六月

蔡侯東國卒于楚。悼公也，在位三年。二十一年冬奔楚，今年夏卒，其弟申立，是爲昭公。

秋

七月

莒子庚輿來奔。《左傳》曰：莒子庚輿虐而好劍，苟鑄劍，必試諸人。國人患之。又將叛齊。烏存帥國人以逐之。庚輿將出，聞烏存執殳而立於道左，懼，將止死。苑羊牧之曰：「君過之，烏存以力聞可矣，何必以弑君成名？」遂來奔。齊人納郊公。高氏曰：庚輿不正而立，又不安其國而出奔於魯，與鄭伯突同。澄曰：庚輿名，失國也。

戊辰，吴敗頓、胡、沈、蔡、陳、許之師于雞父。胡子髡、沈子逞滅，獲陳夏齧。「雞父」，《穀》作「雞甫」。髡，苦門切。「逞」，《公》作「楹」，《穀》作「盈」○《左傳》曰：吴人伐州來，楚薳越帥師及諸侯之師奔命，救州來。吴人禦諸鍾離，子瑕卒，楚師熸。吴公子光曰：「諸侯從於楚者衆而皆小國也，畏楚而不獲已，是以來。七國同役而不同心，若分師先以犯胡、沈與陳，必先奔。三國敗，諸侯之師乃搖心矣。諸侯乖亂，楚必大奔。請先者去備薄威，後者敦陳整旅。」吴子從之，戰於雞父。吴子以罪人三千先犯，胡、沈與陳，三國争之。吴爲三軍以繫於後，中軍從王，光帥右，掩餘帥左。吴之罪人或奔或止，三國亂。吴師擊之，三國敗，獲胡、沈之君及陳大夫。舍胡、沈之囚，使奔許與蔡、頓，曰：「吾君死矣！」師譟而從之，三國奔，楚師大奔。書曰「胡子髡、沈子逞滅，獲陳夏齧」，君臣之辭也。《公羊傳》曰：君死於位曰滅，生得曰獲，大夫生死皆曰獲。胡氏曰：君死曰滅，胡子髡、沈子逞是也；生得曰獲，「秦晋戰於韓原，獲晋侯」是也；大夫生死皆曰獲，鄭獲宋華元，生也，吴獲陳夏齧，死也。高氏曰：此見吴之彊，而楚人益弱。夫頓、胡、沈、蔡、陳、許，皆楚與國也。吴伐州來，楚人帥六國之師以救之，於是吴人禦之，盡敗其師于雞父。頓、胡、沈其君自將，蔡、陳、許則大夫帥師，是以其次如此也。杜氏曰：雞父，楚地，安豐縣南有雞備亭。張氏曰：今屬壽州。

天王居于狄泉。《左傳》曰：王子朝入於尹。尹圉誘劉佗殺之。單子從阪道，劉子從尹道伐尹。單子先至而敗，劉子還。召伯奂、南宫極以成周人戍尹。單子、劉子、樊齊以王如劉。張氏曰：狄泉，即僖二十九年翟泉。杜氏曰：洛陽城内太倉西南池水也，時在城外。高氏曰：猛之母弟始立，而遽稱天王者，蓋景王崩逾年矣，不可曠年無王，故稱之，且明正也，著天下已有王，而子朝不可以亂之也。

尹氏立王子朝。《左傳》曰：王子朝入於王城，次於左巷，鄩羅納諸莊宫。尹辛敗劉師于唐，又敗諸鄩。尹辛取西闈，攻蒯，蒯潰。澄曰：此時敬王與朝皆立爲王，周之大臣各有所從，周人亦莫知其孰爲正，孰爲非正。夫子書敬王爲「天王」，書朝爲「尹氏立」，邪正辨矣。孫氏曰：嗣子有常位，不言立，立者篡辭。高氏曰：與衛人立晋同，衛人者，衆人同欲立之，猶且不可。今尹氏一己之私而立之，以亂周室，罪尹氏也。尹氏即尹子，此稱氏者，著其世執國柄也。陸氏曰：大夫稱氏者唯尹氏、武氏、崔氏，皆譏世卿也。時世卿既多，不可勝譏，因尹氏私赴不以名，因齊崔氏出奔，因武氏以子代父，故特書之。及尹氏立王子朝、奔楚，皆以世卿亂王室，故從而書之。譏此數者，足以見世卿之惡也。

八月

乙未，地震。《左傳》曰：南宫極震。萇弘謂劉文公曰：「君其勉之！先君之力可濟也。周之亡也，其三川震。今西王之大臣亦震，天棄之矣！東王必大克。」杜氏曰：《經》書地震，魯地也，周地亦震。南宫極震，爲屋所壓而死。子朝在王城，故謂西王。敬王居狄泉，在王城之東，故曰東王。

冬

公如晉，至河，有疾乃復。「至河」下《公》、《穀》又有「公」字○《左傳》曰：公爲叔孫故如晉。《公羊傳》曰：有疾乃復，殺恥也。蘇氏曰：書有疾，言非晉之不受也。胡氏曰：昭公兩朝於晉，而一見止，五如晉而四不得入焉。以周公之胄，千乘之君，執幣帛，修兩君之好而不見納，斯可恥矣。今此書「有疾乃復」，殺恥也。《經》書月四，書日三。《大衍曆》：正月癸卯，小，乙巳，冬至；癸丑，十一日；二月壬申，大；三月壬寅，小；四月辛未，大；五月辛丑，小；六月庚午，大；七月庚子，大，戊辰，晦；八月己巳，大，乙未，二十七日；九月己亥，小；十月戊辰，大；十一月戊戌，小；十二月丁卯，大。

二十有四年癸未。敬王二年○晉霸頃八○蔡昭侯申元年○曹悼六○衛靈十七○鄭定十二○陳惠十二○杞平十八，辛○宋元十四○齊景三十○秦哀十九○楚平十一○吴僚九

春

王二月

丙戌，仲孫貜卒。貜，俱縛切○高氏曰：此孟獻子之曾孫孟僖子也。按《左傳》：初，公如楚，僖子爲介，不能相儀，及楚，又不能答郊勞。僖子病之，乃講學焉，茍能禮者，從之。及將死也，召其大夫曰：「禮，人之榦也，無禮無以立。吾聞將有達者曰孔丘，聖人之後也。我若獲没，必屬説與何忌於夫子，而師事之，而學禮焉，以定其位。」故孟懿子何忌[一]、南宫敬叔皆師事仲尼。

婼至自晉。「婼」，《公》作「叔孫舍」○《左傳》曰：晉士彌牟逆叔孫于箕，曰：「寡君以爲盟主之故，是以久子。不腆敝邑之禮，將致諸從者，使彌牟逆吾子。」叔孫受禮而歸。吕氏曰：婼不言叔孫，前見也。劉原父謂「《公羊》獨言叔孫，似是聖人本意」，以爲褒之。世儒説《經》之鑿皆類此。原父能知它人之鑿，而不自知其鑿也。

夏

五月

乙未，朔，日有食之。《左傳》曰：梓慎曰：「將水。」昭子曰：「旱也，日過分而陽不克，克必甚，能無旱乎？」

秋

八月

大雩。

[一] 故孟懿子何忌：「懿」，底本及兩校本皆作「獻」，誤。按《左傳》及《論語》，從孔子學者當爲孟懿子何忌，據改。

丁酉，杞伯郁釐卒。平公也，在位十八年，子成嗣，是爲悼公。

冬

吴滅巢。《左傳》曰：楚子爲舟師，以略吴疆。沈尹戌曰：「此行也，楚必亡邑，不撫民而勞之，吴不動而速之。吴踵楚而疆埸無備，邑能無亡乎？」越大夫胥犴勞王於豫章之汭，越公子倉歸王乘舟，倉及壽夢帥師從王，王及圉陽而還。吴人踵楚，而邊人不備，遂滅巢，及鍾離而還。沈尹戌曰：「亡郢之始，於此在矣。王一動而亡二姓之師，幾如是而不及郢？」胡氏曰：巢，楚之附庸，實邑之也。書「吴入州來」，著陵楚之漸。書「吴滅巢」，著入郢之漸。四隣封境之守，既不能制，則封境震矣。四境國都之守，既不能保，則國都危矣。故沈尹戌以此爲亡郢之始也。

葬杞平公。

《經》書月三，書日三。《大衍曆》：正月丁酉，大，庚戌，冬至；二月丁卯，小，丙戌，二十日；三月丙申，大；四月丙寅，小；五月乙未，大，朔，日食，黄道胃四度半彊；六月乙丑，小；七月甲午，大；八月甲子，小；九月癸巳，大，《經》八月丁酉在此月，《經》有日無月；十月癸亥，小；十一月壬辰，大；十二月壬戌，小。

二十有五年甲申。敬王三年〇晋霸頃九〇蔡昭二〇曹悼七〇衛靈十八〇鄭定十三〇陳惠十三〇杞悼公成元年〇宋元十五，辛〇齊景三十一〇秦哀二十〇楚平十二〇吴僚十

春

叔孫婼如宋。《左傳》曰：宋公享昭子。明日宴，飲酒，樂，語相泣也。樂祁佐退而告人曰：「今兹君與叔孫其

皆死乎？吾聞之，哀樂而樂哀，皆喪心也。心之精爽，是爲魂魄，魂魄去之，何以能久？」季公若之姊爲小邾夫人，生宋元夫人，生子以妻季平子。昭子如宋，聘且逆之。公若從，謂曹氏勿與，魯將逐之。曹氏告公，公告樂祁。樂祁曰：「與之，如是魯君必出。政在季氏三世矣，魯君喪政四公矣，無民而能逞其志者，未之有也。魯君失民矣，焉得逞其志？靖以待命猶可，動必憂。」

夏

叔詣會晉趙鞅、宋樂大心、衛北宮喜、鄭游吉、曹人、邾人、滕人、薛人、小邾人于黄父。「詣」，《公》、《穀》作「倪」，後同。大心，《公》作「世心」○《左傳》曰：謀王室也。趙簡子令諸侯之大夫輸王粟，具戍人，曰：「明年將納王。」宋樂大心曰：「我不輸粟，我於周爲客，若之何使客？」晉士伯曰：「自踐土以来，宋何役之不會，而何盟之不同？曰『同恤王室』，子焉得避之？子奉君命以會大事，而宋背盟，無乃不可乎？」右師不敢對，受牒而退。高氏曰：自二十二年景王崩，王室亂，天王播越在外[一]，諸侯皆莫奔救。四年之後，晉始爲此會，而諸侯不至，但合諸大夫以謀之。命諸大夫具戍，曰「明年將納王」，夫王室之急如此，豈可坐待明年哉？有霸者作如齊桓公，盟首止以定王世子鄭，晉文公誅叔帶以入襄王，豈不美哉？桓、文不作，朝、猛相競，王室世臣不能明先王一定之制，順非而廢適，使頃公而爲桓、文，果至是乎？是以聖人傷王室之亂，而又於此著諸侯之無霸也。張氏曰：黄父即黑壤，晉地。

有鸜鵒來巢。「鸜」，《公》作「鸛」○《左傳》曰：書所無也。張氏曰：邵子曰：「天下將治，則天地之氣自

[一] 天王播越在外：「外」，底本及兩校本皆闕，據清武英殿聚珍叢書本高閌《春秋集注》卷三十四補。

北而南；天下將亂，則天地之氣自南而北。禽鳥之類，得氣之先者也。《春秋》書『六鷁退飛』，氣使之也。」鸜鵒不踰濟而至魯，豈非氣自南而北之驗哉？當此之先，楚雖爲中國患，而齊、晋猶足以抑之。自此之後，晋霸不競，吴、楚、越皆以南夷迭主夏盟，諸侯斂袵事之，馴至大亂，則知鸜鵒來巢之祥，不特昭公出奔之兆而已。

秋

七月

上辛，大雩。季辛，又雩。《左傳》曰：再雩，旱甚也。啖氏曰：季辛不言大，承上可知。

九月

己亥，公孫于齊，次于陽州。「陽」，《公》作「楊」○《左傳》曰：初，季公鳥娶妻于齊鮑文子，生甲。公鳥死，季公亥與公思展與公鳥之臣申夜姑相其室。及季姒與饔人檀通而懼，乃使其妾抶己，以示秦遄之妻曰：「公若欲使余，余不可而抶余。」又訴於公甫曰：「展與夜姑將要余。」秦姬以告公之，公之與公甫告平子。平子拘展於卞，而執夜姑，將殺之。公若泣而哀之，曰：「殺是，是殺余也。」將爲之請。平子使豎勿納，日中不得請。有司逆命，公之使速殺之。故公若怨平子。季、郈之雞鬭，季氏介其雞，郈氏爲之金距。平子怒，益宫於郈氏，且讓之。故郈昭伯亦怨平子。臧昭伯之從弟會，爲讒於臧氏而逃於季氏。臧氏執旃，平子怒，拘臧氏老。將禘于襄公，萬者二人，其衆萬於季氏。臧孫曰：「此之謂不能庸先君之廟。」大夫遂怨平子。公若獻弓於公爲，且與之出射於外，而謀去季氏。公爲告公果、公賁，公果、公賁使侍人僚柤告公。公寢，將以戈擊之，乃走。公曰：「執之。」亦無命也。懼而不出，數月不見。公不怒。又使言。公執戈以懼之，乃走。又使言。公曰：「非小人之所及也。」公果自言，公以告臧孫，臧孫以難。告郈孫，郈孫以可，勸。告子家懿伯，懿伯曰：「讒人以君徼幸，事若不克，君受其名，不可爲也。舍民數世，以求克，事不可必也，且政在焉，其難圖也。」公退之，辭曰：「臣與聞命矣，言若洩，臣不獲死。」乃館於公。叔孫昭子如闞，公居於長府。伐季氏，殺公之於門，遂入之。平子登臺而請曰：「君不察臣之罪，使有司討臣以干戈，臣請待於沂上以察罪。」弗許。請囚于費，弗許。請以五乘亡，弗許。子家子曰：「君其許之！政自之出久矣，隱民多取食焉，爲之徒者衆矣。日入慝作，弗可知也。衆怒不可蓄也，蓄而弗治，將藴。藴蓄，民將生心。生心，同求將合，君必悔之。」弗聽。郈孫曰：「必殺之。」公使郈孫逆孟懿子。叔孫氏之司馬鬷戾言於其衆曰：「若之何？」莫對。又曰：「我家臣也，不敢知國。凡有季氏與無，於我孰利？」皆曰：「無季氏，是無叔孫氏也。」鬷戾曰：「然則救諸！」帥徒以往，陷西北隅以入。公徒釋甲執冰而踞，遂逐之。孟氏使登西北隅以望季氏，見叔孫氏之旌，以告。孟氏執郈昭伯，殺之於南門之西，遂伐公徒。子家子曰：「諸臣僞劫君者，而負罪以出，君止。意如之事君也，不敢不改。」公曰：「余不忍也。」與臧孫如墓謀，遂行。公孫于齊，次于陽州。杜氏曰：陽州，齊、魯境上邑，未敢直前，故次于竟也。蘇氏曰：次于陽州，待命于齊也。東萊吕氏曰：使叔孫昭伯而在，則魯昭公必不至孫也。

齊侯唁公于野井。《穀梁傳》曰：弔失國曰唁。《左傳》曰：齊侯將唁公於平陰，公先至於野井。齊侯曰：「寡人之罪也，使有司待於平陰，爲近故也。」齊侯曰：「自莒疆以西，請致千社以待君命，寡人將帥敝賦以從執事，唯命是聽。君之憂，寡人之憂也。」公喜。子家子曰：「天禄不再，天若胙君，以魯足矣，失魯而以千社爲臣，誰與之立？且齊君無信，不如早之晋。」弗從。《公羊傳》曰：齊侯唁公，曰：「奈何君去魯國之社稷？」昭公曰：「喪人不佞，失守魯國之社稷，執事以羞。」再拜顙。慶子家駒曰：「慶子免君於大難矣。」子家駒曰[一]：「臣不佞，陷君於大難，君不忍

[一] 子家駒曰：「駒」，清刻本、四庫本作「子」。

加之鈇鑕，賜之以死。」再拜顙。高子執簞食與四脡脯，國子執壺漿，曰：「吾寡君聞君在外，餕饔未就，敢致糗於從者。」昭公曰：「君不忘吾先君，延及喪人，錫之以大禮。」再拜，稽首，以袵受。高子曰：「有夫不祥，君無所辱大禮。」昭公蓋祭而不嘗。景公曰：「寡人有不腆先君之服，未之敢服；有不腆先君之器，未之敢用，敢以請。」昭公曰：「喪人不佞，失守魯國之社稷，執事以羞，敢辱大禮？敢辭。」景公曰：「寡人有不腆先君之服，未之敢服；有不腆先君之器，未之敢用。敢固以請。」昭公曰：「以吾宗廟之在魯也，有先君之服，未之能以服；有先君之器，未之能以出。敢固辭。」景公曰：「寡人有不腆先君之服，未之敢服；有不腆先君之器，未之敢用。請以饗乎從者。」昭公曰：「喪人其何稱？」景公曰：「孰君而無稱。」昭公於是噭然而哭，諸大夫皆哭。既哭，以人爲菑，以幦爲席，以鞍爲几，以遇禮相見。孔子曰：「其禮與其辭足觀矣。」胡氏曰：齊侯來唁，其禮與辭是矣，而方伯連帥之職，則未修也，又豈所以爲禮哉？石氏曰：齊侯之爲禮不誠，昭公之爲辭不哀，可見矣。任氏曰：公孫于齊，求齊之援也。次於陽州，俟齊之命也〔一〕。齊侯唁公於野井，以唁爲名，拒公之適己也。昭公微弱，季氏盛彊，迫脅而出，欲求救拯。以齊大國之力伐季氏，至易也，爲君而伐臣，至順也。行至易以成至順，速若發殪〔二〕。惜乎，齊侯不知爲此，而亦唯季氏之與！野井之唁，豈弔失國之禮乎？拒公而已。孫氏曰：野井，齊地。杜氏曰：濟南祝柯縣東有野井亭。

冬

十月

〔一〕俟齊之命也：「俟」，四庫本作「待」。

〔二〕速若發殪：「殪」，原作「麷」，據清刻本、四庫本改。

戊辰，叔孫婼卒。《左傳》曰：昭子自闞歸，見平子。平子稽顙曰：「子若我何？」對曰：「人誰不死？子以逐君成名，子孫不忘，不亦傷乎？將若子何？」平子曰：「苟使意如得改事君，所謂生死而肉骨也。」昭子從公于齊，與公言。子家子命適公館者執之。公與昭子言於幄内，曰：「將安衆而納公。」公徒將殺昭子，伏諸道。左師展告公，公使昭子自鑄歸。平子有異志。昭子齊於其寢，使祝宗祈死。戊辰，卒。

十有一月

己亥，宋公佐卒于曲棘。《左傳》曰：宋元公將爲公故如晉，卒於曲棘。杜氏曰：曲棘，宋地，陳留外黄縣城中有曲棘里，在開封雍丘。胡氏曰：宋元，意如之外舅也，不此之顧而求欲納公，是以正倫恤患爲心，而不恤其私親，其賢於當時諸侯遠矣。澄按，元公在位十五年，子欒嗣，是爲景公。

十有二月

齊侯取鄆。《公羊傳》曰：爲公取之也。杜氏曰：取以居公也。呂氏曰：齊侯不能討季氏，而獨取鄆以處公，其無遠略可知也。

《經》書月五，書日三。《大衍曆》：正月辛卯，大，乙卯，冬至；二月辛酉，小；三月庚寅，大；四月庚申，大；五月庚寅，小；六月己未，大；閏月己丑，小；七月戊午，大；八月戊子，小，《經》九月己丑在此月；九月丁巳，大，《經》十月戊辰在此月；十月丁亥，小，《經》十一月己亥在此月；十一月丙辰，大；十二月丙戌，小。《長曆》：是年閏十二月。己亥，九月十二日；戊辰，十月十三日；又己亥，十一月十三日。

二十有六年乙酉。敬王四年〇晉霸頃十〇蔡昭三〇曹悼八〇衛靈十九〇鄭定十四〇陳惠十四〇杞悼二〇宋景公顯

曼元年〇齊景三十二〇秦哀二十一〇楚平十三，卒〇吴僚十一

春

王正月

葬宋元公。三月而葬，速。

三月

公至自齊，居于鄆。《左傳》曰：處於鄆，言魯地也。高郵孫氏曰：入魯境，故書「至」，猶在外，故書地。凡公行，反而告廟則書「至」，在外雖不告而書「至」，所以存公也。

夏

公圍成。《左傳》曰：齊侯將納公，命無受魯貨。申豐從女賈以幣錦二兩，縛一如瑱，適齊師。謂子猶之人高齮：「能貨子猶，爲高氏後，粟五千庾。」高齮以錦示子猶，子猶欲之。齮曰：「魯人買之，百兩一布，以道之不通，先入幣財。」子猶受之，言於齊侯曰：「齊人不盡力於魯君者，非不能事君也，然據有異焉。宋元公爲魯君如晋，卒於曲棘；叔孫昭子求納其君，無疾而死。不知天之棄魯耶？抑魯君有罪於鬼神以及此也？君若待於曲棘，使羣臣從魯君以卜焉。若可，師有濟也，君而繼之，兹無敵矣。若其無成，君無辱焉。」齊侯從之。使公子鉏帥師從公。成大夫公孫朝謂平子曰：「有都以衛國也，請我受師。」許之。請納質，弗許，曰：「信女足矣。」告於齊師曰：「孟氏，魯之敝室也，用成已甚，請息肩於齊。」齊師圍成。成人伐齊師之飲馬於淄者，曰：「將以厭衆。」魯成備而後告曰：「不勝衆。」師及齊師戰於炊鼻。孫氏曰：公圍成書者，見國内皆叛也。胡氏曰：不書「齊師」者，景公怵於邪説，爲義不終，故微之

也。書「公圍成」，則季氏之不臣，昭公之不君，齊侯之不能修方伯連率之職咸見矣。

秋

公會齊侯、莒子、邾子、杞伯盟于鄟陵。《左傳》曰：謀納公也。高氏曰：公失國而會諸侯者，求入也。求入不主晋而主齊，齊侯矯爲此盟，以莒、邾、杞皆魯之與國也。

公至自會，居于鄆。

九月

庚申，楚子居卒。平王也，在位十三年，子昭王軫嗣。

冬

十月

天王入于成周。《左傳》曰：單子如晋告急。劉人敗王城之師于尸氏[一]。王城人、劉人戰於施谷，劉師敗績。劉子以王出，次於渠。王城人焚劉。王宿於褚氏，王次於萑谷。王入於胥靡，王次於滑。晋知躒、趙鞅帥師納王，使女寬守闕塞。王起師於滑，在郊，遂次於尸。召伯逆王于尸，及劉子、單子盟。遂軍圉澤，次於隄上，王入於成周。晋師使成公般戍周而還[二]。澄按，平王東遷，都于王城。王城者，周召所卜「澗水東、瀍水西」之地，一名郟鄏，以定九鼎，爲朝會諸侯之處，是曰東都。蓋以鎬京爲周之西都，故以此王城爲東都，東對西而言也，在漢爲河南縣。成周者，周召

[一] 劉人敗王城之師于尸氏：「尸」，原作「施」，據四庫本改。

[二] 晋師使成公般戍周而還：「使」，原缺，據四庫本補。

所卜「瀍水東」之地以遷殷頑民者，是曰下都。蓋以王城爲洛之上都，故以此成周爲下都，下對上而言也，在漢爲洛陽縣。時王子朝據王城，故王入於成周而居。及王子朝出奔，王畏朝之餘黨多在王城者，故不復歸王城，而徙都成周。至赧王初年，始復再遷王城，以依西周公而居焉。《左氏》叙事，以王入成周在於朝奔楚之後，今依《經》所書正之。

尹氏、召伯、毛伯以王子朝奔楚。《左傳》曰：晋師克鞏，召伯盈逐王子朝。王子朝及召氏之族、毛伯得、尹氏固、南宫嚚奉周之典籍以奔楚。劉氏曰：召伯盈逐王子朝，杜氏云「召伯當言召氏，《經》誤」，非也。召伯既逐王子朝而歸敬王矣，又何爲以子朝奔乎？若云「召伯當作召氏」者，則又不與《經》合，且召伯既自歸周，則其族亦必隨之，何故猶奉子朝爲亂乎？且召伯尊也，召族卑也，今召伯不奔，召族自出，法不當書於《經》，而叙毛伯之上也，又不得以尹氏爲比。尹氏所以書者，以有尹固也，固尊自得書爾。召族無盈則卑，卑則何以得書乎？胡氏曰：景王寵愛子朝，疎薄子猛，徒設此心，兩棄之也。寵孽爲羣小所宗，而人心不附；正適爲人心所向，而羣小不從。故伯服雖殺，而平王亦不能復宗周之盛。申生已死，而卓子、奚齊亦不能勝里克之兵，是兩棄之也。澄按，定五年王人殺子朝、子楚。《經》書月四，書日一。《大衍曆》：正月乙卯，大，庚申，冬至；二月乙酉，小；三月甲寅，大；四月甲申，小；五月癸丑，大；六月癸未，大；七月癸丑，小；八月壬午，大；九月壬子，小，庚申，九日；十月辛巳，大；十一月辛亥，小；十二月庚辰，大。

二十有七年丙戌。敬王五年〇晋霸頃十一〇蔡昭四〇曹悼九，卒〇衛靈二十〇鄭定十五〇陳惠十五〇杞悼三〇宋景二〇齊景三十三〇秦哀二十二〇楚昭王軫元年〇吴僚十二，弒

春

公如齊。杜氏曰：自鄆行也。

公至自齊，居于鄆。高氏曰：公至自齊，居於鄆者二；至自會，居於鄆者一；至自乾侯，居於鄆者一。書至書居，不外公也，我君故也。君播越於外，不得其所，而魯國臣子之義可絶乎！《春秋》之作，明君臣也。

夏

四月

吴弑其君僚。《左傳》曰：吴子欲因楚喪而伐之，使公子掩餘、公子燭庸帥師圍潛，使延州來季子聘于上國。楚莠尹然、工尹麇帥師救潛，吴師不能退。吴公子光曰：「此時也，弗可失也。」告鱄設諸曰：「我，王嗣也，吾欲求之。」光伏甲於堀室而享王，鱄設諸寘劍於魚中以進，抽劍刺王，鈹交於胷，遂弑王。吴公子掩餘奔徐，公子燭庸奔鍾吾。《公羊傳》曰：謁也，餘祭也，夷昧也，與季子同母者四人。季子弱而才，兄弟皆愛之，同欲立之以爲君。謁曰：「今若是迮而與季子國，季子不受也，請無與子而與弟，弟兄迭爲君，而致國乎季子。」皆曰：「諾。」故諸爲君者皆輕死爲勇，飲食必祝曰：「天苟有吴國，尚速有悔於予身。」故謁也死，餘祭也立；餘祭也死，夷昧也立；夷昧也死，則國宜之季子者也，季子使而亡焉。僚者，長庶也，即之。季子使而反，至而君之爾。闔廬曰：「先君之所以不與子國，而與弟者，凡爲季子故也。將從先君之命與，則國宜之季子者也。如不從先君之命與，則我宜立者也，僚惡得爲君乎？」於是使專諸刺僚而致國乎季子。季子不受，曰：「爾弑吾君，吾受爾國，是吾與爾爲篡也。爾殺吾兄，吾今殺爾，是父子兄弟相殺，終身無已也。」去之延陵，終身不入吴國，故君子以其不受爲義，不殺爲仁。劉氏曰：稱國以弑者，衆弑君之辭也。謁、餘祭、夷昧不與子國而與弟，爲季子也。季子亡，僚長庶即位，是廢讓毁義以篡也，國人莫説，故衆弑其君也。澄按，《史記》以僚爲夷昧之子，光爲謁之子，如此則僚乃光之兄弟也。詳觀僚在位十二年，光尊事之，故其弑也，乘機而後發，竊疑以僚爲餘祭之庶弟，而札之庶兄者近是[一]。札之三兄相傳，本欲置國于札，而札不受，故夷昧之卒也，札避之。僚也無知，自謂札不在則己爲札兄，可繼夷昧而立，遂即位。然季子不受國，則夷昧自當立子，而僚取之，是簒也。國固光之國也，僚烏得而間之？國之大臣及臣民，皆欲弑僚而還國於光也，故稱國弑。

楚殺其大夫郤宛。《左傳》曰：郤宛直而和，國人説之。鄢將師爲右領，與費無極比而惡之。令尹子常賄而信讒，無極譖郤宛焉，謂子常曰：「子惡欲飲子酒。」又謂子惡：「令尹欲飲酒於子氏。」子惡曰：「我賤人也，不足以辱令尹。令尹將必来辱，爲惠已甚，吾無以酬之，若何？」無極曰：「令尹好甲兵，子出之，吾擇焉。」取五甲五兵，曰：「寘諸門，令尹至，必觀之，而從以酬之。」及饗日，帷諸門左。無極謂令尹曰：「吾幾禍子，子惡將爲子不利，甲在門矣。子必無往。且此役也，吴可以得志，子惡取賂焉而還，又誤羣帥，使退其師，曰『乘亂不祥』。吴乘我喪，我乘其亂，不亦可乎？」令尹使視郤氏，則有甲焉。不往，召鄢將師而告之。將師退，遂令攻郤氏，且爇之。子惡聞之，遂自殺也。國人弗爇，令曰：「不爇郤氏，與之同罪。」或取一編菅焉，或取一秉杆焉，國人投之，遂弗爇也。令尹炮之，盡滅郤氏之族黨，殺陽令終與其弟完及佗，與晋陳及其子弟。晋陳之族呼於國曰：「鄢氏、費氏自以爲王，專禍楚國，弱寡王室，蒙王與令尹以自利也。令尹盡信之矣，國將如何？」令尹病之。劉氏曰：君不明，故臣得專其威，殺其大夫而莫之止也。然而郤宛則有以取之。張氏曰：恃國人之悦己，而無見幾知人之明，以立於無道之朝，見殺宜矣。

[一] 而札之庶兄者近是：「札」，原作「扎」，據清刻本改，下同。

秋

晋士鞅、宋樂祁犂、衛北宫喜、曹人、邾人、滕人會于扈。《左傳》曰：令戍周，且謀納公也。宋、衛皆利納公，固請之。范獻子取貨於季孫，謂司城子梁與北宫貞子曰：「季孫未知其罪而君伐之，請囚請亡，於是乎不獲。君又弗克，而自出也，夫豈無備而能出君乎？季氏之復，天救之也。休公徒之怒而啓叔孫氏之心，不然，豈其伐人而説甲執冰以游？叔孫氏懼禍之濫，而自同於季氏，天之道也。魯君守齊三年而無成，季氏甚得其民，淮夷與之。有十年之備，有齊、楚之援，有天之贊，有民之助，有堅守之心，有列國之權，而弗敢宣也，事君如在國，故鞅以爲難。二子皆圖國者也，而欲納魯君，鞅之願也，請從二子以圍魯，無成，死之。」二子懼，皆辭，乃辭小國，而以難復。

冬

十月

曹伯午卒。悼公也，在位九年，弟野立，是爲聲公。

邾快來奔。高氏曰：快亦三叛人之黨〔一〕，魯爲逋逃淵藪而受之，魯之彊臣逐君而邾快來奔，從其類也。

公如齊。《左傳》曰：齊侯請饗之。子家子曰：「朝夕立於其朝，又何饗焉？其飲酒也。」乃飲酒，使宰獻而請安。子仲之子曰重，爲齊侯夫人，曰：「請使重見。」子家子乃以君出。杜氏曰：禮，君宴大夫，使宰爲獻主，比公於大夫也。齊侯請自安，不在坐也。子仲，魯公子慭，十二年謀逐季氏，不能而奔齊。今行飲酒禮，而欲使重見，從宴

〔一〕快亦三叛人之黨：「三」，清刻本、四庫本作「是」。

媟也。

公至自齊，居于鄆。高氏曰：公以齊之卑我也，遂歸，而明年如晉。

《經》書月二，書日無。《大衍曆》：正月庚戌，小，丙寅，冬至；二月己卯，大；三月己酉，小；四月戊寅，大；五月戊申，小；六月丁丑，大；七月丁未，小；八月丙子，大；九月丙午，小；十月乙亥，大；十一月乙巳，小；十二月甲戌，大。

二十有八年丁亥。敬王六年〇晉霸頃十二〇蔡昭五〇曹聲公野元年〇衛靈二十一〇鄭定公十六，卒〇陳惠十六〇杞悼四〇宋景三〇齊景三十四〇秦哀二十三〇楚昭二〇吴闔廬光元年

春

王三月

葬曹悼公。

公如晉，次于乾侯。《左傳》曰：公如晉，將如乾侯。子家子曰：「有求於人而即其安，人孰矜之？其造於竟。」弗聽。使請逆於晉，晉人曰：「天禍魯國，君淹恤在外，君亦不使一个辱在寡人，而即安於甥舅，其亦使逆君？」使公復於竟而後逆之。孫氏曰：公一年如齊者再，皆不見禮，故如晉。其言次於乾侯者，不得入於晉也。公既不見禮於齊，又不得入於晉，其窮辱若此。吕氏曰：公如齊，不得入。如晉，又不得入。當世諸侯如是，然後知無霸之害也。任氏曰：齊、晉大國也，皆與季氏，不恤昭公，中國主盟所以在夷狄乎！杜氏曰：乾侯，晉竟内邑，在魏郡斥丘縣。張

氏曰：《地譜》今大名府成安縣東南有斥丘故城。

夏

四月

丙戌，鄭伯寧卒。「寧」，《公》作「甯」〇定公也，在位十九年，子蠆嗣，是爲獻公。

六月

葬鄭定公。

秋

七月

癸巳，滕子寧卒。「寧」，《公》作「甯」〇悼公也，在位二十五年，子結嗣，是爲頃公。

冬

葬滕悼公。公不在國，凡喪葬之禮，皆季氏專之也。

《經》書月四，書日二。《大衍曆》：正月甲辰，大，辛未，冬至；二月甲戌，小；三月癸卯，大；閏月癸酉，小，《經》四月丙戌在閏月；四月壬寅，大；五月壬申，小；六月辛丑，大；七月辛未，小，癸巳，二十三日；八月庚子，大；九月庚午，小；十月己亥，大；十一月己巳，小；十二月戊戌，大。《長曆》：是年閏五月。丙戌，四月四日。

二十有九年戊子。敬王七年〇晋霸頃十三〇蔡昭六〇曹聲二〇衛靈二十二〇鄭獻公蠆元年〇陳惠十七〇杞悼五〇

宋景四〇齊景三十五〇秦哀二十四〇楚昭三〇吴闔廬二

春

公至自乾侯，居于鄆。杜氏曰：以乾侯至，不得見晋侯故。

齊侯使高張來唁公。《左傳》曰：来唁，稱主君。子家子曰：「齊卑君矣，君秖辱焉。」杜氏曰：高張，高偃子，唁公至晋不見受。襄陵許氏曰：荀躒唁公，地；高張，不地，以公居鄆，猶以魯志也，故稱「來」焉。高氏曰：唁於野井，齊地也；唁於乾侯，晋地也；今在鄆，乃魯地，故但書「來」而已。

公如晋，次于乾侯。齊氏曰：齊侯唁公，比公於大夫，故公復如晋，冀晋見恤也，而晋復不受公，故次於乾侯。諸侯出奔，狼狽未有如公之甚者。

夏

四月

庚子，叔詣卒。此叔輒之子也。高氏曰：叔詣欲納公而卒。

秋

七月。

冬

十月

鄆潰。胡氏曰：公之出奔，處鄆四年，民不見德，亡無愛徵，至於潰散。豈非昏迷不返，從者又艾殺其民，視如土芥，其下不堪，所以潰歟？高氏曰：此齊侯誘之，使潰也。鄆固畏季氏，以齊使公居而不憚，今齊不終惠，鄆亦叛公。昭公居於國，國人逐之，出君於鄆，而鄆潰，見魯民皆叛，但知畏季氏也。

《經》書月三，書日一。《大衍曆》：正月戊辰，小，丙子，冬至；二月丁酉，大；三月丁卯，大；四月丁酉，小，庚子，四日；五月丙寅，大；六月丙申，小；七月乙丑，大；八月乙未，小；九月甲子，大；十月甲午，小；十一月癸亥，大；十二月癸巳，小。

三十年己丑。敬王八年〇晋霸頃十四，卒〇蔡昭七〇曹聲三〇衛靈二十三〇鄭獻二〇陳惠十八〇杞悼六〇宋景五〇齊景三十六〇秦哀二十五〇楚昭四〇吴闔廬三

春

王正月

公在乾侯。胡氏曰：公去社稷，于今五年。每歲首月不書公，在魯四封之内，則無適而非其所也。至於鄆潰，客寄乾侯，非其所矣，歲首必書公之所在者，蓋以存君，不與季氏之專國也。劉氏曰：公在外久矣，居於鄆，有魯也。在乾侯，無魯也。公雖無魯，魯不可以無公。向曰「居」，今曰「在」，向也魯，而今也晋。一民莫得使焉，尺地莫得有焉，人固曰「乾侯之君」爾，《春秋》則以爲猶吾君也。

夏

六月

庚辰，晋侯去疾卒。頃公也，在位二十四年，其子午嗣，是爲定公。時公在乾侯，晋地也，而不弔其喪者，晋不受故也。

秋

八月

葬晋頃公。頃，音傾○《左傳》曰：鄭游吉弔，且送葬。魏獻子使士景伯詰之曰：「悼公之喪，子西弔，子蟜送葬，今吾子無貳，何故？」對曰：「先王之制，諸侯之喪，士弔，大夫送葬，唯嘉好、聘饗、三軍之事，於是乎使卿。晋之喪事，敝邑之間，先君有所助執紼矣；若其不間，雖士、大夫有所不獲數矣。靈王之喪，我先君簡公在楚，我先大夫印段實往，敝邑之少卿也。王吏不討，恤所無也。」晋人不能詰。

冬

十有二月

吴滅徐。徐子章羽奔楚。「羽」，《公》作「禹」○《左傳》曰：吴子使徐人執掩餘，使鍾吾人執燭庸，二公子奔楚。楚子大封，而定其徙。使監馬尹大心逆吴公子，使居養。莠尹然、左司馬沈尹戌城之，取於城父與胡田以與之，將以害吴也。子西諫曰：「吴光新得國而親其民，視民如子，辛苦同之，將用之也。若好吾邊疆〔一〕，使柔服焉，猶懼其至，吾又疆其讎以重怒之〔二〕，無乃不可乎？」王弗聽。吴子怒，執鍾吾子，遂伐徐。防山以水之，滅徐。徐子章羽斷其

〔一〕若好吾邊疆：「吾」，清刻本、四庫本作「吴」。

〔二〕吾又疆其讎以重怒之：「疆」，四庫本作「彊」。

髪，擕其夫人以逆吴子，吴子唁而送之，使其邇臣從之，遂奔楚。楚沈尹戌帥師救徐，弗及，遂城夷，使徐子處之。吴子問於伍員曰：「初而言伐楚，余知其可也，而恐其使余往也，又惡人之有余之功也。今余將自有之矣，伐楚何如？」對曰：「楚執政衆而乖，莫適任患。若爲三師以肄焉，一師至，彼必皆出。彼出則歸，彼歸則出，楚必道敝。亟肄以罷之，多方以誤之，既罷而後，以三軍繼之，必大克之。」闔廬從之，楚於是乎始病。

《經》書月四，書日一。《大衍曆》：正月壬戌，大，辛巳，冬至；二月壬辰，小；三月辛酉，大；四月辛卯，小；五月庚申，大，《經》六月庚辰在此月；六月庚寅，小；七月己未，大；八月己丑，大；九月己未，小；十月戊子，大；十一月戊午，小；十二月丁亥，大；閏月丁巳，小。《長曆》：是年閏五月。庚辰，六月二十二日。

三十有一年庚寅。敬王九年〇晋霸定公午元年〇蔡昭八〇曹聲四〇衛靈二十四〇鄭獻三〇陳惠十九〇杞悼七〇宋景六〇齊景三十七〇秦哀二十六〇楚昭五〇吴闔廬四

春

王正月

公在乾侯。《左傳》曰：言不能外内也[一]。高氏曰：鄆曰「居」者，鄆，魯地，公所有；乾侯曰「在」者，乾侯，晋地，非公得而專也。《春秋》凡言居者，境内之辭，「天王出居於鄭」之類是也；言在者，境外之辭，「公在楚」之類是也。

〔一〕言不能外内也：「外内」，原作「内外」，據清刻本改。

季孫意如會晉荀躒于適歷。躒，力狄切，《公》作「櫟」。適，丁歷切〇《左傳》曰：晉侯將以師納公。范獻子曰：「若召季孫而不來，則信不臣矣，然後伐之，若何？」晉人召季孫。獻子使私焉曰：「子必來，我受其無咎。」季孫意如會晉荀躒于適歷，荀躒曰：「寡君使躒謂吾子：『何故出君？有君不事，周有常刑，子其圖之！』」季孫練冠、麻衣，跣行，伏而對曰：「事君，臣之所不得也，敢逃刑命？君若以臣爲有罪，請囚於費，以待君之察也，亦唯君。若以先臣之故，不絶季氏，而賜之死，若弗殺弗亡，君之惠也，死且不朽。若得從君而歸，則固臣之願也，敢有異心？」胡氏曰：意如出君不事，專有魯國，晉實主盟，不能致討，而寵以會禮，不亦逆哉？季孫行貨齊、晉，使不納公。禱於煬宮，求君不入，齊、晉不能誅亂禁姦，悖君臣之義，不知其從自及也。呂氏曰：晉爲盟主，以號令諸侯，將以託國者也，而使大夫與叛臣會。荀躒奉命而行，不能諫止，其爲臣亦可知也。林氏曰：適歷，晉地。

夏

四月

丁巳，薛伯穀卒。入《春秋》唯莊三十一年書「薛伯卒」，及此年書名。

晉侯使荀躒唁公于乾侯。《左傳》曰：季孫從知伯如乾侯。子家子曰：「君與之歸，一慙之不忍，而終身慙乎？」公曰：「諾。」衆曰：「在一言矣，君必逐之。」荀躒以晉侯之命唁公，且曰：「寡君使躒以君命討於意如，意如不敢逃死，君其入也。」公曰：「君惠顧先君之好，施及亡人。將使歸糞除宗祧以事君，則不能見夫人。已所能見夫人者，有如河。」荀躒掩耳而走曰：「寡君其罪之恐，敢與知魯國之難？臣請復於寡君。」退而謂季孫：「君怒未怠，子姑歸祭。」子家子曰：「君以一乘入於魯師，季孫必與君歸。」公欲從之，衆從者脅公，不得歸。《穀梁傳》曰：唁公不得入於魯也。陸氏曰：在晉地，故不言來。呂氏曰：齊侯唁公於野井，晉侯使荀躒唁公於乾侯，言大國盟主皆不能討亂，無助順向正之意也。高氏曰：荀躒既會季孫於適歷，復以晋侯之命唁公於乾侯，蓋晋侯有不納公之言。夫不恤見逐之君，而信不臣者之言，陰交其臣，陽唁其君，空言無實，卒使六卿之彊，遂分晋國而有之，則晋侯亦魯侯已。

秋

葬薛獻公。高氏曰：季氏恐失鄰國之歡，故使人會其喪葬。

冬

□黑肱以濫來奔。「肱」，《公》作「弓」○「黑肱」上脱「邾」字。杜氏曰：不書邾，史闕文。濫，東海昌慮縣。襄陵許氏曰：邾快、黑肱相繼来奔，季孫當國，以類至也。

十有二月

辛亥，朔，日有食之。《經》書月三，書日二。《大衍曆》：正月丙戌，大，丁亥，冬至；二月丙辰，小；三月乙酉，大；四月乙卯，小，丁巳，三日；五月甲申，大；六月甲寅，小；七月癸未，大；八月癸丑，小；九月壬午，大；十月壬子，大；十一月壬午，小；十二月辛亥，大，朔，日食黄道尾十二度半彊。

三十有二年辛卯。敬王十年○晋霸定二○蔡昭九○曹聲五○衛靈二十五○鄭獻四○陳惠二十○杞悼八○宋景七○齊景三十八○秦哀二十七○楚昭六○吴闔廬五

春

王正月

公在乾侯。

取闞。闞，口暫切○杜氏曰：闞，魯邑，公别居乾侯，遣人誘闞而取之，不用師徒。張氏曰：昭公之難，叔孫如闞。定元年，季孫使役如闞，公氏將溝焉，此魯地而公取之也。澄曰：昭公爲魯國之君，四封之内皆其土地也。今昭公爲季氏所逐，而書「取鄆」、「取闞」，以見季氏據國，公無尺土矣，雖得魯邑，猶取之於外云爾。

夏

吴伐越。《左傳》曰：始用師於越也。高氏曰：前此越與楚伐吴，故吴於是年伐越。

秋

七月。

冬

仲孫何忌會晋韓不信、齊高張、宋仲幾、衛世叔申、鄭國參、曹人、莒人、薛人、杞人、小邾人城成周。「世叔」，《穀》作「太叔」○《左傳》曰：王使富辛與石張如晋，請城成周。天子曰：「天降禍於周，俾我兄弟並有亂心，以爲伯父憂。我一二親昵甥舅不遑啓處，於今十年，勤戍五年。余一人無日忘之，閔閔焉如農夫之望歲，懼以待時。伯父若肆大惠，復二文之業，弛周室之憂，徼文、武之福，以固盟主，宣昭令名，則余一人有大願矣。昔成王合諸侯城成周，以爲東都，崇文德焉。今我欲徼福，假靈於成王，脩成周之城，俾戍人無勤，諸侯用寧，蝥賊遠屏，晋之力也。其委諸伯父，使伯父實重圖之，俾我一人無徵怨於百姓，而伯父有榮施，先王庸之。」范獻子謂魏獻子曰：「與其戍周，不如城之，天子實云，雖有後事，晋勿與知可也。從王命以紓諸侯，晋國無憂，是之不務，而又焉從事？」魏獻子曰：「善。」使伯音對曰：「天子有命，敢不奉承以奔告於諸侯？遲速衰序，於是焉在。」士彌牟營成周，計丈數，揣高卑，度厚薄，仞溝洫，物土方，議遠邇，量事期，計徒庸，慮材用，書餱糧，以令役於諸侯。屬役賦丈，書以授帥，而效諸劉子。韓簡子臨之，以爲成命。澄曰：王城自平王東遷以來，天子世世居之，故其城完固。子朝據居王城，敬王居狄泉，晋師納王，然後王入於成周。子朝遂棄王城而奔楚。子朝雖已出奔，王畏子朝餘黨尚多，故不敢歸王城，而留居成周。成周乃周公遷殷頑民之地，其城圮惡，故諸侯以兵戍之至此，晋率諸侯城成周之後，始撤諸侯之戍。吕氏曰：周室雖微，諸侯猶勤之如此，先王之德澤猶有存焉者也。

十有二月

己未，公薨于乾侯。《左傳》曰：言失其所也。趙簡子問於史墨曰：「季氏出其君而民服焉，諸侯與之，君死於外而莫之或罪也。」對曰：「天生季氏，以貳魯侯，爲日久矣。民忘君矣，雖死於外，其誰矜之？社稷無常奉，君臣無常位，自古以然。三后之姓，於今爲庶，主所知也。成季友，桓之季也，受費以爲上卿，至於文子、武子。政在季氏，於此君也四公矣。民不知君，何以得國？是以爲君，慎器與名，不可以假人。」胡氏曰：諸侯失國出奔者多矣，昭公在外八年，終以客死，爲天下笑，何也？祭仲雖專，而世權不重於季氏。衛侯失國，猶夫人也，而有推挽之者，所以雖失而復得也。魯自季友至於意如，專執國命四世矣，其臣皆季氏之孚也，其民皆季氏之獲也，昭公有一子家駒，言不見聽，計不行也，不能復國，宜矣！

《經》書月三，書日一。《大衍曆》：正月辛巳，小，壬辰，冬至；三月庚戌，大；三月庚辰，小；四月己酉，大；五月己卯，小；六月戊申，大；七月戊寅，小；八月丁未，大；九月丁丑，小；十月丙午，大；十一月丙子，小；十二月乙巳，大，己未，十五日。

春秋纂言卷十一

元　吴澄　撰

定公名宋，襄公庶子，昭公弟也。《左傳》及《史記》不見其母之姓氏，在位十五年。

元年壬辰。敬王十一年〇晋霸定三年〇蔡昭十年〇曹隱公通元年〇衛靈二十六年〇鄭獻五年〇陳惠二十一年〇杞悼九年〇宋景八年〇齊景三十九年〇秦哀二十八年〇楚昭七年〇吴闔盧六年〇薛氏曰：昭公已卒，定公未踐祚，是昭公之末世未得爲定公之始年也。

春《公羊傳》曰：定無正月者，即位後也。沙隨程氏曰：定公未立，先書「元年春」者，追書之也。劉氏曰：定無正月，微辭也。張氏曰：昭公自去年十二月薨於乾侯，魯國之政聽命彊臣。不書正月，見一國之無主，而正朔之無所承也。澄曰：凡人君初年，雖無事必書正月者，蓋於是日行即位禮也。隱公雖不行即位禮，而書正月者，亦於是日見羣臣也。唯定公不書正月，蓋昭公薨於外，定公未立，魯國無君，正月朔日羣臣無朝正之禮，而此月又無它國之事可書，二月亦無事，至三月始有執宋仲幾之事，故書王於三月也。

王三月

晋人執宋仲幾于京師。《左傳》曰：晋魏舒合諸侯之大夫城成周，屬役於韓簡子。宋仲幾不受功，曰：「滕、薛、郳，吾役也。」薛宰曰：「宋爲無道，絶我小國於周，以我適楚，故我常從宋。晉文公爲踐土之盟，曰：『各復舊職。』若從踐土，若從宋，亦唯命。」仲幾曰：「踐土固然。」薛宰曰：「薛之皇祖奚仲，居薛以爲夏車正，奚仲遷於邳，仲虺居薛，以爲湯左相。若復舊職，將承王官，何故以役諸侯？」仲幾曰：「三代各異物，薛焉得有舊？爲宋役，亦其職也。」士彌牟曰：「晉之從政者新，子姑受功歸，吾視諸故府。」仲幾曰：「縱子忘之，山川鬼神其忘諸乎？」士伯怒，謂韓簡子曰：「薛徵於人，宋徵於鬼，宋罪大矣。且己無辭而抑我以神，誣我也。啟寵納侮，其此之謂矣，必以仲幾爲戮。」乃執仲幾以歸。城三旬而畢，乃歸諸侯之戍。《穀梁傳》曰：不正其執人於尊者之所也。澄曰：上年之冬，晉率魯、齊、宋、衛、鄭、曹、莒、薛、杞、小邾十國之臣城成周。仲，氏；幾，名，宋三命之卿，來會城役。《左氏》以爲宋仲幾不受功，故今年三月，晉以霸主之令執之，京師即成周也，其時王居成周，故以成周爲京師。《左氏》有「歸於京師」四字，據《經》所書，但見其執於京師，不見其歸於京師也。孫氏曰：宋仲幾會城成周。韓不信，陪臣也，非天子命，執仲幾於天子之側，甚矣。胡氏曰：《周官》凡卿大夫之獄訟，斷以邦法，則大司寇之職也。不告於司寇，而執人於天子之側，故雖以王事討有罪，猶貶。

夏

六月

癸亥，公之喪至自乾侯。《左傳》曰：叔孫成子逆公之喪于乾侯。季孫曰：「子家子亟言於我，未嘗不中吾志也，吾欲與之從政。子必止之，且聽命焉。」子家子不見叔孫，易幾而哭。叔孫請見子家子，子家子辭曰：「羈未得見，而從君以出。君不命而薨，羈不敢見。」叔孫使告之曰：「公衍、公爲，實使羣臣不得事君，若公子宋主社稷，則羣臣之願也。凡從君出而可以入者，將唯子是聽。子家氏未有後，季孫願與子從政，此皆季孫之願也，使不敢以告。」對曰：

「若立君，則有卿士大夫與守龜在，羈弗敢知。若從君者，則貌而出者，入可也；寇而出者，行可也。若羈也，則君知其出也，而未知其入也，羈將逃也。」喪及壞隤，從公者皆反。

戊辰，公即位。《公羊傳》曰：曷爲戊辰之日然後即位？《穀梁傳》曰：殯然後即位也。陸氏曰：凡公即位，皆於朔日，故不書朔。定公待昭公喪至，既殯而即位，故書之。劉氏曰：昭公薨於乾侯，季孫廢太子衍及務人，而立昭公之弟。公子宋，蓋受之於季氏也。高氏曰：季氏既逐其君，君薨，又不即以國君喪禮迎之，今又廢其適嗣，而專立其弟。宋不擇所處，污於僞，誘於利，昭公喪至，五日而殯，遂自即位。此非受之先君，而專受之意如者也，既爲意如所立，故不復討意如之罪。

秋

七月

癸巳，葬我君昭公。《左傳》曰：季孫使役如闞，公氏將溝焉。榮駕鵞曰：「生不能事，死又離之以自旌也，縱子忍之，後必或恥之。」乃止。葬昭公於墓道南。孔子之爲司寇也，溝而合諸墓。杜氏曰：公在外薨，八月乃葬。高氏曰：昭公薨於外，凡半歲餘，始以喪歸，歸及周月而遽葬，見魯之臣子無恩於先君如此。

九月

大雩。

立煬宮。煬，羊讓切〇《左傳》曰：昭公出，季平子禱於煬宮。高氏曰：昔季孫行父嘗立武宮矣。煬公，伯禽之子，比武公尤遠，廟毀久矣。意如之逐君也，懼而禱焉，昭公薨於外，因以爲應，遂爲之立宮。張氏曰：季氏妄禱而踰祀典，以立久祧之宮，聖人特書，必有曾謂煬公不如林放之嘆乎！

冬

十月

隕霜殺菽。《穀梁傳》曰：未可以殺而殺，舉重；可殺而不殺，舉輕。其曰「菽」，舉重也。杜氏曰：周十月，今八月，隕霜殺菽，非常之災。蘇氏曰：於其不殺而言草，言其廣也；於其殺而言菽，言其所害也。高氏曰：菽，草之難殺者也，言殺菽，則知草皆死矣；言不殺草，則知菽亦不死也。

《經》書月五，書日三。《大衍曆》：正月乙亥，小，丁酉，冬至；二月甲辰，大；三月甲戌，大；四月甲辰，小；五月癸酉，大；六月癸卯，小，癸亥，二十一日，戊辰，二十六日；七月壬申，大，癸巳，二十二日；八月壬寅，小；閏月辛未，大；九月辛丑，小；十月庚午，大；十一月庚子，小；十二月己巳，大。

二年癸巳。敬王十二年〇晉霸定四〇蔡昭十一〇曹隱二〇衛靈二十七〇鄭獻六〇陳惠二十二〇杞悼十〇宋景九〇齊景四十〇秦哀二十九〇楚昭八〇吳闔廬七

春

王正月。

夏

五月

壬辰，雉門及兩觀災。杜氏曰：雉門，公宫之南門。兩觀，闕也。孔《疏》曰：闕在門兩旁，中央缺然，爲道也。其上縣法象，其狀巍然高大，謂之象魏。使人觀之，謂之觀。兩觀也，象魏也，闕也，一物而三名也，兩觀在雉門之兩旁。孫氏曰：雉門、兩觀，天子之制，雉門與兩觀俱災也。杜氏諤曰：魯以周公之故，立雉門、兩觀，僭天子也。魯之僭禮，聖人譏之，必因其事而托義焉。此雉門、兩觀，其僭久矣，若不災，則不可得而録之。今災及而書，實譏其僭也。

秋

楚人伐吴。《左傳》曰：桐叛楚，吴子使舒鳩氏誘楚人曰：「以師臨我，我伐桐，爲我使之無忌。」楚囊瓦伐吴，師於豫章。吴人見舟於豫章，而潛師於巢。吴軍楚師於豫章，敗之，遂圍巢，克之，獲楚公子繁。襄陵許氏曰：自襄三年書「楚伐吴」，七書「楚伐」，僅能一克於朱方，它役皆敗，無功積。其陵暴首兵之咎，將至於禍敗失國也。

冬

十月

新作雉門及兩觀。《穀梁傳》曰：言新，有舊也。作，爲也，有加其度也。劉氏曰：魯用王禮，其庫門，天子臯門；雉門，天子應門，而設兩觀，僭君甚矣，習舊而不知以爲非。高氏曰：莊二十有九年新延廐，不言作。言作者，改舊制而增大之也。魯僭天子之禮，天亦變以警之。遇災而不知以爲戒，乃更作而新之，反加其度焉，是魯之僭終無已也。特書「新作」，罪在定公也。

《經》書月三，書日一。《大衍曆》：正月己亥，小，壬寅，冬至；二月戊辰，大；三月戊戌，小；四月丁卯，大，《經》五月壬辰在此月；五月丁酉，小；六月丙寅，大；七月丙申，大；八月丙寅，小；九月乙未，大；十月乙丑，小；十一月甲午，大；十二月甲子，小。《長曆》：是年閏五月。壬辰，五月二十六日。

三年甲午。敬王十三年〇晉霸定五〇蔡昭十二〇曹隱三〇衛靈二十八〇鄭獻七〇陳惠二十三〇杞悼十一〇宋景十〇齊景四十一〇秦哀三十〇楚昭九〇吴闔廬八

春

王正月

公如晉，至河乃復。程子曰：季孫意如上不請於天子，下不告於方伯，而立定公，故晉怒而公往朝焉。晉辭公而復，故明年因會而請盟於皋鼬。

二月

辛卯，邾子穿卒。莊公也，在位三十三年，子益嗣。

夏

四月。

秋

葬邾莊公。七月而葬，緩。

冬

仲孫何忌及邾子盟于拔。「拔」，《公》作「枝」〇《左傳》曰：修邾好也。襄陵許氏曰：公至河乃復，晉之輕

魯也。仲孫何忌及邾子盟，魯之輕邾也。當昭公時，祲祥猶未爾也。高氏曰：邾子居喪，而以吉禮與魯大夫盟，其微弱可知。

《經》書月三，書日一。《大衍曆》：正月癸巳，大，戊申，冬至；二月癸亥，小，辛卯，二十九日；三月壬辰，大；四月壬戌，小；五月辛卯，大；六月辛酉，小；七月庚寅，大；八月庚申，小；九月己丑，大；十月己未，小；十一月戊子，大；十二月戊午，大。

四年乙未。敬王十四年○晉霸定六○蔡昭十三○曹隱四○衛靈二十九○鄭獻八○陳惠二十四，卒○杞悼十二，卒○宋景十一○齊景四十二○秦哀三十一○楚昭十○吳闔廬九

春

王二月

癸巳，陳侯吴卒。惠公也，在位二十四年〔一〕，子柳立，是爲懷公。

三月

公會劉子、晋侯、宋公、蔡侯、衛侯、陳子、鄭伯、許男、曹伯、莒子、邾子、頓子、胡子、滕子、薛伯、杞伯、小邾子、齊國夏于召陵，侵楚。《左傳》曰：蔡昭侯爲兩佩與兩裘，以如楚，獻一佩一裘於昭

〔一〕在位二十四年：「四」，原作「八」，據清刻本、四庫本改。

王，昭王服之，以享蔡侯，蔡侯亦服其一。子常欲之，弗與。三年止之。唐成公如楚，有兩肅爽馬，子常欲之，弗與。亦三年止之。唐人或相與謀，請代先從者，許之。飲先從者酒，醉之，竊馬而獻之子常。子常歸唐侯。自拘於司敗曰：「君以弄馬之故，隱君身，弃國家，羣臣請相夫人以償馬，必如之。」唐侯曰：「寡人之過也，二三子無辱。」皆賞之。蔡人聞之，固請而獻佩於子常。子常朝，見蔡侯之徒，命有司曰：「蔡君之久也，官不共也。明日禮不畢，將死。」蔡侯歸，及漢，執玉而沈曰：「余所有濟漢而南者，有若大川！」蔡侯如晉，以其子元與其大夫之子爲質焉，而請伐楚。三月，劉文公合諸侯於召陵，謀伐楚也。晉荀寅求貨於蔡侯，弗得。言於范獻子曰：「國家方危，諸侯方貳，將以襲敵，不亦難乎？水潦方降，疾瘧方起，中山不服，弃盟取怨，無損於楚，而失中山，不如辭蔡侯。吾自方城以來，楚未可以得志，祇取勤焉。」乃辭蔡侯。晉人假羽旄於鄭，鄭人與之。明日，或旆以會。晉於是失諸侯。程子曰：楚恃其彊，侵陵諸侯。晉上請於天子，大合諸侯以伐之，而不能明暴其罪，以行天討，無功而還，故書「侵」。高氏曰：入春秋來，蔡人首叛中國而附楚，至是蔡人不勝楚之陵虐，乃使告於諸侯，有能伐楚者，蔡願爲之先鋒。晉侯於是合諸侯于召陵，以救蔡伐楚也。書「會于召陵，侵楚」者，以見諸侯不振，卒使救蔡伐楚之功歸於吴。爲盟主〔一〕，大合諸侯十八國之衆，天子使大夫臨之，可謂盛矣，乃不能攘夷狄之患，而吴以一國之師敗之。召陵，近蔡地。是時晉荀寅求貨於蔡，蔡人弗與，遂辭不進。晉是以失諸侯，中國遂大亂，吴子主黄池之會自此始也。

夏

四月

〔一〕爲盟主：「爲」，清刻本、四庫本作「晉爲」。

庚辰，蔡公孫姓帥師滅沈，以沈子嘉歸，殺之。「姓」，《公》作「歸姓」○《左傳》曰：沈人不會於召陵，晋人使蔡伐之，滅沈。胡氏曰：所惡於前，毋以先後[一]，出乎爾者，反乎爾者也。蔡侯視楚，猶沈視蔡也。昭公拘於郢，三年而後反，非以國小而弱乎？沈雖不會召陵，未有大罪惡也，而恃彊殺之，甚矣，能無公孫翩之及哉！呂氏曰：蔡公孫姓不能正其君之失，而遂滅沈，至以沈子嘉歸，殺之，其罪極矣。高氏曰：沈不與於召陵者，與楚故也。與楚者不受晋令也，故晋因使蔡逞其忿焉。夫蔡屢爲楚所滅，今而舍楚不易矣。晋侯不能恢弘霸業，求所以服楚而保蔡，從蔡侵楚，固已失之。一沈不能容而殺之，歸惡於蔡，是重楚人怒蔡而易晋爾。蔡雖齊桓之世，不深即中國，非不即中國也，國近楚，有畏焉，不能保其無它也。昭公毅然弃之，蔡計則失，蔡意則可嘉，乃復爲此舉！嗚呼，使昭公而知保國，必悔之！

五月

公及諸侯盟于臯鼬。鼬，由又切，《公》作「浩油」[二]○《左傳》曰：及臯鼬，將長蔡於衛。衛侯使祝佗私於萇弘。弘悦，告劉子，與范獻子謀之，乃長衛侯於盟。張氏曰：臯鼬，許地。杜氏曰：繁陽縣東南有城臯亭。高氏曰：此召陵之諸侯也。襄二十五年重丘之盟，亦會盟異處，而不言「公及」，何也？程子曰：公以不獲見於晋，故因會而求盟焉[三]，則此盟，公意也，故書「公及」。陸氏曰：重言諸侯，劉子不與盟也。

[一] 毋以先後：「毋」，清刻本、四庫本作「無」。

[二] 公作浩油：「油」，原闕，據清刻本、四庫本補。

[三] 故因會而求盟焉：清刻本作「故雖會而未盟焉」。

杞伯成卒于會。「成」，《公》作「戊」〇不言卒於師者，以不成伐楚也。杞悼公，在位十二年，世子乞嗣，是爲隱公。七月，其弟過殺隱公而自立，是爲僖公。

六月，葬陳惠公。高氏曰：此見陳侯背殯出會也。蓋君在殯則辭會可也，雖不得已於晋令，而齊亦使國夏來爾。

許遷于容城。容城，地闕，任公輔以爲華容縣，亦析之近地也[一]。高氏曰：自葉遷也，至是蓋四遷矣。

秋

七月

公至自會。襄陵許氏曰：不至侵楚，譏無功也。高氏曰：晋以伐楚召諸侯，而以會致者，不成乎伐也。

劉卷卒。卷，音權〇趙氏曰：畿内諸侯不同列國。澄曰：王朝大夫，雖食邑於劉，其爵爲子，然不同於列國諸侯，故卒不稱爵，而但稱名。若畿外諸侯則稱爵稱名也。

葬杞悼公。魯往會也。

楚人圍蔡。《左傳》曰：楚爲沈故，圍蔡。

晋士鞅、衛孔圉帥師伐鮮虞。襄陵許氏曰：謀楚而不能討，盟蔡而不能救，一唯中山是伐。書卿與師，著威勝不行於彊暴而行於寡弱也。

葬劉文公。趙氏曰：劉文公，天子畿内諸侯，列國不當與行交往之禮。今會其葬，非禮也。高氏曰：尹氏、王

[一] 亦析之近地也：「析」，原作「祈」，據清刻本改。

子虎皆不書葬，此書葬者，以魯特往會之也。

冬

十有一月

庚午，蔡侯以吴子及楚人戰于柏舉，楚師敗績。「柏舉」，《公》作「伯莒」〇《左傳》曰：伍員爲吴行人以謀楚。楚之殺郤宛也，伯氏之族出，伯州犂之孫嚭爲吴太宰以謀楚。楚自昭王即位，無歲不有吴師，蔡侯因之，以其子乾與其大夫之子爲質於吴。蔡侯、吴子、唐侯伐楚。舍舟於淮汭，自豫章與楚夾漢。左司馬戌謂子常曰：「子沿漢而與之上下，我悉方城外以毁其舟，還塞大隧、直轅、冥阨。子濟漢而伐之，我自後擊之，必大敗之。」既謀而行。武城黑謂子常曰：「吴用木也，我用革也，不可久也，不如速戰。」史皇謂子常：「楚人惡子而好司馬。若司馬毁吴舟於淮，塞城口而入，是獨克吴也。子必速戰，不然不免。」乃濟漢而陳，自小别至於大别。三戰，子常知不可，欲奔。史皇曰：「安求其事，難而逃之，將何所入？子必死之，初罪必盡説。」二師陳於伯舉。闔廬之弟夫槩王晨請於闔廬曰：「楚瓦不仁，其臣莫有死志，先伐之，其卒必奔，而後大師繼之，必克。」弗許。夫槩王曰：「所謂『臣義而行，不待命』者，其此之謂也。今日我死，楚可入也。」以其屬五千先擊子常之卒。子常之卒奔，楚師亂。吴師大敗之。《公羊傳》曰：蔡昭公朝乎楚，有美裘焉，囊瓦求之，昭公不與，爲是拘昭公於南郢數年，然後歸之。於其歸焉，用事乎河曰：「天下諸侯苟有能伐楚者，寡人請爲之前列。」楚人聞之，怒，爲是興師，使囊瓦將而伐蔡。蔡請救於吴。伍子胥復曰：「蔡非有罪也，楚人爲無道，君如有憂中國之心，則若時可矣。」於是興師而救蔡。孫氏曰：以者，乞師而用之也。楚人圍蔡，晋師不出，故蔡侯去晋求救於吴。晋合十八國不能救蔡伐楚，吴能救之伐之，自是諸侯小大皆宗於吴。杜氏曰：柏舉，楚地。

楚囊瓦出奔鄭。高氏曰：此柏舉之敗將也。胡氏曰：囊瓦貪以敗國，又不能死，可賤甚矣。

庚辰，吴入楚。「楚」，《左》作「郢」○《左傳》曰：吴從楚師，五戰，及郢。楚子取其妹季芈畀我以出。吴入郢，以班處宫。子山處令尹之宫，夫槩王欲攻之，懼而去之，夫槩王入之。楚子涉睢濟江，入於雲中，盜攻之，王奔鄖。鄖公辛與其弟巢以王奔隨。初，伍員與申包胥友，其亡也，謂申包胥曰：「我必復楚國！」申包胥曰：「勉之！子能復之，我必能興之。」及昭王在隨，申包胥如秦乞師，曰：「吴爲封豕長蛇，以薦食上國，虐始於楚。寡君失守社稷，越在草莽，使下臣告急曰：『夷德無厭，若鄰於君，疆埸之患也。逮吴之未定，君其取分焉。若楚之遂亡，君之土也。若以君靈撫之，世以事君。』」秦伯使辭焉，曰：「寡人聞命矣，子姑就館，將圖而告。」對曰：「寡君越在草莽，未獲所伏，下臣何敢即安？」立，依於庭牆而哭，日夜不絶聲，勺飲不入口七日。秦哀公爲之賦《無衣》，九頓首而坐，秦師乃出。秦子蒲、子虎帥車五百乘以救楚。子蒲曰：「吾未知吴道。」使楚人先與吴人戰，而自稷會之，大敗夫槩王於沂。吴人獲薳射於柏舉，其子帥奔徒以從子西，敗吴師於軍祥。子期、子蒲滅唐，吴師敗楚師於雍澨，秦師又敗吴師。吴師居麇，子期焚之，又戰〔一〕，吴師敗。又戰於公壻之谿，吴師大敗。吴子乃歸。孫氏曰：吴子救蔡伐楚，善也。乘囊瓦之敗，長驅入郢，夷其宗廟，壞其宫室，則甚矣。

《經》書月七，書日四。《大衍曆》：正月戊子，小，癸巳，六日，癸丑，冬至；二月丁巳，大；三月丁亥，小；四月丙辰，大，庚辰，二十五日；閏月丙戌，小；五月乙卯，大；六月乙酉，小；七月甲寅，大；八月甲申，小；九月癸丑，大；十月癸未，小；十一月壬子，大，庚午，十九日，庚辰，二十九日；十二月壬午，小。《長曆》：是

〔一〕「又戰」，清刻本、四庫本前有「而」字。

年閏七月。

五年丙申。敬王十五年○晋霸定七○蔡昭十四○曹靖公露元年○衛靈三十○鄭獻九○陳懷公柳元年○杞僖公過元年○宋景十二年○齊景四十三○秦哀三十二○楚昭十一○吴闔廬十

春

王三月「三月」，《公》作「正月」。

辛亥，朔，日有食之。

夏

歸粟于蔡。杜氏曰：蔡爲楚所圍，飢乏，故魯歸之粟。吕氏曰：列國飢，諸侯歸粟，以先王之澤猶有存者也。

於越入吴。《左傳》曰：吴在楚也。杜氏曰：於，發聲也。劉氏曰：於越者，其自稱者也；越者，中國稱之者也。高郵孫氏曰：越見於《經》凡六，其三稱「越」，皆在昭公之時：五年，「越人與楚人伐吴」；七年，「楚放公子昭於越」；三十二年，「吴伐越」，皆曰「越」也。其三稱「於越」，二在定公之時：五年，「於越入吴」；十四年「於越敗吴於檇李」；一在哀公之時，十三年，「於越入吴」，皆曰「於越」也。高氏曰：闔廬争入郢之利，而於越入吴；夫差取盟晋之功，而於越入吴。意有所逐，而憂有所忘矣。按昭五年，楚子以諸侯伐吴，而越人已見於《經》，至此及十四年，至哀十三年皆書「於越」，越人自名曰「於越」，君子名之曰「越」。吴之伐楚，有安中國之意焉，越乃乘其士卒罷弊，掩入其國，至十四年又敗吴於檇李，哀十三年又入吴，若爲楚復讎者，是以君子惡之。「於越」與《漢書》「于越」

同義，蓋「於」、「于」、「越」、「粵」皆發語辭，《經》書「於餘丘」，亦即其自稱書之也。

六月

丙申，季孫意如卒。《左傳》曰：季平子卒。陽虎將以璵璠斂，仲梁懷弗與，曰：「改步改玉。」陽虎欲逐之，告公山不狃。不狃曰：「彼爲君也，子何怨焉？」既葬，桓子行東野，及費。子洩爲費宰，逆勞於郊，桓子敬之。勞仲梁懷，仲梁懷弗敬。子洩怒，謂陽虎：「子行之乎？」陽虎囚季桓子及公父文伯，而逐仲梁懷，殺公何藐，盟桓子於稷門之内，大詛，逐公父歜及秦遄，皆奔齊。澄按，平子意如，季孫宿之孫，悼子紇之子也，子斯嗣，是爲桓子。

秋

七月

壬子，叔孫不敢卒。此成子不敢，叔孫婼之子，無見於《經》而卒之者，著叔孫之有後也。子州仇嗣，是爲武叔。

冬

晋士鞅帥師圍鮮虞。《左傳》曰：報觀虎之役也。杜氏曰：三年，鮮虞獲晋觀虎。高氏曰：以四年之伐未得志故也，兵益憤，義益不勝也。

《經》書月三，書日三。《大衍曆》：正月辛亥，大，戊午，冬至；二月辛巳，大；三月辛亥，小，朔，日食黄道室四度半彊；四月庚辰，大；五月庚戌，小；六月己卯，大，丙申，十八日；七月己酉，小，壬子，四日；八月戊寅，大；九月戊申，小；十月丁丑，大；十一月丁未，小；十二月丙子，大。

六年丁酉。敬王十六年〇晋霸定八〇蔡昭十五〇曹靖二〇衛靈三十一〇鄭獻十〇陳懷二〇杞僖二〇宋景十三〇齊景四十四〇秦哀三十三〇楚昭十二〇吴闔廬十一

春

王正月

癸亥，鄭游速帥師滅許，以許男斯歸。《左傳》曰：因楚敗也。高氏曰：鄭、許之怨舊矣。許本恃楚以固其國，至於四遷，而楚不能爲之彊[一]，而鄭游速以偏師一出，滅其國而俘其君，豈是楚人累敗於吴，故鄭因乘許之微弱而肆其暴邪？張氏曰：按許自隱十一年齊、魯、鄭之入至今年，大抵困於與鄭爲鄰，至成十五年遷葉之後，又畏鄭而遷也。定四年，方自析遷容城以依楚。不數年，楚困於吴，鄭遂滅之。然自哀元年以後，許復見者，楚又存之也。大岳之後，其亡一見害於鄭，其存一恃於楚。不過百年，韓遂滅鄭，亦有由也。

二月

公侵鄭。《左傳》曰：周儋翩率王子朝之徒，因鄭人將以作亂於周，鄭於是乎伐馮、滑、胥靡、負黍、狐人、闕外。公侵鄭，取匡，爲晋討鄭之伐胥靡也。高氏曰：召陵之盟，口血未乾，而鄭保囊瓦滅許[二]，故晋命公興師而討之。是時，季孫斯初嗣卿位，陪臣陽虎執國命[三]，又迫於晋命，進退皆不由公也。

[一] 至於四遷而楚不能爲之彊：「彊」，四庫本作「疆」。
[二] 而鄭保囊瓦滅許：「保囊瓦」，清刻本作「使游速」。
[三] 陪臣陽虎執國命：「陪」，原作「倍」，據清刻本、四庫本改。

公至自侵鄭。高氏曰：公内有彊臣不能討，乃爲晋討鄭，内外結怨，危之道也。

夏

季孫斯、仲孫何忌如晋。《左傳》曰：季桓子如晋，獻鄭俘也。陽虎彊使孟懿子往報夫人之幣。晋人兼享之。孟孫立於房外，謂范獻子曰：「陽虎若不能居魯，而息肩於晋，所不以爲中軍司馬者，有如先君。」獻子曰：「寡君有官，將使其人，鞅何知焉？」獻子謂簡子曰：「魯人患陽虎矣。孟孫知其釁，以爲必適晋，故彊爲之請以取入焉。」高氏曰：一卿將命可兼它事，豈可每事一卿乎？故累數之，見二卿爲陽虎所制也。夫以二子之力，專國擅君，而陽虎乃能制之，進云則進，止云則止，猶僕隸也。嗚呼，天子微，諸侯僭；諸侯微，大夫凌；大夫微，陪臣脅，理勢然爾。襄陵許氏曰：魯國政在大夫，而家臣能彊使之，則家臣始擅國矣。

秋

晋人執宋行人樂祁犂。《左傳》曰：宋樂祁言於景公曰：「諸侯唯我事晋，今使不往，晋其憾矣。」樂祁告其宰陳寅，陳寅曰：「必使子往。」它日，公謂樂祁曰：「唯寡人説子之言，子必往。」陳寅曰：「子立後而行，吾室亦不亡，唯君亦以我爲知難而行也。」見溷而行。趙簡子逆而飲之酒於綿上，獻楊楯六十於簡子。陳寅曰：「昔吾主范氏，今子主趙氏，又有納焉，以楊楯賈禍，弗可爲也已。然子死晋國，子孫必得志於宋。」范獻子言於晋侯曰：「以君命越疆而使，未致使而私飲酒，不敬二君，不可以不討也。」乃執樂祁。張氏曰：諸侯唯宋事晋，懼討而遣使。善逆以懷之，猶懼不來，而大夫黷貨賄，争權利，卒使來者見執，叛者得志。晋之亂政亟行，霸統所由絶也。胡氏曰：使范、趙方睦，皆有獻焉，則弗執之矣。執異國行人，出於列卿私意，威柄不復在其君矣。

冬

城中城。《穀梁傳》曰：三家張也。高氏曰：三家張，公之所有中城而已。成九年城之矣，此復城者，外有齊、鄭之怨，故懼而城焉。杜氏曰：公爲晉侵鄭，故懼而城之。

季孫斯、仲孫忌帥師圍鄆。「忌」上脱「何」字○杜氏曰：何忌不言「何」，闕文。吕氏曰：仲孫忌，闕文無疑也，而《公羊》以爲譏二名。三《傳》解經，皆據文主義，不論是非，無復闕疑。高氏曰：鄆自昭二十五年齊侯取之以居昭公，三十年鄆潰，遂貳於齊，至是二卿圍而欲復取之，蓋陽虎欲傾季氏以謀政也。季、仲圍而曰陽虎何哉？虎專季氏，季氏專魯，仲何爲哉？

《經》書月二，書日一。《大衍曆》：正月丙午，小，癸亥，十八日，冬至；二月乙亥，大；三月乙巳，小；四月甲戌，大；五月甲辰，小；六月癸酉，大；七月癸卯，大；八月癸酉，小；九月壬寅，大；十月壬申，小；十一月辛丑，大；十二月辛未，小。

七年戊戌。敬王十七年○晉霸定九○蔡昭十六○曹靖三○衛靈三十二○鄭獻十一○陳懷三○杞僖三○宋景十四○齊景四十五○秦哀三十四○楚昭十三○吴闔廬十二

春

王正月。

夏

四月。

秋

齊侯、鄭伯盟于鹹。《左傳》曰：齊、鄭盟于鹹，徵會于衛。襄陵許氏曰：齊、鄭之盟，叛晋也。霸道隳，諸侯散，離盟始復，自是中國無殷會矣。杜氏曰：鹹，衛地。永嘉陳氏曰：此特相盟，自齊桓以來未之有，於是再見，諸侯無主盟矣。是故石門志諸侯之合也，鹹志諸侯之判也。

齊人執衛行人北宫結以侵衛。《左傳》曰：衛侯欲叛晋，諸大夫不可。使北宫結如齊，而私於齊侯曰：「執結以侵我。」齊侯從之。劉氏曰：善爲國者，親近而遠信之，附内而外歸之。衛侯欺其羣臣以紿晋，殘其百姓以奉齊。齊之執結也，固非霸討矣，而衛之無良又甚焉。從此觀之，孟子曰「今之諸侯，五霸之罪人也」，不亦信乎！

齊侯、衛侯盟于沙。「沙」下《公》有「澤」字○杜氏曰：結叛晋也。澄謂：執其行人，以與其君結盟以叛晋，齊、衛之罪均也。杜氏曰：陽平元城縣東南有沙亭。張氏曰：元城，今屬大名府。

大雩。

齊國夏帥師伐我西鄙。《左傳》曰：齊國夏伐我，陽虎御季桓子，公斂處父御孟懿子，將宵軍齊師。齊師聞之，墮伏而待之。處父曰：「虎不圖禍，而必死。」苫夷曰：「虎陷二子於難，不待有司，余必殺女。」虎懼，乃還，不敗。蘇氏曰：魯事晋而齊叛之，故伐我。高氏曰：齊叛晋，與鄭盟，故爲鄭伐我，且報二卿之圍鄆。襄陵許氏曰：東夏諸侯唯魯事晋，故齊伐之。景公乘晋之衰，不思唯德之務，以懷諸侯，而欲力征經營以定霸統，是知時之或可，而不知己之不可者也。

九月

大雩。

冬

十月。

《經》書月四，書日無。《大衍曆》：正月庚子，大，己巳，冬至；閏月庚午，小；二月己亥，大；三月己巳，小；四月戊戌，大；五月戊辰，小；六月丁酉，大；七月丁卯，小；八月丙申，大；九月丙寅，小；十月乙未，大；十一月乙丑，大；十二月乙未，小。《三統曆》是年正月己巳，朔，冬至。《殷曆》正月庚午，朔。

八年己亥。敬王十八年〇晉霸定十〇蔡昭十七〇曹靖四，卒〇衛靈三十三〇鄭獻十二〇陳懷四，卒〇杞僖四〇宋景十五〇齊景四十六〇秦哀三十五〇楚昭十四〇吴闔廬十三

春

王正月

公侵齊。《左傳》曰：門于陽州。杜氏曰：報前年伐我西鄙。高氏曰：去年齊伐我西鄙，有辭于我也，公加兵于齊則無名矣。是魯政不復在公矣，而三家者實使公，欲歸怨於公故也。

公至自侵齊。高氏曰：侵齊本出於三家，而三家欲歸怨於公，故未逾月而致之，且爲下復侵齊起也。

二月

公侵齊。《左傳》曰：攻廩丘之郛。杜氏曰：未得志故。泰山孫氏曰：公再侵齊，以重其怨，甚矣。

三月

公至自侵齊。高氏曰：公踰月之間，再出侵齊，雖三家者之爲，然乍往乍来〔一〕，不得休息，見公之進退益不自專矣，故兩書侵至以見之。

曹伯露卒。靖公也，自曹悼公卒，其弟聲公野立，五年而其弟通弑聲公代立，是爲隱公。隱公立四年，其弟露又弑隱公代立，而《經》不書者，曹亂〔二〕，故略之也。凡立四年，其子陽嗣，遂爲宋所滅。

夏

齊國夏帥師伐我西鄙。高氏曰：以公不與鹹、沙之盟，且報此春之再侵也。按，昭公之孫也，齊雖不克納，而有意存之矣。定公即位，未嘗修好於齊，故齊比年伐我，而我亦再侵齊。觀《春秋》書「齊伐」、「公侵」，則其曲直可見矣。襄陵許氏曰：《春秋》書内伐十六，宣以後七；内侵七，宣以後六；伐我二十一，宣以後十七；侵我五，宣以後一。用兵則侵多而伐少，被兵則伐多而侵少。蓋魯自中世衰矣，而欲與齊搆怨，以侵易伐，其能久乎？

公會晋師于瓦。《左傳》曰：齊伐我，晋士鞅、趙鞅、荀寅救我。公會晋師。高氏曰：晋將來救而齊師已退，故公出而逆之于瓦。不書救者，齊師先自退，不因晋救之至也。杜氏曰：瓦，衛地，東郡燕縣東北有瓦亭。張氏曰：今滑州白馬縣。

公至自瓦。高氏曰：不以會至者，公非出會也。

〔一〕然乍往乍来：「乍往乍来」，四庫本作「頻往頻來」。

〔二〕曹亂：「曹」，原作「晋」，據四庫本改。

秋

七月

戊辰，陳侯柳卒。懷公也，在位四年，子越立，是爲湣公[一]。

晉士鞅帥師侵鄭，遂侵衛。「士」，《公》作「趙」○《左傳》曰：晉師將盟衛侯于鄟澤。趙簡子曰：「羣臣誰敢盟衛君者？」涉佗、成何曰：「我能盟之。」衛人請執牛耳，成何曰：「衛，吾温、原也，焉得視諸侯？」將歃，涉佗捘衛侯之手，及捥。衛侯怒，王孫賈趨進曰：「盟以信禮也。有如衛君，其敢不唯禮是事而受此盟也？」衛侯欲叛晉，而患諸大夫。王孫賈使次于郊，大夫問故，公以晉詬語之，且曰：「寡人辱社稷，其改卜嗣，寡人從焉。」大夫曰：「是衛之禍，豈君之過也？」公曰：「又有患焉，謂寡人『必以而子與大夫之子爲質[二]』。」大夫曰：「苟有益也，公子則往，羣臣之子，敢不皆負羈紲以從？」將行，王孫賈曰：「苟衛國有難，工商未嘗不爲患，使皆行而後可。」公以告大夫，乃皆將行之。行有日，公朝國人，使賈問焉，曰：「若衛叛晉，晉五伐我，病何如矣？」皆曰：「五伐我，猶可以能戰」。賈曰：「然則如叛之？病而後質焉，何遲之有？」乃叛晉。晉人請改盟，弗許。晉士鞅會成桓公侵鄭，圍蟲牢，報伊闕也，遂侵衛。高氏曰：鄭伯與齊爲鹹之盟，衛侯與齊爲沙之盟，二國皆以齊而叛晉，晉以是侵鄭、侵衛，所以絶齊之與國也。晉不聲其罪，不能取服，故兩書「侵」。襄陵許氏曰：招攜以禮，懷遠以德。鹹、沙之盟，諸侯已貳，晉不思德禮之是務，而欲恃力攘服，則失霸何日之有？

[一] 是爲湣公：「湣」，清刻本作「泯」，四庫本作「愍」，《纂言》下文作「閔」。

[二] 必以而子與大夫之子爲質：「而子」後原有「厚」字，據清刻本删。

葬曹靖公。

九月

葬陳懷公。

季孫斯、仲孫何忌帥師侵衛。《左傳》曰：晋故也。高氏曰：以其爲晋興師，故書「侵」。澄曰：魯於衛無可聲之罪，故其師之出爲無名。

冬

衛侯、鄭伯盟于曲濮。杜氏曰：結叛晋也。曲濮，衛地。高氏曰：去年公侵鄭，今年二卿侵衛，皆爲晋故，而士鞅又自帥師侵之，故二君同爲此盟，以固其謀。

從祀先公。《左傳》曰：季寤、公鉏極、公山不狃皆不得志於季氏，叔孫輒無寵於叔孫氏，叔仲志不得志於魯，故五人因陽虎。陽虎欲去三桓，以季寤更季氏，以叔孫輒更叔孫氏，己更孟氏。順祀先公而祈焉。劉氏曰：從祀先公，正也，所以從祀先公，則非正矣，其非正奈何？季氏專魯，陽虎專季氏，欲去三桓而代之，從祀先公以説焉，非能正者也。杜氏曰：從，順也。先公，閔公、僖公也。將正二公之位次，所順非一。親盡，故通言先公。

盜竊寶玉、大弓。《左傳》曰：陽虎將享季氏於蒲圃而殺之，戒都車。成宰公斂處父告孟孫曰：「季氏戒都車，何故？」孟孫曰：「吾弗聞。」處父曰：「然則亂也，必及於子，先備諸。」陽虎前驅，林楚御桓子，虞人以鈹盾夾之，陽越殿，將如蒲圃。桓子咋謂林楚曰：「而先皆季氏之良也，爾以是繼之。」對曰：「臣聞命後，陽虎爲政，魯國服焉，違之徵死，死無益於主。」桓子曰：「何後之有？而能以我適孟氏乎？」對曰：「不敢愛死，懼不免主。」桓子曰：「往也。」孟氏選圉人之壯者三百人，以爲公期築室於門外。林楚怒馬，及衢而騁。陽越射之，不中。有自門間射陽越，殺之。陽虎劫公與武叔以伐孟氏。公斂處父帥成人自上東門入，與陽氏戰於南門之内，弗勝。又戰於棘下，陽氏敗。陽虎説甲，如公宫，取寶玉、大弓以出，入於讙、陽關以叛。杜氏曰：盜謂陽虎也，家臣賤，名氏不見，故曰盜。寶玉，夏后氏之璜；大弓，封父之繁弱。蘇氏曰：陽虎將殺季孫斯，不勝而出，取寶玉、大弓於公宫以行。其稱盜，陪臣也。寶玉、大弓，魯之分器也。是時陽虎以鄆、讙、龜陰叛，奔齊，十年侯犯以郈叛，及昭十二年南蒯以費叛，皆以賤不書，其書「竊寶玉、大弓」，何也？分器重於地也。分器重於地者，賤貨而貴命也。常山劉氏曰：寶玉、大弓，天子所錫先君之分器，藏於國，子孫世世保之，不可失墜，而爲盜所竊，國慢無政可知矣。胡氏曰：古者告終易代，弘璧琬琰，天球夷玉，兑之戈，和之弓，垂之竹矢，莫不陳列，非直爲美觀也，先王所寶得，及其身能全而歸之，則可以免矣。魯失其政，陪臣擅權，雖先公分器猶不能守，而盜得竊諸公宫，其能國乎？

《經》書月五，書日一。《大衍曆》：正月甲子，大，甲戌，冬至；二月甲午，小。三月癸亥，大。四月癸巳，小。五月壬戌，大。六月壬辰，小。七月辛酉，大，戊辰，八日。八月辛卯，小。九月庚申，大。十月庚寅，小。十一月己未，大。十二月己丑，小。《長曆》：是年閏二月。

九年庚子。敬王十九年〇晋霸定十一〇蔡昭十八〇曹伯陽元年〇衛靈三十四〇鄭獻十三，卒〇陳閔公越元年〇杞僖五〇宋景十六〇齊景四十七〇秦哀三十六，卒〇楚昭十五〇吴闔廬十四

春

王正月。

夏

四月

戊申，鄭伯蠆卒。蠆，勑邁切，《公》作「囆」〇獻公也，在位十三年，子勝嗣，是爲聲公。

得寶玉、大弓。《左傳》曰：陽虎歸寶玉、大弓。伐陽關，陽虎使焚萊門，師驚，犯之而出奔齊。請師以伐魯曰：「三加必取之。」齊侯將許之，鮑文子諫曰：「魯免其疾而君又收之，無乃害乎？」齊侯執陽虎。虎遂奔晋，適趙氏。仲尼曰：「趙氏其世有亂乎！」《公羊傳》曰：何以書？國寶也，喪之書，得之書。杜氏諤曰：直書曰「得」，以明其失而復得，不正其得之於盜也。

六月

葬鄭獻公。

秋

齊侯、衛侯次于五氏。《左傳》曰：齊侯伐晋夷儀，晋車千乘在中牟，衛侯將如五氏。卜過之，龜焦。衛侯曰：「可也，衛車當其半，寡人當其半，敵矣。」乃過中牟。中牟人欲伐之，衛褚師圃亡在中牟，曰：「衛雖小，其君在焉，未可勝也。齊師克城而驕，其帥又賤，遇必敗之，不如從齊。」乃伐齊師，敗之。齊侯致禚、媚、杏於衛。杜氏曰：五氏，晋地。任氏曰：非伐晋也，不書「伐」而書「次」者，晋實大國，未敢輕伐。始盟于沙，中次于五氏，又次于垂葭，至哀公元年而後伐，其欲有所逞也久矣。

秦伯卒。哀公也，在位二十六年，世子早卒，世子之子嗣，是爲惠公。

冬

葬秦哀公。襄陵許氏曰：秦自晋悼以後，寖不見於《春秋》，則知秦益退保西戎，軍旅禮聘之事，不交於中國矣。《經》書月三，書日一。《大衍曆》：正月戊午，大，己卯，冬至；二月戊子，大；三月戊午，小；四月丁亥，大，戊申，二十二日；五月丁巳，小；六月丙戌，大；七月丙辰，小；八月乙酉，大；九月乙卯，小；十月甲申，大；閏月甲寅，小；十一月癸未，大；十二月癸丑，小。

十年辛丑。敬王二十年〇晋霸定十二〇蔡昭十九〇曹陽二〇衛靈三十五〇鄭聲公勝元年〇陳閔二〇杞僖六〇宋景十七〇齊景四十八〇秦惠公元年〇楚昭十六〇吴闔廬十五

春

王三月。

及齊平。杜氏曰：平前八年再侵齊之怨。吕氏曰：及齊平，我志也。

夏

公會齊侯于夾谷。「夾」，《公》、《穀》作「頰」，後同〇《左傳》曰：公會齊侯于祝其，實夾谷，孔丘相。犂彌言於齊侯曰：「孔丘知禮而無勇，若使萊人以兵劫魯侯，必得志焉。」齊侯從之。孔丘以公退，曰：「士兵之！兩君合好，而裔夷之俘以兵亂之，非齊君所以命諸侯也。裔不謀夏，夷不亂華，俘不干盟，兵不偪好——於神爲不祥，於德爲愆義，於人爲失禮，君必不然。」齊侯聞之，遽辟之。齊侯將享公，孔丘謂梁丘據曰：「齊、魯之故，吾子何不聞焉？

事既成矣，而又享之，是勤執事也。且犧象不出門，嘉樂不野合，饗而既具，是棄禮也。若其不具，用秕稗也。用秕稗，君辱；棄禮，名惡，子盍圖之？夫享所以昭德也，不昭不如其已也。」乃不果享。張氏曰：夾谷，魯地，漢東海祝其縣有夾山，今海州懷仁縣。

公至自夾谷。《穀梁傳》曰：其致何也？危之也。其危之奈何？頰谷之會，孔子相焉，兩君就壇，兩相相揖。齊人鼓譟而起，欲以執魯君。孔子歷階而上，不盡一等，而視歸乎齊侯曰：「兩君合好，夷狄之氏何爲來爲？」命司馬止之。齊侯逡巡而謝。罷會，齊人使優施舞於魯君之幕下，孔子曰：「笑君者，罪當死。」使司馬行法焉，首足異門而出。高氏曰：夾谷之會，齊侯使萊人以兵劫，故書至以危之。

晉趙鞅帥師圍衛。《左傳》曰：報夷儀也。杜氏曰：前年齊爲衛伐晉夷儀，故伐衛以爲報。襄陵許氏曰：使晉有以報齊，則衛可無用兵而服也。今圍衛而不能服，則徒足以堅齊之從而已矣。

齊人來歸鄆、讙、龜陰田。讙，火官切，「龜陰」下《穀》有「之」字○張氏曰：鄆即昭公時齊取以居公者。讙見桓三年，杜氏以爲齊地，濟北蛇丘縣有讙亭，而汶水經濟北至東平須昌入濟。泰山博縣有龜山，今在泗水東北七十里。陰田在山北也。鄆、讙二邑與龜陰，俱在汶水北。杜氏曰：三邑皆汶陽田也。何氏曰：齊侯自夾谷歸，謂晏子曰：「寡人獲過於魯侯，如之何？」晏子曰：「君子謝過以質，小人謝過以文。齊嘗侵魯四邑，請皆還之。」程子曰：齊人服義而來歸之，故書「來歸」。胡氏曰：齊人前此嘗歸濟西田矣，後此嘗歸讙及闡矣，而此獨書「來歸」，何也？曰歸者，魯請而得之也；曰來歸者，齊人心服而歸之也。桓公以義責楚，而楚人求盟。夫子以禮責齊，而齊人歸地，皆書曰「來」，序績也。

叔孫州仇、仲孫何忌帥師圍郈。《左傳》曰：初，叔孫成子欲立武叔，公若藐固諫曰：「不可。」成子立之而卒。公南使賊射之，不能殺。公南爲馬正，使公若爲郈宰。武叔既定，使郈馬正侯犯殺公若，弗能。其圉人曰：「吾以劍過朝，公若必曰：『誰之劍也？』吾稱子以告，必觀之。吾僞固而授之末，則可殺也。」使如之。公若曰：「爾欲吴王我乎？」遂殺公若。侯犯以郈叛，武叔懿子圍郈，弗克。杜氏曰：犯以不能副武叔之命，故叛。郈，叔孫氏邑。任公輔曰：東平無鹽縣東南有郈縣。張氏曰：無鹽在今鄆州須城縣東。

秋

叔孫州仇、仲孫何忌帥師圍郈。「郈」，《公》作「費」〇《左傳》曰：二子及齊師復圍郈，弗克。叔孫謂郈工師駟赤曰：「郈非唯叔孫氏之憂，社稷之患也，將若之何？」駟赤謂侯犯曰：「居齊、魯之際而無事，必不可矣。子盍求事於齊以臨民？不然將叛。」侯犯從之。齊侯至，駟赤與郈人爲之宣言於郈中曰：「侯犯將以郈易於齊，齊人將遷郈民。」衆兇懼。駟赤謂侯犯曰：「衆言異矣，子不如易於齊，與其死也，猶是郈也，而得紓焉，何必此？齊人欲以此偪魯，必倍與子地，且盍多舍甲於子之門，以備不虞。」侯犯曰：「諾。」乃多舍甲焉。侯犯請易於齊。齊有司觀郈。將至，駟赤使周走呼曰：「齊師至矣！」郈人大駭，介侯犯之門甲以圍侯犯。駟赤將射之，侯犯止之曰：「謀免我。」侯犯請行，許之。駟赤先如宿，侯犯殿，每出一門，郈人閉之。及郭門，止之曰：「子以叔孫氏之甲出，有司若誅之，羣臣懼死。」駟赤曰：「叔孫氏之甲有物，吾未敢以出。」犯謂駟赤曰：「子止而與之數。」駟赤止而納魯人。侯犯奔齊，齊人乃致郈。胡氏曰：侯犯以郈叛，不書於策，再書二卿帥師圍郈，則彊亦可知矣。三家專魯，爲日既久，至是家臣爭叛，三子知傾公室以自張，而不知家隸之擬其後也。據事直書，深切著明矣。

宋樂大心出奔曹。「大心」，《公》作「世心」，下同〇《左傳》曰：宋公使樂大心盟於晉，且逆樂祁之尸。辭，僞有疾，乃使向巢如晉，盟且逆子梁之尸。子明謂桐門右師出，曰：「吾猶衰絰，而子擊鍾，何也？」右師曰：「喪不在此故也。」既而告人曰：「己衰絰而生子，余何故舍鍾？」子明聞之，怒，言於公曰：「右師將不利戴氏，不肯適晉，將作亂，不然，無疾。」乃逐桐門右師。高氏曰：辭使非大譴，而讒言乘之，罪累上矣。

宋公子地出奔陳[一]。「地」，《公》作「池」，下同○《左傳》曰：宋公子地嬖蘧富獵，十一分其室，而以其五與之[二]。公子地有白馬四，公嬖向魋，魋欲之，公取而朱其尾鬣以與之。地怒，使其徒扶魋而奪之。魋懼，將走。公閉門而泣之，目盡腫。母弟辰曰：「子分室以與獵也，而獨卑魋，亦有頗焉。子爲君禮，不過出竟，君必止子。」

冬

齊侯、衛侯、鄭游速會于安甫。「安」，《公》作「鞌」○高氏曰：三國皆叛晉，而會於此者，蓋結謀也。張氏曰：安甫，齊地，按今屬鄆州平陰縣。

叔孫州仇如齊。《左傳》曰：齊侯享之，曰：「子叔孫！若使郈在君之它竟，寡人何知焉？屬與敝邑際，故敢助君憂之。」對曰：「非寡君之望也。所以事君，封疆社稷是以，敢以家隸勤君之執事？夫不令之臣，天下之所惡也，君豈以爲寡君賜？」杜氏曰：謝致郈也。高氏曰：夾谷之會，歸我鄆、讙、龜陰田。侯犯以郈奔齊，齊又致郈，是以叔孫州仇如齊謝焉。

宋公之弟辰暨仲佗、石彄出奔陳。「暨」下《公》、《穀》有「宋」字，彄，苦侯切○《左傳》曰：公子地出奔陳，公弗止。辰爲之請，弗聽。辰曰：「是我迋吾兄也。吾以國人出，君誰與處？」母弟辰暨仲佗、石彄出奔陳。澄

[一] 宋公子地出奔陳：「陳」，原作「鄭」，據清刻本、四庫本改。

[二] 而以其五與之：「五」，原作「伍」，據清刻本、四庫本改。

曰：地氏公子者，已三命也。辰不氏公子，未三命也。曰「宋公之弟」，著其屬之責。胡氏曰：宋公以嬖魋故而失二弟，無親親之恩。辰以兄故帥其大夫出奔，無尊君之義。仲佗、石彄見脅於辰，不能自立，無大臣之節。孫氏曰：交譏之。

《經》書月一，書日無。《大衍曆》：正月壬午，大，甲午，冬至；二月壬子，小；三月辛巳，大；四月辛亥，小；五月庚辰，大；六月庚戌，大；七月庚辰，小；八月己酉，大；九月己卯，小；十月戊申，大；十一月戊寅，小；十二月丁未，大。《長曆》：是年閏六月。

十有一年壬寅。敬王二十一年○晉霸定十三○蔡昭二十○曹陽三○衛靈三十六○鄭聲二○陳閔三○杞僖七○宋景十八○齊景四十九○秦惠二○楚昭十七○吴闔廬十六

春

宋公之弟辰及仲佗、石彄、公子地自陳入于蕭以叛。高氏曰：始辰之出奔，非其本心，故書「暨」。今入於蕭以叛，則變其初心，故書「及」。

夏

四月。

秋

宋樂大心自曹入于蕭。《左傳》曰：宋公母弟辰暨仲佗、石彄、公子地入于蕭以叛，樂大心從之，大爲宋患，

寵向魋故也。胡氏曰：四卿在蕭以叛，而大心自曹從之，不書「叛」而曰「入于蕭」，其叛可知也。

冬

及鄭平。《左傳》曰：始叛晉也。杜氏曰：平六年侵鄭取匡之怨。襄陵許氏曰：夫晉之爲晉，自若也，定亦未有它惡，而諸侯離心焉者，政在多門，貨賄讒慝，汩昏其間，則無以令天下，極於執樂祁也。

叔還如鄭涖盟。還，音旋○叔還，叔弓曾孫。及鄭平者，我欲之，故鄭卿不來盟，而我卿往涖盟也。《經》書月一，書日無。《大衍曆》：正月丁丑，小，庚寅，冬至；二月丙午，大；三月丙子，小；四月乙巳，大；五月乙亥，小；六月甲辰，大；七月甲戌，小；八月癸卯，大；九月癸酉，小；十月壬寅，大；十一月壬申，小；十二月辛丑，大。

十有二年癸卯。敬王二十二年○晉霸定十四○蔡昭二十一○曹陽四○衛靈三十七○鄭聲三○陳閔四○杞僖八○宋景十九○齊景五十○秦惠三○楚昭十八○吳闔廬十七

春

薛伯定卒。襄公也，在位十三年，子比嗣。

夏

葬薛襄公。《春秋》書薛卒者三，葬者一，不日不月，史文略也。

叔孫州仇帥師墮郈。《左傳》曰：仲由爲季氏宰，將墮三都。於是叔孫氏墮郈。高郵孫氏曰：墮，毁也。是時

三桓之邑，皆爲城以自固，故其家臣因之以叛。昭十三年，叔弓圍費；十年夏、秋，郈凡再圍，於是一墮毀之。高氏曰：魯懲侯犯之難，以其險固，恐爲國患，故墮之。墮之而至於帥師，是邑之力足以抗也。

衛公孟彄帥師伐曹。《左傳》曰：克郊。杜氏曰：彄，孟縶子。

季孫斯、仲孫何忌帥師墮費。《左傳》曰：季氏將墮費。公山不狃、叔孫輒帥費人以襲魯。公與三子入於季氏之宫，登武子之臺。費人攻之，弗克，入及公側。仲尼命申句須、樂頎下伐之。費人北，國人追之，敗諸姑蔑。二子奔齊，遂墮費。《公羊傳》曰：孔子行乎季孫，三月不違，曰：「家不藏甲，邑無百雉之城。」於是帥師墮郈、墮費。何氏曰：郈，叔孫氏所食邑；費，季孫氏所食邑。二大夫宰吏數叛，患之，以問孔子。孔子曰：「陪臣執國命，采長數叛者，坐邑有城池之固，家有甲兵之藏故也。」季氏説其言而墮之。故君子時然後言，人不厭其言。書者，善公復古制，弱臣勢也。胡氏曰：三桓既微，陪臣擅命，憑恃其城，數有叛者，三家亦不能制也，而問於仲尼，遂墮三都。是謂以禮爲國，可以爲之兆也。高氏曰：前此未有墮邑之事，墮邑，亂之至也。《傳》以爲孔子之功，是不然。魯以大夫專國政，不臣諸侯；陪臣專家政，不臣大夫。上下循習之所致，非一日矣。苟欲其不叛，在正其本而已。諸侯正則大夫正矣，大夫正則陪臣正矣，何城池甲兵之患哉？唯叔孫、季孫不知出此，故墮郈、墮費，所以譏也。而《傳》反歸功於孔子，不思甚矣。昔者季氏將伐顓臾，孔子曰：「是社稷之臣也，何以伐爲？」冉求曰：「顓臾固而近於費。」孔子曰：「季孫之憂，不在顓臾，而在蕭墻之内也。」今焉費叛，豈非蕭墻之内歟？然弗狃之叛，召孔子，欲往。子路曰：「何必公山氏之之也？」孔子曰：「夫召我者，而豈徒哉？如有用我者，吾其爲東周乎？」孔子之旨遠矣，仲由所不知也[一]。

[一] 仲由所不知也：「知」，四庫本作「及」。

秋

大雩。

冬

十月

癸亥，公會齊侯盟于黄。「齊」，《公》作「晋」〇杜氏曰：結叛晋也。張氏曰：黄，齊地。

十有一月

丙寅，朔，日有食之。

公至自黄。

十有二月

公圍成。《左傳》曰：將墮成。公斂處父謂孟孫：「墮成，齊人必至於北門。且成，孟氏之保障也，無成，是無孟氏也。子僞不知，我將不墮。」公圍成，弗克。高氏曰：天子令行乎天下，諸侯令行乎一國，故天子未嘗有伐諸侯者，諸侯亦未嘗有伐其國之邑者，以其令之則從也。春秋之時，天下無王，而諸侯擅命，故有王伐鄭之事。陪臣擅國，而權在私家，故有公圍成之事。叔孫既墮郈矣，季氏既墮費矣，孟氏將墮成而其臣不服，至是公親圍之，亦不克墮。《經》書三子「墮郈」、「墮費」，而獨書「公圍成」，著公之弱，不能墮成也。

公至自圍成。襄陵許氏曰：竟内不致，致圍成者，魯與之如列國矣。高氏曰：《春秋》書公行凡一百七十六，而書至者八十有二，皆危之也。隱公當春秋之始，天下之亂未甚，故雖有會、盟、侵、伐，未嘗致也。至桓二年及戎盟于唐，十六年會諸侯伐鄭，始於此致焉。蓋桓公弑君自立，敢外交夷狄，又助篡伐鄭，踰年始還，故危之也。莊、僖會盟最數，而無致者，時齊侯外攘夷狄，内安諸夏，屢合諸侯，不以兵車，故魯君之出無它虞也。唯牡丘之盟過三時、淮之會踰年，故致爾。成、襄之間，齊、楚争霸，諸侯日尋干戈，故盟、會、侵、伐，鮮不至焉。及會于蕭魚之後，楚雖稍息，然中國皆大夫專政，魯亦有三桓之患，至有敢逐其君而自廢置者，故終春秋之世，公出罕有不致者。此雖伐邑，亦致焉，可謂危亂之世矣。

《經》書月三，書日二。《大衍曆》：正月辛未，大，乙未，冬至；二月辛丑，小；三月庚午，大；四月庚子，小；五月己巳，大；六月己亥，小；七月戊辰，大；閏月戊戌，小；八月丁卯，大；九月丁酉，小，《經》十月癸亥在此月；十月丙寅，大，日食，《經》書十一月朔，食，蓋《春秋》置閏在日食後，故差一月也；十一月丙申，小；十二月乙丑，大。《長曆》：是年閏十一月。癸亥，十月二十七日。

十有三年甲辰。敬王二十三年〇晋霸定十五〇蔡昭二十二〇曹陽五〇衛靈三十八〇鄭聲四〇陳閔五〇杞僖九〇宋景二十〇齊景五十一〇秦惠四〇楚昭十九〇吴闔廬十八

春

齊侯、衛侯次于垂葭。《穀》無「衛侯」；「葭」，《公》作「瑕」〇《左傳》曰：使師伐晋，將濟河，諸大夫皆曰：「不可。」邴意茲曰：「可。鋭師伐河内，傳必數日而後及絳，絳不三月不能出河，則我既濟水矣。」乃伐河内。齊侯欲與衛侯乘，與之宴而駕乘廣，載甲焉。使告曰：「晋師至矣！」齊侯曰：「比君之駕也，寡人請攝。」乃介而與之乘，驅之。或告曰：「無晋師。」乃止。杜氏曰：二君將使師伐晋，次垂葭以爲援。垂葭，一名郥氏，高平鉅野縣有郥

亭。張氏曰：今屬濟州。高氏曰：書「次于垂葭」，與九年「次于五氏」同。

夏

築蛇淵囿。襄陵許氏曰：魯政不修，而非時勤民。築囿奉己而已，志不及國也。夫圍成弗克，歸而力此，何振之有？高氏曰：魯國之囿一而已，成築鹿囿，昭築郎囿，定築蛇淵囿，何囿之多也？

大蒐于比蒲。比，音毗○高氏曰：囿所以養禽獸待畋獵也，築囿蛇淵，今乃蒐于比蒲，則又何爲哉？魯既叛晋，而三桓日懼人之圖己，故數蒐焉。

衛公孟彄帥師伐曹。高氏曰：衛比伐曹者，曹不叛晋故也。靈公志在軍旅之事，而不知以禮爲國，故亟戰如此。

秋

晋趙鞅入于晋陽以叛。《左傳》曰：晋趙鞅謂邯鄲午曰：「歸我衛貢五百家，吾舍諸晋陽。」午許諾。歸告其父兄，父兄皆曰：「不可。衛是以爲邯鄲，而寘諸晋陽，絶衛之道也，不如侵齊而謀之。」乃如之，而歸之于晋陽。趙孟怒，召午而囚諸晋陽，使其從者説劍而入，涉賓不可。乃使告邯鄲人曰：「吾私有討於午也，二三子唯所欲立。」遂殺午。趙稷、涉賓以邯鄲叛。上軍司馬籍秦圍邯鄲。邯鄲午，荀寅之甥也；荀寅，范吉射之姻也，而相與睦，故不與圍邯鄲。將作亂，董安于聞之，告趙孟曰：「先備諸。」趙孟曰：「晋國有命，始禍者死，爲後可也。」安于曰：「與其害于民，寧我獨死，請以我説。」趙孟不可。范氏、中行氏伐趙氏之宫，趙鞅奔晋陽，晋人圍之。《公羊傳》曰：晋荀寅與士吉射，君側之惡人也。趙鞅取晋陽之甲，以逐荀寅、士吉射，曷爲以叛言之？無君命也。趙氏曰：趙鞅之入晋陽，拒范中行也[一]，而書曰「叛」，人臣不當專土也。高氏曰：據土背君曰叛，鞅殺邯鄲午，固有罪矣，范、中行氏特以姻親之故，興師以攻鞅，故鞅入晉陽以拒之，因興晉陽之甲，託辭以逐君側之惡，而不知投鼠忌器之義，故聖人正名曰「叛」，以著其不由君命，而專土興兵之罪。張氏曰：晉陽，太原府并州也。

冬

晉荀寅、士吉射入于朝歌以叛。「荀寅」下《公》有「及」字〇《左傳》曰：范皋夷無寵於范吉射，而欲爲亂於范氏。梁嬰父嬖於知文子，文子欲以爲卿。韓簡子與中行文子相惡，魏襄子亦與范昭子相惡。故五子謀，將逐荀寅而以梁嬰父代之，逐范吉射而以范皋夷代之。荀躒言於晉侯曰：「君命大臣『始禍者死』，載書在河。今三臣始禍，而獨逐鞅，刑已不鈞矣，請皆逐之。」荀躒、韓不信、魏曼多奉公以伐范氏、中行氏，弗克。二子將伐公，齊高彊曰：「三折肱知爲良醫，唯伐君爲不可，民弗與也。我以伐君在此矣。三家未睦，可盡克也。克之，君將誰與？若先伐君，是使睦也。」弗聽，遂伐公。國人助公，二子敗，從而伐之。荀寅、士吉射奔朝歌。張氏曰：朝歌，晉地，衛州衛縣西有朝歌城，南有牧野。胡氏曰：晉主夏盟，威服天下，及大夫專政，賄賂公行，內外離析。示威平丘而齊叛，辭請召陵而蔡叛，盟于沙、鹹而鄭叛，次于五氏而衛叛，涖盟于鄭，會于夾谷，歃于黄而魯叛。諸侯叛于外，大夫叛于內，故奔于晉陽而趙鞅叛，入于朝歌而荀寅、士吉射叛。以晉國之大，天下莫彊焉，邦分崩而不能守也，三卿內叛，直書於策，見其效也。

晉趙鞅歸于晉。《左傳》曰：韓、魏以趙氏爲請，趙鞅入于絳，盟于公宫。高氏曰：此蓋二子既出，晉侯自謂

[一] 拒范中行也：「拒」，清刻本、四庫本作「報」。

趙鞅保其邑以違荀范之難，實非叛者，故許之歸也。先儒以歸爲善辭，遂謂鞅有叛跡而無叛心，《春秋》先正其罪，以厲臣節[一]；此許其歸，以廣君恩。是不然。叛者，人臣之大惡也。脱使鞅初入晉陽，本拒范、中行氏，而非有叛君之心，然人臣無君命，輒據土興兵，此豈可赦乎？使後世亂臣賊子，敢稱兵向闕[二]，以除君側惡人爲名，而實欲脅君專權者，皆先儒啟之也，可不辨乎？况衛孫林父亦書「歸」爾，何善之有？蘇氏曰：鞅之言歸，寅、吉射既出，則無難也。鞅、寅、吉射之叛，其罪均也，鞅以有助，故得復。寅、吉射以無援，故終叛。《春秋》無所與也。澄按，《左氏傳》：哀公三年十月，晉趙鞅圍朝歌，師于其南，荀寅伐其郛，使其徒自北門入，己犯師而出。癸丑，奔邯鄲。四年九月，趙鞅圍邯鄲。十一月，邯鄲降。荀寅奔鮮虞，趙稷奔臨。十二月，弦施逆之，遂墮臨。國夏伐晉，取邢、任、欒鄗、逆時、陰人、盂、壺口，會鮮虞納荀寅于柏人。五年春，晉圍柏人，荀寅、士吉射奔齊。

薛弑其君比。在位一年，惠公夷嗣立。

《經》書月無，書日無。《大衍曆：》正月乙未，大，庚子，冬至；二月乙丑，小；三月甲午，大；四月甲子，小；五月癸巳，大；六月癸亥，小；七月壬辰，大；八月壬戌，小；九月辛卯，大；十月辛酉，小；十一月庚寅，大；十二月庚申，小。

十有四年乙巳。敬王二十四年〇晉霸定十六〇蔡昭二十三〇曹陽六〇衛靈三十九〇鄭聲五〇陳閔六〇杞僖十〇宋

[一] 以厲臣節：「厲」，清刻本、四庫本作「勵」。

[二] 敢稱兵向闕：「稱」，四庫本作「興」。

景二十一〇齊景五十二〇秦惠五〇楚昭二十〇吴闔廬十九，卒

春

衛公叔戍來奔。《左傳》曰：初，衛公叔文子朝，而請享靈公。退，見史鰌而告之。史鰌曰：「子必禍矣。子富而君貪，罪其及子乎！」文子曰：「然。吾不先告子，是吾罪也。君既許我矣，其若之何？」史鰌曰：「無害。子臣，可以免。富而能臣，必免於難。上下同之。戍也驕，其亡乎？富而不驕者鮮，吾唯子之見。驕而不亡者，未之有也。戍必與焉。」及文子卒，衛侯始惡於公叔戍，以其富也。公叔戍又將去夫人之黨。夫人愬之曰：「戍將爲亂。」衛侯逐公叔戍與其黨，故趙陽奔宋，戍來奔。胡氏曰：靈公無道，不能正家，以喪其大臣。戍又以富見惡於衛侯。夫富者，怨之府也，使戍積而能散，以財發身，不爲貪人之所怨，於以保其爵位，儻庶幾乎！

衛趙陽出奔宋。「衛」，《公》作「晋」〇杜氏曰：陽，趙黶孫。

二月

辛巳，楚公子結、陳公孫佗人帥師滅頓，以頓子牂歸。公孫佗人，「孫」，《公》作「子」。牂，子郎切，《公》作「牄」〇《左傳》曰：頓子牂欲事晋背楚，而絶陳好，楚滅頓。杜氏曰：小不事大，所以亡。

夏

衛北宫結來奔。《左傳》曰：公叔戍之故也。杜氏曰：亦黨公叔戍，皆惡之。高氏曰：衛靈沈耳於閨，以奔其世臣，又及其所與，是以其國聽之也。

五月

於越敗吴于檇李。檇，音醉，《公》作「醉」◯《左傳》曰：吴伐越。越子勾踐禦之，陳于檇李。勾踐患吴之整也，使死士再禽焉，不動。使罪人三行屬劍於頸，遂自剄。師屬之目，越子因而伐之，大敗之。杜氏曰：吴郡嘉興縣南醉李城。張氏曰：檇李，吴地，今爲秀州地所。

吴子光卒。《左傳》曰：靈姑浮以戈擊闔廬，闔廬傷將指，取其一屨。還，卒於陘，去檇李七里。夫差使人立於庭，苟出入，必謂己曰：「夫差，而忘越王之殺而父乎！」則對曰：「唯。不敢忘！」三年乃報越。襄陵許氏曰：書檇李之敗，用見光玩兵滅身，以爲殘民伐國之戒。

公會齊侯、衛侯于牽。「牽」，《公》作「堅」◯《左傳》曰：晋人圍朝歌，公會齊侯、衛侯于脾、上梁之間，謀救范、中行氏。析成鮒、小王桃甲率狄師以襲晋，戰於絳中，不克而還。士鮒奔周，小王桃甲入於朝歌。張氏曰：齊景公欲求霸，誅晋之亂臣，以正其國可也。當是時，孔子已去魯，故會齊、衛，合謀救范、中行氏。三國之君，同爲范、中行爲會而助不衷也。杜氏曰：魏郡黎陽縣東北有牽城。

公至自會。

秋

齊侯、宋公會于洮。《左傳》曰：范氏故也。襄陵許氏曰：齊、宋、魯、衛，崇奬亂逆，謀動干戈，大義亡矣。杜氏曰：洮，曹地。

天王使石尚來歸脤。脤，市軫切〇《公羊傳》曰：石尚，天子之士也。脤，俎實也。腥曰脤，熟曰燔[一]。杜氏曰：脤，祭社之肉，盛以蜃器，以賜同姓。劉氏曰：脤燔以親兄弟之國。受脤，禮也。歸脤，非禮也。高氏曰：周自季子來聘之後，王命不復加於諸侯矣。今敬王有事於社，魯未嘗有敵王所愾之功，而天王特使石尚忽爲此舉，雖天子損禮之甚，是猶有盛王之意也。聖人於周眷眷如此，故於使歸脤以見焉，曰「天子之在，唯祭與號而已」。

衛世子蒯聵出奔宋。蒯，苦怪切，聵，五怪切〇《左傳》曰：衛侯爲夫人南子召宋朝，會於洮。大子蒯聵獻盂于齊，過宋野，野人歌之曰：「既定爾婁豬，盍歸吾艾豭？」大子羞之。謂戲陽速曰：「從我而朝少君，少君見我，我顧，乃殺之。」速曰：「諾。」乃朝夫人。夫人見大子，大子三顧，速不進。夫人見其色，啼而走曰：「蒯聵將殺余。」公執其手以登臺。大子奔宋。大子告人曰：「戲陽速禍余！」戲陽速告人曰：「大子則禍余！大子無道，使余殺其母。余不許，將戕於余；若殺夫人，將以余說。余是故許而不爲，以紓余死。」劉氏曰：《左氏》叙蒯聵事云云，蒯聵雖不善謀，安有此事哉？且殺夫人，蒯聵獨得全乎？彼所羞者，以夫人名惡也，如殺其母，爲惡愈大，反不知可羞乎？蓋蒯聵聞野人之歌，其心慙焉，則以謂夫人。夫人惡其斥己之淫，則啼而走，言「大子將殺余」以誣之。靈公惑於南子，所言必聽從，故外則召宋朝，内則逐公叔戍、趙陽，彼不恥召宋朝，固亦不難逐蒯聵矣。此其真也，不當如《左氏》所記。又蒯聵出乃奔宋。宋，南子家也。蒯聵負殺南子之名而走，又入其家，使真有其事者，敢乎哉？此亦一證也。常山劉氏曰：靈公聽南子之譖，謂蒯聵欲殺母，不爲辨明，以致其出奔，靈公之罪也。張氏曰：劉氏明蒯聵之不弑母，當合劉質夫解觀之。自古讒婦之誣其子多矣。考二劉之言，足以知《左氏》所記乃南子之讒言，而非當時之實録也。澄曰：蒯

[一] 熟曰燔：「燔」，四庫本作「膰」，下同。

聵不能自明而出奔，其黨皆逐。戲陽速，太子家臣也，非逐則殺矣。速，反覆小人，一聞夫人之誣言，即爲證成其事，曰「太子實使余爲此，而余弗爲」，以自黨於夫人，而免己之禍。靈公既不察夫人之誣，時人又誤聽戲陽速之證，莫能辨其情實，故《左氏》所記如此。劉氏乃能辨明於千載之後，其卓識君子哉！

衛公孟彄出奔鄭。《左傳》曰：大子奔宋，盡逐其黨，故公孟彄奔鄭，自鄭奔齊。高氏曰：比年志公孟帥師，此衛國用事之卿，靈公疑其爲蒯聵之黨而逐之。夫衛國一歲之中，出奔者五人，而衛侯獨與南子處，靈公之無道也。

宋公之弟辰自蕭來奔。高氏曰：宋公不能容一弟，既使爲奔亡之臣，又使爲叛逆之臣，一身無所容，懼洮之謀，逐來奔魯以求入。察辰之本心，非叛也。

大蒐于比蒲。高氏曰：凡蒐狩，皆與衆共之，雖不言公，公在可知。然「公狩于郎」、「公及齊人狩于禚」，皆特書公，此又專罪公也。張氏曰：公親蒐矣，而不書公，以軍政不屬公，而專於三家，則季、叔、孟孫氏之所爲也。高郵孫氏曰：《春秋》田狩之事，公行之者必書公，「公觀魚于棠」、「公狩于郎」，隱、桓之時，政猶自公出也。自昭之紅蒐，政在三桓，蒐田之禮，雖公自行，皆曰「大蒐」，而不曰公焉，所以見公之不得爲政，而大夫專國也。

邾子來會公。高氏曰：比蒲之蒐，三家之事，故特言會公以别之。此與莊四年「蕭叔朝公」同，蓋未嘗期約，因來朝偶與公爲會爾[一]。

此年無冬，史闕文。

城莒父及霄。杜氏曰：公叛晋，助范氏，故懼而城二邑。張氏曰：皆魯邑，子夏嘗爲莒父宰。

[一] 因來朝偶與公爲會爾：「偶」，四庫本作「偶遇」。

《經》書月二，書日一。《大衍曆》：正月己丑，大，乙巳，冬至；二月己未，小，辛巳，二十三日；三月戊子，大；四月戊午，小；五月丁亥，大；六月丁巳，大；七月丁亥，小；八月丙辰，大；九月丙戌，小；十月乙卯，大；十一月乙酉，小；十二月甲寅，大。《長曆》：是年閏十二月。

十有五年丙午。敬王二十五年〇晋霸定十七〇蔡昭二十四〇曹陽七〇衛靈四十〇鄭聲六〇陳閔七〇杞僖十一〇宋景二十二〇齊景五十三〇秦惠六〇楚昭二十一〇吴夫差元年

春

王正月

邾子來朝。《左傳》曰：邾隱公來朝，子貢觀焉。邾子執玉高，其容仰。公受玉卑，其容俯。子貢曰：「以禮觀之，二君其皆有死亡焉。正月相朝而皆不度，心已亡矣。嘉事不體，何以能久？高仰，驕也；卑俯，替也。驕近亂，替近疾。君爲主，其先亡乎？」高氏曰：去年所以會公比蒲者，欲其來朝正故也。

鼷鼠食郊牛，牛死，改卜牛。《公羊傳》曰：曷爲不言所食？漫也。趙氏曰：上元二年，因避地，旅於會稽，時牛災，小鼠噬牛，纔傷皮膚，輒死。

二月

辛丑，楚子滅胡，以胡子豹歸。《左傳》曰：吴之入楚也，胡子盡俘楚邑之近胡者。楚既定，胡子豹又不事楚，曰：「存亡有命，事楚何爲？多取費焉。」楚滅胡。

夏

五月

辛亥，郊。《公羊傳》曰：曷爲以夏五月郊？三卜之運也。何氏曰：運，轉也。已卜春三正，不吉。復轉卜夏三月，周五月，得二吉，故五月郊。高氏曰：魯郊當在孟春，今以改卜牛，在滌三月，故至五月乃郊。

壬申，公薨于高寢。《穀梁傳》曰：高寢，非正也。杜氏曰：高寢，宮名。襄陵許氏曰：內卒凡十四公，得正而薨者唯莊、宣、成。

鄭罕達帥師伐宋。「罕」，《公》作「軒」〇《左傳》曰：敗宋師于老丘。杜氏曰：宋公子地奔鄭，鄭爲之伐宋，欲取地以處之，事見哀十二年。

齊侯、衛侯次于渠蒢。「渠」，《公》作「蘧」〇《左傳》曰：謀救宋也。襄陵許氏曰：齊、衛新與宋、鄭同盟叛晉，故爲宋出請，爲鄭次止，其不言救，爲其不誠於救也。高氏曰：謀救宋而不果，其文意與五氏、垂葭同。

邾子來奔喪。《公羊傳》曰：奔喪，非禮也。高氏曰：來奔魯喪，畏三家之彊而求説於魯爾。

秋

七月

壬申，姒氏卒。「姒」，《穀》作「弋」，下同〇《左傳》曰：不稱夫人，不赴且不祔也。杜氏曰：姒氏，定公夫人也。

八月

庚辰，朔，日有食之。

九月

滕子來會葬。呂氏曰：邾子來奔喪，畏魯甚也。滕差遠而大於邾，故但來會葬，此專以利害彊弱爲國者也。高氏曰：此亦畏三桓故爾，於定公何有哉？

丁巳，葬我君定公。雨，不克葬。

戊午，日下昃，乃克葬。「昃」，《穀》作「稷」〇《穀梁傳》曰：葬既有日，不爲雨止，禮也。雨不克葬，喪不以制也。高氏曰：不克葬，無備之甚也，義見宣八年。然彼言日中而克葬，此言日下昃乃克葬，日中則裕於日昃矣。君子之於親，不忍一日離也，故葬日虞所以寧親也，日下昃則失虞之時矣。

辛巳，葬定姒。《左傳》曰：不稱小君，不成喪也。杜氏曰：公未葬，而夫人薨，煩於喪禮，不赴不祔，故不稱小君，臣子怠慢也。薛氏曰：定姒，定夫人也，卒不書「夫人」，葬不書「小君」，殺夫人之禮也。卒之而葬，謚配先公，臣子而不以爲君夫人，其可乎！澄曰：《左氏》以定姒爲正夫人，而諸家皆以爲定公之妾。今按姒氏與公同謚，其爲正夫人也審矣。僖、昭、宣三公之母皆妾也，而稱夫人薨，稱葬小君，欲致隆於君母，雖越禮不顧也。今姒氏，定公之夫人，嗣君之適母，而乃不成其喪，降殺其禮，見三家之不臣而蔑其君，是以敢卑其母也。

冬

城漆。杜氏曰：邾庶其邑。余氏曰：前年冬城莒父，此年秋葬定公，又葬定姒，冬城漆，其勞民也甚矣。張氏曰：城漆，謀伐邾也。定公之喪，邾子來奔，事魯謹矣。哀公初立，不務善鄰，而以土地之故勞民力，啟鄰怨。二年取其田，七年俘其君，卒使吴人乘間以伐其國，齊人問罪而取讙、闡，利未得而害隨之。謀國如此，其不終也宜哉！

《經》書月六，書日七。《大衍曆》：正月甲申，小，辛亥，冬至，《經》二月辛丑在此月；二月癸丑，大；三月癸未，小；閏月壬子，大；四月壬午，小；五月辛亥，大，《經》書郊不言朔，史逸之，壬申，二十二日；六月辛巳，小；七月庚戌，大，壬申，二十三日；八月庚辰，小，朔，日食黄道星三度太彊；九月己酉，大，丁巳，九日，戊午，十日；十月己卯，大，《經》書辛巳，當在此月三日；十一月己酉，小；十二月，戊寅大。

春秋纂言卷十二

元　吴澄　撰

哀公名蔣，定公子，母定姒。在位二十七年，其十四年春，《春秋》絶筆。

元年丁未。敬王二十六年〇晋霸定十八年〇蔡昭二十五年〇曹陽八年〇衛靈四十一年〇鄭聲七年〇陳閔八年〇杞僖十二年〇宋景二十三年〇齊景五十四年〇秦惠七年〇楚昭二十二年〇吴夫差二年

春

王正月

公即位。

楚子、陳侯、隨侯、許男圍蔡。《左傳》曰：楚子圍蔡，報柏舉也。蔡人男女以辨，使疆於江、汝之間而還。蔡於是乎請遷于吴。胡氏曰：蔡嘗以吴師入郢，壞宗廟，徙陳器，撻平王之墓矣。至是楚國復寧，帥師圍蔡，降其衆，遷其國，楚子復讐也。襄陵許氏曰：蔡侯怨楚，不思本務修德俟時，而輕謀兵革，以得志於大國，是益禍也。故蔡昭之智，愧於勾踐矣。杜氏曰：隨，世服於楚，不通中國。吴之入楚，昭王奔隨，随人免之，卒復楚國。楚人德之，使列於諸侯，故得見《經》。定六年，鄭滅許，此復見者，蓋楚封之。

鼷鼠食郊牛，改卜牛。「牛」下《公》有「角」字○杜氏曰：不言所食，所食非一處。胡氏曰：改卜牛，不敬也。

夏

四月

辛巳，郊。《穀梁傳》曰：四月郊，不時也。范氏曰：《春秋》書郊終於此。高氏曰：雖改卜牛，猶非郊時，况公斬然在衰絰之中，輙行天子之禮以見上帝，可乎？胡氏曰：天子祭天地，諸侯祭社稷，大夫祭五祀，庶人祭其祖，此定理也。成王追念周公有大勛勞於天下，而欲尊魯，故賜以重祭，得郊、禘、大雩。魯郊，常事，不書，聖人因其失禮之中又有失焉，因事而書，爲後世戒，其垂訓之義大矣。

秋

齊侯、衛侯伐晋。《左傳》曰：齊侯、衛侯會于乾侯，救范氏也。師及齊師、衛孔圉、鮮虞人伐晋，取棘蒲。襄陵許氏曰：楚得專封，王道盡矣。晋受衆伐，霸統亡矣。春秋之變，至此而窮。高氏曰：五氏、垂葭之役，聖人書「次」以存晋，晋至是而益衰，聖人不復以盟主待之矣。書「齊侯、衛侯伐晋」，見霸統之絶，而受諸侯之伐也。以《傳》考之，魯及鮮虞之師在焉，《春秋》以齊、衛首惡，故没魯而略鮮虞也。夫范、中行氏者，晋之卿也。卿叛而不能制，又豈能主諸侯乎？無惑乎齊侯〔一〕、衛侯之見伐也。蓋晋定公召陵之役，不能得楚，而蔡昭公以吴子勝，於是齊、鄭、衛背之，已而我睦齊、鄭，宋人效之，俱叛晋者也，文公之業掃地盡矣。又十有二年，吴人争長於黄池，雖欲爲成、景、

〔一〕無惑乎齊侯：「惑」，原作「或」，據清刻本、四庫本改。

悼、厲之世，且不可得矣，悲夫！

冬

仲孫何忌帥師伐邾。觀定公之末，邾之事魯至矣。去歲邾子來奔喪，今逾年而遽伐之，蓋魯人謀邾久矣，利取其田，不復知有禮義也。

《經》書月二，書日一。《大衍曆》：正月戊申，小，丙辰，冬至；二月丁丑，大；三月丁未，小；四月丙子，大，辛巳，六日；五月丙午，小；六月乙亥，大；七月乙巳，小；八月甲戌，大；九月甲辰，小；十月癸酉，大；十一月癸卯，小；十二月壬申，大。

二年戊申。敬王二十七年○晋霸定十九○蔡昭二十六○曹陽九○衛靈四十二，卒○鄭聲八○陳閔九○杞僖十三○宋景二十四○齊景五十五○秦惠八○楚昭二十三○吴夫差三

春

王二月

季孫斯、叔孫州仇、仲孫何忌帥師伐邾，取漷東田及沂西田。漷，火虢切○《左傳》曰：伐邾，將伐絞。邾人愛其土，故賂以漷、沂之田而受盟。高氏曰：定公之薨，邾子來奔喪，非能行禮也，知三家者欲并其地，故事魯不敢不恭。然卒不免，故元年伐邾，至是三卿同伐，而取漷、沂之田。入《春秋》未有伐國取田者也。師氏曰：前此嘗伐邾，取其田，自漷水矣。今又取其漷東之田，猶以爲未足，故又取沂西之田，則其貪欲無厭，必至於盡取而後已可

知也。以區區之邾國，而魯兩納其叛人邑，三取其田，時無王霸，彊淩弱之亂至於如此。

癸巳，叔孫州仇、仲孫何忌及邾子盟于句繹[一]。句，古侯切○杜氏曰：句繹，邾地。劉氏曰：曷爲三人伐而二人盟？季孫臨之，叔、仲成之。季孫之汰也，蓋自謂猶君矣。

夏

四月

丙子，衛侯元卒。《左傳》曰：初，衛侯遊於郊，子南僕。公曰：「余無子，將立女。」不對。它日又謂之，對曰：「郢不足以辱社稷，君其改圖。君夫人在堂，三揖在下，君命祇辱。」靈公卒。夫人曰：「命公子郢爲太子，君命也。」對曰：「郢異於它子，且君没於吾手，若有之，郢必聞之，且亡人之子輒在。」乃立輒。澄按，靈公在位四十二年。

滕子來朝。公新立故。

晋趙鞅帥師納衛世子蒯聵于戚。《公羊傳》曰：戚者，衛之邑也。《左傳》曰：使太子絻，八人衰絰，僞自衛逆者，告於門，哭而入，遂居之。《穀梁傳》曰：帥師而納者，有伐也，以輒不受也。胡氏曰：凡公子出奔，復而得國者，順且易則曰「歸」，有奉焉則曰「自」，其難也則曰「入」，不稱「納」，况世子哉！世子，國之儲副，位其所固有，國其所宜君，無所事乎納矣。今趙鞅帥師以蒯聵復國而書「納」者，衛人拒之不受也。高氏曰：靈公卒，衛人以世子在外，遂立其子輒。使輒知己之得立者，以父爲世子故，因逆其父而還以位[二]，則子道得而亂息矣，奈何待人納其父而反

[一] 仲孫何忌及邾子盟于句繹：「句」，原作「勾」，據清刻本、四庫本及上下文改。

[二] 因逆其父而還以位：「位」，原作「衛」，據清刻本、四庫本改。

拒之邪[一]？凡奔者在外，非有國逆，不可入，故趙鞅帥師納之，其言「納衛世子」者，名所納者正，異乎趙盾納捷菑于邾也。其言于戚者，見蒯聵爲輒所拒，而不得入于衛也。張氏曰：蒯聵無弑母之事，二劉氏嘗辯之於定十四年出奔宋之《傳》矣。《春秋》再以「世子」書之，則知蒯聵無罪，故《春秋》正其名而謂之「世子」也。陸氏曰：蒯聵雖奔，而靈公未嘗廢之。

秋

八月

甲戌，晋趙鞅帥師及鄭罕達帥師戰于鐵，鄭師敗績。「鐵」，《公》作「栗」，又作「秩」○《左傳》曰：齊人輸范氏粟，鄭子姚、子般送之，士吉射逆之。趙鞅禦之，遇於戚。郵無恤御簡子，衛太子爲右。登鐵上。鄭人擊簡子，中肩，斃於車中，獲其蠭旗。太子救之以戈。鄭師北，獲温大夫趙羅。太子復伐之，鄭師大敗，獲齊粟千車。杜氏曰：鐵，衛地，在戚城南。

冬

十月

葬衛靈公。七月而葬，父子争國故也。

十有一月

[一] 奈何待人納其父而反拒之邪：「待」，清刻本、四庫本作「他」。

蔡遷于州來。高氏曰：吴滅州來，今壽春府下蔡縣是其地也。初，武王封叔度於汝南上蔡，蔡叔以叛被誅，成王復以封其子仲焉。及平侯卒，徙于新蔡，至昭侯乃徙九江下蔡，即州来是也。蔡已降于楚，復背楚而請遷于吴。吴人許之，故以自遷爲文。

蔡殺其大夫公子駟。《左傳》曰：吴洩庸如蔡，納聘而稍納師。師畢入，衆知之。蔡侯告大夫，殺公子駟以説。杜氏曰：元年蔡請遷于吴，中悔，故因聘襲之，殺駟以説吴，言不時遷，駟之爲。胡氏曰：楚既降蔡矣，復背楚請遷于吴，而又自悔也。蔡介於吴、楚二大國之間，背楚誑吴，及其事急，又委罪於執政，駟其以請遷爲非者乎？而委之罪，誰復敢有盡忠謀國者哉？

《經》書月五，書日三。《大衍曆》：正月壬寅，大，辛酉，冬至；二月壬申，小，癸巳，二十二日；三月辛丑，大；四月辛未，小，丙子，六日；五月庚子，大；六月庚午，小；七月己亥，大；八月己巳，小，甲戌，六日；九月戊戌，大；十月戊辰，小；十一月丁酉，大；十二月丁卯，小。《長曆》：是年閏十一月。

三年己酉。敬王二十八年〇晋霸定二十〇蔡昭二十七〇曹陽十〇衛出公輒元年〇鄭聲九〇陳閔十〇杞僖十四〇宋景二十五〇齊景五十六〇秦惠九〇楚昭二十四〇吴夫差四

春

齊國夏、衛石曼姑帥師圍戚。《左傳》曰：齊、衛圍戚，求援於中山。高氏曰：曼姑以臣圍君，爲子圍父，逆亂人倫，莫甚於此。齊國夏帥師助之，故爲惡首。齊與晋爲仇，若蒯聵入，則衛從晋矣，此齊所以助輒也。襄陵許氏曰：晋以君臣稱兵，而齊爲臣伐君。衛以父子争國，而齊助子圍父，以是令於諸侯，君子是以知齊之將亂也。胡氏曰：

爲輒者奈何？宜辭於國曰：「若以父爲有罪，將從王父之命，則有社稷之鎮公子在，我焉得爲君？以爲無罪，則國乃世子之所有也，天下豈有無父之國哉？」

夏

四月

甲午，地震。

五月

辛卯，桓宫、僖宫災。《左傳》曰：司鐸火，火踰公宫，桓、僖災。孔子在陳，聞火，曰：「其桓、僖乎？」杜氏曰：桓、僖親盡而廟不毁，宜爲天所災。劉氏曰：桓、僖久矣，其宫曷爲不毁？三家者出於桓，立於僖，以是爲悦者也。高郵孫氏曰：桓公者，哀公之十世祖也；僖公者，哀公之七世祖也。諸侯五廟，而十世、七世之廟存焉，非禮矣。高氏曰：諸侯五廟，親盡則毁。桓、僖不毁，三家者存之，僭天子也。聖人因其災而并録之，君子於是乎知有天道也。

季孫斯、叔孫州仇帥師城啟陽。「啟」，《公》作「開」○杜氏曰：魯黨范氏，故懼晉，比年四城。啟陽，今瑯琊開陽縣。襄陵許氏曰：所城近敵，故帥師焉。地震、廟災，變異弗圖，而取田城邑，兵役相繼，可謂不畏天命矣。中失而外鍵，本亡而末務，此魯之季世也。

宋樂髡帥師伐曹。高氏曰：曹本屬宋，既而叛之。襄陵許氏曰：宋始窺曹，曹不量力而奸彊國，不修德而圖大功，則適足以取亡而已。

秋

七月

丙子，季孫斯卒。此意如之子季桓子也，庶子肥嗣，是曰康子。

蔡人放其大夫公孫獵于吴。杜氏曰：公子駟之黨。高氏曰：放大夫者國也，而稱人，衆人逐之也。其放之于吴，召亂之道也。厥後蔡亂以公孫氏，豈獵之黨歟？

冬

十月

癸卯，秦伯卒。惠公也，子悼公嗣。

叔孫州仇、仲孫何忌帥師圍邾。高氏曰：邾子已受盟于句繹，今二卿踰年而渝之〔一〕，是自敗其盟也。雖邾政不修，有以致寇，然魯之棄信，亦已甚矣。自是盟不足恃，《春秋》弗志也。

《經》書月四，書日四。《大衍曆》：正月丙寅，小，旦日，冬至；二月乙未，大；三月乙丑，小；四月甲午，大，甲午，旦日；五月甲子，大，辛卯，二十八日；六月甲午，小；七月癸亥，大，丙子，十四日；八月癸巳，小；九月壬戌，大；十月壬辰，小，癸卯，十二日；十一月辛酉，大；十二月辛卯，小。

〔一〕今二卿踰年而渝之：「渝」，清刻本、四庫本作「圍」。

四年庚戌。敬王二十九年○晋霸定二十一○蔡昭二十八，殺○曹陽十一○衛出二○鄭聲十○陳閔十一○杞僖十五○宋景二十六○齊景五十七○秦悼公元年○楚昭二十五○吴夫差五

春

王二月

庚戌，盜殺蔡侯申。《左傳》曰：蔡昭侯將如吴。諸大夫恐其又遷也。公孫翩逐而射之，入於家人而卒。杜氏曰：賤者故稱盜，不言弑，賤盜也。孔氏曰：公孫辰、公孫姓、公孫霍，雖並是弑君之黨，而非弑君之首。首是公孫翩，翩賤，故稱「盜」，盜賤不得有其君，故不言「弑其君」。宣十七年，「蔡侯申卒」，是文侯也。《世家》文侯申生景侯固，固生靈侯般，般生隱太子。今昭侯申，隱太子之子，是文侯玄孫，與高祖同名。周人以諱事神，二申未知孰誤。澄按，昭公在位二十八年，子朔嗣，是爲成公。

蔡公孫辰出奔吴。《左傳》曰：公孫翩以兩矢門之，衆莫敢進。文之鍇執弓而先，翩射之，中肘，鍇遂殺之。故逐公孫辰而殺公孫姓、公孫盱。

葬秦惠公。

宋人執小邾子。襄陵許氏曰：天下無霸，故宋人得以執小邾子、伐鄭、入曹而無所忌。

夏

蔡殺其大夫公孫姓、公孫霍。胡氏曰：姓與霍皆翩之黨，稱國以殺者，二公孫蓋嘗謀國，不使其君至於是而弗見庸者也。

晋人執戎蠻子赤，歸于楚。《左傳》曰：楚人既克夷虎，乃謀北方。左司馬販、申公壽餘、葉公諸梁致蔡於負函，致方城之外於繒關。襲梁及霍。單浮餘圍蠻氏，蠻氏潰，蠻子赤奔晋陰地。司馬起豐、析與狄戎，以臨上雒。左師軍于菟和，右師軍于倉野，使謂陰地之命大夫士蔑曰：「晋、楚有盟，好惡同之。若將不廢，寡君之願也。不然，將通於少習以聽命。」士蔑請諸趙孟，趙孟曰：「晋國未寧，安能惡於楚？必速與之。」士蔑乃致九州之戎，將裂田以與蠻子而城之，且將爲之卜。蠻子聽卜，遂執之，與其五大夫，以畀楚師于三户。司馬致邑立宗焉，以誘其遺民，而盡俘以歸。吕氏曰：昭十六年，楚子誘戎蠻子，殺之。戎蠻近楚之地，故晋人執其君而歸于楚，畏楚之彊也。高氏曰：諸侯有罪，方伯請命於天子，問罪，然後執而歸于京師，正也。不請王命而執之，歸于京師，若「晋人執衛侯，歸于京師」，罪尚可容。若「晋侯入曹，執曹伯，畀宋人」，執諸侯畀諸侯，其罪尤重。今晋爲中國盟主，而執戎蠻子，歸于楚。以君臣言，則楚爲君矣；以彊弱言，則楚爲霸矣。胡氏曰：云「歸于楚」者，猶曰京師楚也。晋主夏盟，爲日久矣，不競至此，《春秋》所惡。

城西郛。杜氏曰：備晋也。

六月

辛丑，亳社災。「亳」，《公》作「蒲」○孔氏曰：殷有天下，作都于亳。亳社，殷社也。蓋武王伐紂，使諸侯各立其社，以戒亡國。其社有屋，故火得焚之。災，天火也。

秋

八月

甲寅，滕子結卒。頃公也，在位二十三年，子虞母嗣，是爲隱公。

冬

十有二月

葬蔡昭公。高氏曰：國亂，故緩。《春秋》於定、哀之際，録昭公尤詳者，哀其不幸也。當齊桓、晉文之隆〔二〕，蔡猶不能自拔於楚。凌遲至於標季，而昭公乃鋭然合中國，以興召陵之會，卒能以吴破楚入郢，此其志力有過人者。遭晉德之不競，而不能遠撫，使之卒陷于吴、楚之禍。君子是以哀昭公之不幸，而爲之數見於《經》也。使昭公出於晉悼之世，其功烈當何如哉！

葬滕頃公。

《經》書月四，書日三。《大衍曆》：正月庚申，大，壬申，冬至；二月庚寅，小，庚戌，二十一日；三月己未，大；四月己丑，小；五月戊午，大；六月戊子，小，辛丑，十四日；七月丁巳，大；八月丁亥，小，甲寅，二十八日；九月丙辰，大；十月丙戌，大；十一月丙辰，小；十二月乙酉，大。

五年辛亥。敬王三十年〇晉霸定二十二〇蔡成侯朔元年〇曹陽十二〇衛出三〇鄭聲十一〇陳閔十二〇杞僖十六〇宋景二十七〇齊景五十八，卒〇秦悼二〇楚昭二十六〇吴夫差六

春

城毗。毗，頻夷切，《公》作「比」〇杜氏曰：備晉也。

〔二〕當齊桓晉文之隆：「隆」，清刻本作「際」。

夏

齊侯伐宋。高氏曰：伐宋者，以求宋也。晋侯失霸，宋人鬩之，齊人争之，是以伐而求之，得宋則霸可圖矣。

晋趙鞅帥師伐衛。高氏曰：衛不受蒯聵，且受范、中行氏故也。

秋

九月

癸酉，齊侯杵臼卒。「杵」，《公》作「處」〇《左傳》曰：齊燕姬生子，不成而死。諸子鬻姒之子荼嬖，諸大夫恐其爲太子也，言於公曰：「君之齒長矣〔一〕，未有太子，若之何？」公曰：「二三子間於憂虞，則有疾疢，亦姑謀樂，何憂於無君？」公疾，使國惠子、高昭子立荼，寘羣公子於萊。公子嘉、公子駒、公子黚奔衛，公子鉏、公子陽生來奔。澄按，景公在位五十八年。

冬

叔還如齊。高氏曰：使卿弔，且會葬也。

閏月

葬齊景公。《公羊傳》曰：閏不書，此何以書？喪以閏數也。喪以閏數，喪事略也。張氏曰：景公五十八年，前有晏嬰，後有孔子。晏嬰告之以陳氏將竊其國，孔子告以君君臣臣、父父子子，公亦知説而從之矣，而卒不能用。及

〔一〕君之齒長矣：「長」，原作「多」，據清刻本、四庫本改。

大臣以未有太子告之，反使之姑謀樂而勿憂無君，卒致身死肉未寒，子死國亂。曾未十年，陳恒弑簡公，而移其社稷。景公之卒葬，書於《春秋》，豈不爲享國日久，而曾無遠慮者之戒？

《經》書月二，書日一。《大衍曆》：正月乙卯，小，丁丑，冬至；二月甲申，大；三月甲寅，小；四月癸未，大；五月癸丑，小；六月壬午，大；七月壬子，小；八月辛巳，大；閏月辛亥，小，《經》九月癸酉今在閏月；九月庚辰，大；十月庚戌，小；十一月己卯，大；十二月己酉，大。《長曆》：是年閏十月。癸酉，九月二十一日。

六年壬子。敬王三十一年〇晉霸定二十三〇蔡成二〇曹陽十三〇衛出四〇鄭聲十二〇陳閔十三〇杞僖十七〇宋景二十八〇齊安孺子荼元年〇秦悼三〇楚昭二十七，卒〇吴夫差七

春

城邾瑕。瑕，音遐，《公》作「葭」〇杜氏曰：任城亢父縣北有邾婁城。高氏曰：瑕，邾邑，魯未嘗取於邾而遽城之，見魯之迫邾也。是年冬，伐邾。明年，遂入邾。邾益微弱，魯以不義彊城之也。聖人因其城而繫之邾者，不與魯之擅并人土地也。

晉趙鞅帥師伐鮮虞。《左傳》曰：治范氏之亂也。杜氏曰：四年，鮮虞納荀寅於柏人。

吴伐陳。高氏曰：陳，楚與也。吴之入楚，使召陳侯，陳侯不來，吴人怨之。元年侵陳，今復伐陳，修怨也。陳自是與吴成。

夏

齊國夏及高張來奔。《左傳》曰：齊陳乞僞事高、國者，又謂諸大夫曰：「二子恃得君而欲謀二三子，盍及其

未作也先諸？」大夫從之。陳乞、鮑牧及諸大夫以甲入于公宮。昭子聞之，與惠子乘如公，戰于莊，敗。國人追之，國夏奔莒，遂及高張、晏圉、弦施來奔。蘇氏曰：陳乞將立陽生，乃先逐國、高。襄陵許氏曰：高、國奔而後陳乞弑君之謀得肆。

叔還會吴于柤。柤，莊加切〇襄陵許氏曰：叔還以吴在柤，故往會之，始結吴好也。以魯政之不修，務與吴親，以資其力，君子知魯之將有吴患矣。

秋

七月

庚寅，楚子軫卒。《左傳》曰：楚子在城父，將救陳，卜戰不吉，卜退不吉。王曰：「然則死也。再敗楚師，不如死。棄盟逃讎，亦不如死。」命公子申爲王，不可。則命公子結，亦不可。則命公子啟，五辭而後許。將戰，王有疾，攻大冥，卒于城父。子閭退曰：「君王舍其子而讓羣臣，敢忘君乎？從君之命，順也；立君之子，亦順也。」與子西、子期謀，潛師閉塗，逆越女之子章，立之而後還。高氏曰：昭王委政囊瓦，寵費無極，使賢人誅戮，諸侯怨叛。入郢之禍，宫汙冢發，幾不免其身。迄得反國而卒於位者，國有一申包胥也。

齊陽生入于齊。《左傳》曰：陳僖子使召公子陽生，夜至於齊。僖子使子士之母養之，與饋者皆入。立之，使胡姬以安孺子如賴，去鬻姒，殺王甲，拘江説，囚王豹于句竇之丘。高氏曰：係陽生于齊者，與小白同義，不書「自魯」者，魯無助也。

齊陳乞弑其君荼。荼，音舒，《公》作「舍」〇《左傳》曰：公使朱毛告於陳子曰：「微子則不及此，然君異於器，不可以二。器二不匱，君二多難，敢布諸大夫。」僖子不對而泣，曰：「君舉不信羣臣乎？以齊國之困，困又有憂，少君不可以訪，是以求長君，庶亦能容羣臣乎？不然，夫孺子何罪？」毛復命，公悔之。毛曰：「君大訪於陳子，而圖其小可也。」使毛遷孺子於駘，不至，殺諸野幕之下，葬諸殳冒淳。杜氏曰：弑荼者，朱毛、陽生也，而書「陳乞」，以明乞立陽生而荼見弑，則禍由乞始也。高氏曰：《春秋》書弑君之賊，雖其人不自爲，必以禍所從發爲主，所以誅其意也。

冬

仲孫何忌帥師伐邾。高氏曰：魯人必欲滅邾而後已，自公即位以來，四書邾役，積明年入邾之亂。

宋向巢帥師伐曹。高氏曰：樂髡伐之，猶未服，且爲入曹起也。

《經》書月一，書日一。《大衍曆》：正月己卯，小，壬午，冬至；二月戊申，大；三月戊寅，小；四月丁未，大；五月丁丑，小；六月丙午，大；七月丙子，小，庚寅，十五日；八月乙巳，大；九月乙亥，小；十月甲辰，大；十一月甲戌，小；十二月癸卯，大。

七年癸丑。敬王三十二年○晋霸定二十四○蔡成三○曹陽十四○衛出五○鄭聲十三○陳閔十四○杞僖十八○宋景二十九○齊悼公陽生元年○秦悼四○楚惠王章元年○吴夫差八

春

宋皇瑗帥師侵鄭。《左傳》曰：鄭叛晋故也。高氏曰：晋衰齊亂，故宋公闕霸也。不務德而加兵於人，非霸主之義，故書「侵」。張氏曰：宋、鄭始因隙地以起兵争，卒致各取其師以逞其殺人之志，所以詳其交争之實也。襄陵許

氏曰：定十五年，老丘之役，鄭、宋始搆怨，至是復侵。九年取鄭師于雍丘，十三年取宋師于嵒。

晋魏曼多帥師侵衛。《左傳》曰：衛不服也。杜氏曰：五年晋伐衛，至今未服。高氏曰：衛侯棄其父，至今六年矣，猶未納也。晋不以此致討，而以范、中行氏加兵于衛，故書「侵」。

夏

公會吴于鄫。《左傳》曰：吴來徵百牢。子服景伯對曰：「先王未之有也。」吴人弗聽。乃與之。反自鄫，以吴爲無能爲也。張氏曰：比年書會吴，所以著哀公之失謀於始，而遺患於後日也。高氏曰：吴欲霸諸侯，故魯先往會之。杜氏曰：鄫，今瑯琊鄫縣。

秋

公伐邾。

八月

己酉，入邾，以邾子益來。《左傳》曰：季康子欲伐邾，乃饗大夫以謀之。子服景伯曰：「小所以事大，信也。大所以保小，仁也。背大國，不信；伐小國，不仁。」孟孫曰：「二三子以爲何如？」對曰：「禹合諸侯於塗山，執玉帛者萬國，今其存者無數十焉。唯大不字小，小不事大也。」伐邾，及范門。茅成子請告於吴，不許，曰：「魯擊柝聞於邾，吴二千里，不三月不至，何及於我？」師遂入邾，處其公宫，衆師晝掠。邾衆保于繹。師宵掠，以邾子益來，獻于亳社，囚諸負瑕。邾茅夷鴻以束帛乘韋，自請救于吴，曰：「魯弱晋而遠吴，以陵我小國。若夏盟于鄫衍，秋而背之，四方諸侯其何以事君？且魯賦八百乘，君之貳也。邾賦六百乘，君之私也。以私奉貳，唯君圖之。」蘇氏曰：魯入郳，以郳子益來，而不書「滅」，何也？郳大夫茅夷鴻保於茅，請救於吴。明年，吴爲之伐魯，魯復郳子，故不言滅也。在外曰「以歸」，在内曰「以來」，内外之别也。

宋人圍曹。高氏曰：宋之伐曹數矣，今又圍之，亦已甚矣。

冬

鄭駟弘帥師救曹。《左傳》曰：鄭桓子思曰：「宋人有曹，鄭之患也，不可以不救。」高氏曰：鄭與曹疎矣，所以救曹者，非志於義也，欲報皇瑗之師也。

《經》書月一，書日一。《大衍曆》：正月癸酉，小，丁亥，冬至；二月壬寅，大；三月壬申，小；四月辛丑，大；五月辛未，大；六月辛丑，小；七月庚午，大；八月庚子，小，己酉，十日；九月己巳，大；十月己亥，小；十一月戊辰，大；十二月戊戌，小。《長曆》：是年閏十二月。

八年甲寅。敬王三十三年〇晋霸定二十五〇蔡成四〇曹陽十五，國亡〇衛出六〇鄭聲十四〇陳閔十五〇杞僖十九，辛〇宋景三十〇齊悼二〇秦悼五〇楚惠二〇吴夫差九

春

王正月

宋公入曹，以曹伯陽歸。《左傳》曰：曹伯陽即位，好田弋。曹鄙人公孫彊好弋，獲白雁，獻之，且言田弋之説。説之，因訪政事，有寵，使爲司城以聽政。彊言霸説於曹伯，從之，乃背晋而奸宋。宋人伐之，晋人不救。築五邑

於其郊，曰黍丘、揖丘、大城、鍾、邘。宋公伐曹，將還，褚師子肥殿。曹人詬之，不行。師待之。公聞之，怒，命反之，遂滅曹，執曹伯及司城彊以歸，殺之。蘇氏曰：此滅曹也，其不書「滅」，言自滅也，猶虞之滅，言「晋人執虞公」，而不言滅也。

吴伐我。《左傳》曰：吴爲邾故伐我武城，克之。吴師克東陽而進〔一〕，舍於五梧。明日，舍於蠶室。明日，舍於庚宗，遂次於泗上。吴人行成，盟而還。蘇氏曰：不言四鄙而直言伐我，兵加于國都也。

夏

齊人取讙及闡。「闡」，《公》作「僤」〇程子曰：内失邑不書。己與之，彼以非義而受則書「取」，此與濟西田是也。魯入邾而以其君來，致齊怒、吴伐，故賂齊以説之。

歸邾子益于邾。《左傳》曰：齊侯使如吴請師，將以伐我。乃歸邾子。高氏曰：邾嘗屬齊，而益又齊之甥也。齊如吴請師，吴亦受邾之愬，公懼吴師復來，乃歸邾子以紓國難。

秋

七月。

冬

十有二月

〔一〕吴師克東陽而進：「陽」，原作「傷」，據四庫本改。

癸亥，杞伯過卒。過，古禾切○僖公也，在位十九年，其子維嗣，是爲湣公。

齊人歸讙及闡。孫氏曰：公既歸邾子益，故齊人歸讙及闡。杜氏曰：不言來，命歸之，無官使也。

《經》書月三，書日一。《大衍曆》：正月丁卯，大，癸巳，冬至；二月丁酉，小；三月丙寅，大；四月丙申，小；五月乙丑，大；閏月乙未，小；六月甲子，大；七月甲午，小；八月癸亥，大；九月癸巳，大；十月癸亥小；十一月壬辰，大；十二月壬戌，小，癸亥，二日。

九年乙卯敬王三十四年○晋霸定二十六○蔡成五○衛出七○鄭聲十五○陳閔十六○杞閔公維元年○宋景三十一○齊悼三○秦悼六○楚惠三○吴夫差十

春

王二月

葬杞僖公。杜氏曰：三月而葬，速。

宋皇瑗帥師取鄭師于雍丘。雍，於勇切○《左傳》曰：鄭圍宋雍丘，宋皇瑗圍鄭師。每日遷舍，壘合，鄭師哭。子姚救之，大敗。宋取鄭師，使有能者無死，以郟張與鄭羅歸。孔氏曰：覆而敗之曰「取」，謂若羅網之所掩覆，一軍皆見禽也。杜氏曰：雍丘，屬陳留。張氏曰：今屬開封。襄陵許氏曰：春秋之季，日尋干戈，鄭以不義深入敵境而圍其邑，此固喪師之道也。

夏

楚人伐陳。《左傳》曰：陳即吴故也。

秋

宋公伐鄭。杜氏曰：報雍丘。

冬

十月。

《經》書月二，書日無。《大衍曆》：正月辛卯，大，戊戌，冬至；二月辛酉，小；三月庚寅，大；四月庚申，小；五月己丑，大；六月己未，小；七月戊子，大；八月戊午，小；九月丁亥，大；十月丁巳，小；十一月丙戌，大；十二月丙辰，大。

十年丙辰。敬王三十五年〇晋霸定二十七〇蔡成六〇衛出八〇鄭聲十六〇陳閔十七〇杞閔二〇宋景三十二〇齊悼四，卒〇秦悼七〇楚惠四〇吴夫差十一

春

王二月

邾子益來奔。《左傳》曰：邾子益無道。吴子討而囚之，使邾大夫奉太子革以爲政。邾子來奔，齊甥也，故遂奔齊。高氏曰：先爲魯所獲，而又來奔，其不知恥甚矣。

公會吴伐齊。《左傳》曰：齊侯使辭師于吴。吴人曰：「昔歲寡人聞命，今又革之，不知所從，將進受命于君。」吴子使來儆師伐齊。公會吴子、邾子、郯子伐齊南鄙，師于鄎。

三月

戊戌，齊侯陽生卒。《左傳》曰：齊人弒悼公，赴于師。吴子三日哭于軍門之外。襄陵許氏曰：人事之變，有幸不幸，而《春秋》之義，裁成天地，見正命焉。澄曰：當時以吴師在齊而公卒，遂以爲弒爾。悼公在位四年，子壬嗣，是爲簡公。

夏

宋人伐鄭。襄陵許氏曰：春取其師，秋又伐之，明年夏又伐之，惡其修怨不已也。

晋趙鞅帥師侵齊。《左傳》曰：取犂及轅，毁高唐之郭，侵及賴而還。襄陵許氏曰：助吴亂華，伐齊之喪，具文以見其罪。澄曰：吴猶遭齊喪而去之，晋乃乘齊喪而伐之，曾吴之不若也。高氏曰：齊率諸侯以貳晋，可討矣。然趙鞅加兵於有喪之國，聖人弗與也，故書「侵」，異乎士匄矣。

五月

公至自伐齊。師氏曰：公會夷狄以伐彊國[一]，夷狄之心不可信，而彊國之禍不可測，其危可知矣。高氏曰：齊、魯接境，而公會夷狄伐之，既聞其喪，則遂班師可也。所以久而不歸者，公之進退，制在吴故也。

葬齊悼公。高氏曰：不及五月而葬，簡也。

衛公孟彄自齊歸于衛。高氏曰：公孟彄以蒯聵之黨見逐，晋納蒯聵，齊助出公而反納彄，則知逐非其罪矣。始

[一] 公會夷狄以伐彊國：「彊國」，四庫本作「齊」，下同。

彊奔鄭，自鄭奔齊，至是遂假齊之力以歸焉。

薛伯夷卒。「夷」，《公》作「寅」。○薛惠公，也在位十二年。

秋

葬薛惠公。

冬

楚公子結帥師伐陳[一]。陳即吴，不服楚，故再伐之。

吴救陳。《左傳》曰：吴延州來季子救陳。謂子期曰：「二君不務德，而力争諸侯，民何罪焉？我請退，以爲子名，務德而安民。」乃還。胡氏曰：《春秋》惡首惡，善解紛。自誅亂臣、討賊子之外，凡書救者，未有不善之也。救在王室則罪諸侯，「子突救衛」是也；救在遠國，則罪四鄰，「晋陽處父救江」是也；救在夷狄，則罪中國，「楚公子貞帥師救鄭」、「狄救齊」、「吴救陳」是也。陳者，有虞之後，嘗爲楚滅而僅存爾。今又無故興師侵伐，而列國諸侯縱其暴横，不能修方伯連率之職[二]，而吴能救之，深著楚罪，而傷中國之衰也。

《經》書月三，書日一。《大衍曆》：正月丙戌，小，癸卯，冬至；二月乙卯，大；三月乙酉，小，戊戌，十四日；四月甲寅，大；五月甲申，小；六月癸丑，大；七月癸未，小；八月壬子，大；九月壬午，小；十月辛亥，大；十一月辛巳，小；十二月庚戌，大。《長曆》：是年閏五月。

[一] 楚公子結帥師伐陳：「公」，原闕，據清刻本、四庫本補。

[二] 不能修方伯連率之職：「率」，清刻本作「帥」。

十有一年丁巳。敬王三十六年○晉霸定二十八○蔡成七○衛出九○鄭聲十七○陳閔十八○杞閔三○宋景三十三○齊簡公壬元年○秦悼八○楚惠五○吳夫差十二

春

齊國書帥師伐我。《左傳》曰：齊爲鄎故，國書、高無丕帥師伐我，及清。季孫謂其宰冉求曰：「齊師在清，必魯故也，若之何？」求曰：「一子守，二子從公禦諸竟。」季孫曰：「不能。」求曰：「居封疆之間。」季孫告二子，二子不可。求曰：「若不可，則君無出，一子帥師，背城而戰。」季孫使從於朝，俟於黨氏之溝。武叔呼而問戰焉，對曰：「君子有遠慮，小人何知？」懿子彊問之，對曰：「小人慮材而言，量力而共者也。」武叔曰：「是謂我不成丈夫也。」退而蒐乘。孟孺子洩帥右師，顏羽御，邴洩爲右；冉求帥左師，管周父御，樊遲爲右。老幼守宮，次于雩門之外。五日，右師從之，師及齊師戰于郊。師入齊軍，右師奔，齊人從之。陳瓘、陳莊涉泗，孟之側後入，以爲殿，抽矢策其馬曰：「馬不進也。」林不狃徐步而死。師獲甲首八十，齊人不能師。宵，諜曰：「齊人遁。」冉有請從之三，季孫弗許。公爲與其嬖僮汪錡乘，皆死。冉有用矛於齊師，故能入其軍。澄按，郊之戰，孟孺子所帥之右師敗，幸而冉求所帥之左師不敗爾，故能用矛入齊軍，能獲其甲首八十，能使齊人不能師，皆冉師之勝也。《傳》於冉求之師稱師，於孟孺子之師稱右師。使冉師亦如孟師，魯其殆哉。

夏

陳轅頗出奔鄭。「轅」，《公》作「袁」。頗，破可切，又平聲○《左傳》曰：初，轅頗爲司徒，賦封田以嫁公女。有餘，以爲己大器。國人逐之，故出。道渴，其族轅咺進稻醴、梁糗、腶脯焉，喜曰：「何其給也？」對曰：「器成而具。」曰：「何不吾諫？」對曰：「懼先行。」

五月

公會吴伐齊。《左傳》曰：爲郊戰故，會吴子伐齊。克博，至於嬴。澄曰：因齊國之見伐，乃再會吴伐齊，欲以報也。

甲戌，齊國書帥師及吴戰于艾陵，齊師敗績，獲齊國書。《左傳》曰：中軍從王，胥門巢將上軍，王子姑曹將下軍，展如將右軍。齊國書將中軍，高無丕將上軍，宗樓將下軍。桑掩胥御國子。戰于艾陵，展如敗高子，國子敗胥門巢。王卒助之，大敗齊師，獲國書、公孫夏、閭丘明、陳書、東郭書，革車八百乘，甲首三千。以獻于公，公使太史固歸國子之元。高氏曰：書「獲國書」，與宋華元同，然華元生獲，而國書死獲。劉氏曰：吴之無道，犯間上國，涉數千里之地以伐人之邦[一]。國書用齊，內不能安其君，外不能交鄰國，而輕與之戰，其不愛百姓也，不亦甚乎！

秋

七月

辛酉，滕子虞母卒。隱公也，在位六年。

冬

十有一月

葬滕隱公。

[一] 涉數千里之地以伐人之邦：「之邦」，原闕，據四庫本補。

衛世叔齊出奔宋。「世」，《穀》作「大」○《左傳》曰：初，疾娶于宋子朝，其娣嬖。子朝出，孔文子使疾出其妻而妻之。疾使侍人誘其初妻之娣，寘於犂，而爲之一宫，如二妻。文子怒，欲攻之，仲尼止之，遂奪其妻。或淫于外州，外州人奪之軒以獻。恥是二者，故出。高氏曰：《春秋》書内外大夫出奔者凡五十有八，蓋君之股肱，故重而書之。然《春秋》之末，何其出奔之多也？是時政在大夫，各欲自專，始則相猜相忌，終乃相攻相逐也。

《經》書月三，書日二。《大衍曆》：正月庚辰，小，戊申，冬至；閏月己酉，大；二月己卯，小；三月戊申，大；四月戊寅，大；五月戊申，小，甲戌，二十七日；六月丁丑，大；七月丁未，小，辛酉，十六日；八月丙子，大；九月丙午，小；十月乙亥，大；十一月乙巳，小；十二月甲戌，大。

十有二年戊午。敬王三十七年○晉霸定二十九○蔡成八○衛出十○鄭聲十八○陳閔十九○杞閔四○宋景三十四○齊簡二○秦悼九○楚惠六○吴夫差十三

春

用田賦。《左傳》曰：季孫欲以田賦，使冉有訪諸仲尼。仲尼不對，而私於冉有曰：「君子之行也，度於禮：施取其厚，事舉其中，斂從其薄。如是，則以丘亦足矣。若不度於禮，而貪冒無厭，則雖以田賦，將又不足。且子季孫若欲行而法，則周公之典在。若欲苟而行，又何訪焉？」何氏曰：軍賦十井不過一乘。哀公外慕彊吴，空盡國儲，故復用田賦。田謂一井之田，賦者，斂取其財物也。襄陵許氏曰：以丘賦爲不足，於是更用田賦，籍田而取之，不待及丘也。張氏曰：田賦之實不書，其詳於《傳》，獨孔子言「以丘足矣」，可見加賦於古，合何氏、許氏之説觀之，可以得《春秋》之旨。澄曰：按賦法備於一成。成方十里，有田百井，内六十四井爲一甸，計五百七十六夫，爲一旅之衆，當出兵

車五乘、步卒三百六十人、甲士十五人、戎馬二十四〔一〕、重車五乘，將重車者百二十五人、牛六十頭，外有三十六井爲二丘四井無征。作丘甲者，一甸之外，所餘二丘亦計其夫數，爲二百八十八夫，又出兵車二乘、步卒百四十四人、甲士六人、戎馬八匹、重車二乘、將重車者五十人、牛二十四頭。先王之法，一成百井，惟一甸出賦，其二丘不成甸者無賦。及作丘甲，則丘不成甸者亦賦矣。作丘甲之後，一成惟餘四井不成丘者無賦。今用田賦，則井不成丘者亦賦矣。《家語》謂季康子欲以一井田出法賦焉，何氏謂「田者，一井之田」，許氏謂「籍井而取之，不待及丘」是也。四井三十六夫，雖不出車甲，亦斂取其財物也。

夏

五月

甲辰，孟子卒。《左傳》曰：昭夫人孟子卒。昭公娶於吴，故不書姓。啖氏曰：同姓不可書曰「夫人姬氏薨」，而曰「孟子卒」。劉氏曰：孟子者，昭公之夫人，吴女也。其稱孟子，諱娶同姓也。高氏曰：始昭公欲結好彊吴，以去三家，因娶于吴，以吴同姓，而謂之吴孟子。國人不以爲非，而昭公乃知避其名，《春秋》亦因其實而書之曰「孟子卒」。澄曰：固是以同姓而不可書之，亦以見魯臣不以夫人之禮喪之也。昭公，君也，尚且逐出之而不得入，薨于外而葬不備禮，況其夫人乎？一書卒而二義具焉。

公會吴于橐皋。橐，章夜切，又音橐○《左傳》曰：吴子使太宰嚭請尋盟。公不欲，使子貢對曰：「盟所以固信也，故心以制之，玉帛以奉之，言以結之，明神以要之。寡君以爲苟有盟焉，弗可改也已。若猶可改，日盟何益？今

〔一〕戎馬二十匹：「匹」，四庫本作「四」。

吾子曰『必尋盟』，若可尋也，亦可寒也。」乃不尋盟。杜氏曰：橐皋，在淮南逡道縣東南。張氏曰：《地譜》云「逡道在今廬州慎縣東南」。

秋

公會衛侯、宋皇瑗于鄖。「鄖」，《公》作「運」○《左傳》曰：吴徵會于衛，衛侯會吴于鄖。公及衛侯、宋皇瑗盟而卒辭吴盟。吴人藩衛侯之舍。子貢見太宰嚭，語及衛故。太宰嚭曰：「寡君願事衛君，衛君之來也緩，寡君懼，故將止之。」子貢曰：「衛君之來，必謀於其衆。其衆或欲或否，是以緩來。其欲來者，子之黨也；其不欲來者，子之讎也。若執衛君，是墮黨而崇讎也，夫墮子者，得其志矣。且合諸侯而執衛君，誰敢不懼？墮黨崇讎，而懼諸侯，或者難以霸乎？」太宰嚭説，乃舍衛侯。杜氏曰：鄖，發陽也，廣陵海陵縣東南有發繇亭。張氏曰：《地譜》吴地海陵，今泰州城下。

宋向巢帥師伐鄭。《左傳》曰：宋、鄭之間有隙地焉，曰彌作、頃丘、玉暢、嵒、戈、錫。子產與宋人爲成曰：「勿有是。」及宋平元之族自蕭奔鄭，鄭人爲之城嵒、戈、錫。宋向巢伐鄭，取錫，殺元公之孫，遂圍嵒。鄭罕達救嵒，圍宋師。

冬

十有二月

螽。《左傳》曰：仲尼曰：「火伏而後蟄者畢，今火猶西流，司歷過也。」杜氏曰：周十二月，今十月，是歲應置閏而失不置，雖書十二月，實今之九月，司歷誤。八月、九月之初尚温，故得有螽。

《經》書月二，書日一。《大衍曆》：正月甲辰，小，癸丑，冬至；二月癸酉，大；三月癸卯，小；四月壬申，大；五月壬寅，小，甲辰，三日；六月辛未，大；七月辛丑，小；八月庚午，大；九月庚子，大；十月庚午，小；十一月己亥，大；十二月己巳，小。

十有三年己未。敬王三十八年〇晋霸定三十〇蔡成九〇衛出十一〇鄭聲十九〇陳閔二十〇杞閔五〇宋景三十五〇齊簡三〇秦悼十〇楚惠七〇吴夫差十四

春

鄭罕達帥師取宋師于嵒。《左傳》曰：宋向魋救其師，鄭子賸使徇曰：「得桓魋者有賞。」魋也逃歸。遂取宋師于嵒，獲成讙、郜延，以六邑爲墟。孫氏曰：報雍丘之師也。二國覆師以相償報，其惡如此。

夏

許男成卒。「成」，《公》作「戍」〇元公也，國滅後楚立之，去此二十二年，子嗣。

公會晋侯及吴子于黄池。《公羊傳》曰：吴稱子，吴主會也。其言「及吴子會」，兩霸之辭也。《左傳》曰：吴、晋争先。吴人曰：「於周室，我爲長。」晋人曰：「於姬姓，我爲伯。」司馬寅曰：「夷德輕，不忍久，請少待之。」乃先晋人。《外傳·吴語》曰：吴王昏秣馬食士，夜中，命服兵擐甲，陳士卒百人，以爲徹行，萬人以爲方陳。王中陳而立，左右軍亦如之，爲帶甲三萬，以勢攻。昧明，王乃秉枹親鼓，三軍皆譁釦以振旅。晋師大駭。令董褐請事。吴王曰：「天子有命，周室卑約，貢獻莫入。今非王室不平安是憂，億負晋衆庶，不式諸戎、狄、楚、秦；將不長弟，以力征一二兄弟之國。孤欲守先君之班爵，進則不敢，退則不可。孤之事君不得事君在今日。」董褐還，致命，乃告趙鞅曰：

「臣觀吴王之色，類有大憂，將毒，不可與戰。主其許之先，然不可徒許也。」趙鞅許諾。令禍復命曰：「君掩王東海，以淫名聞于天子，則何有於周室？夫命圭有命，固曰吴伯，不曰吴王，諸侯是以敢辭。夫諸侯無二君，周室無二王。君若無卑天子，以干其不祥，而曰吴公，孤敢不順君命長弟？」許諾。吴王乃退。就幕而會，吴公先歃，晋侯亞之。襄陵許氏曰：《左氏》曰「先晋」，《國語》曰「先吴」，此二國史籍之異也。顧自宋之盟，晋已爲楚所先，陵遲至於黄池之時，豈能復與吴争？《國語》信也。胡氏曰：吴主會，其先晋，紀常也。《春秋》四夷雖大皆曰「子」，吴僭王矣，其稱子，正名也。先吴則拂《經》而失序，列書則泯實而傳疑，以會兩伯之辭而特書曰「及」，順天地之經，著盟會之實也。杜氏曰：陳留封丘縣南有黄亭，近濟水。張氏曰：《地譜》東京開封縣有黄池。

楚公子申帥師伐陳。高氏曰：楚畏吴之彊，無如之何，故乘吴之出會而伐陳也。

於越入吴。《左傳》曰：越子伐吴，爲二隧。疇無餘、謳陽自南方先入郊。吴太子友、王子地、王孫彌庸、壽於姚自泓上觀之，彌庸見姑蔑之旗，曰：「吾父之旗也，不可以見讐而弗殺也。」太子曰：「戰而不克，將亡國，請待之。」彌庸不可。屬徒五千，王子地助之。戰，彌庸獲疇無餘，地獲謳陽。越子至，王子地守。復戰，大敗吴師，獲太子友、王孫彌庸、壽於姚。入吴。孫氏曰：吴子方會，乘其無備也。胡氏曰：吴自柏舉以來，憑陵諸夏，可謂彊矣。《春秋》初書「越入吴」在柏舉之後，再書「越入吴」在黄池之後，皆因事屬辭，垂戒後世也。吴既勝齊，復與晋人争長，自謂莫之敵也，而越已入其國都矣。邵子曰：夫以力勝人者，人亦以力勝之。吴嘗破越，遂有輕楚之心。及其破楚，又有驕齊之志。貪婪攻取，不顧德義，侵侮齊、晋，遂爲越所滅。越又不監之，復爲楚所滅。楚又不監之，復爲秦所滅。秦又不監之，復爲漢所滅。

秋

公至自會。高氏曰：夷狄主會，故書至以危之。

晋魏曼多帥師侵衛。「魏」下《公》脱「曼」字○襄陵許氏曰：晋以范、中行之難伐衛、伐鮮虞，間齊之難而一侵之，又再侵衛，而諸侯卒莫之宗。師雖數出，能侵而已。高氏曰：蒯聵在戚十有二年矣，晋人不能以此討衛，乃以范、中行故而數興師，故書「侵」。

葬許元公。

九月

螽。高氏曰：周之九月，夏之七月也，其爲農災，又非冬十有二月之比也。

冬

十有一月

有星孛于東方。《公羊傳》曰：孛于東方，見于旦也。孫氏曰：光芒四出曰孛。按文十四年，有星孛入于北斗；昭十四年，有星孛入于北斗；昭十七年，有星孛入于大辰[一]，此不言所在之處者，見于旦可知也。

盜殺陳夏區夫。區，烏侯切，《公》作「彄」○高氏曰：夏區夫者，徵舒之後也。徵舒弑君，楚子殺之，而陳人

〔一〕昭十四年有星孛入于北斗昭十七年有星孛入于大辰：「昭十四」，四庫本作「襄十三」；「昭十七年」之「七」原作「四」，據四庫本改。按，「昭十四年有星孛入于北斗」疑爲羨文，《春秋》昭十四年、襄十三年皆無星孛之記載。

猶使世執國政，故《春秋》因其爲盜所殺而書之，與華孫同意。凡書盜者，以人皆可得而執之也。盜殺蔡侯申，盜殺陳夏區夫，當《春秋》之季，世變之甚，至於盜興而專殺國君、卿大夫，則亂已極矣。

十有二月

螽。呂氏曰：今年九月螽，十二月又螽，又比年十二月螽，陰陽錯亂甚矣。襄陵許氏曰：《春秋》書魯人事，至用田賦；書魯天災，至於二年三螽。見其民力已窮，天命已去，君子之心於魯已矣。

《經》書月三，書日無。《大衍曆》：正月戊戌，大，己未，冬至；二月戊辰，小；三月丁酉，大；四月丁卯，小；五月丙申，大；六月丙寅，小；七月乙未，大；八月乙丑，小；九月甲午，大；閏月甲子，小；十月癸巳，大；十一月癸亥，大；十二月癸巳，小。

十有四年庚申。敬王三十九年〇晋霸定三十一〇蔡成十〇衛出十二〇鄭聲二十〇陳閔二十一〇杞閔六〇宋景三十六〇齊簡四〇秦悼十一〇楚惠八〇吴夫差十五

春

西狩獲麟。《左傳》曰：西狩於大野，叔孫氏之車子鉏商獲麟，以爲不祥，以賜虞人。仲尼觀之，曰：「麟也。」然後取之。杜氏曰：麟，王者之嘉瑞也，今出非其時，而失其歸，此聖人所以爲感也。絶筆於「獲麟」之一句者，所感

而起〔一〕，固所以爲終也。大野在魯西，故言「西」。冬獵曰狩，蓋虞人修常職。呂氏曰：麟出非其時，知聖人之卒不遇也。麟不出，《春秋》其不作乎？聖人之一動一言，未有無因而作者，當其可也。故河圖出而畫易〔二〕，洛書出而敘疇，獲麟而作《春秋》，其慎重也如是〔三〕。程子曰：世衰道不行，有述作之意舊矣，但因麟而發爾，麟不出，《春秋》亦必作也〔四〕。

《大衍曆》：正月壬戌，大，甲子，冬至；二月壬辰，小；三月辛酉，大；四月辛卯，小；五月庚申，大，朔，日食闕四度；六月庚寅，小；七月己未，大；八月己丑，小；九月戊午，大；十月戊子，小；十一月丁巳，大；十二月丁亥，小。《長曆》：是年閏二月。

〔一〕所感而起：「起」，四庫本作「作」。

〔二〕故河圖出而畫易：「易」，四庫本作「卦」。

〔三〕其慎重也如是：「慎重」，四庫本作「揆一」。

〔四〕「世衰道不行有述作之意舊矣但因麟而發爾麟不出春秋亦必作也」：四庫本作「世衰道微聖人救正之意舊矣但因麟而絶筆耳麟不作亦必作也」。

附録

《四庫全書總目・春秋纂言提要》

《春秋纂言》十二卷，《總例》一卷[一]，兩淮鹽政採進本

元吴澄撰。澄有《易纂言》，已著録。是書采摭諸家傳注，而閒以己意論斷之。首爲總例，凡分七綱八十一目[二]，其天道、人紀二例澄所創作，餘吉、凶、軍、賓、嘉五例，則與宋張大亨《春秋五禮例宗》互相出入，似乎蹈襲。然澄非蹈襲人書者，蓋澄之學派兼出於金谿、新安之閒，而大亨之學派則出於蘇氏。澄殆以門户不同[三]，未觀其書，故與之闇合而不知也。然其縷析條分，則較大亨爲密矣。至於經文行款多所割裂，而經之闕文亦皆補以方空，於體例殊爲未協，則澄於諸經率皆有所點竄，不獨《春

[一]《總例》一卷："一"，四庫本《春秋纂言》書前《提要》作"七"。

[二]按，查《春秋纂言总例》凡八十八例，《总例序》亦谓"例之目八十有八"。《提要》言"八十一目"，誤。

[三]"澄殆以門户不同"，四庫本《春秋纂言》書前《提要》後有"師傳各異"四字。

秋》爲然。讀是書者，取其長而置其所短可也。明嘉靖中，嘉興府知府蔣若愚嘗爲鋟木，湛若水序之。歲久散佚，世罕傳本。王士禎《居易録》自云「未見其書」，又云「朱檢討曾見之吴郡陸醫其清家」，是朱彝尊《經義考》之注存，亦僅一覯。此本爲兩淮所採進，殆即傳寫陸氏本歟！久微而著，固亦可寶之笈矣。（永瑢等：《四庫全書總目》，第二十八卷，北京，中華書局，一九六五年，第二二五頁）

图书在版编目（CIP）数据

春秋纂言／张欣点校．—北京：北京师范大学出版社，2016.7

（元代古籍集成／韩格平主编．第二辑）

ISBN 978-7-303-21125-8

Ⅰ．①春…　Ⅱ．①张…　Ⅲ．①中国历史—春秋时代—史籍研究　Ⅳ．①K225.04

中国版本图书馆 CIP 数据核字（2016）第 173777 号

营　销　中　心　电　话　010-58805072　58807651

北师大出版社学术著作与大众读物分社　http：//xueda.bnup.com

CHUNQIUZUANYAN

出版发行：北京师范大学出版社　www.bnup.com

北京市海淀区新街口外大街 19 号

邮政编码：100875

印　　刷：北京盛通印刷股份有限公司

经　　销：全国新华书店

开　　本：660 mm×980 mm　1/16

印　　张：51

字　　数：745 千字

版　　次：2016 年 7 月第 1 版

印　　次：2016 年 7 月第 1 次印刷

定　　价：158.00 元

策划编辑：谭徐锋　　责任编辑：王　强

美术编辑：王齐云　　装帧设计：王齐云

责任校对：陈　民　　责任印制：马　洁